Antônio Carlos de Almeida Garcia
João Carlos Amarante Castilho

MATEMÁTICA
no vestibular

Copyright© 2004 Editora Ciência Moderna Ltda.

Todos os direitos para a língua portuguesa reservados pela EDITORA CIÊNCIA MODERNA LTDA.

Nenhuma parte deste livro poderá ser reproduzida, transmitida e gravada, por qualquer meio eletrônico, mecânico, por fotocópia e outros, sem a prévia autorização, por escrito, da Editora.

Editor: Paulo André P. Marques
Supervisão Editorial: Carlos Augusto L. Almeida
Produção Editorial: Tereza Cristina N. Q. Bonadiman / João Luis Fortes
Coordenador: João Carlos Amarante Castilho
Capa: Cleber Goulart
Copydesk: Eliana Moreira Rinaldi
Desenho: Patricia Seabra
Assistente Editorial: Daniele M. Oliveira

FICHA CATALOGRÁFICA

Garcia, Antônio Carlos de Almeida e Castilho, João Carlos Amarante
Matemática no Vestibular
Rio de Janeiro: Editora Ciência Moderna Ltda., 2004.

Matemática
I — Título

ISBN: 85-7393-259-7   CDD   510

Editora Ciência Moderna Ltda.
Rua Alice Figueiredo, 46
CEP: 20950-150, Riachuelo – Rio de Janeiro – Brasil
Tel: (021) 2201-6662/2201-6492/2201-6511/2201-6998
Fax: (021) 2201-6896/2281-5778
E-mail: LCM@LCM.COM.BR

AGRADECIMENTOS

Ao amigo Paulo André, que sempre acreditou no projeto da coleção do vestibular. À minha mãe, professora Vanda e minha tia, professora Francisca Elisa, que foram meu espelho para o magistério, e à minha filha Amanda, luz do meus novos dias.

João Castilho

À minha esposa Neuma, e aos meus filhos Gustavo e Camila, pela compreensão de noites e finais de semana perdidos, sempre escrevendo e tirando-lhes o lazer familiar.

Antônio Carlos

PENSAMENTO

"Para fazer Matemática não precisamos enxergar, andar, ter braços, ou mesmo corpo. Só precisamos ter espírito, vontade, perseverança e principalmente convicção na mais bela estrutura lógica criada pelo homem."

Euler

PREFÁCIO

De uma antiga história...

Duas crianças estavam num lago congelado. Era uma tarde nublada e fria e elas brincavam sem preocupação. De repente, o gelo se quebrou e uma das crianças caiu na água. A outra, vendo que seu amigo se afogava debaixo do gelo, pegou uma pedra e começou a golpear o gelo com todas as suas forças, conseguindo quebrá-lo e salvar seu amigo. Quando os bombeiros chegaram e viram o que havia acontecido, perguntaram ao menino: "Como você conseguiu fazer? Não é possível que você tenha quebrado o gelo com essa pedra, com suas maõs tão pequenas e fracas!" Nesse instante, apareceu um senhor idoso e disse: "Sei como ele conseguiu. Não havia ninguém para dizer-lhe que ele não seria capaz".

Acredite em você, pois a matemática é uma cadeira exata e a aplicação nos exercícios lhe dará o domínio teórico necessário para um total aproveitamento nos concursos vestibulares em todo Brasil.

Os autores

SUMÁRIO

UNIDADE 1

Álgebra Básica e Aritmética no Vestibular

1.1 - Conjuntos 1
1.2 - Dízimas periódicas 11
1.3 - Número primo 13
1.4 - Decomposição de um número em fatores primos 13
1.5 - Máximo divisor comum (M.D.C.) 14
1.6 - Mínimo múltiplo comum (M.M.C.) 14
1.7 - Conjunto dos divisores de um número 14
1.8 - Potências 15
1.9 - Grandezas 17
1.10 - Regra de três 18
1.11 - Porcentagem 18
Questões resolvidas 19
Questões propostas 26
Gabarito das questões propostas 57

UNIDADE 2

Produto Cartesiano, Relações e Funções

2.1 - Produto cartesiano 61
2.2 - Relação 62
2.3 - Função 62
2.4 - Gráfico de uma função 63
2.5 - Análise gráfica para dominio e imagem de uma função 64
2.6 - Classificação de uma função 66
2.7 - Função crescente e função decrescente 68
2.8 - Função par e função ímpar 69
2.9 - Função composta 71
2.10 - Função inversa 72
2.11 - Função polinomial do 1° grau ou função afim 75
2.12 - Função polinomial do 2° grau ou função quadrática 81
2.13 - Função modular 83
Questões resolvidas 85
Questões propostas 97
Gabarito das questões propostas 139

viii   SUMÁRIO

UNIDADE 3

Progressão Aritmética (P.A.)

3.1 - Definição 143
3.2 - Classificação 143
3.3 - Fórmula do termo geral 143
3.4 - Observações práticas para solução de questões que tratam de 144
3.5 - Interpolação aritmética 144
3.6 - Fórmula dos n termos de uma P.A. finita 145
Questões resolvidas 147
Questões propostas 149
Gabarito das questões propostas 160

UNIDADE 4

Progressão Geométrica (P.G.)

4.1 - Definição 163
4.2 - Classificação 163
4.3 - Termo geral de uma P.G. 164
4.4 - Interpolação geométrica 165
4.5 - Fórmula da soma dos N termos de uma P.G. finita 165
4.6 - Fórmula da soma dos termos de uma P.G. infinita 165
4.7 - Produto dos termos da uma P.G. finita 165
Questões resolvidas 166
Questões propostas 168
Gabarito das questões propostas 187

UNIDADE 5

Equação Exponencial e Logaritmos

5.1 - Equação exponencial 191
5.2 - Logaritmos 192
Questões resolvidas 201
Questões propostas 204
Gabarito das questões propostas 226

SUMÁRIO

ix

UNIDADE 6

Binômio de Newton, Análise Combinatória e Probabilidade

6.1 - Binômio de Newton 229
6.2 - Análise Combinatória 233
6.3 - Probabilidade 235
Questões resolvidas 236
Questões propostas 239
Gabarito das questões propostas 261

UNIDADE 7

Trigonometria

7.1 - Círculo trigonométrico 265
7.2 - Arcos e Ângulos 265
7.3 - Relações fundamentais e secundárias 269
7.4 - Sinal das linhas trigonométricas 270
7.5 - Redução ao primeiro quadrante 270
7.6 - Equações trigonométricas 273
7.7 - Fórmulas de adição e subtração de arcos 275
7.8 - Arco duplo 275
7.9 - Arco metade 275
7.10 - Funções trigonométricas 275
7.11 - Funções inversas 279
Questões resolvidas 281
Questões propostas 288
Gabarito das questões propostas 322

UNIDADE 8
Números Complexos C

8.1 - Definição 329
8.2 - Potência 329
8.3 - Forma algébrica 330
8.4 - Operações na forma algébrica 331
8.5 - Forma trigonométrica ou forma polar 337
8.6 - Operações na forma trigonométrica 337
Questões resolvidas 341
Questões propostas 347
Gabarito das questões propostas 364

UNIDADE 9

Polinômios e Equações Polinomiais

9.1 - Definição 367
9.2 - Grau de um polinômio 367
9.3 - Valor numérico de um polinômio 368
9.4 - Raiz de um polinômio 368
9.5 - Polinômios idênticos 368
9.6 - Polinômio identicamente nulo 369
9.7 - Operações com polinômios 369
9.8 - Dispositivo prático de Briot-Ruffini (Divisão) 371
9.9 - Teorema do resto 373
9.10 - Teorema de D'Alembert 373
9.11 - Propriedades importantes 373
9.12 - Equação polinomial 374
9.13 - Relações entre coeficientes e raízes (relações de Girard) 374
Questões resolvidas 375
Questões propostas 378
Gabarito das questões propostas 403

UNIDADE 10

Triângulos, Quadriláteros e Polígonos

10.1 - Triângulos 409
10.2 - Quadriláteros 416
10.3 - Polígonos 423
Questões resolvidas 427
Questões propostas 433
Gabarito das questões propostas 453

UNIDADE 11

Círculos

11.1 - Circunferência 455
11.2 - Círculo 456
11.3 - Elementos do círculo 456
11.4 - Posições relativas entre reta e circunferência 457
11.5 - Teorema 458
11.6 - Teorema de Pitot 458

SUMÁRIO

11.7 - Ângulo central 459
11.8 - Ângulo inscrito 459
11.9 - Ângulo de segmento 460
11.10 - Ângulo excêntrico interno 461
11.11 - Ângulo excêntrico externo 462
11.12 - Arco capaz 463
11.13 - Teorema 463
Questões resolvidas 464
Questões propostas 467
Gabarito das questões propostas 480

UNIDADE 12

Linhas Proporcionais

12.1 - Segmentos proporcionais 481
12.2 - Feixe de paralelas 481
12.3 - Aplicação ao triângulo 483
12.4 - Teorema da Bissetriz 484
12.5 - Triângulos semelhantes 485
Questões resolvidas 486
Questões propostas 493
Gabarito das questões propostas 515

UNIDADE 13

Relações Métricas e Trigonométricas num Triângulo Retângulo

13.1 - Triângulo retângulo 517
13.2 - Relações métricas num triângulo retângulo 518
13.3 - Relações trigonométricas no triângulo retângulo 519
13.4 - Triângulos retângulos particulares 520
13.5 - Diagonal do quadrado 522
13.6 - Altura de um triângulo equilátero 522
Questões resolvidas 523
Questões propostas 527
Gabarito das questões propostas 554

xii   SUMÁRIO

UNIDADE 14

Relações Métricas num Triângulo Qualquer

14.1 - Introdução 557
14.2 - Lei dos cossenos 557
14.3 - Lei dos senos 558
14.4 - Síntese de Clairaut 559
Questões resolvidas 560
Questões propostas 563
Gabarito das questões propostas 573

UNIDADE 15

Áreas das Figuras Planas

15.1 - Definições 575
15.2 - Área do retângulo 576
15.3 - Área do quadrado 576
15.4 - Área do paralelogramo 577
15.5 - Área do triângulo 578
15.6 - Área do trapézio 579
15.7 - Área do losango 580
15.8 - Área de um polígono regular 581
15.9 - Área do círculo 582
15.10 - Área da coroa circular 583
15.11 - Área do setor circular 583
Questões resolvidas 584
Questões propostas 589
Gabarito das questões propostas 629

UNIDADE 16

Poliedros, Prismas e Pirâmides

16.1 - Poliedros 635
16.2 - Prismas 638
16.3 - Pirâmides 642
Questões resolvidas 645
Questões propostas 649
Gabarito das questões propostas 693

SUMÁRIO   xiii

UNIDADE 17

Cilindro, Cones e Esferas

17.1 - Cilindros 699
17.2 - Cones 702
17.3 - Esfera 705
Questões resolvidas 705
Questões propostas 708
Gabarito das questões propostas 758

UNIDADE 18

Matrizes e Determinantes

18.1 - Definições 765
18.2 - Tipo de uma matriz 765
18.3 - Matriz-linha 766
18.4 - Matriz-coluna 766
18.5 - Matriz quadrada 766
18.6 - Matriz diagonal 767
18.7 - Matriz identidade ou unidade 767
18.8 - Matriz transposta 767
18.9 - Matrizes iguais 767
18.10 - Operações 768
18.11 - Matriz inversa 769
18.12 - Determinante de uma matriz quadrada 770
18.13 - Propriedades dos determinantes 773
Questões resolvidas 773
Questões propostas 775
Gabarito das questões propostas 814

UNIDADE 19

Plano no ponto $\mathbb{R}^2$

19.1 - Plano $\mathbb{R}^2$ ou conjunto $\mathbb{R}^2$ 821
19.2 - Ponto no plano 821
19.3 - Distância entre dois pontos 822
19.4 - Ponto médio de um segmento 823
19.5 - Baricentro de um triângulo 823
19.6 - Área de um triângulo 825

xiv

SUMÁRIO

19.7 - Condição de alinhamento entre três pontos 827
Questões resolvidas 828
Questões propostas 829
Gabarito das questões propostas 838

UNIDADE 20

Estudo da Reta no $\mathbb{R}^3$

20.1 - Equação geral da reta 839
20.2 - Equação reduzida da reta 840
20.3 - Interpretação geométrica 840
20.4 - Coeficiente angular da reta que passa por dois pontos 841
20.5 - Retas particulares 842
20.6 - Retas paralelas 844
20.7 - Retas perpendiculares 844
20.8 - Distância de ponto à reta 845
20.9 - Ângulo entre duas retas 846
Questões resolvidas 847
Questões propostas 848
Gabarito das questões propostas 872

UNIDADE 21

21.1 - Equação reduzida da circunferência 875
21.2 - Equação geral da circunferência 876
21.3 - Posição de um ponto em relação a uma circunferência 876
21.4 - Posição de uma reta em relação a uma circunferência 877
Questões resolvidas 878
Questões propostas 879
Gabarito das questões propostas 896

SUMÁRIO   XV

UNIDADE 22

Elipse

22.1 - Definição 901
22.2 - Equação da elipse 902
22.3 - Elipse equilátera 905
Questões resolvidas 905
Questões propostas 907
Gabarito das questões propostas 915

UNIDADE 1

ÁLGEBRA BÁSICA
E ARITMÉTICA NO VESTIBULAR

SINOPSE TEÓRICA

1.1) Conjuntos

1.1.1) Definição

Conjunto representa uma coleção, como o próprio nome indica. A sua percepção é intuitiva, assim como outros elementos: o ponto, a reta, o plano... Os componentes de um conjunto são chamados de elementos.

1.1.2) Simbologia

a) $A, B, C, \ldots \to$ letras maiúsculas indicam conjuntos
b) $a, b, c, \ldots \to$ letras minúsculas indicam elementos
c) $/ \to$ tal que
d) $\exists \to$ existe
e) $\nexists \to$ não existe
f) $\exists| \to$ existe um único
g) $\forall \to$ qualquer que seja
h) $\wedge \to$ e
i) $\vee \to$ ou
j) $\therefore \to$ logo
l) $\in \to$ pertence
m) $\notin \to$ não pertence
n) $\Rightarrow \to$ implica
o) $\Leftrightarrow \to$ se e somente se
p) $\cup \to$ união
q) $\cap \to$ interseção
r) $N(A) \to$ número de elementos do conjunto A

s) $\subset \to$ está contido
t) $\not\subset \to$ não está contido
u) $\supset \to$ contém
v) $\not\supset \to$ não contém
x) $* \to$ indica que o número zero foi excluído do conjunto

1.1.3) Representação

1.1.3.1) Por extensão

Os elementos são mostrados explicitamente no conjunto.
Exemplo: $A = \{1, 2, 3, 4\}$

1.1.3.2) Por compreensão

Os elementos são dados de forma implícita.
Exemplo: $A = \{x \mid x \text{ é consoante}\}$

1.1.3.3) Por diagramas (Diagrama de Venn)

Representado por linhas fechadas não entre cruzadas em cujo interior são dispostas partes associadas aos elementos do conjunto.
Exemplo:

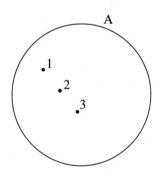

$2 \in A \quad 5 \notin A$

1.1.4) Relação de inclusão - subconjuntos

Dados dois conjuntos A e B, dizemos que A está contido em B ou A é um subconjunto de B se, e somente se, cada elemento do conjunto A for também um elemento do conjunto B.

Unidade 1 - *Álgebra Básica e Aritmética no Vestibular* |3

Exemplo:
O conjunto $A = \{1, 3, 5\}$ está contido em $B = \{1, 2, 3, 4, 5\}$, pois cada elemento de A é também elemento de B.
Indicamos por:

$$\{1, 3, 5\} \subset \{1, 2, 3, 4, 5\} \quad \text{ou ainda} \quad A \subset B \text{ ou } B \supset A$$

Observação:
a) $\emptyset \subset A$
b) $A \subset B$ e $B \subset A$, então: $A = B$.
c) Os símbolos $\subset$, $\not\subset$, $\supset$, $\not\supset$ são utilizados para relacionar conjunto com conjunto.

1.1.5) Conjunto das partes de um conjunto

O conjunto das partes de um conjunto A, ou conjunto potência de A, é o conjunto formado por todos os subconjuntos de A.
Exemplo:
Dado $A = \{1, 2, 3\}$, temos:

$$P(A) = \{\emptyset, \{1\}, \{2\}, \{3\}, \{1, 2\}, \{1, 3\}, \{2, 3\}, \{1, 2, 3\}\}.$$

Observação: Se um conjunto A possui n elementos, o número de subconjuntos de A é dado por 2^n.

Então, no exemplo anterior, temos:

$$P(A) = 2^n = 2^3 = 8 \text{ subconjuntos.}$$

1.1.6) Conjuntos especiais

1.1.6.1) Conjunto vazio

É aquele que não possui elementos.
Exemplo: $\{\quad\}$ ou $\emptyset$.

1.1.6.2) Conjunto unitário

É aquele que possui um elemento.
Exemplo: $\{5\}$

1.1.6.3) Conjuntos disjuntos

São aqueles que não têm elementos comuns.
Exemplo: $A = \{0, 3\}$ e $B = \{6, 8\}$; $A \cap B = \emptyset$

4 | *Matemática no Vestibular*

1.1.6.4) Conjuntos universo (U)

Aquele que, por definição, é mais amplo que os demais. Assim sendo, tal conjunto contém todos os outros como subconjuntos.

1.1.7) Conjuntos numéricos

1.1.7.1) Conjunto dos números naturais ($\mathbb{N}$)
$\mathbb{N} = \{0, 1, 2, 3, \dots\}$

1.1.7.2) Conjunto dos números inteiros ($\mathbb{Z}$)
$\mathbb{Z} = \{\dots, -2, -1, 0, 1, 2, \dots\}$

1.1.7.3) Conjunto dos números racionais ($\mathbb{Q}$)
$$\mathbb{Q} = \left\{ \frac{p}{q} \mid p \in \mathbb{Z} \quad e \quad q \in \mathbb{Z}^* \right\}$$

Exemplo: a) $5 \in \mathbb{Q}$; pois $5 = \dfrac{5}{1}$

b) $0,08 \in \mathbb{Q}$, pois $0,08 = \dfrac{8}{100}$

c) $0,444 \in \mathbb{Q} \vee 0,\bar{4} \in \mathbb{Q}$, pois $0,444\cdots = 0,\bar{4} = \dfrac{4}{9}$

1.1.7.4) Conjunto dos números irracionais ($\mathbb{I}_R$)

É formado por números que não podem ser representados na forma p/q.

Exemplo: a) $\sqrt{2} = 1,41421\dots$
b) $0,02002000200002\dots$
c) $\pi = 3,1416\dots$

1.1.7.5) Conjunto dos números reais ($\mathbb{R}$)

É formado pela reunião dos números racionais e irracionais.

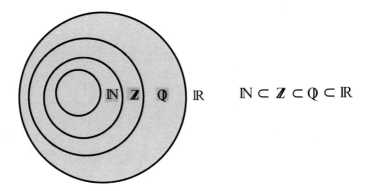

$\mathbb{N} \subset \mathbb{Z} \subset \mathbb{Q} \subset \mathbb{R}$

Alguns subconjuntos de $\mathbb{R}$ são indicados por:
$\mathbb{R}^*$ (reais não-nulos)
$\mathbb{R}_+$ (reais não-negativos)
$\mathbb{R}_-$ (reais não-positivos)
$\mathbb{R}^*_+$ (reais positivos)
$\mathbb{R}^*_-$ (reais negativos)

1.1.8) Operações com conjuntos

1.1.8.1) União ou reunião

A união de dois conjuntos é o conjunto formado pelos elementos que pertencem a um ou a outro conjunto.
$$A \cup B = \{x \mid x \in A \ \vee \ x \in B\}$$

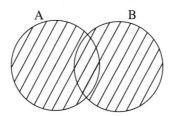

1.1.8.2) Interseção

A interseção de dois conjuntos é o conjunto formado pelos elementos que pertencem a ambos simultaneamente.

$$A \cap B = \{x \mid x \in A \ \wedge \ x \in B\}$$

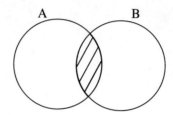

1.1.8.3) Diferença

A diferença entre dois conjuntos é o conjunto formado pelos elementos que pertencem ao primeiro conjunto e não pertencem ao segundo.

$$A - B = \{x \mid x \in A \ \wedge \ x \notin B\}$$

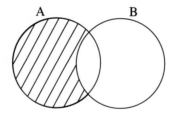

1.1.8.4) Complementar

Se um conjunto A está contido em um conjunto B, chamamos de A em B ao conjunto formado pelos elementos que faltam a A para completar o conjunto B.

$$C_B^A = B - A$$

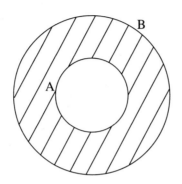

Observação: Propriedades importantes
a) $A \cup A = A$ e) $A \cap \emptyset = A$ i) $C_A^A = \emptyset$
b) $A \cup \emptyset = A$ f) $A \cap \mathbb{U} = A$ j) $C_A^\emptyset = A$
c) $A \cup \mathbb{U} = \mathbb{U}$ g) $A - A = \emptyset$
d) $A \cap A = A$ h) $A - \emptyset = A$

1.1.9) Intervalos

1.1.9.1) Intervalo aberto

Representação algébrica
$$\{x \in \mathbb{R} \mid a < x < b\}$$
ou
$$]a,b[= (a,b)$$

1.1.9.2) Intervalo fechado
Representação algébrica
$$\{x \in \mathbb{R} \mid a \leq x \leq b\}$$
ou
$$[a, b]$$

1.1.9.3) Intervalo semi-aberto à direita
Representação algébrica
$$\{x \in \mathbb{R} \mid a \leq x < b\}$$
ou
$$[a, b[= [a, b)$$

1.1.9.4) Intervalo semi-aberto à esquerda

Representação algébrica
$$\{x \in \mathbb{R} \mid a < x \leq b\}$$
ou
$$]a, b] = (a, b]$$

1.1.9.5) Intervalos infinitos

$$\{x \in \mathbb{R} \mid x > a\} \quad \text{ou} \quad]a, +\infty[, = (a + \infty)$$

$$\{x \in \mathbb{R} \mid x \geq a\} \quad \text{ou} \quad [a, +\infty[= [a + \infty)$$

$\{x \in \mathbb{R} \mid x < a\}$ ou $]-\infty, a[= (-\infty, a)$

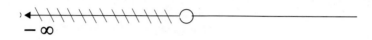

$\{x \in \mathbb{R} \mid x \leq a\}$ ou $]-\infty, a] = (-\infty, a]$

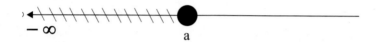

1.1.10) Operações com intervalos

1.1.10.1) União

Exemplo prático:
Sendo $A = \{x \in \mathbb{R} \mid -2 \leq x \leq 3\}$ e $B = \{x \in \mathbb{R} \mid 1 < x \leq 4\}$, demonstre $A \cup B$

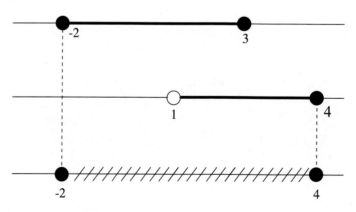

$S = \{x \in \mathbb{R} \mid -2 \leq x \leq 4\}$ ou $[-2, 4]$

1.1.10.2) Interseção
Exemplo prático:
Sendo $A = \{x \in \mathbb{R} \mid 4 < x < 8\}$ e $B = \{x \in \mathbb{R} \mid 6 \leq x < 12\}$, demonstre $A \cap B$.

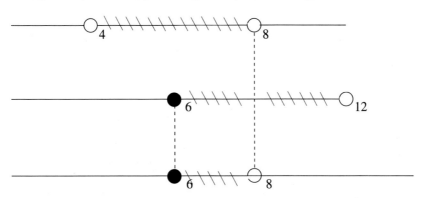

$$S = \{x \in \mathbb{R} \mid 6 \leq x < 8\} \quad \text{ou} \quad [6, 8[\quad \text{ou} \quad [6, 8)$$

1.2. Dízimas periódicas
Veja o caso abaixo:
$$\underbrace{0,444\cdots = 0,\overline{4}}_{\text{dízima periódica}} = \underbrace{4/9}_{\text{geratriz da dízima}}$$

Regra da geratriz

1º caso: Dízima periódica simples

1º) Igualar a dízima a uma incógnita;

2º) Multiplicar por potência(s) de dez, ambos os membros, de forma que, o período da dízima que está à direita da vírgula, passe para a esquerda da vírgula;

3º) Após o produto, subtrair a forma com período à esquerda da forma com período à direita, obtendo assim, a geratriz da dízima.

12 | *Matemática no Vestibular*

Exemplo:

$$x = 0{,}\underset{\text{período à direita}}{\underline{35}}\,3535 \ldots \,(100)$$

$$100x = \underset{\text{período à esquerda}}{\underline{35}},\,3535 \ldots$$

Então:

$$100x = 35,3535\ldots$$

$$- \quad x = 0,3535\ldots$$

$$99x = 35$$

$$x = \frac{35}{99} \text{ geratriz da dízima.}$$

2º caso: Dízima periódica composta

1º) Igualar a dízima a uma incógnita;

2º) Multiplicar ambos os membros por potência(s) de dez de forma que a parte não periódica que está à direita da vírgula passe para a esquerda da vírgula;

3º) Repetir o 2º passo, para que, agora, a parte periódica que está à direita da vírgula passe para a esquerda da vírgula;

4º) Após o produto, subtrair a forma com período à esquerda da vírgula da forma com período à direita da vírgula, obtendo, assim, a geratriz da dízima.

Unidade 1 - *Álgebra Básica e Aritmética no Vestibular* |13

Exemplo:

$$x = 12, 34\ 568568568\ ...\ (100)$$
não períodico à direita

$$100x = 1234, 568\ 568568\ ...\ (1000)$$
período à direita

$$100\ 000x = 1234\ 568, 568568\ ...\ (1000)$$
período à esquerda

Então:

$$100\ 000x = 12\ 34568, 568\ ...$$
$$-\ 100x = 12\ 34, 568\ ...$$
_____
$$99900x = 12\ 33334$$
$$x = \frac{12\ 33334}{99900} \quad \text{geratriz da dízima}$$

1.3. Número primo

É aquele que diferente de 1(um), possui somente dois divisores: 1(um) e ele mesmo.

Exemplo: $2, 3, 5, 7, 11, 13, ...$

1.4. Decomposição de um número em fatores primos

Exemplo:

16	2
8	2
4	2
2	2
1	

$$16 = 2^4$$

14 | *Matemática no Vestibular*

1.5. Máximo divisor comum (M.D.C.)

O M.D.C. de dois ou mais números é igual ao produto dos fatores comuns a esses números, cada um deles elevado ao menor de seus expoentes.

Exemplo: $A = 5x^2y$, $B = 50x^2y^2z^3$ e $C = 35x^3y^2z$

Então:

$A = 5 \cdot x^2 \cdot y$

$B = 2 \cdot 5^2 \cdot x^2 \cdot y^2 \cdot z^3 \qquad \Rightarrow \quad \text{M.D.C.}(A, B, C) = 5x^2y$

$C = 5 \cdot 7 \cdot x^3 \cdot y^2 \cdot z$

1.6. Mínimo múltiplo comum (M.M.C.)

O M.M.C. de dois ou mais números é igual ao produto dos fatores comuns e não-comuns, cada um deles elevado ao maior de seus expoentes.

Exemplo: $A = 2x^2y$, $B = 16xy^2z$ e $C = 4xz^3$

Então:

$A = 2x^2y$

$B = 2^4xy^2z \qquad \Rightarrow \quad \text{M.M.C.}(A, B, C) = 2^4 \cdot x^2y^2z^3 = 16x^2y^2z^3$

$C = 2^2xz^3$

1.7. Conjunto dos divisores de um número

∗ Para determinarmos **quantos** são:

Regra prática: Pela fatoração podemos obter o total de divisores de um número e, para isso, fatoramos o número dado e efetuamos o produto dos expoentes dos termos da fatoração, acrescidos de uma unidade.

Exemplo:

$$
\begin{array}{r|l}
180 & 2 \\
90 & 2 \\
45 & 3 \\
15 & 3 \\
5 & 5 \\
1 &
\end{array}
$$

$180 = 2^2 \cdot 3^2 \cdot 5^1$

$\Downarrow$

$(2 + 1) \cdot (2 + 1) \cdot (1 + 1)$

$\Downarrow$

$3 \cdot 3 \cdot 2$

$\Downarrow$

18 divisores

∗ Para determinarmos **quais** são:

Regra prática:

1º) Decompomos o número em fatores primos;

2º) Passamos um traço à direita dos fatores primos encontrados e, acima, à direita, escrevemos o primeiro divisor 1;

Unidade 1 - *Álgebra Básica e Aritmética no Vestibular* |15

3º) Multiplicamos os números primos pelos números que estão à direita do traço e acima deles;

4º) Ao tomarmos um fator diferente, começamos a multiplicação a partir do número 1.

Exemplo:

		1								
180	2	2								
90	2	4								
45	3	3	6	12						
15	3	9	18	36						
5	5	5	10	20	15	30	60	45	90	180
1										

1.8. Potências

1.8.1) Definição

$$a^n = \underbrace{a \cdot a \cdot a \ldots a \cdot a}_{n \text{ fatores}}; \quad a = \text{base e } n = \text{expoente.}$$

Exemplo:

a) $5^3 = 5 \cdot 5 \cdot 5 = 125$

b) $1^4 = 1 \cdot 1 \cdot 1 \cdot 1 = 1$

c) $0^3 = 0 \cdot 0 \cdot 0 = 0$

d) $7^0 = 1$

e) $-3^2 = -(3 \cdot 3) = -9$

16 | *Matemática no Vestibular*

1.8.2) Propriedades

1.8.2.1) Potências de mesma base

Em produto: Conserva-se a base e somam-se os expoentes.

Exemplo: $2^2 \cdot 2^3 \cdot 2^4 = 2^{2+3+4} = 2^9 = 512$

Em quociente: Conserva-se a base e subtraem-se os expoentes.

Exemplo: $5^8 : 5^3 = 5^{8-3} = 5^5 = 3125$

1.8.2.2) Potência a um expoente

Conservamos a base e multiplicamos os expoentes.

Exemplo: $(2^4)^2 = 2^{4 \cdot 2} = 2^8 = 256$

1.8.2.3) Potência a um expoente negativo

Invertemos esse número elevando-o ao expoente positivo.

Exemplos:

a) $2^{-3} = \left(\dfrac{1}{2}\right)^3 = \dfrac{1}{8}$

b) $\left(\dfrac{5}{7}\right)^{-2} = \left(\dfrac{7}{5}\right)^2 = \dfrac{49}{25}$

1.8.2.4) Potência a um expoente fracionário

É um radical cujo índice é o denominador do expoente e cujo radicando é o número elevado ao numerador do expoente.

$$b^{M/N} = \sqrt[N]{b^M}$$

Exemplo: $3^{1/2} = \sqrt[2]{3^1} = \sqrt{3}$

1.8.3) Potência de dez

Para transformar números em potência de dez, devemos observar se o número

Unidade 1 - Álgebra Básica e Aritmética no Vestibular |17

dado é maior ou igual a 1 <u>ou</u> positivo menor que 1.

1º caso: $N \geq 1$

Exemplo: $1 = 10^\circ$; $10 = 10^1$; $100 = 10^2$; $1000 = 10^3$;...

2º caso: $0 < N < 1$

Exemplo: $0,1 = \dfrac{1}{10} = 10^{-1}$; $0,01 = \dfrac{1}{100} = 10^{-2}$;...

1.9) Grandezas

1.9.1) Diretamente proporcionais

Duas grandezas são classificadas como diretamente proporcionais quando, aumentando uma delas, a outra aumenta na mesma proporção em que a primeira.

Exemplo:

Um carro percorre, com velocidade constante, em 1 hora 60 km e, em 2 horas, 120 km.

	tempo		distância		proporção
↓	1 h	↓	60 km	⇒	$\dfrac{1}{2} = \dfrac{60}{120}$
aumenta	2 h	aumenta	12 km		

1.9.2) Inversamente proporcionais

Duas grandezas são inversamente proporcionais quando, aumentando uma delas, a outra diminui na proporção inversa em que a primeira cresce.

Exemplo:

Um carro percorre uma distância fixa em 4 horas com velocidade constante de 100 km/h. Com 50 km/h de velocidade a distância é percorrida em 8 horas.

	tempo		velocidade		proporção
↓	4 h	↑	100 km/h	⇒	$\dfrac{4}{8} = \dfrac{50^*}{100}$
aumenta	8 h	diminui	50 km/h		

*Observação: Na proporção, inverte-se sempre a razão da grandeza que diminui.

18 | *Matemática no Vestibular*

1.10) Regra de três

1.10.1) Simples

Envolve duas grandezas.

Exemplo:

Uma obra é construída por 12 operários em 90 dias. Em quantos dias essa obra seria construída por 18 operários?

$$\underline{\text{operários}} \qquad \underline{\text{tempo}} \qquad \qquad \underline{\text{proporção}}$$

$$\downarrow \quad 12 \quad \uparrow \quad 90 \quad \Rightarrow \quad \frac{12}{18} = \frac{x}{90} \Rightarrow x = 60 \text{ dias}$$

$$18 \qquad \qquad x$$

1.10.2) Composta

Envolve três ou mais grandezas.

Exemplo:

Dez máquinas produziram 150 peças em 4 dias. Em quanto tempo 8 máquina iguais às primeiras produziram 300 peças?

$$\underline{\text{dias}} \qquad \underline{\text{máquinas}} \qquad \underline{\text{peças}} \qquad \qquad \underline{\text{proporção}}$$

$$\downarrow \quad 4 \uparrow \qquad 10 \quad \downarrow \quad 150 \qquad \Rightarrow \quad \frac{4}{x} = \frac{8}{10} \cdot \frac{150}{300} \quad \Rightarrow x = 10 \text{ dias}$$

$$x \qquad \qquad 8 \qquad \qquad 300$$

1.11) Porcentagem

É toda razão na qual o denominador é 100, ou seja $N\% = \dfrac{N}{100}$.

Exemplos:

a) $35\% = \dfrac{35}{100} = 0,35$

b) 25% de $500 = \dfrac{25}{1\,\cancel{0}\,\cancel{0}} \cdot 5\,\cancel{0}\,\cancel{0} = 125$

QUESTÕES RESOLVIDAS

1. (FAAP-SP) Segundo a teoria, um conjunto com m elementos tem exatamente 2^m subconjuntos. Usando este resultado, determine o número de elementos do conjunto A, sabendo-se que:
  1) B é um conjunto de três elementos;
  2) $A \cap B$ é vazio;
  3) O número de subconjuntos de $A \cup B$ é 32.

Resolução:
  1) B tem 3 elementos
  2) $A \cap B = \emptyset$
  3) $A \cup B$ tem 5 elementos ($2^5 = 32$), então A tem 2 elementos.

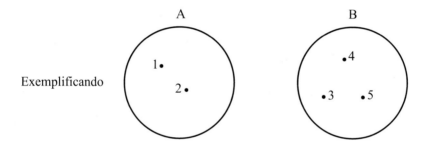

Resposta: 2 elementos

2. (OSEC-SP) Dados os conjuntos $A = \{a,b,c\}$, $B = \{b,c,d\}$ e $C = \{a,c,d,e\}$, então o conjunto $P = (A-C) \cup (C-B) \cap (A \cup B \cup C)$ é:
  a) $\{a,b,c,e\}$
  b) $\{a,c,e\}$
  c) A
  d) $\{b,d,e\}$
  e) n.d.a.

Resolução:
  $A - C = \{b\}$
  $C - B = \{a, e\}$
  $A \cap B \cap C = \{c\}$
  Então: $P = (A-C) \cup (C-B) \cap (A \cup B \cup C) = \{a,b,c,e\}$

Resposta: letra a)

3. (PUC-RS) Se A, B e $A \cap B$ são conjuntos com 90, 50 e 30 elementos, respectivamente, então o número de elementos do conjunto $A \cup B$ é:
  a) 10
  b) 70
  c) 85
  d) 110
  e) 170

Resolução:

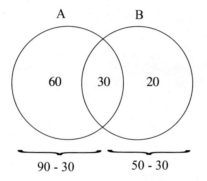

$$A \cup B = A + B - (A \cap B)$$
$$A \cup B = 90 + 50 - 30$$
$$A \cup B = 110$$

Resposta: letra d)

4. (UF-VIÇOSA) Sejam os conjuntos:
$A = \{x \in \mathbb{R} \mid 1 \leq x < 5\}$ e
$B = \{x \in \mathbb{R} \mid 2 \leq x \leq 6\}$.
Assinale a alternativa correta:
  a) $A \cap B = \{2, 3, 4\}$
  b) $A \cap B = \{x \in \mathbb{R} \mid 2 \leq x \leq 5\}$
  c) $A \cap B = \{x \in \mathbb{R} \mid 2 < x < 5\}$
  d) $A \cap B = \{x \in \mathbb{R} \mid 2 < x \leq 5\}$
  e) $A \cap B = \{x \in \mathbb{R} \mid 2 \leq x < 5\}$

Resolução:

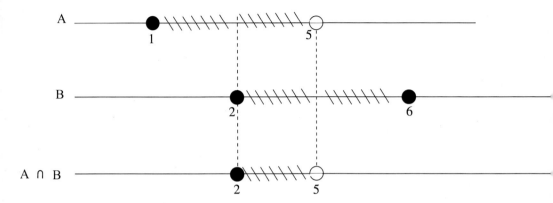

Então: $A \cap B = \{x \in \mathbb{R} \mid 2 \leq x < 5\}$.
Resposta: letra e)

5. (PUC-MG) Efetue as divisões indicadas até a segunda casa decimal, desprezando as demais, sem arredondamento:

$$31 \underline{|3} \qquad 2 \underline{|7}$$

A soma dos quocientes obtidos é:
 a) 10,61
 b) 10,75
 c) 1,61
 d) 1,31
 e) 1,28

Resolução:
Os quocientes obtidos são 10,33 e 0,28, respectivamente:
Logo: $10,33 + 0,28 = 10,61$
Resposta: letra a)

6. (UNICAMP) As pessoas A, B, C e D possuem juntas R$2.718,00. Se A tivesse o dobro do que tem, B tivesse a metade do que tem, C tivesse R$10,00 a mais do que tem e, finalmente, D tivesse R$10,00 a menos do que tem, então todos teriam a mesma importância. Quanto possui cada uma das quatro pessoas?

22 | *Matemática no Vestibular*

Resolução:
Sejam a, b, c e d as quantias que as pessoas A, B, C e D possuem. Do enunciado temos

$$\begin{cases} a + b + c + d = 2718 & (1) \\ 2a = \dfrac{b}{2} = c + 10 = d - 10 = x & (2) \end{cases}$$

De (2) vem: $a = \dfrac{x}{2}$, $b = 2x$, $c = x - 10$ e $d = x + 10$

$\dfrac{x}{2} + 2x + x - 1\!\!\not0 + x + 1\!\!\not0 = 2718$

$\dfrac{9x}{2} = 2718$

$x = 604$

Logo, $a = \dfrac{604}{2} = 302$

$b = 2 \times 604 = 1208$

$c = 604 - 10 = 594$

$d = 604 + 10 = 614$

Resposta: A pessoa A possui R\$302,00; a pessoa B, R\$1.208,00; a pessoa C, R\$594,00 e a pessoa D, R\$614,00.

7. (UNICAMP) A média aritmética das idades de um grupo de 120 pessoas é de 40 anos. Se a média aritmética das idades das mulheres é de 35 anos e a dos homens é de 50 anos, qual o número de pessoas de cada sexo, no grupo?

Resolução:
Sendo a média aritmética das idades igual à soma das idades dividida pelo número de pessoas, conclui-se que a soma das idades é o produto da média aritmética pelo número de pessoas.

Se n é o número de mulheres, então $120 - n$ é o número de homens. Do enunciado temos que:
- a soma das idades das mulheres é $35 \times n$;
- a soma das idades dos homnes é $50 \times (120 - n)$.

Portanto, a média aritmética do grupo será

$\dfrac{35 \cdot n + 50(120 - n)}{120} = 40$

$35n + 6000 - 50n = 4800$

$15n = 1200$

$n = 80$

Resposta: 80 mulheres e 40 homens.

8. (PUC-MG) Uma certa mercadoria, que custava R\$12,50, teve um aumento,

Unidade 1 - *Álgebra Básica e Aritmética no Vestibular* |23

passando a custar R$14,50. A taxa de reajuste sobre o preço antigo é de:

   a) 2,0%   b) 20,0%   c) 12,5%   d) 11,6%   e) 16,0%

Resolução:

O aumento do preço da mercadoria foi de R$2,00. A razão desse aumento para o preço antigo é $\dfrac{2}{12,50} = 0,16$. Logo, a taxa de reajuste foi de 16%.

Resposta: letra e)

9. (PUC-MG) Um equipamento de som está sendo vendido em uma loja por R$1.020,00 para pagamento à vista. Um comprador pode pedir um financiamento pelo plano $(1+1)$ pagamentos iguais, isto é, o primeiro pagamento deve ser feito no ato da compra e o segundo, 1 mês após aquela data. Se a taxa de juro praticada pela empresa que irá financiar a compra, for de 4% ao mês, então o valor de cada uma das prestações será de:

   a) R$ 535,00   b) R$ 522,75   c) R$ 520,00   d) R$ 529,12   e) R$ 515,00

Resolução:

Os valores pagos serão:

- no ato da compra: p
- 1 mês após: $(1020,00 - p) \times 1,04$

Como as parcelas devem ser iguais,

$(1020,00 - p) \times 1,04 = p$

$1060,80 - 1,04 \times p = p$

$2,04p = 1060,80 \;\; \therefore \;\; p = 520,00$

Logo, o valor de cada prestação será de R$ 520,00.

Resposta: letra c)

10. (UERJ) Um comerciante resolveu dar um desconto de 20% no preço de uma mercadoria (A). Em seguida, aumentou os preços das mercadorias B, C, D e E com percentuais (Y) inversamente proporcionais aos seus respectivos preços (X), de modo que a soma desses percentuais fosse também 20%. Vide tabela abaixo, com os preços iniciais, por unidade, de cada mercadoria:

Mercadoria	A	B	C	D	E
Preço (em reais)	50	5	10	15	20

Dizemos que uma grandeza Y é inversamente proporcional a outra grandeza X quando existe uma constante k, tal que $Y = \dfrac{k}{X}$.

   Calcule nessas condições:

   a) o valor da constante k.

24 | *Matemática no Vestibular*

b) a quantidade mínima de unidades que devem ser vendidas, apenas do produto C, para que a diferença entre seus preços final e inicial recupere o desconto concedido em uma única unidade da mercadoria A.

Resolução:

a) $\dfrac{k}{5} + \dfrac{k}{10} + \dfrac{k}{15} + \dfrac{k}{20} = 20\%$

$12k + 6k + 4k + 3k = 1200\%$
$25k = 1200\%$
$k = 48\%$

b) Aumento da mercadoria C: R\$0,48
Desconto da mercadoria A: R\$10,00

A quantidade de unidades vendidas de C é n; assim,
$0,48n \geq 10$
$n \geq 20,833\ldots$
Logo, o menor valor de n é 21.

11. (UNIFICADO) O resultado da expressão $\dfrac{-2^{-2} + 10\% \text{ de } 7,5 - 0,666\ldots}{1 - \dfrac{1}{3}}$ é

a) $-0,50$ b) $-0,25$ c) $0,50$ d) $0,75$ e) $0,333\ldots$

Resolução:

$-2^{-2} = \dfrac{-1}{2^2} = \dfrac{-1}{4}$

$10\% \text{ de } 7,5 = 0,75 = \dfrac{75}{100} = \dfrac{3}{4}$

$0,666\cdots = \dfrac{6}{9} = \dfrac{2}{3}$; logo:

$$\dfrac{\dfrac{-1}{4} + \dfrac{3}{4} - \dfrac{2}{3}}{\dfrac{2}{3}} = \dfrac{\dfrac{2}{4} - \dfrac{2}{3}}{\dfrac{2}{3}} = \dfrac{\dfrac{-1}{6}}{\dfrac{2}{3}} = -\dfrac{1}{4} = -0,25$$

Resposta: letra b)

12. (UERJ) Marcelo tentou arrumar suas canetas em estojos pondo 7 canetas em cada estojo; sobraram 24 canetas. Tentando pôr 8 canetas em cada estojo, faltaram 4 canetas para completar o último estojo. Calcule:

Unidade 1 - *Álgebra Básica e Aritmética no Vestibular* |25

a) o número de canetas

b) o número de estojos

Resolução:

Sejam: x o número de estojos e y o número de canetas; temos:

$$\begin{cases} 7x + 24 = y \cdot (-1) \\ 8x - 4 = y \end{cases} \Rightarrow^+ \begin{cases} -7x - 24 = -\cancel{y} \\ \underline{8x - 4 = \cancel{y}} \end{cases}$$

$$x - 28 = 0 \Rightarrow X = 28$$
$$\text{e} \quad y = 7.28 + 24 = 220$$

Resposta: a) são 220 canetas   b) são 28 estojos

13. (UFCE) Em um mapa cartográfico, 4 cm representam 12 km. Neste mesmo mapa, 10 cm representam quanto quilômetros?

Resolução:

$$\frac{4}{12} = \frac{10}{x} \quad \text{(grandezas diretamente proporcionais)}$$

Então: $\quad x = \dfrac{12.10}{4} = 30$ km

Resposta: 30 km

14. (UFSC) Um reservatório contendo 120ℓ de água apresentava um índice de salinidade de 12%. Devido à evaporação, esse índice subiu para 15%. Determinar, em litros, o volume de água evaporada.

Resolução:

	água	índice de salinidade	
↑	120ℓ	12%	↓ (grandezas inversamente proporcionais)
	x	15%	

$$\frac{120}{x} = \frac{15}{12} \Rightarrow x = 96$$

Portanto, a água evaporada: $120 - 96 = 24\ell$

Resposta: 24ℓ

15. (PUC-MG) Uma solução tem 75% de ácido puro. Quantas gramas de ácido puro devemos adicionar a 48 g da solução para que a nova solução contenha 76% de ácido puro?

Resolução:

48 g de solução contêm $\dfrac{75}{100} \cdot 48 = 36$g de ácido puro.

$(48 + x)$g de solução conterão $(36 + x)$g de ácido puro.

Então:

$\dfrac{36 + x}{48 + x} = \dfrac{76}{100} \Rightarrow x = 2$ g

Resposta: 2 g

QUESTÕES PROPOSTAS

1. (UFF) Os conjuntos S, T e P são tais que todo elemento de S é elemento de T ou P. O diagrama que pode representar esses conjuntos é:

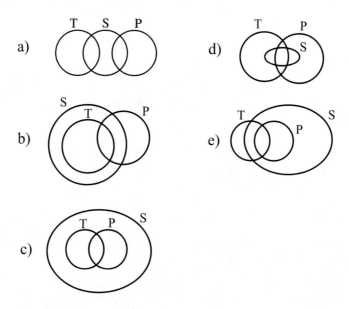

2. (UNIRIO) Considerando-se os conjuntos A, B e C, a região hachurada no diagrama a seguir representa:

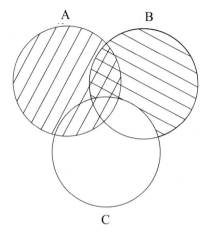

a) $A \cup (C - B)$
b) $A \cap (C - B)$
c) $A \cap (B - C)$
d) $A \cup (B - C)$
e) $(A \cup B) - C$

3. (PUC) A e B são conjuntos. O número de elementos de A é 7 e o de $A \cup B$ é 9. Os valores mínimo e máximo possíveis para o número de elementos do conjunto B são, respectivamente:
 a) 0 e 2
 b) 0 e 9
 c) 2 e 2
 d) 2 e 9
 e) 2 e 16

4. (PUC) Os conjuntos, A, B e $A \cup B$ possuem 5, 7 e 11 elementos, respectivamente. O número de elementos do conjunto $A \cap B$ é:
 a) 0
 b) 1
 c) 2
 d) 4
 e) 6

28 | *Matemática no Vestibular*

5. (UNIFICADO) Se A e B são conjuntos, $A - (A - B)$ é igual a:
a) A
b) B
c) $A - B$
d) $A \cup B$
e) $A \cap B$

6. (U.F.LAVRAS-MG) Os conjuntos A, B e C são tais que A possui 10 elementos; $A \cup B$, 16 elementos; $A \cup C$, 15 elementos; $A \cap B$, 5 elementos; $A \cap C$, 4 elementos; $B \cap C$, 6 elementos e $A \cap B \cap C$, 2 elementos. O número de elementos de $A \cup B \cup C$ é:
a) 30
b) 22
c) 17
d) 16
e) 10

7. (C.NAVAL) Se $N \cap P = \{2, 4, 6\}$ e $N \cap Q = \{2, 4, 7\}$, logo $N \cap (P \cup Q)$ é:
a) $\{2, 4\}$
b) $\{2, 4, 6, 7\}$
c) $\{6\}$
d) $\{7\}$
e) $\{6, 7\}$

8. (UFRN) Sejam três conjuntos finitos A, B e C tais que $N(A \cap B) = 20$, $N(A \cap C) = 10$ e $N(A \cap B \cap C) = 5$. Então, o número de elementos de $A \cup B \cup C$ é:
a) 5
b) 15
c) 20
d) 25
e) 30

9. (UNI-RIO) Considerando que $A = [a, b]$ e $B = [c, d[$, onde $a < c < b < d$, assinale a opção correta.
a) $A \cap B \subset]c, b]$
b) $B \subset \underset{\mathbb{R}}{C} A \cup [c, b]$
c) $C \subset A \cap B$
d) $[a, c[\in \underset{\mathbb{R}}{C} B$
e) $b \in A - B$

Unidade 1 - *Álgebra Básica e Aritmética no Vestibular* |29

10. (UFF) Com relação aos conjuntos:

$$P = \{x \in \mathbb{Z} \mid |x| \leq \sqrt{7}\} \quad \text{e} \quad Q = \{x \in \mathbb{Z} \mid x^2 \leq 0,333\ldots\}$$

afirma-se:

I) $P \cup Q = P$ II) $Q - P = \{0\}$ III) $P \subset Q$ IV) $P \cap Q = Q$

Somente são verdadeiras as afirmativas:

a) I e III

b) I e IV

c) II e III

d) II e IV

e) III e IV

11. (UNI-RIO) Considere três conjuntos A, B e C, tais que $N(A) = 28$, $N(B) = 21$, $N(C) = 20$, $N(A \cap B) = 8$, $N(B \cap C) = 9$, $N(A \cap C) = 4$ e $N(A \cap B \cap C) = 3$. Assim sendo, o valor de $N(A \cup B) \cap C)$ é:

a) 3

b) 10

c) 20

d) 21

e) 24

12. (UNI-RIO) Sejam p e q números reais. A esse respeito, assinale a opção correta:

a) $p < 0 \Rightarrow \sqrt{p^2} = p$

b) p e q são pares $\Rightarrow p - q$ é ímpar

c) $p \times q = 0 \Rightarrow p \neq 0$ e $q \neq 0$

d) $p \times q > 0 \Rightarrow p$ e q têm sinais contrários

e) $p^2 = q^2 \Rightarrow p = q$ ou $p = -q$

13. (PUC-RIO) Seja $a = 12(\sqrt{2} - 1)$, $b = 4\sqrt{2}$ e $c = 3\sqrt{3}$. Então:

a) $a < c < b$

b) $c < a < b$

c) $a < b < c$

d) $b < c < a$

e) $b < a < c$

14. (UNI-RIO) Sejam a e b números reais tais que $a^2 < b^2$. Então, pode-se concluir que:

a) $a < b$

30 | *Matemática no Vestibular*

b) $|a| < |b|$

c) $\dfrac{-a^2}{c^2} < \dfrac{-b^2}{c^2}$, se $c \neq 0$

d) $b < a$

e) $b^2c^2 < a^2c^2$, se $c \neq 0$.

15. (UNIFICADO) Considere os números inteiros abc e bac, onde a, b e c são algarismos distintos e diferentes de zero, e $a > b$. A diferença $abc - bac$ será sempre múltiplo de:

a) 4

b)8

c) 9

d) 12

e) 20

16. (UFF) Dado o conjunto $P = \{\{0\}, 0, \emptyset, \{\emptyset\}\}$, considere as afirmativas:

I) $\{0\} \in P$ II) $\{0\} \subset P$ III) $\emptyset \in P$

Com relação a estas afirmativas, conclui-se que:

a) todas são verdadeiras

b) apenas a I é verdadeira

c) apenas a II é verdadeira

d) apenas a III é verdadeira

e) todas são falsas

17. (UNIFICADO) Se $A = \{x \in \mathbb{R} \mid x < 1\}$, $B = \{x \in \mathbb{R} \mid -1 < x \leq 3\}$ e $C = \{x \in \mathbb{R} \mid x \geq 0\}$, então o conjunto que representa $(A \cap B) - C$ é:

a) $\{x \in \mathbb{R} \mid -1 < x < 0\}$

b) $\{x \in \mathbb{R} \mid -1 < x \leq 0\}$

c) $\{x \in \mathbb{R} \mid -1 < x < 1\}$

d) $\{x \in \mathbb{R} \mid x \leq 3\}$

e) $\{x \in \mathbb{R} \mid x > -1\}$

18. (PUC-MG) Sendo $\mathbb{R}$ o conjunto dos números reais $A = \{x \in \mathbb{R} \mid -5 < x \leq 4\}$ e $B = \{x \in \mathbb{R} \mid -3 < x < 7\}$, o conjunto $A - B$ é igual a:

a) $\{x \in \mathbb{R} \mid 4 \leq x < 7\}$

b) $\{x \in \mathbb{R} \mid -5 < x \leq -3\}$

c) $\{x \in \mathbb{R} \mid -3 \leq x \leq 4\}$

d) $\{x \in \mathbb{R} \mid -5 < x < -3\}$

e) $\{x \in \mathbb{R} \mid 4 < x \leq 7\}$

19. (FGV-SP) Seja A um conjunto com 8 elementos. O número total de subconjuntos de A é:

Unidade 1 - *Álgebra Básica e Aritmética no Vestibular* |31

a) 8

b) 256

c) 6

d) 128

e) 100

20. (U.F.UBERLÂNDIA) São dados os conjuntos:

$D =$ divisores de 24 (divisores positivos)

$M =$ múltiplos de 3 (múltiplos positivos)

$S = D \cap M$

$n =$ número de subconjuntos de S:

Portanto, n é igual a:

a) 64

b) 16

c) 32

d) 8

e) 4

21. (PUC-SP) São dados os conjuntos $A = \{x \in \mathbb{N} \mid x$ é par$\}$, $B = \{x \in \mathbb{Z} \mid -1 \le x < 6\}$ e $C = \{x \in \mathbb{N} \mid x \le 4\}$. O conjunto X, tal que $X \subset B$ e $B - X = A \cap C$, é:

a) $\{0, 3, 5\}$

b) $\{1, 3, 5\}$

c) $\{0, 1, 3, 5\}$

d) $\{-1, 1, 3, 5\}$

e) $\{-1, 1, 3, 5, 6\}$

22. (UFRJ) Uma amostra de 100 caixas de pílulas anticoncepcionais fabricadas pela Nascebem S.A. foi enviada para a fiscalização sanitária.

No teste de qualidade, 60 foram aprovadas e 40 reprovadas, por conterem pílulas de farinha. No teste de quantidade, 74 foram aprovadas e 26 reprovadas, por conterem um número menor de pílulas que o especificado.

O resultado dos dois testes mostrou que 14 caixas foram reprovadas em ambos os testes. Quantas caixas foram aprovadas em ambos os testes?

23. (UFRJ) Considere os pacientes de AIDS classificados em três grupos de risco: hemofílicos, homossexuais e toxicômanos. Num certo país, de 75 pacientes, verificou-se que:

(*) 41 são homossexuais;

(*) 9 são homossexuais e hemofílicos e não toxicômanos;

(*) 7 são homossexuais e toxicômanos, e não hemofílicos;

(*) 2 são hemofílicos e toxicômanos, e não homossexuais;

32 | *Matemática no Vestibular*

(*) 6 pertencem apenas ao grupo de risco dos toxicômanos

(*) o número de pacientes que são apenas hemofílicos é igual ao número de pacientes que são apenas homossexuais;

(*) o número de pacientes que pertencem simultaneamente aos três grupos de risco é a metade do número de pacientes que não pertencem a nenhum dos grupos de risco.

Quantos pacientes pertencem simultaneamente aos tês grupos de risco?

24. (UNI-RIO) Numa pesquisa para se avaliar a leitura de três revistas "A", "B" e "C", descobriu-se que 81 pessoas lêem, pelo menos, uma das revistas; 61 pessoas lêem somente uma delas e 17 pessoas lêem duas das três revistas. Assim sendo, o número de pessoas mais bem informadas dentre as 81 é:

a) 3

b) 5

c) 12

d) 29

e) 37

25. (IME) Três jogadores, cada um com um dado, fizeram lançamentos simultâneos. Essa operação foi repetida cinqüenta vezes. Os dados contêm três faces brancas e três faces pretas. Dessas 50 vezes:

a) em 28 saiu uma face preta para o jogador I;

b) em 25 saiu uma face branca para o jogador II;

c) em 27 saiu uma face branca para o jogador III;

d) em 8 saíram faces pretas para os jogadores I e III e branca para o jogador II;

e) em 7 saíram faces brancas para os jogadores II e III e preta para o jogador I;

f) em 4 saíram faces pretas para os três jogadores;

g) em 11 saíram faces pretas para os jogadores II e III.

Determine quantas vezes saiu uma face preta para pelo menos um jogador.

26. (UFRJ) João não estudou para a prova de matemática; por conta disso, não entendeu o enunciado da questão. A questão era de múltipla escolha e tinha as seguintes opções:

a) o problema tem duas soluções, ambas positivas.

b) o problema tem duas soluções, uma positiva e outra negativa.

c) o problema tem mais de uma solução.

d) o problema tem pelo menos uma solução.

e) o problema tem exatamente uma solução positiva.

João sabia que só havia uma opção correta. Ele pensou um pouco e marcou a resposta certa.

Unidade 1 - *Álgebra Básica e Aritmética no Vestibular* |33

Determine a escolha feita por João. Justifique sua resposta.

27. **(UERJ)** Em uma pesquisa sobre infecção hospitalar foram examinados 200 estetoscópios de diferentes hospitais. O resultado da pesquisa revelou que:

I) todos os estetoscópios estavam contaminados;

II) em cada um deles havia um único tipo de bactéria;

III) ao todo foram detectados 17 tipos distintos de bactérias nesses 200 estetoscópios examinados;

IV) os estetoscópios recolhidos do primeiro hospital estavam contaminados, só e exclusivamente, por 5 dentre os 17 tipos de bactérias;

V) depois do exame de 187 estetoscópios, verificou-se que todos os 17 tipos de bactérias apareceram em igual número de vezes;

VI) entre os 13 estetoscópios restantes, observou-se a presença de 13 tipos diferentes de bactérias, dentre os 17 tipos encontrados na pesquisa.

A análise dos resultados desta pesquisa permite afirmar que a quantidade mínima de estetoscópios contaminados no primeiro hospital é:
a) 54
b) 55
c) 56
d) 57

28. **(UNI-RIO)** Na cidade C, constatou-se que todas as pessoas que gostam de música clássica, não gostam de música sertaneja. Verificou-se, ainda, que 5% da população gostam de música clássica e de "rock"; que 10% gostam de música sertaneja e de "rock"; que 25% gostam de "rock", que 50% gostam de música sertaneja e que 30% gostam de música clássica. O percentual de habitantes da cidade C que não "curtem" nenhum dos gêneros musicais citados é de:
a) 10%
b) 8%
c) 5%
d) 2%
e) 0%

34 | *Matemática no Vestibular*

29. (FUVEST) No vestibular FUVEST exigia-se dos candidatos à carreira de Administração, a nota mínima 3,0 em matemática e em redação. Apurados os resultados, verificou-se que 175 candidatos foram eliminados em matemática e 76 candidatos foram eliminados em redação. O número total de candidatos eliminados por essas duas disciplinas foi 219. Qual o número de candidatos eliminados apenas pela redação?

   a) 24
   b) 143
   c) 32
   d) 44
   e) 99

30. (VUNESP) Numa classe de 30 alunos, 16 gostam de matemática e 20 de história. O número de alunos desta classe que gostam de matemática e de história é:

   a) exatamente 16
   b) no máximo 6
   c) exatamente 18
   d) exatamente 10
   e) no mínimo 6

31. (UFRJ) Na eleição para a prefeitura de certa cidade, 30% dos eleitores votaram pela manhã e 70% à tarde. Os eleitores da manhã gastaram, em média, 1 minuto e dez segundos para votar, enquanto os da tarde demoraram, em média, 1 minuto e 20 segundos.

Determine o tempo médio gasto por eleitor na votação.

32. (UFRJ) Para montar uma fábrica de sapatos, uma empresa fez um investimento inicial de R\$ 120.000,00. Cada par de sapatos é vendido por R\$ 30,00, com uma margem de lucro de 20%. A venda mensal é de 2.000 pares de sapato.

Determine o número de meses necessários para que a empresa recupere o investimento inicial.

33. (UFRJ) A rede de lojas Sistrepa vende por crediário com uma taxa de juros mensal de 10%. Um certa mercadoria, cujo preço à vista é P, será vendida a prazo de acordo com o seguinte plano de pagamento: R\$ 100,00 de entrada, uma prestação de R\$ 240,00 a ser paga em 30 dias e outra de R\$ 220,00 a ser paga em 60 dias.

Determine P, o valor de venda à vista dessa mercadoria.

34. (UFRJ) A figura mostra um trecho de uma malha rodoviária de mão única. Dos veículos que passam por A, 45% viram à esquerda. Dos veículos que passam por B, 35% viram à esquerda. Daqueles que trafegam por C, 30% dobram à esquerda.

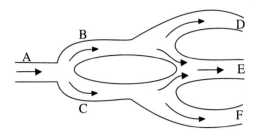

Determine o percentual dos veículos que, passando por A, entram em E.

35. (UFRJ) A organização de uma festa distribuiu 200 ingressos para 100 casais. Outros 300 ingressos foram vendidos, 30% dos quais para mulheres. As 500 pessoas com ingresso foram à festa.

a) Determine o percentual de mulheres na festa.

b) Se os organizadores quisessem ter igual número de homens e de mulheres na festa, quantos ingressos a mais eles deveriam distribuir apenas para pessoas do sexo feminino?

36. (UFRJ) A comissão de um corretor de imóveis é igual a 5% do valor de cada venda efetuada.

a) Um apartamento foi vendido por R$ 62.400,00.

Determine a comissão recebida pelo corretor.

b) Um proprietário recebe, pela venda de uma casa, R$ 79.800,00, já descontada a comissão do corretor.

Determine o valor da comissão.

37. (UFRJ) André e Ricardo, num dado instante, partem de um mesmo ponto de uma pista circular de 1500 metros de extensão. Eles dão várias voltas na pista, sendo que André corre com o quádruplo da velocidade de Ricardo. Determine a distância percorrida por Ricardo no instante em que os dois corredores se encontram pela primeira vez após a largada se:

a) eles correm em sentidos opostos

b) eles correm em mesmo sentido

38. (UFRJ) A figura abaixo representa uma estrela formada por doze triângulos elementares:

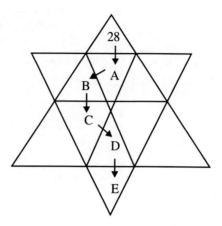

A cada triângulo elementar está associado um número de acordo com as regras indicadas no diagrama seguinte:

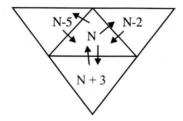

Dado que o número 28 está associado ao triângulo superior da estrela (ver figura), determine A, B, C, D e E.

39. (UFRJ) Uma escola deseja distribuir canetas entre os seus 480 alunos, de forma que cada um deles receba o mesmo número de cadernos e não haja sobras. Os cadernos são adquiridos pela escola em pacotes de uma dúzia e meia cada.
Determine o número de pacotes que a escola deve adquirir para que cada aluno receba a menor quantidade possível de cadernos.

40. (UFRJ) Uma fita comum de video-cassete pode gravar até 2 horas de programação no sistema SP (standard play) ou, com pior qualidade, até 4 horas de programação no sistema LP (long play). Uma pessoa deseja gravar, em uma única fita de 2h e 20 min de duração, usando o sistema SP durante o maior tempo possível e completando a gravação no sistema LP.

Unidade 1 - *Álgebra Básica e Aritmética no Vestibular* |37

Determine durante quanto tempo ela deverá usar o sistema SP.

41. (UFRJ) No mar, a pressão em cada ponto é diretamente proporcional à sua profundidade. Quando a profundidade é igual a 100 metros, a pressão correspondente é de 10,4 atmosferas. Determine a pressão p em um ponto situado a uma profundidade d.

42. (UFRJ) A fim de atrair a clientela, uma loja anunciou um desconto de 20% na compra à vista de qualquer mercadoria. No entanto, para não ter redução na margem de lucro, a loja reajustou previamente seus preços, de forma que, com o desconto, os preços retornassem aos seus valores iniciais. Determine a porcentagem do reajuste feito antes do desconto anunciado.

43. (UFRJ) Um automóvel de 4,5 m de comprimento é representado, em escala, por um modelo de 3 cm de comprimento. Determine a altura do modelo que representa, na mesma escala, uma casa de 3,75 m de altura.

44. (UFRJ) Dois jogadores de futebol de botão disputam um desafio em 75 partidas. Nas 35 partidas iniciais o vencedor ganha 3 pontos, e nas 40 partidas restantes o vencedor ganha 1 ponto. O perdedor não ganha ponto e nenhuma partida pode terminar empatada. Um dos jogadores ganhou 19 das 35 partidas iniciais.

Calcule o número mínimo de partidas que esse jogador ainda deve ganhar para ser campeão do desafio.

45. (UFRJ) Determine os números naturais maiores do que zero que, ao serem divididos por 8, apresentam resto igual ao dobro do quociente.

46. (UFRJ) Num jantar em um restaurante foram feitas despesas nos itens bebidas, entrada e prato principal. A nota de caixa relativa a estas despesas apresentava alguns números ilegíveis. Mostramos a seguir o conteúdo dessa nota, representando cada algarismo ilegível por um asterisco.

Item	Valor
Bebidas	16,0*
Entrada	7,*5
Prato principal	2*,99
Sub-total	**,40
10%	*,44
Total	**,84

Observe que sobre o consumo foram acrescentados 10% a título de serviço.
Determine o valor total da nota.

47. (UFRJ) Na pirâmide a seguir, para as camadas acima da base, o número colocado em cada tijolo é a soma dos números dos dois tijolos nos quais ele se apóia e que estão imediatamente abaixo dele.

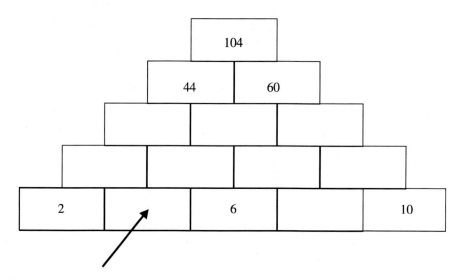

Determine o número do tijolo situado na base da pirâmide e apontado pela seta.

48. (UFRJ) Uma loja oferece duas formas de pagamentos para seus clientes: à vista ou em duas parcelas iguais. A loja anuncia na sua vitrine, um vestido pelo preço total de R$ 200,00 para pagamento em duas vezes, sendo R$ 100,00 no ato da compra e R$ 100,00 trinta dias após essa data. Para pagamento à vista, a loja oferece um desconto de 10% sobre o preço total de R$ 200,00 anunciado na vitrine.

Considerando o preço à vista com o preço real do vestido, determine a taxa de juros cobrada pela loja no pagamento em duas vezes.

49. (UFRJ) Um aluno da escola XYZ faz quatro provas de matemática por ano. A primeira prova possui peso um, a segunda peso dois, a terceira peso três e a quarta peso quatro. João obteve nota cinco na primeira prova, cinco na segunda e sete na terceira. A média do aluno é calculada através da média ponderada entre as quatro provas. Para a aprovação, o aluno deve ter média final igual ou superior a seis.

Unidade 1 - *Álgebra Básica e Aritmética no Vestibular* |39

Determine a nota mínima que João deve obter na quarta prova para ser aprovado.

50. (UFRJ) O tampo de uma mesa retangular foi medido por Paulo utilizando palitos de fósforo e palmos de sua própria mão. A maior dimensão do tampo é igual ao comprimento de 60 palitos de fósforo. Medida em palmos, essa maior dimensão é equivalente a 12 palmos. A menor dimensão do tampo da mesa é igual ao comprimento de 5 palmos. Determine o número de palitos de fósforo correspondente à medida da menor dimensão do tampo da mesa.

51. (UFRJ) Um professor organizou, para certa turma, uma caixa com 1000 fichas, cada qual com uma questão de matemática. A cada aula em que todos os alunos da turma estavam presentes, o professor dava uma ficha para cada aluno resolver como exercício em casa, nunca aceitando a devolução da mesma.

Num determinado dia, o professor observou que ainda restavam 502 fichas na caixa. Nas aulas seguintes, o professor continuou com o mesmo critério de distribuição das fichas, até que num dia D ele encerrou a distribuição porque notou que o total restante na caixa não era suficiente para que cada aluno recebesse uma ficha.

Determine o número total de fichas restantes na caixa no dia D, sabendo que essa turma era constituída de, pelo menos, sete alunos.

52. (UFRJ) Determine um número inteiro cujo produto por 9 seja um número natural composto apenas pelo algarismo 1.

53. (UFRJ) Para testar a eficácia de uma campanha de anúncio do lançamento de um novo sabão S, uma agência de propaganda realizou uma pesquisa com 2000 pessoas. Por uma falha de equipe, a agência omitiu os dados dos campos x, y, z e w no seu relatório sobre a pesquisa, conforme mostra a tabela a seguir.

Nº de pessoas que:	Adquiriram S	Não adquiriram S	Total
viram o anúncio	x	y	1500
não viram o anúncio	200	z	500
Total	600	w	2000

Indique os valores dos campos x, y, z e w.

54. (UFRJ) O quarteirão Q de uma cidade é limitado por quatro ruas. O número de veículos que passam por elas, em média, em certo horário, é indicado no diagrama, no qual as setas mostram o sentido do fluxo.

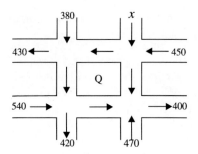

Suponha que todo carro que chega ao quarteirão sai por uma das vias indicadas, no horário considerado. Determine X.

55. (UFRJ) Das 100 pessoas que estão em uma sala, 99% são homens. Quantos homens devem sair para que a porcentagem de homens na sala passe a ser 98%:

56. (UFRJ) João, Pedro e Maria se encontraram para bater papo em um bar. João e Pedro trouxeram R$ 50,00 cada um, enquanto Maria chegou com menos dinheiro. Pedro, muito generoso, deu parte do que tinha para Maria, de forma que os dois ficaram com a mesma quantia. A seguir, João resolveu também repartir o que tinha com Maria, de modo que ambos ficassem com a mesma quantia. No final, Pedro acabou com R$ 4,00 a menos do que os outros dois.

Determine quanto Maria possuía quando chegou ao encontro.

57. (UFRJ) Duas cidades A e B distam 600 km, e a distância entre suas representações, num certo mapa, é de 12 cm. Se a distância real entre duas outras cidades C e D é de 100 km, qual será a distância entre suas representações no mesmo mapa?

58. (UFRJ) Um clube oferece a seus associados aulas de três modalidades de esporte: natação, tênis e futebol. Nenhum associado pôde ser inscrever simultaneamente em tênis e futebol, pois, por problemas administrativos, as aulas desses dois esportes serão dadas no mesmo horário. Encerradas as inscrições, verificou-se que: dos 85 inscritos em natação, 50 só farão natação; o total de inscritos para a aula de tênis foi de 17 e, para futebol, de 38; o número de inscritos só para as aulas de futebol excede em 10 o número de inscritos só para aula de tênis.

Quantos associados se inscreveram simultaneamente para as aulas de futebol e natação?

59. (UERJ) Um lojista oferece 5% de desconto ao cliente que pagar suas compras à vista. Para calcular o valor com desconto, o vendedor usa sua máquina calculadora do seguinte modo:

preço total x 5 % $-$

Um outro modo de calcular com desconto seria multiplicar o preço total das mercadorias por:
a) 0,05
b) 0,56
c) 0,95
d) 1,05

60. (PUC) O valor de $\sqrt{2,777\ldots}$ é:
a) 1,2
b) 1,666...
c) 1,5
d) um número entre 1/2 e 1
e) 3,49

61. (UERJ) Observe os pesos P_1, P_2 e P_3, que possuem, cada um, uma quantidade inteira em kg.

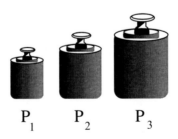

Colocando-se um, dois ou os três pesos em um mesmo prato de uma balança, pode-se equilibrar, no outro, 1, 2, 3, 4, 5, 6 ou, no máximo, 7 kg de batatas.

Entre P_1, P_2 e P_3, o mais pesado mede, em kg:
a) 3   b) 4   c) 5   d) 9

62. (UERJ) O número de fitas de vídeo que Marcela possui está compreendido entre 100 e 150. Grupando-as de 12 em 12, de 15 em 15 ou de 20 em 20, sempre resta uma fita. A soma dos três algarismos do número total de fitas que ela possui é igual a:

42 | *Matemática no Vestibular*

a) 3
b) 4
c) 6
d) 8

63. (UFF) Cada filha de Luiz Antônio tem o número de irmãs igual à quarta parte do número de irmãos. Cada filho de Luiz Antônio tem o número de irmãos igual ao triplo do número de irmãs. O total de filhas de Luiz Antônio é:

a) 5
b) 6
c) 11
d) 16
e) 21

64. (UFF) Lúcia resolve organizar uma festa de aniversário para seu filho e encomenda, para servir aos convidados, 107 refrigerantes, 95 sanduíches, 113 salgadinhos e 151 doces. Servirá, a cada homem, 3 refrigerantes, 3 sanduíches, 3 salgadinhos e 3 doces; a cada mulher, 2 refrigerantes, 2 sanduíches, 5 salgadinhos e 4 doces; a cada criança, 2 refrigerantes, 1 sanduíche e 4 doces. Para que não sobrem nem faltem refrigerantes, sanduíches, salgadinhos e doces, o número de pessoas que deve ser convidado é:

a) 39
b) 40
c) 41
d) 42
e) 43

65. (PUC) O valor de $\sqrt{0,444\ldots}$ é:

a) 0,222...
b) 0,333...
c) 0,444...
d) 0,555...
e) 0,666...

66. (PUC) O tribunal concedeu a uma certa categoria profissional aumento de 100% sobre o salário, descontadas as antecipações. Se os trabalhadores já haviam recebido uma antecipação de 20% em setembro, receberão agora um aumento sobre o salário de setembro de:

a) 45%
b) 50%
c) 67%
d) 72%
e) 80%

Unidade 1 - *Álgebra Básica e Aritmética no Vestibular* |43

67. (UNIFICADO) João vendeu dois rádios por preços iguais. Um deles foi vendido com lucro de 20%, e o outro com prejuízo de 20% sobre o preço de custo. No total, em relação ao capital investido, João:

a) lucrou 4%

b) lucro 2%

c) perdeu 4%

d) perdeu 2%

e) não lucrou nem perdeu

68. (UNIFICADO) 3 profissionais fazem 24 peças em 2 horas, e 4 aprendizes fazem 16 peças em 3 horas. Em quantas horas 2 profissionais e 3 aprendizes farão 48 peças?

a) 2

b) 3

c) 4

d) 5

e) 6

69. (UNIFICADO) O número de algarismos do produto $5^{17} \times 4^9$ é igual a:

a) 17

b) 18

c) 26

d) 34

e) 35

70. (UNIFICADO) Ônibus da linha 572 passam pelo Largo do Machado de 7 em 7 minutos. Se um ônibus passou às 15h 42min, que chegar ao Largo do Machado às 18h 3min, esperará quantos minutos pelo próximo ônibus?

a) 1

b) 2

c) 4

d) 5

e) 6

71. (UNI-RIO) A fração geratriz de $3,74151515\ldots$ é:

44 | *Matemática no Vestibular*

a) $\dfrac{37415}{10000}$

b) $\dfrac{3741515}{10000}$

c) $\dfrac{37041}{9900}$

d) $\dfrac{37041}{9000}$

e) $\dfrac{370415}{99000}$

72. (UNI-RIO) Suponha que, em dois meses, um determinado título de capitalização teve seu valor reajustado em 38%. Sabendo-se que o reajuste no 1º mês foi de 15%.

Podemos afirmar que o do 2º mês foi de:
a) 18,5%
b) 19,5%
c) 20%
d) 21,5%
e) 23%

73. (UERJ) Nicole pediu a seu irmão João que pensasse em um número e efetuasse as seguintes operações, nesta ordem:

1ª) multiplicar o número pensado por 5

2ª) adicionar 6 ao resultado

3ª) multiplicar a soma obtida por 4

4ª) adicionar 9 ao produto

5ª) multiplicar a nova soma por 5

João comunicou que o resultado é igual a K.

As operações que Nicole deve efetuar com K, para "adivinhar" o número pensado, equivalem às da seguinte expressão:
a) $(K - 165) : 100$
b) $(K - 75) : 100$
c) $K : 100 + 165$
d) $(K + 165) : 100$

Unidade 1 - *Álgebra Básica e Aritmética no Vestibular* |45

74. (UERJ) Em um restaurante há 12 mesas, todas ocupadas. Algumas, por 4 pessoas; outras, por apenas 2 pessoas, num total de 38 fregueses.

O número de mesas ocupadas por apenas 2 pessoas é:

a) 4

b) 5

c) 6

d) 7

75. (PUC-RJ) Um banco pratica sobre o seu serviço de cheque especial a taxa de juros de 11% ao mês. Para cada 100 reais de cheque especial, o banco cobra 111 no primeiro mês, 123,21 no segundo, e assim por diante. Sobre um montante de 100 reais, no final de um ano o banco irá cobrar aproximadamente:

a) 150 reais

b) 200 reais

c) 250 reais

d) 300 reais

e) 350 reais

76. (PUC-RJ) Para a, b, c distintos, o valor da expressão

$$\frac{1}{(a-b)(a-c)} + \frac{1}{(b-a)(b-c)} + \frac{1}{(c-a)(c-b)}$$

é:

a) $a + b + c$

b) sempre 0

c) abc

d) $3(a + b + c)$

e) $\dfrac{1}{a + b + c}$

77. (PUC-RJ) Em uma cela, há uma passagem secreta que conduz a um porão onde partem três túneis. O primeiro túnel dá acesso à liberdade em 1 hora, o segundo, em 3 horas, o terceiro leva ao ponto de partida em 6 horas. Em média, os prisioneiros que descobrem os túneis conseguem escapar da prisão em:

a) 3h 20min

b) 3h 40 min

c) 4h

d) 4h 30 min

e) 5h

46 | *Matemática no Vestibular*

78. (UNI-RIO) Um comerciante adquire uma mercadoria por um preço P e paga um imposto no valor de 15% de P. Ao revendê-la, o comerciante cobrou um valor 75% superior ao preço P. O lucro deste comerciante, em relação ao custo total, é aproximadamente de:
  a) 45%
  b) 52%
  c) 55%
  d) 59%
  e) 60%

79. (UNIFICADO) Se 0,6% de $3\frac{1}{3} = 3x - 1$, então o valor de x é:
  a) 3,4%
  b) 9,8%
  c) 34%
  d) 54%
  e) 98%

80. (UNI-RIO/CEFET/ENCE) Tendo sido feito o levantamento estatístico dos resultados do censo populacional em uma cidade, descobriu-se, sobre a população que:

  I - 44% têm idade superior a 30 anos;

  II - 68% são homens;

  III - 37% são homens com mais de 30 anos;

  IV - 25% são homens solteiros;

  V - 4% são homens solteiros com mais de 30 anos;

  VI - 45% são indivíduos solteiros;

  VII - 6% são indivíduos solteiros com mais de 30 anos.

Com base nos dados acima, pode-se afirmar que a porcentagem da população desta cidade que representa as mulheres casadas com idade igual ou inferior a 30 anos é de:
  a) 6%
  b) 7%
  c) 8%
  d) 9%
  e) 10%

81. (UERJ) Observe a tabela de compras realizadas por Mariana:

Unidade 1 - *Álgebra Básica e Aritmética no Vestibular* |47

Loja	Produtos	Preço unitário (R$)	Despesas (R$)
A	caneta	3,00	50,00
	lapiseira	5,00	
B	caderno	4,00	44,00
	corrretor	2,00	

Sabendo-se que ela adquiriu a mesma quantidade de canetas e cadernos, além do maior número possível de lapiseiras, o número de corretores comprados foi igual a:

a) 11

b) 12

c) 13

d) 14

82. (UERJ) Dois sinais luminosos fecham juntos num determinado instante. Um deles permanece 10 segundos fechado e 40 segundos aberto, enquanto o outro permanece 10 segundos fechado e 30 segundos aberto.

O número mínimo de segundos necessários, a partir daquele instante, para que os dois sinais voltem a fechar juntos outra vez é de:

a) 150

b) 160

c) 190

d) 200

83. (UERJ) Minamata do Trópico

Brasília Legal é um típico vilarejo amazônico, às margens do Rio Tapajós, a 200 Km dos garimpos de Itaiatuba. Tem 135 famílias que vivem de pesca e do extrativismo.

De 150 moradores examinados por pesquisadores, 90% apresentam índices de contaminação por mercúrio superiores a 6ppm (partes por milhão), o máximo que a Organização Mundial de Saúde (OMS) considera tolerável no organismo humano.

O caso mais grave é o do pescador José Camilo da Silva, 51 anos, conhecido em Brasília Legal como Zé do Cacete. Mergulhado no límpido Tapajós, Zé do Cacete parece desconhecer a gravidade da situação. Testes realizados pelo Instituto Doença de Minamata, Japão, revelaram que a contaminação mercurial em Zé do Cacete atingia a 151ppm.

Considerando-se o índice máximo tolerável pela OMS, a contaminação de José Camilo está com uma taxa percentual (em números redondos) em torno de:

a) 2%

b) 25%

48 | *Matemática no Vestibular*

c) 250%
d) 2500%
e) 25000%

84. (PUC) Se m e n são inteiros primos entre si, então o máximo divisor comum entre $m + n$ e $m - n$:
a) é sempre 1
b) é sempre 2
c) é sempre 3
d) só pode ser 1 ou 2
e) pode ser qualquer inteiro

85. (PUC) Se $x^2(1 - y)^2 = y^2(1 - x)^2$ e $x \neq y$, então $x + y$ será:
a) $x^2 + y^2$
b) xy
c) 2
d) $2xy$
e) $2y$

86. (PUC-RJ) Quantos múltiplos de 6 existem entre 1000 e 2000? Dentre estes, quantos são múltiplos de 8?

87. (PUC-RJ) Ache dois divisores diferentes, entre 60 e 70, do número $2^{48} - 1$.

88. (UFF) Na cidade litorânea de Loretin é rigorosamente obedecida a seguinte ordem do prefeito: "Se não chover, então todos os bares à beira-mar deverão ser abertos."
Pode-se afirmar que:

a) Se todos os bares à beira-mar estão abertos, então choveu.

b) Se todos os bares à beira-mar estão abertos, então não choveu.

c) Se choveu, então todos os bares à beira-mar não estão abertos.

d) Se choveu, então todos os bares à beira-mar estão abertos.

e) Se um bar à beira-mar não está aberto, então choveu.

89. (UFF) Considere a inequação:

$$\frac{2}{n^2} < \frac{-2}{9 - 6n} \; ; \quad n \in \mathbb{N}^*.$$

O conjunto-solução desta inequação é:

Unidade 1 - *Álgebra Básica e Aritmética no Vestibular* |49

a) $\{n \in \mathbb{N}^* \mid n > 1 \text{ e } n \neq 3\}$
b) $\mathbb{N}^*$
c) $\emptyset$
d) $\{n \in \mathbb{N}^* \mid n \neq 3\}$
e) $\{1, 3\}$

90. (UFF) Um jogador de basquete fez o seguinte acordo com o seu clube: cada vez que ele convertesse um arremesso, receberia R$ 10,00 do clube e cada vez que ele errasse, pagaria R$ 5,00 ao clube.

Ao final de uma partida em que arremessou 20 vezes, ele recebeu R$ 50,00.

Pode-se afirmar que o número de arremessos convertidos pelo jogador nesta partida foi:

a) 0
b) 5
c) 10
d) 15
e) 20

91. (UERJ) João mediu o comprimento do seu sofá com o auxílio de uma régua. Colocando 12 vezes a régua na direção do comprimento, sobraram 15 cm da régua; por outro lado, estendendo 11 vezes, faltaram 5 cm para atingir o comprimento total. O comprimento do sofá, em centímetros, equivale a:

a) 240
b) 235
c) 225
d) 220

92. (UERJ) O REAL ENFERRUJOU

"(...) As moedas de 1 e 5 centavos oxidam antes do previsto (...) Até agora, apenas 116 milhões entre os sete bilhões de moedas em circulação têm nova roupagem lançada pelo governo no dia 1º de julho (...)"

(REVISTA ISTO É)

Desses 116 milhões de moedas, metade é de R$ 0,50, a metade do número é de R$ 0,10, a metade do que sobrou é de R$ 0,05 e as últimas moedas são de R$ 0,01. O total de moedas de R$ 0,01 corresponde, em reais, a:

a) 14.500
b) 29.000
c) 145.000
d) 290.000

93. (UERJ) Uma máquina que, trabalhando sem interrupção, fazia 90 fotocópias por minuto foi substituída por outra 50% mais veloz. Suponha que a nova máquina

50 | *Matemática no Vestibular*

tenha que fazer o mesmo número de cópias que a antiga fazia em uma hora de trabalho ininterrupto. Para isso, a nova máquina vai gastar um tempo mínimo, em minutos, de:

a) 25

b) 30

c) 35

d) 40

94. (UERJ) Pedro foi comprar papel para a impressora e observou que em cada pacote havia a seguinte especificação:

$$\boxed{100 \text{ folhas de papel } 75g/m^2 \text{ no formato } 215mm \times 315mm}$$

O valor mais próximo, em kg, do conteúdo de cada pacote é:

a) 0,5

b) 1,6

c) 2,3

d) 5,0

95. (PUC) O valor de $\sqrt{1,777\ldots}/\sqrt{0,111\ldots}$ é:

a) 4,444...

b) 4

c) 4,777...

d) 3

e) 4/3

96. (PUC) $\sqrt[3]{-8} \times \sqrt[2]{(-5)^2} =$

a) -10

b) $-\sqrt{40}$

c) 40

d) $\sqrt{40}$

e) $2\sqrt{5}$

97. (PUC) Suponha uma inflação mensal de 4% durante um ano. De quanto será a inflação acumulada neste ano? (pode deixar o resultado indicado.)

98. (PUC) Seja a um número natural tal que 100 é divisor de $(100 + a)^3$. Então, é necessariamente verdadeiro que 100 é um divisor de a? Por quê?

99. (UFF) A expressão $\dfrac{10^{10} + 10^{20} + 10^{30}}{10^{20} + 10^{30} + 10^{40}}$ é equivalente a:

Unidade 1 - *Álgebra Básica e Aritmética no Vestibular* |51

a) $1 + 10^{10}$

b) $\dfrac{10^{10}}{2}$

c) 10^{-10}

d) 10^{10}

e) $\dfrac{10^{10} - 1}{2}$

100. (UFF) Três números naturais e múltiplos consecutivos de 5 são tais que o triplo do menor é igual ao dobro do maior. Dentre esses números, o maior é:
a) múltiplo de 3
b) ímpar
c) quadrado perfeito
d) divisor de 500
e) divisível por 4

101. (UNI-RIO) Maria foi ao shopping podendo gastar, no máximo, R\$ 100,00. Numa loja resolveu comprar R\$ 350,00 em mercadorias. Como não podia pagar à vista, deu uma entrada máxima e parcelou o restante em 5 vezes iguais, com juros de 2% a.m. sobre o total parcelado. O valor de cada prestação, em reais, foi de:
a) 25,00
b) 45,00
c) 55,00
d) 65,00
e) 70,00

102. (UFF) Para que a média aritmética das notas de uma turma de 20 alunos aumentasse em 0,1, alterou-se uma dessas notas para 7,5. Antes da alteração, tal nota era:
a) 5,5
b) 6,0
c) 7,4
d) 7,6
e) 8,5

103. (UFF) As empresas Alfa e Beta alugam televisores do mesmo tipo. A empresa Alfa cobra R\$ 35,00 fixos pelos primeiros 30 dias de uso e R\$ 1,00 por dia extra. A empresa Beta cobra R\$ 15,00 pelos primeiros 20 dias de uso e R\$ 1,50 por dia extra. Após n dias o valor cobrado pela empresa Beta passa a ser maior do que o cobrado pela empresa Alfa. O valor de n é:

52 | *Matemática no Vestibular*

a) 25

b) 35

c) 40

d) 45

e) 50

104. (UFF) A empresa ACME concedeu mensalmente a seus funcionários, durante dois meses, um reajuste fixo de x% ao mês. Se ao final desses dois meses o reajuste acumulado foi de 21%, o valor de x é:

a) 10

b) 10,5

c) 11

d) 11,5

e) 21

105. (UERJ) Rafael comprou 4 passagens aéreas para dar uma de presente para cada um de seus quatro netos. Para definir a época em que irão viajar, Rafael pediu que cada um dissesse uma frase. Se a frase fosse verdadeira, o neto viajaria imediatamente; se fosse falsa, o neto só viajaria no final do ano. O quadro abaixo apresenta as frases que cada neto falou:

NETO	FRASE
I	Viajarei para a Europa.
II	Meu vôo será noturno.
III	Viajarei no final do ano.
IV	O Flamengo é o melhor time do Brasil.

A partir das frases ditas, Rafael não pôde definir a época da viagem do neto representado pelo seguinte número:

a) I

b) II

c) III

d) IV

106. (UERJ) Em um posto de saúde foram atendidas, em determinado dia, 160 pessoas com a mesma doença, apresentando, pelo menos, os sintomas diarréia, febre ou dor no corpo, isoladamente ou não. A partir dos dados registrados nas fichas de atendimento dessas pessoas, foi elaborada a tabela a seguir:

Unidade 1 - *Álgebra Básica e Aritmética no Vestibular* |53

SINTOMAS	FREQÜÊNCIA
Diarréia	62
Febre	62
Dor no corpo	72
Diarréia e febre	14
Diarréia e dor no corpo	08
Febre e dor no corpo	20
Diarréia, febre e dor no corpo	X

Na tabela, X corresponde ao número de pessoas que apresentaram, ao mesmo tempo, os três sintomas. Pode-se concluir que X é igual a:

a) 6
b) 8
c) 10
d) 12

107. (PUC-RJ) Uma inflação mensal de 2% acumulada durante quatro meses representa uma inflação de, aproximadamente:

a) 7%
b) 9%
c) 8,25%
d) 10%
e) 12%

108. (PUC) Uma indústria opera com um custo fixo de produção (sem contar os impostos) de 100.000 reais por ano e tem de pagar impostos sobre 30% de seu faturamento bruto. Quanto deve faturar para que seu lucro ao ano seja de, no mínimo, 40.000 reais?

109. (UFF) O seguinte enunciado é verdadeiro:

"Se uma mulher está grávida, então a substância gonadotrofina coriônica está presente a sua urina."

Duas amigas, Fátima e Mariana, fizeram exames e constatou-se que a substância gonadotrofina coriônica está presente na urina de Fátima e não está presente na urina de Mariana. Utilizando a proposição enunciada, os resultados dos exames e o raciocínio lógico dedutivo:

a) garante-se que Fátima está grávida e não se pode garantir que Mariana está grávida.

b) garante-se que Mariana não está grávida e não se pode garantir que Fátima está grávida.

c) garante-se que Mariana está grávida e que Fátima também está grávida.

54 | *Matemática no Vestibular*

d) garante-se que Fátima não está grávida e não se pode garantir que Mariana está grávida.

e) garante-se que Mariana não está grávida e que Fátima está grávida.

110. (UFF) Na perfumaria Xerobom, o xampu, o condicionador e a loção de sua fabricação estão sendo apresentados aos clientes em três tipos de conjuntos:

CONJUNTO	PREÇO
2 loções e 3 xampus	R$ 38,00
4 xampus e 2 condicionadores	R$ 26,00
2 loções e 1 condicionador	R$ 31,00

Determine o preço de cada um desses produtos, considerando que o preço individual de cada produto é o mesmo, independentemente do conjunto a qual pertence.

111. (ESPCEX-SP) Determinar o menor número natural que se deve intercalar entre os algarismos 4 e 6 do número 146, para que o número assim obtido seja divisível por 4 e 6.

112. (UNIFICADO) O resto da divisão do inteiro n por 12 é igual a 7. O resto da divisão de n por 4 é:

a) 0

b) 1

c) 2

d) 3

e) 4

113. (UNIFICADO) Seja n um inteiro positivo tal que $2n$ é divisor de 150. O número de valores distintos a n é:

a) 3

b) 4

c) 5

d) 6

e) 8

114. (PUC) 1440 soldados são divididos em x equipes, de modo que todas as equipes têm o mesmo número de soldados e o número de soldados em cada equipe é par. O número de valores possíveis de x é:

a) 10

b) 18

c) 24

d) 30

e) 36

Unidade 1 - *Álgebra Básica e Aritmética no Vestibular* |55

115. (UNICAMP) Uma quantidade de 6240ℓ de água apresentava um índice de salinidade de 12%. Devido à evaporação, esse índice subiu para 18%. Calcule a quantidade, em litros, da água que evaporou.

116. (UFCE) Paulo ganha 70 salários mínimos mensais. Joaquim ganha 30% a menos do que ganha Paulo. Quantos salários mínimos mensais ganha Joaquim?

117. (FUVEST) Um certo tipo de aplicação duplica o capital em dois meses.
a) Qual a taxa mensal de juros?
b) Em quantos meses a aplicação renderá 700% de juros?

118. (FUVEST)
a) Qual a metade de 2^{22}?
b) Calcule $8^{2/3} + 9^{0,5}$.

119. (UNICAMP) Dados os dois números positivos, $\sqrt[3]{3}$ e $\sqrt[4]{4}$, determine o maior.

120. (UNICAMP) A divisão de um certo número inteiro positivo N por 1994 deixa resto 148. Calcule o resto da divisão de $N + 2000$ pelo mesmo número 1994.

121. (FUVEST) Determine os números naturais a, b e c, sabendo que $2040 = 8a + 48b + 384c$, $a < 6$ e $b < 8$.

122. (UNICAMP) Um copo cheio de água pesa 385g; com $\dfrac{2}{3}$ da água pesa 310g. Pergunta-se:
a) qual é o peso do copo vazio?
b) qual é o peso do copo com $\dfrac{3}{5}$ da água?

123. (VUNESP-SP) Uma torneira goteja 7 vezes a cada 20 s. Admitindo que as gotas tenham sempre volume igual a 0,2 $m\ell$, determine o volume de água que vaza por hora.

124. (UFPA) Cinco bordadeiras fazem $\dfrac{3}{8}$ de uma toalha em 16 dias. Para acabar a toalha elas levarão:
a) 30 dias
b) 28 dias e 12 h
c) 26 dias e 16 h
d) 18,7 dias
e) 9,6 dias

125. (FAFI-BH) Em uma empresa, 8 funcionários produzem 2000 peças, traba-

56 | *Matemática no Vestibular*

lhando 8 horas por dia durante 5 dias. O número de funcionários necessários para que essa empresa produz 6000 peças em 15 dias, trabalhando 4 horas por dia, é:
a) 2
b) 3
c) 4
d) 8
e) 16

126. (FEBA-SP) O valor de $\sqrt{1\%}$ é:
a) 10%
b) 10
c) 1
d) 1%

127. (UFAL) A razão entre a terça parte de 0,27 e o dobro de 0,2, nessa ordem, é equivalente a:
a) 2,25%
b) 4,75%
c) 22,5%
d) 27,5%
e) 47,5%

128. (UFJF) A população atual de uma cidade é igual a P e cresce a uma taxa de 2% ao ano. A população dessa cidade daqui a n anos será igual a:
a) $P(1,02)^{n-1}$
b) $P^n \cdot 1,2$
c) $P(0,02)^n$
d) $P(1,02)^n$
e) $P(1,2)^n$

129. (VUNESP) As promoções do tipo "leve 3 e pague 2" comuns no comércio, acenam com um desconto, sobre cada unidade vendida, de:
a) $\dfrac{50}{3}\%$
b) 20%
c) 25%
d) 30%
e) $\dfrac{100}{3}\%$

130. (UNIMEP-SP) Contrariando o plano real, um comerciante aumenta o preço de um produto que custava R$ 300,00 em 20%. Um mês depois arrependeu-se e fez um desconto de 20% sobre o preço reajustado. O novo preço do produto é:

Unidade 1 - *Álgebra Básica e Aritmética no Vestibular* |57

a) R$ 240,00
b) R$ 278,00
c) R$ 300,00
d) R$ 288,00
e) nenhuma das anteriores

Gabarito das questões propostas

Questão 1 - Resposta: Figura d)
Questão 2 - Resposta: d) $A \cup (B - C)$
Questão 3 - Resposta: d) 2 e 9
Questão 4 - Resposta: b) 1
Questão 5 - Resposta: e) $A \cap B$
Questão 6 - Resposta: c) 17
Questão 7 - Resposta: b) $\{2, 4, 6, 7\}$
Questão 8 - Resposta: d) 25
Questão 9 - Resposta: b) $B \subset \underset{\mathbb{R}}{C} A \cup [c, b]$

Questão 10 - Resposta: b) I e IV
Questão 11 - Resposta: b) 10
Questão 12 - Resposta: e) $p^2 = q^2 \Rightarrow p = q$ ou $p = -q$
Questão 13 - Resposta: a) $a < c < b$
Questão 14 - Resposta: b) $|a| < |b|$
Questão 15 - Resposta: c) 9
Questão 16 - Resposta: a) todas são verdadeiras
Questão 17 - Resposta: a) $\{x \in \mathbb{R} \mid -1 < x < 0\}$
Questão 18 - Resposta: b) $\{x \in \mathbb{R} \mid -5 < x \leq -3\}$
Questão 19 - Resposta: b) 256
Questão 20 - Resposta: b) 16
Questão 21 - Resposta: d) $\{-1, 1, 3, 5\}$
Questão 22 - Resposta: 48
Questão 23 - Resposta: 1
Questão 24 - Resposta: a) 3
Questão 25 - Resposta: 44
Questão 26 - Resposta: d) Justificativa: é a única opção que pode ser correta sem que outra também o seja
Questão 27 - Resposta: c) 56
Questão 28 - Resposta: a) 10%
Questão 29 - Resposta: d) 44
Questão 30 - Resposta: e) no mínimo 6

58 | *Matemática no Vestibular*

Questão 31 - Resposta: 77 segundos
Questão 32 - Resposta: 12 meses
Questão 33 - Resposta: R$500,00
Questão 34 - Resposta: 47,75%
Questão 35 - Resposta: a) 38%   b) 120
Questão 36 - Resposta: a) R$3.120,00   b) R$4.200,00
Questão 37 - Resposta: a) 500 metros   b) 300 metros
Questão 38 - Resposta: $A = 31$, $B = 33$, $C = 36$, $D = 41$ e $E = 44$
Questão 39 - Resposta: 80 pacotes
Questão 40 - Resposta: 1 hora e 40 minutos
Questão 41 - Resposta: $p = 0,104$ d
Questão 42 - Resposta: 25%
Questão 43 - Resposta: A altura do modelo é de 2,5 cm
Questão 44 - Resposta: Das 40 partidas finais, A deve ganhar no mínimo 16
Questão 45 - Resposta: $\{10, 20, 30\}$
Questão 46 - Resposta: R$48,84
Questão 47 - Resposta: 5
Questão 48 - Resposta: 25%
Questão 49 - Resposta: nota mínima para aprovação 6,0
Questão 50 - Resposta: 25 palitos
Questão 51 - Resposta: 4 fichas
Questão 52 - Resposta: 12345679
Questão 53 - Resposta: $x = 400$, $y = 1100$, $z = 300$ e $w = 1400$
Questão 54 - Resposta: $x = 590$
Questão 55 - Resposta: 50 homens
Questão 56 - Resposta: R$ 34,00
Questão 57 - Resposta: 2 cm
Questão 58 - Resposta: 23 associados
Questão 59 - Resposta: c) 0,95
Questão 60 - Resposta: b) $1,666\ldots$
Questão 61 - Resposta: b) 4
Questão 62 - Resposta: b) 4
Questão 63 - Resposta: a) 5
Questão 64 - Resposta: e) 43
Questão 65 - Resposta: e) $0,666\ldots$
Questão 66 - Resposta: c) 67%
Questão 67 - Resposta: c) perdeu 4%
Questão 68 - Resposta: c) 4
Questão 69 - Resposta: b) 18

Unidade 1 - *Álgebra Básica e Aritmética no Vestibular* |59

Questão 70 - Resposta: e) 6

Questão 71 - Resposta: c) $\dfrac{37041}{9900}$

Questão 72 - Resposta: c) 20%

Questão 73 - Resposta: a) $(K - 165) : 100$

Questão 74 - Resposta: b) 5

Questão 75 - Resposta: e) 350 reais

Questão 76 - Resposta: b) sempre 0

Questão 77 - Resposta: c) 4 h

Questão 78 - Resposta: b) 52%

Questão 79 - Resposta: c) 34%

Questão 80 - Resposta: b) 7%

Questão 81 - Resposta: b) 12

Questão 82 - Resposta: d) 200

Questão 83 - Resposta: d) 2500%

Questão 84 - Resposta: d) só pode ser 1 ou 2

Questão 85 - Resposta: d) $2xy$

Questão 86 - Resposta: $*$ 167 múltiplos de 6.

$*$ ser múltiplo de 6 e 8 ao mesmo tempo equivale a ser múltiplo de 24. Logo, múltiplos de 24 são 42.

Questão 87 - Resposta: 63 e 65

Questão 88 - Resposta: e) se um bar à beira-mar não está berto, então choveu

Questão 89 - Resposta: a) $\{n \in \mathbb{N}^* \mid n > 1 \; n \neq 3\}$

Questão 90 - Resposta: c) 10

Questão 91 - Resposta: c) 225

Questão 92 - Resposta: c) 145.000

Questão 93 - Resposta: d) 40

Questão 94 - Resposta: a) 0,5

Questão 95 - Resposta: b) 4

Questão 96 - Resposta: a) -10

Questão 97 - Resposta: $100 \cdot \left[(1,04)^{12} - 1\right]$ por cento

Questão 98 - Resposta: Se $a = 10$ então $(100 + a)^3$ é um múltiplo de 100.

Assim a resposta á <u>não</u>. (Axioma).

Questão 99 - Resposta: c) 10^{-10}

Questão 100 - Resposta: a) múltiplo de 3

Questão 101 - Resposta: c) 55,00

Questão 102 - Resposta: a) 5,5

Questão 103 - Resposta: c) 40

Questão 104 - Resposta: a) 10

Questão 105 - Resposta: c) III

60 | *Matemática no Vestibular*

Questão 106 - Resposta: a) 6

Questão 107 - Resposta: c) 8,25%

Questão 108 - Resposta: $f \geq 200.000,00$

Questão 109 - Resposta: b) garante-se que Mariana não está grávida e não se pode garantir que Fátima está grávida

Questão 110 - Resposta: xampu: R\$ 4,00; loção: R\$ 13,00 e condicionador: R\$ 5,00

Questão 111 - Resposta: 1

Questão 112 - Resposta: d) 3

Questão 113 - Resposta: d) 6

Questão 114 - Resposta: d) 30

Questão 115 - Resposta: 2080ℓ

Questão 116 - Resposta: 49

Questão 117 - Resposta: a) 41,4%   b) 6 meses

Questão 118 - Resposta: a) 2^{21} b) 7

Questão 119 - Resposta: $\sqrt[3]{3} > \sqrt[4]{4}$

Questão 120 - Resposta: 154

Questão 121 - Resposta: $a = 3, \quad b = 2$ e $c = 5$

Questão 122 - Resposta: a) 160 g   b) 295 g

Questão 123 - Resposta: $252 \text{ m}\ell$

Questão 124 - Resposta: c) 26 dias e 16 h

Questão 125 - Resposta: e) 16

Questão 126 - Resposta: a) 10%

Questão 127 - Resposta: c) 22,5%

Questão 128 - Resposta: d) $P(1,02)^n$

Questão 129 - Resposta: e) $\dfrac{100}{3}\%$

Questão 130 - Resposta: d) R\$288,00

$$\text{U}\text{NIDADE } 2$$

PRODUTO CARTESIANO, RELAÇÕES E FUNÇÕES

SINOPSE TEÓRICA

2.1) Produto cartesiano

Dados dois conjuntos não vazios A e B, denomina-se *produto cartesiano de A por B* o conjunto formado pelos pares ordenados nos quais o primeiro elemento pertence a A, e o segundo elemento pertence a B.

Par ordenado

Par ordenado é um conceito primitivo. A idéia de par ordenado está associada a um conjunto de dois elementos considerados numa dada ordem. Assim, (x, y) é o par ordenado de 1° termo x e 2° termo y.

Logo, temos como produto cartesiano:

$A \times B = \{(x, y) \mid x \in A \text{ e } y \in B\}$

$B \times A = \{(x, y) \mid x \in B \text{ e } y \in A\}$

Exemplo prático:

I) Sendo $A = \{2, 5, 7\}$ e $B = \{2, 4\}$, determine:

   a) $A \times B = \{(2, 2), (2, 4), (5, 2), (5, 4), (7, 2), (7, 4)\}$

   a) $B \times A = \{(2, 2), (4, 2), (2, 5), (4, 5), (2, 7), (4, 7)\}$

   c) $B^2 = B \times B = \{(2, 2), (2, 4), (4, 2), (4, 4)\}$

II) Um conjunto A tem 4 elementos e um conjunto B, 3 elementos. Quantos elementos têm:

   a) $A \times B \;\Rightarrow\; n(A \times B) = n(A) \cdot n(B) = 4 \cdot 3 = 12$

   b) $B \times A \;\Rightarrow\; n(B \times A) = n(B) \cdot n(A) = 3 \cdot 4 = 12$

62 | *Matemática no Vestibular*

c) $A^2 \Rightarrow n(A^2) = n(A) \cdot n(A) = 4 \cdot 4 = 16$

Observações:

1ª) Se $A = \emptyset$ ou $B = \emptyset$, por definição, $A \times B = \emptyset$; isto é, $A \times \emptyset = \emptyset$ ou $\emptyset \times B = \emptyset$.

2ª) Sendo A e B não vazios, temos: $A \times B \neq B \times A$.

2.2) Relação

Dados dois conjuntos A e B, define-se relação R de A em B, qualquer subconjunto de $A \times B$.

Logo: $R \subset A \times B$.

Exemplo prático:

I) Dado $A = \{0, 1, 2, 6, 8\}$, determine as relações:

a) $R_1 = \{(x, y) \in A^2 \mid x = y\}$

$\quad S = \{(0, 0), (1, 1), (2, 2), (6, 6), (8, 8)\}$

b) $R_2 = \{(x, y) \in A^2 \mid y = x - 2\}$

$\quad S = \{(2, 0), (8, 6)\}$

II) Dados $A = \{x \in \mathbb{N} \mid x \leq 10\}$ e $R = \{(x, y) \in A^2 \mid x + 2y = 10\}$, escreva os pares ordenados da relação R.

Resposta:

$R = \{(0, 5), (2, 4), (4, 3), (6, 2), (8, 1), (10, 0)\}$

2.3) Função

Sendo A e B dois conjuntos não vazios e uma relação f de A em B, essa relação f é uma *função* de A em B quando a cada elemento x do conjunto A está associado um, e somente um, elemento y do conjunto B.

Unidade 2 - *Produto Cartesiano, Relações e Funções* |63

Exemplo prático:

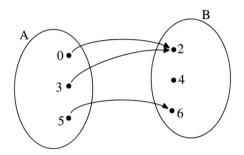

Numa função f de A em B, temos os conjuntos:

* Domínio
  $D(f) = \{0, 3, 5\}$: o conjunto A
* Imagem
  $\text{Im}(f) = \{2, 6\}$
* Contra-Domínio
  $\text{CD}(f) = \{2, 4, 6\}$: o conjunto B

2.4) Gráfico de uma função

Sabemos que, para cada x do domínio deve existir, em correspondência, apenas um y na imagem, isto significa que cada reta vertical traçada por pontos do domínio deve interceptar a curva da função em um só ponto.

Exemplo prático:
a)

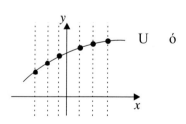

* Este gráfico representa uma função, pois toda a reta vertical traçada pelos pontos do domínio intercepta a curva em um só ponto.

b)

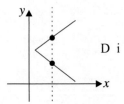

* Este gráfico *não* representa uma função, pois existem retas verticais traçadas pelos pontos do domínio que interceptam a curva em mais de um ponto.

2.5) Análise gráfica para dominio e imagem de uma função

Observando o gráfico de uma função, temos que o seu domínio é o intervalo representado pela projeção da curva sobre o eixo das abscissas. E a imagem é o intervalo repressentado pela projeção da curva sobre o eixo das ordenadas.

Exemplo prático:
a)

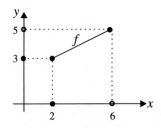

$$D(f) = \{x \in \mathbb{R} \mid 2 \leq x < 6\} = [2, 6[$$
$$I(f) = \{y \in \mathbb{R} \mid 3 \leq y < 5\} = [3, 5[$$

b)

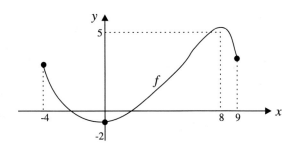

$$D(f) = \{x \in \mathbb{R} \mid -4 \leq x \leq 9\} = [-4, 9]$$
$$I(f) = \{y \in \mathbb{R} \mid -2 \leq y \leq 5\} = [-2, 5]$$

c)

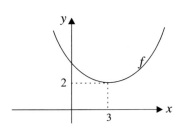

$$D(f) = \mathbb{R} = \,]-\infty, \infty[$$
$$I(f) = \{y \in \mathbb{R} \mid y \geq 2\} = [2, \infty[$$

d)

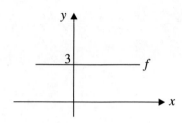

$$D(f) = \mathbb{R} = \,]-\infty, \infty[$$
$$I(f) = \{3\}$$

2.6) Classificação de uma função

2.6.1) Função sobrejetora

Uma função f de A em B é definida sobrejetora, ou sobrejetiva, quando o conjunto imagem for igual ao contra-domínio da função.

Exemplo prático:

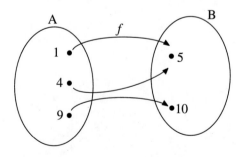

Então: $\text{Im}(f) = CD(f) = \{5, 10\}$

Unidade 2 - *Produto Cartesiano, Relações e Funções* |67

2.6.2) Função injetora

Uma função f de A em B é definida injetora, ou injetiva, quando cada elemento de B é imagem de um único elemento de A.

Exemplo prático:

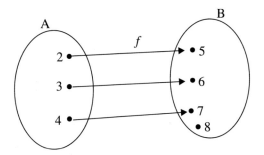

2.6.3) Função bijetora

Uma função f de A em B é definida bijetora, ou bijetiva, quando a função for, ao mesmo tempo, sobrejetora e bijetora.

Exemplo prático:

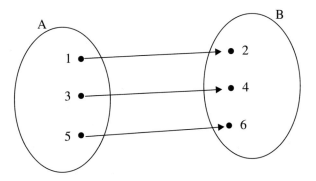

2.7) Função crescente e função decrescente

Função crescente.

Uma função f é *crescente* em um conjunto $A \subset D(f)$ se, para quaisquer $x_1 \in A$ e $x_2 \in A$, $x_1 < x_2$, tivermos $f(x_1) < f(x_2)$.

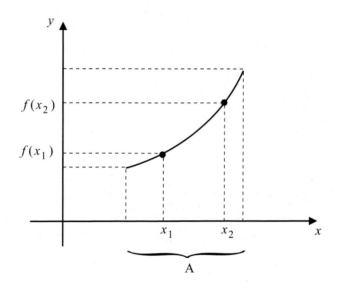

Função decrescente.

Uma função f é *decrescente* em um conjunto $A \subset D(f)$ se, para quaisquer $x_1 \in A$ e $x_2 \in A$, $x_1 < x_2$, tivermos $f(x_1) > f(x_2)$.

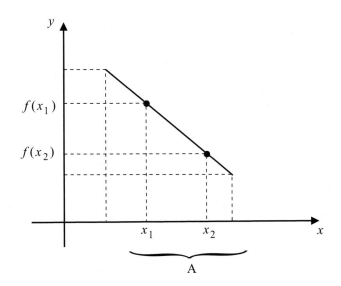

2.8) Função par e função ímpar

Função par.

Definida quando elementos opostos de A têm imagens iguais.
  Logo: $f(x) = f(-x)$

Exemplo prático:

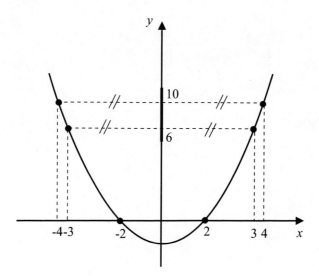

Veja:

$f(2) = f(-2) = 0$

$f(3) = f(-3) = 6$

$f(4) = f(-4) = 10$

Função ímpar.
Definida quando elementos opostos quaisquer de A têm imagens opostas.
    Logo: $f(x) = -f(-x)$

Exemplo prático:

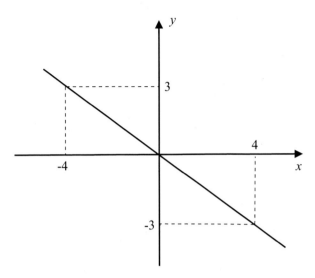

Veja:

$$f(4) = -3 \quad \text{e} \quad f(-4) = 3$$

2.9) Função composta

Se f é uma função de A em B e g uma função de B em C, então a função composta $g \circ f$ é uma função de A em C definida por $g \circ f(x) = g(f(x))$ para todo x em A.

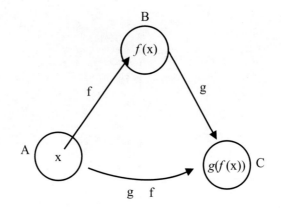

Então:

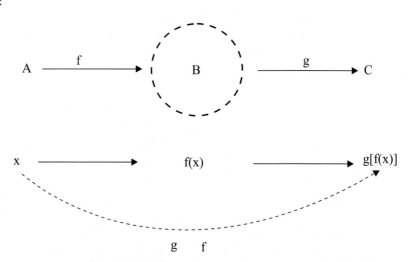

2.10) Função inversa

Define-se função inversa da função bijetora $f\colon A \to B$ a função $f^{-1}\colon B \to A$, que se obtém trocando de posição os elementos de todos os pares ordenados da função f.

Exemplo prático:

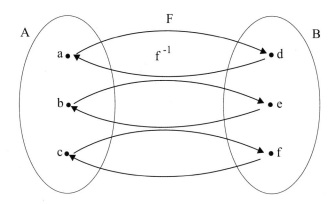

Então: $f = \{(a,d), (b,e), (c,f)\}$
$f^{-1} = \{(d,a), (e,b), (f,c)\}$

2.10.1) Regra prática para determinação da função inversa

2.10.1.1) Processo algébrico

Para se obter a função inversa da função $f(x)$, basta trocar de lugar as variáveis x e y e isolar o novo y.

Exemplo prático:

Dada a função bijetora $f(x) = \dfrac{3x-1}{x+2}$, de $\mathbb{R} - \{-2\}$ em $\mathbb{R} - \{3\}$, determine a inversa.

Resolução:

$y = \dfrac{3x-1}{x+2} \Rightarrow x \underbrace{=}_{\text{troca de } x \text{ por } y} \dfrac{3y-1}{y+2} \Rightarrow xy + 2x = 3y - 1 \Rightarrow xy - 3y = -1 - 2x \Rightarrow$

$y(x-3) = -1 - 2x$, logo:

$f^{-1}(x) = -\dfrac{1+2x}{x-3}$

2.10.1.2) Processo geométrico

O gráfico de uma função e sua inversa são simétricos em relação à bissetriz dos quadrantes ímpares.

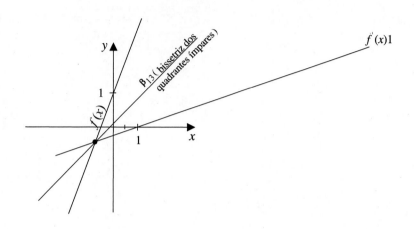

Exemplo prático:

Dada a função $f(x) = x^2$, de $\mathbb{R}_+$ em $\mathbb{R}_+$, determine a sua inversa e o gráfico.

Resolução:

$f(x) = x^2 \Rightarrow y = x^2 \Rightarrow x = y^2$, logo $f^{-1}(x) = \sqrt{x}$

Gráfico:

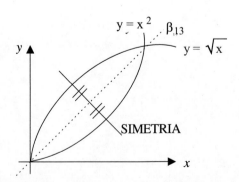

2.11) Função polinomial do 1º grau ou função afim

Definida por toda função $f: \mathbb{R} \to \mathbb{R}$ na forma $f(x) = ax + b$, com $a, b \in \mathbb{R}$ e $a \neq 0$.

Exemplos gerais:

a) $y = 3x - 8$ b) $f(x) = -2x + 4$ c) $y = -\dfrac{x}{2}$ d) $f(x) = 8x - \sqrt{3}$

2.11.1) Gráfico

Definido por uma reta, nos seguintes casos:

1º caso: $a > 0$ $\Rightarrow$ função crescente

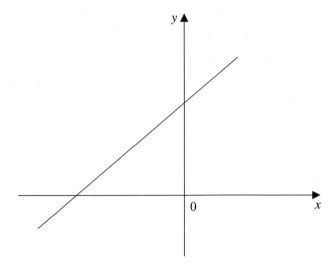

2º caso: $a < 0 \Rightarrow$ função decrescente

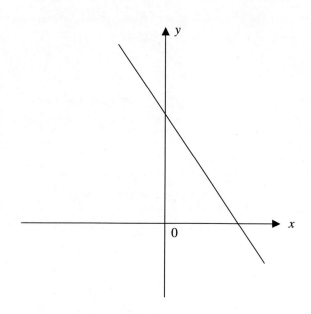

2.11.2) Raiz ou zero da função

Definida quando $f(x) = 0$.

Então: $f(x) = ax + b \Rightarrow ax + b = 0 \Rightarrow ax = -b$

Logo: $x = \dfrac{-b}{a} \Rightarrow$ raiz de $f(x)$

2.11.3) Estudo do sinal

Definido nos seguintes casos:

1º caso: $a > 0 \Rightarrow$ Função crescente

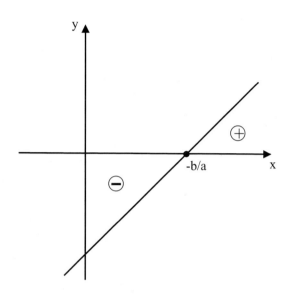

$$x > -b/a \;\Rightarrow\; y > 0$$

$$x = -b/a \;\Rightarrow\; y = 0$$

$$x < -b/a \;\Rightarrow\; y < 0$$

2º caso: $a < 0 \Rightarrow$ Função decrescente

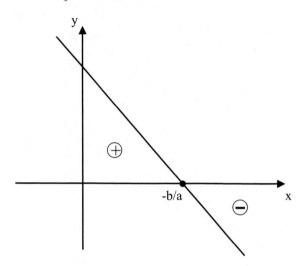

$$x > -b/a \Rightarrow y < 0$$
$$x = -b/a \Rightarrow y = 0$$
$$x < -b/a \Rightarrow y > 0$$

2.11.4) Inequação do 1º grau
Definida nas seguintes formas:
$ax + b > 0$, $ax + b < 0$, $ax + b \geq 0$ e $ax + b \leq 0$, com $a, b \in \mathbb{R}$ e $a \neq 0$.

2.11.5) Inequação-produto
Sendo $f(x)$ e $h(x)$ duas funções de 1º grau, definimos inequação-produto, nas formas:
$f(x) \cdot h(x) > 0$; $f(x) \cdot h(x) < 0$; $f(x) \cdot h(x) \geq 0$; ou $f(x) \cdot h(x) \leq 0$.

Exemplo prático:
Resolva a inequação $(x + 2)(x - 1)(-x + 2) \leq 0$.
 Estudando-se os sinais:

Unidade 2 - *Produto Cartesiano, Relações e Funções* |79

$f(x) = x + 2$ $x + 2 = 0$ $x = -2$	$g(x) = x - 1$ $x - 1 = 0$ $x = 1$	$f(x) = -x + 2$ $-x + 2 = 0$ $x = 2$

Quadro de soluções:

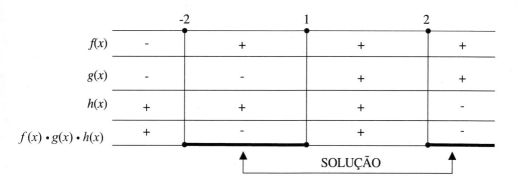

$S = \{x \in \mathbb{R} \mid -2 \leq x \leq 1 \text{ ou } x \geq 2\}$

2.11.6) Inequação-quociente

Sendo $g(x)$ e $t(x)$ duas funções do 1º grau, definimos inequação-quociente nas formas:

80 | *Matemática no Vestibular*

$$\frac{g(x)}{t(x)} > 0; \quad \frac{g(x)}{t(x)} < 0; \quad \frac{g(x)}{t(x)} \geq 0; \quad \text{ou} \quad \frac{g(x)}{t(x)} \leq 0.$$

Observação: Nas desigualdades $\geq$ ou $\leq$, atenção: $t(x) \neq 0$.

Exemplo prático:

Resolva a inequação $\dfrac{2x+1}{x-2} \geq 1$. Devemos antes de mais nada transformar a inequação, sem multiplicar "cruzado"

$$\frac{2x+1}{x-2} \geq 1 \Rightarrow \frac{2x+1}{x-2} - 1 \geq 0 \Rightarrow \frac{2x+1-(x-2)}{(x-2)} \geq 0 \Rightarrow \frac{x+3}{x-2} \geq 0$$

A inequação será então $\dfrac{x+3}{x-2} \geq 0$, com $x \neq 2$.

Estudando-se os sinais:

$f(x) = x + 3$

$x + 3 = 0$

$x = -3$

$g(x) = x - 2$

$x - 2 = 0$

$x = 2$

-3   y > 0

y > 0

2   y > 0

y < 0

Unidade 2 - *Produto Cartesiano, Relações e Funções* |81

Quadro de soluções:

$S = \{x \in \mathbb{R} \mid x \leq -3 \ \text{ou} \ x > 2\}$

2.12) Função polinomial do 2º grau ou função quadrática

Definida por toda função $f \colon \mathbb{R} \to \mathbb{R}$ na forma $f(x) = ax^2 + bx + c$, com $a, b, c \in \mathbb{R}$ e $a \neq 0$.

Exemplos gerais:

a) $y = 3x^2 - 2x + 4$;　b) $f(x) = -x^2 + 8$;　c) $y = 2x^2 - \dfrac{x}{2}$;　d) $f(x) = -2x^2$

2.12.1) Gráfico

Definido por uma parábola, nos seguintes casos:

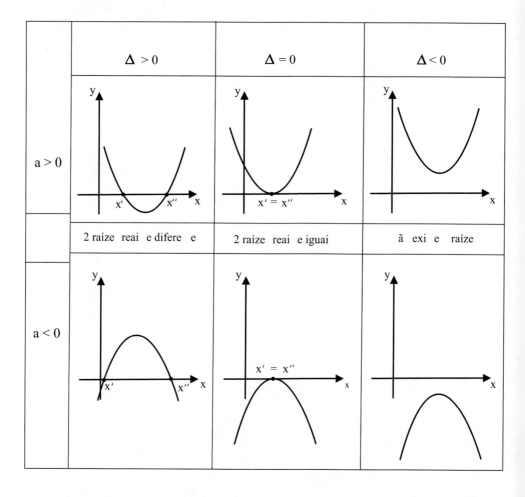

2.12.2) Vértice

Definido pela coordenada $V(Vx, Vy) = (-b/2a, -\Delta/4a)$

Então:

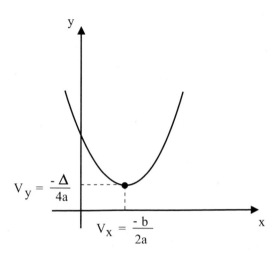

Observação 1: Se $a > 0$, temos:
a) parábola com concavidade para cima.
b) conjunto imagem $\Rightarrow \text{Im}(f) = \{y \in \mathbb{R} \mid y \geq -\Delta/4a\}$.

Observação 2: Se $a < 0$, temos:
a) parábola com concavidade para baixo.
b) conjunto imagem $\Rightarrow \text{Im}(f) = \{y \in \mathbb{R} \mid y \leq -\Delta/4a\}$.

Observação 3: Valor máximo da função $\Rightarrow Vy = -\Delta/4a$

2.13) Função modular

Define-se função modular, a função $f(x) = |x|$ por:

$$f(x) = \begin{cases} x, & \text{se } x \geq 0 \\ -x, & \text{se } x < 0 \end{cases} \quad , \quad \text{para todo } x \text{ real.}$$

Logo: A função modular é analisada por duas sentenças.

Exemplo prático:

Demonstre no plano cartesiano a função:

$$f(x) = |x|$$

para $x \geq 0 \Rightarrow f(x) = |x| = x$.

x	y = f(x)
0	0
1	1
2	2

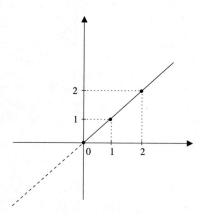

para $x < 0 \Rightarrow f(x) = |x| = -x$.

x	y = f(x)
-1	1
-2	2

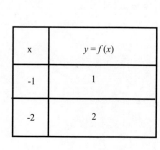
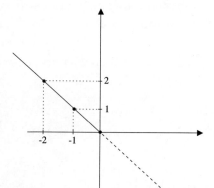

Logo: Na análise das sentenças, temos:

$$D = \mathbb{R}$$

$$\text{Im} = \mathbb{R}_+$$

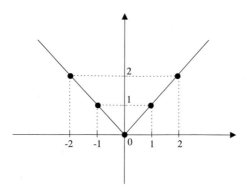

QUESTÕES RESOLVIDAS

1. (PUC-SP) A produção diária de um certo produto, realizada por um determinado operário, é avaliada por

$$\text{Produção} = 8 \cdot x + 9 \cdot x^2 - x^3 \text{ unidades,}$$

x horas após as 8 horas da manhã, quando começa o seu turno.
  a) Qual é a sua produção até o meio-dia?
  b) Qual é a sua produção durante a quarta hora de trabalho?

Resolução:

  a) Dado que a produção $P(x)$ é
  $P(x) = 8x + 9x^2 - x^3$ (unidades),
  das 8 horas ao meio-dia temos $x = 4$, logo
  $P(4) = 3 \cdot 4 + 9 \cdot 4^2 - 4^3$ e, portanto,
  $P(4) = 112$ unidades.

  b) A produção durante a quarta hora é dada por:
  $P(4) - P(3)$

86 | *Matemática no Vestibular*

Como
$$P(3) = 8 \cdot 3 + 9 \cdot 3^2 - 3^3,$$
ou seja,
$P(3) = 72$ unidades, então
$P(4) - P(3) = 112 - 78 = 34$ unidades.

Respostas: a) 112 unidades,   b) 34 unidades

2. (UFSC) Considere a função $f(x)$ real, definida por $f(1) = 43$ e $f(x+1) = 2f(x) - 15$. Determine o valor de $f(0)$.

Resolução:
$$f(0+1) = 2f(0) - 15$$
$$f(1) = 2f(0) - 15$$
$$43 = 2f(0) - 15$$
$$f(0) = \frac{43+15}{2} = 29$$

Resposta: $f(0) = 29$

3. (VUNESP-SP) Considere a função $f \colon \mathbb{R} \to \mathbb{R}$, definida por $f(x) = 2x - 1$. Determine todos os valores de $m \in \mathbb{R}$ para os quais é válida a igualdade

$$f(m^2) - 2f(m) + f(2m) = \frac{m}{2}.$$

Resolução:

Dado que $f(x) = 2x - 1$, a igualdade $f(m^2) - 2 \cdot f(m) + f(2m) = \dfrac{m}{2}$ pode ser escrita como:
$$2 \cdot (m^2) - 1 - 2 \cdot (2m - 1) + 2(2m) - 1 = \frac{m}{2}$$
$$2m^2 - 1 - 4m + 2 + 4m - 1 = \frac{m}{2}$$
$$4m^2 = m$$
$$4m^2 - m = 0$$

$$m(4m - 1) = 0 \quad
\begin{cases}
m = 0 \\
\text{ou} \\
4m - 1 = 0 \Rightarrow m = \dfrac{1}{4}
\end{cases}$$

Resposta: $m = 0$ ou $m = 1/4$

4. (UFSC) Sabendo que a função $f(x) = mx + n$ admite 5 como raiz e $f(-2) = -63$, o valor de $f(16)$ é:

Unidade 2 - *Produto Cartesiano, Relações e Funções* |87

Resolução:

$f(x) = mx + n \qquad f(16) =?$

$f(5) = 5m + n = 0 \quad \text{(I)}$

$f(-2) = -2m + n = -63 \quad \text{(II)}$

(I) e (II):

$5m + \not{n} \quad = 0$

$2m - \not{n} \quad = 63$

$\overline{7m = 63 \Rightarrow m = 9 \text{ e } n = -45}$

$f(x) = 9x - 45$

$f(16) = 9 \cdot 16 - 45 = 99$

Resposta: $f(16) = 99$

5. Dada a função $f(x) = \dfrac{2x + 1}{x - 3}$ $(x \neq 3)$, determine:

a) $f(f(f(x)))$

b) x para que $f(f(f(x))) = 1$

Resolução:

a) $f(f(f(x))) = f\left(f\left(\dfrac{2x + 1}{x - 3} \right) \right) =$

$$= f\left(\dfrac{2\left(\dfrac{2x+1}{x-3} \right) + 1}{\dfrac{2x+1}{x-3} - 3} \right) = f\left(\dfrac{\dfrac{4x+1}{x-3} + \dfrac{1}{1}}{\dfrac{2x+1}{x-3} - \dfrac{3}{1}} \right) =$$

$$= f\left(\dfrac{\dfrac{4x+1+x-3}{x-3}}{\dfrac{2x+1-3x+9}{x-3}} \right) = f\left(\dfrac{\dfrac{5x-2}{x-3}}{\dfrac{-x+10}{x-3}} \right) =$$

$$= f\left(\dfrac{5x-2}{10-x} \right) = \dfrac{2\left(\dfrac{5x-2}{10-x} \right) + 1}{\dfrac{5x-2}{10-x} - 3} = \dfrac{\dfrac{10x-4}{10-x} + \dfrac{1}{1}}{\dfrac{5x-2}{10-x} - \dfrac{3}{1}} =$$

$$= \dfrac{\dfrac{10x-4+10-x}{10-x}}{\dfrac{5x-2-30+3x}{10-x}} = \dfrac{9x+6}{8x-32}$$

b) $f(f(f(x))) = 1 \Rightarrow \dfrac{9x+6}{8x-32} = 1$

$$9x + 6 = 8x - 32$$

$$x = -38$$

88 | *Matemática no Vestibular*

Respostas: a) $f(f(f(x))) = \dfrac{9x+6}{8x-32}$, b) $x = -38$

6. (UFCE) Sejam f e g funções reais de variáveis reais, tais que $g(x) = x - \dfrac{1}{x}$ e

$(f \circ g)(x) = x^2 + \dfrac{1}{x^2}$, se $x \neq 0$.

Encontre o valor de $f(4)$.

Resolução:

$$\left(x - \frac{1}{x}\right)^2 = x^2 - 2 + \frac{1}{x^2} \Rightarrow x^2 + \frac{1}{x^2} = \left(x - \frac{1}{x}\right)^2 + 2$$

$$f(g(x)) = x^2 + \frac{1}{x^2} = \left(x - \frac{1}{x}\right)^2 + 2$$

$$f(4) = 4^2 + 2 = 18$$

Resposta: $f(4) = 18$

7. (UNICAMP) Determine o número m de modo que o gráfico da função $y = x^2 + mx + 8 - m$ seja tangente ao eixo dos x. Faça o gráfico da solução (ou das soluções) que você encontrar para o problema.

Resolução:

Para que o gráfico, que é uma parábola, seja tangente ao eixo dos x, é necessário e suficiente que o discriminante (Δ) da expressão $x^2 + mx + 8 - m$ seja nulo.

$$\Delta = 0 \Leftrightarrow m^2 - 4(8 - m) = 0$$

$$\therefore m^2 + 4m - 32 = 0 \Rightarrow m = \frac{-4 \pm \sqrt{144}}{2}.$$

Resolvendo esta equação, obtém-se $m = 4$ ou $m = -8$. Os esboços dos gráficos das funções correspondentes são:

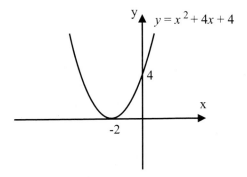

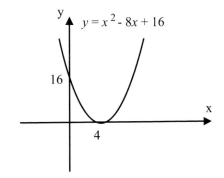

Resposta: $m = 4$ ou $m = -8$
gráfico: vide página anterior.

8. (UERJ) Ao resolver a inequação $\dfrac{2x+3}{x-1} > 5$, um aluno apresentou a seguinte solução:

$$2x + 3 > 5(x-1)$$
$$2x + 3 > 5x - 5$$
$$2x - 5x > -5 - 3$$
$$-3x > -8$$
$$3x < 8$$

$$x < \dfrac{8}{3}$$

90 | *Matemática no Vestibular*

$$\text{Conjunto solução:} \quad S = \left\{ x \in \mathbb{R} \mid x < \frac{8}{3} \right\}$$

A solução do aluno está errada.
  a) Explique por que a solução está errada.
  b) Apresente a solução correta.

Resolução:

a) Eliminando o denominador, dessa forma, o aluno multiplicou os membros da desigualdade por $x - 1$ e manteve o sentido da desigualdade: assim, está considerando apenas $x - 1 > 0$.

b) $\dfrac{2x+3}{x-1} - 5 > 0$

$\dfrac{2x+3-5x+5}{x-1} > 0 \Rightarrow \dfrac{-3x+8}{x-1} > 0$

Fazendo-se $y_1 = -3x + 8$ e $y_2 = x - 1$, vem:

$-3x + 8 = 0 \qquad x - 1 = 0$

$x = \dfrac{8}{3} \qquad\qquad x = 1$

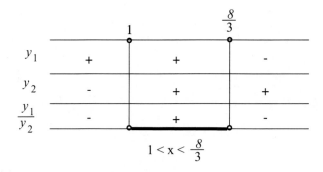

Resposta: $S = \left\{ x \in \mathbb{R} \mid 1 < x < \dfrac{8}{3} \right\}$

9. (UFGO) Considere a função $f \colon \mathbb{R} \to \mathbb{R}$, definida por $f(x) = x + |x|$ e faça o que se pede:

a) mostre que $f(x) = \begin{cases} 0 \text{ se } x < 0 \\ 2x \text{ se } x \geq 0 \end{cases}$

Unidade 2 - *Produto Cartesiano, Relações e Funções* |91

b) resolva a equação: $f(x+2) - x = 3$.

Resolução:

a) Se $x < 0 \Rightarrow f(x) = -x + x = 0$
Se $x \geq 0 \Rightarrow f(x) = x + x = 2x$

b) $f(x+2) - x = 3$
$\not{x} + 2 + |x+2| - \not{x} = 3$
$|x+2| = 1 \Rightarrow x+2 = 1$ ou $x+2 = -1 \Rightarrow x = -1$ ou $x = -3$

Respostas: a) vide solução,   b) $x = -3$ ou $x = -1$

10. (FGV-SP) Seja $f(x) = |2x^2 - 1|$, $x \in \mathbb{R}$. Determinar os valores de x para os quais $f(x) < 1$.

Resolução:

$$f(x) < 1 \Rightarrow |2x^2 - 1| < 1$$
$$-1 < 2x^2 - 1 < 1$$
$$2x^2 - 1 > -1 \quad \text{e} \quad 2x^2 - 1 < 1$$
$$2x^2 > 0 \qquad\qquad 2x^2 - 2 < 0$$
$$\qquad\qquad\qquad x = \pm 1$$

$-1 < x < 0$ ou $0 < x < 1$

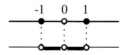

Resposta: $S = \{x \in \mathbb{R} \mid -1 < x < 0 \text{ ou } 0 < x < 1\}$

11. (IME) Seja $f: \mathbb{R} \to \mathbb{R}$ uma função quadrática tal que $f(x) = ax^2 + bx + c$, $a \neq 0$, $\forall x \in \mathbb{R}$. Sabendo que $x_1 = -1$ e $x_2 = 5$ são as raízes e que $f(1) = -8$. Pede-se:
  a) determinar a, b, c;
  b) calcular $f(0)$;
  c) verificar se $f(x)$ apresenta máximo ou mínimo, justificando a resposta;
  d) as coordenadas do ponto extremo;
  e) o esboço do gráfico.

92 | *Matemática no Vestibular*

Resolução:

a) $f(1) = -8$

Se -1 e 5 são raízes, então:

$f(-1) = 0$
$f(5) = 0$

$f(1) = a + b + c = -8$ (I)
$f(-1) = a - b + c = 0$ (II)
$f(5) = 25a + 5b + c - 0$ (III)

(I) e (II):

$$\begin{cases} a + \not{b} + c = -8 \\ \underline{a - \not{b} + c = 0} \\ \quad 2a + 2c = -8 \Rightarrow a + c = -4 \quad (IV) \end{cases}$$

$5 \cdot$ (II) e (III):

$5a - \not{5}b + 5c = 0$
$\underline{25a + \not{5}b + c = 0}$
$\quad 30a + 6c = 0$
$\quad\quad 5a + c = 0$ (V)

(IV) e (V):

$a + \not{c} = -4$
$\underline{-5a - \not{c} = 0}$
$\quad\quad -4a = -4 \Rightarrow a = 1$
$\quad\quad\quad\quad c = -5$

em (I) $1 + b - 5 = -8 \Rightarrow b = -4$

b) $f(x) = x^2 - 4x - 5 \Rightarrow f(0) = 0 - 4 \cdot 0 - 5 = -5$

c) $a > 0$, logo a parábola tem concavidade para cima $\therefore f(x)$ apresenta mínimo.

d) ponto extremo = vértice

$$V = \left(\frac{-b}{2a} \cdot \frac{-\Delta}{4a} \right) \Rightarrow \Delta = 16 + 20 = 36$$

$$V = \left(\frac{4}{2} \cdot \frac{-36}{4} \right) = (2, -9)$$

e)

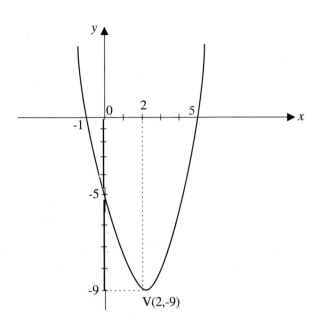

Respostas:
a) $a = 1$; $b = -5$; $c = -4$
b) $f(0) = -5$
c) mínimo, pois $a > 0$
d) $V(2, -9)$
e) vide resolução

12. (FUVEST) Num terreno, na forma de um triângulo retângulo com catetos de medidas 20 e 30 metros, deseja-se construir uma casa retangular de dimensões x e y, como indicado na figura.

a) Exprima y em função de x.
b) Para que valores de x e de y a área ocupada pela casa será máxima?

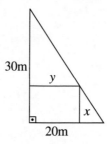

Resolução:

a) Pela semelhança dos triângulos ADE e ABC, vem:
$$\frac{y}{20} = \frac{30-x}{30}$$
Resolvendo, obtemos:
$$y = -\frac{2}{3}x + 20$$

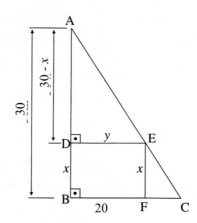

b) Seja S a área do retângulo $BDEF$. Então:
$$S = x \cdot y$$
Substituindo y pelo resultado obtido no item a), vem:
$$S = x \cdot \left(-\frac{2}{3}x + 20\right),$$

ou seja:
$$S = -\frac{2}{3}x^2 + 20x,$$
cujo gráfico é uma parábola de concavidade voltada para baixo, como mostra a figura:

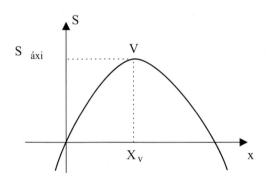

Lembremos que para $f(x) = ax^2 + bx + c$, temos
$$x_V = \frac{-b}{2a}$$
Logo, S é máximo se, e somente se, $x = x_V = \dfrac{-20}{2\left(-\dfrac{2}{3}\right)}$, portanto $x = 15$.

Substituindo no resultado do item a), vem:
$y = 10$

Respostas:
a) $y = -\dfrac{2}{3}x + 20$
b) Os valores de x e y são 15 m e 10 m, respectivamente.

13. (PUC-SP) "A diferença entre um número e o quádruplo de seu inverso multiplicativo é maior que -3". Quantos números inteiros e negativos satisfazem esta afirmação?

Resolução:
Indicando-se o referido número por x, pode-se interpretar "a diferença entre um número e o quádruplo de seu inverso multiplicativo" de dois modos:

$$x - 4 \cdot \frac{1}{x} \quad \text{e} \quad 4 \cdot \frac{1}{x} - x.$$

Analisemos uma interpretação:

$$x - \frac{4}{x} > -3$$

$$x + 3 - \frac{4}{x} > 0$$

$$\frac{x^2 + 3x - 4}{x} > 0 \qquad \text{(I)}$$

$y_1 = x^2 + 3x - 4$

$x^2 + 3x - 4 = 0$

$$x = \frac{-3 \pm \sqrt{9 + 16}}{2} \begin{cases} x' = \dfrac{-3+5}{2} = 1 \\ x'' = \dfrac{-3-5}{2} = -4 \end{cases}$$

$y_2 = x$

$x = 0$

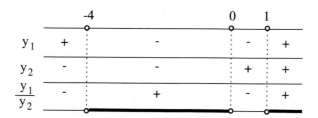

Os números inteiros e negativos são -3, -2 e -1. Considerando-se a outra interpretação:

$$\frac{4}{x} - x > -3$$

$$-x + 3 + \frac{4}{x} > 0$$

$$x - 3 - \frac{4}{x} < 0$$

$$\frac{x^2-3x-4}{x} < 0 \quad \text{(II)}$$

$y_1 = x^2 - 3x - 4 \quad \text{e} \quad y^2 = x$

$x^2 - 3x - 4 = 0 \qquad x = 0$

$x = \dfrac{3 \pm \sqrt{9+16}}{2}$

$x = \dfrac{3 \pm 5}{2} \nearrow \begin{matrix} x' = 4 \\ \searrow x'' = 1 \end{matrix}$

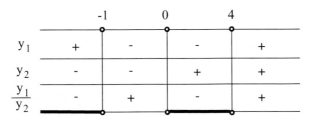

Os números inteiros e negativos são $-2, -3, -4, -5...$

Resposta: Pela primeira interpretação, 3 números inteiros negativos; pela segunda interpretação, infinitos números inteiros negativos.

QUESTÕES PROPOSTAS

1. (UFF) Considere a relação f de M em N, representada no diagrama abaixo. Para que f seja uma função de M em N basta:

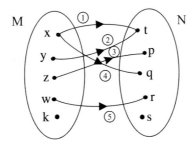

a) apagar a seta 1 e retirar o elemento s.
b) apagar as setas 1 e 4 e retirar o elemento k.
c) retirar os elementos k e s.
d) apagar a seta 4 e retirar o elemento k.
e) apagar a seta 2 e retirar o elemento k.

2. (UFF) Uma função real de variável real f é tal que $f(1/2) = \sqrt{\pi}$ e $f(x+1) = x f(x)$ para todo $x \in \mathbb{R}$.
O valor de $f(7/2)$ é:

   a) π

   b) $7\sqrt{\pi}$

   c) $\dfrac{\sqrt{\pi}}{2}$

   d) $\dfrac{15\sqrt{\pi}}{8}$

   e) $\dfrac{\pi\sqrt{7}}{15}$

3. (UFF) O gráfico da função f está representado na figura:

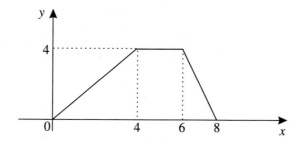

é falso afirmar que:
a) $f(1) + f(2) = f(3)$
b) $f(2) = f(7)$
c) $f(3) = 3f(1)$
d) $f(4) - f(3) = f(1)$
e) $f(2) + f(3) = f(5)$

4. (VEST-RIO) A função f está definida no conjunto dos inteiros positivos por $f(n) = n/2$ se n é par, e $f(n) = 3n + 1$ se n é ímpar. O número de soluções da equação $f(n) = 25$ é:

   a) zero

b) um
c) dois
d) quatro
e) infinito

5. (UNI-RIO) Se $f\colon \mathbb{R} \to \mathbb{R}$ é uma função definida pela expressão $f(x-1) = x^3$, então o valor de $f(3)$ é igual a:
a) 0
b) 1
c) 6
d) 15
e) 64

6. (UFRJ) Considere a função f de $\mathbb{R}$ em $\mathbb{R}$ definida por $f(x) = 2^{|x|}$. Determine o conjunto imagem de f.

7. (UFRJ) Uma função $f(x)$ tem o seguinte gráfico:

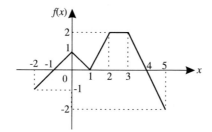

Considere agora uma nova função $g(x) = f(x+1)$.

a) Determine as raízes da equação $g(x) = 0$.

b) Determine os intervalos do domínio de $g(x)$ nos quais esta função é estritamente crescente.

8. (UNI-RIO) É dada a função $f(x) = a3^{bx}$, onde a e b são constantes. Sabendo-se que $f(0) = 5$ e $f(1) = 45$, obtemos para $f(1/2)$ o valor:
a) 0
b) 9
c) $15\sqrt{3}$
d) 15
e) 40

9. (UNI-RIO) A função $f\colon [0,5] \to [0,2]$ representada no gráfico é bijetora.

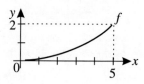

Dos gráficos abaixo, o que melhor representa a função f^{-1} inversa de f, é:

a)

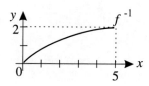

b)

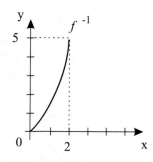

c)

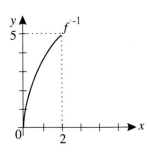

d)

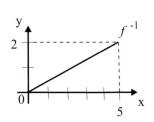

e)

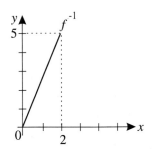

10. (PUC) Para $f(x) = \dfrac{1}{x}$ e $g(x) = 1 - x$ temos que $g \circ f \circ g \circ f(x)$ é:
a) $g \circ f(x)$
b) $f \circ g(x)$
c) $f(x)$
d) $g(x)$
e) n.r.a.

11. (INTEGRADO) A função inversa da função bijetora $f: \mathbb{R}-\{-4\} \to \mathbb{R}-\{2\}$ definida por $f(x) = \dfrac{2x-3}{x-4}$ é:

a) $f^{-1}(x) = \dfrac{x+4}{2x+3}$

b) $f^{-1}(x) = \dfrac{x-4}{2x-3}$

c) $f^{-1}(x) = \dfrac{4x+3}{2-x}$

d) $f^{-1}(x) = \dfrac{4x+3}{x-2}$

e) $f^{-1}(x) = \dfrac{4x+3}{x+2}$

12. (UNIFICADO)

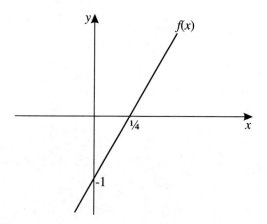

Com a função $f(x)$, representada no gráfico acima, e com a função $g(x)$, obtém-se a composta $g(f(x)) = x$. A expressão algébrica que define $g(x)$ é:

a) $\dfrac{-x}{4} - \dfrac{1}{4}$

b) $-\dfrac{x}{4} + \dfrac{1}{4}$

c) $\dfrac{x}{4} + 1$

d) $\dfrac{x}{4} - \dfrac{1}{4}$

e) $\dfrac{x}{4} + \dfrac{1}{4}$

13. (UNI-RIO)

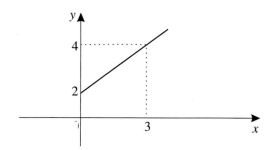

Consideremos a função inversível f cujo gráfico é visto acima.

A lei que define f^{-1} é:

104 | *Matemática no Vestibular*

a) $y = \dfrac{3}{2}x - 3$

b) $y = 3x + \dfrac{2}{3}$

c) $y = 2x - \dfrac{3}{2}$

d) $y = \dfrac{2}{3}x + 2$

e) $y = -2x - \dfrac{3}{2}$

14. (UERJ) Considere a função f:

$$f\sqrt[3]{\dfrac{x+2}{2}} = 2x^2 - 18$$

a) Determine suas raízes.

b) Calcule $\dfrac{f(1) + f(-1)}{2}$

15. (UFRJ) Dada a função $f\colon \mathbb{R} \to \mathbb{R}$ definida por:

$$f(x) = \begin{cases} x^3 - 4x, & \text{se} \quad x \le 1 \\ 2x - 5, & \text{se} \quad x > 1 \end{cases},$$

determine os zeros da função.

16. (PUC) Assinale a afirmativa correta.

A inequação $-|x| < x$

a) nunca é satisfeita

b) é satisfeita em $x = 0$

c) é satisfeita para x negativo

d) é satisfeita para x positivo

e) é sempre satisfeita

17. (UNI-RIO/ENCE) Conforme dados obtidos pelo IBGE, relativos às taxas de analfabetismo da população brasileira de 15 anos ou mais, a partir de 1950, foi possível ajustar uma curva de equação $y = 30k^x + 10$, onde $k > 0$, representada a seguir:

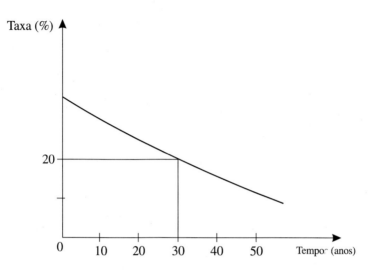

a) Determine o valor de k.

b) Obtenha as taxas relativas aos anos de 1960 e 2020 (valor estimado), usando o gráfico e a equação anterior.

18. (PUC-RJ) A função $f(x) = \dfrac{1}{1+x^2} - \dfrac{1}{2}$

a) é sempre positiva

b) nunca assume o valor $-\dfrac{1}{2}$

c) apresenta gráfico que não intercepta o eixo dos x

d) é sempre crescente

e) assume todos os valores reais

19. (UNI-RIO-ENCE) Em uma fábrica, o custo de produção de x produtos é dado por $c(x) = -x^2 + 22x + 1$. Sabendo-se que cada produto é vendido por R$ 10,00, o número de produtos que devem ser vendidos para se ter lucro de R$ 44,00 é:

a) 3
b) 10
c) 12
d) 13
e) 15

106 | *Matemática no Vestibular*

20. (UFRJ) Durante o ano de 1997 uma empresa teve seu lucro diário L dado pela função

$$L(x) = 50(|x - 100| + |x - 200|),$$

onde $x = 1, 2, \ldots, 365$ corresponde a cada dia do ano e L é dado em reais. Determine em quantos dias (x) do ano o lucro foi de R$ 10.000,00.

21. (UNI-RIO/ENCE) Seja $f \colon \mathbb{R} \to \mathbb{R}$, onde $b \in \mathbb{R}$:

$$x \to y = -\frac{1}{2}x + b.$$

Sabendo-se que $f \circ f(4) = 2$, a lei que define f^{-1} é:

a) $y = -\dfrac{1}{2}x + 2$

b) $y = -\dfrac{1}{2}x + 3$

c) $y = -2x + 4$

d) $y = -2x + 6$

e) $y = -2x + 8$

22. (UNI-RIO/ENCE) Sejam as funções

$$f \colon \mathbb{R} \to \mathbb{R}, \ x \to y = x^2 + x - 2 \quad \text{e}$$
$$g \colon \mathbb{R} \to \mathbb{R}, \ x \to y = x - 1$$

O gráfico que melhor representa $h\colon A \to \mathbb{R}$ é: $x \to y = \dfrac{f(x)}{g(x)}$

a)

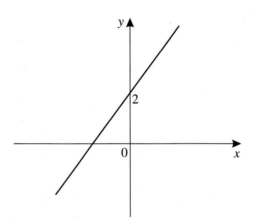

b)

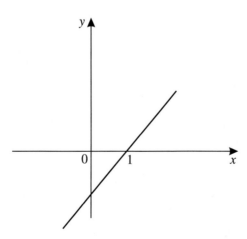

c)

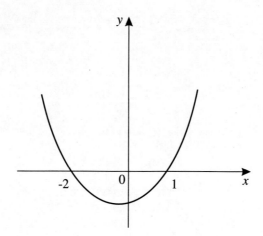

d)

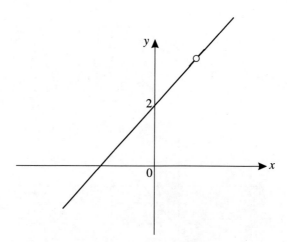

e)

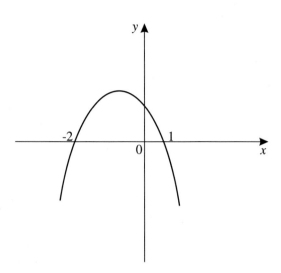

23. (UNI-RIO/ENCE) Sejam f e g funções tais que $f(x) = 5x + 2$ e $g(x) = -6x + 7$. Determine a lei que define a função afim h, sabendo que $h(-5) = 1$ e que o gráfico de h passa pelo ponto de interseção dos gráficos de f com g.

24. (UNIFICADO) O conjunto imgem da função $f(x) = |x^2 - 4x + 8| + 1$ é o intervalo:

a) $[5, +\infty[$

b) $[4, +\infty[$

c) $[3, +\infty[$

d) $[1, +\infty[$

e) $[0, +\infty[$

25. (UFF) Considere o sistema $\begin{cases} y > |x| \\ y \leq 2 \end{cases}$. A região do plano que melhor representa a solução do sistema é:

a)

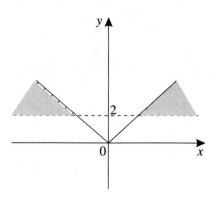

b)

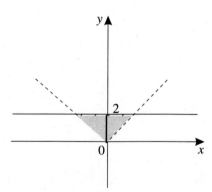

c)

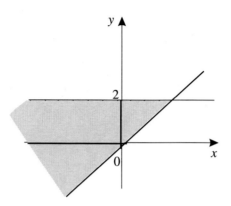

d)

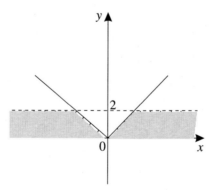

e)

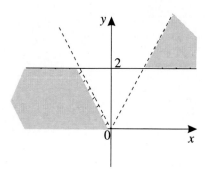

26. (UERJ) Sabe-se que o polinômio $P(x) = -2x^3 - x^2 + 4x + 2$ pode ser decomposto na forma $P(x) = (2x+1)(-x^2+2)$. Representando as funções reais $f(x) = 2x+1$ e $g(x) = -x^2+2$, num mesmo sistema de coordenadas cartesianas, obtém-se o gráfico abaixo:

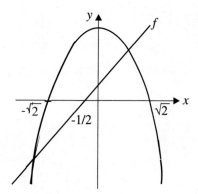

Tendo por base apenas o gráfico, é possível resolver a inequação $-2x^3 - x^2 + 4x + 2 < 0$. Todos os valores de x que satisfazem a essa inequação estão indicados na seguinte alternativa:

a) $x < -\sqrt{2}$ ou $x > -\dfrac{1}{2}$

b) $x < -\sqrt{2}$ ou $x > \sqrt{2}$

c) $x < -\sqrt{2}$ ou $-\dfrac{1}{2} < x < \sqrt{2}$

d) $-\sqrt{2} < x < -\dfrac{1}{2}$ ou $x > \sqrt{2}$

27. (UNI-RIO/ENCE) Determine os pontos de interseção dos gráficos das funções reais definidas por $f(x) = |x|$ e $g(x) = -x^2 + x + 8$ pelo método algébrico.

28. (UNI-RIO/ENCE) Considerando-se a função

$$f: \mathbb{R} \to \mathbb{R}$$
$$x \to y = 2x + 1,$$

determine a lei que define a função f^{-1}.

29. (UNIFICADO)

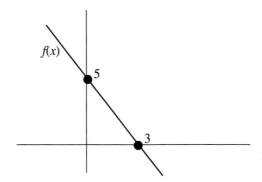

No gráfico acima, está representada a função do 1º grau $f(x)$. O gráfico que melhor representa $g(x) = |f(x)| - 1$ é:

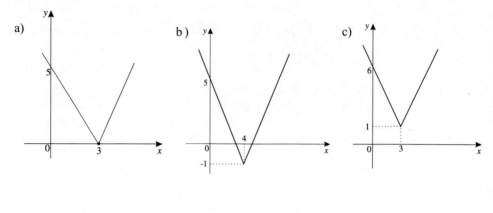

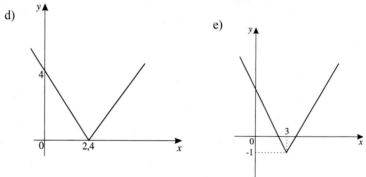

30. (UFRJ) Oscar arremessa uma bola de basquete cujo centro segue uma trajetória plana vertical de equação

$$y = \frac{-1}{7}x^2 + \frac{8}{7}x + 2,$$

na qual os valores de x e y são dados em metros.

Unidade 2 - *Produto Cartesiano, Relações e Funções* |115

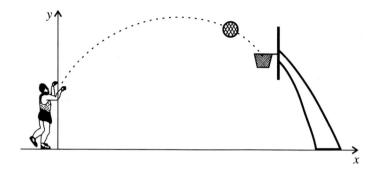

Oscar acerta o arremesso, e o centro da bola passa pelo centro da cesta, que está a 3 m de altura.
Determine a distância do centro da cesta ao eixo y.

31. (UFMG) Uma função $f\colon \mathbb{R} \to \mathbb{R}$ é tal que $f(5x) = 5f(x)$ para todo número real x. Se $f(25) = 75$, então o valor de $f(1)$ é:
   a) 3
   b) 5
   c) 15
   d) 25
   e) 45

32. (PUC-RS) Se f é uma função tal que $f(1) = a$, $f(\pi) = b$ e $f(x+y) = f(x) \cdot f(y)$, $\forall x, y \in \mathbb{R}$, então $f(2+\pi)$ é igual a:
   a) a
   b) b
   c) $a^2 b$
   d) ab^2
   e) $a^2 + b$

33. (FATEC-SP) Suponhamos que a população de uma certa cidade seja estimada, para daqui a x anos, em $f(x) = \left(20 - \dfrac{1}{2^x}\right) \cdot 1000$ habitantes. Estima-se que, durante o 3º ano, essa população:
   a) se manterá constante
   b) aumentará em até 125 habitantes
   c) aumentará em até 250 habitantes
   d) diminuirá de até 125 habitantes
   e) diminuirá de até 250 habitantes

34. (PUC-RS) Seja $f\colon \mathbb{R}^* \to \mathbb{R}$ a função definida por $f(x) = \dfrac{2x-3}{5x}$. O elemento do domínio que tem $-\dfrac{2}{5}$ como imagem é:
   a) -15
   b) -3
   c) zero
   d) $\dfrac{2}{5}$
   e) $\dfrac{3}{4}$

35. (SANTA CASA-SP) Sejam as funções f, de $\mathbb{R}$ em $\mathbb{R}$, definida por $f(x) = 2x-1$ e F, de $\mathbb{R} \times \mathbb{R}$ em $\mathbb{R}$, definida por $F(x,y) = y^2 + 2x$. Nestas condições, $F(-1, f(-1))$ é igual a:
   a) -1
   b) 0
   c) 3
   d) 7
   e) 11

36. (MACK-SP) O gráfico abaixo representa uma função definida em $\mathbb{R}$ por $y = f(x)$.

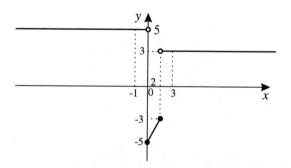

O valor de $f(2) + f(f(-5))$ é igual a:
   a) -2
   b) -1
   c) 0
   d) 1
   e) 2

37. (UFCE) Qual dos gráficos abaixo não pode representar uma função?

a)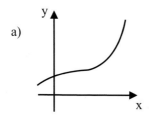
b)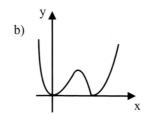

c)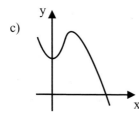
d)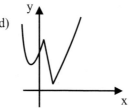

e)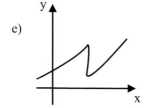

38. (FCC-SP) Se g é a função de $\mathbb{R}$ em $\mathbb{R}$, cujo gráfico está representado a seguir, então a imagem do intervalo fechado de $x[5;9]$ é:

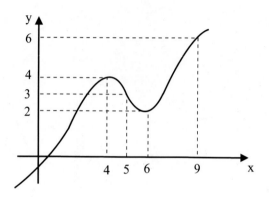

a) (2;6)
b) [2;6]
c) [3;6]
d) (3;6)
e) [2;4]

39. (UNIFOR-CE) O gráfico abaixo representa a função de $\mathbb{R}$ em $\mathbb{R}$ dada por $f(x) = ax + b (a, b \in \mathbb{R})$. De acordo com o gráfico, conclui-se que

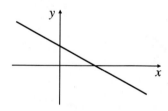

a) $a < 0$ e $b > 0$
b) $a < 0$ e $b < 0$
c) $a > 0$ e $b > 0$
d) $a > 0$ e $b < 0$
e) $a > 0$ e $b = 0$

40. (MACK-SP) Relativamente às funções reais definidas por

$$f(x) = \begin{cases} 2, & \text{se } x > 0 \\ 0, & \text{se } x = 0 \\ -2, & \text{se } x < 0 \end{cases}$$

e $h(x) = (x+2) \cdot f(x-2)$, considere as afirmações:

(I) O gráfico de $h(x)$ é:

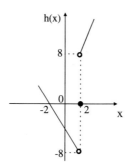

(II) $h(3) > f(5)$.
(III) Não existe $x > 0$ tal que $f(x) = h(x)$.
Então:
   a) todas são verdadeiras
   b) todas são falsas
   c) somente (I) e (II) são verdadeiras
   d) somente (II) e (III) são verdadeiras
   e) somente (I) e (III) são verdadeiras

41. (UFAL) São dadas as funções f e g de $\mathbb{R}$ em $\mathbb{R}$ definidas por $f(x) = x^2 - 2x - 3$ e $g(x) = \dfrac{3}{2}x + m$. Se $f(0) + g(0) = -5$, então $f(m) - 2 \cdot g(m)$ é igual a:
   a) -13
   b) -5
   c) 1
   d) 3
   e) 15

42. (CEFET) Se $f(x) = x^2 - 3x + 2$, calcule x em $f(1) + 4 \cdot f(x) + 1 = 0$:
   a) 1
   b) $\dfrac{3}{2}$
   c) $\dfrac{1}{2}$
   d) 3
   e) 2

43. (MACK-SP) Seja $y = f(x)$ uma função definida no intervalo $[-5, 4]$ pelo gráfico dado. Então, o valor de $f(f(-3))$ é:

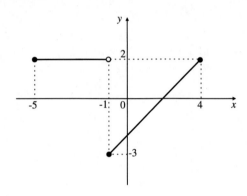

a) -2
b) 0
c) -1
d) 1
e) 2
e) somente

44. (UFSM-RS) Dada a função $f(x) = \dfrac{x}{2} + 1$, o gráfico de sua inversa $f^{-1}(x)$ é:

a)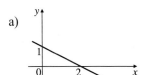

d)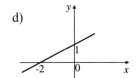

b)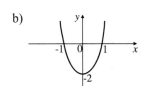

e)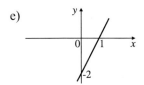

c)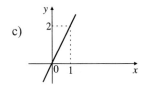

45. (UPF-RS) Seja $f\colon \mathbb{R} \to \mathbb{R}$, bijetora, definida por $f(x) = x^3+1$. Seja $g\colon \mathbb{R} \to \mathbb{R}$, bijetora, definida por $g(x) = \dfrac{4x+1}{3}$.

Então, $f^{-1}(9) + g\left[f\left(\dfrac{1}{2}\right)\right]$ vale:

a) $\dfrac{23}{6}$ b) $\dfrac{11}{6}$ c) $\dfrac{23}{26}$ d) $\dfrac{9}{8}$ e) $\dfrac{22}{3}$

46. (SANTA CASA-SP) Seja f a função representada pelo gráfico abaixo. O gráfico da função g definida por $g(x) = f(x+1) - 1$ é:

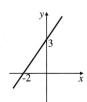

a) 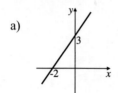　　d)

b) 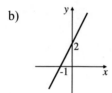　　e)

c)

47. (CESCEM-SP) A figura representa a função $y = ax + b$. O valor da função no ponto $x = -\dfrac{1}{3}$ é:

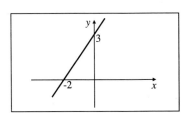

a) 2,8
b) 2,6
c) 2,5
d) 1,8
e) 1,7

48. (UFAL) Em qual dos gráficos seguintes está melhor representada a função real de variável real dada por $y = (x-3)^2 + 2$?

a)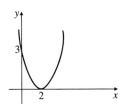

d)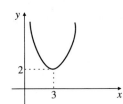

b)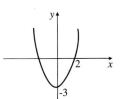

e)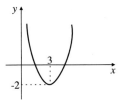

c)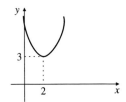

49. (PUC-SP) Qual é a função do 2º grau cuja única raiz é -3 e cujo gráfico passa pelo ponto $A(-2;5)$?

a) $f(x) = 5x^2 + 30x + 45$

b) $f(x) = -\dfrac{5}{4}x^2 - \dfrac{5}{4}x + \dfrac{15}{2}$

c) $f(x) = -5x^2 - 20x - 15$

d) $f(x) = x^2 + 10x + 21$

e) $f(x) = -x^2 + 9$

50. (FCC-SP) Um menino está à distância 6 de um muro de altura 3 e chuta uma bola que vai bater exatamente sobre o muro. Se a equação da trajetória da bola em relação ao sistema de coordenadas indicado pela figura é $y = ax^2 + (1-4a)x$, a altura máxima atingida pela bola é:

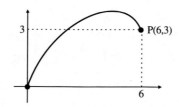

a) 5
b) 4,5
c) 4
d) 3,5
e) 3

51. (UNI-RIO) A representação gráfica da função $y = |x^2 - |x||$ é:

a)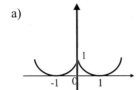

d)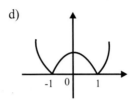

b)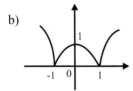

e)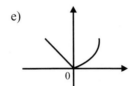

c)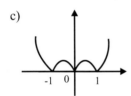

52. (MACK-SP) A melhor representação gráfica da função real definida por $y = \dfrac{x^4 - 1}{|x^2 - 1|}$ é:

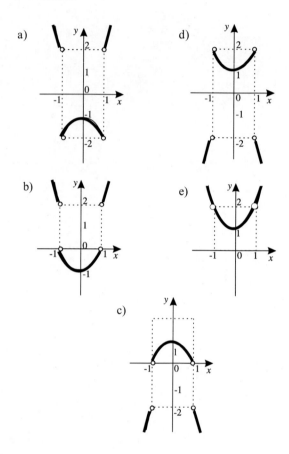

53. (FGV-SP) A população de uma cidade daqui a t anos é estimada em $P(t) = 30 - \dfrac{4}{t}$ milhares de pessoas. Durante o 5º ano, o crescimento da população será de:
a) 200 pessoas
b) 133 pessoas
c) 30 pessoas
d) 4 pessoas
e) 2 pessoas

54. (UE-LONDRINA) Seja a função $f(x) = ax^3 + b$. Se $f(-1) = 2$ e $f(1) = 4$, então a e b valem, respectivamente:
a) -1 e -3
b) -1 e 3

c) 1 e 3

d) 3 e -1

e) 3 e 1

55. **(FGV-SP)** Uma empresa produz e vende determinado tipo de produto. A quantidade que ela consegue vender varia conforme o preço, da seguinte forma: a um preço y ela consegue vender x unidades do produto, de acordo com a equação $y = 50 - \frac{x}{2}$ · Sabendo-se que a receita (quantidade vendida vezes o preço de venda) obtida foi de R\$ 1 250,00, pode-se dizer que a quantidade vendida foi:

a) 25 unidades

b) 50 unidades

c) 40 unidades

d) 35 unidades

e) 20 unidades

56. **(PUC-MG)** Se $f(x) = \dfrac{x-1}{x+1}$, então $y = \dfrac{f(x) - f(-x)}{1 + f(x) \cdot f(-x)}$ é:

a) $\dfrac{x}{x+1}$

b) $\dfrac{2x}{x-1}$

c) $\dfrac{2x}{x^2+1}$

d) $\dfrac{2x}{1-x^2}$

e) $\dfrac{2x}{x^2-1}$

57. **(UECE-CE)** No gráfico abaixo, tem-se representada, em porcentagem, a oscilação do preço do vestuário, nos meses do ano de 1988, a partir do preço em janeiro de 1988. (Fonte: revista *ISTO É Senhor*).

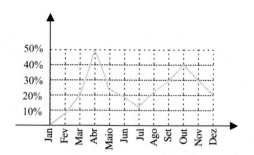

A partir deste gráfico, conclui-se que:
a) não houve baixa no preço do vestuário durante o 1º semestre de 1988.
b) de maio para junho, houve uma diminuição de mais de 10% no preço do vestuário.
c) o maior preço foi o alcançado no mês de outubro.
d) de agosto a setembro, o aumento no preço foi menor que 10%.
e) a maior diferença de preço ocorreu do mês de abril pra o mês de maio.

58. (PUC-SP) Qual das funções a seguir é par?
a) $f(x) = \dfrac{1}{x^2}$
b) $f(x) = \dfrac{1}{x}$
c) $f(x) = x$
d) $f(x) = x^5$
e) Nenhuma das anteriores

59. (MACK) Sejam f dada por $f(x) = 2x - 1$ e g dada por $g(x) = x + 1$. Então, $g(f(2))$ é igual a:
a) 1
b) 2
c) 3
d) 4
e) 5

60. (MACK-SP) Dadas as funções f, g e h, de R em R, definidas por $f(x) = 3x$, $g(x) = x^2 - 2x + 1$ e $h(x) = x + 2$, então $h[f(g(2))]$ é igual a:
a) 1
b) 2
c) 3
d) 4
e) 5

Unidade 2 - *Produto Cartesiano, Relações e Funções* |129

61. (AMAN-RJ) A função inversa da função $y = 5x + 3$ é:

a) $\dfrac{1}{y} = \dfrac{1}{5x} + \dfrac{1}{3}$

b) $y = \dfrac{1}{5x + 3}$

c) não existe

d) $y = \dfrac{x - 3}{5}$

62. (F.C.CHAGAS) A função inversa da função $f(x) = \dfrac{2x - 1}{x + 3}$ é:

a) $f^{-1}(x) = \dfrac{x + 3}{2x - 1}$

b) $f^{-1}(x) = \dfrac{2x + 1}{x - 3}$

c) $f^{-1}(x) = \dfrac{1 - 2x}{3 - x}$

d) $f^{-1}(x) = \dfrac{3x - 1}{x - 2}$

e) $f^{-1}(x) = \dfrac{3x + 1}{2 - x}$

63. (FGV-SP) O número de unidades produzidas (y) de um produto, durante um mês, é função de número de funcionários empregados (x) de acordo com a relação: $y = 50\sqrt{x}$. Se 49 funcionários estão empregados, podemos afirmar que:

a) o acréscimo de um funcionário aumenta a produção mensal em 50 unidades.

b) o acréscimo de 15 funcion´rios aumenta a produção mensal em 75 unidades.

c) o acréscimo de 32 funcionários aumenta a produção mensal em 100 unidades.

d) o acréscimo de 51 funcionários aumenta a produção mensal em 120 unidades.

e) n.d.a.

64. (SANTA CASA-SP) Se f^{-1} é a função inversa da função f, de $\mathbb{R}$ em $\mathbb{R}$, definida por $f(x) = 3x - 2$, então $f^{-1}(-1)$ é igual a:

130 | *Matemática no Vestibular*

a) -1

b) $-\dfrac{1}{3}$

c) $-\dfrac{1}{5}$

d) $\dfrac{1}{5}$

e) $\dfrac{1}{3}$

65. (UFSC) Seja $f(x) = ax + b$ uma função afim. Sabe-se que $f(-1) = 4$ e $f(2) = 7$. O valor de $f(8)$ é:

a) 0

b) 3

c) 13

d) 23

e) 33

66. (MACK-SP) Uma função real f do $1^{\underline{o}}$ grau é tal que $f(0) = 1 + f(1)$ e $f(-1) = 2 - f(0)$. Então, $f(3)$ é:

a) -3

b) $-\dfrac{5}{2}$

c) -1

d) 0

e) $\dfrac{7}{2}$

67. (PUC-SP) Para que a função do $1^{\underline{o}}$ grau dada por $f(x) = (2 - 3k)x + 2$ seja crescente, devemos ter:

a) $k = \dfrac{2}{3}$

b) $k < \dfrac{2}{3}$

c) $k > \dfrac{2}{3}$

d) $k < -\dfrac{2}{3}$

e) $k > -\dfrac{2}{3}$

68. (UF-UBERÂNDIA) No gráfico abaixo estão representadas as funções (I) e (II), definidas por $y = 3 - x$ e $y = kx + t$, respectivamente. Os valores de k e t são, respectivamente:

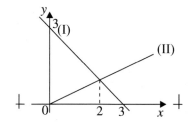

a) 2 e 1

b) −2 e 1

c) 2 e 0

d) $-\dfrac{1}{2}$ e 0

e) $\dfrac{1}{2}$ e 0

69. (FGV-SP) O gráfico da função $f(x) = mx + n$ passa pelos pontos $A(1, -2)$ e $B(4, 2)$. Podemos então afirmar que:

a) $m + n = -2$

b) $m - n = -2$

132 | *Matemática no Vestibular*

c) $m = \dfrac{3}{4}$

d) $n = \dfrac{5}{2}$

e) $m \cdot n = -1$

70. (MACK-SP) O gráfico de uma função f é o segmento de reta que une os pontos $(-3, 4)$ e $(3, 0)$. Se f^{-1} é a função inversa de f, então $f^{-1}(2)$ é:

a) 2

b) 0

c) $\dfrac{3}{2}$

d) $-\dfrac{3}{2}$

e) n.d.a.

71. (UFSCAR) O conjunto-solução do sistema de inequações $\begin{cases} 3x - 1 > 5x + 2 \\ 4x + 3 < 7x - 11 \end{cases}$ é:

a) $S = \left\{ x \in \mathbb{R} \mid x < -\dfrac{3}{2} \text{ ou } x > \dfrac{14}{3} \right\}$

b) $S = \{ x \mid x \in \mathbb{R} \}$

c) $S = \left\{ x \in \mathbb{R} \mid x > \dfrac{1}{3} \text{ ou } x < -\dfrac{5}{3} \right\}$

d) $S = \emptyset$

e) $S = \left\{ x \in \mathbb{R} \mid -\dfrac{5}{3} < x < \dfrac{1}{3} \right\}$

72. (FGV-SP) O número de soluções inteiras da inequação $-3 < x + 2 \le 4$ é:

a) 6

b) 7

c) 8

d) 9

e) 0

73. (MACK-SP) O conjunto-solução da inequação $(x + 3)(x - 2) \le 0$ é:

a) $\{ x \in \mathbb{R} \mid x \ge 3 \}$

b) $\{ x \in \mathbb{R} \mid 2 \le x \le 3 \}$

c) $\{ x \in \mathbb{R} \mid x \le 2 \text{ ou } x \ge 3 \}$

d) $\{ x \in \mathbb{R} \mid -3 \le x \le 2 \}$

e) $\{ x \in \mathbb{R} \mid -2 \le x \le 3 \}$

Unidade 2 - *Produto Cartesiano, Relações e Funções* |133

74. (FGV-SP) A solução da inequação $\dfrac{x}{x+1} - \dfrac{x}{x-1} \geq 0$ é:

a) $x \leq -1$ ou $x \geq 1$

b) $x < -1$ ou $0 \leq x < 1$

c) $-1 < x \leq 0$ ou $x > 1$

d) $x \leq 0$

e) $x \neq -1$ ou $x \neq 1$

75. (UFSCAR) O conjunto-solução da inequação $\dfrac{2x-1}{x+2} < \dfrac{5}{3}$ é:

a) $S = \{x \in \mathbb{R} \mid x < 13\}$

b) $S = \{x \in \mathbb{R} \mid -2 < x < 13\}$

c) $S = \left\{\dfrac{1}{2}, -2\right\}$

d) $S = \left\{3, \dfrac{1}{2}\right\}$

e) $S = \{-2, 13\}$

76. (FATEC-SP) Seja $x \in \mathbb{R}$, tal que $\dfrac{1}{3} < \dfrac{x-1}{x} < \dfrac{1}{2}$, então:

a) $3 < 2x < 4$

b) $3 < 3x < 4$

c) $0 < x < 1$

d) $-1 < x < 0$

e) n.d.a.

77. (UN BAURU) Assinale a alternativa que indica o domínio da função real $f(x) = \sqrt{\dfrac{x-1}{x+1}}$:

a) $\{x \in \mathbb{R} \mid -1 < x < 1\}$

b) $\{x \in \mathbb{R} \mid x \geq 1\}$

c) $\{x \in \mathbb{R} \mid x < -1$ ou $x \geq 1\}$

d) $\{x \in \mathbb{R} \mid x \leq 1\}$

e) $\{x \in \mathbb{R} \mid x \geq 0\}$

78. (UFMG) A soma das raízes da equação $\dfrac{2}{x-1} + \dfrac{1}{x-2} = 2$ é:

134 | *Matemática no Vestibular*

a) -3

b) $\dfrac{1}{3}$

c) 3

d) $\dfrac{9}{2}$

e) 9

79. (MACK-SP) Um valor de k para que uma das raízes da equação $x^2 - 4kx + 6k = 0$ seja o triplo da outra é:

a) 1

b) 2

c) 3

d) 4

e) 5

80. (UFMG) O conjunto de todos os valores inteiros de k, para os quais o trinômio do $2^{\underline{o}}$ grau em $x\ y = \dfrac{1}{k}x^2 + (k+1)x + k$ não tenha raízes reais, é:

a) $\{-3, -2, -1, 1\}$

b) $\{-2, -1, 0, 1, 2\}$

c) $\{-2, -1, 0, 1\}$

d) $\{-2, -1, 0\}$

e) $\{-2, -1\}$

81. (UECE) Sejam x_1 e x_2 as raízes da equação $2x^2 - \sqrt{6}x + p - 2 = 0$. Se $(x_1 + x_2)^2 = x_1 \cdot x_2$, então p é igual a:

a) 1

b) 3

c) 5

d) 7

82. (MACK-SP) Dada a função $f(x) = kx^2 - 8x + 3$, o valor de k para que -1 seja raiz da função é:

a) -5

b) 5

c) -11

d) -2

e) nenhuma das anteriores

83. (MACK-SP) Para $m < 1$, a função definida por $y = (m-1)x^2 + 2x + 1$ tem um máximo em $x = 2$. A soma dos zeros da função é:

Unidade 2 - *Produto Cartesiano, Relações e Funções* |135

a) -4

b) -2

c) 0

d) 2

e) 4

84. (F.C. CHAGAS) Sabe-se que -2 e 3 são raízes de uma função quadrática. Se o ponto $(-1, 8)$ pertence ao gráfico da função, então:

a) o seu valor máximo é $1{,}25$

b) o seu valor mínimo é $1{,}25$

c) o seu valor mínimo é $12{,}5$

d) o seu valor máximo é $12{,}5$

e) o seu valor mínimo é $0{,}25$

85. (OSEC-SP) Dada a inequação $(x-2)^7 \cdot (x-10)^4 \cdot (x+5)^2 < 0$, o conjunto solução é:

a) $\{x \in \mathbb{R} \mid x < -5\}$

b) $\{x \in \mathbb{R} \mid 2 < x < 10\}$

c) $\{x \in \mathbb{R} \mid -5 < x < 2\}$

d) $\{x \in \mathbb{R} \mid -5 < x < 10\}$

e) $\emptyset$

86. (ITA-SP) Considere as seguintes funções: $f(x) = x - \dfrac{7}{2}$ e $g(x) = x^2 - \dfrac{1}{4}$, definidas para todo x real. Então, a respeito da solução da inequação $|(g \circ f)(x)| > (g \circ f)(x)$, podemos afirmar que:

a) nenhum valor de x real é solução

b) se $x < 3$, então x é solução

c) se $x > \dfrac{7}{2}$, então x é solução

d) se $x > 4$, então x é solução

e) se $3 < x < 4$, então x é solução

87. (UN-FORTALEZA) $ABCD$ é um quadrado de área igual a 1 (um). São tomados dois pontos $P \in \overline{AB}$ e $Q \in \overline{AD}$ tais que $\overline{PA} + \overline{AQ} = \overline{AD}$. Então, o maior valor da área do triângulo APQ é:

a) $\frac{1}{2}$

b) $\frac{1}{8}$

c) $\frac{1}{4}$

d) $\frac{1}{16}$

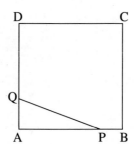

88. (FMU/FIAM-SP) Dada a função $f(x) = ax^2 + bx + c$, com $a < 0$ e $c > 0$, podemos concluir que o gráfico desta função:

a) intercepta o eixo do x em um único ponto.

b) é tangente ao eixo horizontal.

c) não intercepta o eixo do x.

d) é secante ao eixo horizontal e o intercepta em dois pontos de abscissas, ambas positivas.

e) corta o eixo horizontal em dois pontos de abscissas positiva e negativa.

89. (UFBA) A função $f(x) = \frac{3}{2}x - \frac{x(1-x)}{4}$ é crescente, para todo x pertencente a:

a) $\left(-\frac{25}{16}, \infty\right)$

b) $\left(-\frac{25}{4}, \infty\right)$

c) $\left(-\frac{5}{2}, \infty\right)$

d) $\left(-\infty, \frac{5}{4}\right)$

e) $\mathbb{R}$

90. (PUC-SP) A trajetória de um projétil foi representada no plano cartesiano por $y = \frac{-x^2}{64} + \frac{x}{16}$, com uma unidade representando um quilômetro. A altura máxima que o projétil atingiu foi:

a) 40 m

b) 64 m

c) 16,5 m

d) 32 m

e) 62,5 m

Unidade 2 - *Produto Cartesiano, Relações e Funções* |137

91. (UFPA) As coordenadas do vértice da função $y = x^2 - 2x + 1$ são:
   a) $(-1, 4)$
   b) $(1,2)$
   c) $(-1, 1)$
   d) $(0,1)$
   e) $(1,0)$

92. (FGV-SP) O lucro de uma empresa é dado por $L(x) = 100(10 - x)(x - 2)$, onde x é a quantidade vendida. Podemos afirmar que:
   a) o lucro é positivo qualquer que seja x.
   b) o lucro é positivo para x maior do que 10.
   c) o lucro é positivo para x entre 2 e 10.
   d) o lucro é máximo para x igual a 10.
   e) o lucro é máximo para x igual a 3.

93. (UFSCAR) Consideremos a função $f: \mathbb{R} \to \mathbb{R}$ definida por:

$$f(x) = \begin{cases} x^2 - x + 2, \text{ se } x \leq 0 \\ 1, \text{ se } 0 < x < 2 \\ -x + 2, \text{ se } x \geq 2 \end{cases}$$

Então, podemos afirmar que a imagem dessa função é:
   a) $\text{Im}(f) = \{y \in \mathbb{R} \mid y \leq 0\}$
   b) $\text{Im}(f) = \{y \in \mathbb{R} \mid y \leq 0 \text{ ou } y \geq 2\}$
   c) $\text{Im}(f) = \{y \in \mathbb{R} \mid y \leq 0 \text{ ou } y = 1 \text{ ou } y \geq 2\}$
   d) $\text{Im}(f) = \{y \in \mathbb{R} \mid y \geq 2\}$
   e) $\text{Im}(f) = \mathbb{R}$

94. (CESCEA-SP) Para quais valores de m o trinômio $y = x^2 + 5x + \dfrac{5m}{4}$ é não negativo?
   a) $m \geq 4$
   b) $m < 5$
   c) $m \geq 5$
   d) $m < 0$

95. (FAAP-SP) Se $A = \{x \in \mathbb{R} \mid x^2 - 1 > 0\}$ e $B = \{x \in \mathbb{R} \mid -3x + 2 > 0\}$, então, $A \cap B$ é:

138 | *Matemática no Vestibular*

a) $\{x \in \mathbb{R} \mid x < \frac{2}{3}\}$

b) $\{x \in \mathbb{R} \mid x < -1\}$

c) $\{x \in \mathbb{R} \mid -1 < x < \frac{2}{3}\}$

d) $\{x \in \mathbb{R} \mid x > 1\}$

e) $\{x \in \mathbb{R} \mid \frac{2}{3} < x < 1\}$

96. (CESCEM-SP) A solução do sistema $\begin{cases} x^2 - 2x \geq 0 \\ -x^2 + 2x + 3 > 0 \end{cases}$ é:

a) $0 < x < 2$
b) $-1 < x \leq 0$ ou $2 \leq x < 3$
c) $x < -1$ ou $x > 3$
d) $0 < x \leq 1$
e) n.d.a.

97. (FATEC-SP) Seja $f \colon \mathbb{R} \to \mathbb{R}$ uma função definida por $f(x) = (t-1)x^2 + tx + 1$, $t \in \mathbb{R}$. Os valores de t, para que f tenha duas raízes distintas, satisfazem a sentença:

a) $\frac{3}{2} \leq t \leq 3$

b) $-4 < t < 4$

c) $0 \leq t < 8$

d) $t \neq 2$ e $t \neq 1$

e) $t \neq 0$ e $t \neq 1$

98. (FGV-SP) Os valores de m, para que a equação $x^2 - 3xm + m^2 + 2x - 9m + 1 = 0$ tenha raízes reais e iguais, são:

a) $m_1 = 24 \, m_2 = -5$

b) $m_1 = 0 \, m_2 = 24$

c) $m_1 = 5 \, m_2 = 0$

d) $m_1 = m_2 = \frac{24}{5}$

e) $m_1 = 0 \, m_2 = -\frac{24}{5}$

99. (F.C. CHAGAS) Se o número $y = x^2 - (k+2)x - k + 1$ é estritamente positivo para qualqure x real, então:

a) $-8 < k < 0$

Unidade 2 - *Produto Cartesiano, Relações e Funções* |139

b) $-8 \leq k \leq 0$

c) $k \leq -8$ e $k \geq 8$

d) $k < -8$ ou $k > 8$

e) $k = -8$ ou $k = 0$

100. (FUVEST-SP) O conjunto-solução de $(-x^2 + 7x - 15) \cdot (x^2 + 1) < 0$ é:

a) $\emptyset$

b) $[3; 5]$

c) $\mathbb{R}$

d) $[-1; 1]$

e) $\mathbb{R}_+$

Gabarito das questões propostas

Questão 1 - Resposta: d) apagar a seta 4 e retirar o elemento k

Questão 2 - Resposta: d) $\dfrac{15\sqrt{\pi}}{8}$

Questão 3 - Resposta: e) $f(2) + f(3) = f(5)$

Questão 4 - Resposta: b) um

Questão 5 - Resposta: e) 64

Questão 6 - Resposta: $[1, \infty + [$

Questão 7 - Resposta: a) $\{-2, 0, 3\}$ b) $[-3, -1]$ e $[0, 1]$

Questão 8 - Resposta: d) 15

Questão 9 - Resposta: Figura c)

Questão 10 - Resposta: b) $f \circ g(x)$

Questão 11 - Resposta: c) $f^{-1}(x) = \dfrac{4x + 3}{2 - x}$

Questão 12 - Resposta: e) $\dfrac{x}{4} + \dfrac{1}{4}$

Questão 13 - Resposta: a) $y = \dfrac{3}{2}x - 3$

Questão 14 - Resposta: a) raízes $\Rightarrow 0$ e $\sqrt[3]{3}$ b) 8

Questão 15 - Resposta: $-2, 0$ e $5/2$

Questão 16 - Resposta: d) é satisfeita para x positivo

Questão 17 - Resposta: a) $\sqrt[30]{1/3}$ b) 40% e $\dfrac{40}{3}\%$

Questão 18 - Resposta: b) nunca assume o valor $-\dfrac{1}{2}$

Questão 19 - Resposta: e) 15

140 | *Matemática no Vestibular*

Questão 20 - Resposta: $x = 50$ e $x = 250$

Questão 21 - Resposta: c) $y = -2x + 4$

Questão 22 - Resposta: Figura d)

Questão 23 - Resposta: $h(x) = \dfrac{3}{5}x + 4$

Questão 24 - Resposta: a) $[5, +\infty[$

Questão 25 - Resposta: Figura b)

Questão 26 - Resposta: d) $-\sqrt{2} < x < \dfrac{1}{2}$ ou $x > \sqrt{2}$

Questão 27 - Resposta: $(2\sqrt{2}, 2\sqrt{2})$ e $(-2, 2)$

Questão 28 - Resposta: $f^{-1}(x) = \dfrac{x}{2} - \dfrac{1}{2}$

Questão 29 - Resposta: Figura e)

Questão 30 - Resposta: o centro da cesta está a 7 m do eixo y

Questão 31 - Resposta: a) 3

Questão 32 - Resposta: c) $a^2 b$

Questão 33 - Resposta: b) aumentará em até 125 habitantes

Questão 34 - Resposta: e) $\dfrac{3}{4}$

Questão 35 - Resposta: d) 7

Questão 36 - Resposta: c) 0

Questão 37 - Resposta: Figura c)

Questão 38 - Resposta: b) $[2; 6]$

Questão 39 - Resposta: a) $a < 0$ e $b > 0$

Questão 40 - Resposta: a) todas são verdadeiras

Questão 41 - Resposta: e) 15

Questão 42 - Resposta: b) $\dfrac{3}{2}$

Questão 43 - Resposta: b) 0

Questão 44 - Resposta: Figura e)

Questão 45 - Resposta: a) $\dfrac{23}{6}$

Questão 46 - Resposta: Figura e)

Questão 47 - Resposta: c) 2,5

Questão 48 - Resposta: Figura d)

Questão 49 - Resposta: a) $f(x) = 5x^2 + 30x + 45$

Questão 50 - Resposta: c) 4

Questão 51 - Resposta: Figura c)

Unidade 2 - *Produto Cartesiano, Relações e Funções* |141

Questão 52 - Resposta: Figura a)

Questão 53 - Resposta: a) 200 pessoas

Questão 54 - Resposta: c) 1 e 3

Questão 55 - Resposta: b) 50 unidades

Questão 56 - Resposta: d) $\dfrac{2x}{1-x^2}$

Questão 57 - Resposta: d) de agosto a setembro, o aumento no preço foi menor que 10%

Questão 58 - Resposta: a) $f(x) = \dfrac{1}{x^2}$

Questão 59 - Resposta: d) 4

Questão 60 - Resposta: e) 5

Questão 61 - Resposta: d) $y = \dfrac{x-3}{5}$

Questão 62 - Resposta: e) $f^{-1}(x) = \dfrac{3x+1}{2-x}$

Questão 63 - Resposta: c) o acréscimo de 32 funcionários aumenta a produção mensal em 100 unidades

Questão 64 - Resposta: e) $\dfrac{1}{3}$

Questão 65 - Resposta: c) 13

Questão 66 - Resposta: b) $-\dfrac{5}{2}$

Questão 67 - Resposta: b) $k < \dfrac{2}{3}$

Questão 68 - Resposta: e) $\dfrac{1}{2}$ e 0

Questão 69 - Resposta: a) $m + n = -2$

Questão 70 - Resposta: b) 0

Questão 71 - Resposta: d) $S = \emptyset$

Questão 72 - Resposta: b) 7

Questão 73 - Resposta: d) $\{x \in \mathbb{R} \mid -3 \leq x \leq 2\}$

Questão 74 - Resposta: b) $x < -1$ ou $0 \leq x < 1$

Questão 75 - Resposta: b) $S = \{x \in \mathbb{R} \mid -2 < x < 13\}$

Questão 76 - Resposta: e) n.d.a.

142 | *Matemática no Vestibular*

Questão 77 - Resposta: c) $\{x \in \mathbb{R} \mid x < -1 \text{ ou } x \geq 1\}$

Questão 78 - Resposta: d) $\dfrac{9}{2}$

Questão 79 - Resposta: b) 2

Questão 80 - Resposta: d) $\{-2, -1, 0\}$

Questão 81 - Resposta: c) 5

Questão 82 - Resposta: e) nenhuma das anteriores

Questão 83 - Resposta: e) 4

Questão 84 - Resposta: d) o seu valor máximo é 12,5

Questão 85 - Resposta: c) $\{x \in \mathbb{R} \mid -5 < x < 2\}$

Questão 86 - Resposta: e) se $3 < x < 4$, então x é solução

Questão 87 - Resposta: b) $\dfrac{1}{8}$

Questão 88 - Resposta: e) corta o eixo horizontal em dois pontos de abscissas positiva e negativa

Questão 89 - Resposta: c) $\left(-\dfrac{5}{2}, \infty \right)$

Questão 90 - Resposta: e) 62,5 m

Questão 91 - Resposta: e) $(1, 0)$

Questão 92 - Resposta: c) o lucro é positivo para x entre 2 e 10

Questão 93 - Resposta: c) $\text{Im}(f) = \{y \in \mathbb{R} \mid y \leq 0 \text{ ou } y = 1 \text{ ou } y \geq 2\}$

Questão 94 - Resposta: c) $m \geq 5$

Questão 95 - Resposta: b) $\{x \in \mathbb{R} \mid x < -1\}$

Questão 96 - Resposta: b) $-1 < x \leq 0$ ou $2 \leq x < 3$

Questão 97 - Resposta: d) $t \neq 2$ e $t \neq 1$

Questão 98 - Resposta: e) $m_1 = 0$ e $m_2 = -\dfrac{24}{5}$

Questão 99 - Resposta: a) $-8 < k < 0$

Questão 100 - Resposta: c) $\mathbb{R}$

UNIDADE 3

PROGRESSÃO ARITMÉTICA (P.A.)

SINOPSE TEÓRICA

3.1) Definição

É uma seqüência onde cada termo, a partir do segundo, é igual à soma do seu antecedente com uma constante chamada razão.

Exemplo:
- a) $3, 6, 9, \cdots \Rightarrow r = 3$
- b) $40, 20, 0, \cdots \Rightarrow r = -20$
- c) $7, 7, 7, \cdots \Rightarrow r = 0$

3.2) Classificação

* Crescente $\Rightarrow r > 0$

Exemplo: $(2, 4, 6, 8); r = 2 > 0$

* Decrescente $\Rightarrow r < 0$

Exemplo: $(8, 6, 4, 2); r = -2 < 0$

* Constante $\Rightarrow r = 0$

Exemplo: $(2, 2, 2, 2); r = 0$

3.3) Fórmula do termo geral

$$a_n = a_1 + (n - 1) \cdot r$$

onde:

a_n = enésimo termo (termo geral)

144 | *Matemática no Vestibular*

a_1 = primeiro termo
n = número de termos
r = razão

Exemplos práticos:
a) Achar o número de múltiplos de 5 compreendidos entre 20 e 624.
Resolução:
$$20, 25, \ldots, 620, 624$$
$$\Downarrow \qquad \Downarrow$$
$$a_1 \qquad a_n$$

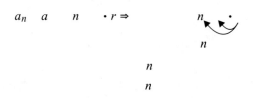

b) Qual é o décimo segundo termo da P.A. $(3, 6, 9, \ldots)$?

$$a_n = a_1 + (n-1) \cdot r \Rightarrow a_{12} = a_1 + 11r = 3 + 11(3) = 3 + 33 = 36$$

$$a_{12} = 36$$

3.4) Observações práticas para solução de questões que tratam de soma ou produto de termos consecutivos de uma P.A.
P.A. de 3 termos $\Rightarrow (x - r, x, x + r)$
P.A. de 4 termos $\Rightarrow (x - 3r, x - r, x + r, x + 3r)$
P.A. de 5 termos $\Rightarrow (x - 2r, x - r, x, x + r, x + 2r)$
e assim, sucessivamente.

3.5) Interpolação aritmética

É definida ao intercalar-se números reais entre dois números conhecidos, onde, assim, constitui-se uma P.A.

Exemplo prático:
Intercalar cinco meios aritméticos entre 100 e 124.

$$100 \ -- \ -- \ -- \ -- \ -- \ 124$$
$$a_1 \quad a_2 \quad a_3 \quad a_4 \quad a_5 \quad a_6 \quad a_7$$

Então:

$$a_7 = a_1 + 6r$$
$$124 = 100 + 6r$$
$$24 = 6r$$
$$r = 4$$

Logo: $(100, 104, 108, 112, 116, 120, 124)$

3.6) Fórmula dos n termos de uma P.A. finita

Propriedade

A soma de dois termos eqüidistantes dos extremos é igual a soma dos extremos.

Exemplo demonstrativo:

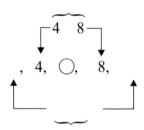

Também temos:

⑥⇒ termo do meio ou central da P.A. E, ainda, qualquer termo de uma P.A., a partir do segundo termo, é a média aritmética entre seu antecessor e posterior. Logo:

$$6 = \frac{4+8}{2}$$

Fórmula da soma

$$S_n = \frac{(a_1 + a_n) \cdot n}{2}$$

Onde:
   a_1 = primeiro termo
   a_n = enésimo termo

146 | *Matemática no Vestibular*

n = número de termos

S_n = soma dos n termos

Exemplos práticos:

a) Na P.A. $(0, 4, 8, \dots)$, ache a soma dos 15 primeiros termos.

Resolução:

$$S_n = \frac{(a_1 + a_n) \cdot n}{2} \Rightarrow S_{15} = \frac{(a_1 + a_{15}) \cdot 15}{2}$$

Onde: $a_{15} = a_1 + 14r = 0 + 14(4) = 56$

Logo: $S_{15} = \frac{(0 + 56) \cdot 15}{2} = \frac{\overset{28}{\cancel{56}} \cdot 15}{\cancel{2}} = 420$

b) Sabendo que o 1º membro da equação $1 + 7 + \cdots + x = 280$ forma uma P.A., encontre x.

Resolução:

Veja que na equação, temos:

$$a_1 = 1,\ a_n = x,\ r = 6 \text{ e } S_n = 280$$

Então:

$$S_n \quad \underline{\quad a \quad a_n \ \cdot n \quad} \Rightarrow 8 \quad \underline{\qquad x \ \cdot n \qquad}$$

Onde:

$$a_n = a_1 + (n - 1) \cdot r \Rightarrow x = 1 + (n - 1) \cdot 6 \Rightarrow n = \frac{x + 5}{6}$$

Logo:

$$S_n = 560 = (1 + x) \cdot \left(\frac{x + 5}{6} \right) \Rightarrow x^2 + 6x - 3355 = 0 \begin{cases} x' = -61 \\ x'' = 55 \end{cases}$$

Como a P.A. é crescente, temos $x = 55$.

QUESTÕES RESOLVIDAS

1. (PUC) Os números $3, 6, 10, 15, \ldots$ chamam-se números triangulares, pois podem ser representados pela figuras:

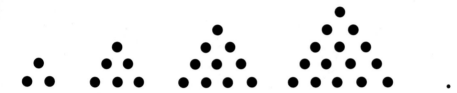

a) Qual é o sétimo número triangular da seqüência dada?
b) Que número se deve somar ao vigésimo novo termo da seqüência, pra obter o trigésimo termo?

Resolução:
a) Veja:
1 ponto →
2 pontos →
3 pontos →
4 pontos →
.
.
.
$(n+1)$ pontos ⇒

Logo: na seqüência $3, 6, 10, 15, \ldots$, temos:
$a_n = 1 + 2 + 3 + \cdots + (n+1)$
$a_7 = 1 + 2 + 3 + 4 + 5 + 6 + 7 \Rightarrow a_7 = 36$
b) Então, concluímos que:
$a_n = 1 + 2 + 3 + \cdots + n + (n+1)$
Logo: $a_{30} = a_{29} + 31 \Rightarrow 31$

2. (UFU-MG) As medidas dos lados de um triângulo retângulo são $x+1$, $2x$ e x^2+1, e estão em P.A. de razão não-nula, nessa ordem. Determine a área desse triângulo.

Resolução:
Como $(x+1)$, $2x$ e (x^2+1) estão em P.A., temos:

$$2x - (x+1) = (x^2+1) - 2x$$

$$x^2 - 3x + 2 = 0 \begin{cases} x' = 1 \Rightarrow 3, 4 \text{ e } 5 \\ x'' = 2 \Rightarrow 2, 2 \text{ e } 2 \text{ (não satisfaz o enunciado)} \end{cases}$$

Então:

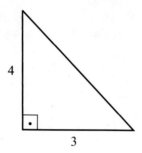

$$S = \frac{a \cdot b \cdot \operatorname{sen}\alpha}{2} = \frac{3 \cdot 4 \cdot \operatorname{sen} 90°}{1} = \frac{3 \cdot \overset{2}{\cancel{4}} \cdot 1}{\cancel{2}} = 6$$

ou

$$S = \frac{\text{base.altura}}{2} = \frac{3 \cdot \overset{2}{\cancel{4}}}{\cancel{2}} = 6$$

3. (UFSC) Qual deve ser o número mínimo de termos da seqüência $(-133, -126, -119,$ para que a soma de seus termos seja positiva?

Resolução:
$r = -126 - (-133) \Rightarrow r = 7$
$S_n > 0 \Rightarrow \dfrac{(a_1 + a_n) \cdot n}{2} > 0$

Onde:
$a_1 = -133$
$a_n = a_1 + (n-1) \cdot r \Rightarrow a_n = -133 + (n-1) \cdot 7 \Rightarrow a_n = -140 + 7n$
Logo:

Unidade 3 - *Progressão Aritmética* | 149

$$S_n \quad \frac{73 \quad 7n \cdot n}{} \quad > \quad \Rightarrow S_n \quad 73 \quad 7n \cdot n >$$

$$S_n \quad 73 \quad 7n > \quad \Rightarrow \quad 7n > 73$$

$$n > 39$$

$$\boxed{\text{Então:} \quad n = 40}$$

4. Se a, b e c formam, nessa ordem, uma P.A., então o valor de $2a - 3b + 2c$ é:

Resolução:

$$\text{P.A.} \Rightarrow a, b, c \Rightarrow b = \frac{a + c}{2} \Rightarrow 2b = a + c$$

Então:

$$2a - 3b + 2c \Rightarrow 2(a + c) - 3b \Rightarrow 2(2b) - 3b = 4b - 3b = b$$

$$\boxed{\text{Então:} \quad 2a - 3b + 2c = b}$$

QUESTÕES PROPOSTAS

1. (UERJ) Numa progressão aritmética, de termo geral a_n e razão r, tem-se $a_1 = r = \dfrac{1}{2}$.

Calcule o determinante da matriz $\begin{bmatrix} a_5 & a_4 \\ a_4 & a_{12} \end{bmatrix}$.

2. (UFRJ) Os números a, b e c são tais que seus logaritmos decimais log a, log b e log c, nesta ordem, estão em progressão aritmética. Sabendo que log $b = 2$, determine o produto abc.

3. (UFRJ) Mister MM, o Mágico de Matemática, apresentou-se diante de uma platéia com 50 fichas, cada uma contendo um número. Ele pediu a uma espectadora que ordenasse as fichas de forma que o número de cada uma, excetuando-se a primeira e a última, fosse a média aritmética do número da anterior com o da posterior. Mister MM solicitou a seguir à espectadora que lhe informasse o valor da décima sexta e da trigésima primeira ficha, obtendo como resposta 103 e 58, respectivamente. Para delírio da platéia, Mister MM adivinhou então o valor da última ficha.

Determine você também este valor.

150 | *Matemática no Vestibular*

4. (UFRJ) Observe as sucessões de matrizes a seguir, constituídas com os números ímpares positivos:

$$\begin{bmatrix} 1 & 3 \\ 5 & 7 \end{bmatrix}, \begin{bmatrix} 9 & 11 \\ 13 & 15 \end{bmatrix}, \begin{bmatrix} 17 & 19 \\ 21 & 23 \end{bmatrix}, \ldots$$

a) Determine o maior número escrito ao se completar a $37^{\underline{a}}$ matriz.

b) O número 661 aparece na n-ésima matriz. Determine N.

5. (UNI-RIO) Um agricultor estava perdendo a sua plantação, em virtude da ação de uma praga. Ao consultar um especialista, foi orientado para que pulverizasse, uma vez ao dia, uma determinada quantidade de um certo produto, todos dias, da seguinte maneira:

primeiro dia: 1,0 litro;

segundo dia: 1,2 litro;

terceiro dia: 1,4 litro;

... e assim sucessivamente.

Sabendo-se que o **total** de produto pulverizado foi de 63ℓ, o número de dias de duração deste tratgamento nesta plantação foi de:

    a) 21   b) 22   c) 25   d) 27   e) 30

6. (UNI-RIO) As idades de três irmãos formam uma P.A., e a soma delas é igual a 15 anos. A idade máxima, em anos, que o irmão mais velho pode ter é:

    a) 10   b) 9   c) 8   d) 7   e) 6

7. As medidas dos lados de um triângulo estão em progessão aritmética nesta ordem: $(2x - 3), x, (2x - 5)$. Determine o perímetro do triângulo.

8. (UFF) Dadas as progressões aritméticas $(p_1, p_2, \ldots, p_{51})$ e $(q_1, q_2, \ldots, q_{51})$ tais que $p_1 + p_{51} = m$ e $q_1 + q_{51} = n$, então $\dfrac{p_1 + p_2 + \cdots + p_{51}}{q_1 + q_2 + \cdots + q_{51}}$ é igual a:

    a) $m + n$ b) $\dfrac{m + n}{2}$ c) $m \cdot n$ d) $\dfrac{m}{n}$ e) $\dfrac{m + n}{m \cdot n}$

9. (UFF) Numa progessão aritmética com 51 termos, o $26^{\underline{o}}$ é 2. A soma dos termos dessa progressão é:

    a) 13   b) 52   c) 102   d) 104   e) 112

10. (UFF) O valor da soma $2 + 4 + 6 + \cdots + 2 \cdot 10^{10}$ é:

    a) $10^5(10^5 + 2)$ b) $10^{10}(10^{10} + 2)$ c) $10^{10}(10^{10} + 1)$ d) $10^{10}(10^5 + 2)$

e) $10^5(10^{10} + 1)$

11. (CESGRANRIO) A soma dos n primeiros termos de uma sucessão é dado por $s_n = n(n + 1)$. Então, o $20^{\underline{o}}$ termo da sucessão é:

a) 420   b) 380   c) 60   d) 40   e) 20

12. (UFRJ) Cem fileiras de pontos são formadas de modo que a primeira linha tenha apenas um ponto e cada linha subseqüente contenha um ponto a mais do que a anterior. Todos os pontos são unidos, por segmentos de comprimento 1, de acordo com a lei de formação indicada, para as cinco primeiras fileiras, na figura.

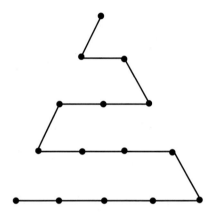

Determine o número total de segmentos unitários obtidos com essa construção.

13. (UERJ) Com palitos iguais constrói-se uma sucessão de figuras planas, conforme sugerem os desenhos abaixo:

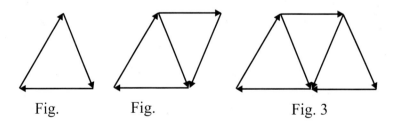

Fig.   Fig.   Fig. 3

O número de triângulos congruentes ao da figura 1 existentes em uma figura formada com 135 palitos é:
   a) 59   b) 60   c) 65   d) 66   e) 67

152 | *Matemática no Vestibular*

14. (PUC) A soma dos n^2 primeiros números inteiros positivos é:

a) $\frac{1}{2}(n^4 + n)$ b) $\frac{1}{6}n(n + 1)(2n + 1)$ c) $\frac{1}{2}(n^2 + n)$ d) $\frac{1}{4}n^2(n + 1)^2$

e) $\frac{1}{2}n^2(1 + n^2)$

15. (PUC) A soma de todos os números inteiros entre 50 e 350 que terminam em 1 é:

a) 5880   b) 5531   c) 5209   d) 4827   e) 4566

16. (PUC) Os inteiros de 1 a 25 são arrumados em um quadrado mágico, isto é, em um quadrado com 5 linhas e 5 colunas, no qual a soma dos elementos em cada linha e em cada coluna é constante. O valor dessa constante é:

a) 13   b) 45   c) 50   d) 60   e) 65

17. (UNIFICADO) A seqüência $(a_1, a_2, a_3, \ldots, a_i, \ldots, a_n)$ é uma progressão aritmética em que n é ímpar e a_i é o termo médio.

Considerando $S' = a_3 + a_{n-2}$ e $S'' = a_{i-1}$, o valor da soma $5S' + 2S''$ corresponde a:

a) $8a_1$ b) $10a_i$ c) $12a_i$ d) $14a_i$ e) $16a_1$

18. (UERJ) Leia com atenção a história em quadrinhos.

OS BICHOS — Fred Wagner

Considere que o leão da história acima tenha repetido o convite por várias semanas. Na primeira, convidou a Lana para sair 19 vezes; na segunda semana, convidou 23 vezes; na terceira, 27 vezes, e assim sucessivamente, sempre aumentando em 4 unidades o número de convites feitos na semana anterior.

Imediatamente após ter sido feito o último dos 492 convites, o número de semanas já decorridas desde o primeiro convite era igual a:

a) 10   b) 12   c) 14   d) 16

Unidade 3 - *Progressão Aritmética* | 153

19. (UERJ) Observe a tabela de Pitágoras:

3	4	5
6	8	10
9	12	15
12	16	20
...	...	...

Calcule a soma de todos os números desta tabela até a vigésima linha.

20. (UERJ/ADAPTADA) Considera as matrizes A e B:

$A = (a_{ij})$ é quadrada de ordem n, em que $a_{ij} = \begin{cases} 1, \text{ se } i \text{ é par} \\ -1, \text{ se } i \text{ é ímpar} \end{cases}$

$B = (b_{ij})$ é de ordem $n \times p$, em que $b_{ij} = j^i$

O elemento da quarta linha e da segunda coluna da matriz produto AB é igual a 4094. Calcule o número de linhas da matriz B.

21. (FUVEST) Seja A o conjunto dos 1993 primeiros números inteiros estritamente positivos.

a) Quantos múltiplos inteiros de 15 pertencem ao conjunto A?

b) Quantos números de A não são múltiplos inteiros nem de 3 nem de 5?

22. (UFC) Os lados de um triângulo retângulo estão em progressão aritmética. Determine a tangente do menor ângulo agudo deste triângulo.

23. (UFC) Considere a seqüência (a_n), na qual o produto $a_1 \cdot a_2 \cdot \ldots \cdot a_n = 2^n \cdot n!$ Determine a soma $a_1 + a_2 + \cdots + a_8$.

24. (UFF) Determine o terceiro termo negativo da seqüência 198, 187, 176, ...

25. (FUVEST) Na figura a seguir, $A_1 B_1 = 3$, $B_1 A_2 = 2$.
O símbolo $|\underline{\square}$ representa ângulo reto.

154 | *Matemática no Vestibular*

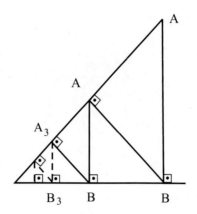

Calcule a soma dos infinitos segmentos: $A_1B_1 + B_1A_2 + A_2B_2 + B_2A_3 + \ldots$

26. (CESGRANRIO) A média aritmética dos 20 números pares consecutivos, começando em 6 e terminando em 44, vale:
  a) 50   b) 40   c) 35   d) 25   e) 20

27. (CESGRANRIO) Em uma progressão aritmética, o termo de ordem n é a_n, $a_8 - a_7 = 3$ e $a_7 + a_8 = -1$. Nessa progressão, a_{15} vale:
  a) 26   b) -22 c) 22   d) -13 e) 13

28. (CESGRANRIO) Se $S_3 = 0$ e $S_4 = -6$ são, respectivamente, as somas dos três e quatro primeiros termos de uma progressão aritmética, então a soma S_5 dos cinco primeiros termos vale:
  a) -6 b) -9 c) -12 d) -15 e) -18

29. (FATEC) Inserindo-se 5 números entre 18 e 96, de modo que a seqüência $(18, a_2, a_3, a_4, a_5, a_6, 96)$ seja uma progressão aritmética, tem-se a_3 igual a:
  a) 43   b) 44   c) 45   d) 46   e) 47

30. (FATEC) A função f, de $\mathbb{R}$ em $\mathbb{R}$, definida por $f(x) = ax^2 + bx + c$, admite duas raízes reais iguais. Se $a > 0$ e a seqüência (a, b, c) é uma progressão aritmética de razão $\sqrt{3}$, então o gráfico de f corta o eixo das ordenadas no ponto:
  a) $(0, 2 + \sqrt{3})$ b) $(0, 1 - \sqrt{3})$ c) $(0, \sqrt{3})$ d) $(2 - \sqrt{3}, 0)$ e) $(2 + \sqrt{3}, 0)$

31. (FGV) Para todo n natural não-nulo, sejam as seqüências:
$(3, 5, 7, 9, \ldots, a_n, \ldots)$
$(3, 6, 9, 12, \ldots, b_n, \ldots)$, com $c_n = a_n + b_n$.
$(c_1, c_2, c_3, \ldots, c_n, \ldots)$
Nestas condições, c_{20} é igual a:

Unidade 3 - *Progressão Aritmética* | 155

a) 25   b) 37   c) 101   d) 119   e) 149

32. (MACK-SP) A soma dos elementos comuns às seqüências $(3, 6, 9, \dots)$ e $(4, 6, 8, \dots)$, com 50 termos cada uma, é:
   a) 678   b) 828   c) 918   d) 788   e) 598

33. (MACK-SP) A seqüência $(2, a, b, \dots, p, 50)$ é uma progressão aritmética de razão $r < 2/3$, onde, entre 2 e 50, foram colocados k termos. Então, o valor mínimo de k é:
   a) 64   b) 66   c) 68   d) 70   e) 72

34. (MACK-SP) Numa seqüência aritmética de 17 termos, sabe-se que $\Lambda_5 = 3$ e $\Lambda_{13} = 7$. Então, a soma de todos os termos é:
   a) 102   b) 85   c) 68   d) 78   e) 90

35. (MACK-SP) Dentre os inteiros x tais que $|x| < 60$, aqueles não divisíveis por 4 são em número de:
   a) 90   b) 91   c) 92   d) 93   c) 94

36. (MACK-SP) As somas dos n primeiros termos das seqüências aritméticas $(8, 12, \dots)$ e $(17, 19, \dots)$ são iguais. Então, n vale:
   a) 18   b) 16   c) 14   d) 10   e) 12

37. (MACK-SP) Sabendo que 3, 39 e 57 são termos de uma progressão aritmética crescente, então os possíveis valores naturais da razão r da progressão são em número de:
   a) 2   b) 3   c) 4   d) 5   e) 6

38. (PUC) Um veículo parte de uma cidade A em direção a uma cidade B, distante 500 km. Na 1ª hora do trajeto ele percorre 20 km, na 2ª hora 22,5 km, na 3ª hora 25 km, e assim sucessivamente. Ao completar a 12ª hora do percurso, a que distância esse veículo estará de B?
   a) 95 km   b) 115 km   c) 125 km   d) 135 km   e) 155 km

39. (PUC) Um pai resolve depositar todos os meses uma certa quantia na caderneta de poupança de sua filha. Pretende começar com R\$5,00 e aumentar R\$5,00 por mês, ou seja, depositar R\$10,00 no segundo mês, R\$15,00 no terceiro mês, e assim por diante. Após efetuar o décimo quinto depósito, a quantia total depositada por ele será de:
   a) R\$150,00   b) R\$250,00   c) R\$400,00   d) R\$520,00   e) R\$600,00

40. (UECE) Seja $(a_1, a_2, a_3, a_4, a_5, a_6, a_7, a_8)$ uma progressão aritmética. Se $a_2 + a_5 = 8$ e $a_8 = 7$, então $a_3 + a_7$ é igual a:

156 | *Matemática no Vestibular*

a) 8   b) 28/3   c) 10   d) 32/3

41. (UECE) Seja $(a_1, a_2, a_3, a_4, a_5, a_6)$ uma progressão aritmética. Se $a_1 \mid a_2 \mid a_3 \mid a_4 \mid a_5 \mid a_6 = 126$ e $a_6 - a_1 = 20$, então a_1 é igual a:
a) 10   b) 11   c) 12   d) 13

42. (UEL) Interpolando-se 7 termos aritméticos entre os números 10 e 98, obtém-se uma progressão aritmética cujo termo central é:
a) 45   b) 52   c) 54   d) 55   e) 57

43. (UEL) Uma progressão aritmética de n termos tem razão igual a 3. Se retirarmos os termos de ordem ímpar, os de ordem par formarão uma progressão:
a) aritmética de razão 2   b) aritmética de razão 6   c) aritmética de razão 9
d) geométrica de razão 3   e) geométrica de razão 6

44. (UEL) Considere a seqüência dos números positivos ímpares, colocados em ordem crescente. O 95º elemento dessa seqüência é:
a) 95   b) 131   c) 187   d) 189   e) 191

45. (UEL) Se a seqüência $(-8, a, 22, b, 52)$ é uma progressão aritmética, então o produto $a \cdot b$ é igual a:
a) 273   b) 259   c) 124   d) 42   e) 15

46. (UEL) Uma criança anêmica pesava 8,3 kg. Iniciou um tratamento médico que fez com que engordasse 150 g por semana, durante 4 meses. Quanto pesava ao término da 15ª semana de tratamento?
a) 22,50 kg   b) 15 kg   c) 10,7 kg   d) 10,55 kg   e) 10,46 kg

47. (UEL) Numa progressão aritmética de primeiro termo 1/3 e razão 1/2, a soma dos n primeiros termos é 20/3. O valor de n é:
a) 5   b) 6   c) 7   d) 8   e) 9

48. (UFV) Usando-se um conta-gotas, um produto químico é misturado a uma quantidade de água da seguinte forma: a mistura é feita em intervalos regulares, sendo que no primeiro intervalo são colocadas 4 gotas, e nos intervalos seguintes são colocadas 4 gotas mais a quantidade misturada no intervalo anterior. Sabendo-se que no último intervalo o número de gotas é 100, o total de gotas do produto misturadas à água é:
a) 1300   b) 1100   c) 1600   d) 900   e) 1200

49. (VUNESP) Um estacionamento cobra R$1,50 pela primeira hora. A partir da segunda, cujo valor é R$1,00 até a décima segunda, cujo valor é R$0,40, os preços caem em progressão aritmética. Se um automóvel ficar estacionado 5 horas nesse local, quanto gastará seu proprietário?

Unidade 3 - *Progressão Aritmética* | 157

a) R$4,58   b) R$5,41   c) R$5,14   d) R$4,85   e) R$5,34

50. (UFRS) As medidas dos três lados de um triângulo retângulo são números em progressão aritmética. Qual o valor da área do triângulo, sabendo-se que o menor lado mede 6?

a) $12\sqrt{2}$ b) 18   c) $20\sqrt{2}$ d) 24   e) 30

51. (FGV-SP) A seqüência $(3m; m+1; 5)$ é uma progressão aritmética. Sua razão é:

a) -3 b) 3   c) 7   d) -7 e) impossível determinar

52. (PUC-SP) 0 24° termo da P.A. $\left(\dfrac{1}{2}, 2, \dfrac{7}{2}, \ldots\right)$ é:

a) 35   b) 45   c) 28   d) 38   e) $\dfrac{25}{2}$

53. (PUC-RS) Para que a progressão aritmética de razão $r = 5 - 2x$ seja decrescente, x deve assumir valores no intervalo:

a) $\left]-\infty, -\dfrac{5}{2}\right]$ b) $\left]-\infty, \dfrac{5}{2}\right]$ c) $\left[-\dfrac{5}{2}, \dfrac{5}{2}\right]$ d) $\left[-\dfrac{5}{2}, +\infty\right[$ e) $\left]\dfrac{5}{2}, +\infty\right[$

54. (UFES) Quantos números inteiros, compreendidos entre 1000 e 10 000, não admitem 3 ou 7 como fatores primos?

a) 4713   b) 4286   c) 5142   d) 224   e) 5571

55. (MACK-SP) Se $f(n)$, $n \in \mathbb{N}$, é uma seqüência definida por: $\begin{cases} f(0) = 1 \\ f(n+1) = f(n) + 3 \end{cases}$,

então $f(200)$ é:

a) 597   b) 600   c) 601   d) 604   e) 607

56. (CESGRANRIO) Em uma progressão aritmética, o temro de ordem n é $a_n \cdot a_8 - a_7 = 3$ e $a_7 + a_8 = -1$. Nessa progressão, a_{15} vale:

a) 26   b) -22 c) 22   d) -13 e) 13

57. (UCPE) Sabe-se de uma P.A. que a soma do 6° com o 16° termo é 58 e que o 4° termo é o quádruplo do 2° termo. Qual, entre os números abaixo, não é termo dessa progressão?

a) 8   b) 11   c) 20   d) 25   e) -1

58. (FGV-SP) Quatro números constituem uma progressão aritmética. A sua soma vale 24 e a soma de seus quadrados vale 164. O maior desses números é:

a) 8   b) 9   c) 10   d) 11   e) n.d.a.

59. (FESP) A soma dos termos de uma progressão aritmética decrescente de 5

158 | *Matemática no Vestibular*

termos é 10, e o produto do primeiro pelo quarto termo é -56. O segundo termo da progressão é:

  a) -4 b) -3 c) 2   d) 7   e) 8

60. (UFBA) Os algarismos de um número inteiro de 3 algarismos estão em P.A. e sua soma é 21. Se os algarismos forem invertidos na ordem, o novo número é o número inicial mais 396. A razão desta P.A. será:

  a) 2   b) 3   c) -2 d) -3 e) 1

61. (FGV-SP) O 3º termo de uma progressão aritmética é 11 e a razão é 4. A soma dos 20 primeiros termos é:

  a) 790   b) 800   c) 810   d) 820   e) 830

62. (UFPA) A soma de uma P.A. de 8 termos é 16 e a razão é -2. Então, o sexto termo é:

  a) -5 b) -4 c) -3 d) -2 e) -1

63. (FATEC-SP) A soma dos nove primeiros termos de uma progressão aritmética de razão 2 é 9. O terceiro termo dessa progressão é:

  a) -9 b) -7 c) -3 d) 8   e) 12

64. (FMU-SP) A soma dos números pares menores que 50 é:

  a) $5 \cdot 10^2$ b) 5^4 c) $2 \cdot 3 \cdot 10^2$ d) 650   e) $2^2 \cdot 10^2$

65. (UFRN) Se $1 + (1 + a) + (1 + 2a) + \cdots + (1 + 6a) = 49$, então a é igual a:

  a) 5   b) 4   c) 3   d) 2   e) 1

66. (CESCEM-SP) O primeiro termo de uma P.A. é -10 e a soma dos oito primeiros termos é 60. A razão dessa P.A. é:

  a) $-\dfrac{5}{7}$ b) $\dfrac{15}{7}$ c) 5   d) 28   e) 35

67. (PUC-SP) Numa progressão aritmética o termo geral é $a_n = 3n + 2$. A soma dos 20 primeiros termos é:

  a) 62   b) 67   c) 310   d) 620   e) 670

68. (FGV-SP) Quantos termos devemos tomar na progressão aritmética $(-7, -3, \dots)$ a fim de que a soma valha 3150?

  a) 40   b) 39   c) 43   d) 41   e) 42

69. (FGV-SP) A soma dos termos de uma P.A. cujo primeiro termo é 4, o último termo é 46 e a razão é igual ao número de termos é:

  a) 50   b) 100   c) 175   d) 150   e) n.d.a.

70. (CESCEM-SP) Numa P.A. limitada em que o 2º termo é 3 e o último termo

Unidade 3 - *Progressão Aritmética* | 159

é 31, a soma de seus termos é 136. Então, essa P.A. tem:
   a) 8 termos   b) 10 termos   c) 16 termos   d) 26 termos   e) 52 termos

71. (CESGRANRIO) A média aritmética dos 20 números pares consecutivos, começando em 6 e terminando em 44, vale:
   a) 50   b) 40   c) 35   d) 25   e) 20

72. (UN. BAURU-SP) Um pedreiro deve constuir uma parede de forma triangular de tal jeito que diminua um tijolo por fileira, de baixo para cima, terminando a última fileira com um tijolo. Sabendo-se que a altura dos tijolos é 10 cm e que a parede deve ter 5 m de altura, assinale a alternativa que indica, respectivamente, o número de tijolos na primeira fila e o número total de tijolos da parede:
   a) 50; 1300   b) 50; 1500   d) 50; 1275   d) 55; 1800   e) 55; 1375

73. (CESESP-PE) Dois andarilhos iniciam juntos uma caminhada. Um deles caminha uniformemente 10 km por dia e o outro caminha 8 km no 1º dia e acelera o passo de modo a caminhar mais $\frac{1}{2}$ km a cada dia que se segue. Assinale a alternativa correspondente ao número de dias caminhados para que o 2º andarilho alcance o primeiro.
   a) 10   b) 9   c) 3   d) 5   e) 21

74. (FGV-SP) Um atleta corre sempre 500 metros a mais do que no dia anterior. Sabendo-se que ao final de 15 dias ele correu um total de 67 500 metros, o número de metros percorridos no 3º dia foi:
   a) 1000   b) 1500   c) 2000   d) 2500   e) 2600

75. (UNB-DF) Se $1 + 2 + 3 + 4 + \cdots + n = 105$, então o valor de n é:
   a) 12
   b) 14
   c) 11
   d) 13
   e) 15

76. (FAFI-BH) Considere uma progressão aritmética de razão 4 e cujo 17º termo vale 69. A soma dos 5 primeiros termos dessa P.A. é:
   a) 45   b) 55   c) 65   d) 75   e) 85

77. (FUVEST) Em uma P.A. de termos positivos, os três primeiros termos são: $1 - a$, $-a$, $\sqrt{11 - a}$. O quarto termo desta P.A. é:
   a) 2   b) 3   c) 4   d) 5   e) 6

78. (ITA) Numa P.A. com $2n + 1$ termos, a soma dos n primeiros é igual a 50 e a soma dos n últimos é 140. Sabendo-se que a razão desta progressão é um inteiro

160 | *Matemática no Vestibular*

entre 2 e 13, então seu último termo será:
   a) 34   b) 40   c) 42   d) 48   e) 56

79. (UFU-MG) Seja $\{a_1, a_2, \ldots, a_n, \ldots\}$ uma progressão aritmética de razão 2, onde $a_1 = 3$. Sabendo que $f(x) = \left(\dfrac{1}{2}\right)^x$, para $x \in \mathbb{R}$, qual o valor da soma infinita $f(a_1) + f(a_2) + \cdots + f(a_n) + \ldots$?

   a) $\dfrac{1}{6}$ b) $\dfrac{4}{3}$ c) $\dfrac{1}{4}$ d) 2   e) $\dfrac{1}{24}$

80. (VUNESP) Os comprimentos das circunferências de uma seqüência de círculos concêntricos formam uma P.A. de razão 2. Os raios desses círculos formam uma:
   a) P.G. de razão $\dfrac{1}{2}$ b) P.G. de razão $\dfrac{1}{\pi}$ c) P.A. de razão 2

   d) P.A. de razão π e) P.A. de razão $\dfrac{1}{\pi}$

Gabarito das questões propostas

Questão 1 - Resposta: 11
Questão 2 - Resposta: 1000000
Questão 3 - Resposta: 1
Questão 4 - Resposta: a) 295   b) 83
Questão 5 - Resposta: a) 21
Questão 6 - Resposta: b) 9
Questão 7 - Resposta: 12
Questão 8 - Resposta: d) $\dfrac{m}{n}$
Questão 9 - Resposta: c) 102
Questão 10 - Resposta: c) $10^{10}(10^{10} + 1)$
Questão 11 - Resposta: d) 40
Questão 12 - Resposta: 5049
Questão 13 - Resposta: e) 67
Questão 14 - Resposta: e) $\dfrac{1}{2}n^2(1 + n^2)$
Questão 15 - Resposta: a) 5880
Questão 16 - Resposta: e) 65
Questão 17 - Resposta: d) $14a_i$
Questão 18 - Resposta: b) 12
Questão 19 - Resposta: 2520
Questão 20 - Resposta: $n = 11$

Unidade 3 - *Progressão Aritmética* | 161

Questão 21 - Resposta: a) 132   b) 1063
Questão 22 - Resposta: 3/4
Questão 23 - Resposta: 72
Questão 24 - Resposta: -33
Questão 25 - Resposta: 9
Questão 26 - Resposta: d) 25
Questão 27 - Resposta: c) 22
Questão 28 - Resposta: d) -15
Questão 29 - Resposta: b) 44
Questão 30 - Resposta: a) $(0, 2 + \sqrt{3})$
Questão 31 - Resposta: c) 101
Questão 32 - Resposta: c) 918
Questão 33 - Resposta: e) 72
Questão 34 - Resposta: b) 85
Questão 35 - Resposta: a) 90
Questão 36 - Resposta: d) 10
Questão 37 - Resposta: e) 6
Questão 38 - Resposta: a) 95 km
Questão 39 - Resposta: e) R$600,00
Questão 40 - Resposta: c) 10
Questão 41 - Resposta: b) 11
Questão 42 - Resposta: c) 54
Questão 43 - Resposta: b) aritmética de razão 6
Questão 44 - Resposta: d) 189
Questão 45 - Resposta: b) 259
Questão 46 - Resposta: d) 10,55 kg
Questão 47 - Resposta: a) 5
Questão 48 - Resposta: a) 1300
Questão 49 - Resposta: c) R$5,14
Questão 50 - Resposta: d) 24
Questão 51 - Resposta: c) 7
Questão 52 - Resposta: a) 35

Questão 53 - Resposta: e) $\left] \dfrac{5}{2}, +\infty \right[$

Questão 54 - Resposta: c) 5142
Questão 55 - Resposta: c) 601
Questão 56 - Resposta: c) 22
Questão 57 - Resposta: d) 25
Questão 58 - Resposta: b) 9
Questão 59 - Resposta: e) 8

162 | *Matemática no Vestibular*

Questão 60 - Resposta: a) 2
Questão 61 - Resposta: d) 820
Questão 62 - Resposta: e) -1
Questão 63 - Resposta: c) -3
Questão 64 - Resposta: c) $2 \cdot 3 \cdot 10^2$
Questão 65 - Resposta: d) 2
Questão 66 - Resposta: c) 5
Questão 67 - Resposta: a) 62
Questão 68 - Resposta: e) 42
Questão 69 - Resposta: c) 175
Questão 70 - Resposta: a) 8 termos
Questão 71 - Resposta: d) 25
Questão 72 - Resposta: c) 50; 1275
Questão 73 - Resposta: b) 9
Questão 74 - Resposta: c) 2000
Questão 75 - Resposta: b) 14
Questão 76 - Resposta: c) 65
Questão 77 - Resposta: b) 3
Questão 78 - Resposta: a) 34

Questão 79 - Resposta: a) $\dfrac{1}{6}$

Questão 80 - Resposta: e) P.A. de razão $\dfrac{1}{\pi}$

UNIDADE 4

PROGRESSÃO GEOMÉTRICA (P.G.)

SINOPSE TEÓRICA

4.1) Definição

É uma seqüência de números não nulos, onde todo termo a partir do segundo é igual ao produto do seu antecedente com uma constante chamada razão.

Exemplo:

a) $4, 8, 16, \ldots \Rightarrow q = 2$

b) $16, 8, 4, \ldots \Rightarrow q = 1/2$

c) $16, 16, 16, \ldots \Rightarrow q = 1$

4.2) Classificação

* **quando** $a_1 > 0$:

P.G. crescente

Exemplo: $(3, 6, 12, 24, \ldots)$

$a_1 = 3 > 0 \qquad$ e

$q = 2 > 1$

P.G. decrescente

Exemplo: $(81, 27, 9, \ldots)$

$a_1 = 81 > 0$ e $q = 1/3; 0 < q < 1$

* **quando** $a_1 < 0$:

P.G. crescente

Exemplo: $\left(-30, -15, \dfrac{-15}{2}, \ldots\right)$

$a_1 = -30 < 0 \quad$ e $\quad q = 1/2; 0 < q < 1$

P.G. decrescente

Exemplo: $(-3 - 9, -27, \ldots)$

$a_1 = -3 < 0$ e $q = 3 > 1$

164 | *Matemática no Vestibular*

∗ **quando** $q < 0$:

P.G. Alternante

Exemplo: $(-4, 8, -16, 32, \dots)$

$\quad a_1 = -4 < 0 \quad$ e $\quad q = -2 < 0$

4.3) Termo geral de uma P.G.

$\quad a_n = a_1 \cdot q^{n-1}$

onde:

$\quad a_n$ = enésimo termo (termo geral)

$\quad a_1$ = primeiro termo

$\quad n$ = número de termos

$\quad q$ = razão

Exemplos práticos

a) Ache o 10° termo da P.G. $(1, 5, \dots)$.

$\quad a_n = a_1 \cdot q^{n-1} \Rightarrow a_{10} = a_1 \cdot q^9 \Rightarrow a_{10} = 1 \cdot 5^9 = 5^9$

b) Sendo $a_4 = 128$ e $q = 4$, encontre a_1.

$\quad a_n = a_1 \cdot q^{n-1} \Rightarrow a_4 = a_1 \cdot q^3 \Rightarrow 128 = a_1 \cdot 4^3$

$\quad \Rightarrow a_1 = \dfrac{128}{64} \Rightarrow a_1 = 2$

c) Em uma P.G., $a_2 = 8$ e $a_5 = 512$. Forme essa P.G.

$\quad a_2 = 8 \Rightarrow a_1 \cdot q = 8 \qquad \text{(I)}$

$\quad a_5 = 512 \Rightarrow a_1 \cdot q^4 = 512 \qquad \text{(II)}$

Dividindo a equação (II) pela (I), temos:

$\dfrac{\cancel{a_1} \cdot q^{\cancel{4}3}}{\cancel{a_1} \cdot \cancel{q}} = \dfrac{5\cancel{12}^{64}}{\cancel{8}} \Rightarrow q^3 = 64 = q = \sqrt[3]{4^3} \Rightarrow q = 4$

Substituindo q na equação (I), temos:

$\quad a_1 \cdot 4 = 8 \Rightarrow a_1 = 2$

Então: $(2, 8, 32, 128, 512)$

Observação importante: Para questões que utilizam 3 termos consecutivos de uma P.G., dando-se a soma e o produto desses termos, usamos:

Unidade 4 - *Progressão Geométrica* | 165

termos consecutivos $\Rightarrow \dfrac{x}{q}, x, xq$

4.4) Interpolação geométrica

Exemplo prático: Insira 4 meios geométricos entre 16 e 512.

Então temos: $\underset{a_1}{16}\ a_2\ a_3\ a_4\ a_5\ \underset{a_6}{512}$

logo:

$$a_6 = a_1 \cdot q^5 \Rightarrow 512 = 16 \cdot q^5$$

$$q^5 = \frac{512}{16} \Rightarrow q^5 = 32 \Rightarrow q = \sqrt[5]{2^5} \Rightarrow q = 2$$

P.G. $16\ \underbrace{32\quad 64\quad 128\quad 256}_{\text{4 meios geométricos}}\ 512$

4.5) Fórmula da soma dos N termos de uma P.G. finita

$$S_n = \frac{a_1(q^n - 1)}{q - 1}$$

Exemplo prático: Encontre a soma dos 10 primeiros termos da progessão $(2, 4, 8, \dots)$.

$a_1 = 2;\quad q = 4/2 = 2;\quad n = 10$

Então:

$$S_{10} = \frac{2 \cdot (2^{10} - 1)}{2 - 1} = \frac{2 \cdot (1024 - 1)}{1} = 2 \cdot (1023)$$

$$S_{10} = 2046$$

4.6) Fórmula da soma dos termos de uma P.G. infinita

$$S_n = \frac{a_1}{1 - q}$$

Exemplo prático: Calcular a soma dos termos da P.G. $(1, 1/5, 1/25, \dots)$.

Então:

$$S_n = \frac{a_1}{1 - q} = \frac{1}{1 - \dfrac{1}{5}} = \frac{1}{\dfrac{4}{5}} \Rightarrow S_n = \frac{5}{4}$$

4.7) Produto dos termos da uma P.G. finita

$$|P_n| = \sqrt{(a_1 \cdot a_n)^n}$$

166 | *Matemática no Vestibular*

Exemplo prático: Calcular o produto dos 7 primeiros termos da P.G. $(1, -3, 9, \dots)$
Então:

$a_1 = 1$

$q = -3$

$a_7 = a_1 \cdot q^6 = 1 \cdot (-3)^6 = 729$

$$|P_n| = \sqrt{(a_1 \cdot a_n)^n} = \sqrt{(1 \cdot 729)^7} = \sqrt{3^{42}} = 3^{21}$$

Observe que temos na P.G. de 7 termos, 4 termos positivos e 3 negativos, portanto, o produto será negativo.

Logo: $P_n = -3^{21}$

QUESTÕES RESOLVIDAS

1. (UFSC) Na P.G. $(10, 2, 2/5, \dots)$, a posição do termo $\dfrac{2}{625}$ é:

Resolução:

$a_1 = 10; \quad q = 1/5 \quad \text{e} \quad a_n = \dfrac{2}{625}$

Então:

$a_n = a_1 \cdot q^{n-1}$

$\dfrac{\overset{1}{\cancel{2}}}{625} = {}^5\cancel{10} \cdot (\dfrac{1}{5})^{n-1} \Rightarrow \dfrac{1}{5^5} = \dfrac{1}{5^{n-1}} \Leftrightarrow 5 = n - 1 \Rightarrow n = 6$

Resposta: sexto termo

2. (UFCE) Numa P.G. crescente, $a_4 - a_2 = 8/3$ e $a_2 + a_3 = 4/3$. Encontre a razão dessa progressão:

$$\begin{cases} a_4 - a_2 = 8/3 \Rightarrow a_1 \cdot q^3 - a_1 \cdot q = 8/3 \Rightarrow a_1 q(q^2 - 1) = 8/3 & \text{(I)} \\ a_2 + a_3 = 4/3 \Rightarrow a_1 \cdot q + a_1 \cdot q^2 = 4/3 \Rightarrow a_1 q(1 + q) = 4/3 & \text{(II)} \end{cases}$$

Então: (I):(II)

$$\dfrac{\cancel{a_1} \cdot \cancel{q} \cdot (q \cancel{+} 1)(q - 1)}{\cancel{a_1} \cdot \cancel{q} \cdot (1 \cancel{+} q)} = \dfrac{\dfrac{\overset{2}{\cancel{8}}}{\cancel{3}}}{\dfrac{\cancel{4}}{\cancel{3}}} \Rightarrow q - 1 = 2 \Rightarrow q = 3$$

3. (UNIFOR-CE) O trigésimo termo da seqüência $(1/2, 1/6, 1/18, \dots)$ é:

$$q = \dfrac{\dfrac{1}{6^3}}{\dfrac{1}{\cancel{2}}} \Rightarrow q = 1/3$$

Unidade 4 - *Progressão Geométrica* | 167

$$a_{30} = a_1 \cdot q^{29} = 1/2 \cdot (1/3)^{29} = \frac{1}{2 \cdot 3^{29}}$$

4. (CESGRANRIO) Se x e y são positivos e se x, xy, $3x$ estão, nessa ordem, em P.G., então o valor y é:

$$\frac{xy}{x} \searrow = \swarrow \frac{3x}{xy} \Rightarrow x^2 y^2 = 3 \, x^2 \quad y = \pm\sqrt{3}$$

Como y é positivo $\Rightarrow y = \sqrt{3}$

5. (FUR-RN) Os ângulos de um quadrilátero formam uma P.G. Sabendo-se que a medida, em graus, do último ângulo é nove vezes maior que a do segundo ângulo, este segundo ângulo mede:

Resolução:

$$\frac{x}{q}, x, xq, 9x \Rightarrow \frac{xq}{x} = \frac{9x}{xq} \Rightarrow q^2 = 9 \Rightarrow q = 3$$

para a soma dos ângulos internos de um quadrilátero:

$$\frac{x}{q} + x + xq + 9x = 360°$$

$$\frac{x}{3} + x + 3x + 9x = 360° \Rightarrow x + 3x + 9x + 27x = 1080° \Rightarrow 40x = 1080^0 \Rightarrow x = 27°$$

6. Se a_1, a_2, $\dfrac{1}{4}$, $\dfrac{1}{2}$, a_5, a_6, a_7, a_8 formam nesta ordem uma P.G., calcule a soma dos 8 primeiros termos.

Solução:

$$S_8 = \frac{a_1 \cdot (q^n - 1)}{q - 1}$$

$$q = \frac{1}{2} \div \frac{1}{4} \Rightarrow q = 2$$

$$a_1 = a_3 \cdot q^{-2} \Rightarrow a_1 = \frac{1}{4} \cdot 2^{-2} = \frac{1}{4} \cdot \frac{1}{4} \Rightarrow a_1 = \frac{1}{16}$$

$$s_8 = \frac{\frac{1}{16} \cdot (2^8 - 1)}{2 - 1} \Rightarrow S_8 = \frac{1}{16} \cdot (256 - 1) \Rightarrow S_8 = \frac{255}{16}$$

7. Calcule $\dfrac{3}{5} + \dfrac{6}{35} + \dfrac{12}{245} + \cdots$

Solução:

Trata-se de uma P.G. decrescente e ilimitada de razão $q = \dfrac{2}{7}$.

168 | *Matemática no Vestibular*

Logo:

$$S_n = \frac{a_1}{1-q} = \frac{\dfrac{3}{5}}{1-\dfrac{2}{7}} = \frac{\dfrac{3}{5}}{\dfrac{5}{7}} \Rightarrow S_n = \frac{21}{25}$$

QUESTÕES PROPOSTAS

1. Os três primeiros termos de uma P.G. são $a_1 = \sqrt{2}$, $a_2 = \sqrt[3]{2}$ e $a_3 = \sqrt[6]{2}$. O quarto termo é:

a) $\dfrac{1}{\sqrt{2}}$

b) 1

c) $\sqrt[8]{2}$

d) $\sqrt[9]{2}$

e) $\dfrac{1}{2}$

2. Obtenha a razão da P.G. cujos elementos verificam as relações:

$$\begin{cases} a_2 + a_4 + a_6 = 10 \\ a_3 + a_5 + a_7 = 30 \end{cases}$$

3. (UERJ) Considere a seqüência $(x_1, x_2, \dots, x_n \dots)$ tal que $x_1 = \dfrac{1}{2}$ e $x_{n+1} = 0,5\,x_n$.

Determine o valor de k de modo que $x_k = \dfrac{1}{2^{10}}$.

4. (UFRJ) Seja $x_0, x_1, \dots, x_n \dots$ uma seqüência de números reais. Sabendo que $x_0 = 10$ e que os logaritmos decimais

$$a_0 = \log x_0, \ a_1 = \log x_1, \dots, a_n = \log x_n, \dots$$

formam uma P.G. de razão $1/2$, calcule o valor limite do produto $P_n = x_0 x_1 x_2 \dots x_n$ quando n tende a infinito.

5. (VUNESP-SP) A seqüência de números reais a, b, c, d forma, nesta ordem, uma P.A. cuja soma de termos é 110; a seqüência de números reais a, b, d, e, f forma, nesta ordem, uma P.G. de razão 2. Quanto vale $d + f$?

6. (UFF) Sendo x um número real não-nulo, a somam do 3° termo da Progressão

Unidade 4 - *Progressão Geométrica* | 169

Aritmética $(x, 2x, \ldots)$ com o 3º termo da Progressão Geométrica $(x, 2x, \ldots)$ é igual a:

a) $4x$
b) $5x$
c) $6x$
d) $7x$
e) $8x$

7. (UNIFICADO) Desde 1992, certo instituto de pesquisa vem monitorando, no início de cada ano, o crescimento populacional de uma pequena cidade no interior do estado. A tabela abaixo mostra o resultado dos três primeiros anos, em milhares de habitantes.

Ano	População (em milhares)
1992	25,6
1993	38,4
1994	57,6

Mantendo-se esta mesma progressão de crescimento, o número de habitantes dessa cidade, no início do ano 2000, em milhares, era, aproximadamente, de:

a) 204
b) 384
c) 576
d) 656
e) 728

8. (UNIFICADO) O professor G. Ninho, depois de formar uma progressão aritmética de 8 termos, começando pelo nº 3 e composta apenas de números naturais notou que o 2º, o 4º e o 8º termos formavam, nessa ordem, uma progessão geométrica. G. Ninho observou ainda que a soma dos termos dessa progressão geométrica era igual a:

a) 24
b) 28
c) 32
d) 36
e) 42

9. (UFF) São dadas duas progressões: uma aritmética (P.A.) e outra geométrica (P.G.). Sabe-se que:

- a razão da P.G. é 2;

- em ambas o primeiro termo é igual a 1;

170 | *Matemática no Vestibular*

- a soma dos termos da P.A. é igual à soma dos termos da P.G.;

- ambas tem 4 termos.

Pode-se afirmar que a razão da P.A. é:

a) $\dfrac{1}{6}$

b) $\dfrac{5}{6}$

c) $\dfrac{7}{6}$

d) $\dfrac{9}{6}$

e) $\dfrac{11}{6}$

10. (UERJ) Um menino propôs a seu pai que lhe desse R\$ 1,00 no 1º de dezembro e fosse, a cada dia, dobrando o valor da quantia diária, até o dia 24 de dezembro. No dia 25 de dezembro, ele daria ao pai, com o dinheiro acumulado, um presente de Natal. O pai aceitou a proposta, desde que o filho lhe desse um presente que custasse o dobro da quantia que o filho recebesse no dia 24. Se o acordo entre os dois for firmado, o menino dará a seu pai um presente com, exatamente, o seguinte valor:

a) a metade do que receber
b) o dobro do que receber
c) toda a quantia recebida
d) toda a quantia recebida mais R\$ 1,00

11. Se $x > 0$,então $\sqrt{x\sqrt{x\sqrt{x\sqrt{x}}}}\ldots$ é igual a:

a) $\dfrac{1}{x}$

b) $2x$

c) x^2

d) 0

e) x

12. (UFF) Sendo p um número real qualquer, a soma infinita $S = \dfrac{1}{2^p} + \dfrac{1}{2^{p+1}} + \dfrac{1}{2^{p+2}} + \cdots$, vale:

Unidade 4 - *Progressão Geométrica* | 171

a) 2^{1-p}
b) 2^{p-1}
c) 2^p
d) 2^{-p}
e) 0

13. (PUC-PARANÁ) O valor de x na equação $1+3+3^2+3^3+\cdots+3^x-9841=0$ é:

a) 10
b) 9
c) 8
d) 7
e) 6

14. (PUC) A soma $1 + 2 + 2^2 + 2^3 + \cdots + 2^{999} + 2^{1000}$ é igual a:

a) $2^{1001} - 1$

b) $2^{1002} - 1$

c) 2^{1001}

d) $2^{1000} - 1$

e) $2^{1001} + 1$

15. (UFF) Um projeto estabelece que, em uma parede retangular com 3,5 m de altura, sejam colocadas, do chão ao teto, placas quadradas, com 50 cm de lado. Essas placas formarão fileiras superpostas do seguinte modo:

- a primeira fileira ocupará toda a base da parede com as placas colocadas com um dos lados junto ao chão;

- na segunda fileira haverá a metade do número de placas da primeira, na terceira fileira haverá a metade do número de placas da segunda e, assim, sucessivamente;

- na última fileira haverá apenas uma placa com um dos lados encostado no teto;

- as placas serão colocadas lado a lado em todas as fileiras em que houver mais de uma placa.

O total de placas que serão utilizadas na execução desse projeto é:

a) 2
b) 9
c) 15
d) 63
e) 127

172 | *Matemática no Vestibular*

16. (UFBA) Numa progessão geométrica, o primeiro termo é igual a 7500, e o quarto termo é igual a 20% do terceiro. Determine o quinto termo da progressão.

17. (UFPE) A espessura de uma folha de estanho é 1 mm. Forma-se uma pilha de folhas colocando-se na primeira vez uma folha e, em cada uma das vezes seguintes, tantas quantas já foram colocadas anteriormente. Após dez dessas operações, determine o valor da altura da pilha, em milímetros. Divida o resultado por 2^5.

18. (VUNESP) O limite da soma dos termos de uma progressão geométrica decrescente ilimitada cujo primeiro termo é q e cuja razão é q, vale 7 vezes o limite da soma dos cubos dos termos dessa mesma progressão geométrica. Calcule os valores possíveis de q.

19. (VUNESP) Um ângulo de 69°20' é dividido em dois ao meio. A seguir, um dos ângulos obtidos também é dividido em dois ao meio. E assim por diante. Se este processo é interrompido quando se obtém um ângulo 1°5', determinar o número de divisões efetuadas.

20. (UDESC) Se o primeiro termo vale 2 e a razão é 3, então os termos gerais da Progressão Aritmética e da Progessão Geométrica correspondentes são:
 a) $2 + 3n$ e $2 \cdot 3^n/3$
 b) $2 + 3n$ e $3^{n-1}/2$
 c) $3n - 1$ e $1 \cdot 3^n$
 d) $3 + 2n$ e $3 \cdot 2^n$
 e) $3n - 1$ e $(2/3) \cdot 3^n$

21. (CESGRANRIO) A população de certa cidade é, hoje, igual a P_0 e cresce 2% ao ano. A população dessa cidade daqui a n anos será:
 a) $P_0(1 + n/50)$
 b) $P_0(1 + (n-1)/50)$
 c) $P_0 + (n-1)/50$
 d) $P_0 \cdot 1,02^{n-1}$
 e) $P_0 \cdot 1,02^n$

22. (FATEC) Num certo jogo de azar, apostando-se uma quantia X, tem-se uma das duas possibilidades seguintes:
 1) perde-se a quantia X apostada;
 2) recebe-se a quantia $2X$.
Uma pessoa jogou 21 vezes da seguinte maneira: na primeira vez, apostou 1 centavo; na segunda vez, apostou 2 centavos, na terceira vez, apostou 4 centavos, e assim por diante, apostando em cada vez o dobro do que havia apostado na vez anterior. Nas 20 primeiras vezes, ela perdeu. Na 21ª vez, ela ganhou. Comparando-se a quantia

Unidade 4 - *Progressão Geométrica* | 173

total T por ela desembolsada e a quantia Q recebida na 21ª jogada, tem-se que Q é igual a:
a) $T/2$
b) T
c) $2T$
d) $T - 1$
e) $T + 1$

23. (FATEC) Se, em uma progressão geométrica, x é o primeiro termo, y é o termo de ordem $2n + 1$, e z é o termo de ordem $3n + 1$, então é verdade que:
a) $z^3 - yx^2$
b) $x^3 - yz^2$
c) $x^3 - zy^2$
d) $y^3 - xz^2$
e) $y^3 - zx^2$

24. (FEI) Dada a progressão geométrica 1, 3, 9, 27, ... se a sua soma é 3280, então ela apresenta:
a) 9 termos
b) 8 termos
c) 7 termos
d) 6 termos
e) 5 termos

25. (FUVEST) Um país contraiu em 1829 um empréstimo de 1 milhão de dólares, para pagar em cem anos, à taxa de juros de 9% ao ano. Por problemas de balança comercial, nada foi pago até hoje, e a dívida foi sendo "rolada", com capitalização anual dos juros. Qual dos valores a seguir está mais próximo do valor da dívida em 1989?
Para os cálculos adote $(1,09)^8 \approx 2$.
a) 14 milhões de dólares
b) 500 milhões de dólares
c) 1 bilhão de dólares
d) 80 bilhões de dólares
e) 1 trilhão de dólares

26. (FUVEST) Uma progressão geométrica tem primeiro termo igual a 1 e razão igual a $\sqrt{2}$. Se o produto dos termos dessa progressão é 2^{39}, então o número de termos é igual a:
a) 12
b) 13
c) 14

174 | *Matemática no Vestibular*

   d) 15

   e) 16

27. (FUVEST) A seqüência a_n é uma P.A. estritamente crescente, de termos positivos. Então, a seqüência $b_n = 3^{a_n}$, $n \geq 1$, é uma

   a) P.G. crescente

   b) P.A. crescente

   c) P.G. decrescente

   d) P.A. decrescente

   e) seqüência que não é uma P.A. e não é uma P.G.

28. (FUVEST) Dado um quadrado Q_1 cujo lado tem comprimento $\ell = 1$, considere a seqüência infinita de quadrados $\{Q_1, Q_2, Q_3 \dots\}$ onde cada quadrado é obtido unindo-se os pontos médios dos lados do quadrado anterior. A soma das áreas de todos os quadrados da seqüência é:

   a) 4

   b) $(4\sqrt{2})/(\sqrt{2} - 1)$

   c) 4/3

   d) 2

   e) $\sqrt{2}/(\sqrt{2} - 1)$

29. (ITA) Se a soma dos termos da progressão geométrica dada por 0,3: 0,03: 0,003:... é igual ao termo médio de uma progressão aritmética de três termos, então a soma dos termos da progressão aritmética vale:

   a) 1/3

   b) 2/3

   c) 1

   d) 2

   e) 1/2

30. (ITA) Sejam a_1, a_2, a_3, a_4 quatro números reais (com $a_1 \neq 0$), formando nessa ordem uma progressão geométrica. Então, o sistema em x e y

$$\begin{cases} a_1 x + a_3 y = 1 \\ a_1 a_2 x + a_1 a_4 y = a_2 \end{cases}$$ é um sistema:

   a) impossível

   b) possível determinado

   c) possível indeterminado

   d) possível determinado apenas para $a_1 > 1$

   e) possível determinado apenas para $a_1 < -1$

31. (ITA) Seja 0 um valor fixado no intervalo $]0, \pi/2[$. Sabe-se que $a_1 = \cotg\theta$ é o primeiro termo de uma progressão geométrica infinita de razão $q = \sen^2\theta$. A soma

Unidade 4 - *Progressão Geométrica* | 175

de todos os termos dessa progressão é:
   a) $\operatorname{cossec} \theta \operatorname{tg} \theta$
   b) $\sec \theta \operatorname{tg} \theta$
   c) $\sec \theta \operatorname{cossec} \theta$
   d) $\sec^2 \theta$
   e) $\operatorname{cossec}^2 \theta$

32. (MACK-SP) A seqüência de números reais $(\log a, \log b, \log c)$ é uma progressão aritmética. Então, é sempre verdadeiro que:
   a) (a, b, c) é uma progressão aritmética
   b) $a > b > c$
   c) (a, b, c) não é uma progressão aritmética nem geométrica
   d) (a, b, c) é uma progressão geométrica
   e) $a - b - c$

33. (MACK-SP) Entre 5 e 5.000, temos k números da forma 2^n, onde n é um número natural. Então k vale:
   a) 8
   b) 10
   c) 12
   d) 14
   e) 16

34. (MACK-SP) Numa progressão geométrica de termos positivos, cada termo é igual à soma dos dois termos seguintes. Então a razão da progressão vale:
   a) $\sqrt{5}$
   b) $-1 + \sqrt{5}$
   c) $(1 + \sqrt{5})/2$
   d) $\sqrt{5/2}$
   e) $(\sqrt{5} - 1)/2$

35. (MACK-SP) A soma dos $2n$ primeiros termos da seqüência (2,3,6,7,10,11,14, 15,...) é 410. Então n vale:
   a) 7
   b) 8
   c) 9
   d) 10
   e) 11

36. (MACK-SP) Supondo $(k/2) + (k/3) + (k/4) + (k/9) + (k/8) + (k/27) + (k/16) + \cdots = 9$ então:
   a) $\operatorname{sen}(k\pi) = 1$

176 | *Matemática no Vestibular*

b) $\cos(k\pi) - 1$

c) $\text{sen}(k\pi/2) - 1$

d) $\cos(k\pi/2) - 1$

e) $\text{sen}(k\pi) > \cos(k\pi)$

37. (MACK-SP) Se (x, y, z) é uma seqüência geomética de termos positivos e razão 2^{-x}, tal que $4x + z < 5y$, então:

a) $-4 < x < -2$

b) $-2 < x < 0$

c) $0 < x < 2$

d) $2 < x < 4$

e) $-1 < x < 1$

38. (PUC-SP) Sabe-se que a seqüência $(1/3, a, 27)$, na qual $a > 0$, é uma progressão geométrica e a seqüência (x, y, z), na qual $x + y + z - 15$, é uma progressão aritmética. Se as duas progressões têm razões iguais, então:

a) $x = -4$

b) $y = 6$

c) $z = 12$

d) $x = 2y$

e) $y - 3x$

39. (PUC-SP) O terceiro e o sétimo termos de uma progressão geométrica valem, respectivamente, 10 e 18. O quinto termo dessa progressão é:

a) 14

b) $\sqrt{30}$

c) $2 \cdot \sqrt{7}$

d) $6 \cdot \sqrt{5}$

e) 30

40. (UECE) Seja $(t_1, t_2, t_3, t_4, t_5)$ uma progressão geométrica de termos positivos. Se $t_1 \cdot t_2 \cdot t_3 \cdot t_4 \cdot t_5 = 6^{10}$, então $(t_3 + 4)/(t_3 - 4)$ é igual a:

a) 5/4

b) 3/2

c) 7/4

d) 2

41. (UECE) Seja (b_1, b_2, b_3, b_4) uma progressão geométrica de razão 1/3. Se $b_1 + b_2 + b_3 + b_4 = 20$, então b_4 é igual a:

a) 1/2

b) 3/2

e) 5/2

d) 7/2

Unidade 4 - *Progressão Geométrica* | 177

42. (UEL) Seja T_n o termo geral de uma seqüência de triângulos equiláteros, com $n \in \mathbb{N}^*$. O primeiro termo T_1 tem lado de medida x. Cada termo tem como medida dos lados a metade da medida dos lados do termo anterior. Dessa forma, a medida da altura do triângulo T_3 é:

   a) $x/4$
   b) $\sqrt{3} \cdot x$
   c) $\sqrt{3} \cdot x/2$
   d) $\sqrt{3} \cdot x/4$
   e) $\sqrt{3} \cdot x/8$

43. (UEL) A seqüência $(2x + 5, x + 1, x/2, \dots)$, com $x \in \mathbb{R}$, é uma progessão geométrica de termos positivos. O décimo terceiro termo dessa seqüência é:

   a) 2
   b) 3^{-10}
   c) 3
   d) 3^{10}
   e) 3^{12}

44. (UEL) Numa aplicação financeira, chama-se MONTANTE em certa data à soma da quantia aplicada com os juros acumulados até aquela data. Suponha uma aplicação de R\$ 50.000,00 a juros compostos, à taxa de 3% ao mês. Nesse caso, os montantes em reais, no início de cada período de um mês, formam uma progressão geométrica em que o primeiro termo é 50000 e a razão é 1,03.
Os juros acumulados ao completar 10 meses de aplicação são:
Dado: $1,03^{10} = 1,3439$

   a) R\$ 10.300,00
   b) R\$ 15.000,00
   c) R\$ 17.195,00
   d) R\$ 21.847,00
   e) R\$ 134.390,00

45. (UFES) A figura a seguir representa o gráfico da função $y = 2^x$, $x \leq 0$, e os primeiros elementos de uma seqüência infinita de retângulos.
A soma das áreas de todos os retângulos dessa seqüência infinita é:

178 | *Matemática no Vestibular*

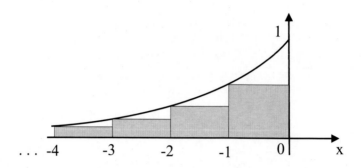

Dado: (ua – unidade de área)
  a) 1/2 ua
  b) 1 ua
  c) 3/2 ua
  d) 2 ua
  e) maior que 2 ua

46. (UFPE) A cada mês que passa, o preço de uma cesta básica de alimentos diminui 3% em relação ao seu preço do mês anterior. Admitindo que o preço da cesta básica no primeiro mês é R$97,00, o seu preço no 12º mês será, em reais:
  a) $97 \times (0,03)^{12}$
  b) $100 \times (0,97)^{12}$
  c) $100 \times (0,97)^{13}$
  d) $97 \times (0,03)^{11}$
  e) $97 \times (0,97)^{12}$

47. (UFPE) Em certa cidade a população de ratos é 20 vezes a população humana. Supondo que ambas as populações crescem em progressão geométrica, onde a população humana dobra a cada 20 anos e a de ratos a cada ano, quantos ratos haverá por habitante dentro de 20 anos?
  a) $10 \cdot 2^{20}$
  b) $10 \cdot 2^{19}$
  c) $20 \cdot 2^{20}$
  d) $40 \cdot 2^{20}$
  e) $20 \cdot 2^{18}$

48. (UNITAU) A soma dos termos da seqüência $(1/2; 1/3; 2/9; 4/27, \dots)$ é:
  a) 15×10^{-1}
  b) -3×10^{-1}
  c) 15×10^{-2}

Unidade 4 - *Progressão Geométrica* | 179

d) 5×10^{-1}
e) $3/5$

49. (UNITAU) O valor da soma:

$$S = 4 + (1/10) + [36/10^3 + 36/10^5 + 36/10^7 + 36/10^9 + \ldots]$$

é igual a:
 a) $99/22$
 b) $91/22$
 c) $91/21$
 d) $90/21$
 e) $81/23$

50. (VUNESP) Os comprimentos das circunferências de uma seqüência de círculos concêntricos formam uma progressão aritmética de razão 2. Os raios desses círculos formam uma:
 a) progressão geométrica de razão $1/2$
 b) progressão geométrica de razão $1/\pi$
 c) progressão aritmética de razão 2
 d) progressão aritmética de razão π
 e) progressão aritmética de razão $1/\pi$

51. (VUNESP) Considere as seqüências (a_n) e (b_n) definidas por $a_{n11} = 2^n$ e $b_{n11} = 3^n$, $n \geq 0$. Então, o valor de $a_{11} \cdot b_6$ é:
 a) $2^{11} \cdot 3^6$
 b) $(12)^5$
 c) 5^{15}
 d) 6^{15}
 e) 6^{30}

52. (FESP) A razão da progressão geométrica $(a, a + 3, 5a - 3, 8a)$ é:
 a) 1
 b) 2
 c) 3
 d) 4
 e) 5

53. (MACK-SP) Na P.G. $(2^{\log x}, 2^{\log y}, 2^{\log z})$, y vale:
 a) xz
 b) $x + z$
 c) $\pm\sqrt{xz}$
 d) $|xz|$
 e) $\sqrt{xz}$

180 | *Matemática no Vestibular*

54. (FGV-SP) Em um triângulo, a medida da base, a medida da altura e a medida da área formam, nessa ordem, uma P.G. de razão 8. Então a medida da base vale:
  a) 1
  b) 2
  c) 4
  d) 8
  e) 16

55. (SANTA CASA-SP) O 21° termo da seqüência $(1, 2, 4, 8, 16, 32, \dots)$ é um número:
  a) menor que 100
  b) entre 100 e 1 000
  c) entre 1 000 e 100 000
  d) entre 100 000 e 1 000 000
  e) entre 1 000 00 e 1 050 000

56. (PUC-RS) O termo geral da seqüência $(4, 12, 36, \dots)$ é:
  a) $4 + (n-1)^3$
  b) $4 + (3n - 1)$
  c) $4 \cdot 3^n$
  d) $\dfrac{4}{3} \cdot 3^n$
  e) $\dfrac{4}{3} \cdot 3^{n-1}$

57. (PUC-SP) Na progressão geométrica onde o primeiro termo é b^3, o último é $(-b^{21})$ e a razão é $(-b^2)$, o número de termos é:
  a) 9
  b) 10
  c) 11
  d) 12
  e) 14

58. (CESESP-PE) Uma alga cresce de modo que a cada dia ela cobre uma superfície de área igual ao dobro da coberta no dia anterior. Se esta alga cobre a superfície de um lago em 100 dias, assinale a alternativa correspondente ao número de dias necessários para que duas algas da mesma espécie da anterior cubram a superfície do mesmo lago.
  a) 50 dias
  b) 25 dias
  c) 98 dias
  d) 99 dias
  e) 43 dias

Unidade 4 - *Progressão Geométrica* | 181

59. (MACK-SP) Em uma P.G., o primeiro termo é 2 e o quarto termo é 54. O quinto termo dessa P.G. é:

a) 62

b) 68

c) 162

d) 168

e) 486

60. (FGV-SP) Uma progressão geométrica infinita é decrescente. A soma de seus termos é $\dfrac{9}{2}$ e a soma do primeiro com o segundo termo vale 4. A razão desta progressão é:

a) $\dfrac{1}{2}$

b) $\dfrac{1}{3}$

c) $\dfrac{1}{4}$

d) $\dfrac{1}{5}$

e) n.d.a.

61. (PUC-SP) Numa progressão geométrica a diferença entre o 2° e o 1° termos é 9 e a diferença entre o 5° e o 4° termos é 576. O 1° termo da progressão é:

a) 3

b) 4

c) 6

d) 8

e) 9

62. (UNESP) A razão de uma progressão geométrica de 4 termos, cuja soma dos termos extremos é 112 e a soma dos dois termos médios é 48, é:

182 | *Matemática no Vestibular*

a) 4 ou $\dfrac{1}{4}$

b) 3 ou $\dfrac{1}{3}$

c) 2 ou $\dfrac{1}{2}$

d) 5 ou $\dfrac{1}{5}$

e) 6 ou $\dfrac{1}{6}$

63. (MACK-SP) A soma de 3 números em P.G. crescente é 26 e o termo do meio é 6. O maior desses números é dado por:
a) 36
b) 18
c) 24
d) 12
e) n.d.a.

64. (SANTA CASA-SP) Os frutos de uma árvore, atacados por uma moléstia, foram apodrecendo dia após dia, segundo os termos de uma progressão geométrica de primeiro termo 1 e razão 3, isto é, no primeiro dia apodreceu 1 fruto, no segundo dia 3 outros, no terceiro dia 9 outros, e assim sucessivamente. Se, no sétimo dia, apodreceram os últimos frutos, o número de frutos atacados pela moléstia foi:
a) 363
b) 364
c) 729
d) 1 092
e) 1 093

65. (FEI-SP) Em uma progressão geométrica de termos positivos, a diferença entre o quarto termo e o primeiro termo é 21, e a diferença entre o terceiro termo e o primeiro é 9. Podemos afirmar que a soma dos 8 primeiros termos dessa progressão é igual a:
a) 550
b) 1 024
c) 856
d) 765
e) 800

66. (UECE) Seja S_n a soma dos n primeiros termos da progressão geométrica

Unidade 4 - *Progressão Geométrica* | 183

$(a_1, a_2, a_3, \ldots, a_n, \ldots)$. Se $a_1 = 3$, $\ S_3 = 21$ e $S_4 = 45$, então S_6 é igual a:
 a) 159
 b) 169
 c) 179
 d) 189

67. (FEI-SP) O limite da soma

$$\left(1 + \frac{1}{2} + \frac{1}{4} + \frac{1}{8} + \cdots\right) + \left(1 + \frac{1}{3} + \frac{1}{9} + \frac{1}{27} + \cdots\right)$$

é igual a:
 a) ∞

 b) 2

 c) $\dfrac{7}{2}$

 d) $\dfrac{1}{2}$

 c) 1

68. (UFES) A soma dos termos de ordem ímpar de uma P.G. infinita é 20 e a soma dos termos de ordem par é 10. O $3^{\underline{o}}$ termo dessa P.G. é:
 a) $\dfrac{15}{4}$

 b) 5

 c) $\dfrac{11}{2}$

 d) 4

 e) $\dfrac{13}{2}$

69. (UFCE) A solução da equação

$$x + \frac{x}{3} + \frac{x}{9} + \frac{x}{27} + \cdots = 60$$

é:
 a) 37
 b) 40
 c) 44

184 | *Matemática no Vestibular*

d) 50

e) 51

70. (FATEC-SP) O produto dos dez primeiros termos da progessão $(\sqrt{2}, 2, 2\sqrt{2}, 4, \ldots$
é:

a) $2^{\frac{29}{2}}$

b) $2^{\frac{55}{2}}$

c) 2^{55}

d) $2^{10} \cdot 5^4$

e) $\dfrac{2^5 + 2^{10} \cdot \sqrt{2}}{5}$

71. (ITA-SP) Numa progressão geométrica de razão q, sabemos que $a_1 = \dfrac{1}{q}$, $a_1 a_n = \left(\dfrac{2}{3}\right)^5$ e o produto dos n primeiros termos é q^{20}. Então, a soma dos n primeiros termos é igual a:

a) $\dfrac{1}{2} \dfrac{3^8 - 2^8}{3^6}$

b) $\dfrac{1}{2} \dfrac{3^6 - 2^6}{3^6}$

c) $\dfrac{1}{4} \dfrac{3^8 - 2^8}{3^6}$

d) $\dfrac{1}{4} \dfrac{3^6 - 2^6}{3^6}$

e) $\dfrac{1}{4} \dfrac{3^6 - 2^6}{3^8}$

72. (PUC-SP) A seqüência $(1, a, b)$ é uma progressão aritmética e a seqüência $(1, b, a)$ é uma progressão geométrica não constante. O valor de a é:

Unidade 4 - *Progressão Geométrica* | 185

a) $-\dfrac{1}{2}$

b) $\dfrac{1}{4}$

c) 1

d) 2

e) 4

73. (UFBA) Sendo $(40, x, y, 5, \dots)$ uma progressão geométrica de razão q e $\left(q, 8 - a, \dfrac{7}{2}, \dots\right)$ uma progressão aritmética, o valor de a é:

a) $\dfrac{19}{4}$

b) $\dfrac{21}{4}$

c) $\dfrac{43}{4}$

d) 6

e) 7

74. (FEI) Dada a P.G. 1,3,9,27,... se a sua soma é 3 280, então ela apresenta:
a) 9 termos
b) 8 termos
c) 7 termos
d) 6 termos
e) 5 termos

75. (MACK) Os números reais a, b e c formam, nesta ordem, uma P.G. de razão $q \neq 0$, onde $c > 3b - 2a$. Se $a < 0$, então o número de valores inteiros que q pode assumir é:
a) 0
b) 1
c) 2
d) 3
e) 4

76. (MACK) Na seqüência geométrica de termos positivos, ilimitada e decrescente, o segundo termo é igual à razão. Se a soma de todos os termos tende a 2, então o

186 | *Matemática no Vestibular*

quarto termo vale:

a) $\dfrac{1}{4}$

b) $\dfrac{1}{8}$

c) $\dfrac{1}{6}$

d) $\dfrac{1}{16}$

e) $\dfrac{1}{32}$

77. (UFV-MG) Uma bactéria de determinada espécie divide-se em duas a cada 2 h. Depois de 24 h, qual será o número de bactérias originadas de uma bactéria?

a) 1024

b) 24

c) 4096

d) 12

e) 16777216

78. (PUC) Se $\log_3 a$, $\log_3 b$ e $\log_3 5$ formam uma progressão aritmética de razão $\dfrac{1}{2}$, então, conclui-se que a seqüência $(a, b, 5)$:

a) é uma progressão aritmética de razão $\dfrac{1}{4}$

b) tem $a = \dfrac{5}{3}$

c) é uma progressão geométrica de razão $\dfrac{1}{2}$

d) é uma progressão geométrica de razão $\dfrac{1}{3}$

e) tem $a = 4$

79. (ITA) A soma dos 5 primeiros termos de uma P.A. de razão r é 50 e a soma dos termos de uma P.G. infinita de razão q é 12. Se ambas as progressões tiverem o mesmo termo inicial menor do que 10 e sabendo-se que $q = r^2$, podemos afirmar que

Unidade 4 - *Progressão Geométrica* | 187

a soma dos 4 primeiros termos da P.G. será:

a) $\dfrac{623}{11}$

b) $\dfrac{129}{32}$

c) $\dfrac{35}{2}$

d) $\dfrac{765}{64}$

e) 13

80. CESCEA-SP) Se $2 + \dfrac{4}{m} + \dfrac{8}{m^2} + \cdots = \dfrac{14}{5}$, então o valor de m é:

a) 5
b) 6
c) 7
d) 8
e) não sei

Gabarito das questões propostas

Questão 1 - Resposta: b) 1
Questão 2 - Resposta: $q = 3$
Questão 3 - Resposta: $k = 10$
Questão 4 - Resposta: 100
Questão 5 - Resposta: 220
Questão 6 - Resposta: d) $7x$
Questão 7 - Resposta: d) 656
Questão 8 - Resposta: b) 28

Questão 9 - Resposta: e) $\dfrac{11}{6}$

Questão 10 - Resposta: d) toda a quantia recebida mais R$1,00
Questão 11 - Resposta: e) x
Questão 12 - Resposta: a) 2^{1-p}
Questão 13 - Resposta: c) 8
Questão 14 - Resposta: a) $2^{1001} - 1$
Questão 15 - Resposta: e) 127
Questão 16 - Resposta: $a_5 = 2,4$

188 | *Matemática no Vestibular*

Questão 17 - Resposta: 16
Questão 18 - Resposta: $q = 1/2$
Questão 19 - Resposta: 6
Questão 20 - Resposta: e) $3n - 1$ e $(2/3) \cdot 3^n$
Questão 21 - Resposta: e) $P_0 \cdot 1,02^n$
Questão 22 - Resposta: e) $T + 1$
Questão 23 - Resposta: d) $y^3 - xz^2$
Questão 24 - Resposta: b) 8 termos
Questão 25 - Resposta: e) 1 trilhão de dólares
Questão 26 - Resposta: b) 13
Questão 27 - Resposta: a) P.G. crescente
Questão 28 - Resposta: d) 2
Questão 29 - Resposta: c) 1
Questão 30 - Resposta: c) possível indeterminado
Questão 31 - Resposta: c) $\sec \theta \operatorname{cossec} \theta$
Questão 32 - Resposta: d) (a, b, c) é uma progressão geométrica
Questão 33 - Resposta: b) 10
Questão 34 - Resposta: e) $(\sqrt{5} - 1)/2$
Questão 35 - Resposta: d) 10
Questão 36 - Resposta: b) $\cos(k\pi) - 1$
Questão 37 - Resposta: b) $-2 < x < 0$
Questão 38 - Resposta: a) $x = -4$
Questão 39 - Resposta: d) $6 \cdot \sqrt{5}$
Questão 40 - Resposta: a) $5/4$
Questão 41 - Resposta: a) $1/2$
Questão 42 - Resposta: e) $\sqrt{3} \cdot x/8$
Questão 43 - Resposta: b) 3^{-10}
Questão 44 - Resposta: c) R\$ 17.195,00
Questão 45 - Resposta: b) 1 ua
Questão 46 - Resposta: b) $100 \times (0,97)^{12}$
Questão 47 - Resposta: b) $10 \cdot 2^{19}$
Questão 48 - Resposta: a) 15×10^{-1}
Questão 49 - Resposta: b) $91/22$
Questão 50 - Resposta: e) progressão aritmética de razão $1/\pi$
Questão 51 - Resposta: e) 6^{30}
Questão 52 - Resposta: b) 2
Questão 53 - Resposta: e) $\sqrt{xz}$
Questão 54 - Resposta: e) 16
Questão 55 - Resposta: e) entre $1\,000\,000$ e $1\,050\,000$
Questão 56 - Resposta: d) $\dfrac{4}{3} \cdot 3^n$

Unidade 4 - *Progressão Geométrica* | 189

Questão 57 - Resposta: b) 10
Questão 58 - Resposta: d) 99 dias
Questão 59 - Resposta: c) 162

Questão 60 - Resposta: b) $\dfrac{1}{3}$

Questão 61 - Resposta: a) 3

Questão 62 - Resposta: b) 3 ou $\dfrac{1}{3}$

Questão 63 - Resposta: b) 18
Questão 64 - Resposta: e) 1 093
Questão 65 - Resposta: d) 765
Questão 66 - Resposta: d) 189

Questão 67 - Resposta: c) $\dfrac{7}{2}$

Questão 68 - Resposta: a) $\dfrac{15}{4}$

Questão 69 - Resposta: b) 40

Questão 70 - Resposta: b) $2^{\frac{55}{2}}$

Questão 71 - Resposta: a) $\dfrac{1}{2}\dfrac{3^8 - 2^8}{3^6}$

Questão 72 - Resposta: b) $\dfrac{1}{4}$

Questão 73 - Resposta: d) 6
Questão 74 - Resposta: b) 8 termos
Questão 75 - Resposta: a) 0

Questão 76 - Resposta: b) $\dfrac{1}{8}$

Questão 77 - Resposta: c) 4096

Questão 78 - Resposta: b) tem $a = \dfrac{5}{3}$

Questão 79 - Resposta: d) $\dfrac{765}{64}$

Questão 80 - Resposta: c) 7

UNIDADE 5

EQUAÇÃO EXPONENCIAL E LOGARITMOS

SINOPSE TEÓRICA

5.1) Equação exponencial

5.1.1) Definição

É definida por toda equação (igualdade), quando a variável ou incógnita aparece como expoente.

Exemplo:
 a) $3^x = 81$
 b) $2^{x+2} + 2^{2x+4} = 64$

5.1.2) Processos resolutivos

1º caso: Redução à mesma base.

Exemplo:
$2^x = 128$, resolvendo a equação:

reduzindo à mesma base, igualamos os expoentes. Então, temos:

$$2^x = 2^7 \Leftrightarrow x = 7$$
$$s = \{7\}$$

2º caso: Artifício algébrico.

Exemplo:
$$2 \cdot 4^{x+2} - 5 \cdot 4^{x+1} - 3 \cdot 2^{2x+1} - 4^x = 20$$
$$2 \cdot (2^2)^{x+2} - 5 \cdot (2^2)^{x+1} - 3 \cdot 2^{2x+1} - (2^2)^x = 20$$

Preparando a equação, utilizaremos o artifício. Então, temos:

$$2 \cdot (2)^{2x+4} - 5 \cdot (2)^{2x+2} - 3 \cdot 2^{2x+1} - (2)^{2x} = 20$$

$$2 \cdot 2^{2x} \cdot 2^4 - 5 \cdot 2^{2x} \cdot 2^2 - 3 \cdot 2^{2x} \cdot 2^1 - 2^{2x} = 20$$

Pelo artifício algébrico: $2^{2x} = y$
Substituindo:

$$2 \cdot y \cdot 16 - 5 \cdot y \cdot 4 - 3 \cdot y \cdot 2 - y = 20$$

$$32y - 20y - 6y - y = 20$$

$$5y = 20$$

$$y = 4$$

Voltando ao artifício, e reduzindo à mesma base:

$$2^{2x} = y \Leftrightarrow 2^{2x} = 4 \Rightarrow 2^{2x} = 2^2$$

$$x = x$$
$$x = 1$$
$$S = \{1\}$$

5.2) Logaritmos

5.2.1) Definição

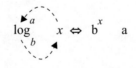

forma logarítmica   forma exponencial

Unidade 5 - *Equação exponencial e logaritmos* |193

Onde:

a = logaritmando	a = potência
b = base	b = base
x = logaritmo	x = expoente

– Condição de existência:

$$a, b \in \mathbb{R}, \qquad a > 0 \qquad e \qquad 1 \neq b > 0$$

Exemplos práticos

1) Calcule $x = \log_b a$ nos seguintes casos:

a) $a = 625$ e $b = 5$

$$\log_5 625 = x \Leftrightarrow 5^x = 625$$
$$5^x = 5^4$$
$$x = 4$$

b) $a = 0,001$ e $b = 100$

$$\log_{100} 0,001 = x \Leftrightarrow 100^x = 0,001$$
$$(10^2)^x = 10^{-3}$$
$$10^{2x} = 10^{-3}$$
$$2x = -3$$
$$x = -\frac{3}{2}$$

2) Calcule o logaritmo de 256 na base $2\sqrt{2}$.

$$\log_{2\sqrt{2}} 256 = x \Leftrightarrow (2\sqrt{2})^x = 256$$
$$(2 \cdot 2^{1/2})^x = 2^8$$
$$(2^{1+1/2})^x = 2^8$$
$$(2^{3/2})^x = 2^8$$
$$2^{3/2\,x} = 2^8$$
$$3/2\,x = 8$$
$$3x = 16$$
$$x = 16/3$$

194 | *Matemática no Vestibular*

5.2.2) Observações gerais

1ª) $\log_b b = 1$

2ª) $\log_b 1 = 0$

3ª) $b^{\log_b a} = a$

4ª) $\log_b x = \log_b y \Leftrightarrow x = y$

5ª) logaritmo de base 10, ou logaritmo decimal, ou logaritmo de Briggs

$\log_{10} a = \log a$

6ª) logaritmo neperiano ou logaritmo natural

$\log_e a = \ell n\, a = L$

onde: $e = 2,7182\ldots$

5.2.3) Propriedades operatórias

5.2.3.1) Logaritmo de um produto

$\log_b x \cdot y = \log_b x + \log_b y$

Exemplo: $\log_3 10 = \log_3 2 \cdot 5 = \log_3 2 + \log_3 5$

5.2.3.2) Logaritmo de um quociente

$\log_b x/y = \log_b x - \log_b y$

Exemplo: $\log_7 5 = \log_7 10/2 = \log_7 10 - \log_7 2$

5.2.3.3) Logaritmo de uma potência

$$\log_b x^N \qquad N \cdot \log_b x$$

Exemplo: $\log_5 5 \qquad \log 5_5 \qquad \cdot \log_5 5 \qquad \cdot 1$

Unidade 5 - *Equação exponencial e logaritmos* |195

5.2.3.4) Logaritmo de uma raiz

$$\log_b \sqrt[N]{x} = \frac{\log_b x}{N}$$

Exemplo: $\log_7 \sqrt[3]{5} = \dfrac{\log_7 5}{3}$; ou ainda

$$\log_7 \sqrt[3]{5} = \log_7 5^{1/3} = \frac{1}{3} \cdot \log_7 5 = \frac{\log_7 5}{3}$$

5.2.4) Cologaritmo

$$\boxed{\log_b 1/a = -\log_b a = \operatorname{colog}_b a}$$

* lembre-se que:

$$a > 0 \quad \text{e} \quad 1 \neq b > 0$$

Exemplo: $\log_2 1/64 = \operatorname{co} \log_2 64 = -\log_2 64 = -\log_2 2^6 = -6 \cdot \log_2 2^1 = -6$

Ou ainda:

$$\log_2 1/64 = \log_2 64^{-1} = \log_2 (2^6)^{-1} = \log_2 2^{-6} = -6 \cdot \log_2 2^1 = -6$$

5.2.5) Mudança de base

$$\log_b a \text{ para base } c \Rightarrow \log_b a = \frac{\log_c a}{\log_c b}$$

Exemplo:

1) $\log_5 3$ para base 7

$$\log_5 3 = \frac{\log_7 3}{\log_7 5}$$

2) Resolva a equação $\log_{10} x + 2 \log_x 10 = 3$

– lembre-se que: $\quad x > 0 \text{ e } x \neq 1$

– mudando para base decimal, temos:

196 | *Matemática no Vestibular*

$$\log_{10} x \ + \ \frac{\log_{10} 10}{\log_{10} x} \ \ 3$$

– utilizando o artifício algébrico, fica:

$$\log_{10} x = y \Rightarrow y + \frac{2}{y} = 3 \Rightarrow y^2 - 3y + 2 = 0 \begin{cases} y' = 1 \\ y'' = 2 \end{cases}$$

– então, voltando ao artifício:

$$\log_{10} x = y \begin{cases} \log_{10} x = 1 \Leftrightarrow 10^1 = x \Rightarrow x = 10 \\ \log_{10} x = 2 \Leftrightarrow 10^2 = x \Rightarrow x = 100 \end{cases}$$

$$S = \{10, 100\}$$

5.2.6) Função logarítmica

$$f \colon \mathbb{R} \to \mathbb{R}$$
$$f(x) = \log_b x, \text{ com } b \in \mathbb{R}, \quad 0 < b \neq 1 \ \text{ e } \ x \in \mathbb{R}$$

– Graficamente, temos as formas:

1º Caso: a > 1

Função crescente

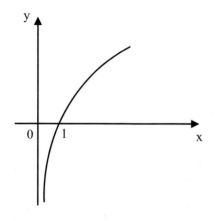

 º Caso: 0 < a < 1

Função decrescente

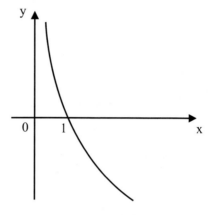

5.2.7) Estudo do sinal para o logaritmo

1º Caso: a > 1

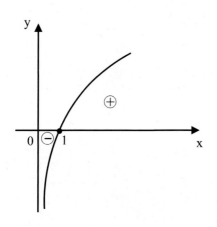

2º Caso: 0 < a < 1

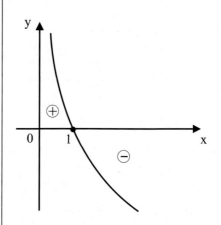

Então:
$x > 1 \Leftrightarrow \log_b x > 0$
$0 < x < 1 \Leftrightarrow \log_b x < 0$
$x = 1 \Leftrightarrow \log_b x = 0$

Então:
$x > 1 \Leftrightarrow \log_b x < 0$
$0 < x < 1 \Leftrightarrow \log_b x > 0$
$x = 1 \Leftrightarrow \log_b x = 0$

5.2.8) Inequação logarítmica

1º Caso: a > 1

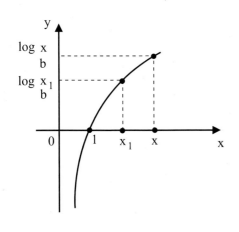

2º Caso: 0 < a < 1

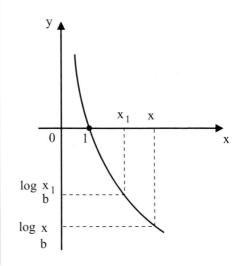

Então:
$x_2 > x_1 \Leftrightarrow \log_b x_2 > \log_b x_1$
Atenção!
Mantemos o sentido da desigualdade

Então:
$x_2 > x_1 \Leftrightarrow \log_b x_2 < \log_b x_1$
Atenção!
Invertemos o sentido da desigualdade

5.2.9) Característica e mantissa do logaritmo decimal

Para a determinação da característica e mantissa de um logaritmo decimal, separamos a parte inteira da parte não-inteira. Logo, temos:

200 | *Matemática no Vestibular*

Exemplo demonstrativo:

$$\log \sqrt{140} = 1,073 = \underbrace{1}_{\text{característica}} + \overbrace{0,073}^{\text{mantissa}}$$

A característica do logaritmo decimal de um número N pode ser determinada facilmente com auxílio dos seguintes casos:

1º caso: Se $N \geq 1$, a característica do log N é igual ao número de algarismos da parte inteira de N, menos uma unidade.

Exemplo:

$\log 685, 7 \to c = 3 - 1 = 2$

$\log 8, 95 \to c = 1 - 1 = 0$

2º caso: Se $0 < N < 1$, a característica do log N é igual ao produto do número (-1) pelo número de zeros que antecedem ao primeiro algarismo significativo de N.

Exemplo:

$\log 0, 000049$ característica $c = -5$

$\log 0, 08$ característica $c = -2$

Atenção!

Os logaritmos de dois números cujas representações diferem apenas pela posição da vírgula têm a mesma mantissa.

Exemplo demonstrativo:

a) $\log 1721 = 3, 2358$

b) $\log 17, 21 = 1, 2358$

c) $\log 1, 721 = 0, 2358$

5.2.10) Logaritmo preparado

(Para estudo da característica e mantissa de um logaritmo negativo.)

Quando o logaritmo de um número é positivo, é fácil identificar qual a sua característica e qual a sua mantissa.

Assim, por exemplo, $\log 165 = 2, 21748$ possui característica 2 e mantissa 21748.

Lamentavalmente, quando o logaritmo é negativo, não é tão imediata a identificação de sua característica e da sua mantissa.

Assim, por exemplo, a característica de $\log N = -2, 63157$ é -3 e a sua mantissa 36843.

Para facilitar a identificação da característica e da mantissa de um logaritmo negativo, criou-se a notação de logaritmo preparado.

Unidade 5 - *Equação exponencial e logaritmos* |201

Nessa notação o $\log N = -2,63157$, cuja característica é -3 e cuja mantissa é 36843 é representado por $\log N = \overline{3},36843$

Exemplo demonstrativo:
Preparar $\log x = -2,3571$

característica

$$\log x \quad - , \quad 35 \ 1 \quad - \ - 0,35 \ 1 + 1 - 1 \quad \overline{3}, 64 \ 9$$

mantissa

QUESTÕES RESOLVIDAS

1. (PUC-SP) Se $3^{x^2-3x} = 1/9$, então os valores de x são:
a) 1 e 3   b) 2 e 3   c) 1 e 2   d) 1 e 4   e) 2 e 4

Resolução:

$$3^{x^2 - 3x} \qquad 3^{-}$$

mesma base

Logo:
$$x^2 - 3x = -2$$
$$x^2 - 3x + 2 = 0 \begin{cases} x' = 1 \\ x'' = 2 \end{cases}$$
$$S = \{1, 2\}$$

2. (UFSC) Dado o sistema $\begin{cases} 5^{x-y} = \dfrac{1}{125} \\ 3^{x+y} = 243 \end{cases}$, o valor de $(x \cdot y)^3$ é:

Resolução:

$$\begin{cases} 5^{x-y} = 5^{-3} \\ 3^{x+y} = 3^5 \end{cases} \Rightarrow + \begin{cases} x - y = -3 \\ x + y = 5 \\ \overline{2x = 2 \Rightarrow x = 1} \end{cases}$$

Substituindo, temos:

$$x - y = -3 \Rightarrow 1 - y = -3 \Rightarrow y = 4$$

202 | *Matemática no Vestibular*

Logo: $(x \cdot y)^3 = (1 \cdot 4)^3 = 4^3 = 64$

Resposta: $s = \{64\}$

3. (VUNESP) Seja a, $0 < a < 1$, um número real dado. Resolver a equação exponencial $a^{2x+1} > \left(\dfrac{1}{a}\right)^{x-3}$.

Resolução:

$$a^{2x+1} > (a^{-1})^{x-3} \Rightarrow a^{2x+1} > a^{-x+3} \Rightarrow \overset{\text{invertendo a desigualdade}}{2x+1 < -x+3}$$

Atenção: $0 < a < 1$ logo: $x < \dfrac{2}{3}$

Resposta: $s = \{x \in \mathbb{R} \mid x < 2/3\}$

4. (UERJ) Há números em que, para cada um deles, o quadrado do logaritmo decimal é igual ao logaritmo decimal do seu respectivo quadrado. Logo, a soma dos valores reais dos números que satisfazem essa igualdade é:

a) 90   b) 99   c) 100   d) 101   e) 201

Resolução:

$(\log x)^2 = \log x^2 \Rightarrow (\log x)^2 - 2\log x = 0$

$\log x(\log x - 2) = 0$

$\log x = 0 \Rightarrow x = 1$

$\log x - 2 = 0 \Rightarrow \log x = 2 \Rightarrow x = 100$

Logo a soma será $1 + 100 = 101$.

Resposta: letra d)

5. (UNI-RIO) Se $x = \log_3 2$, então, $3^x + 3^{-x}$ é igual a:

a) $\dfrac{9}{7}$ b) $\dfrac{5}{2}$ c) 4   d) 6   e) 9

Resolução:

$$3^x + 3^{-x} = 3^x + \frac{1}{3^x} = 3^{\log_3 2} + \frac{1}{3^{\log_3 2}} = 2 + \frac{1}{2} = \frac{5}{2}$$

Resposta: letra b).

6. (UFF) Sejam x, y e p números reais positivos e $p \neq 1$. Se $\log_p(x+y) = m$ e $\log_p x + \log_p y = n$, então, $\log_p\left(\dfrac{x+y}{xy}\right)$ é igual a:

a) m^n b) m/n c) $m \times n$ d) $m+n$ e) $m-n$

Unidade 5 - *Equação exponencial e logaritmos* |203

Resolução:

Se $\log_p(x+y) = m \Rightarrow x+y = p^m$

Se $\log_p + \log_p y = n \Rightarrow \log_p xy = n \Rightarrow xy = p^n$

Então $\log_p \left(\dfrac{x+y}{xy} \right) = \log_p(x+y) - \log_p xy = \log_p p^n = m - n$

Resposta: letra e).

7. (MACK-SP) O valor de $\log_{0,01} \sqrt[3]{0,1}$ é:

a) $-\dfrac{1}{2}$ b) $-\dfrac{1}{6}$ c) $\dfrac{1}{6}$ d) $\dfrac{1}{2}$ e) 1

Resolução:

$\log_{0,1} \sqrt[3]{0,1} = x$

$(0,01)^x = \sqrt[3]{0,1}$

$10^{-2x} = 10^{-\frac{1}{3}}$

$-2x = \dfrac{-1}{3}$

$x = \dfrac{1}{6}$

Resposta: letra c).

8. (PUC-PR) O valor da expressão $\log_2 0,5 + \log_3 \sqrt{3} + \log_4 8$ é:

a) 1   b) -1 c) 0   d) 2   e) 0,5

Resolução:

$\log_2 \dfrac{1}{2} + \log_3 3^{\frac{1}{2}} + \log_4 2^3 = -1 + \dfrac{1}{2} + \dfrac{3}{2} = 1$

Resposta: letra a).

9. (UFRN) O valor da expressão $\log_2 64 - \log_3 27$ é igual a:

a) 3   b) 13   c) 17   d) 31   e) 37

Resolução:

$\log_2 2^6 - \log_3 3^3 = 6 - 3 = 3$

Resposta: letra a).

10. (PUC-SP) O logaritmo, em uma base x, do número $y = 5 + \dfrac{x}{2}$ é 2. Então $x =$:

a) $\dfrac{3}{2}$ b) $\dfrac{4}{3}$ c) 2   d) 5   e) $\dfrac{5}{2}$

204 | *Matemática no Vestibular*

Resolução:

$$\log_x 5 + \frac{x}{2} = 2 \Rightarrow x^2 = 5 + \frac{x}{2} \Rightarrow 2x^2 - x - 10 = 0 \begin{cases} x' = \dfrac{5}{2} \\ x'' = -2 \\ \text{(não convém)} \end{cases}$$

$$S = \left\{ \frac{5}{2} \right\}$$

Resposta: letra e).

QUESTÕES PROPOSTAS

1. (UECE) Se $n = (0,5 \cdot 4^{0,25} + 4^{0,75})^2 - 4^{1,5} \cdot (1 + 4^{-0,5})$, então $32 \cdot n$ é igual a:
a) 16
b) 32
c) 48
d) 64

2. (CESGRANRIO) Os valores de x que satisfazem à equação $(4^{3-x})^{2-x} = 1$ são dados por:
a) -3 e -2
b) -1 e -6
c) 1 e 6
d) -1 e 6
e) nenhuma das respostas anteriores.

3. (FATEC-SP) Seja m o menor número real que é solução da equação 5^{x^2-2} : $25 = \left(\dfrac{1}{125} \right)^{-x}$. Então, $\sqrt{m}$ é um número:
a) par
b) primo
c) não real
d) irracional
e) divisível por 3

4. (UFPA) A raiz da equação $(7^x - 2\sqrt{10})(7^x + 2\sqrt{10}) = 9$ é um número:
a) irracional negativo
b) irracional positivo
c) par
d) inteiro negativo
e) inteiro positivo

Unidade 5 - *Equação exponencial e logaritmos* |205

5. (PUC-PR) A equação $16 \cdot 5^{2x} = 25 \cdot 20^x$, onde $x \in \mathbb{R}$, admite:
a) os números -2 e 2 como soluções
b) apenas o número 2 como solução
c) apenas o número $\dfrac{1}{2}$ como solução
d) os números 2 e $\dfrac{1}{2}$ como soluções
e) apenas o número $\sqrt{2}$ como solução

6. (UECE) Se x_1 e x_2 são as raízes da equação $2^{x^2} \cdot 5^{x^2} = 0,001 \cdot (10^{3-x})^2$, então $x_1^2 + x_2^2$ é:
a) 5
b) 10
c) 13
d) 34

7. (F.C. CHAGAS-BA) A solução da equação $0,5^{2x} = 0,25^{1-x}$ é um número x, tal que:
a) $0 < x < 1$
b) $1 < x < 2$
c) $2 < x < 3$
d) $x > 3$
e) $x < 0$

8. (PUC-SP) A solução da equação $4^x - 3^{x-\frac{1}{2}} = 3^{x+\frac{1}{2}} - 2^{2x-1}$ é:
a) $\dfrac{3}{4}$
b) $\dfrac{2}{3}$
c) $\dfrac{1}{3}$
d) $\dfrac{2}{3}$
e) $\dfrac{3}{2}$

9. (PUC-SP) Uma das soluções da equação $2^{2x} - 6 \cdot 2^x + 5 = 0$ é zero. A outra solução é um número compreendido entre:
a) 0 e 1
b) 1 e 2
c) 2 e 3
d) 3 e 4
e) 4 e 5

206 | *Matemática no Vestibular*

10. (PUC-SP) Resolvendo a equação $4^x + 4 = 5 \cdot 2^x$, obtemos:
a) $x_1 = 0$ e $x_2 = 1$
b) $x_1 = 1$ e $x_2 = 4$
c) $x_1 = 0$ e $x_2 = 2$
d) $x_1 = -1$ e $x_2 = -2$
e) $x_1 = -4$ e $x_2 = -5$

11. (FATEC-SP) Se x é um número real tal que $2^{-x} \cdot 4^x < 8^{x+1}$, então:

a) $-2 < x < 2$
b) $x = 1$
c) $x = 0$
d) $x < \dfrac{3}{2}$
e) $x > -\dfrac{3}{2}$

12. (UFBA) O conjunto verdade da equação $2^x - 2^{-x} = 5(1 - 2^{-x})$ é:
a) $\{1, 4\}$
b) $\{1, 2\}$
c) $\{0, 1\}$
d) $\{0, 2\}$
e) $\emptyset$

13. (ITA-SP) Todas as raízes reais da equação $x^{-1} - 4x^{-\frac{1}{2}} + 3 = 0$ são:
a) $x_1 = 1$ e $x_2 = 1$
b) $x_1 = \dfrac{1}{3}$ e $x_2 = \dfrac{1}{3}$
c) $x_1 = 3$ e $x_2 = 3$
d) não tem raízes reais
e) nenhuma das respostas anteriores

14. (PUC-RS) A solução da equação $2^{x+1} - 2^{3-x} - 6 = 0$ pertence ao intervalo:
a) $-1 \leq x < 2$
b) $-2 < x \leq 2$
c) $2 < x < 4$
d) $2 < x \leq 4$
e) $3 \leq x < 4$

15. (UF-VIÇOSA) O valor de x que torna verdadeira a equação $2^x \cdot 4^{x+1} \cdot 8^{x+2} = 16^{x+3}$ é:
a) -2
b) 2

Unidade 5 - *Equação exponencial e logaritmos* |207

c) 0

d) 1

e) −1

16. (UF-VIÇOSA) As soluções da equação exponencial $3^{x+1} + \dfrac{81}{3^x} = 36$ são:

a) −1 e 2

b) 1 e −2

c) 0 e 1

d) 1 e 2

e) 0 e 2

17. (FGV-SP) A solução da inequação $\left(\dfrac{1}{2}\right)^{x^2+5x+1} \geq \dfrac{1}{2}$ é:

a) $x \leq 0$

b) $-5 \leq x \leq 0$

c) $x \geq 0$

d) $x \leq -5$ ou $x \geq 0$

e) nenhuma das alternativas

18. (UFPA) O conjunto solução da desigualdade $\left(\dfrac{1}{2}\right)^{x^2-2} < \dfrac{1}{4}$ é:

a) $\{x \in \mathbb{R} \mid -2 < x < 2\}$

b) $\{x \in \mathbb{R} \mid x < -2 \text{ ou } x > 2\}$

c) $\{x \in \mathbb{R} \mid x < 0 \text{ ou } x > 2\}$

d) $\{x \in \mathbb{R} \mid 0 < x < 2\}$

e) $\{x \in \mathbb{R} \mid x < -2 \text{ ou } x > 0\}$

19. (MACK-SP) O conjunto solução da inequação $2^{2x+2} - 0,75 \cdot 2^{x+2} < 1$ é:

a) $\{x \in \mathbb{R} \mid x > 0\}$

b) $\emptyset$

c) $\}x \in \mathbb{R} \mid -\frac{1}{4} < x < 1\}$

d) $\{x \in \mathbb{R} \mid x < 0\}$

e) nenhuma das anteriores

20. (FATEC-SP) Se x é um número real tal que $2^{-x} \cdot 4^x < 8^{x+1}$, então:

a) $-2 < x < 2$

b) $x = 1$

c) $x = 0$

d) $x < 3/2$

e) $x > -3/2$

208 | *Matemática no Vestibular*

21. (CESCEA-SP) O conjunto de todos os numeros reais x tais que:
$x - x \log_a x = 0, \quad a > 0$ e $a \neq 1$ é:

  a) $\{0\}$

  b) $\{a\}$

  c) $\{0; a\}$

  d) $\emptyset$

  e) $\left\{0; \dfrac{1}{a}\right\}$

22. (UDF) Resolver a equação $\log_2(\log_x 16) = 3$:

  a) $\sqrt{2}$

  b) $\dfrac{1}{2}$

  c) 2

  d) $-2\sqrt{2}$

23. (UFF) Se $\log_p \dfrac{4}{5} = -1$, então o valor de p é:

  a) 3

  b) $\dfrac{9}{4}$

  c) 2

  d) $\dfrac{7}{4}$

  e) $\dfrac{5}{4}$

24. (UFF) Pode-se afirmar que o valor de $\log 18$ é igual a:

  a) $\log 20 - \log 2$

  b) $3 \log 6$

  c) $\log 3 + \log 6$

  d) $\dfrac{\log 36}{2}$

  e) $(\log 3)(\log 6)$

25. (UNI-RIO) Um professor propôs aos seus alunos o seguinte exercício: "Dada a função $x \to y = \log_2 64x^3$

$$f : \mathbb{R}_+^* \to \mathbb{R}$$

determine a imagem de $x = 1024$"

Unidade 5 - *Equação exponencial e logaritmos* |209

Qual não foi sua surpresa quando, em menos de um minuto, um aluno respondeu corretamente que a imagem era:

a) 30
b) 32
c) 33
d) 35
e) 36

26. (UFRJ) Considere x e y números reais positivos tais que: $\log_3(\log_4(x)) = \log_4(\log_3(y)) = 0$. Determine o valor de $x + y$.

27. (UNICAMP) Calcule o valor da expressão $\log_n \left(\log_n \sqrt[n]{\sqrt[n]{n}} \right)$ onde n é um número inteiro, $n \geq 2$.

28. (UNISANTOS-SP) Um aluno quer resolver a equação $3^x = 7$ utilizando uma calculadora que possui a tecla $\log x$. Para obter um valor aproximado de x, o aluno deverá calcular.

a) $\dfrac{\log 7}{\log 3}$

b) $\dfrac{\log 3}{\log 7}$

c) $\log 7 \times \log 3$
d) $\log 7 + \log 3$

29. (UNI-RIO) Se $N(t) = N_0 \times e^{kt}$, $t \geq 0$ e $N(2) = 3N_0$, então o valor de k é:

a) $\log_e \dfrac{3}{2}$

b) $\dfrac{1}{2} \log_e 3$

c) $\dfrac{1}{3} \log_e 3$

d) $\dfrac{1}{3} \log_e 4$

e) $\log_2 e$

30. (FUVEST-SP)

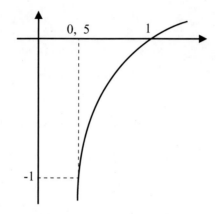

A figura acima mostra o gráfico da função logaritmo na base b.
O valor de b é:
a) $\dfrac{1}{4}$
b) 2
c) 3
d) 4
e) 10

31. (UFSM-RS) Sobre os gráficos das funções $y = 2^x$ e $y = \log_2 x$, pode-se afirmar que:
 a) são simétricos em relação à reta $y = x$
 b) são simétricos em relação ao eixo y
 c) ambos passam pelo ponto $(1, 0)$
 d) ambos passam pelo ponto $(0,1)$
 e) são simétricos em relação à reta $y = -x$

32. (ITA-SP) Um acidente de carro foi presenciado por $1/65$ da população de Votuporanga (SP). O número de pessoas que soube do acontecimento t horas após é dado por:

$$f(t) = \frac{B}{1 + Ce^{-kt}}$$

onde B é a população da cidade. Sabendo-se que $1/9$ da população soube do acidente 3 horas depois, então o tempo que passou até que $1/5$ da população soubesse da notícia foi de:

Unidade 5 - *Equação exponencial e logaritmos* |211

a) 4 horas
b) 5 horas
c) 6 horas
d) 5 horas e 24 minutos
e) 5 horas e 30 minutos

33. (UNI-RIO) Sabendo-se que $\log_b a = \dfrac{\log_c a}{\log_c b}$, onde $a, b, c > 0$ e $b, c \neq 1$, o valor de $\log_{\frac{1}{8}} \sqrt[3]{12}$ é igual a: (considere $\log_2 3 = x$)

a) $\dfrac{-2x}{3}$

b) $\dfrac{-(2+x)}{9}$

c) $\dfrac{-(2+x)}{3}$

d) $\dfrac{2+x}{9}$

e) $\dfrac{2+x}{3}$

34. (UFF) O produto das raízes da equação $\sqrt[3]{x^{\log_3 \sqrt[3]{x}}} = 3$ é:
a) -1
b) 0
c) 1
d) 54
e) 729

35. (UFRJ) Determine o conjunto D dos números inteiros positivos x para os quais a função $y = \dfrac{\log\left(\dfrac{5-x}{10+x}\right)}{x-2}$ está definida.

36. (UFF) Considere $p = \log_3 2$, $\quad q = \log_{\sqrt{3}} 4$, $\quad r = \log_{1/3} \sqrt{2}$. É correto afirmar que:
a) $p < q < r$
b) $r < q < p$
c) $q < r < p$
d) $p < r < q$
e) $r < p < q$

37. (FUVEST) Seja $f(x)$ o logaritmo de $2x$ na base $x^2 + \dfrac{1}{2}$.

212 | *Matemática no Vestibular*

Resolva a equação $f(x) = \dfrac{1}{2}$.

38. (FGV-SP) A função $y = \log(x^2 - 6x + 2K + 1)$ é definida para todo $x \in \mathbb{R}$ se:
a) $K < 4$
b) $K \leq 4$
c) $K > 4$
d) $K \geq 4$
e) $-4 < K < 4$

39. (ITA-SP) O domínio da função $f(x) = \log_{2x^2 - 3x + 1}(3x^2 - 5x + 2)$ é:

a) $(-\infty, 0) \cup \left(0, \dfrac{1}{2}\right) \cup \left(1, \dfrac{3}{2}\right) \cup \left(\dfrac{3}{2}, +\infty\right)$

b) $\left(-\infty, \dfrac{1}{2}\right) \cup \left(1, \dfrac{5}{2}\right) \cup \left(\dfrac{5}{2}, +\infty\right)$

c) $\left(-\infty, \dfrac{1}{2}\right) \cup \left(\dfrac{1}{2}, \dfrac{3}{2}\right) \cup \left(1, \dfrac{3}{2}\right) \cup \left(\dfrac{3}{2}, +\infty\right)$

d) $(-\infty, 0) \cup (1, +\infty)$ e) n.d.a.

40. (PUC-SP) Se $\log_2(\log_3 \log_4 x) = \log_3(\log_4 \log_2 y) = \log_4(\log_2 \log_3 z) = 0$, então $x + y + z$ é:
a) 50
b) 58
c) 89
d) 111
e) 1296

41. (CESGRANRIO) Se $\log x$ representa o logaritmo decimal do número positivo x, a soma das raízes de $\log^2 x - \log x^2 = 0$ é:
a) -1
b) 1
c) 20
d) 100
e) 101

42. (UFRN) Se a equação $x^2 + 8x + 2\log(a) = 0$ possui duas raízes reais e iguais, então a é igual a:
a) 10
b) 10^2
c) 10^4
d) 10^6
e) 10^8

Unidade 5 - *Equação exponencial e logaritmos* |213

43. (UFRJ) Sendo x e y números reais e $y \neq 0$, expresse o logaritmo de 3^x na base 2^y em função de x, y e $\log_2^3$.

44. (UFRJ) A figura a seguir mostra os gráficos das funções f e g, definida no intervalo $]0,4]$ por:

$$f(x) = \frac{x}{2} - \ell n\, x \quad \text{e} \quad g(x) = \frac{x}{2} - (\ell n\, x)^2,$$

onde ℓn expressa o logaritmo na base neperiana e $(e \cong 2,7)$

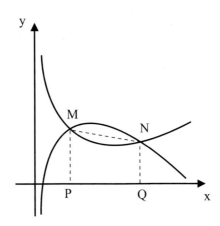

Sejam M, N os pontos de interseção dos dois gráficos e P, Q suas respectivas projeções sobre o eixo x.

Determine a área do trapézio $MNQP$.

45. (UNI-RIO) Seja a função definida por $f(x) = \log_2 \dfrac{x+1}{2x}$. O valor de x para o qual $f(x) = 1$ é tal que:

a) $0 < x < \dfrac{1}{100}$

b) $\dfrac{1}{100} < x < \dfrac{1}{10}$

c) $\dfrac{1}{10} < x < \dfrac{1}{5}$

d) $\dfrac{1}{5} < x < \dfrac{3}{10}$

e) $x > \dfrac{3}{10}$

46. (UNICAMP) Suponha que o número de indivíduos de uma determinada população seja dado pela função: $F(t) = a \cdot 2^{-bt}$, onde a variável t é dada em anos e a e b são constantes.

a) Encontre as constantes a e b de modo que a população inicial ($t = 0$) seja igual a 1024 indivíduos e a população após 10 anos seja a metade da população inicial.

b) Qual o tempo mínimo para que a população se reduza a 1/8 da população inicial?

47. (UFF) A figura representa o gráfico da função f definida por $f(x) = \log_2 x$.

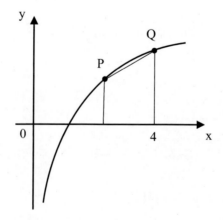

A medida do segmento $\overline{PQ}$ é igual a:

a) $\sqrt{6}$
b) $\sqrt{5}$
c) $\log_2 5$
d) 2
e) $\log 2$

48. (UNI-RIO/ENCE) O gráfico que melhor representa a função real definida por $f(x) = \ell n(|x| - 1)$ é:

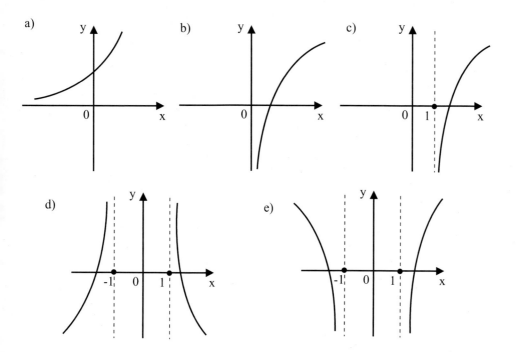

49. (UERJ) Meia-vida ou período de semidesintegração de um isótopo radioativo é o tempo necessário para que sua massa se reduza à metade.

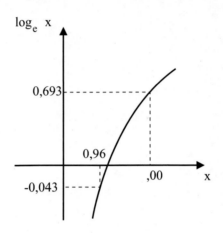

A meia-vida de um isótopo radioativo pode ser calculada utilizando-se equações do tipo $A = C \cdot e^{kt}$, em que:

C é massa inicial;

A é uma massa existente em t anos;

k é uma constante associada ao isótopo radioativo.

Em um laboratório, existem 60 mg de ^{226}Ra, cujo período de semidesintegração é de 1600 anos. Daqui a 100 anos restará, da quantidade original desse isótopo, o correspondente, em mg, a:

a) 40,2
b) 42,6
c) 50,2
d) 57,6

50. (PUC) Sabendo-se que $\log_{10} 3 \cong 0,47712$, podemos afirmar que o número de algarismos de 9^{25} é:

a) 21
b) 22
c) 23
d) 24
e) 25

51. (UFF) O valor mínimo da função de variável real f definida por $f(x) = |(\log_{10} x) + 1|$ é obtido para x igual a:

a) 10^{-2}
b) 10^{-1}
c) 1
d) 10
e) 10^2

52. (UFRJ) Uma calculadora eletrônica pode escrever números inteiros de até oito dígitos. Quando uma operação cujo resultado é maior ou igual a 100.000.000 é realizada, aparece no visor o símbolo "E", que indica a incapacidade da máquina de fazer aquele cálculo.
Uma pessoa digitou o número 5 na máquina e, em seguida, efetuou a operação "multiplicação por 2" diversas vezes, até aparecer o símbolo "E" no visor.
Sabendo-se que $\log_{10} 2 \approx 0,301$, determine o número de vezes que a operação foi realizada.

53. (UERJ) Em uma calculadora científica de 12 dígitos, quando se aperta a tecla log aparece no visor o logaritmo decimal do número que estava no visor. Se a operação não for possível, aparece no visor a palavra ERRO. Depois de digitar 42 bilhões, o número de vezes que se deve apertar a tecla log para que, no visor, apareça ERRO pela primeira vez é:
a) 2
b) 3
c) 4
d) 5
e) 6

54. (VUNESP-SP) A figura representa o gráfico de $y = \log_{10} x$.

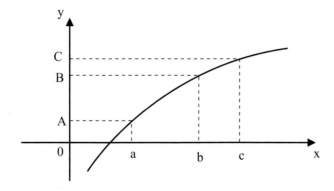

Sabe-se que $OA = BC$. Então, pode-se afirmar que:

218 | *Matemática no Vestibular*

a) $\log_a b = c$
b) $a + b = c$
c) $a^c = b$
d) $ab = c$
e) $10^a + 10^b = 10^c$

55. (UERJ) Calcule x sabendo que $\log_2 x + \log_2 x^2 + \log_2 x^3 = 6$.
a) $x = 2$
b) $x = 3$
c) $x = 4$
d) $x = -2$
e) $x = 1$

56. (UFSC) Determine o valor de x que satisfaz a equação $\log_{10}(x + 5) + \log_{10}(x - 6) = 1 + \log_{10}(x - 4)$.
a) 5
b) 4
c) 1
d) 6
e) 10

57. (ITA-SP) Se x é um número real positivo, com $x \neq 1$ e $x \neq \dfrac{1}{3}$, satisfazendo

$$\frac{2 + \log_3 x}{\log_{x+2} x} - \frac{\log_x(x + 2)}{1 + \log_3 x} = \log_x (x + 2)$$

então x pertence ao intervalo I, onde:

a) $I = \left(0, \dfrac{1}{9}\right)$

b) $I = \left(0, \dfrac{1}{3}\right)$

c) $I = \left(\dfrac{1}{2}, 1\right)$

d) $I = \left(1, \dfrac{3}{2}\right)$

e) $I = \left(\dfrac{3}{2}, 2\right)$

58. (FUVEST-SP) O conjunto solução da equação $x(\log_5 3^x + \log_5 21) +$

Unidade 5 - *Equação exponencial e logaritmos* |219

$\log_5 \left(\dfrac{3}{7} \right)^x = 0$ é:

   a) $\emptyset$
   b) $\{0\}$
   c) $\{1\}$
   d) $\{0, 2\}$
   e) $\{0, -2\}$

59. (MACK-SP) O número de soluções reais distintas da equação $2^x - 4 = \log_2(x+4)$ é:

   a) zero
   b) 1
   c) 2
   d) 3
   e) 4

60. (CEFET-PR) A solução da equação $\log(x+1) + \log(x-2) = 1$ é:

   a) -3
   b) -4
   c) 3
   d) 5
   e) 4

61. (ACAFE-SC) O conjunto solução para a equação $\dfrac{1}{2} \log_a(x+2) + \dfrac{1}{2} \log_a x = \log_a 3$, sendo $0 < a \neq 1$ é:

   a) $\{-1 + \sqrt{10}\}$
   b) $\{-9, 1\}$
   c) $\{-1, 9\}$
   d) $\{-1, -\sqrt{10}\}$
   e) $\{1, 9\}$

62. (FEI-SP) Se $\log \sqrt{7x+3} + \log \sqrt{4x+5} = \dfrac{1}{2} + \log 3$, então:

   a) $x = 0$
   b) $x = \log 3$
   c) $x = \dfrac{1}{2}$
   d) $x = 1$

63. (MACK-SP) A raiz real da equação $x + \log(1 + 2^x) = x \log 5 + \log 6$ pertence ao intervalo:

   a) $[-3, -2]$

220 | *Matemática no Vestibular*

  b) $[-1, 0]$
  c) $[1, 2]$
  d) $[3, 4]$
  e) $[5, 6]$

64. (FGV-SP) A solução do sistema $\begin{cases} 2^x = \dfrac{1}{2^{4+y}} \\ \log_2(2x + y) = 1 \end{cases}$ é um par (x, y), tal que $x - y$ vale:
  a) -16
  b) 16
  c) 4
  d) -4
  e) 2

65. (FGV-SP) Se a e b são soluções do sistema: $\begin{cases} x + y = 27,5 \\ \log x - \log y = 1 \end{cases}$ então ab vale:
  a) 16,9
  b) 22,5
  c) 62,5
  d) 19,6
  e) n.d.a.

66. (SANTA CASA-SP) Do sistema $\begin{cases} \log_{\sqrt[4]{2}}(y - x) = 8 \\ 7^x \cdot 2^y = 224 \end{cases}$ $x + y$ vale:

  a) 4
  b) 6
  c) 5
  d) 1
  e) n.d.a.

67. (UBERLÂNDIA-MG) No conjunto dos números reais maiores do que zero, a equação $x^{\log_3 x} = 3$:
  a) não tem soluções reais   b) tem uma única solução real   c) tem duas soluções reais distintas   d) tem infinitas soluções reais

68. (SANTA CASA-SP) Se a e b são números reais que satisfazem a equação $x^{\log x} = \dfrac{100}{x}$, então:
  a) $a \cdot b = 10$

Unidade 5 - Equação exponencial e logaritmos |221

b) $a + b = 10, 1$
c) $a \cdot b = 0, 1$
d) $a + b = 1, 01$
e) $a \cdot b = 0, 001$

69. (VUNESP-SP) Seja x um número real tal que $x^{\log_x [\log_{x^2} (5x - 12)]} = \dfrac{1}{2}$. Então:

a) $0 < x < 1$
b) $1 \le x < 2$
c) $2 \le x < 3$
d) $3 \le x < 4$
e) $x \le 4$

70. (FCC-SP) Se $5^{3x} = 27$ então, 5^{-2x} é igual a:

a) 27^{-5}

b) $\dfrac{1}{9}$

c) $\dfrac{1}{3}$

d) 3

e) 9

71. (FCC-SP) Se $\log_3 a = x$, então $\log_9 a^2$ é igual a:

a) $2x^2$
b) x^2
c) $x + 2$
d) $2x$
e) x

72. (MACK-SP) Se $\log_a 2 = m$ e $\log_a 3 = n$, então $\log_{\frac{1}{a}} \left(\dfrac{2}{3} \right)$ vale:

a) 1
b) 0
c) $m - n$
d) $n - m$
e) $m \cdot n$

73. (FEC-ABC-SP) Sendo a, b c números positivos e diferentes de 1, o valor da expressão $\log_a b \cdot \log_b c \cdot \log_c a$ é:

a) 0
b) abc
c) $a + b + c$

222 | *Matemática no Vestibular*

d) 1

e) n.d.a.

74. (UFSM-RS) Se $\log_{10} 5 = a$ e $\log_{10} 7 = b$, então $log_{10}(122,5)$ é igual a:

a) $a + b$

b) $a + b + 1$

c) $a + b - 1$

d) $2a + 2b$

e) $2a + 2b - 1$

75. (FGV-SP) O produto $(\log_9 2) \cdot (\log_2 5) \cdot (\log_5 3)$ é igual a:

a) 0

b) $\dfrac{1}{2}$

c) 10

d) 30

e) $\dfrac{1}{10}$

76. (MACK-SP) Se $\log_2 x + \log_4 x = 1$, então:

a) $x = \sqrt[3]{2}$

b) $x = \sqrt[3]{4}$

c) $x = \sqrt[2]{2^3}$

d) $x = 3\sqrt[3]{2}$

e) $x = 2$

77. (FCC-SP) A solução da inequação $\log_{10}(x^2 - 2x + 1) < 2$ é:

a) $-11 < x < 9$

b) $-9 < x < 11$

c) $-9 < x < 1$ ou $1 < x < 11$

d) $1 \leq x < 11$

e) $0 < x < 1$ ou $x > 1$

78. (MACK-SP) O conjunto solução da inequação $\log_{\frac{1}{2}}(x^2 + x - 2) \geq -2$ é:

a) $\{x \in \mathbb{R} \mid -3 \leq x < 2 \text{ ou } 1 < x \leq 2\}$

b) $\{x \in \mathbb{R} \mid -3 < x < 2 \text{ ou } 1 < x < 2\}$

c) $\{x \in \mathbb{R} \mid -3 < x \leq -2 \text{ ou } 1 \leq x < 2\}$

d) $\{x \in \mathbb{R} \mid -3 \leq x \leq -2 \text{ ou } 1 \leq x \leq 2\}$

e) n.d.a.

79. (UEMT) O conjunto solução da inequação $\left(\dfrac{1}{2}\right)^{\log_2 x} < \left(\dfrac{1}{2}\right)^3$ é:

Unidade 5 - *Equação exponencial e logaritmos* |223

a) $\mathbb{R}$
b) $\{x \in \mathbb{R} \mid x < 8\}$
c) $\{x \in \mathbb{R} \mid x < 3\}$
d) $\{x \in \mathbb{R} \mid x > 3\}$
e) $\{x \in \mathbb{R} \mid x > 8\}$

80. (FAU-SP) Determine os valores de x para os quais $\log_2(x-3) + \log_2(x-2) < 1$:
a) $1 < x < 4$
b) $x < 1$
c) $x > 4$
d) $3 < x < 4$
e) $x < 1$ ou $x > 4$

81. (MACK-SP) O conjunto solução da inequação $\log_{\frac{1}{3}}[\log_{\frac{1}{3}} x] \geq 0$ é:

a) $\left\{ x \in \mathbb{R} \mid x \geq \dfrac{1}{3} \right\}$

b) $\{x \in \mathbb{R} \mid x > 0\}$

c) $\left\{ x \in \mathbb{R} \mid 0 < x \leq \dfrac{1}{3} \right\}$

d) $\left\{ x \in \mathbb{R} \mid \dfrac{1}{3} \leq x < 1 \right\}$

e) $\emptyset$

82. (ITA-SP) Os valores de x que verificam a desigualdade: $\dfrac{1}{\log_e x} + \dfrac{1}{\log_x e - 1} > 1$
são:
a) $x > 1$
b) $x > e$
c) $0 < x < e$
d) $1 < x < e$
e) n.d.a.

83. (UFBA) A característica de $\log_5 876$ é:
a) múltiplo de 4
b) múltiplo de 5
c) múltiplo de 8
d) divisor de 5
e) divisor de 10

84. (MACK-SP) Se $\log x = 2,1959$, então:
a) $-1 < x < 0$

224 | *Matemática no Vestibular*

b) $0 < x < 2$

c) $2 < x < 20$

d) $20 < x < 100$

e) $100 < x < 1000$

85. (PUC-SP) Um estudante quer resolver a equação $2^x = 5$, utilizando uma calculadora que possui a tecla $\log x$. Para obter um valor aproximado de x, o estudante deverá usar a calculadora para obter os seguintes números:

a) $\log 2, \log 5$ e $\log 5 - \log 2$

b) $\log 2, \log 5$ e $\log 5 : \log 2$

c) $\log 2, \log 5$ e $\log 25$

d) $\dfrac{5}{2}$ e $\log \dfrac{5}{2}$

e) $\sqrt{5}$ e $\log \sqrt{5}$

86. (PUC-SP) Sendo $\log_{10} 2 = 0,30$ e $\log_{10} 3 = 0,47$, então $\log \dfrac{6\sqrt{2}}{5}$ é igual a:

a) 0,12

b) 0,22

c) 0,32

d) 0,42

e) 0,52

87. (UFPR) Sendo $\log 2 = 0,301$ e $\log 7 = 0,845$, qual será o valor de $\log 28$?

a) 1,146

b) 1,447

c) 1,690

d) 2,107

e) 1,107

88. (UNESP-SP) No que segue, $\log \alpha$ representa o logaritmo de α na base 10. Se $\log 8 = 0,903$ e $\log 70 = 1,845$, então:

a) $\log 14 = 1,146$

b) $\log 14 = 1,164$

c) $\log 14 = 1,182$

d) $\log 14 = 1,190$

e) $\log 14 = 1,208$

89. (MACK-SP) Se $f(x) = \dfrac{60\,000}{10 \cdot 2^{-x} + 4}$ e supondo $\log 2 = 0,3$, então o valor de

k tal que $f(k) = 12\,000$ é:

a) $\dfrac{5}{3}$

b) $\dfrac{7}{3}$

c) $\dfrac{4}{3}$

d) $\dfrac{10}{3}$

e) $\dfrac{11}{3}$

90. (PUC-SP) Se a curva da figura representa o gráfico da função $y = \log x$, $x > 0$,

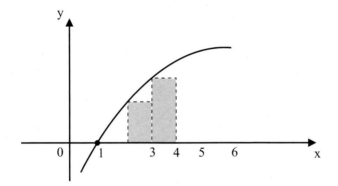

o valor da área hachurada é:
a) $\log 2$
b) $\log 3$
c) $\log 4$
d) $\log 5$
e) $\log 6$

226 | *Matemática no Vestibular*

Gabarito das questões propostas

Questão 1 - Resposta: a) 16
Questão 2 - Resposta: e) nenhuma das respostas anteriores
Questão 3 - Resposta: c) não real
Questão 4 - Resposta: e) inteiro positivo
Questão 5 - Resposta: b) apenas o número 2 como solução
Questão 6 - Resposta: b) 10
Questão 7 - Resposta: a) $0 < x < 1$

Questão 8 - Resposta: e) $\dfrac{3}{2}$

Questão 9 - Resposta: c) 2 e 3
Questão 10 - Resposta: c) $x_1 = 0$ e $x_2 = 2$

Questão 11 - Resposta: e) $x > -\dfrac{3}{2}$

Questão 12 - Resposta: d) $\{0, 2\}$
Questão 13 - Resposta: e) Nenhuma das respostas anteriores
Questão 14 - Resposta: b) $-2 < x \leq 2$
Questão 15 - Resposta: b) 2
Questão 16 - Resposta: d) 1 e 2
Questão 17 - Resposta: b) $-5 \leq x \leq 0$
Questão 18 - Resposta: b) $\{x \in \mathbb{R} \mid x < -2 \text{ ou } x > 2\}$
Questão 19 - Resposta: d) $\{x \in \mathbb{R} \mid x < 0\}$
Questão 20 - Resposta: e) $x > -3/2$
Questão 21 - Resposta: b) $\{a\}$
Questão 22 - Resposta: a) $\sqrt{2}$

Questão 23 - Resposta: e) $\dfrac{5}{4}$

Questão 24 - Resposta: c) $\log 3 + \log 6$
Questão 25 - Resposta: e) 36
Questão 26 - Resposta: $x + y = 7$
Questão 27 - Resposta: $n = -2$

Questão 28 - Resposta: a) $\dfrac{\log 7}{\log 3}$

Questão 29 - Resposta: b) $\dfrac{1}{2} \log_e 3$

Questão 30 - Resposta: d) 4
Questão 31 - Resposta: a) são simétricos em relação à reta $y = x$

Unidade 5 - *Equação exponencial e logaritmos* |227

Questão 32 - Resposta: a) 4 horas

Questão 33 - Resposta: b) $\dfrac{-(2+x)}{9}$

Questão 34 - Resposta: c) 1

Questão 35 - Resposta: $D = \{1, 3, 4\}$

Questão 36 - Resposta: e) $r < p < q$

Questão 37 - Resposta: $\dfrac{\sqrt{6}}{6}$

Questão 38 - Resposta: c) $K > 4$

Questão 39 - Resposta: a) $(-\infty, 0) \cup \left(1, \dfrac{1}{2}\right) \cup \left(1, \dfrac{3}{2}\right) \cup \left(\dfrac{3}{2}, +\infty\right)$

Questão 40 - Resposta: c) 89

Questão 41 - Resposta: e) 101

Questão 42 - Resposta: e) 10^8

Questão 43 - Resposta: sendo $\log_2^3 = a$ e $\log_{2^y}^{3^x} = b$; então $b = \dfrac{ax}{y}$

Questão 44 - Resposta: $\dfrac{(e-1)^2}{4}$

Questão 45 - Resposta: e) $x > \dfrac{3}{10}$

Questão 46 - Resposta: a) $a = 1024$ e $b = 1/10$ b) 30 anos

Questão 47 - Resposta: b) $\sqrt{5}$

Questão 48 - Resposta: Figura e)

Questão 49 - Resposta: d) 57,6

Questão 50 - Resposta: c) 23

Questão 51 - Resposta: b) 10^{-1}

Questão 52 - Resposta: 25 vezes

Questão 53 - Resposta: d) 5

Questão 54 - Resposta: d) $ab = c$

Questão 55 - Resposta: a) $x = 2$

Questão 56 - Resposta: e) 10

Questão 57 - Resposta: b) $I = \left(0, \dfrac{1}{3}\right)$

Questão 58 - Resposta: e) $\{0, -2\}$

Questão 59 - Resposta: c) 2

Questão 60 - Resposta: e) 4

Questão 61 - Resposta: a) $\{-1 + \sqrt{10}\}$

Questão 62 - Resposta: d) $x = 1$

228 | *Matemática no Vestibular*

Questão 63 - Resposta: c) $[1, 2]$
Questão 64 - Resposta: b) 16
Questão 65 - Resposta: c) 62,5
Questão 66 - Resposta: b) 6
Questão 67 - Resposta: c) tem duas soluções reais distintas
Questão 68 - Resposta: c) $a \cdot b = 0, 1$
Questão 69 - Resposta: d) $3 \leq x < 4$

Questão 70 - Resposta: b) $\dfrac{1}{9}$

Questão 71 - Resposta: e) x
Questão 72 - Resposta: d) $n - m$
Questão 73 - Resposta: d) 1
Questão 74 - Resposta: e) $2a + 2b - 1$

Questão 75 - Resposta: b) $\dfrac{1}{2}$

Questão 76 - Resposta: b) $x = \sqrt[3]{4}$
Questão 77 - Resposta: c) $-9 < x < 1$ ou $1 < x < 11$
Questão 78 - Resposta: a) $\{x \in \mathbb{R} \mid -3 \leq x < -2$ ou $1 < x \leq 2\}$
Questão 79 - Resposta: e) $\{x \in \mathbb{R} \mid x > 8\}$
Questão 80 - Resposta: d) $3 < x < 4$

Questão 81 - Resposta: d) $\left\{x \in \mathbb{R} \mid \dfrac{1}{3} \leq x < 1\right\}$

Questão 82 - Resposta: d) $1 < x < e$
Questão 83 - Resposta: a) múltiplo de 4
Questão 84 - Resposta: e) $100 < x < 1000$
Questão 85 - Resposta: b) $\log 2$, $\log 5$ e $\log 5 : \log 2$
Questão 86 - Resposta: b) 0,22
Questão 87 - Resposta: b) 1,447
Questão 88 - Resposta: a) $\log 14 = 1, 146$

Questão 89 - Resposta: d) $\dfrac{10}{3}$

Questão 90 - Resposta: e) $\log 6$

UNIDADE 6

BINÔMIO DE NEWTON, ANÁLISE COMBINATÓRIA E PROBABILIDADE

SINOPSE TEÓRICA

6.1) Binômio de Newton

6.1.1) Fatorial

Dado um número natural n, sendo $n > 1$ definimos:

$$n! = n \cdot (n-1) \cdot (n-2) \cdot (n-3) \cdots 3 \cdot 2 \cdot 1$$

Casos particulares:

$$1! = 1 \qquad e \qquad 0! = 1$$

Exemplo demonstrativo:

$0! = 1$
$1! = 1$
$2! = 2 \cdot 1 = 2$
$3! = 3 \cdot 2 \cdot 1 = 6$
$4! = 4 \cdot 3 \cdot 2 \cdot 1 = 24$
$5! = 5 \cdot 4 \cdot 3 \cdot 2 \cdot 1 = 120$

e assim por diante.

Mas também podemos demonstrar desta forma:

$6! = 6 \cdot 5! = 6 \cdot 120 = 720$
$7! = 7 \cdot 6! = 7 \cdot 720 = 5040$
$8! = 8 \cdot 7! = 8 \cdot 5040 = 40320$

230 | *Matemática no Vestibular*

Exemplo prático:

Simplifique:

a) $\dfrac{10!}{8!}$ 　　　　 b) $\dfrac{(N+1)!}{(N-1)!}$

Resolução:

6.1.2) Número binomial ou Coeficiente binomial

$$\binom{n}{p} = \frac{n!}{p!(n-p)!}$$

onde: $n \in \mathbb{N}, \quad p \in \mathbb{N}$ e $p \le n$

Exemplo demonstrativo:

(a) $\dbinom{8}{6} = \dfrac{8!}{6!(8-6)!} = \dfrac{8!}{6!2!} = \dfrac{\overset{4}{\cancel{8}} \cdot 7 \cdot \cancel{6}!}{\cancel{6}! \, \cancel{2} \cdot 1} = 28$

(b) $\dbinom{10}{10} = \dfrac{10!}{10!(10-10)!} = \dfrac{\cancel{10}!}{\cancel{10}!0!} = 1$

(lembre-se que: $0! = 1$)

Propriedades

1ª) **Binomiais complementares**

$$\binom{n}{p} = \binom{n}{n-p}$$

Exemplo: $\dbinom{8}{3} = \dbinom{8}{5}$ pois $\dbinom{8}{3} = \dbinom{8}{8-3}$

$\dfrac{8!}{3!5!} = \dfrac{8!}{5!3!} \Leftrightarrow 56 = 56$

Unidade 6 - *Binômio de Newton, análise combinatória e probabilidade* | 231

2ª) **Relação de Stifel**

$$\binom{n-1}{p-1} + \binom{n-1}{p} = \binom{n}{p}; \quad n \geq p$$

Exemplo:

Seja n um número natural tal que $\binom{10}{4} + \binom{10}{n+1} = \binom{11}{4}$, então:

Resolução:

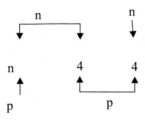

Pela relação de Stifel, devemos ter:

$$n+1 = 3 \Rightarrow n = 2$$

3ª) **Somatório ($\sum$)**

$$\sum_{p=0}^{n} \binom{n}{p} = \binom{n}{0} + \binom{n}{1} + \binom{n}{2} + \binom{n}{3} + \cdots + \binom{n}{n} = 2^n$$

Exemplo 1:

Sendo $\sum_{p=0}^{n} \binom{n}{p} = 2048$, encontre n.

232 | *Matemática no Vestibular*

Resolução:

$$\sum_{p=0}^{n} \binom{n}{p} = \underbrace{\binom{n}{0} + \binom{n}{1} + \cdots + \binom{n}{n}} = 2^N$$

$$2048 = 2^N$$

$$2^{11} = 2^N$$

Logo: $N = 11$

Exemplo 2:

Calcule $y = \binom{7}{2} + \binom{7}{3} + \binom{7}{4} + \binom{7}{5} + \binom{7}{6} + \binom{7}{7}$

Resolução:

$$y = 2^7 - \left[\binom{7}{0} + \binom{7}{1} \right] = 2^7 - [1 + 7] = 128 - 8 = 120$$

6.1.3) Fórmula do Binômio de Newton

$$(x + a)^n = \binom{n}{0} \cdot a^0 \cdot x^n + \binom{n}{1} \cdot a^1 \cdot x^{n-1} + \binom{n}{2} \cdot a^2 \cdot x^{n-2} + \cdots + \binom{n}{n} \cdot a^n \cdot x^0$$

Exemplo:

Desenvolva $(x + 1)^4$:

$$(x + 1)^4 = \binom{4}{0} \cdot 1^0 \cdot x^4 + \binom{4}{1} \cdot 1^1 \cdot x^3 + \binom{4}{2} \cdot 1^2 \cdot x^2 + \binom{4}{3} \cdot 1^3 \cdot x^1 + \binom{4}{4} \cdot 1^4 \cdot x^0$$

$$1 \cdot x^4 + 4 \cdot x^3 + 6 \cdot x^2 + 4 \cdot x + 1 \cdot 1$$

$$x^4 + 4x^3 + 6x^2 + 4x + 1$$

Unidade 6 - *Binômio de Newton, análise combinatória e probabilidade* | 233

6.1.4) Fórmula do termo geral

$$(x + a)^n \Rightarrow T_{p+1} = \binom{n}{p} \cdot a^p \cdot x^{n-p}$$

Exemplo:
Calcule o 10° termo no desenvolvimento de $(2x^2 + x)^{12}$.

Resolução:

$$T_{10} = T_{p+1} \Leftrightarrow 10 = p + 1 \Rightarrow p = 9 \quad \text{e} \quad \begin{cases} n = 12 \\ a = x \end{cases}$$

$$T_{10} = \binom{12}{9} \cdot x^9 \cdot (2x^2)^3 = 220 \cdot x^9 \cdot 8x^6 = 1760x^{15}$$

6.2) Análise Combinatória

6.2.1) Princípio Fundamental da Contagem (P.F.C.)

Se um acontecimento é composto de duas etapas sucessivas, sendo que o primeiro pode ocorrer de m modos, se para cada um deles o segundo pode ser feito de n modos, então, o número de modos de realizar o acontecimento é $m \cdot n$.

Exemplo:
Com os algarismos 1, 2, 3, 4 e 5, quantos números naturais de três algarismos podem ser escritos? Destes números, quantos são formados por algarismos distintos?

Resolução:
1°) número de três algarismos $\Rightarrow$ | centena | dezena | unidade | $\Rightarrow 5 \times 5 \times 5 = 125$
(Há repetição de elementos = contagem com repetição)

2°) número de três algarismos distintos $\Rightarrow$ | centena | dezena | unidade | $\Rightarrow 5 \times 4 \times 3 \Rightarrow 60$
(Não há repetição de elementos = contagem simples)

6.2.2) Arranjos simples

Definimos arranjos de n elementos distintos tomados k a k os agrupamentos formados por k termos distintos escolhidos entre os n elementos.

$$A_{n,k} = \frac{n!}{(n-k)!}$$

234 | *Matemática no Vestibular*

Atenção: Esta forma de agrupamento difere entre si ao mudarmos a ordem de seus elementos.

Exemplo:
Com os algarismos 5, 6, 7, 8 e 9, quantos números de quatro algarismos distintos podemos formar?

Resolução:
Demonstrando como as milhares se diferem ao mudarmos a ordem de seus elementos $\Rightarrow 5678 \neq 5687 \neq 6578 \neq 6587 \neq \ldots$ então, temos:

$$A_{5,4} = \frac{5!}{(5-4)!} = \frac{5!}{1!} = 5! = 120$$

6.2.3) Permutação

Agrupamentos que são arranjos tomando-se todos os termos na formação.

$$\boxed{Pn = n!}$$

Exemplo:
Quantos números de 3 algarismos podemos formar com os algarismos 3, 5 e 7, sem que haja repetição?

Resolução:
$$P_3 = 3! = 6$$

Permutação com repetição:

$$P_n(n_1, n_2, n_3, \ldots, n_p)$$

elementos que se repetem / total de elementos

Exemplo:
Quantos são os anagramas da palavra ARARA?

Resolução:

$$P_5^{3,2} = \frac{5!}{3!2!} = \frac{5 \cdot \overset{2}{\cancel{4}} \cdot \cancel{3!}}{\cancel{3!} \cdot \cancel{2}} = 10$$

6.2.4) Combinações Simples

Definimos combinações de n elementos, tomados k a k, a qualquer subconjunto

Unidade 6 - *Binômio de Newton, análise combinatória e probabilidade* | 235

do conjunto A formado pelos n elementos que tenham k elementos distintos.

$$C_{n,k} = \frac{n!}{k!(n-k)!} = \binom{n}{k}$$

Atenção: Esta forma de agrupamento não difere entre si ao mudarmos a ordem de seus elementos.

Exemplo:
Um hospital possui 15 médicos. De quantas formas distintas podemos formar equipes de plantão, de forma que entrem 4 médicos?

Resolução:
médico $1 = M_1$
médico $2 = M_2$

.

.

.

médico $15 = M_{15}$
(Demonstrando como equipes de 4 médicos distintos não diferem entre si ao mudarmos a ordem de seus elementos.)
Logo: $M_1 M_2 M_3 M_4 = M_1 M_3 M_2 M_4 = M_1 M_4 M_3 M_2 = M_4 M_1 M_2 M_3 = \ldots$
Então, temos:

$$C_{15,4} = \frac{15!}{4!11!} = \frac{15 \cdot \overset{7}{\cancel{14}} \cdot 13 \cdot \cancel{12} \cdot \cancel{11}!}{\cancel{4} \cdot \cancel{3} \cdot \cancel{2} \cdot 1 \; \cancel{11}!} = 1365 \text{ equipes}$$

6.3) Probabilidade

6.3.1) Espaço Amostral $(\mathcal{S})$

Definido pelo conjunto de todos os resultados possíveis de um experimento aleatório.

Exemplo:
No lançamento de uma moeda...

$$\mathcal{S} = \{\text{cara, coroa}\}; \quad n(\mathcal{S}) = 2$$

6.3.2) Evento $(\mathbb{E})$

Definido por qualquer subconjunto de um espaço amostral.

236 | *Matemática no Vestibular*

Exemplo:
No lançamento de um dado e obtendo resultado par:

$$\mathcal{S} = \{1, 2, 3, 4, 5, 6,\}; \quad n(\mathcal{S}) = 6$$
$$\mathbb{E} = \{2, 4, 6\}; \quad n(\mathbb{E}) = 3$$

6.3.3) Probabilidade de obter um evento

$$\boxed{P = \frac{n(\mathbb{E})}{n(\mathcal{S})}}$$

Exemplo:
Lançando uma moeda por três vezes consecutivas, qual a probabilidade de obter cara nos três lançamentos?

Resolução:

$$\text{Moeda} \begin{cases} \text{cara } = c \\ \text{coroa } = k \end{cases}$$

Opções

$$\mathbb{E} \left\{ \begin{matrix} ccc \\ cck \\ ckc \\ kcc \\ kkc \\ kck \\ ckk \\ kkk \end{matrix} \right\} \mathcal{S}$$

Então:

$$n(S) = 8$$
$$n(\mathbb{E}) = 1$$
$$P = \frac{n(\mathbb{E})}{n(S)} = \frac{1}{8} = 0,125 = 12,5\%$$

QUESTÕES RESOLVIDAS

1. (UECE) O valor de $\dfrac{12! - (12 + 1)!}{12!}$ é:

a) -24 b) -12 c) -6 d) -3

Resolução:

$$\frac{12! - 13!}{12!} = \frac{12! - 13 \cdot 12!}{12!} = \frac{\cancel{12!}(1 - 13)}{\cancel{12!}} = -12$$

Unidade 6 - *Binômio de Newton, análise combinatória e probabilidade* | 237

Resposta: letra b).

2. (FUEM-PR) Se $\begin{pmatrix} M-1 \\ M-2 \end{pmatrix} = 4$ e $M > 3$, então o valor de $\left[\dfrac{M-1}{(M-3)} + 0! \right]^2$ é:

Resolução:

$$\begin{pmatrix} M-1 \\ M-2 \end{pmatrix} = 4 \Rightarrow \frac{(M-1)!}{(M-2)![(M-1)-(M-2)]!} = 4 \Rightarrow \frac{(M-1)!}{(M-2)![\cancel{M}-1-\cancel{M}+2]!} = 4$$

$$\Rightarrow \frac{(M-1)!}{(M-2)!\,1!} = 4 \Rightarrow \frac{(M-1)\cdot\cancel{(M-2)!}}{\cancel{(M-2)!}} = 4 \Rightarrow M-1 = 4 \Rightarrow M = 5$$

Então:

$$\left[\frac{M-1}{M-3} + 0! \right]^2 = \left[\frac{5-1}{5-3} + 1 \right]^2 = \left[\frac{4}{2} + 1 \right]^2 = [2+1]^2 = [3]^2 = 9$$

3. (MAUÁ-SP) Resolva a equação: $\begin{pmatrix} n-1 \\ 2 \end{pmatrix} = \begin{pmatrix} n+1 \\ 4 \end{pmatrix}$, onde $n \geq 3$.

Resolução:

S   { 3 }

4. (FEI-SP) Desenvolva, usando a fórmula do binômio de Newton: $(x-1)^3 \cdot (x+1)^3$.

Resolução:

$$(x-1)^3 \cdot (x+1)^3 = [(x+1) \cdot (x-1)]^3 = [(x)^2 - (1)^2]^3 = [x^2 - 1]^3 \Rightarrow$$

$$= \begin{pmatrix} 3 \\ 0 \end{pmatrix} \cdot (1)^0 \cdot (x^2)^3 - \begin{pmatrix} 3 \\ 1 \end{pmatrix} \cdot (1)^1 \cdot (x^2)^2 + \begin{pmatrix} 3 \\ 2 \end{pmatrix} \cdot (1)^2 \cdot (x^2)^1 - \begin{pmatrix} 3 \\ 3 \end{pmatrix} \cdot 1^3 \cdot (x^2)^0 \Rightarrow$$

$$= 1 \cdot 1 \cdot x^6 - 3 \cdot 1 \cdot x^4 + 3 \cdot 1 \cdot x^2 - 1 \cdot 1 \cdot x = x^6 - 3x^4 + 3x^2 - x.$$

238 | *Matemática no Vestibular*

Resposta: $x^6 - 3x^4 + 3x^2 - x$

5. (FEI-SP) No desenvolvimento do Binômio $\left(x + \dfrac{1}{x} \right)^8$, dê o termo independente de x.

Resolução: onde $\begin{cases} x = x \\ a = 1/x \\ n = 8 \end{cases}$

$$T_{p+1} = \binom{8}{p} \cdot \left(\frac{1}{x} \right)^p \cdot (x)^{8-p} = \binom{8}{p} \cdot (x^{-1})^p \cdot (x)^{8-p} = \binom{8}{p} \cdot (x^{-p}) \cdot x^8$$

Como no desenvolvimento do Binômio, queremos o termo independente (x^0), então temos:

$$(x^{-p}) \cdot (x)^{8-p} = x^0 \Rightarrow x^{8-2p} = x^0 \Leftrightarrow 8 - 2p = 0 \Rightarrow p = 4$$

Logo: $T_5 = \binom{8}{4} \cdot x^{-4} \cdot x^{8-4} = 70 \cdot x^{-4} \cdot x^4 = 70$.

Resposta: termo independente = 70

6. (FUR-RN) Com os algarismos 1, 2, 3, 4, 5 e 6 são formados números inteiros de quatro algarismos distintos. Dentre eles, a quantidade de números divisíveis por 5 é:

    a) 20   b) 30   c) 60   d) 120   e) 180

Resolução:

Para ser divisível por 5, deve terminar em 5. Logo:

$$\underline{-\,-\,-\,-} \quad \underline{-\,-\,-\,-} \quad \underline{-\,-\,-\,-} \quad \boxed{5}$$
$$\Downarrow \qquad\qquad \Downarrow \qquad\qquad \Downarrow$$
$$5 \quad\cdot\quad 4 \quad\cdot\quad 3 \qquad = 60$$

Resposta: letra c).

7. (UFAL) Na situação da figura a seguir, quantos triângulos distintos podem ser traçados tendo como vértices os pontos assinalados na circunferência?

    a) 216   b) 120   c) 60   d) 20   e) 10

Unidade 6 - *Binômio de Newton, análise combinatória e probabilidade* | 239

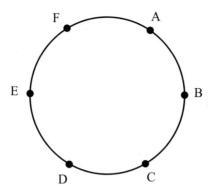

Resolução:
$$C_{6,3} = \frac{6!}{3!(6-3)!} = \frac{6 \cdot 5 \cdot 4 \cdot 3!}{3! \, 3!} = 20$$

Resposta: letra d).

QUESTÕES PROPOSTAS

1. (PUC-MG) Simplificando $\dfrac{n[n! + (n-1)!]}{(n+1)! - n!}$, em que n é um número natural não-nulo, obtém-se:

a) n

b) $\dfrac{n+1}{n}$

c) $\dfrac{n-1}{n}$

d) $\dfrac{n}{n+1}$

e) $\dfrac{n}{n-1}$

02. (UEL-PR) Se o número natural n é tal que $\dfrac{n! + 2 \cdot (n-1)!}{(n-2)!} = 18$ então n é um número:
 a) menor que 3
 b) divisível por 5
 c) divisível por 2
 d) maior que 10
 e) múltiplo de 7

240 | *Matemática no Vestibular*

03. (UFRJ) Considere a equação: $\dfrac{6 \cdot 12 \cdot 18 \cdot 24 \cdot \cdots \cdot 300}{50!} = 216^n$. O valor de n, real, que verifica essa igualdade é:

a) $\dfrac{1}{3}$

b) $\dfrac{3}{2}$

c) $\dfrac{15}{2}$

d) $\dfrac{25}{3}$

e) $\dfrac{50}{3}$

4. (PUC-PR) A soma das raízes da equação $(5x - 7)! = 1$ vale:

a) 5

b) 7

c) 12

d) 3

e) 4

5. (FGV-SP) Simplificando $\dfrac{5M! - 2(M - 1)!}{M!}$, obtemos:

a) $\dfrac{5M - 2}{M}$

b) $\dfrac{5 - 2M}{M}$

c) $\dfrac{5M - 2}{M - 1}$

d) $\dfrac{5M - 2}{M!}$

e) $\dfrac{5 - 2M}{(M - 1)!}$

6. (FEI-SP) Se $\dfrac{n! + (n - 1)!}{(n + 1)! - n!} = \dfrac{6}{25}$ então:

a) $n = 3$

b) $n = 4$

c) $n = 5$

d) $n = 6$

e) $n = 7$

Unidade 6 - *Binômio de Newton, análise combinatória e probabilidade* | 241

7. (SANTA CASA-SP) A solução da equação $\dfrac{(n+2)!(n-2)!}{(n+1)!(n-1)!} = 4$ é um número natural:

a) par

b) cubo perfeito

c) maior que 10

d) divisível por 5

e) múltiplo de 3

8. (FAAP-SP) Os valores de x que satisfazem a igualdade $\dbinom{12}{3x-1} = \dbinom{12}{x+1}$ são:

a) 1 e 4

b) 1 e 3

c) 3 e 4

d) 2 e 3

9. (SANTA CASA-SP) Se $\dbinom{n}{3} + \dbinom{n}{4} = 5(n-2)$, então n é igual a:

a) 9

b) 8

c) 7

d) 6

e) 5

10. (FUVEST) Lembrado que $\dbinom{n}{p} = \dfrac{n!}{p!(n-p)!}$:

a) calcule $\dbinom{6}{4}$

b) simplifique a fração $\dfrac{\dbinom{12}{4}}{\dbinom{12}{5}}$

c) determine os inteiros n e p de modo que:

$$\frac{\dbinom{n}{p}}{1} = \frac{\dbinom{n}{p+1}}{2} = \frac{\dbinom{n}{p+2}}{3}$$

242 | *Matemática no Vestibular*

11. (UERJ) $\left(x + \dfrac{1}{x^5}\right)^n$

Na potência acima, n é um número natural menor do que 100. Determine o maior valor de n, de modo que o desenvolvimento dessa potência tenha um termo independente de x.

12. (CESGRANRIO) O coeficiente de x^4 no polinômio $p(x) = (x+2)^6$ é:
a) 64
b) 60
c) 12
d) 4
e) 24

13. (U.F. VIÇOSA) A soma dos coeficientes do desenvolvimento de $(2x + 3y)^m$ é 625. O valor de m é:
a) 5
b) 6
c) 10
d) 3
e) 4

14. (PUC) Ache a soma dos coeficientes do polinômio $(1 - 2x + 3x^2)^3$.

15. (UFF) O produto $20 \cdot 18 \cdot 14 \cdot \cdots \cdot 6 \cdot 4 \cdot 2$ é equivalente a:
a) $\dfrac{20!}{2}$

b) $2 \cdot 10!$

c) $\dfrac{20!}{2^{10}}$

d) $2^{10} \cdot 10!$

e) $\dfrac{20!}{10!}$

16. (UNI-RIO) O coeficiente numérico do termo em x^6 do desenvolvimento de $(2x - 3)^4 \cdot (2x + 3)^4$ é:
a) -2304
b) -4092
c) -704
d) -84
e) -182

17. (UFPA) Qual o valor do termo médio do desenvolvimento de $(2x + 3y)^8$?

Unidade 6 - *Binômio de Newton, análise combinatória e probabilidade* | 243

a) $70 \cdot x^4 \cdot y^4$
b) $70 \cdot 16 \cdot 81 \cdot x^4 \cdot y^4$
c) $70 \cdot 16 \cdot 81 \cdot x^5 \cdot y^4$
d) $70 \cdot 16 \cdot 81 \cdot x^4 \cdot y^5$
e) $70 \cdot 16 \cdot 81 \cdot x^5 \cdot y^5$

18. (FGV-SP) Desenvolvendo-se a expressão $\left[\left(x + \dfrac{1}{x} \right) \cdot \left(x - \dfrac{1}{x} \right) \right]^6$, obtém-se
como termo independente de x o valor:
a) 10
b) -10
c) 20
d) -20
e) 36

19. (CESCEM-SP) O desenvolvimento de $\left(x + \dfrac{1}{x^2} \right)^n$ tem um termo independente de x:
a) se n é par
b) se n é ímpar
c) se n é divisível por 3
d) qualquer que seja n diferente de zero
e) não existe nenhum valor de n nessas condições

20. (PUC) O coeficiente de x^8 no desenvolvimento de $(x - 2x^2)^5$ é:
a) -80
b) -10
c) 10
d) 60
e) 80

21. (ESCOLA NAVAL) O coeficiente de x^2 no desenvolvimento de $\left(x - \dfrac{1}{x} \right)^6$
é:
a) 2
b) 6
c) 12
d) 15
e) 30

22. (UNI-RIO/CEFET/ENCE) No desenvolvimento de $(x + y)^n$, a diferença
entre os coeficientes do 3º e do 2º termos é igual a 54. Podemos afirmar que o termo

244 | *Matemática no Vestibular*

médio é o:
a) 3°
b) 4°
c) 5°
d) 6°
e) 7°

23. (UFRN) No desenvolvimento de $(3 + 2x)^5$, o coeficiente de x^3 é igual a:
a) 60
b) 120
c) 240
d) 720
e) 1440

24. (UFPE) Considere o seguinte binômio: $\left(\dfrac{a}{b} - \dfrac{b}{a}\right)^7$. Assinale a alternativa que corresponde ao quinto termo do desenvolvimento deste binômio.

a) $35\,\dfrac{b}{a}$

b) $35\,\dfrac{a}{b}$

c) $-21\,\dfrac{b^3}{a^3}$

d) $21\,\dfrac{a^3}{b^3}$

e) $-21\,\dfrac{a^3}{b^3}$

25. (UFBA) A soma do segundo e terceiro termos do desenvolvimento $(\sqrt{2} + 2x)^4$ é:
a) $32x(2 + 3x)$
b) $16x(\sqrt{2} + 3x)$
c) $16x(\sqrt{2} + 6x)$
d) $8x(\sqrt{6} + 6x)$
e) $4x(\sqrt{6} + 6x)$

26. (U.F. UBERLÂNDIA) Se n é o número de termos do desenvolvimento $(\sqrt[5]{x} + \sqrt[10]{y})^{55}$ que não contenham radicais, então n é:
a) 8
b) 5
c) 6

d) 7
e) 4

27. (UFPR) Achar o coeficiente de x^8 no desenvolvimento de $(1 + x^2 - x^3)^9$.
a) $c_9^4 + 3c_9^5$
b) $3c_9^3 + c_9^4$
c) $2c_9^2 + 3c_9^4$
d) $4c_9^3 + 2c_9^4$
e) $4c_9^3 + 4c_9^4$

28. (UFRJ) Quantos números de 4 algarismos podemos formar nos quais o algarismo 2 aparece ao menos uma vez?

29. (UFRJ) Um construtor dispõe de quatro cores (verde, amarelo, cinza e bege) para pintar cinco casas dispostas lado a lado. Ele deseja que cada casa seja pintada com apenas uma cor e que duas casas consecutivas não possuem a mesma cor.

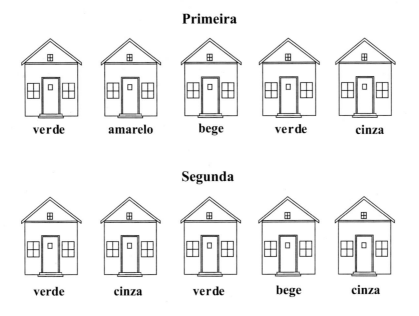

Determine o número de possibilidades diferentes de pintura.

30. (UFRJ) A mala do Dr. Z tem cadeado cujo segredo é uma combinação com cinco algarismos, cada um dos quais podendo variar de 0 a 9. Ele esqueceu a combinação que escolhera como segredo, mas sabe que atende às condições:

a) se o primeiro algarismo é ímpar, então o último algarismo também é ímpar;

b) se o primeiro algarismo é par, então o último algarismo é igual ao primeiro;

c) a soma do segundo e terceiro algarismos é 5

Quantas combinações diferentes atendem às condições estabelecidas pelo Dr. Z?

31. (EsPCEx) Sobre um plano α tomam-se 8 pontos distintos dos quais não existem 3 na mesma reta, e fora de α toma-se um ponto A. O número de pirâmides de base quadrangular com vértice em A que se pode obter a partir desses pontos:
   a) 64
   b) 70
   c) 72
   d) 82
   e) 96

32. (UNI-RIO) Uma família formada por 3 adultos e 2 crianças vai viajar num automóvel de 5 lugares, sendo 2 na frente e 3 atrás. Sabendo-se que só 2 pessoas podem dirigir e que as crianças devem ir atrás e na janela, o número total de maneiras diferentes através das quais estas 5 pessoas podem ser posicionadas, não permitindo crianças irem no colo de ninguém, é igual a:
   a) 120
   b) 96
   c) 48
   d) 24
   e) 8

33. (PUC)

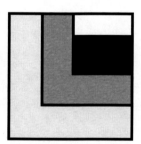

Um mapa é formado por quatro regiões disjuntas, conforme indica a figura acima. Encontram-se disponíveis, para colorir o mapa, canetas de quatro cores diferentes. Sabe-se que regiões vizinhas não podem ter a mesma cor.

Unidade 6 - *Binômio de Newton, análise combinatória e probabilidade* | 247

De quantas maneiras distintas, então, o mapa pode ser colorido?

34. (UFF) Um garçom anotou os pedidos de três fregueses. Cada freguês pediu um prato principal, um acompanhamento e uma bebida.
Posteriormente, o garçom não sabia identificar o autor de cada pedido. Lembrava-se, porém, de que não havia qualquer coincidência entre os pedidos: os pratos principais eram diferentes entre si, o mesmo ocorrendo com os acompanhamentos e as bebidas. O número de maneiras diferentes que o garçom poderia distribuir os pedidos entre os três fregueses é:
 a) $(3!)^3$
 b) $(3^3)!$
 c) $3!$
 d) $3^{3!}$
 e) $(3!)^{3!}$

35. (UERJ) Observe o quadrinho abaixo.

As quatro pessoas que conversavam no banco da praça poderiam estar sentadas em outra ordem. Considerando que o fumante ficou sempre numa das extremidades, o número de ordenações possíveis é:
 a) 4   b) 6   c) 12   d) 24   e) 48

36. (UFRJ) Em todos os 53 finais de semanas do ano 2000, Júlia irá convidar

248 | *Matemática no Vestibular*

duas de suas amigas para sua casa em Teresópolis, sendo que nunca o mesmo par de amigas se repetirá durante o ano.

a) Determine o maior número possível de amigas que Júlia poderá convidar.

b) Determine o menor número possível de amigas que ela poderá convidar.

37. (PUC) Uma prova é composta por 6 questões, cada uma com 4 alternativas. Cada aluno preenche um único cartão resposta e entrega ao examinador.
Quantos alunos, no mínimo, devem entregar o cartão resposta para se ter certeza da existência de dois cartões iguais?

38. (UFF) Cada pessoa presente a uma festa cumprimentou a outra, com um aperto de mão, uma única vez. Sabendo-se que os cumprimentos totalizaram 66 apertos de mão, pode-se afirmar que estiveram presentes à festa:
a) 66 pessoas
b) 33 pessoas
c) 24 pessoas
d) 12 pessoas
e) 6 pessoas

39. (UFF) Uma empresa vai fabricar cofres com senhas de 4 letras, usando as 18 consoantes e as 5 vogais. Se cada senha deve começar com uma consoante e terminar com uma vogal, sem repetir letras, o número de senhas possíveis é:
a) 3060
b) 24480
c) 37800
d) 51210
e) 73440

40. (PUC) O campeonato brasileiro tem, em sua primeira fase, 28 times que jogam entre si. Nesta primeira etapa, o número de jogos é de:
a) 376
b) 378
c) 380
d) 388
e) 396

41. (PUC) A senha de acesso a uma senha de computador consiste em quatro caracteres alfabéticos ou numéricos, sendo o primeiro necessariamente alfabético. O número de senhas possíveis será, então:

Unidade 6 - *Binômio de Newton, análise combinatória e probabilidade* | 249

a) 36^4

b) 10×36^3

c) 26×36^3

d) 26^4

e) 10×26^4

42. (UNICAMP) Um dado é jogado 3 vezes, uma após a outra. Quantos são os resultados possíveis em que os três números obtidos são diferentes?

43. (UNI-RIO) Com os algarismos de 1 a 9, o total de números de 4 algarismos diferentes, formados por 2 algarismos pares e 2 ímpares, é igual a:
   a) 126
   b) 504
   c) 720
   d) 1440
   e) 5760

44. (PUC) Numa sala há 5 lugares e 7 pessoas. De quantos modos diferentes essas pessoas podem ser colocadas, ficando 5 sentadas e 2 em pé?
   a) 5040
   b) 21
   c) 120
   d) 2520
   e) n.d.a.

45. (UFF)

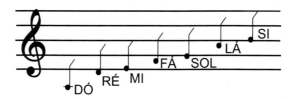

Um piano de brinquedo possui sete teclas, que emitem sons distintos entre si, correspondentes às sete notas da pauta acima. Se forem pressionadas, ao mesmo tempo, no mínimo três e no máximo seis teclas, o total de sons diferentes que podem ser obtidos é:

250 | *Matemática no Vestibular*

a) 21
b) 28
c) 42
d) 63
e) 98

46. (UFF) Com as letras da palavra PROVA podem ser escritos x anagamas que começam por vogal e y anagramas que começam e terminam por consoante.
Os valores de x e y são, respectivamente:
a) 48 e 36
b) 48 e 72
c) 72 e 36
d) 24 e 36
e) 72 e 24

47. (FUVEST) Numa primeira fase de um campeonato de xadrez cada participante joga uma vez contra todos os demais. Nessa fase foram realizados 78 jogos. Quantos eram os jogadores?
a) 10
b) 11
c) 12
d) 13
e) 14

48. (UFRJ) Uma escola quer organizar um torneio esportivo com 10 equipes, de forma que uma delas jogue apenas uma vez contra cada uma das outras.
Quantos jogos terá o torneio?

49. (UFRJ) As antigas placas para automóveis, com duas letras seguidas de quatro algarismos, estão sendo substituídas por novas com três letras seguidas de quatro algarismos. Nestas placas, bem como nas antigas, são utilizadas as 23 letras do alfabeto português, mais as letras K, W e Y.
Calcule quantos carros a mais podem ser emplacados com o novo sistema.

50. (UFRJ) Uma estante de biblioteca tem 16 livros: 11 exemplares do livro "Combinatória é fácil" e 5 exemplares do "Combinatória não é difícil". Considere que os livros com mesmo título sejam indistingüíveis.
Determine de quantas maneiras diferentes podemos dispor os 16 livros na estante, de modo que dois exemplares de "Combinatória não é difícil" nunca estejam juntos.

51. (UFRJ) Uma agência de turismo está fazendo uma pesquisa entre seus clientes para montar um pacote de viagens à Europa e pede aos interessados que preencham

Unidade 6 - *Binômio de Newton, análise combinatória e probabilidade* | 251

o formulário abaixo com as seguintes informações:

- a ordem de preferência entre as 3 companhias aéreas com que trabalha a agência;

- a 1ª e a 2ª opções dentre 4 possíveis datas de partida apresentadas pela agência;

- os nomes de 4 cidades diferentes a serem visitadas, que devem ser escolhidas de uma lista de 10 fornecida pela agência (sem ordem de preferência).

Preencher todos os campos, sem repetição

Companhias Aéreas	Datas	Cidades (ordem indiferente)
1ª	1ª opção	
2ª		
	2ª opção	
3ª		

Supondo que nenhum campo seja deixado em branco, determine de quantas maneiras diferentes pode o formulário ser corretamente preenchido.

52. (FUVEST) Quantos são os números inteiros positivos de 5 algarismos que não têm algarismos adjacentes iguais?

  a) 5^9

  b) 9×8^4

  c) 8×9^4

  d) 8^5

  e) 9^5

53. (UFF) Diogo precisa que sua mulher, Cristina, retire dinheiro no caixa eletrônico e manda entregar-lhe o cartão magnético, acreditando que ela saiba qual é a senha. Cristina, entretanto, recorda que a senha, composta de seis algarismos distintos, começa por 75 – os dois algarismos finais indicativos do ano em que se casou com Diogo; lembra, ainda, que o último algarismo da senha é ímpar.

Determine o tempo máximo necessário para Cristina descobrir a senha da conta de Diogo, caso ela gaste 10 segundos no teste de cada uma das possíveis senhas.

54. (CESGRANRIO) Em um computador digital, um bit é um dos algarismos 0 ou 1 e uma palavra é uma sucessão de bits. O número de palavras distintas de 32 bits é:

  a) $2(2^{32} - 1)$

  b) 2^{32}

  c) $\dfrac{32 \times 31}{2}$

  d) 32^2

  e) 2×32

252 | *Matemática no Vestibular*

55. (UFCE) A quantidade de números inteiros compreendidos entre 30000 e 65000 que podemos formar utilizando somente os algarismos 2, 3, 4, 6 e 7, de modo que não figurem algarismos repetidos, é:
 a) 48
 b) 66
 c) 96
 d) 120

56. (FESP) No sistema de numeração decimal, a totalidade de números inteiros positivos menores que 1000 e que tenham todos os algarismos distintos é:
 a) 900
 b) 720
 c) 738
 d) 819
 e) n.d.a.

57. (UFSCAR-SP) Quatro rapazes e uma moça formam uma fila. De quantas maneiras essa fila pode ser formada, de modo que a moça fique sempre em 1° lugar?
 a) 24
 b) 12
 c) 18
 d) 4
 e) 6

58. (CESCEA-SP) Se $\dfrac{An-1,3}{An,3} = \dfrac{3}{4}$, então n é igual a:
 a) 11
 b) 13
 c) 4
 d) 5
 e) 12

59. (UNICRUZ-RS) Calculando A_m^3 sabendo que $C_m^3 = 84$, obtemos para resultado:
 a) 504
 b) 748
 c) 756
 d) 1325
 e) 636

60. (MED. JUNDIAÍ-SP) Calculando-se $\dfrac{2}{5} \cdot A_{6,2} + 3 \cdot C_{5,2}$, o resultado obtido é um número:

Unidade 6 - *Binômio de Newton, análise combinatória e probabilidade* | 253

a) maior que 70
b) divisível por 6
c) menor que 39
d) múltiplo de 8
e) cubo perfeito

61. (PUC-SP) Qual é o maior número de retas que se deve traçar em um plano, de modo a obter 6 pontos de interseção?
a) 3
b) 4
c) 5
d) 6
e) 8

62. (SANTA CASA-SP) Se x e y são números naturais maiores que 1 e tais que $\begin{cases} A_{x+y, 2} = 56 \\ C_{x-y, 2} = 1 \end{cases}$, então $x \cdot y$ é igual a:
a) 8
b) 15
c) 28
d) 56
e) 112

63. (FGV-SP) Quanto números diferentes obtemos reagrupando os algarimos do número 718844?
a) 90
b) 720
c) 15
d) 30
e) 180

64. (UNEB) Uma urna contém 10 bolas: 6 pretas iguais e 4 brancas iguais. Quantas são as maneiras diferentes de se extrair, uma a uma, as 10 bolas da urna?
a) 420
b) 210
c) 120
d) 150
e) 180

65. (UFRJ) Duzentas bolas pretas e duzentas bolas brancas são distribuídas em duas urnas, de modo que cada uma delas contenha cem bolas pretas e cem brancas. Uma pessoa retira ao acaso uma bola de cada urna.

254 | *Matemática no Vestibular*

Determine a probabilidade de que as duas bolas retiradas sejam de cores distintas.

66. (UFRJ) Para testar a eficácia de uma campanha de anúncio do lançamento de um novo sabão S, uma agência de propaganda realizou uma pesquisa com 2.000 pessoas. Por uma falha da equipe, a agência omitiu os dados dos campos x, y, z e w no seu relatório sobre a pesquisa, conforme mostra a tabela a seguir.

n° de pessoas que:	adquiriram S	não adquiriram S	Total
viram o anúncio	x	y	1500
não viram o anúncio	200	z	500
Total	600	w	2000

a) Indique os valores dos campos x, y, z e w.

b) Suponha que uma dessas 2.000 pessoas entrevistadas seja escolhida ao acaso e que todas as pessoas tenham a mesma probabilidade de serem escolhidas.

Determine a probabilidade de que esta pessoa tenha visto o anúncio da campanha e adquirido o sabão S.

67. (UFRJ) Duas urnas contêm, cada uma, 100 bolinhas numeradas de 1 a 100. Retira-se ao acaso uma bolinha de cada urna. Sabendo-se que todas as bolinhas têm a mesma probabilidade de serem retiradas, qual a probabilidade p de que a soma dos números obtidos seja par?

68. (UFRJ) Uma pessoa mistura as 28 peças de um dominó e retira, ao acaso, as peças 5 e 3. A mesma pessoa apanha outra peça sem repor a primeira. Determine a probabilidade de a segunda peça ter 2 ou 4.

69. (UFRJ) Fernando e Cláudio foram pescar num lago onde só existem trutas e carpas.
Fernando pescou, no total, o triplo da quantidade pescada por Cláudio. Fernando pescou duas vezes mais trutas do que carpas, enquanto Cláudio pescou quantidades iguais de carpas e trutas. Os peixes foram todos jogados num balaio e uma truta foi escolhida ao acaso desse balaio. Determine a probabilidade de que esta truta tenha sido pescada por Fernando.

70. (UFRJ) Dispomos de quatro urnas, cada uma contendo dez bolas numeradas de 0 a 9. Sorteando ao acaso uma bola de cada urna, formamos um número entre 0 e 9.999.
Lembrando que zero é múltiplo de qualquer número inteiro, determine a probabilidade de o número sorteado ser múltiplo de 8.

71. (CESGRANRIO) Dois dados são lançados sobre uma mesa. A probabilidade

Unidade 6 - *Binômio de Newton, análise combinatória e probabilidade* | 255

de ambos os dados mostrarem, na face superior, números ímpares é:

a) $\dfrac{1}{3}$

b) $\dfrac{1}{2}$

c) $\dfrac{1}{4}$

d) $\dfrac{2}{5}$

e) $\dfrac{3}{5}$

72. (UERJ) Um instituto de pesquisa colheu informações para saber as intenções de voto no segundo turno das eleições para governador de um determinado estado. Os dados estão indicados no quadro a seguir:

Intenção de voto	Percentual
candidato A	26%
candidato B	40%
votos nulos	14%
votos brancos	20%

Escolhendo-se aleatoriamente um dos entrevistados, verificou-se que ele não vota no candidato B. A probabilidade de que esse eleitor vote em branco é:

a) $\dfrac{1}{6}$

b) $\dfrac{1}{5}$

c) $\dfrac{1}{4}$

d) $\dfrac{1}{3}$

e) $\dfrac{2}{5}$

73. (CESGRANRIO) Num jogo com um dado, um jogador x ganha se tirar, no seu lance, um número de pontos maior ou igual ao do jogador y. A probabilidade de

x ganhar é:

a) $\dfrac{1}{2}$

b) $\dfrac{2}{3}$

c) $\dfrac{7}{12}$

d) $\dfrac{13}{24}$

e) $\dfrac{19}{36}$

74. (CESGRANRIO) Sete lâmpadas de neon são dispostas formando um "oito", como no mostrador de uma calculadora (figura I), e podem ser acesas independentemente uma das outras. Estando todas as sete apagadas, acendem-se quatro delas ao mesmo tempo, ao acaso. A probabilidade de ser formado o algarismo 4, como aparece na figura II, é:

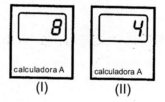

a) $\dfrac{1}{35}$

b) $\dfrac{1}{2}$

c) $\dfrac{1}{3}$

d) $\dfrac{1}{5}$

e) $\dfrac{1}{28}$

Unidade 6 - *Binômio de Newton, análise combinatória e probabilidade* | 257

75. (UERJ)

Suponha haver uma probabilidade de 20% para uma caixa de Microvlar ser falsificada. Em duas caixas, a probabilidade de pelo menos uma delas ser falsa é:
 a) 4%
 b) 16%
 c) 20%
 d) 36%

76. (UFF) Em uma bandeja há dez pastéis dos quais três são de carne, três de queijo e quatro de camarão. Se Fabiana retirar, aleatoriamente e sem reposição, dois pastéis desta bandeja, a probabilidade de os dois pastéis retirados serem de camarão é:

 a) $\dfrac{3}{25}$

 b) $\dfrac{4}{25}$

 c) $\dfrac{2}{15}$

 d) $\dfrac{2}{3}$

 e) $\dfrac{4}{5}$

77. (UNI-RIO) Numa urna existem bolas de plástico, todas do mesmo tamanho e peso, numeradas de 2 a 21, inclusive, e sem repetição. A probabilidade de se sortear um número primo ao pegarmos uma única bola, aleatoriamente, é de:
 a) 45%
 b) 40%

258 | *Matemática no Vestibular*

c) 35%

d) 30%

e) 25%

78. (UFF) Em um jogo de "Bingo" são sorteadas, sem reposição, bolas numeradas de 1 até 75 e um participante concorre com a cartela reproduzida a seguir.

B	**I**	**N**	**G**	**O**
5		33	4	64
		3	5	6
4	3	■	6	7
3	6	44	46	6
	7	4	4	73

A probabilidade de que os três primeiros números sorteados estejam nesta cartela é:

a) $\dfrac{A_{15}^5}{A_{15}^3}$

b) $\dfrac{A_{15}^5}{A_{75}^3}$

c) $\dfrac{A_5^3}{A_{24}^3}$

d) $\dfrac{A_{15}^5}{A_{75}^{15}}$

e) $\dfrac{A_{24}^3}{A_{75}^3}$

79. (UNI-RIO) Joga-se um dado três vezes consecutivas. A probabilidade de surgirem os resultados abaixo, em qualquer ordem, é:

Unidade 6 - *Binômio de Newton, análise combinatória e probabilidade* | 259

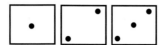

a) $\dfrac{1}{216}$

b) $\dfrac{1}{72}$

c) $\dfrac{1}{36}$

d) $\dfrac{1}{18}$

e) $\dfrac{1}{3}$

80. (PUC) Dois dados são jogados ao mesmo tempo. A probabilidade de que a soma dos dois números que aparecerem seja maior que 3 é:

a) $\dfrac{5}{6}$

b) $\dfrac{11}{12}$

c) $\dfrac{13}{15}$

d) $\dfrac{31}{36}$

e) $\dfrac{2}{3}$

81. (UNICAMP) Um dado é jogado três vezes, uma após a outra. Pergunta-se:

a) Quantos são os resultados possíveis em que os três números obtidos são diferentes?

b) Qual a probabilidade da soma dos resultados ser maior ou igual a 16?

82. (UNICAMP) Uma urna contém 50 bolas que se distinguem apenas pelas seguintes características:

- X delas são brancas e numeradas seqüencialmente com os números naturais de 1 a X.

260 | *Matemática no Vestibular*

- $X + 1$ delas são azuis e numeradas seqüencialmente com os números naturais de 1 a $X + 1$.

- $X + 2$ delas são amarelas e numeradas seqüencialmente com os números naturais de 1 a $X + 2$.

- $X + 3$ delas são verdes e numeradas seqüencialmente de 1 a $X + 3$.

a) Qual é o valor numérico de X?

b) Qual a probabilidade de ser retirada, ao acaso, uma bola azul ou uma bola com o número 12?

83. (PUC) No jogo denominado "zerinho-ou-um", cada uma de três pessoas indica ao mesmo tempo com a mão uma escolha de 0 (mão fechada) ou 1 (o indicador apontado), e ganha a pessoa que escolher a opção que diverge da maioria. Se as três pessoas escolheram a mesma opção, faz-se, então, uma nova tentativa.
Qual a probabilidade de não haver um ganhador definido depois de três rodadas?

84. (UFRJ) Um saco de veludo azul contém 13 bolinhas amarelas, numeradas de 1 a 13; 17 bolinhas cor de rosa, numeradas de 1 a 17; e 19 bolinhas roxas, numeradas de 1 a 19. Uma pessoa, de olhos vendados, retirará do saco três bolinhas de uma só vez. Sabendo-se que todas as bolinhas têm a mesma chance de serem retiradas, qual a probabilidade de que as três bolinhas retiradas sejam de cores diferentes e tenham número iguais?

85. (UNI-RIO) Um grupo de 8 rapazes, dentre os quais 2 eram irmãos, decidiu acampar e levam duas barracas diferentes: uma com capacidade máxima de 3 pessoas e a outra de 5 pessoas. Pergunta-se:

a) Desconsiderando-se quaisquer restrições, de quantos modos diferentes todas as pessoas do grupo podem ser alojadas?

b) Qual a probabilidade dois dois irmãos dormirem numa mesma barraca?

86. (PUC) De sua turma de 30 alunos, é escolhida uma comissão de 3 representantes. Qual a probabilidade de você fazer parte da comissão?
a) 1/10
b) 1/12
c) 5/24
d) 1/3
e) 2/9

Unidade 6 - *Binômio de Newton, análise combinatória e probabilidade* | 261

87. (UERJ) Cinco casais formados, cada um, por marido e mulher, são aleatoriamente dispostos em grupos de duas pessoas cada um. Calcule a probabilidade de que todos os grupos sejam formados por:
a) um marido e sua mulher;
b) pessoas de sexos diferentes.

Gabarito das Questões Propostas

Questão 1 - Resposta: b) $\dfrac{n+1}{n}$

Questão 2 - Resposta: c) divisível por 2

Questão 3 - Resposta: e) $\dfrac{50}{3}$

Questão 4 - Resposta: d) 3

Questão 5 - Resposta: a) $\dfrac{5M-2}{M}$

Questão 6 - Resposta: c) $n = 5$

Questão 7 - Resposta: a) par

Questão 8 - Resposta: b) 1 e 3

Questão 9 - Resposta: e) 5

Questão 10 - Resposta: a) 15   b) 5/8   c) $n = 14$ e $p = 4$

Questão 11 - Resposta: $n_{\text{máx.}} = 96$

Questão 12 - Resposta: b) 60

Questão 13 - Resposta: e) 4

Questão 14 - Resposta: 8

Questão 15 - Resposta: d) $2^{10} \cdot 10!$

Questão 16 - Resposta: a) -2304

Questão 17 - Resposta: b) $70 \cdot 16 \cdot 81 \cdot x^4 \cdot y^4$

Questão 18 - Resposta: d) -20

Questão 19 - Resposta: c) se n é divisível por 3

Questão 20 - Resposta: a) -80

Questão 21 - Resposta: d) 15

Questão 22 - Resposta: e) 7°

Questão 23 - Resposta: d) 720

Questão 24 - Resposta: a) $35\,\dfrac{b}{a}$

Questão 25 - Resposta: b) $16x(\sqrt{2} + 3x)$

Questão 26 - Resposta: c) 6

Questão 27 - Resposta: b) $3C_9^3 + C_9^4$

262 | *Matemática no Vestibular*

Questão 28 - Resposta: 3168
Questão 29 - Resposta: 324
Questão 30 - Resposta: 1800
Questão 31 - Resposta: b) 70
Questão 32 - Resposta: e) 8
Questão 33 - Resposta: 72
Questão 34 - Resposta: c) 3!
Questão 35 - Resposta: c) 12
Questão 36 - Resposta: a) 106   b) 11
Questão 37 - Resposta: 4097
Questão 38 - Resposta: d) 12 pessoas
Questão 39 - Resposta: c) 37800
Questão 40 - Resposta: b) 378
Questão 41 - Resposta: c) 26×36^3
Questão 42 - Resposta: 120
Questão 43 - Resposta: d) 1440
Questão 44 - Resposta: d) 2520
Questão 45 - Resposta: e) 98
Questão 46 - Resposta: a) 48 e 36
Questão 47 - Resposta: d) 13
Questão 48 - Resposta: 45 jogos
Questão 49 - Resposta: $25 \times 26^2 \times 10^4$
Questão 50 - Resposta: 792
Questão 51 - Resposta: 15120
Questão 52 - Resposta: e) 9^5
Questão 53 - Resposta: 630 possibilidades; $630 \times 10'' = 6300'' = 1h45$ minutos
Questão 54 - Resposta: b) 2^{32}
Questão 55 - Resposta: b) 66
Questão 56 - Resposta: c) 738
Questão 57 - Resposta: a) 24
Questão 58 - Resposta: e) 12
Questão 59 - Resposta: a) 504
Questão 60 - Resposta: b) divisível por 6
Questão 61 - Resposta: b) 4
Questão 62 - Resposta: b) 15
Questão 63 - Resposta: e) 180
Questão 64 - Resposta: b) 210
Questão 65 - Resposta: 1/2
Questão 66 - Resposta: a) $x = 400$, $y = 1100$, $z = 300$ e $w = 1400$ b) 1/5
Questão 67 - Resposta: 1/2

Unidade 6 - *Binômio de Newton, análise combinatória e probabilidade* | 263

Questão 68 - Resposta: 13/27

Questão 69 - Resposta: 4/5

Questão 70 - Resposta: 1/8

Questão 71 - Resposta: c) $\dfrac{1}{4}$

Questão 72 - Resposta: d) $\dfrac{1}{3}$

Questão 73 - Resposta: c) $\dfrac{7}{12}$

Questão 74 - Resposta: a) $\dfrac{1}{35}$

Questão 75 - Resposta: d) 36%

Questão 76 - Resposta: c) $\dfrac{2}{15}$

Questão 77 - Resposta: b) 40%

Questão 78 - Resposta: e) $\dfrac{A_{24}^3}{A_{75}^3}$

Questão 79 - Resposta: c) $\dfrac{1}{36}$

Questão 80 - Resposta: b) $\dfrac{11}{12}$

Questão 81 - Resposta: a) 120   b) 5/108

Questão 82 - Resposta: a) $x = 11$ b) 7/25

Questão 83 - Resposta: 1/64

Questão 84 - Resposta: 13/18424

Questão 85 - Resposta: a) 56 modos   b) 13/28

Questão 86 - Resposta: a) 1/10

Questão 87 - Resposta: a) $p = \dfrac{2^5 \times 5!}{10!}$ b) $p = \dfrac{2^5 \times (5!)^2}{10!}$

UNIDADE 7

TRIGONOMETRIA

SINOPSE TEÓRICA

7.1) Círculo trigonométrico

Definimos círculo (ciclo) trigonométrico toda circunferência orientada de raio unitário.

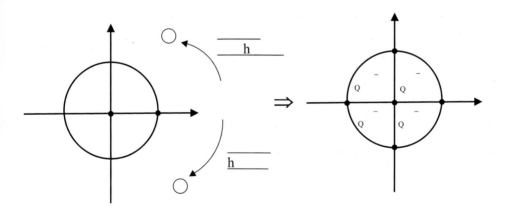

7.2) Arcos e Ângulos
7.2.1) Sistema de unidades angulares
a) Sistema Sexagesimal: Unidade Grau
O grau é o ângulo central ou correspondente ao arco da circunferência, cujo comprimento equivale a 1/360 do comprimento da circunferência.

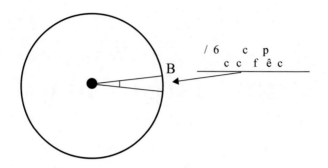

Atenção!

Submúltiplos do grau $\begin{cases} 1° - 60' \\ 1' - 60'' \end{cases}$

onde $\begin{cases} (°) \text{ grau} \\ (') \text{ minuto} \\ ('') \text{ segundo} \end{cases}$

b) **Sistema Circular: Unidade Radiano**

O radiano é o ângulo central correspondente ao arco da circunferência de comprimento igual ao raio.

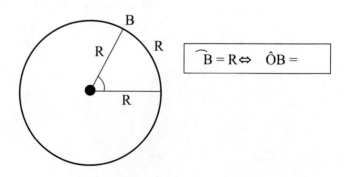

Atenção! Transformando unidades

(Graus em radianos ou radianos em graus)

Unidade 7 - *Trigonometria* | 267

Veja a relação: $\boxed{180° \to \pi \text{ ou } 360° \to 2\pi}$

Exemplo:

a) 120° em radianos

$$\begin{cases} 180° \quad — \quad \pi \\ 120° \quad — \quad x \end{cases} \text{; então } \overset{3}{\cancel{180}}x = \overset{2}{\cancel{120}}\pi \Rightarrow \boxed{x = \frac{2\pi}{3}}$$

b) $\dfrac{5\pi}{3}$ em graus

$$\begin{cases} 180° \quad — \quad \pi \\ x \quad — \quad \dfrac{5\pi}{3} \end{cases} \text{; então } \overset{60°}{\cancel{180}} \cdot \dfrac{5\cancel{\pi}}{\cancel{3}} = x\cancel{\pi} \Rightarrow \boxed{x = 300°}$$

7.2.2) Comprimento de um arco

Como o ângulo $A\widehat{O}B$ é igual a α, o comprimento do arco $\widehat{AB}$ será $\alpha \cdot R$.

Então: $\boxed{c = \alpha R}$

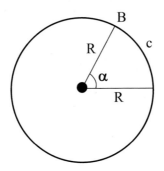

Exemplo: Numa circunferência de raio igual a 18 cm qual o comprimento de um arco determinado por um ângulo central de 120°?

Resolução:

$\alpha = 120° = \dfrac{2\pi}{3}$

$c = \alpha \cdot r \Rightarrow c = \dfrac{2\pi}{\cancel{3}} \cdot \overset{6}{\cancel{18}} = 12\pi$ cm

268 | *Matemática no Vestibular*

* Leitura das unidades angulares no círculo trigonométrico

RCO	B	B	B	▪ B
GR U	9	8	7	6
R DI NO	$\dfrac{\pi}{}$	π	$\dfrac{\pi}{}$	π

* Tabela de Valores

	0 $(0°)$	$\frac{\pi}{6}$ $(30°)$	$\frac{\pi}{4}$ $(45°)$	$\frac{\pi}{3}$ $(60°)$	$\frac{\pi}{2}$ $(90°)$	π $(180°)$	$\frac{3\pi}{2}$ $(270°)$	2π $(360°)$
sen x	0	$\frac{1}{2}$	$\frac{\sqrt{2}}{2}$	$\frac{\sqrt{3}}{2}$	1	0	-1	0
cos x	1	$\frac{\sqrt{3}}{2}$	$\frac{\sqrt{2}}{2}$	$\frac{1}{2}$	0	-1	0	1
tg x	0	$\frac{\sqrt{3}}{3}$	1	$\sqrt{3}$	não se define	0	não se define	0
cotg x	não se define	$\sqrt{3}$	1	$\frac{\sqrt{3}}{3}$	0	não se define	0	não se define
sec x	1	$\frac{2\sqrt{3}}{3}$	$\sqrt{2}$	2	não se define	-1	não se define	1
cossec x	não se define	2	$\sqrt{2}$	$\frac{2\sqrt{3}}{3}$	1	não se define	-1	não se define

7.3) Relações fundamentais e secundárias

∗ No círculo trigonométrico

sen $\alpha = \overline{MP}$
cos $\alpha = \overline{OP}$
tg $\alpha = \overline{AT}$
cotg $\alpha = \overline{BR}$
sec $\alpha = \overline{OT}$
cossec $\alpha = \overline{OR}$

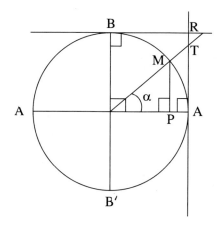

∗ Relações fundamentais

Definição: Sendo cos $\alpha = \overline{OP}$, sen $\alpha = \overline{PM}$ e $\overline{OM} = 1$ (raio), temos:

a) $\overline{OP}^2 + \overline{PM}^2 = \overline{OM}^2$, logo: $\boxed{\cos^2 \alpha + \text{sen}^2 \alpha = 1}$

b) tg $\alpha = \dfrac{\overline{PM}}{\overline{OP}}$, logo: $\boxed{\text{tg}\,\alpha = \dfrac{\text{sen}\,\alpha}{\cos \alpha}}$, $\forall \alpha \neq k\pi + \pi/2$, $k \in Z$

c) cotg $\alpha = \dfrac{\overline{OP}}{\overline{PM}}$, logo: $\boxed{\text{cotg}\,\alpha = \dfrac{\cos \alpha}{\text{sen}\,\alpha}}$, $\forall a \neq k\pi$, $k \in Z$

d) sec $\alpha = \dfrac{\overline{OM}}{\overline{OP}}$, logo: $\boxed{\sec \alpha = \dfrac{1}{\cos \alpha}}$, $\forall \alpha \neq k\pi + \pi/2$, $k \in Z$

e) cossec $\alpha = \dfrac{\overline{OM}}{\overline{PM}}$, logo: $\boxed{\text{cossec}\,\alpha = \dfrac{1}{\text{sen}\,\alpha}}$, $\forall \alpha \neq k\pi$, $k \in Z$

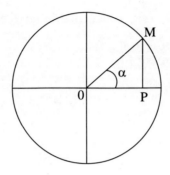

* **Relações secundárias**

a) $\sec^2 \alpha = 1 + \text{tg}^2 \alpha, \quad \forall \alpha \neq k\pi + \pi/2, \quad k \in Z$

b) $\text{cossec}^2 \alpha = 1 + \text{cotg}^2 \alpha, \quad \forall \alpha \neq k\pi, \quad k \in Z$

7.4) Sinal das linhas trigonométricas

Sinais nos quadrantes

QUAD.	sen	cos	tg	cotg	sec	cossec
I	+	+	+	+	+	+
II	+	−	−	−	−	+
III	−	−	+	+	−	−
IV	−	+	−	−	+	−

7.5) Redução ao primeiro quadrante

7.5.1) Redução do 2º quadrante para o 1º quadrante

Pelos triângulos MOP e $M'OP'$, temos:

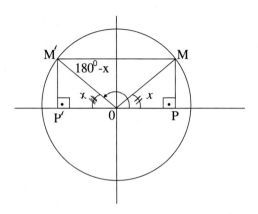

$$\operatorname{sen}(180° - x) = \operatorname{sen} x$$
$$\cos(180° - x) = -\cos x$$
$$\operatorname{tg}(180° - x) = -\operatorname{tg} x$$
$$\operatorname{cotg}(180° - x) = -\operatorname{cotg} x$$
$$\sec(180° - x) = -\sec x$$
$$\operatorname{cossec}(180° - x) = \operatorname{cossec} x$$

7.5.2) Redução do 3º quadrante para o 1º quadrante

Pelos triângulos MOP e $M'OP'$, temos:

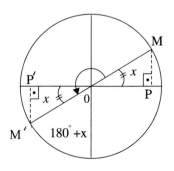

$$\operatorname{sen}(180° + x) = -\operatorname{sen} x$$
$$\cos(180° + x) = -\cos x$$
$$\operatorname{tg}(180° + x) = \operatorname{tg} x$$
$$\operatorname{cotg}(180° + x) = \operatorname{cotg} x$$
$$\sec(180° + x) = -\sec x$$
$$\operatorname{cossec}(180° + x) = -\operatorname{cossec} x$$

7.5.3) Redução do 4º quadrante para o 1º quadrante

Pelos triângulos MOP e $M'OP'$, temos:

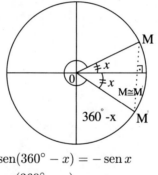

$$\operatorname{sen}(360° - x) = -\operatorname{sen} x$$
$$\cos(360° - x) = \cos x$$
$$\operatorname{tg}(360° - x) = -\operatorname{tg} x$$
$$\operatorname{cotg}(360° - x) = -\operatorname{cotg} x$$
$$\sec(360° - x) = \sec x$$
$$\operatorname{cossec}(360° - x) = -\operatorname{cossec} x$$

Atenção à observação para a redução em sentido horário:

$$\operatorname{sen}(-x) = -\operatorname{sen} x$$
$$\cos(-x) = \cos x$$
$$\operatorname{tg}(-x) = -\operatorname{tg} x$$
$$\operatorname{cotg}(-x) = -\operatorname{cotg} x$$
$$\sec(-x) = \sec x$$
$$\operatorname{cossec}(-x) = -\operatorname{cossec} x$$

7.6) Equações trigonométricas

1º caso: $\operatorname{sen}\theta = \operatorname{sen}\beta$

$$\operatorname{sen}\theta = \operatorname{sen}\beta \Rightarrow \begin{cases} \theta = \beta + 2k\pi \\ \text{ou} \\ \theta = (\pi - \beta) + 2k\pi \end{cases} \qquad (k \in Z)$$

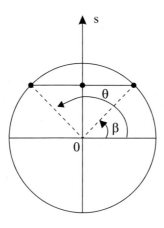

Exemplos:

a) $\operatorname{sen}\theta = \operatorname{sen}40° \Rightarrow \begin{cases} \theta = 40° + k \cdot 360° \\ \text{ou} \\ \theta = 140° + k \cdot 360° \end{cases}$

b) $\operatorname{sen}\theta = \operatorname{sen}\dfrac{\pi}{3} \Rightarrow \begin{cases} \theta = \dfrac{\pi}{3} + 2k\pi \\ \text{ou} \\ \theta = \dfrac{2\pi}{3} + 2k\pi \end{cases}$

2º caso: $\cos\theta = \cos\beta$

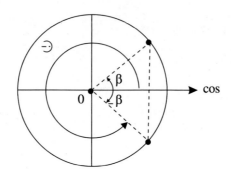

$$\cos\theta = \cos\beta \Rightarrow \theta = \pm\beta + 2k\pi \qquad (k \in Z)$$

Exemplos:
a) $\cos x = \cos 35° \Rightarrow x = \pm 35° + k \cdot 360°$
b) $\cos x = \cos \dfrac{2\pi}{5} \Rightarrow x = \pm\dfrac{2\pi}{5} + 2k\pi$

3º caso: $\operatorname{tg}\theta = \operatorname{tg}\beta$

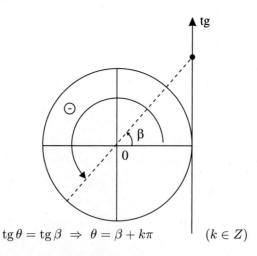

$$\operatorname{tg}\theta = \operatorname{tg}\beta \Rightarrow \theta = \beta + k\pi \qquad (k \in Z)$$

Unidade 7 - *Trigonometria* | 275

Exemplos:

a) $\operatorname{tg} x = \operatorname{tg} 45° \Rightarrow x = 45° + k \cdot 180°$

b) $\operatorname{tg} x = \operatorname{tg} \dfrac{5\pi}{6} \Rightarrow x = \dfrac{5\pi}{6} + k \cdot \pi$

7.7) Fórmulas de adição e subtração de arcos

$$\begin{cases} \cos(a+b) = \cos a \cdot \cos b - \operatorname{sen} a \cdot \operatorname{sen} b \\ \cos(a-b) = \cos a \cdot \cos b + \operatorname{sen} a \cdot \operatorname{sen} b \end{cases}$$

$$\begin{cases} \operatorname{sen}(a+b) = \operatorname{sen} a \cdot \cos b + \operatorname{sen} b \cdot \cos a \\ \operatorname{sen}(a-b) = \operatorname{sen} a \cdot \cos b - \operatorname{sen} b \cdot \cos a \end{cases}$$

$$\begin{cases} \operatorname{tg}(a+b) = \dfrac{\operatorname{tg} a + \operatorname{tg} b}{1 - \operatorname{tg} a \cdot \operatorname{tg} b} \\ \operatorname{tg}(a-b) = \dfrac{\operatorname{tg} a - \operatorname{tg} b}{1 + \operatorname{tg} a \cdot \operatorname{tg} b} \end{cases}$$

7.8) Arco duplo

$$\begin{cases} \operatorname{sen} 2a = 2 \operatorname{sen} a \cdot \cos a \\ \cos 2a = \cos^2 a - \operatorname{sen}^2 a \\ \operatorname{tg} 2a = \dfrac{2 \cdot \operatorname{tg} a}{1 - \operatorname{tg}^2 a} \end{cases}$$

7.9) Arco metade

$$\begin{cases} \operatorname{sen} \dfrac{a}{2} = \pm\sqrt{\dfrac{1 - \cos a}{2}} \\ \cos \dfrac{a}{2} = \pm\sqrt{\dfrac{1 + \cos a}{2}} \\ \operatorname{tg} \dfrac{a}{2} = \pm\sqrt{\dfrac{1 - \cos a}{1 + \cos a}} \end{cases}$$

7.10) Funções trigonométricas

1º caso: Função seno

Definição: $y = \operatorname{sen} x$

$$f : \mathbb{R} \to \mathbb{R}$$
$$x \to \operatorname{sen} x$$

* **No círculo**

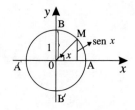

x	0	$\pi/2$	π	$3\pi/2$	2π
sen x	0	1	0	-1	0

* **Gráfico**

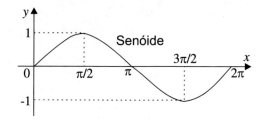

Então:
  Domínio: $D(f) = \mathbb{R}$
  Imagem: $\text{Im}(f) = [-1, 1]$
  Período: $p = 2\pi$

2º caso: Função cosseno

Definição: $y = \cos x$

$$f \colon \mathbb{R} \to \mathbb{R}$$
$$x \to \cos x$$

* **No círculo**

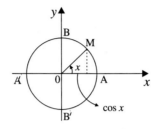

x	0	$\pi/2$	π	$3\pi/2$	2π
$\cos x$	1	0	-1	0	1

* **Gráfico**

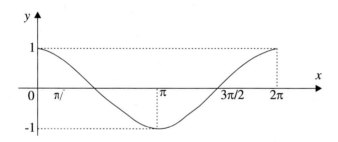

Então:
 Domínio: $D(f) = \mathbb{R}$
 Imagem: $\text{Im}(f) = [-1, 1]$
 Período: $p = 2\pi$

3º caso: Função tangente

Definição: $y = \text{tg}\, x$

* **No círculo**

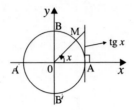

x	0	$\pi/2$	π	$3\pi/2$	2π
tg x	0	∄	0	∄	0

* **Gráfico**

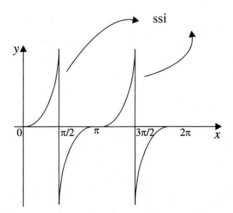

Então:
  Domínio: $D(f) = \{x \in \mathbb{R} \mid x \neq k\pi + \dfrac{\pi}{2}, k \in Z\}$
  Imagem: $\text{Im}(f) = \mathbb{R}$
  Período: $p = \pi$

7.11) Funções inversas

1º caso: Função arco-seno

Definição: $y = \text{arc sen}\, x \Rightarrow \text{sen}\, y = x$

* **Gráfico**

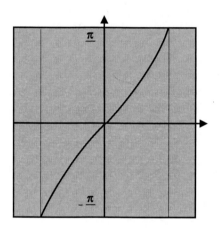

Então: $\begin{cases} \text{domínio} \Rightarrow x \in [-1; 1] \\ \text{imagem} \Rightarrow y \in \left[-\dfrac{\pi}{2}; \dfrac{\pi}{2}\right] \end{cases}$

2º caso: Função arco-cosseno

Definição: $y = \text{arc cos}\, x \Rightarrow \cos y = x$

* **Gráfico**

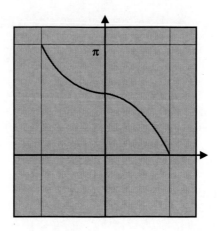

Então: $\begin{cases} \text{domínio} \Rightarrow x \in [-1;1] \\ \text{imagem} \Rightarrow y \in [0;\pi] \end{cases}$

3º caso: Função arco-tangente
Definição: $y = \operatorname{arc tg} x \Rightarrow \operatorname{tg} y = x$

* **Gráfico**

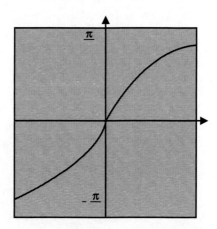

Então: $\begin{cases} \text{domínio} \Rightarrow x \in \mathbb{R} \\ \text{imagem} \Rightarrow y \in [-\pi/2, \pi/2] \end{cases}$

Unidade 7 - *Trigonometria* | 281

QUESTÕES RESOLVIDAS

1. (ITA-SP) Transformando $12°$ em radianos, obtemos:

a) $\dfrac{\pi}{15}$ rad

b) $\dfrac{15}{\pi}$ rad

c) $\dfrac{\pi}{30}$ rad

d) $\dfrac{2\pi}{15}$ rad

e) 12 rad

Resolução:

$$\begin{cases} \pi - 180° \\ x - 12° \end{cases}$$

$$x = \frac{12° \cdot \pi}{180°} \Rightarrow x = \frac{\pi}{15} \text{ rad}$$

Resposta: a

2. (UFMG) Transformando $7°30'$ em radianos, teremos:

a) $\dfrac{\pi}{24}$

b) $\dfrac{\pi}{25}$

c) $\dfrac{\pi}{30}$

d) $\dfrac{3\pi}{25}$

e) $\dfrac{5\pi}{32}$

Resolução:
$$\begin{cases} \pi - 180° \\ x - 7°30' \end{cases}$$

$$x = \frac{7°30' \cdot \pi}{180°} \quad \frac{450° \cdot \pi}{10800'} = \frac{\pi}{24}$$

Resposta: a

3. (PUC-MG) Sabendo-se que $\operatorname{tg} x = 2$, calcule a cossecante de x, sendo x um arco do primeiro quadrante.

Resolução:
$\operatorname{cotg} x = \dfrac{1}{\operatorname{tg} x} \Rightarrow \operatorname{cotg} x = \dfrac{1}{2}$

$\operatorname{cossec}^2 x = 1 + \operatorname{cotg}^2 x$

$\operatorname{cossec}^2 x = 1 + \dfrac{1}{4} = \dfrac{5}{4}$

$\operatorname{cossec} x = \pm \dfrac{\sqrt{5}}{2}$

Como $x \in 1°\,Q$, temos:
$\operatorname{cossec} x = \dfrac{\sqrt{5}}{2}$

4. (UFRS) Qual é a expressão geral, em radianos, dos arcos de extremidades nos pontos indicados?

a) $\dfrac{3\pi}{4} + 2k\pi$

b) $\dfrac{3\pi}{4} + k\pi$

c) $\dfrac{3\pi}{4} + \dfrac{k\pi}{2}$

d) $\dfrac{\pi}{4} + k\pi$

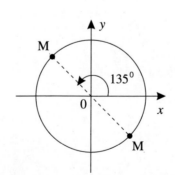

Unidade 7 - *Trigonometria* | 283

Resolução:

$$\begin{cases} 180° \ — \ \pi \\ 135° \ — \ x \end{cases}$$

$$x = \frac{135°}{180°}\,\pi = \frac{3}{4}\,\pi$$

Então, como expressão geral temos: $\frac{3}{4}\,\pi + k\pi$

Resposta: b

5. (UNI-RIO) As medidas dos ângulos A, B, C e D de um quadrilátero convexo estão em P.A. Sabendo-se que o menor ângulo é $A = 30°$:

a) encontre o maior ângulo

b) calcule o valor da expressão:

$$y = \frac{\operatorname{sen} 3A + \cos 2A + \sec BA}{1 + \operatorname{tg} \dfrac{3A}{2}}.$$

Resolução:

P.A. $(30°, 30° + r\ 30° + 2r\ 30° + 3r)$

A soma dos ângulos de um quadrilátero $= 360°$

$30° + 30° + r + 30° + 2r + 30° + 3r = 360°$

$r = 40°$

P.A. $(30°, 70°, 110°, 150°)$

a) o maior ângulo é $150°$

b) $y = \dfrac{\operatorname{sen} 3 \cdot 30° + \cos 2 \cdot 30° + \sec 8 \cdot 30°}{1 + \operatorname{tg} \dfrac{3 \cdot 30°}{2}}$

$y = \dfrac{\operatorname{sen} 90° + \cos 60° + \sec 240°}{1 + \operatorname{tg} 45°}$

$y = \dfrac{1 + \dfrac{1}{2} - 2}{1 + 1} = \dfrac{-1 + \dfrac{1}{2}}{2} = -\dfrac{1}{4}$

Respostas: a) $150°$ b) $-\dfrac{1}{4}$

6. (UFSC) Conhecendo o valor de $\operatorname{sen} x = \dfrac{3}{5}$ e $x \in \left[0; \dfrac{\pi}{2}\right]$, calcule o valor numérico da expressão

$$\left(\frac{\sec^2 x \cdot \operatorname{cotg} x - \operatorname{cossec} x \cdot \operatorname{tg} x}{6 \cdot \operatorname{sen} x \cdot \operatorname{cossec}^2 x}\right)^{-1}.$$

284 | *Matemática no Vestibular*

Resolução:

$$\operatorname{sen} x = \frac{3}{5}, \quad x \in \left[0; \frac{\pi}{2}\right]$$

$$\operatorname{cossec} x = \frac{1}{\operatorname{sen} x} = \frac{5}{3}$$

$$\operatorname{sen}^2 x + \cos^2 x = 1$$

$$\frac{9}{25} + \cos^2 x = 1$$

$$\cos^2 x = 1 - \frac{9}{25} = \frac{16}{25}$$

$$\cos x = \frac{4}{5}$$

$$\sec x = \frac{1}{\cos x} = \frac{5}{4}$$

$$\operatorname{tg} x = \frac{\operatorname{sen} x}{\cos x} = \frac{\dfrac{3}{5}}{\dfrac{4}{5}} = \frac{3}{4}$$

$$\operatorname{cotg} x = \frac{4}{3}$$

Substituindo, temos:

$$\left(\frac{\left(\dfrac{5}{4}\right)^2 \cdot \dfrac{4}{3} - \dfrac{5}{3} \cdot \dfrac{3}{4}}{6 \cdot \dfrac{3}{5}\left(\dfrac{5}{3}\right)^2}\right)^{-1} = \left(\frac{\dfrac{25}{\cancel{16}4} \cdot \dfrac{4}{3} - \dfrac{15}{12}}{{}^2\cancel{6} \cdot \dfrac{\cancel{3}}{\cancel{5}} \cdot \dfrac{2\cancel{5}5}{9}}\right)^{-1}$$

$$\left(\frac{\dfrac{25}{12} - \dfrac{15}{2}}{10}\right)^{-1} = \left(\frac{1\cancel{6}}{12} \cdot \frac{1}{1\cancel{0}}\right)^{-1} = 12$$

Resposta: 12

7. (FUVEST-SP) Os valores máximo e mínimo da função $f(x) = 1 - \dfrac{1}{2}\operatorname{sen}^2 x$ são, respectivamente:

   a) 2 e 1

   b) 1 e 0

Unidade 7 - *Trigonometria* | 285

c) 1 e $\dfrac{1}{2}$

d) 2 e 0

c) 2 e $\dfrac{1}{2}$

Resolução:

$$f(x) = 1 - \frac{1}{2}\,\text{sen}^2\,x,$$

analisando a tabela, temos:

x	$\text{sen}\,x$	$\text{sen}^2\,x$	$-\frac{1}{2}\text{sen}^2\,x$	$f(x)$
$-\pi$	0	0	0	1
$-\frac{\pi}{2}$	-1	1	$-\frac{1}{2}$	$\frac{1}{2}$
0	0	0	0	1
$\frac{\pi}{2}$	1	1	$-\frac{1}{2}$	$\frac{1}{2}$
π	0	0	0	1

Resposta: c

8. Determine todos os valores de x, de modo que exista a expressão $\cos\theta = \dfrac{2x-1}{3}$.

Resolução:

$$-1 \leq \cos\theta \leq 1$$

$$-1 \leq \frac{2x-1}{3} \leq 1$$

$$-3 \leq 2x - 1 \leq 3$$

$$-2 \leq 2x \leq 4 \quad \Rightarrow$$

Resposta: $-1 \leq x \leq 2$

9. Simplifique a expressão $\dfrac{\sec a \cdot \text{cotg}\,a \cdot \cos a}{\text{tg}\,a \cdot \text{sen}\,a \cdot \text{cossec}\,a}$.

Resolução:

Transformando tudo em $\text{sen}\,a$ ou $\cos a$ temos:

286 | *Matemática no Vestibular*

$$\frac{\dfrac{1}{\cancel{\cos a}\,\text{sen}\,a}\cdot\cancel{\cos a}}{\dfrac{\text{sen}\,a}{\cos a}\cdot\cancel{\text{sen}\,a}\cdot\dfrac{1}{\cancel{\text{sen}\,a}}} = \frac{\cos a}{\text{sen}\,a} \times \frac{\cos a}{\text{sen}\,a} = \frac{\cos^2 a}{\text{sen}^2 a} = \cotg^2 a$$

Resposta: $\cotg^2 a$

10. Sabendo que $\cos x = -\dfrac{4}{5}$ e $\pi < x < \dfrac{3\pi}{2}$, calcule:

a) $\text{sen}(x - 180°)$

b) $\dfrac{\text{sen}\,x + \cos x}{\tg^2 x + \sec^2 x}$

Resolução:

a) Sendo:

$$\text{sen}^2 x + \cos^2 x = 1 \Rightarrow \text{sen}^2 x + \frac{16}{25} = 1$$

$$\text{sen}^2 x = \frac{9}{25} \Rightarrow \text{sen}\,x = -\frac{3}{5}$$

Então:

$$\text{sen}(x - 180°) = -\text{sen}\,x = \frac{3}{5}$$

b) $\tg x = \dfrac{\text{sen}\,x}{\cos x} \Rightarrow \tg x = \dfrac{-\dfrac{3}{\cancel{5}}}{-\dfrac{4}{\cancel{5}}}$

$$\tg x = \frac{3}{4}$$

$$\sec x = \frac{1}{\cos x} \Rightarrow \sec x = -\frac{5}{4}$$

Substituindo, temos:

$$\frac{\text{sen}\,x + \cos x}{\tg^2 x + \sec^2 x} = \frac{-\dfrac{3}{5} - \dfrac{4}{5}}{\dfrac{9}{16} - \dfrac{25}{16}} = \frac{-\dfrac{7}{5}}{\dfrac{34}{16}} = -\frac{7}{5} \cdot \frac{8}{17} = -\frac{56}{85}$$

Respostas: a) $-\text{sen}\,x = \dfrac{3}{5}$ b) $-\dfrac{56}{85}$

11. (UFMS) Dado $\cos x = \dfrac{4}{5}$ e $0 < x < \dfrac{\pi}{2}$, calcular o valor de $y = 12\left(\dfrac{\sec x - \cossec x}{1 - \cotg x}\right.$

Unidade 7 - *Trigonometria* | 287

Resolução:

$$\cos x = \frac{4}{5}$$

$$\sec x = \frac{1}{\cos x} = \frac{5}{4}$$

$$\operatorname{sen}^2 x + \cos^2 x = 1$$

$$\operatorname{sen}^2 x + \frac{16}{25} = 1$$

$$\operatorname{sen}^2 x = 1 - \frac{16}{25} = \frac{9}{25}$$

$$\operatorname{sen} x = \frac{3}{5} > 0,$$

como $x \in 1^{\circ}Q$, temos:

$$\operatorname{cossec} x = \frac{1}{\operatorname{sen} x} = \frac{5}{3}$$

$$\operatorname{cotg} x = \frac{\cos x}{\operatorname{sen} x} = \frac{4}{3}; \text{ então, substituindo:}$$

$$y = 12 \left(\frac{\dfrac{5}{4} - \dfrac{5}{3}}{1 - \dfrac{4}{3}} \right) = 12 \left(\frac{\dfrac{15 - 20}{12}}{\dfrac{3 - 4}{3}} \right) = 12 \left(\frac{\dfrac{-5}{12}}{-\dfrac{1}{3}} \right)$$

$$y = \cancel{12} \left(-\frac{5}{\cancel{12}} \cdot \left(-\frac{3}{1} \right) \right) = 15.$$

Resposta: 15

12. (FUVEST-SP)

a) Calcule sen 15°

b) Calcule a área do polígono regular de 24 lados inscrito no círculo de raio 1.

Resolução:

a) $\operatorname{sen} 15^{\circ} = \operatorname{sen}(45^{\circ} - 30^{\circ})$

$$\operatorname{sen} 45^{\circ} \cdot \cos 30^{\circ} - \operatorname{sen} 30^{\circ} \cdot \cos 45^{\circ}$$

$$\frac{\sqrt{2}}{2} \cdot \frac{\sqrt{3}}{2} - \frac{1}{2} \cdot \frac{\sqrt{2}}{2} = \frac{\sqrt{6} - \sqrt{2}}{4}$$

b)

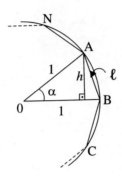

Se o polígono é regular de 24 lados, então:

$$\alpha = \frac{360°}{24} = 15°$$

$$\operatorname{sen}\alpha = \frac{h}{1} \Rightarrow h = \frac{\sqrt{6}-\sqrt{2}}{4}$$

$$S_{\triangle AOB} = \frac{1}{2} \cdot 1 \frac{\sqrt{6}-\sqrt{2}}{4} = \frac{\sqrt{6}-\sqrt{2}}{8}$$

Como temos 24 triângulos, então:

$$S = 24 \frac{\sqrt{6}-\sqrt{2}}{8}$$

$$S = 3(\sqrt{6}-\sqrt{2})$$

Respostas: a) $\dfrac{\sqrt{6}-\sqrt{2}}{4}$ b) $S = 3(\sqrt{6}-\sqrt{2})$

QUESTÕES PROPOSTAS

1. (FUVEST-SP) O ângulo agudo formado pelos ponteiros de um relógio à 1 hora e 12 minutos é:
   a) 27°
   b) 30°
   c) 36°
   d) 42°
   e) 72°

2. (UFPA) Quantos radianos percorre o ponteiro dos minutos de um relógio em 50 min?

a) $\dfrac{16\pi}{9}$

b) $\dfrac{5\pi}{3}$

c) $\dfrac{4\pi}{3}$

d) $\dfrac{4\pi}{2}$

e) $\dfrac{3\pi}{3}$

3. (ITA) O ângulo convexo formado entre os ponteiros das horas e dos minutos às 10 horas e 15 minutos é:
a) $142°30'$
b) $142°40'$
c) $142°$
d) $141°30'$
e) n.d.a.

4. (PUC-SP) Na figura $\alpha = 1,5$ rad, $\overline{AC} = 1,5$ e o comprimento do arco AB é 3. Qual é a medida do arco CD?

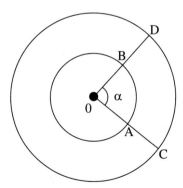

a) 1,33
b) 4,50
c) 5,25

290 | *Matemática no Vestibular*

d) 6,50

e) 7,25

5. (MACK) A menor determinação positiva de −4900° é:

a) 100°

b) 140°

c) 40°

d) 80°

e) n.d.a.

6. (UFPA) Qual a 1ª determinação positiva de um arco de 1000°?

a) 270°

b) 280°

c) 290°

d) 300°

e) 310°

7. (UFF) A figura a seguir, representa duas circunferências C e C' de mesmo raio r.

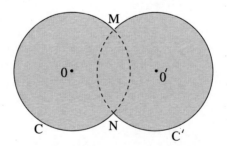

Se $\overline{MN}$ é o lado comum de hexágonos regulares inscritos em C e C', então o perímetro

Unidade 7 - *Trigonometria* | 291

da região sombreada é:

a) $\dfrac{10\pi r}{3}$

b) $\dfrac{\pi r}{3}$

c) $\dfrac{2\pi r}{3}$

d) $4\pi r$

e) $2\pi r$

8. (UERJ) O Ceará atravessa a maior seca do século. Há mais de cinco meses, Fortaleza vem sofrendo racionamento de água e estava ameaçada por um colapso no fornecimento, em setembro. Para combater este problema, o Governo do Estado construiu a maior obra da história do Ceará: o CANAL DO TRABALHADOR, ligando o Rio Jaguaribe ao Açude Pacajus, com 115 quilômetros de extensão.

Para se ter uma idéia da dimensão desta obra, basta dizer que ela é 18 km maior que o canal do Panamá em extensão, e representa um grau da curvatura da Terra.

(Revista VEJA)

Considere a Terra esférica e o canal construído como parte de um círculo máximo. Com essas informações e usando valor 3 para π, o raio da Terra, em km, seria:

a) 20.700

b) 13.800

c) 10.350

d) 6.900

e) 6.300

292 | *Matemática no Vestibular*

9. (PUC-SP) O valor de sen $1\,200°$ é igual a:

a) $\cos 60°$

b) $-\operatorname{sen} 60°$

c) $\cos 30°$

d) $-\operatorname{sen} 30°$

e) $\cos 45°$

10. (CESCEA-SP) O valor da expressão $\cos 150° + \operatorname{sen} 300° - \operatorname{tg} 225° - \cos 90°$ é:

a) $-\sqrt{3} - 1$

b) $-\sqrt{3} + 1$

c) $\sqrt{3} + 1$

d) $\dfrac{-\sqrt{3} - 3}{2}$

e) Não sei

11. (MACK) Simplificando-se $y = \cos 80° + \cos 40° - \cos 20°$, obtém-se:

a) 0

b) $\operatorname{sen} 20°$

c) 1

d) $\dfrac{1}{2}$

e) -1

Unidade **7** - *Trigonometria* | 293

12. (UFPA) O menor valor positivo de x que satisfaz a equação $2\operatorname{sen} x - 1 = 0$ é:

a) $\dfrac{\pi}{6}$

b) $\dfrac{\pi}{4}$

c) $\dfrac{\pi}{3}$

e) $\dfrac{\pi}{2}$

e) π

13. (UNI-RIO) O valor numérico da expressão

$$\frac{\operatorname{sen}\frac{\pi}{4} + \cos 240° - [\operatorname{tg}(-750°)]^2}{(\sec 1200°)\left(\operatorname{cossec}\dfrac{9\pi}{4}\right) + \left(\operatorname{cotg}\dfrac{5\pi}{6}\right)^2}$$

a) $\dfrac{(3+\sqrt{2})}{6}$

b) $-\dfrac{(3+\sqrt{2})}{6}$

c) $\dfrac{(3-\sqrt{2})}{6}$

d) $-\dfrac{(3-\sqrt{2})}{6}$

e) 0

14. (UNI-RIO) Um cavalo deve ser amarrado a uma estaca situada em um dos vértices de um pasto, que tem a forma de um quadrado cujo lado mede 20m. Para que ele possa pastar em 20% da área total do pasto, o comprimento da corda que o prende à estaca deve ser de, aproximadamente:

a) 1 m
b) 2 m
c) 5 m
d) 8 m
e) 10 m

294 | *Matemática no Vestibular*

15. (UNI-RIO) As rodas de uma bicicleta, de modelo antigo, têm diâmetro de 110 cm e de 30 cm e seus centros distam 202 cm. A distância entre os pontos de contacto das rodas com o chão é igual a:

  a) 198 cm

  b) 184 cm

  c) 172 cm

  d) 160 cm

  e) 145 cm

16. (UFRJ) Na figura a seguir, os círculo de centros O_1 e O_2 são tangentes em B e têm raios 1 cm e 3 cm.

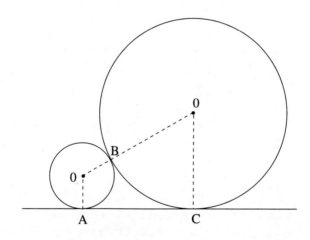

Determine o comprimento da curva ABC.

17. (UNI-RIO) Sendo $\operatorname{sen} x = \dfrac{\sqrt{3}}{2}$ e $0 < x < \pi/2$, calcule $y = \dfrac{\sec x - \operatorname{cossec} x}{1 - \operatorname{cotg} x}$

a) -2

b) $1/2$

c) $-1/2$

d) $\dfrac{-\sqrt{3}}{2}$

e) 2

18. (UNIFICADO) Se $\operatorname{sen} x = \dfrac{2}{3}$, o valor de $\operatorname{tg}^2 x$ é:

a) 0,6
b) 0,7
c) 0,8
d) 0,9
e) 1

19. (UFF) Considere o ângulo $\theta \neq k\pi/2$, $K \in Z$. Sobre o produto $\operatorname{sen}\theta \cdot \cos\theta \cdot \operatorname{tg}\theta \cdot \operatorname{cotg}\theta \cdot \sec\theta \cdot \operatorname{cossec}\theta$, pode-se afirmar que é igual a:

a) 1

b) $\dfrac{\sqrt{3}}{2}$

c) 0

d) $-\dfrac{\sqrt{23}}{2}$

e) -1

20. (UFF) Para $\theta = 89°$, conclui-se que:

a) $\operatorname{tg}\theta < \operatorname{sen}\theta < \cos\theta$
b) $\cos\theta < \operatorname{sen}\theta < \operatorname{tg}\theta$
c) $\operatorname{sen}\theta < \cos\theta < \operatorname{tg}\theta$
d) $\cos\theta < \operatorname{tg}\theta < \operatorname{sen}\theta$
e) $\operatorname{sen}\theta < \operatorname{tg}\theta < \cos\theta$

21. (PUC) A equação $\tan(x) = \cos(x)$ tem, para x no intervalo $\left(0, \dfrac{\pi}{2}\right)$, uma raiz $x = \theta$ sobre a qual podemos dizer:

296 | *Matemática no Vestibular*

a) $\theta = \dfrac{\pi}{4}$

b) $\mathrm{sen}(\theta) = \dfrac{\sqrt{2}}{2}$

c) $\mathrm{sen}(\theta) = \dfrac{-1 + \sqrt{5}}{2}$

d) $\cos(\theta) = \dfrac{1}{2}$

e) $\theta = \dfrac{\pi}{3}$

22. (UFRJ) Resolva a equação para $x \in [0, 2\pi]$: $\mathrm{sen}\,x \cdot \mathrm{tg}\,x \cdot \sec x = \cos x \cdot \mathrm{cotg}\,x \cdot \mathrm{cossec}\,x$.

23. (PUC) Para que valores de x vale $(\cos(x) + \mathrm{sen}(x))^4 - (\cos(x) - \mathrm{sen}(x))^4 = 2[(\cos(x) + \mathrm{sen}(x))^2 - (\cos(x) - \mathrm{sen}(x)^2]$?

24. (UFF) Determine os valores de m de modo que se verifiquem simultaneamente as igualdades:

$$\mathrm{cotg}\,x = \sqrt{m+1} \text{ e } \mathrm{sen}\,x = \sqrt{\dfrac{m^3 + 2m^2 + m + 1}{m + 2}}$$

25. (SANTA CASA-SP) Seja a função f, definida por $f(x) = \mathrm{sen}\,x + \cos x + \mathrm{cotg}\,x + \mathrm{cossec}\,x - \mathrm{tg}\,x - \sec x, \quad \forall\, x \neq \dfrac{k\pi}{2}$ e $k \in \mathbb{Z}$. O valor de $f\left(\dfrac{\pi}{3}\right)$ é:

a) $\dfrac{\sqrt{3} + 3}{2}$

b) $\dfrac{\sqrt{3} - 3}{2}$

c) $\dfrac{\sqrt{3}}{2}$

d) $\sqrt{3} + 1$

e) $\sqrt{3} - 3$

26. (CESCEM-SP) Se $x \in \left]\pi; \dfrac{3\pi}{2}\right[$ e $\cos x = 2k - 1$, então k varia no intervalo:

a) $[-1; 0]$

b) $[-1; 0[$

Unidade 7 - *Trigonometria* | 297

c) $\left]0; \dfrac{1}{2}\right[$

d) $]0; 1[$

e) $\left]\dfrac{1}{2}; 1\right[$

27. (UNIFICADO) Se $\operatorname{sen} x - \cos x = \dfrac{1}{2}$, o valor de $\operatorname{sen} x \cdot \cos x$ é igual a:

a) $\dfrac{-3}{16}$

b) $\dfrac{-3}{8}$

c) $\dfrac{3}{8}$

d) $\dfrac{3}{4}$

e) $\dfrac{3}{2}$

28. (UF-Uberlândia) Simplificando-se a expressão: $2\cos\dfrac{86\pi}{3} - 3\operatorname{tg}\dfrac{11\pi}{4}$, obtém-se:

a) -4
b) $-2\sqrt{3}$
c) 2
d) $1 + \sqrt{3}$
e) 4

29. (MACK) Se $x = \dfrac{\pi}{2}$, então,

$$\dfrac{\operatorname{sen} x + 2\cotg\left(\dfrac{x}{2}\right) - \cos 2x}{\operatorname{tg}\left(\dfrac{x}{2}\right)\cossec x + \sec 4x}$$

é igual a:

298 | *Matemática no Vestibular*

a) -2

b) 0

c) $\dfrac{1}{2}$

d) 2

e) 4

30. (FGV-SP) Simplificando-se a expressão $\dfrac{\operatorname{sen} a \cdot \operatorname{tg} a \cdot \operatorname{cossec} a}{\cos a \cdot \operatorname{cotg} a \cdot \sec a}$, obtém-se:

a) 0
b) $\sec^2 a$
c) $\operatorname{sen}^2 a$
d) 1
e) $\operatorname{tg}^2 a$

31. (UE Ponta Grossa) O quadrante em que a tangente, a co-tangente, a secante e o cosseno são negativos é o:

a) $1^{\underline{o}}$
b) $2^{\underline{o}}$
c) $3^{\underline{o}}$
d) $4^{\underline{o}}$
e) n.d.a.

32. (FAAP-SP) Se $\operatorname{sen} x = -\dfrac{3}{5}$, com $x \in 4^{\underline{o}}$ quadrante, então $\operatorname{tg} x$ é:

a) $-\dfrac{3}{4}$

b) $\dfrac{1}{2}$

c) $-\dfrac{4}{5}$

d) $\dfrac{3}{4}$

e) $\dfrac{4}{5}$

33. (PUC-RS) Se $\operatorname{tg} a = \dfrac{1}{2}$ e $a \in [0; \frac{\pi}{2}[$, então $\cos a$ é igual a:

Unidade 7 - *Trigonometria* | 299

a) $\dfrac{\sqrt{3}}{2}$

b) $\dfrac{\sqrt{6}}{2}$

c) $\dfrac{\sqrt{6}}{3}$

d) $\dfrac{2\sqrt{5}}{5}$

e) $\dfrac{\sqrt{5}}{2}$

34. (UFCE) Para todo $x \in 1^{\underline{o}}$ quadrante, a expressão $(\sec x - \operatorname{tg} x)(\sec x + \operatorname{tg} x) - \operatorname{sen}^2 x$ é igual a:
   a) $\cos^2 x$
   b) $1 + \operatorname{sen}^2 x$
   c) $\cos x - \operatorname{sen} x$
   d) $\sec x + \cos x$
   e) n.d.a.

35. (FGV-SP) Simplificando a expressão $\dfrac{\cos^2 x - \operatorname{cotg} x}{\operatorname{sen}^2 x - \operatorname{tg} x}$, obtemos:
   a) $\sec^2 x$
   b) $\operatorname{sen}^2 x$
   c) $\operatorname{tg}^2 x$
   d) $\cos^2 x$
   e) $\operatorname{cotg}^2 x$

36. (UFPA) A expressão mais simples para $1 + \dfrac{1}{\cos^2 x \cdot \operatorname{cossec}^2 x} - \sec^2 x$ é:
   a) -1
   b) 0
   c) 1
   d) $\sec^2 x$
   e) $\cos^2 x$

37. (PUC) Para v tal que $0 < v < \dfrac{\pi}{4}$, a expressão $\dfrac{1}{2}\left(\dfrac{\sec v}{\operatorname{cossec} v} + \dfrac{\operatorname{cossec} v}{\sec v} \right)$ é:
   a) igual a secante de $2v$
   b) igual a cossecante de $2v$
   c) nula para algum v

300 | *Matemática no Vestibular*

d) negativa para algum v

e) igual à metade cossecante de $2v$

38. (UFF) O valor de $(\text{sen}\,22,5° + \cos 22,5°)^2$ é:

a) $\dfrac{1 - \sqrt{2}}{2}$

b) $\dfrac{1 + \sqrt{2}}{2}$

c) $\dfrac{2 + \sqrt{2}}{2}$

d) $\dfrac{2 - \sqrt{2}}{2}$

e) 1

39. (PUC-PR) Se $m = \dfrac{4\,\text{sen}^2\,x}{\text{sen}^2\,2x}$ e $n = \dfrac{\cos x \cdot \text{tg}\,x}{\text{sen}\,x}$, $\quad x \neq k\pi, \quad k \in \mathbb{Z}$, então $m - n$ é igual a:

a) $\text{cossec}^2\,x$

b) $\sec^2\,x$

c) $\cot g^2\,x$

d) $\text{tg}^2\,x$

e) 1

40. (FUVEST) Se $\text{tg}\,x = \dfrac{3}{4}$ e $\pi < x < \dfrac{3\pi}{2}$, o valor de $\cos x - \text{sen}\,x$ é:

a) $\dfrac{7}{5}$

b) $-\dfrac{7}{5}$

c) $-\dfrac{2}{5}$

d) $\dfrac{1}{5}$

e) $-\dfrac{1}{5}$

41. (FGV-SP) Se $\text{sen}\,a = \dfrac{24}{25}$ e $\sec a$ é negativa, então o valor de $\sqrt{\dfrac{1 - \cos a}{1 + \cos a}}$ é:

a) $\dfrac{3}{4}$

b) $\dfrac{3}{5}$

c) $\dfrac{5}{4}$

d) $\dfrac{4}{3}$

e) $\dfrac{1}{2}$

42. (UNIFICADO) Se x é um ângulo agudo, $\operatorname{tg}(90° + x)$ é igual a:

a) $\operatorname{tg} x$

b) $\operatorname{cotg} x$

c) $-\operatorname{tg} x$

d) $-\operatorname{cotg} x$

e) $1 + \operatorname{tg} x$

43. (UNI-RIO) Considere a função definida $f(x) = \operatorname{tg}^3\left(x + \dfrac{\pi}{2}\right) - \operatorname{tg}\left(x + \dfrac{\pi}{2}\right)$, sendo $x \in]0, \pi[$. Determine os valores de x tais que $f(x) = 0$.

44. (UFF) Sendo $k \in \mathbb{Z}$, $n \in \mathbb{N}^*$ e $x \in \mathbb{R}$, a expressão $\lfloor(\operatorname{sen} x + \cos x)^2 - \operatorname{sen}(2x)^n\rfloor$ é equivalente a:

a) $[\operatorname{sen}(2k\pi)]^n$

b) $[\cos(2k\pi + \pi)]^n$

c) $\cos(nk\pi)$

d) $\left[\operatorname{sen}\left(2k\pi + \dfrac{\pi}{2}\right)\right]^n$

e) $\operatorname{sen}(nk\pi)$

302 | *Matemática no Vestibular*

45. (UNIFICADO) Considerando $\operatorname{sen} x = \dfrac{1}{2} \cdot \operatorname{sen} \dfrac{25\pi}{6}$, o valor de $\cos 2x$ será:

a) $\dfrac{7}{8}$

b) $\dfrac{5}{8}$

c) $\dfrac{3}{8}$

d) $\dfrac{3}{4}$

e) $\dfrac{1}{2}$

46. (PUC) Os ângulos agudos a e b são tais que $\operatorname{tg} a = \dfrac{1}{3}$ e $\operatorname{tg} b = \dfrac{1}{2}$. O ângulo $a + b$ é igual a:

a) $\operatorname{arc} \operatorname{tg} \dfrac{5}{6}$

b) $30°$

c) $45°$

d) $60°$

e) $90°$

47. (IBMEC) Se $\operatorname{sen}(a + b) = 0$, $\operatorname{sen} a = \dfrac{3}{5}$ e $\dfrac{\pi}{2} < a < \pi$, então, $\operatorname{tg} b$ é igual a:

a) $\dfrac{3}{4}$

b) $-\dfrac{3}{4}$

c) $\dfrac{4}{3}$

d) $\dfrac{4}{5}$

e) 1

48. (UERJ) Lembrando que $\cos(a + b) = \cos a \cos b - \operatorname{sen} a \operatorname{sen} b$ e $\operatorname{sen}(a + b) = \operatorname{sen} a \cos b + \operatorname{sen} b \cos a$:

a) demonstre as identidades:

(I) $\cos(2\theta) = 2\cos^2 \theta - 1$ \qquad (II) $\cos(3\theta) = 4\cos^3 \theta - 3\cos \theta$

Unidade 7 - *Trigonometria* | 303

b) Usando a identidade $\cos(3\theta) = 4\cos^3\theta - 3\cos\theta$, mostre que $\cos 40°$ é raiz da equação $8x^3 - 6x + 1 = 0$.

49. (UFRJ) Seja x tal que $\operatorname{sen} x + \cos x = 1$. Determine todos os valores possíveis para $\operatorname{sen} 2x + \cos 2x$.

50. (PUC) Os valores reais de x que satisfazem a equação $(\operatorname{sen} x - \cos x)^2 + \operatorname{sen} 2x = \dfrac{\sqrt{3}}{2}$ são:

  a) todos os reais
  b) todos os positivos
  c) todos os negativos
  d) todo os múltiplos de $\dfrac{\pi}{3}$
  e) inexistentes

51. (PUC) A soma das soluções de $\operatorname{sen} 2x = \cos x$ contidas no intervalo fechado $[0, 2\pi]$ é:

  a) $\dfrac{3\pi}{2}$

  b) π

  c) $\dfrac{5\pi}{2}$

  d) 3π

  e) $\dfrac{7\pi}{2}$

52. (UNI-RIO) O conjunto-solução da equação $\cos 2x = \dfrac{1}{2}$, onde x é um arco da $1^{\underline{a}}$ volta positiva, é dado por:

  a) $\{60°, 300°\}$
  b) $\{30°, 330°\}$
  c) $\{30°, 150°\}$
  d) $\{30°, 150°, 210°, 330°\}$
  e) $\{15°, 165°, 195°, 345°\}$

53. (UNIFICADO) O valor da expressão $P = 1 - 4\operatorname{sen}^2 x + 6\operatorname{sen}^4 x = 4\operatorname{sen}^6 x + \operatorname{sen}^8 x$ é igual a:

  a) $\cos^4 x$
  b) $\cos^8 x$
  c) $\operatorname{sen}^2 x$
  d) 1
  e) 0

54. (UNI-RIO)

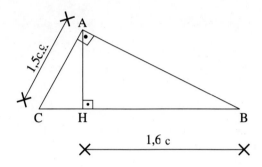

Na figura acima, o valor da secante do ângulo interno C é igual a:

a) $\dfrac{5}{3}$

b) $\dfrac{4}{3}$

c) $\dfrac{5}{4}$

d) $\dfrac{7}{6}$

e) $\dfrac{4}{5}$

55. (CEFET) Considere a função $f(x) = \dfrac{3}{1+\cos^2 5x}$. A diferença entre o maior valor e o menor valor que a função pode assumir é:

a) $\dfrac{1}{6}$

b) $\dfrac{1}{2}$

c) 1

d) $\dfrac{3}{2}$

e) 3

Unidade 7 - *Trigonometria* | 305

56. (UFF) Determine o valor do número real m na equação $m(\operatorname{sen}^2 x - \cos^2 x) + 2\cos^2 x + m = 2$, $\quad x \neq k\pi$, $\quad k \in \mathbb{Z}$.

57. (UFF) $\cos(x + \pi) + \operatorname{sen}\left(\dfrac{\pi}{2} + x\right) - \operatorname{tg}(-x) + \operatorname{cotg} x$, em que $0 < x < \dfrac{\pi}{2}$, é equivalente a:

a) $\dfrac{2}{\operatorname{sen} 2x}$

b) x

c) $2\cos 2x$

d) $\dfrac{\operatorname{tg} x}{x}$

e) $x \operatorname{cotg} x$

58. (FUVEST) O dobro do seno de um ângulo θ, $0 < \theta < \dfrac{\pi}{2}$ é igual ao triplo do quadrado da sua tangente. Logo, o valor de seu cosseno é:

a) $\dfrac{2}{3}$

b) $\dfrac{\sqrt{3}}{2}$

c) $\dfrac{\sqrt{2}}{2}$

d) $\dfrac{1}{2}$

e) $\dfrac{\sqrt{3}}{3}$

59. (UNI-RIO) O conjunto-solução da equação $\operatorname{sen} x = \cos x$, sendo $0 \leq x < 2\pi$, é:

306 | *Matemática no Vestibular*

a) $\left\{\dfrac{\pi}{4}\right\}$

b) $\left\{\dfrac{\pi}{3}\right\}$

c) $\left\{\dfrac{5\pi}{4}\right\}$

d) $\left\{\dfrac{\pi}{3}, \dfrac{4\pi}{3}\right\}$

e) $\left\{\dfrac{\pi}{4}, \dfrac{5\pi}{4}\right\}$

60. (UCBA) Se $\theta \in \left]\dfrac{\pi}{2}; \pi\right[$, os valores reais de m, para os quais $\cos\theta = \dfrac{3m-1}{4}$, são tais que:

a) $m > \dfrac{1}{3}$

b) $m < 3$

c) $-1 < m < \dfrac{1}{3}$

d) $-\dfrac{1}{3} < m < 1$

e) $m > \dfrac{5}{3}$ ou $m < -1$

61. (UFRRJ) Em um triângulo ABC, cujos ângulos são designados por A, B e C supõe-se que:

$2\,\mathrm{tg}\,A = \mathrm{tg}\,B + \mathrm{tg}\,C$ e $0 < A < \dfrac{\pi}{2}$

A relação que vale neste triângulo é:

a) $\mathrm{tg}\,B \cdot \mathrm{tg}\,C = 3$

b) $\cos(B + C) = 2\cos A$

c) $\cos(B - C) = 2\sec A$

d) $\mathrm{tg}\,B \cdot \mathrm{tg}\,C = \sqrt{3}$

e) $\mathrm{tg}\,B \cdot \mathrm{tg}\,C = \mathrm{tg}\,A$

62. (UFF) Se $\widehat{M}$, $\widehat{N}$ e $\widehat{P}$ são ângulos internos de um triângulo não-retângulo, pode-se afirmar que $\mathrm{tg}\,\widehat{M} + \mathrm{tg}\,\widehat{N} + \mathrm{tg}\,\widehat{P}$ é:

Unidade 7 - *Trigonometria* | 307

a) -1

b) 0

c) $\dfrac{1}{\operatorname{tg}\widehat{M} + \operatorname{tg}\widehat{N} + \operatorname{tg}\widehat{P}}$

d) $\operatorname{tg}\widehat{M} \cdot \operatorname{tg}\widehat{N} \cdot \operatorname{tg}\widehat{P}$

e) $\operatorname{tg}\widehat{M} \cdot \operatorname{tg}\widehat{N} + \operatorname{tg}\widehat{P}$

63. (FUVEST) Qual das afirmações abaixo é verdadeira?

a) $\operatorname{sen} 210° < \cos < 210° < \tan 210°$

b) $\cos 210° < \operatorname{sen} < 210° < \tan 210°$

c) $\tan 210° < \operatorname{sen} < 210° < \cos 210°$

d) $\tan 210° < \cos < 210° < \operatorname{sen} 210°$

e) $\operatorname{sen} 210° < \tan < 210° < \cos 210°$

64. (FUVEST) Sendo α uma solução da equação $\operatorname{tg}^2 \alpha = \cos^2 \alpha - \operatorname{sen}^2 \alpha$, o valor de $\operatorname{tg}^2 \alpha$ é:

a) $\sqrt{2} - 1$

b) $\sqrt{2} + 1$

c) $\sqrt{3} - 1$

d) $\sqrt{3} + 1$

e) $\sqrt{2} + 3$

308 | *Matemática no Vestibular*

65. (FGV-SP) A solução da equação $-\dfrac{625^{\cos^2 x}}{25^{\cos x}} = 1$, para $0 \le x < \dfrac{\pi}{2}$, é:

a) $x = 0$

b) $x = \dfrac{\pi}{6}$

c) $x = 0$ ou $x = \dfrac{\pi}{6}$

d) $x = \dfrac{\pi}{3}$

e) $x = \dfrac{\pi}{2}$ ou $x = \dfrac{\pi}{3}$

66. (Oswaldo Cruz-SP) A soma das raízes da equação $2\,\text{sen}^2\,x = 1 - \text{sen}\,x$, no intervalo $[0, 2\pi]$, vale:

a) $7\dfrac{\pi}{2}$

b) $5\dfrac{\pi}{2}$

c) $9\dfrac{\pi}{2}$

d) 2π

67. (UFES) A soma das raízes da equação $\text{tg}^2\,x - \text{tg}\,x = 0$, $0 \le x \le \pi$, é:

a) 0

b) $\dfrac{5\pi}{2}$

c) $\dfrac{\pi}{4}$

d) $\dfrac{3\pi}{4}$

e) 2π

68. (UFES) As soluções da equação trigonométrica $2\sec x = \text{tg}\,x + \text{cotg}\,x$ são:

a) $\dfrac{\pi}{6}, \dfrac{5\pi}{6}$ e $\dfrac{7\pi}{6}$

b) $\dfrac{\pi}{6}, \dfrac{5\pi}{6}$ e $\dfrac{5\pi}{3}$

c) $\dfrac{\pi}{6}$ e $\dfrac{7\pi}{3}$

d) $\dfrac{\pi}{6}$ e $\dfrac{5\pi}{6}$

e) n.d.a.

69. (FMU/FIAM) O número de soluções da equação: tg $2x = 0$, no intervalo $[0, 2\pi]$, é:
   a) 2
   b) 3
   c) 4
   d) 5
   e) 6

70. (UNI-RIO) Assinale o gráfico que representa a função real definida por $y = 2 - \operatorname{sen} x$.

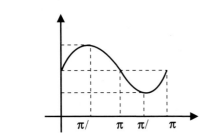

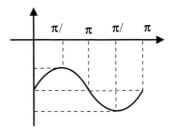

b

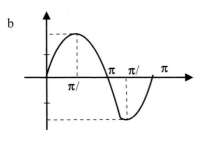

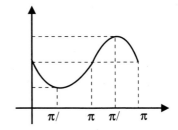

c

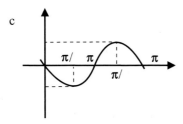

71. (FUVEST) A figura abaixo mostra parte do gráfico da função

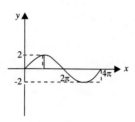

a) sen x
b) $2 \operatorname{sen} \dfrac{x}{2}$
c) $2 \operatorname{sen} x$
d) $2 \operatorname{sen} 2x$
e) $\operatorname{sen} 2x$

72. (PUCCAMP-SP) Dos gráficos abaixo, assinale aquele que melhor representa o gráfico da função

$$y = 1 + 2\operatorname{sen}\left(x - \dfrac{\pi}{4}\right):$$

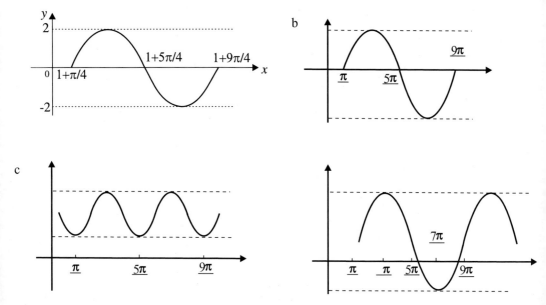

73. (UNI-RIO) Assinale o gráfico que melhor representa a função real definida por $y = |\cos x| - 1$.

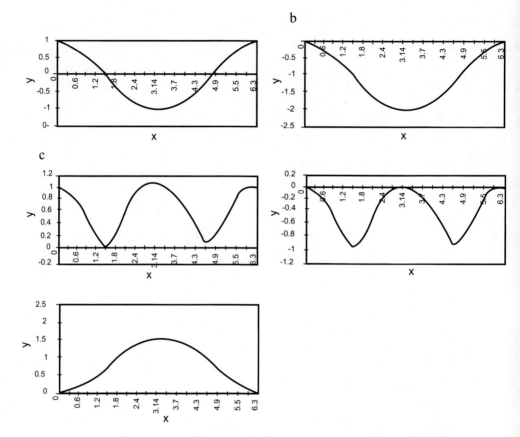

74. (UNI-RIO) O domínio máximo da função dada por $f(x) = \sec\left(2x - \dfrac{\pi}{3}\right)$ é o conjunto:

a) $\left\{ x \in R \mid x \neq \dfrac{\pi}{2} + k\pi \right\}$, onde $k \in Z$

b) $\left\{ x \in R \mid x \neq \dfrac{5\pi}{12} + k\dfrac{\pi}{2} \right\}$, onde $k \in Z$

c) $\left\{x \in R \mid x = \dfrac{5\pi}{12} + k\dfrac{\pi}{2}\right\}$, onde $k \in Z$

d) $\left\{x \in R \mid x = \dfrac{\pi}{6} + k\dfrac{\pi}{2}\right\}$, onde $k \in Z$

e) $\left\{x \in R \mid x \neq \dfrac{\pi}{6} + k\dfrac{\pi}{2}\right\}$, onde $k \in Z$

75. (UFF) O gráfico que melhor representa a função
$f(x) = \begin{cases} |\operatorname{sen} x|, \text{ se } x \geq 0 \\ -|\cos x|, \text{ se } x < 0 \end{cases}$ é:

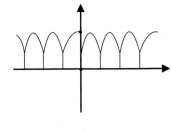

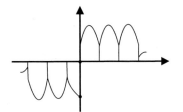

b
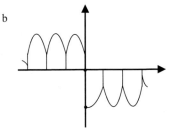

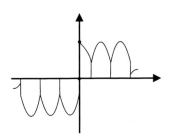

c
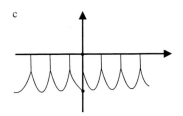

76. (CESCEA-SP) A figura

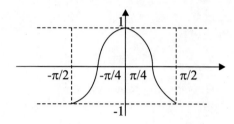

é um esboço do gráfico da função:

a) $y = \cos x$, $-\dfrac{\pi}{2} \leq x \leq \dfrac{\pi}{2}$

b) $y = \cos 2x$, $-\dfrac{\pi}{2} \leq x \leq \dfrac{\pi}{2}$

c) $y = \operatorname{sen} x$, $-\dfrac{\pi}{2} \leq x \leq \dfrac{\pi}{2}$

d) $y = \operatorname{sen} 2x$, $-\dfrac{\pi}{2} \leq x \leq \dfrac{\pi}{2}$

e) não sei

77. (ITA-SP) Os valores de α, $0 < \alpha < \pi$ e $\alpha \neq \dfrac{\pi}{2}$, para os quais a função $f: \mathbb{R} \to \mathbb{R}$ dada por
$$f(x) = 4x^2 - 4x - \operatorname{tg}^2 \alpha$$
assume seu valor mínimo igual a -4, são:

a) $\dfrac{\pi}{4}$ e $\dfrac{3\pi}{4}$

b) $\dfrac{\pi}{5}$ e $\dfrac{2\pi}{4}$

c) $\dfrac{\pi}{3}$ e $\dfrac{2\pi}{3}$

d) $\dfrac{\pi}{7}$ e $\dfrac{2\pi}{7}$

e) $\dfrac{2\pi}{5}$ e $\dfrac{3\pi}{5}$

78. (UFJF) Considere as expressões $M = \cos a + \cos b$ e $N = \operatorname{sen} a - \operatorname{sen} b$. Sendo $a + b = 120°$, o valor de $M^2 + N^2$ é:

a) 1

b) 2

c) 4

d) 5

e) 10

79. (FATEC-SP) Na figura abaixo o ângulo $\widehat{A}$ é reto. Se $\operatorname{sen} \alpha = 0,6$, então a medida do segmento $\overline{AB}$ é:

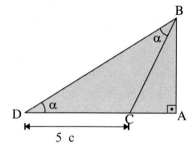

a) 30 cm

b) 25 cm

c) 48 cm

d) 40 cm

e) 45 cm

316 | *Matemática no Vestibular*

80. (CEFET-PR) A expressão $\dfrac{1 + \cos^2 a - \text{sen}^2 a}{\text{sen}(2a)}$, simplificada, reduz-se a:

a) -1

b) $\text{tg}\, a$

c) $\text{cotg}\, a$

d) $\text{cossec}\, a$

81. (CEFET-PR) A expressão $y = \dfrac{4\,\text{sen}^2 x}{\cos^2(2x) - 1}$, em função de $\sec x$, será

a) $\sec^4 x$

b) $-\sec^2 x$

c) $1 - \sec^2 x$

d) $2 \sec x$

e) $-\sec x$

82. (UEPG-PR) Os valores de x que satisfazem a igualdade $\text{arc sen}\sqrt{3x - 1} = \text{arc tg}\, x$ são:

a) 1 e 3

b) -1 e 2

d) 1 e 2

d) 1 e -2

83. (MACK) Para $0 \le x \le 2\pi$, o número de soluções reais distintas da equação: $2|\text{sen}\, x|^2 - 5|\text{sen}\, x| + 2 = 0$ é:

a) 1

b) 2

c) 4

d) 6

e) 8

84. (UNB) Se $\sec^2 x + \text{tg}\, x - 7 = 0$ e $0 < x < \dfrac{\pi}{2}$, então:

a) $\cos x = \dfrac{\sqrt{3}}{2}$

b) $\cos x = \dfrac{\sqrt{5}}{5}$

c) $\cos x = \dfrac{\sqrt{3}}{4}$

d) n.r.a.

Unidade 7 - *Trigonometria* | 317

85. (FUVEST-SP) No intervalo $\dfrac{\pi}{2} \leq x \leq \pi$, a equação $\sqrt{1 - \text{sen}^2\,x} + \cos x = -\sqrt{2}$:

a) não admite solução

b) admite como solução $x = \dfrac{3\pi}{4}$

c) admite como solução $x = \dfrac{2\pi}{3}$

d) admite como solução $x = \dfrac{5\pi}{6}$

e) admite como solução $x = \pi$

86. (FEI-SP) Sendo $\text{tg}\,A = 2$ e $\text{tg}\,B = 1$, então $\text{tg}(A - B)$ é:

a) $\dfrac{1}{2}$

b) 1

c) $\dfrac{1}{3}$

d) $\dfrac{2}{3}$

e) $\dfrac{1}{4}$

87. (FGV-SP) Sabendo-se que $\text{tg}^2\,x = \dfrac{9}{16}$ que $\text{tg}^2\,y = \dfrac{84}{16}$, o valor de $\text{tg}(x + y) \cdot \text{tg}(x - y)$ é:

a) 2,4

b) 5,2

c) 1,8

d) 0

e) 1

88. (PUC-SP) Considere a identidade $\cos 2a = \cos^2 a - \text{sen}^2 a$.

Se $\cos x = \dfrac{7}{25}$, então $\left|\cos \dfrac{x}{2}\right|$ vale:

a) $\dfrac{7}{50}$

b) $\dfrac{2}{5}$

c) $\dfrac{3}{25}$

d) $\dfrac{4}{5}$

e) $\dfrac{18}{25}$

89. (PUC-SP) Transformando-se em produto a expressão sen 70°+cos 30°, obtém-se:

a) $2\cos 25° \cdot \cos 5°$
b) $2\cos 25° \cdot \operatorname{sen} 5°$
c) $2\operatorname{sen} 25° \cdot \operatorname{sen} 5°$
d) $2\operatorname{sen} 25° \cdot \cos 5°$
e) n.d.a.

90. (UNI-RIO) Considerando que o movimento de um determinado pêndulo é definido pela equação $3\cos\left(\dfrac{\pi}{2}t + \dfrac{\pi}{6}\right)$, onde x é a posição da massa do pêndulo (em m) no instante t (em s, em relação à posição de equilíbrio ($x = 0$) e convencionando o deslocamento à direita como positivo e negativo à esquerda, como mostra a figura, determine:

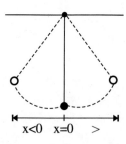

a) o gráfico do deslocamento em função do tempo, equivalente a um período completo da função;
b) a distância máxima do corpo à posição de equilíbrio;
c) o período do pêndulo;
d) a posição do corpo em $t = 1s$.

Unidade 7 - *Trigonometria* | 319

91. (UNIFICADO) Um triângulo tem lados 20, 21 e 29. O raio da circunferência a ele circunscrita vale:

 a) 8

 b) 8,5

 c) 10

 d) 12,5

 e) 14,5

92. (UNIFICADO) O menor valor real e positivo de x tal que $4^{-\operatorname{sen} x} = \dfrac{1}{2}$ é:

 a) π

 b) $\dfrac{\pi}{2}$

 c) $\dfrac{\pi}{3}$

 d) $\dfrac{\pi}{4}$

 e) $\dfrac{\pi}{6}$

93. (UNI-RIO) Sendo $\operatorname{sen} x = \dfrac{\sqrt{3}}{2}$ e $0 < x < \dfrac{\pi}{2}$, calcule: $y = \dfrac{\sec x - \operatorname{cossec} x}{1 - \cotg x}$

 a) -2

 b) $\dfrac{1}{2}$

 c) $-\dfrac{1}{2}$

 d) $-\dfrac{\sqrt{3}}{2}$

 e) 2

94. (PUC) Sabendo-se que $\operatorname{tg} x = 2$, calcule a cossecante de x, sendo x um arco do 1° quadrante.

95. (UNICAMP) Um relógio foi acertado exatamente ao meio-dia. Determine as horas e minutos que estará marcando esse relógio após o ponteiro menor ter percorrido um ângulo de $42°$.

320 | *Matemática no Vestibular*

96. (UNICAMP) Calcule a área de um triângulo em função de um lado ℓ e dos dois ângulos α e β a ele adjacentes.

97. (UFSCAR) O conjunto-solução da inequação $\dfrac{1}{\operatorname{cossec} x} - \dfrac{1}{\sec x} > 0$, para $0 \leq x \leq \pi$, é:

a) $S = \left\{ x \in \mathbb{R} \mid \dfrac{\pi}{4} < x < \pi \text{ e } x \neq \dfrac{\pi}{2} \right\}$

b) $S = \left\{ x \in \mathbb{R} \mid 0 < x < \pi, x \neq \dfrac{\pi}{4} \text{ e } x \neq \dfrac{\pi}{2} \right\}$

c) $S = \left\{ x \in \mathbb{R} \mid 0 < x < \dfrac{\pi}{4} \right\}$

d) $S = \left\{ x \in \mathbb{R} \mid 0 < x < \dfrac{3\pi}{4} \text{ e } x \neq \dfrac{\pi}{2} \right\}$

e) $S = \left\{ x \in \mathbb{R} \mid \dfrac{\pi}{4} < x < \pi \right\}$

98. (MACK-SP) A solução da inequação $\dfrac{\cos x - \operatorname{sen} x}{\cos x + \operatorname{sen} x} > 0$, para $0 < x < \dfrac{\pi}{2}$, é:

a) $0 < x < \dfrac{\pi}{2}$

b) $\dfrac{\pi}{6} < x < \dfrac{\pi}{3}$

c) $0 < x < \dfrac{\pi}{4}$

d) $\dfrac{\pi}{3} < x < \dfrac{\pi}{2}$

e) n.r.a.

Unidade 7 - *Trigonometria* | 321

99. (FEI-SP) Simplificando $\dfrac{2\operatorname{sen}\left(x + \dfrac{\pi}{4}\right)\cos\left(x - \dfrac{\pi}{4}\right)}{1 + \operatorname{sen}(2x)}$, com $\operatorname{sen}(2x) \neq -1$, obtemos:

a) 1

b) 0

c) 2

d) $\cos 2x$

e) $1 - 2\operatorname{sen} x$

100. (PUC-SP) O conjunto-solução da equação $\operatorname{sen}(2x) + \operatorname{sen}\left(2x - \dfrac{\pi}{4}\right) = 0$ para $0 < x < \pi$ é:

a) $\left\{\dfrac{\pi}{16}, \dfrac{9\pi}{16}\right\}$

b) $\emptyset$

c) $\left\{x \in \mathbb{R} \mid x = \dfrac{\pi}{16} + \dfrac{k\pi}{2}\right\}$

d) $\left\{\dfrac{\pi}{4}\right\}$

e) n.r.a.

101. (CESGRANRIO) O número de raízes da equação $\cos x + \operatorname{sen} x = 0$ no intervalo $[\pi; 3\pi]$ é:

a) 2

b) 1

c) 3

d) 4

e) 0

102. (CESGRANRIO) Se $0 \leq x \leq \pi$, as raízes da equação $\cos^2 x - \operatorname{sen}^2(\pi - x) = \dfrac{1}{2}$ são:

322 | *Matemática no Vestibular*

a) $\dfrac{\pi}{3}$ e π

b) $\dfrac{\pi}{4}$ e $\dfrac{3\pi}{4}$

c) 0 e π

d) $\dfrac{\pi}{6}$ e $\dfrac{5\pi}{6}$

e) $\dfrac{\pi}{2}$ e π

103. **(ITA)** Considere $f\colon \mathbb{R} \to \mathbb{R}$ definida por $f(x) = 2\operatorname{sen}3x - \cos\left(\dfrac{x-\pi}{2}\right)$. Sobre f podemos afirmar que:

a) é uma função par

b) é uma função ímpar e periódica de período fundamental 4π

c) é uma função ímpar e periódica de período fundamental $4\pi/3$

d) é uma função periódica de período fundamental 2π

e) não é par, não é ímpar e não é periódica

Gabarito das questões propostas

Questão 1 - Resposta: c) $36°$

Questão 2 - Resposta: b) $\dfrac{5\pi}{3}$

Questão 3 - Resposta: a) $142°30'$

Questão 4 - Resposta: c) $5{,}25$

Questão 5 - Resposta: b) $140°$

Questão 6 - Resposta: b) $280°$

Questão 7 - Resposta: a) $\dfrac{10\pi r}{3}$

Questão 8 - Resposta: d) 6.900

Questão 9 - Resposta: c) $\cos 30°$

Questão 10 - Resposta: a) $-\sqrt{3} - 1$

Unidade 7 - *Trigonometria* | 323

Questão 11 - Resposta: a) 0

Questão 12 - Resposta: a) $\dfrac{\pi}{6}$

Questão 13 - Resposta: b) $\dfrac{-(3 + \sqrt{5})}{6}$

Questão 14 - Resposta: e) 10 m

Questão 15 - Resposta: a) 198 cm

Questão 16 - Resposta: $\dfrac{5\pi}{3}$

Questão 17 - Resposta: e) 2

Questão 18 - Resposta: c) 0,8

Questão 19 - Resposta: a) 1

Questão 20 - Resposta: b) $\cos\theta < \operatorname{sen}\theta < \operatorname{tg}\theta$

Questão 21 - Resposta: c) $\operatorname{sen}(\theta) = \dfrac{-1 + \sqrt{5}}{2}$

Questão 22 - Resposta: $S = \{\pi/4, 3\pi/4, 5\pi/4, 7\pi/4\}$

Questão 23 - Resposta: a equação vale para todo x

Questão 24 - Resposta: $m = -1$ ou $m = 0$

Questão 25 - Resposta: b) $\dfrac{\sqrt{3} - 3}{2}$

Questão 26 - Resposta: c) $\left]0; \dfrac{1}{2}\right[$

Questão 27 - Resposta: c) $\dfrac{3}{8}$

Questão 28 - Resposta: c) 2

Questão 29 - Resposta: d) 2

Questão 30 - Resposta: e) $\operatorname{tg}^2 a$

Questão 31 - Resposta: b) $2^{\underline{o}}$

Questão 32 - Resposta: a) $-\dfrac{3}{4}$

Questão 33 - Resposta: d) $\dfrac{2\sqrt{5}}{5}$

Questão 34 - Resposta: a) $\cos^2 x$

Questão 35 - Resposta: e) $\operatorname{cotg}^2 x$

Questão 36 - Resposta: b) 0

324 | *Matemática no Vestibular*

Questão 37 - Resposta: b) igual a cossecante de $2v$

Questão 38 - Resposta: c) $\dfrac{2 + \sqrt{2}}{2}$

Questão 39 - Resposta: d) $\operatorname{tg}^2 x$

Questão 40 - Resposta: e) $-\dfrac{1}{5}$

Questão 41 - Resposta: d) $\dfrac{4}{3}$

Questão 42 - Resposta: d) $-\cotg x$

Questão 43 - Resposta: $S = \{\pi/4, \pi/2, 3\pi/4\}$

Questão 44 - Resposta: d) $\left[\operatorname{sen} \left(2k\pi + \dfrac{\pi}{2} \right) \right]^n$

Questão 45 - Resposta: a) $\dfrac{7}{8}$

Questão 46 - Resposta: c) $45°$

Questão 47 - Resposta: a) $3/4$

Questão 48 - Resposta:

(1) $\cos 2\theta = \cos(\theta + \theta) = \cos \theta \cdot \cos \theta - \operatorname{sen} \theta \cdot \operatorname{sen} \theta$
$\cos 2\theta = \cos^2 \theta - \operatorname{sen}^2 \theta$
$\cos 2\theta = \cos^2 \theta - (1 - \cos^2 \theta)$
$\cos 2\theta - 2\cos^2 \theta - 1$

(2) $\cos 3\theta = \cos(2\theta + \theta) = \cos 2\theta \cdot \cos \theta - \operatorname{sen} 2\theta \cdot \operatorname{sen} \theta$
$\cos 3\theta = (2\cos^2 \theta - 1) \cdot \cos \theta - 2\operatorname{sen} \theta \cos \theta \cdot \operatorname{sen} \theta$
$\cos 3\theta - 2\cos^3 \theta - \cos \theta - 2\operatorname{sen}^2 \theta \cdot \cos \theta$
$\cos 3\theta = 2\cos^3 \theta - \cos \theta - 2(1 - \cos^2 \theta) \cdot \cos \theta$
$\cos 3\theta = 2\cos^3 \theta - \cos \theta - 2\cos \theta + 2\cos^3 \theta$
$\cos 3\theta = 4\cos^3 \theta - 3\cos \theta$

(B) Substituindo x por $\cos 40°$ na equação, tem-se:
$8 \cdot \cos^3 40° - 6 \cdot \cos 40° + 1 = 0$
$2(4\cos^3 40° - 3\cos 40°) + 1 = 0 \;\Rightarrow$
$2 \cdot \cos 120° + 1 = 0 \;\Rightarrow$
$-1 + 1 = 0$
Logo, $\cos 40°$ é raiz da equação

Unidade 7 - *Trigonometria* | 325

Questão 49 - Resposta: $S = \{-1, 1\}$

Questão 50 - Resposta: e) inexistentes

Questão 51 - Resposta: d) 3π

Questão 52 - Resposta: d) $\{30°, 150°, 210°, 330°\}$

Questão 53 - Resposta: b) $\cos^2 x$

Questão 54 - Resposta: a) $\dfrac{5}{3}$

Questão 55 - Resposta: d) $\dfrac{3}{2}$

Questão 56 - Resposta: 1

Questão 57 - Resposta: a) $\dfrac{2}{\text{sen } 2x}$

Questão 58 - Resposta: b) $\dfrac{\sqrt{3}}{2}$

Questão 59 - Resposta: e) $\left\{\dfrac{\pi}{4}, \dfrac{5\pi}{4}\right\}$

Questão 60 - Resposta: c) $-1 < m < \dfrac{1}{3}$

Questão 61 - Resposta: a) $\text{tg } B \cdot \text{tg } C = 3$

Questão 62 - Resposta: d) $\text{tg } \widehat{M} \cdot \text{tg } \widehat{N} \cdot \text{tg } \widehat{P}$

Questão 63 - Resposta: b) $\cos 210° < \text{sen } 210° < \tan 210°$

Questão 64 - Resposta: a) $\sqrt{2} - 1$

Questão 65 - Resposta: d) $x = \dfrac{\pi}{3}$

Questão 66 - Resposta: b) $5\,\dfrac{\pi}{2}$

Questão 67 - Resposta: b) $\dfrac{5\pi}{2}$

Questão 68 - Resposta: d) $\dfrac{\pi}{6}$ e $\dfrac{5\pi}{6}$

Questão 69 - Resposta: d) 5

Questão 70 - Resposta: Figura e)

Questão 71 - Resposta: b) $2\,\text{sen }\dfrac{x}{2}$

Questão 72 - Resposta: figura d)

326 | *Matemática no Vestibular*

Questão 73 - Resposta: figura d)

Questão 74 - Resposta: b) $\left\{x \in \mathbb{R} \mid x \neq \dfrac{5\pi}{12} + k\dfrac{\pi}{2}\right\}$, onde $k \in \mathbb{Z}$

Questão 75 - Resposta: figura d)

Questão 76 - Resposta: b) $y = \cos 2x,\ -\dfrac{\pi}{2} \leq x \leq \dfrac{\pi}{2}$

Questão 77 - Resposta: c) $\dfrac{\pi}{3}$ e $\dfrac{2\pi}{3}$

Questão 78 - Resposta: a) 1

Questão 79 - Resposta: c) 48 cm

Questão 80 - Resposta: c) $\cotg a$

Questão 81 - Resposta: b) $-\sec^2 x$

Questão 82 - Resposta: c) 1 e 2

Questão 83 - Resposta: c) 4

Questão 84 - Resposta: b) $\cos x = \dfrac{\sqrt{5}}{5}$

Questão 85 - Resposta: a) não admite solução

Questão 86 - Resposta: c) $\dfrac{1}{3}$

Questão 87 - Resposta: a) 2,4

Questão 88 - Resposta: d) $\dfrac{4}{5}$

Questão 89 - Resposta: a) $2\cos 25° \cdot \cos 5°$

Questão 90 - Resposta:

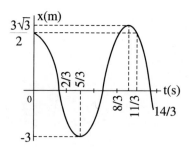

b) 3 m
c) 4 seg
d) estará a 1,5 m à esquerda em relação à posição de equilíbrio

Unidade 7 - *Trigonometria* | 327

Questão 91 - Resposta: e) 14,5

Questão 92 - Resposta: e) $\dfrac{\pi}{6}$

Questão 93 - Resposta: e) 2

Questão 94 - Resposta: $\sqrt{5}/2$

Questão 95 - Resposta: 13 horas e 24 minutos

Questão 96 - Resposta: $\dfrac{\ell^2 \operatorname{sen}\alpha \cdot \operatorname{sen}\beta}{2\operatorname{sen}(\alpha+\beta)}$

Questão 97 - Resposta: b) $S = \left\{ x \in \mathbb{R} \mid 0 < x < \pi,\ x \neq \dfrac{\pi}{4} \text{ e } x \neq \dfrac{\pi}{2} \right\}$

Questão 98 - Resposta: c) $0 < x < \dfrac{\pi}{4}$

Questão 99 - Resposta: a) 1

Questão 100 - Resposta: a) $\left\{ \dfrac{\pi}{16}, \dfrac{9\pi}{16} \right\}$

Questão 101 - Resposta: a) 2

Questão 102 - Resposta: d) $\dfrac{\pi}{6}$ e $\dfrac{5\pi}{6}$

Questão 103 - Resposta: b) é uma função ímpar e periódica de período fundamental 4π

UNIDADE 8

NÚMEROS COMPLEXOS ($\mathbb{C}$)

SINOPSE TEÓRICA

8.1) Definição

Pela necessidade de se dar uma interpretação às raízes quadradas de números negativos, matemáticos desenvolveram os números complexos, onde criaram o número i, chamado de unidade imaginária, tal que:

$$i = \sqrt{-1} \quad \text{ou} \quad i^2 = -1$$

Resolvendo o exemplo abaixo, definimos então essa necessidade matemática.

Exemplo:
Resolva a equação $x^2 + 25 = 0$, onde:
a) $\mathbb{U} = \mathbb{R}$
b) $\mathbb{U} = \mathbb{C}$

Resolução:

a)
$$x^2 + 25 = 0$$
$$x^2 = -25$$
$$x = \pm\sqrt{-25} = \not\exists$$
$$\mathbb{U} = \mathbb{R}$$
$$S = \{\ \}$$

b)
$$x^2 + 25 = 0$$
$$x^2 = -25$$
$$x = \pm\sqrt{-25}$$
$$x = \pm 5i$$
$$\mathbb{U} = \mathbb{C}$$
$$S = \{-5i, +5i\}$$

8.2) Potência:
Para i^N, temos:
$$i^0 = 1$$
$$i^1 = i$$
$$i^2 = -1$$

330 | *Matemática no Vestibular*

$$i^3 = i^2 \cdot i = (-1) \cdot i = -i$$
$$i^4 = i^3 \cdot i = 1$$
$$i^5 = i^4 \cdot i = i$$
$$i^6 = i^5 \cdot i = i \cdot i = -1$$
$$i^7 = i^6 \cdot i = -1 \cdot i = -i$$
$$\vdots$$

Mas $N > 3$, então podemos definir, para i^N, onde $N \in \mathbb{N}$

$$\frac{N \mid \underline{4}}{\downarrow}$$

resto = novo expoente da unidade imaginária.

Exemplo:

Calcule as potências:

a) i^{2003} b) $i^{4N}, \quad N \in \mathbb{N}$

Resolução:

a) i^{2003} b) i^{4N}

$$\begin{array}{c|c} 2003 & \underline{4} \\ \scriptstyle 3 & 500 \end{array} \qquad \begin{array}{c|c} 4^N & \underline{4} \\ \scriptstyle 0 & N \end{array}$$

$$i^{2003} = i^3 = -i \qquad i^{4N} = i^0 = 1$$

8.3) Forma algébrica

$Z = a + bi$, onde $a = $ parte real e $b = $ parte imaginária; para a e b números reais e para i a unidade imaginária.

Exemplo:

Resolva a equação $x^2 - 4x + 5 = 0$ para $\mathbb{U} = \mathbb{C}$.

Resolução:

$$x^2 - 4x + 5 = 0 \qquad \begin{cases} a = 1 \\ b = -4 \\ c = 5 \end{cases}$$

$$\Delta = b^2 - 4ac = (-4)^2 - 4(1)(5) = 16 - 20 = -4$$

$$x = \frac{-b \pm \sqrt{\Delta}}{2a} = \frac{-(-4) \pm \sqrt{-4}}{2(a)} = \frac{4 \pm \sqrt{4} \cdot \sqrt{-1}}{2} = \frac{4 \pm 2i}{2}$$

$$x' = 2 - i \qquad e \qquad x'' = 2 + i$$

Onde:

Unidade 8 - *Números Complexos* ($\mathbb{C}$) | 331

$$x' = z_1 = 2 - i \begin{cases} a = 2 \\ b = -1 \end{cases}$$

$$x'' = z_2 = 2 + i \begin{cases} a = 2 \\ b = 1 \end{cases}$$

logo:

$$S = \{2 - i, 2 + i\}$$

Observação: Na forma algébrica, podemos ter:

$1^{\underline{o}}$ – complexo real $\Rightarrow b = 0$

$2^{\underline{o}}$ – complexo imaginário puro $\Rightarrow a = 0$ e $b \neq 0$.

Exemplo:

Determine o valor de w de modo que $z = (3w - 9) + 3i$ seja um imaginário puro.

Resolução:

Imaginário puro $\Rightarrow a = 0$ e $b \neq 0$.

$a = 3w - 9$ para $a = 0$

$3w - 9 = 0$

$3w = 9$

$w = 3$

$b = 3$ para $b \neq 0$

$3 = b \neq 0$

Logo:

$$z = (3w - 9) + 3i,$$

para imaginário puro, temos $\boxed{w = 3}$

Então: $z = (3 \cdot 3 - 9) + 3i \Rightarrow z = 3i$

8.4) Operações na forma algébrica

8.4.1) Igualdade

$z_1 = a + bi$ e $z_2 = c + di$

Então: $z_1 = z_2 \Leftrightarrow a = c$ e $b = d$

Exemplo:

$z_1 = 3 + 4i$ e $z_2 = (x - 3) + (y + 6)i$

$z_1 = z_2 \Leftrightarrow 3 = x - 3 \quad$ e $\quad 4 = y + 6$

$\qquad\qquad\qquad x = 6 \qquad\qquad y = -2$

332 | *Matemática no Vestibular*

8.4.2) Soma e subtração

$$z_1 = a + bi \quad \text{e} \quad z_2 = c + di$$

Então:

$$z_1 + z_2 \Leftrightarrow (a+c) + (b+d)i$$
$$z_1 - z_2 \Leftrightarrow (a-c) + (b-d)i$$

Exemplo:

$$z_1 = 4 - 5i \quad \text{e} \quad z_2 = -2 - 6i$$
$$z_1 + z_2 = [4 + (-2)] + [(-5) + (-6)]i \Rightarrow 2 - 11i$$
$$z_1 - z_2 = [4 - (-2)] + [(-5) - (-6)]i \Rightarrow 6 + i$$

8.4.3) Produto

$$z = a + i \qquad z = c + di$$

$$z \quad z = a + i \quad c + di$$

Exemplo

$$z = + i \qquad z = - + i$$

$$z \quad z = + i \quad + i \Rightarrow - + i - i + \gamma$$

$$- \qquad - i$$

$$- \qquad i$$

8.4.4) Conjugado ($\bar{z}$)

$$z = a + bi, \quad \text{então:} \quad \bar{z} = a - bi.$$

Exemplo:

$$z_1 = 3 + 4i \Rightarrow \bar{z}_1 = 3 - 4i$$
$$z_2 = -3i \Rightarrow \bar{z}_2 = 3i$$

Unidade 8 - *Números Complexos* ($\mathbb{C}$) | 333

$$z_3 = \frac{3}{4} \Rightarrow \bar{z}_3 = \frac{3}{4}$$

8.4.5) Quociente

$$z_1 = a + bi \quad \text{e} \quad z_2 = c + di,$$

Então:

$$: \qquad \frac{z}{z} = \frac{z}{z} \; \frac{\bar{z}}{\bar{z}} \Rightarrow$$

Exemplo:

Resolução: $z_1 = 2 + 3i \quad \text{e} \quad z_2 = 3 + 4i$

$$\frac{z}{z} = \frac{+\ i}{+\ i} \quad \frac{-\ i}{-\ i} = \frac{-\ i \quad 9i \quad i}{-\ i}$$

$$= \frac{-\ i \quad 9i}{9\ -\ i} = \frac{+\ i}{9\ +} = \frac{+\ i}{5}$$

onde: $a = \dfrac{18}{25} \quad \text{e} \quad b = \dfrac{1}{25}$

8.4.6) Forma geométrica (Plano de Gauss)

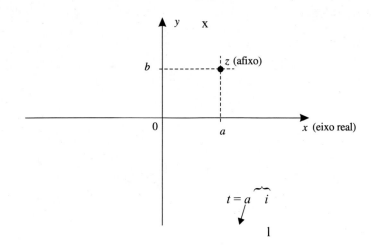

Exemplo:

Represente os complexos abaixo na forma geométrica:

a) $z_1 = 2 + 3i$

b) $z_2 = -3 - 6i$

c) $z_3 = 4$

d) $z_4 = -2i$

Resolução:

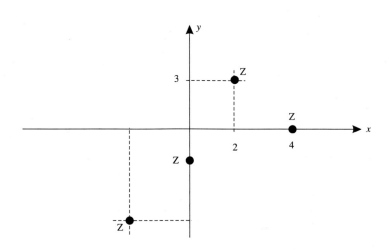

8.4.7) Módulo (ρ)

Simbologia: $\rho = $ rô   ou $|z| = $ módulo do complexo

Definição: Segmento que dista da origem ao afixo.

Regra: $\rho = \sqrt{a^2 + b^2}$

Exemplo:

Ache ρ no complexo $z = -3 + 4i$.

Resolução:

$$\rho = \sqrt{(-3)^2 + 4^2} = \sqrt{9 + 16} = \sqrt{25} = 5$$

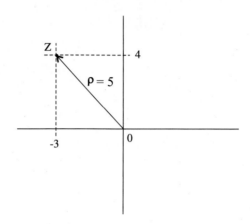

8.4.8) Argumento

Simbologia: φ = Fi

Definição: Ângulo formado em sentido anti-horário entre a abscissa positiva e o módulo.

Regra: $\cos\varphi = \dfrac{a}{\rho}$ ou $\operatorname{sen}\varphi = \dfrac{b}{\rho}$ ou $\operatorname{tg}\varphi = \dfrac{b}{a}$

Exemplo:
Ache φ para $z = -2 - 2i$.

Resolução:
$$\operatorname{tg}\varphi = \dfrac{b}{a} = \dfrac{-2}{-2} = 1 \Leftrightarrow \operatorname{tg} 45° = 1$$
Mas $\varphi \in 3^{\underline{o}}\ Q$, então:

$$180° + \varphi = 180° + 45° = 225° \text{ ou } \dfrac{5\pi}{4}$$

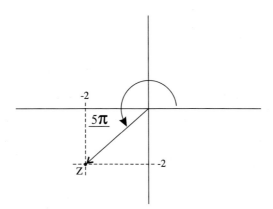

8.5) Forma trigonométrica ou forma polar

$z = \rho(\cos\varphi + i\,\text{sen}\,\varphi)$

Exemplo:
Escreva na forma polar o complexo $z = 3 - \sqrt{3}i$.

Resolução:
$$\rho = \sqrt{(3)^2 + (\sqrt{3})^2} = \sqrt{9+3} = \sqrt{12} = 2\sqrt{3}$$

$$\text{tg}\,\varphi = \frac{-\sqrt{3}}{3} \Leftrightarrow \varphi \in 4^\underline{o}\,Q \Rightarrow \varphi = 315° \text{ ou } \frac{7\pi}{4}$$

Então:
$2\sqrt{3}(\cos 135° + i\,\text{sen}\,315°)$ ou

$2\sqrt{3}\left(\cos\dfrac{7\pi}{4} + i\,\text{sen}\,\dfrac{7\pi}{4}\right)$

8.6) Operações na forma trigonométrica

8.6.1) Produto
$z_1 = \rho_1(\cos\varphi_1 + i\,\text{sen}\,\varphi_1)$ e $z_2 = \rho_2(\cos\varphi_2 + i\,\text{sen}\,\varphi_2)$
Então: $z_1 \cdot z_2 = \rho_1 \cdot \rho_2\left[\cos(\varphi_1 + \varphi_2) + i\,\text{sen}(\varphi_1 + \varphi_2)\right]$

Exemplo:
Sendo $z_1 = 3(\cos 45° + i\,\text{sen}\,45°)$ e $z_2 = -8(\cos 30° + i\,\text{sen}\,30°)$, encontre $z_1 \cdot z_2$.

338 | *Matemática no Vestibular*

Resolução:

$$z_1 \cdot z_2 \;\Rightarrow\; 3 \cdot (-8) \cdot [\cos(45° + 30°) + i\,\mathrm{sen}(45° + 30°)] \;\Rightarrow\; -24\,[\cos 75° + i\,\mathrm{sen}\,75°]$$

8.6.2) Quociente

$$z_1 = \rho_1(\cos\varphi_1 + i\,\mathrm{sen}\,\varphi_1) \quad \text{e} \quad z_2 = \rho_2(\cos\varphi_2 + i\,\mathrm{sen}\,\varphi_2)$$

Então: $\dfrac{z_1}{z_2} = \dfrac{\rho_1}{\rho_2}\,[\cos(\varphi_1 - \varphi_2) + i\,\mathrm{sen}(\varphi_1 - \varphi_2)]$

Exemplo:

Sendo $z_1 = 18\,\mathrm{cis}\,75°$ e $z_2 = 3\,\mathrm{cis}\,40°$, encontre $\dfrac{z_1}{z_2}$.

Resolução:

$$\frac{z_1}{z_2} = \frac{18}{3}\,\mathrm{cis}(75° - 40°) = 6\,\mathrm{cis}\,35°$$

8.6.3) Forma exponencial (divisão de potências de bases iguais)

$$\frac{\rho_1 e^{i\theta_1}}{\rho_2 e^{i\theta_2}} = \frac{\rho_1}{\rho_2}\,e^{i(\theta_1 - \theta_2)}$$

Exemplo:

$$\frac{24e^{\frac{3\pi i}{2}}}{8e^{\pi i}} = 3e^{i\left(\frac{3\pi}{2} - \pi\right)} = 3e^{\frac{\pi}{2}i}$$

8.6.4) Potenciação (1ª fórmula de Moivre)

Seja z um complexo e $n \in \mathbb{N}^*$ então:

- Forma Trigonométrica

$(\rho\,\mathrm{cis}\,\theta)^n = \rho^n\,\mathrm{cis}(n\theta)$

Observação:

Lembre-se de que:

Unidade 8 - *Números Complexos* ($\mathbb{C}$) | 339

$$a^n = \underbrace{a \cdot a \cdot a \cdots a}_{n \text{ vezes}}$$

Exemplo:

$$(2 \operatorname{cis} 30°)^5 = 2^5 \cdot \operatorname{cis}(5 \cdot 30°) = 32 \operatorname{cis} 150°$$

Logo, na forma exponencial, temos:

$$\left(\rho e^{i\theta}\right)^n = \rho^n e^{in\theta}$$

Exemplo:

$$\left(3e^{\frac{\pi}{6}i}\right)^4 = 3^4 \cdot e^{2\frac{\pi}{3}i} = 81e^{\frac{2\pi}{3}i}$$

Observação:
Se o argumento obtido ultrapassar 1 volta de circunferência ($360°$ ou 2πrd), trabalhe com a menor determinação positiva.

8.6.5) Radiciação (2ª fórmula de Moivre)

Sejam $z = \rho \operatorname{cis} \theta$ e $n \in \mathbb{N}^*$, $n \geq 2$, então:

$$\sqrt[n]{z} = \sqrt[n]{\rho \operatorname{cis} \theta} = \sqrt[n]{\rho} \operatorname{cis} \frac{2k\pi + \theta}{n}$$

onde $k \in \mathbb{N}$ e $k = 0, 1, 2, \ldots, n-1$

Conclusão

A fórmula acima nos permite concluir que:

Todo número complexo z, não-nulo, admite n raízes enézimas distintas as quais têm todas o mesmo módulo $\left(\sqrt[n]{\rho z}\right)$ e argumentos principais formando uma P.A. de primeiro termo $\dfrac{\theta}{n}$ e razão $\dfrac{2\pi}{n}$.

$*$ **Importante**
Seqüência prática para o cálculo de $\sqrt[n]{z}$:

1. Ache o módulo de z "ρ_z".

2. Ache o argumento de z "θ".

3. Ache a razão da P.A. "$\theta = \dfrac{2\pi}{n}$;".

340 | *Matemática no Vestibular*

4. Ache o primeiro termo da P.A. "$\theta_1 = \dfrac{\theta}{n}$".

5. Ache o módulo das raízes $= \left(\sqrt[n]{\rho z} \right)$.

6. Escreva n raízes, como mostra o exemplo abaixo.

Observação:
As n raízes enézimas de z $(\sqrt[n]{z})$, $n \geq 3$, são os vértices de um polígono regular de n lados, inscrito numa circunferência, centrada na origem, de raio $\left(\sqrt[n]{\rho z} \right)$.

Exemplo:
Determine as raízes quintas do complexo $z = \sqrt{3} + i$, isto é:

Resolução:
  Usando a seqüência anterior:

$$z = \sqrt{3} + i \;\Rightarrow\; P \;\; (\sqrt{3}, 1) \;\in 1^{\circ}\, Q, \text{ logo } 0 < \theta < 90^{\circ}$$
$$\downarrow \downarrow$$
$$a \; b$$

1. $\rho = \sqrt{a^2 + b^2} = \sqrt{3 + 1} = 2 \;\Rightarrow\; \boxed{\rho = 2}$

2. $\mathrm{tg}\,\theta = \dfrac{b}{a} = \dfrac{1}{\sqrt{3}} = \dfrac{\sqrt{3}}{3} \;\Rightarrow\; \boxed{\theta = 30^{\circ}}$

3. Razão da P.A.: $r = \dfrac{2\pi}{n} = \dfrac{2\pi}{5} \;\Rightarrow\; \boxed{r = 72^{\circ}}$

4. $\theta_1 = \dfrac{\theta}{n} = \dfrac{30^{\circ}}{5} = 6^{\circ} \;\Rightarrow\; \boxed{\theta_1 = 6^{\circ}}$

  Argumentos (ângulos) das raízes: 6°; 78°; 150°; 222°; 294°

5. $\sqrt[n]{\rho} = \sqrt[5]{2} = $ raio do círculo.

6. $\rho\,\mathrm{cis}\,(\mathrm{Arg})$

Unidade 8 - *Números Complexos* ($\mathbb{C}$) | 341

RAÍZES

$z_1 = \sqrt[5]{2}\,\text{cis}\,6°$
$z_2 = \sqrt[5]{2}\,\text{cis}\,78°$
$z_3 = \sqrt[5]{2}\,\text{cis}\,150°$
$z_4 = \sqrt[5]{2}\,\text{cis}\,222°$
$z_5 = \sqrt[5]{2}\,\text{cis}\,294°$

REPRESENTAÇÃO GEOMÉTRICA

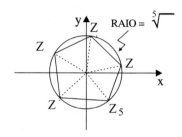

QUESTÕES RESOLVIDAS

1. (UFPA) O número complexo $z = x + (x^2 - 4)i$ é real se e somente se:
a) $x = 0$
b) $x \neq 0$
c) $x = \pm 2$
d) $x \neq \pm 2$
e) $x \neq 0$ e $x \neq \pm 2$

Resolução:
Sendo $b = 0$, temos:
$x^2 - 4 = 0 \Rightarrow x = \pm 2$

Resposta: alternativa c)

2. (CESCEM-SP) Seja o número complexo $z = (m + 2i) \cdot (2 - i)$, onde $m \in \mathbb{R}$. Para um determinado valor de m, o número z pode ser um imaginário puro igual a:
a) $-4i$
b) $-i$
c) $2i$
d) $3i$
e) $5i$

342 | *Matemática no Vestibular*

Resolução:

Sendo $a = 0$ e $b \neq 0$, temos:

$$z = m + i \cdot (-i)$$
$$z = m - mi \quad i \cdot i$$
$$z = m + \quad m + i$$

$$a = 0 \qquad b \neq 0$$
$$2m + 2 = 0 \qquad -m + 4 \neq 0$$
$$m = -1 \qquad m \neq 4$$

Como $m = -1$ satisfaz a condição, fica: $z = 5i$.

Resposta: alternativa e)

3. (PUC-SP) O conjugado do número complexo $\dfrac{1 + 3i}{2 - i}$ é:

a) $\dfrac{-1 - 7i}{5}$

b) $\dfrac{1 - i}{5}$

c) $\dfrac{1 + 2i}{7}$

d) $\dfrac{-1 + 7i}{5}$

e) $\dfrac{1 + i}{5}$

Resolução:

$$\frac{1 + 3i}{2 - i} \cdot \frac{2 + i}{2 + i} = \frac{-1 + 7i}{5} = -\frac{1}{5} + \frac{7}{5}i$$

$$\bar{z} = -\frac{1}{5} - \frac{7}{5}i$$

Resposta: alternativa a)

4. (F.C.CHAGAS) Se i é a unidade imaginária, então $\dfrac{i^{15} + i^{16}}{i^{17} - i^{18}}$ é igual a:

Unidade **8** - *Números Complexos* ($\mathbb{C}$) | 343

a) -1

b) $-i$

c) $1 + i$

d) $-\dfrac{1}{2} + \dfrac{i}{2}$

e) $-\dfrac{1}{2} - \dfrac{i}{2}$

Resolução:
$$\frac{i^{15} + i^{16}}{i^{17} - i^{18}} = \frac{i^3 + i^0}{i^1 - i^2} = \frac{-i + 1}{i + 1} = \frac{1 - i}{1 + i} \cdot \frac{(1 - i)}{(1 - i)} = \frac{-2i}{2} = -i$$

Resposta: alternativa b)

5. (PUC-SP) Qual o valor do módulo do número complexo $z = \begin{bmatrix} 1 & i \\ i^5 & i^3 \end{bmatrix}$?

a) 0

b) 1

c) 2

d) $\sqrt{2}$

e) $\sqrt{3}$

Resolução:
$$z = \begin{bmatrix} 1 & i \\ i^5 & i^3 \end{bmatrix} = i^3 - i^6 = -i - i^2 = -i + 1$$
$$\rho = \sqrt{1 + 1} = \sqrt{2}$$

Resposta: alternativa d)

6. (CESESP-PE) O lugar geométrico descrito pelo número complexo $z = a + bi$, tal que $|z - 2 - i| = 5$, é:

a) uma circunferência de centro $(0,5)$ e raio 2

b) uma parábola

c) uma circunferência de centro $(2,1)$ e raio 5

d) uma elipse

e) uma circunferência de centro $(-2, -1)$ e raio 5

Resolução:
$$|z - 2 - i| = 5$$
$$|a + bi - 2 - i| = 5$$
$$|a - 2 + (b - 1)i| = 5$$
$$\sqrt{(a - 2)^2 + (b - 1)^2} = 5$$
$$(\sqrt{(a - 2)^2 + (b - 1)^2} = (5)^2 \rightarrow (a - 2)^2 + (b - 1)^2 = 25$$

344 | *Matemática no Vestibular*

∗ Lembre que: equação da circunferência $(x-a)^2 + (y-b)^2 = R^2$ onde

$$c(a,b) \Rightarrow \text{ centro}$$
$$R \Rightarrow \text{ raio}$$

$C(2,1)$ e $r = 5$

Resp: alternativa c)

7. (MACK-SP) O número complexo $z = a + bi$ é tal que $\left|\dfrac{z-i}{z-1}\right| = 1$. Então:

a) $a = -b$

b) $a = b$

c) $a = 2b$

d) $a = 3b^2$

e) $a = -7b$

Resolução:

$z = a + bi$

$\left|\dfrac{z-i}{z-1}\right| = 1$

$$\left|\dfrac{a+bi-i}{a+bi-1}\right| = 1 \Rightarrow \begin{cases} \dfrac{a+bi-i}{a+bi-1} = 1 \quad ① \\[3mm] \dfrac{a+bi-i}{a+bi-1} = -1 \quad ② \end{cases}$$

De ①, vem: $a+bi-i = a+bi-1 \Rightarrow i = 1$ (falso)

De ②, vem: $a+bi-i = -a-bi+1 \Rightarrow 2a-1 = -2bi+1 \Rightarrow (2a-1)+(2b-1)i = 0 \Rightarrow$

$$\Rightarrow \begin{cases} 2a-1 = 0 \Rightarrow a = \dfrac{1}{2} \\[2mm] \text{e} \\[2mm] 2b-1 = 0 \Rightarrow b = \dfrac{1}{2} \end{cases}$$

$\therefore \ a = b$

Resposta: alternativa b)

8. (F.C.CHAGAS-SP) O módulo e o argumento do complexo $z = -8\sqrt{3} - 8i$ são, respectivamente:

Unidade 8 - *Números Complexos* ($\mathbb{C}$) | 345

a) 16 e $\dfrac{7\pi}{6}$

b) 16 e $\dfrac{5\pi}{6}$

c) 16 e $\dfrac{4\pi}{3}$

d) 8 e $\dfrac{4\pi}{3}$

e) 8 e $\dfrac{2\pi}{3}$

Resolução:

$$\rho = \sqrt{192 + 64} = 16$$

$$\left.\begin{array}{l} \cos\theta = -\dfrac{8\sqrt{3}}{16} = -\dfrac{\sqrt{3}}{2} \\[2mm] \operatorname{sen}\theta = -\dfrac{8}{16} = -\dfrac{1}{2} \end{array}\right\} \quad \theta = \dfrac{7\pi}{6}$$

Resposta: alternativa a)

9. **(PUC-RS)** O número complexo $2\left(\cos\dfrac{11\pi}{6} + i\operatorname{sen}\dfrac{11\pi}{6}\right)$ escrito na forma algébrica $a + bi$ é:

a) $2\sqrt{3} + i$
b) $-\sqrt{3} + i$
c) $-\sqrt{3} - i$
d) $2\sqrt{3} - i$
e) $\sqrt{3} - i$

Resolução:

$$2\left(\cos\dfrac{11\pi}{6} + i\operatorname{sen}\dfrac{11\pi}{6}\right) = 2\left(\dfrac{\sqrt{3}}{2} + i \cdot \left(\dfrac{-1}{2}\right)\right) = \sqrt{3} - i$$

Resposta: alternativa e)

10. (UCMG) O produto dos três números complexos:

$z_1 = 2(\cos 40° + i\operatorname{sen} 40°)$
$z_2 = 3(\cos 135° + i\operatorname{sen} 135°)$
$z_3 = 1(\cos 125° + i\operatorname{sen} 125°)$

é igual a:

346 | *Matemática no Vestibular*

a) $3 - \sqrt{3}i$

b) $3 - 3\sqrt{3}i$

c) $2 + 2\sqrt{2}i$

d) $6 + \sqrt{3}i$

e) $\sqrt{3} + \sqrt{2}i$

Resolução:

$\rho = 2 \cdot 3 \cdot 1 = 6$

$\theta = \theta_1 + \theta_2 + \theta_3 = 40° + 135° + 125° = 300°$

$z_1 \cdot z_2 \cdot z_3 = 6(\cos 300° + i \operatorname{sen} 300°)$

$$= 6\left(\frac{1}{2} + i \cdot \left(-\frac{\sqrt{3}}{2}\right)\right) = 3 - 3\sqrt{3}i$$

Resposta: alternativa b)

11. (UFPR) Quando $z_1 = 2\left(\cos\dfrac{\pi}{4} + i \operatorname{sen}\dfrac{\pi}{4}\right)$ e $z_2 = 2\left(\cos\dfrac{3\pi}{4} + i \operatorname{sen}\dfrac{3\pi}{4}\right)$, tem-se que $z_1 + z_2$ e $z_1 \cdot z_2$ valem, respectivamente:

a) 0 e 0

b) $\sqrt{3}i$ e 0

c) $2\sqrt{2}i$ e -4

d) $2\sqrt{2}i$ e -4

e) $2\sqrt{2} + 2\sqrt{2}i$ e 4

Resolução:

$$z_1 = 2\left(\cos\frac{\pi}{4} + i \operatorname{sen}\frac{\pi}{4}\right) = 2\left(\frac{\sqrt{2}}{2} + i \cdot \frac{\sqrt{2}}{2}\right) = \sqrt{2} + \sqrt{2}i$$

$$z_2 = 2\left(\cos\frac{3\pi}{4} + i \operatorname{sen}\frac{3\pi}{4}\right) = 2\left(-\frac{\sqrt{2}}{2} + i \cdot \frac{\sqrt{2}}{2}\right) = -\sqrt{2} + \sqrt{2}i$$

$z_1 + z_2 = 2\sqrt{2}i$

$z_1 \cdot z_2 = (\sqrt{2} + \sqrt{2}i)(-\sqrt{2} + \sqrt{2}i) = -4$

Resposta: alternativa c)

Unidade **8** - *Números Complexos* (ℂ) | 347

QUESTÕES PROPOSTAS

1. (UNIV. BAURU-SP) Sendo i a unidade imaginária, assinale a alternativa que indica o valor da expressão: $A = i + \dfrac{(1 + 3i) \cdot (i + 2i)}{1 - 3i}$

   a) 1
   b) 0
   c) -1
   d) -2
   e) 2

2. (OSEC-SP) Determinando-se os valores reais de m e n de modo que se tenha $2(m - ni) + i(m + ni) - i = 0$, a soma $m + n$ vale:

   a) -1
   b) 0
   c) 1
   d) 2
   e) 3

3.(FASP) Simplificando a expressão $3i^5 + 2i^4 + 5i^3$ obtém-se:

   a) $2 - 2i$
   b) $1 + i$
   c) $2 + 8i$
   d) $3 - 3i$

4. (SANTA CASA-SP) O valor de $\dfrac{2 - i}{2 + i}$ é igual a:

   a) $\dfrac{3}{5} + \dfrac{4}{5}i$

   b) $3 - 4i$

   c) $4 + 3i$

   d) $\dfrac{2}{3} - \dfrac{4}{3}i$

   e) $\dfrac{3}{5} - \dfrac{4}{5}i$

5. (MACK-SP) O valor da expressão $y = i + i^2 + i^3 + i^4 + i^5 + \cdots + i^{1\,001}$ é:

   a) 1
   b) i
   c) $-i$

348 | *Matemática no Vestibular*

    d) -1

    e) $1 + i$

6. (UFRN) O módulo do complexo $3 + 4i$ é igual a:
    a) 4
    b) 5
    c) 7
    d) 9
    e) 12

7. (UFRG) Efetuando as operações indicadas na expressão $\dfrac{5 - i}{1 + i} - \dfrac{4 - 3i}{2 + i}$, obtemos:
    a) $1 - i$
    b) $1 + i$
    c) $-1 - i$
    d) i
    e) $-i$

8. (CESGRANRIO) O complexo $\left[\dfrac{\sqrt{3}}{2} - \dfrac{i}{2} \right]^6$ equivale a:
    a) $6i$
    b) i
    c) $-i$
    d) $-6i$
    e) -1

9. (UFRN) Se $z = 4 + 2i$, então $z - 3\bar{z}$ é:
    a) $6 + i$
    b) $1 + 8i$
    c) $-8 + 8i$
    d) $1 - 8i$
    e) $12 + 6i$

10. (FUVEST) O número complexo $z \neq 0$ e o seu inverso $\dfrac{1}{z}$ têm o mesmo módulo. Conclui-se que:

a) z e $\dfrac{1}{z}$ são conjugados

b) $z + \dfrac{1}{z} = i$

c) este módulo é 2

d) z e $\dfrac{1}{z}$ são reais

e) $z^2 = 1$

11. (F.C.CHAGAS) Seja o número complexo $z = \dfrac{2 \cdot i^{342}}{(1-i)^2}$. A imagem de z no plano complexo é um ponto do plano que pertence ao:
a) eixo imaginário
b) eixo real
c) 2º quadrante
d) 3º quadrante
e) 4º quadrante

12. (F.C.CHAGAS) Na figura abaixo, o ponto P é a imagem de um número complexo z, representado no plano de Gauss.

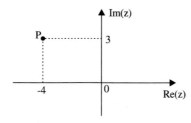

Nessas condições, o módulo de z é igual a:
a) $\sqrt{5}$
b) $2\sqrt{5}$
c) 5
d) $3\sqrt{5}$
e) 10

13. (UFF) Sendo i a unidade imaginária, para que $z = \dfrac{4x - i}{4 - xi}$, $x \in \mathbb{R}$, seja um número real, é necessário que x seja igual a:

a) $\pm\dfrac{1}{4}$

b) ± 1

c) $\pm\sqrt{2}$

d) ± 4

e) $\pm 3\sqrt{2}$

14. (UFRJ) O número complexo z é representado por um ponto que pertence à reta de equação $x - 2y = 5$ e possui módulo igual a $\sqrt{5}$. Determine z.

15. (UNI-RIO) Considere $u = 2 + 2i$ e $v = 2 - 2i$. Então, $u^{26} \cdot v^{-27}$ é igual a:
a) $2 - 2i$
b) $-2 + 2i$
c) $2 + 2i$
d) $-2 - 2i$
e) $-i$

16. (UNIFICADO) O módulo do complexo $(1 + 3i)^4$ é:
a) 256
b) 100
c) 81
d) 64
e) 16

17. (UFF) O número complexo z, $|z| > 1$ está representado geometricamente a seguir.

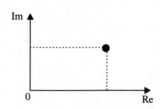

A figura que pode representar, geometricamente, o número complexo z^2 é:

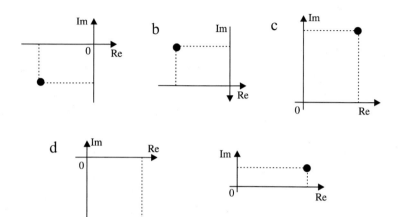

18. (UFSM-RS) Das afirmativas:

I - Dois números complexos conjugados possuem o mesmo módulo.

II - O quadrado da unidade imaginária é igual a um.

III - O módulo da unidade imaginária é igual a um.

 a) todas são verdadeiras
 b) todas são falsas
 c) somente a segunda é verdadeira
 d) apenas uma delas é falsa
 e) nenhuma resposta

19. (MACK-SP) Sendo $z_1 = 4 + 2i$ e $z_2 = 1 - 2i$, então $|z_1 - z_2|$ é igual a:
 a) 5
 b) $\sqrt{5}$
 c) $3\sqrt{5}$
 d) 10
 e) $3\sqrt{15}$

20. (MACK-SP) O módulo do número complexo z tal que $3\bar{z} - iz - 2 - 2i = 0$ é:
 a) $\sqrt{6}$
 b) $\sqrt{5}$

352 | *Matemática no Vestibular*

c) $\sqrt{4}$
d) $\sqrt{3}$
e) $\sqrt{2}$

21. (CESGRANRIO) Se $z = \dfrac{-1 + i\sqrt{3}}{2}$, então $z + \bar{z} + z \cdot \bar{z}$ vale:

a) 0

b) 1

c) -1

d) $-\dfrac{1}{2}$

e) $\dfrac{1}{2}$

22. (CESGRANRIO) O inverso do complexo $2i$ é:

a) $\dfrac{1}{2} - i$

b) $\dfrac{1}{2} + i$

c) $\dfrac{i}{2}$

d) -2

e) $-\dfrac{1}{2}$

23. (PUC-RJ) Considere os números complexos $z = 2 - i$ e $w = \dfrac{3}{2 + i}$. Então, se $\overline{w}$ indica o complexo conjugado de w:

a) $z = -w$
b) $z = \bar{w}$
c) $z = -\bar{w}$
d) $z = \dfrac{1}{w}$
e) $z = w$

24. (ITA) O número natural n tal que

$$(2i)^n + (1 + i)^{2n} = -16i$$

onde i é a unidade imaginária do conjunto dos números complexos, vale:

Unidade 8 - *Números Complexos* ($\mathbb{C}$) | 353

a) $n = 6$
b) $n = 3$
c) $n = 7$
d) $n = 4$
e) não existe n nestas condições

25. (ITA) O produto dos números complexos $z = x + yi$, que tem módulo igual a $\sqrt{2}$ e se encontram sobre a reta $y = 2x - 1$ contida no plano complexo, é igual a:

a) $\dfrac{6}{5} - \dfrac{8}{5}i$

b) $\dfrac{4}{5} - \dfrac{2}{5}i$

c) $-\dfrac{8}{5} - \dfrac{8}{5}i$

d) $2 + 2i$

e) não existe nenhum número complexo que pertença à reta $y = 2x - 1$ e cujo módulo seja $\sqrt{2}$

26. (ITA) O valor da expressão $|1 - z|^2 + |1 + z|^2$, sendo z um número complexo, é:
a) 5, se $|z| \leq 1$
b) 4, se $|z| = 1$
c) 0, se $\text{Im}(z) = 0$
d) 2, para todo z
e) 3, se $\text{Re}(z) = 0$

27. (ITA) Considere o número complexo $z = a + 2i$ cujo argumento está no intervalo $(0, \pi/2)$. Sendo S o conjunto dos valores de a para os quais z^6 é um número real, podemos afirmar que o produto dos elementos de S vale:

a) 4

b) $\dfrac{4}{\sqrt{3}}$

c) 8

d) $\dfrac{8}{\sqrt{3}}$

e) n.d.a.

28. (ITA) Sendo 1 e $1 + 2i$ raízes da equação $x^3 + ax^2 + bx + c = 0$, em que a, b e c são números reais, então:

354 | *Matemática no Vestibular*

a) $b + c = 4$
b) $b + c = 3$
c) $b + c = 2$
d) $b + c = 1$
e) $b + c = 0$

29. (ITA) Seja z_0 o número complexo de $1 + i$. Sendo S o conjunto solução no plano complexo de $|z - z_0| = |z + z_0| = 2$, então o produto dos elementos de S é igual a:

a) $4(1 - i)$
b) $2(1 + i)$
c) $2(i - 1)$
d) $-2i$
e) $2i$

30. (UFRJ) Considere o polinômio dado por $P(x) = x^4 - 4x^3 + 6x^2 - 4x + 5$. Mostre que $i = \sqrt{-1}$ é uma de suas raízes e calcule as demais raízes.

31. (UNI-RIO) Se $\dfrac{2 + i}{1 + i} = a + bi$, onde $i = \sqrt{-1}$, então o valor de $a + b$ é:

a) 1

b) $\dfrac{1}{2}$

c) 2

d) -1

e) $\dfrac{3}{2}$

32. (ITA) Sabendo-se que $4 + i\sqrt{2}$ e $\sqrt{5}$ são raízes do polinômio $2x^5 - 22x^4 + 74x^3 + 2x^2 - 420x + 540$, então a soma dos quadrados de todas as raízes é:

a) 17
b) 19
c) 21
d) 23
e) 25

33. (ITA) Seja z um número complexo satisfazendo $\operatorname{Re} z > 0$ e $(z + i)^2 + (\bar{z} + i)^2 = 6$. Se n é o menor número natural para o qual z^n é um imaginário puro, então n é igual a:

Unidade 8 - Números Complexos (ℂ) | 355

a) 1

b) 2

c) 3

d) 4

e) 5

34. (UERJ)

$$x^3 + x + 10 = 0$$
$$x^3 - 19x - 30 = 0$$

As equações acima, em que $x \in \mathbb{C}$, têm uma raiz comum. Determine todas as raízes não-comuns.

35. (UCMG) A forma trigonométrica do número complexo $y = 4\sqrt{3} + 4i$ é:

a) $8(\cos 30° + i \operatorname{sen} 30°)$

b) $8(\cos 45° + i \operatorname{sen} 45°)$

c) $8(\cos 60° + i \operatorname{sen} 60°)$

d) $8(\cos 120° + i \operatorname{sen} 120°)$

e) $8(\cos 150° + i \operatorname{sen} 150°)$

36. (OSEC-SP) Colocando-se na forma algébrica $4\left(\cos \dfrac{11\pi}{6} + i \operatorname{sen} \dfrac{11\pi}{6}\right)$, obtém-se:

a) $2\sqrt{3} + 2i$

b) $2 + 2\sqrt{3}i$

c) $3 - 2i$

d) $2\sqrt{3} - 2i$

e) $\sqrt{3} + 2i$

37. (UEMT) Sejam os complexos $z_1 = 4(\cos 60° + i \operatorname{sen} 60°)$ e $z_2 = \dfrac{1}{2}(\cos 90° + i \operatorname{sen} 90°)$. A forma algébrica do complexo $z = z_1 \cdot z_2$ é:

356 | *Matemática no Vestibular*

a) $-\dfrac{\sqrt{3}}{2} + \dfrac{1}{2}\,i$

b) $-\dfrac{\sqrt{3}}{2} - \dfrac{1}{2}\,i$

c) $-\sqrt{3} - i$

d) $-\sqrt{3} + i$

e) $-2\sqrt{3} + 2i$

38. (PUC-SP) Na forma trigonométrica, o número complexo $z = \dfrac{(1+i)^2}{1-i}$ fica:

a) $\sqrt{2}\left(\cos\dfrac{3\pi}{4} + i\,\mathrm{sen}\,\dfrac{3\pi}{4}\right)$

b) $\dfrac{1}{\sqrt{2}}\left(\cos\dfrac{3\pi}{4} + i\,\mathrm{sen}\,\dfrac{3\pi}{4}\right)$

c) $\sqrt{2}\left(\cos\dfrac{3\pi}{4} - i\,\mathrm{sen}\,\dfrac{3\pi}{4}\right)$

d) $\sqrt{2}\left(-\cos\dfrac{3\pi}{4} + i\,\mathrm{sen}\,\dfrac{3\pi}{4}\right)$

e) $\dfrac{1}{\sqrt{2}}\left(\cos\dfrac{3\pi}{4} - i\,\mathrm{sen}\,\dfrac{3\pi}{4}\right)$

39. (MACK-SP) O número $(1-i)^{10}$ é igual a:

a) $\sqrt{2} - 10i$

b) $32 + 10i$

c) $\sqrt{2} + 10i$

d) $32i$

e) $-32i$

40. (SANTA CASA-SP) O número complexo $z = \sqrt[8]{2}\left(\cos\dfrac{\pi}{16} + i\,\mathrm{sen}\,\dfrac{\pi}{16}\right)$ é uma das raízes quartas do número complexo:

a) $1 - i$

b) $1 + i$

c) $\dfrac{1}{2} + \dfrac{1}{2}i$

d) $1 - \dfrac{1}{2}i$

e) $\dfrac{\sqrt{2}}{2} + \dfrac{\sqrt{2}}{2}i$

41. (FASP) O valor de $\left(\dfrac{\sqrt{3}}{2} + \dfrac{1}{2}i\right)^{10}$ é:

a) $\dfrac{1}{2} - \dfrac{\sqrt{3}}{2}i$

b) $1 + i$

c) $\dfrac{\sqrt{3}}{2} + \dfrac{1}{2}i$

d) $-\dfrac{1}{2} + \dfrac{\sqrt{3}}{2}i$

42. (CESCEM-SP) O valor de $\left(\dfrac{1}{2} + i \cdot \dfrac{\sqrt{3}}{2}\right)^{11}$ é:

a) 1

b) i

c) $\dfrac{\sqrt{2}}{2} + i \cdot \dfrac{\sqrt{2}}{2}$

d) $\dfrac{\sqrt{2}}{2} + i \cdot \dfrac{1}{2}$

e) $\dfrac{1}{2} - i \cdot \dfrac{\sqrt{3}}{2}$

43. (FM SANTOS-SP) As cinco raízes quintas de $z = 16 - 16\sqrt{3}i$ têm o mesmo módulo e seus argumentos formam uma P.A. cuja razão é:

a) $60°$

b) $120°$

c) $204°$

d) $216°$

e) n.r.a.

358 | *Matemática no Vestibular*

44. (SANTA CASA-SP) Uma raiz quinta de 2 é:

a) $\sqrt[5]{2}(\cos 18° + i \operatorname{sen} 18°)$

b) $\sqrt[5]{2}(\cos 18° + i \cos 18°)$

c) $\sqrt[5]{2}(\cos 144° - i \operatorname{sen} 144°)$

d) $\sqrt[5]{2}(\cos 216° - i \operatorname{sen} 288°)$

e) n.r.a.

45. (U.C.SALVADOR) Considere o número complexo z tal que $z^6 = -64$. O número z pode ser:

a) $\sqrt{3} + i$

b) $1 + \sqrt{3}i$

c) $\dfrac{\sqrt{3}}{2} - i$

d) $\dfrac{\sqrt{2}}{2} + \dfrac{\sqrt{6}}{2}i$

e) $-i$

46. (F.C.CHAGAS) A forma trigonométrica do número complexo $z = \dfrac{1}{4} - \dfrac{\sqrt{3}}{4}i$ é:

a) $z = \dfrac{1}{2}(\cos 330° + i \operatorname{sen} 330°)$

b) $z = \dfrac{1}{2}(\cos 300° + i \operatorname{sen} 300°)$

c) $z = 2(\cos 330° + i \operatorname{sen} 330°)$

d) $z = 2(\cos 300° + i \operatorname{sen} 330°)$

e) $z = \cos 315° + i \operatorname{sen} 315°$

Unidade 8 - *Números Complexos* (ℂ) | 359

47. (E.C.CHAGAS) A forma algébrica do número complexo de afixo P, representado abaixo, é:

a) $-3+3i$
b) $3-3i$
c) $-3\sqrt{2}+3\sqrt{2}i$
d) $3\sqrt{2}-3\sqrt{2}i$
e) $\dfrac{\sqrt{2}+\sqrt{2}i}{3}$

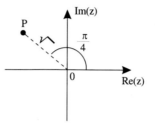

48. (UFF) Considere os números complexos m, n, p e q, vértices de um quadrado com lados paralelos aos eixos e centro na origem conforme figura a seguir.

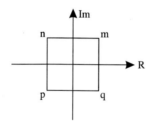

Pode-se afirmar que o número $m+n+p+q$:
   a) é um real não nulo
   b) é igual a zero
   c) possui módulo unitário
   d) é um imaginário puro
   e) é igual a $1+i$

49. (UNI-RIO) Seja o complexo $z = \rho \cdot (\cos\theta + i\,\text{sen}\,\theta)$ escrito na forma trigonométrica. Então $z \cdot \bar{z}$ é:
   a) 2ρ
   b) $2\rho(\cos 2\theta - i\,\text{sen}\,2\theta)$
   c) ρ^2
   d) $\rho^2(\cos\theta^2 + i\,\text{sen}\,\theta^2)$
   e) $\cos^2\theta + i\,\text{sen}^2\theta$

50. (UFF) Os números complexos z_1, z_2, e z_3 estão representados geometricamente a seguir.

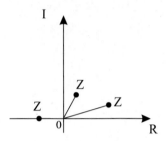

A figura que pode representar geometricamente o complexo $z = z_1 \cdot z_2 \cdot \bar{z}_3$ é:

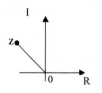

b

c

d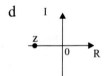

51. (UERJ) Os afixos de três números complexos são equidistantes de $(0,0)$ e vértices de um triângulo equilátero. Um desses números é $1 + i\sqrt{3}$.
Calcule os outros números na forma $a + bi$.

52. (UNI-RIO) As imagens dos complexos $z = x + yi$ tais que $|z - (2 + 3i)| = 4$ formam, no plano complexo, uma:
   a) reta
   b) parábola
   c) circunferência com centro no 1º quadrante e raio 2

Unidade 8 - *Números Complexos* (ℂ) | 361

d) circunferência com centro no $1^{\underline{o}}$ quadrante e raio 4

e) circunferência com centro no $4^{\underline{o}}$ quadrante e raio 2

53. (UNIFICADO) O lugar geométrico das imagens dos complexos z, tais que z^2 é real, é:

a) um par de retas paralelas

b) um par de retas concorrentes

c) uma reta

d) uma circunferência

e) uma parábola

54. (UFF) O lugar geométrico dos complexos z que satisfazem à equação $z \cdot \bar{z} + |z|^2 = 2$ é:

a) uma reta

b) uma elipse

c) uma circunferência

d) um quadrado

e) uma parábola

55. (UERJ) Os ângulos agudos de um triângulo retângulo são $\widehat{A}$ e $\widehat{B}$. Se i é a unidade imaginária dos números complexos, então o produto $(\cos \widehat{A} + i \operatorname{sen} \widehat{A}) \cdot (\cos \widehat{B} + i \operatorname{sen} \widehat{B})$ é igual a:

a) $-i$

b) i

c) -1

d) 0

e) 1

56. O valor da potência $\left(\sqrt{3} + i\right)^{12}$ é:

a) 2^{12}

b) $2^{12} i$

c) $2^{12} = \left(\cos \dfrac{\pi}{6} + i \operatorname{sen} \dfrac{\pi}{6}\right)$

d) $2^{12} = \left(\cos \dfrac{\pi}{3} + i \operatorname{sen} \dfrac{\pi}{3}\right)$

e) -2^{12}

57. (FEI) Uma das raízes cúbicas de um número complexo Z é $w_0 = 2 \left(\cos \dfrac{\pi}{6} + i \operatorname{sen} \dfrac{\pi}{6}\right)$. Uma outra raiz cúbica do mesmo número complexo z é:

362 | *Matemática no Vestibular*

a) $w = 2\left(\cos\dfrac{5\pi}{6} + i\operatorname{sen}\dfrac{5\pi}{6}\right)$

b) $w = \sqrt[3]{2}\left(\cos\dfrac{\pi}{6} + i\operatorname{sen}\dfrac{\pi}{6}\right)$

c) $w = 2\left(\cos\dfrac{\pi}{18} + i\operatorname{sen}\dfrac{\pi}{18}\right)$

d) $w = \sqrt[3]{2}\left(\cos\dfrac{5\pi}{6} + i\operatorname{sen}\dfrac{5\pi}{6}\right)$

e) $w = 2\left(\cos\dfrac{2\pi}{3} + i\operatorname{sen}\dfrac{2\pi}{3}\right)$

58. (UFMG) O conjunto de todas as raízes complexas da equação $x^3 = -1$ é:

a) $\{-1\}$

b) $\{1, -1\}$

c) $\left\{-1, \dfrac{\sqrt{3}}{2} + \dfrac{i}{2}, \dfrac{-\sqrt{3}}{2} + \dfrac{i}{2}\right\}$

d) $\left\{-1, \cos\dfrac{\pi}{3} + i\operatorname{sen}\dfrac{\pi}{3}, \cos\dfrac{5\pi}{3} + i\operatorname{sen}\dfrac{\pi}{3}\right\}$

e) $\left\{-1, \cos\dfrac{\pi}{3} + i\operatorname{sen}\dfrac{\pi}{3}\right\}$

59. (VUNESP) O diagrama que melhor representa as raízes cúbicas de -1 é:

 b c

d

60. (ITA) Sabe-se que $2\left(\cos\dfrac{\pi}{20}+i\,\text{sen}\,\dfrac{\pi}{20}\right)$ é uma raiz quíntupla de w. Seja S o conjunto de todas as raízes de $z^4 - 2z^2 + \dfrac{w - 16\sqrt{2}i}{8\sqrt{2}} = 0$. Um subconjunto de S é:

a) $\left\{2^{1/2}\left(\cos\dfrac{7\pi}{8}+i\,\text{sen}\,\dfrac{7\pi}{8}\right), 2^{1/2}\left(\cos\dfrac{\pi}{8}+i\,\text{sen}\,\dfrac{\pi}{8}\right)\right\}$

b) $\left\{2^{1/2}\left(\cos\dfrac{9\pi}{8}+i\,\text{sen}\,\dfrac{9\pi}{8}\right), 2^{1/2}\left(\cos\dfrac{5\pi}{8}+i\,\text{sen}\,\dfrac{5\pi}{8}\right)\right\}$

c) $\left\{2^{1/4}\left(\cos\dfrac{7\pi}{4}+i\,\text{sen}\,\dfrac{7\pi}{4}\right), 2^{1/4}\left(\cos\dfrac{\pi}{4}+i\,\text{sen}\,\dfrac{\pi}{4}\right)\right\}$

d) $\left\{2^{1/4}\left(\cos\dfrac{7\pi}{8}+i\,\text{sen}\,\dfrac{7\pi}{8}\right), 2^{1/4}\left(\cos\dfrac{\pi}{8}+i\,\text{sen}\,\dfrac{\pi}{8}\right)\right\}$

e) n.d.a.

364 | *Matemática no Vestibular*

Gabarito das questões propostas

Questão 1 - Resposta: d) -2
Questão 2 - Resposta: a) -1
Questão 3 - Resposta: a) $2 - 2i$

Questão 4 - Resposta: e) $\dfrac{3}{5} - \dfrac{4}{5}i$

Questão 5 - Resposta: b) i
Questão 6 - Resposta: b) 5
Questão 7 - Resposta: a) $1 - i$
Questão 8 - Resposta: e) -1
Questão 9 - Resposta: c) $-8 + 8i$
Questão 10 - Resposta: c) este módulo é 2
Questão 11 - Resposta: a) eixo imaginário
Questão 12 - Resposta: c) 5
Questão 13 - Resposta: b) ± 1
Questão 14 - Resposta: $1 - 2i$
Questão 15 - Resposta: a) $2 - 2i$
Questão 16 - Resposta: b) 100
Questão 17 - Resposta: Figura c)
Questão 18 - Resposta: d) apenas uma delas é falsa
Questão 19 - Resposta: a) 5
Questão 20 - Resposta: e) $\sqrt{2}$
Questão 21 - Resposta: a) 0
Questão 22 - Resposta: e) $-1/2$
Questão 23 - Resposta: e) $z = w$
Questão 24 - Resposta: b) $n = 3$

Questão 25 - Resposta: a) $\dfrac{6}{5} - \dfrac{8}{5}i$

Questão 26 - Resposta: b) 4, se $|z| = 1$
Questão 27 - Resposta: a) 4
Questão 28 - Resposta: c) $b + c = 2$
Questão 29 - Resposta: e) $2i$
Questão 30 - Resposta: $x = i, x = -i, x = 2 + i$ e $x = 2 - i$
Questão 31 - Resposta: a) 1
Questão 32 - Resposta: b) 19
Questão 33 - Resposta: b) 2
Questão 34 - Resposta: $x = 1 + 2i$ ou $x = 1 - 2i$ ou $x = -3$ ou $x = 5$
Questão 35 - Resposta: a) $8(\cos 30° + i \operatorname{sen} 30°)$
Questão 36 - Resposta: d) $2\sqrt{3} - 2i$

Unidade 8 - *Números Complexos* ($\mathbb{C}$) | 365

Questão 37 - Resposta: d) $-\sqrt{3}+i$

Questão 38 - Resposta: a) $\sqrt{2}\left(\cos\dfrac{3\pi}{4}+i\,\mathrm{sen}\,\dfrac{3\pi}{4}\right)$

Questão 39 - Resposta: e) $-32i$

Questão 40 - Resposta: b) $1+i$

Questão 41 - Resposta: a) $\dfrac{1}{2}-\dfrac{\sqrt{3}}{2}\,i$

Questão 42 - Resposta: e) $\dfrac{1}{2}-i\cdot\dfrac{\sqrt{3}}{2}$

Questão 43 - Resposta: e) n.r.a.

Questão 44 - Resposta: e) n.r.a.

Questão 45 - Resposta: a) $\sqrt{3}+i$

Questão 46 - Resposta: b) $z=\dfrac{1}{2}(\cos 300°+i\,\mathrm{sen}\,300°)$

Questão 47 - Resposta: a) $-3+3i$

Questão 48 - Resposta: b) é igual a zero

Questão 49 - Resposta: c) ρ^2

Questão 50 - Resposta: Figura c)

Questão 51 - Resposta: -2 e $1-\sqrt{3}$

Questão 52 - Resposta: d) circunferência com centro no 1º quadrante e raio 4

Questão 53 - Resposta: b) um par de retas concorrentes

Questão 54 - Resposta: c) uma circunferência

Questão 55 - Resposta: b) i

Questão 56 - Resposta: a) 2^{12}

Questão 57 - Resposta: a) $w=2\left(\cos\dfrac{6\pi}{5}+i\,\mathrm{sen}\,\dfrac{5\pi}{6}\right)$

Questão 58 - Resposta: d) $\left\{-1,\cos\dfrac{\pi}{3}+i\,\mathrm{sen}\,\dfrac{\pi}{3},\cos\dfrac{5\pi}{3}+i\,\mathrm{sen}\,\dfrac{\pi}{3}\right\}$

Questão 59 - Resposta: Figura c)

Questão 60 - Resposta d) $\left\{2^{1/4}\left(\cos\dfrac{7\pi}{8}+i\,\mathrm{sen}\,\dfrac{7\pi}{8}\right),2^{1/4}\left(\cos\dfrac{\pi}{8}+i\,\mathrm{sen}\,\dfrac{\pi}{8}\right)\right\}$

UNIDADE 9

POLINÔMIOS E EQUAÇÕES POLINOMIAIS

SINOPSE TEÓRICA

9.1) Definição

Denomina-se função polinomial ou simplesmente polinômio a toda função definida por:

$$P(x) = a_0 x^n + a_1 x^{n-1} + a_2 x^{n-2} + \cdots + a_{n-1} x + a_n$$

Onde:

$$\begin{cases} * \text{ os números reais } a_0, a_1, a_2, \ldots, a_n \text{ são os coeficientes} \\ * \ x \text{ é a variável} \\ * \ n \in \mathbb{N} \\ * \ a_0 x^n, a_1 x^{n-1}, a_2 x^{n-2}, \ldots, a_n \text{ são os termos do polinômio} \end{cases}$$

EXEMPLOS DE POLINÔMIOS

a) $P(x) = 5x^4 + 3x^3 + 6x^2 + 9x - 7$
$a_0 = 5, \quad a_1 = 3, \quad a_2 = 6, \quad a_3 = 9 \text{ e } a_4 = -7$

b) $Q(x) = 3x^5 + 8x^3 + 6x + 1$
$a_0 = 3, \quad a_1 = 0, \quad a_2 = 8, \quad a_3 = 0, \quad a_4 = 6, \quad a_5 = 1$

9.2) Grau de um polinômio

O grau de um polinômio de variável x é dado pelo maior expoente de x de coeficiente não nulo.

368 | *Matemática no Vestibular*

O grau de um polinômio é representado por $Gr(P)$.

Exemplo
a) $P(x) = 8x^5 + 6x^4 - 4x^3 - 2x^2 + 5x + 9 \rightarrow Gr(P) = 5$
b) $P(x) = 3x^2 - x^4 + 3 \rightarrow Gr(P) = 4$

Observação: Em um polinômio $P(x)$ que tenha todos os seus coeficientes nulos, não se define o seu grau.

9.3) Valor numérico de um polinômio

O valor numérico de um polinômio $P(x)$ para $x = a$ é $P(a)$.

Exemplo:
Dado um polinômio $P(x) = 2x^3 - 4x^2 + x - 1$, calcule $P(2)$.

Resolução:
Basta substituir em $P(x)$, o x por 2, ou seja:
$P(2) = 2 \cdot 2^3 - 4 \cdot 2^2 + 2 - 1 = 16 - 16 + 2 - 1 = 1$
Portanto: $P(2) = 1$

9.4) Raiz de um polinômio

A raiz de um polinômio $P(x)$ é o valor da variável x que anula o polinômio. Então, se $P(a) = 0$ dizemos que a é raiz do polinômio.

Exemplo
$P(x) = x^3 + x^2 + 3x - 5$
Temos:

$$\begin{cases} P(1) = 1^3 + 1^2 + 3 \times 1 - 5 = 0, \text{ logo 1 é raiz de } P(x) \\ P(0) = 0^3 + 0^2 + 3 \times 0 - 5 = -5, \text{ logo 0 não é raiz de } P(x) \end{cases}$$

9.5) Polinômios idênticos

Dois polinômios $P(x)$ e $Q(x)$ são idênticos quando todos os seus coeficientes de mesmo grau são iguais, ou ainda $P(x)$ e $Q(x)$ possuem valores numéricos iguais para qualquer que seja x, que representamos por $P(x) \equiv Q(x)$.

Exemplo
$P(x) = ax^3 + (b-1)x^2 + (c+4)x + d - 2$
$Q(x) = 4x^3 + 5x^2 - 2x + 1$

Se $P(x) \equiv Q(x)$, temos:
$$\boxed{a = 4}$$
$$b - 1 = 5 \Rightarrow \boxed{b = 6}$$
$$c + 4 = -2 \Rightarrow \boxed{c = -6}$$
$$d - 2 = 1 \Rightarrow \boxed{d = 3}$$

9.6) Polinômio identicamente nulo

Um polinômio $P(x)$ é identicamente nulo ($P(x) \equiv 0$) quando todos os seus coeficientes são iguais a zero.

O polinômio $P(x) = 0x^n + 0x^{n-1} + 0x^{n-2} + \cdots + 0x + 0$ é identicamente nulo.

9.7) Operações com polinômios

9.7.1) SOMA ALGÉBRICA: Basta efetuar a soma algébrica dos termos de mesmo grau.

Exemplos

a) $P(x) = 5x^4 - 3x^2 + 7x + 1$ e $Q(x) = 3x^3 + 5x^2 - 9x + 4$, então
$P(x) + Q(x) = 5x^4 + 3x^3 + 2x^2 - 2x + 5$

b) $P(x) = 2x^5 - 9x^2 + 3$ e $Q(x) = -5x^4 + 2x^3 + 5x^2 + 8$, então
$P(x) - Q(x) = 2x^5 - 9x^2 + 3 + 5x^4 - 2x^3 - 5x^2 - 8 = 2x^5 + 5x^4 - 2x^3 - 14x^2 - 5$

9.7.2) MULTIPLICAÇÃO: Sejam $P(x)$ e $Q(x)$ dois polinômios. O produto de $P(x)$ por $Q(x)$ é o polinômio que se obtém, multiplicando-se cada termo de um deles por todos os termos do outro e reduzindo-se os termos semelhantes.

Exemplo

$P(x) = 3x^3 + x - 2$ e $Q(x) = x^2 + 5x$
$P(x) \cdot Q(x) = ?$

Resolução:

Logo: $P(x) \cdot Q(x) = 3x^5 + 15x^4 + x^3 + 3x^2 - 10x$

370 | *Matemática no Vestibular*

9.7.3) DIVISÃO

Para se obter o quociente e o resto da divisão do polinômio
$P(x) = x^5 + x^3 - 5x^2 + 5x + 3$ por $D(x) = x^2 + 3x - 2$, devemos utilizar o algoritmo da chave da seguinte maneira:

a) Completamos e ordenamos $P(x)$ e $D(x)$
$$P(x) = x^5 + 0x^4 + x^3 - 5x^2 + 5x + 3$$
$$D(x) = x^2 + 3x - 2$$

b) Dividimos o monômio de maior grau de $P(x)$ pelo monômio de maior grau de $D(x)$. Veja:

$$\begin{array}{c|c} x^5 & x^2 \\ 0 & x^3 \end{array}$$

c) Multiplicamos x^3 por $D(x)$, subtraindo de $P(x)$ o produto obtido:

$$\begin{array}{l|l} x^5 + 0x^4 + x^3 - 5x^2 + 5x + 3 & \dfrac{x^2 + 3x - 2}{x^3} \\ -x^5 - 3x^4 + 2x^3 & \\ \hline -3x^4 + 3x^3 - 5x^2 + 5x + 3 & \end{array}$$

d) Repetimos a operação até obtermos um resto com grau menor que $D(x)$ ou resto nulo.

Vejam, agora, a divisão completa.

$$\begin{array}{l|l} x^5 + 0x^4 + x^3 - 5x^2 + 5x + 3 & \dfrac{x^2 + 3x - 2}{\underbrace{x^3 - 3x^2 + 12x - 47}} \\ -x^5 - 3x^4 + 2x^3 & \text{quociente: } Q(x) \\ \hline -3x^4 + 3x^3 - 5x^2 + 5x + 3 & \\ +3x^4 + 9x^3 - 6x^2 & \\ \hline 12x^3 + 11x^2 + 5x + 3 & \\ -12x^3 - 36x^2 + 24x & \\ \hline -47x^2 + 29x + 3 & \\ +47x^2 + 141x - 94 & \\ \hline \underbrace{179x - 91} & \\ \text{Resto:}_{R(x)} & \end{array}$$

9.8) Dispositivo prático de Briot-Ruffini (Divisão)

Quando o divisor é um polinômio da forma $(x - a)$, podemos obter o quociente e o resto da divisão de um polinômio $P(x)$, de grau $n \geq 1$, utilizando o dispositivo prático de Briot-Ruffini, que consiste no seguinte:

Tomemos como exemplo a divisão de $P(x) = x^3 + 2x^2 - 5x + 1$ por $(x - 2)$.

a) Calcula-se a raiz de $x - 2$
   $x - 2 = 0 \Rightarrow x = 2$

b)

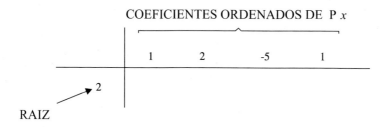

c)

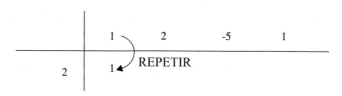

d)

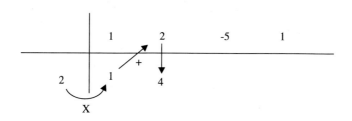

e)

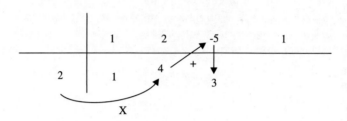

f)

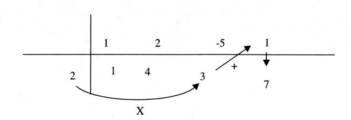

g)

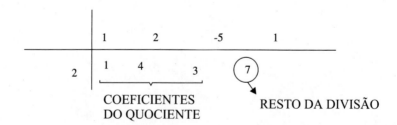

Então
$$Q(x) = x^2 + 4x + 3 \quad \text{e} \quad R(x) = 7$$

Unidade 9 - *Polinômios e Equações Polinomiais* |373

9.9) Teorema do resto

O resto da divisão de um polinômio $P(x)$ por um polinômio da forma $Q(x) = ax + b$ é $P\left(\dfrac{-b}{a}\right)$.

Exemplo

Calcular o resto da divisão de $P(x) = 5x^3 + 2x^2 - 37$ por $10x - 20$.

Resolução:

$$\dfrac{-b}{a} = \dfrac{-(-20)}{10} = 2$$

Então, o resto é $P(2) = 5 \cdot 2^3 + 2 \cdot 2^2 - 37 = 40 + 8 - 37 = 11$

Resto: 11

9.10) Teorema de D'Alembert

Um polinômio $P(x)$ é divisível por $ax + b$ se, e somente se, $P\left(\dfrac{-b}{a}\right) = 0$.

Exemplo

O polinômio $x^7 - mx - 2x^2 + 5$ é divisível por $x - 1$. Calcule m.

Resolução:

$$\dfrac{-b}{a} = \dfrac{-(-1)}{1} = 1$$

Então, $P(1) = 0$

$$1^7 - m \cdot 1 - 2 \cdot 1^2 + 5 = 0 \ \Rightarrow\ 1 - m + 3 = 0 \ \Rightarrow\ m = -4$$

9.11) Propriedades importantes

a) Todo polinômio $P(x)$ tem raiz, desde que não seja uma constante diferente de zero.

Ex.: $P(x) = 5$ não possui raízes
$P(x) = x^2 - 8x + 15$ tem raízes 3 e 5
$P(x) = 0x^3 + 0x^2 + 0x + 0$ tem raízes quaisquer

b) Todo polinômio $P(x)$ de grau n possui n, e somente n, raízes, e pode ser decomposto em um produto de n fatores de 1° grau, isto é:

Se $a_0 \neq 0$, o polinômio $P(x) = a_0 x^n + a_1 x^{n-1} + a_2 x^{n-2} + \cdots + a_n$ tem grau n e, conseqüentemente, possui n raízes, sejam $x_1, x_2, x_3, \ldots, x_n$ as raízes de $P(x)$.

374 | *Matemática no Vestibular*

Logo, podemos escrever $P(x)$ da seguinte forma:

$$P(x) = a_0(x - x_1) \cdot (x - x_2) \cdot (x - x_3) \dots (x - x_n)$$

c) Se um polinômio $P(x)$ de coeficientes racionais admite K raízes irracionais do tipo $a + \sqrt{b}$, então, admitirá K raízes irracionais, conjugadas, do tipo $a - \sqrt{b}$.

d) Se o polinômio $P(x)$ admite o número complexo $(a + bi)$ como raiz, o complexo conjugado $(a - bi)$ também será raiz de $P(x)$.

Conclusão: O número de raízes imaginárias de um polinômio é sempre *par*.

e) Todo polinômio $P(x)$ de coeficientes reais, de grau ímpar, terá, pelo menos, uma raiz real, já que o número de raízes imaginárias é necessariamente par e, neste caso, o gráfico do polinômio interceptará o eixo das abscissas, tantas vezes quantas forem as suas raízes reais, não repetidas.

9.12) Equação polinomial

Dado um polinômio $P(x) = a_0 x^n + a_1 x^{n-1} + a_2 x^{n-2} + \dots + a_{n-1} x^{n-1} + a_n$, chamamos de equação polinomial ou equação algébrica de variável x a toda equação do tipo:

$$P(x) = 0.$$

As raízes e o grau desta equação são as raízes e o grau do polinômio $P(x)$.

9.13) Relações entre coeficientes e raízes (relações de Girard)

Dada a equação de variável x e raízes $x_1, x_2, x_3, \dots, x_n$ do tipo: $a_0 x^n + a_1 x^{n-1} + a_2 x^{n-2} + \dots + a_{n-1} x + a_n = 0$.
Vamos inicialmente convencionar que:

$S_1 \rightarrow$ soma das raízes $= x_1 + x_2 + x_3 + \dots + x_n$

$S_2 \rightarrow$ soma dos produtos das raízes tomadas duas a duas $= x_1 \cdot x_2 + x_1 \cdot x_3 + x_2 \cdot x_3 + \dots$

$S_n = P \rightarrow$ produto das raízes $= x_1 \cdot x_2 \cdot x_3 \cdot x_4 \cdots x_n$

As relações de Girard são:

$$\boxed{S_1 = \dfrac{-a_1}{a_0}}, \boxed{S_2 = \dfrac{+a_2}{a_0}}, \boxed{S_3 = \dfrac{-a_3}{a_0}}, \boxed{S_4 = \dfrac{+a_4}{a_0}}, \boxed{S_5 = \dfrac{-a_5}{a_0}}, \dots, \boxed{S_n = \dfrac{(-1)^n \cdot a_n}{a_0}}$$

Unidade 9 - *Polinômios e Equações Polinomiais* |375

QUESTÕES RESOLVIDAS

1. Determine o quociente e o resto da divisão de

$$\underbrace{2x^3 + x^2 - x + 2}_{\text{dividendo}} \quad \text{por} \quad \underbrace{x^2 + 3x + 1}_{\text{divisor}}$$

Resolução:

$$
\begin{array}{l|l}
2\!\!\!/x^3 + x^2 - x + 2 & \dfrac{x^2 + 3x + 1}{2x - 5} \\[2ex]
-2\!\!\!/x^3 - 6x^2 - 2x & \\[2ex]
\hline
-5\!\!\!/x^2 - 3x + 2 & \\[2ex]
5\!\!\!/x^2 + 15x + 5 & \\[2ex]
\hline
\quad 12x + 7 & Q(x) = 2x - 5 \text{ e } R(x) = 12x + 7
\end{array}
$$

2. Calcule p e q de modo que o polinômio $x^3 + 4x^2 + px + q$ seja divisível por $x^2 + x + 1$.

Resolução:

Resto $= 0$

$$
\begin{array}{l|l}
x\!\!\!/^3 + 4x^2 + px + q & \dfrac{x^2 + x + 1}{x + 3} \\[2ex]
-2\!\!\!/x^3 - x^2 - x & \\[2ex]
\hline
3\!\!\!/x^2 + px + q - x & \\[2ex]
-3\!\!\!/x^2 - 3x - 3 & \\[2ex]
\hline
\quad px - 4x + q - 3 \quad \rightarrow \quad \text{Resto}
\end{array}
$$

376 | *Matemática no Vestibular*

Logo: como é divisível, o resto é zero.

Então, temos: $px - 4x + q - 3 = 0$ $\quad p - 4 = 0$ $\quad p = 4$

$\quad (p - 4)x + q - 3 = 0$ $\quad\quad q - 3 = 0$ $\quad q = 3$

Resposta: $p = 4$ e $q = 3$

3. Escreva o polinômio de menor grau possível, de raízes 1, 2 e -3, tal que $P(0) = 12$.

Resolução:

3 raízes $\rightarrow$ menor grau possível é 3, logo:

$\quad P(x) = a_0(x - x_1)(x - x_2)(x - x_3)$

$\quad P(x) = a_0(x - 1)(x - 2)(x + 3)$, como $P(0) = 12$, temos que

$\quad 12 = a_0(-1)(-2)(3)$, então, $6a_0 = 12 \Rightarrow a_0 = 2$, logo:

$$P(x) = 2(x - 1)(x - 2)(x + 3) \text{ ou } P(x) = 2x^3 - 14x + 12$$

4. Escreva as raízes do polinômio de menor grau possível, sabendo-se que 0 é raiz tripla, $\sqrt{2}$ é raiz dupla e $1 + \sqrt{3}$ é raiz simples.

Resolução: $\underbrace{0, 0, 0}_{\text{Raiz Tripla}}$; $\underbrace{\sqrt{2}, \sqrt{2}}_{\text{Raiz Dupla}}$; $\underbrace{-\sqrt{2}, -\sqrt{2}}_{\text{Conjugadas}}$; $\underbrace{1 + \sqrt{3}}_{\text{Raiz Simples}}$; $\underbrace{1 - \sqrt{3}}_{\text{Conjugada da Raiz Simples}}$

5. Determinar as constantes a e b de modo que:

$$\frac{a}{x - 1} + \frac{b}{x + 1} \equiv \frac{5x + 1}{x^2 - 1}$$

Resolução:

$$\frac{a}{x - 1}_{/x+1} + \frac{b}{x + 1}_{/x-1} \equiv \frac{5x + 1}{x^2 - 1}_{/1}$$

Unidade 9 - *Polinômios e Equações Polinomiais* |377

$$\frac{\overset{\frown}{a}\quad\overset{\frown}{b}}{} \equiv \underline{\qquad}$$

$$\frac{a\quad a\quad b\quad b}{} \equiv \underline{\qquad}$$

$$\frac{\underbrace{a\ b}\quad \overbrace{a\ b}}{} \equiv \underline{\quad}\ \underline{\quad}$$

Então:

$$\begin{cases} a+b=5 \\ a-b=1 \end{cases} \Rightarrow +\begin{cases} a+\cancel{b}=5 \\ a-\cancel{b}=1 \end{cases}$$

$$\frac{}{2a=6}$$
$$\boxed{a=3}\text{; assim sendo: } a+b=5 \Rightarrow \boxed{b=2}$$

6. Considere a equação $3x^5 - 4x^3 + 2x^2 - 6x - 18 = 0$
Calcule: S_1, S_2, S_3, S_4 e S_5.

Resolução: Devemos notar que o polinômio não está completo.

Logo: $3x^5 + 0x^4 - 4x^3 + 2x^2 - 6x - 18 = 0$

$$\begin{array}{cccccc} \downarrow & \downarrow & \downarrow & \downarrow & \downarrow & \downarrow \\ a_0 & a_1 & a_2 & a_3 & a_4 & a_5 \end{array}$$

$$S_1 = -\frac{a_1}{a_0} = \frac{0}{3} = 0 \text{ (soma das raízes)} \qquad S_2 = \frac{a_2}{a_0} = \frac{-4}{3}$$

$$S_3 = -\frac{a_3}{a_0} = -\frac{2}{3} \qquad S_4 = \frac{a_4}{a_0} = \frac{-6}{3} = -2$$

$$S_5 = -\frac{a_5}{a_0} = -\frac{18}{3} = 6 \text{ (como o grau é 5, } S_5 = 6 \text{ é o produto das raízes).}$$

7. Calcule a soma e o produto das raízes da equação $2x^3 - 8x^2 + 5x + 10 = 0$

Resolução:

$$S = S_1 = -\frac{a_1}{a_0} = -\frac{(-8)}{2} = \frac{8}{2} = 4$$

378 | *Matemática no Vestibular*

$$(\text{grau } 3) \quad \Rightarrow \quad P = S_3 = -\frac{a_3}{a_0} = -\frac{10}{2} = -5$$

8. Resolva a equação $x^3 - 3x^2 - 6x + 8 = 0$, sabendo-se que a soma de duas de suas raízes é igual a 2.

Resolução: Sejam a, b, c as raízes. Sabemos que $a + b = 2$, logo, usando a relação de Girard S_1, temos que $a + b + c = 3 \Rightarrow 2 + c = 3 \Rightarrow c = 1$. Como 1 é raiz, sabemos que $x^3 - 3x^2 - 6x + 8$ é divisível por $x - 1$.

Efetuando:

$$
\begin{array}{l|l}
x^3 - x^2 - 6x + 8 & \dfrac{x - 1}{\begin{array}{l} x^2 - 2x - 8 \\ \quad Q(x) \end{array}} \\
- x^3 - x^2 & \\
\hline
\quad - 2x^2 - 6x + 8 & \\
\quad + 2x^2 - 2x & \\
\hline
\quad\quad - 8x + 8 & \\
\quad\quad\ \ 8x - 8 & \\
\hline
\quad\quad\quad\quad 0 &
\end{array}
$$

Resolvendo a equação $x^2 - 2x - 8 = 0$, encontramos as outras duas raízes, que são -2 e 4, logo:

$$\boxed{S = \{-2, 1, 4\}}$$

QUESTÕES PROPOSTAS

1. (UFPA) O polinômio $P(x) = ax^3 + bx^2 + cx + d$ é idêntico a $Q(x) = 5x^2 - 3x + 4$. Então, podemos dizer que $a + b + c + d$ é igual a:

    a) 6

    b) 5

    c) 4

    d) 0

    e) -3

2. (PUC-CAMP) Se os graus dos polinômios f, g, h são, respectivamente, 4, 3 e 2, então o grau do polinômio:

    a) $3 \cdot f$ é 12

    b) g^2 é f

    c) $f \cdot g$ é 7

Unidade 9 - *Polinômios e Equações Polinomiais* |379

d) $f + h$ é 6

e) $g - h$ é 1

3. (UFPI) Sejam os polinômios $f = 2x^3 - 2x + 1$, $g = x - 3$ e $h = 2x^4 + 2x^3 - 2$. O grau do polinômio $f \cdot g - h$ é:

a) 5

b) 4

c) 3

d) 2

e) 1

4. (UNI-RIO) O grau do polinômio $(x + 2)^2(x - 4)^4(x + 6)^6(x - 8)^8 \ldots (x + 18)^{18}$ é:

a) $2 \cdot 9!$

b) 90

c) $2^9 \cdot 9!$

d) 180

e) $18!$

5. (F.C.CHAGAS) Dados os polinômios f de grau 3, e g de grau 2, é verdade que:

a) $f^2 \cdot g$ tem grau 18

b) $f^2 \cdot g$ tem grau 8

c) $f^2 + g$ tem grau 8

d) $f \cdot g$ tem grau 6

e) $f + g$ tem grau 5

6. (U.F.CEARÁ) Sejam os polinômios $f = (x + 1)^2$, $g = x^2 - 1$ e $h = x^4 - 2x^3 + x^2 - 2x - 1$. O polinômio $f \cdot g - h$ é igual a:

a) $-x^2 + 4x + 2$

b) $-x^2 - 4x - 2$

c) $4x^3 + x^2 - 2x$

d) $4x^3 - x^2$

e) $4x^3 + x^2$

7. (F.C.CHAGAS) O polinômio p tem grau $4n + 2$ e o polinômio q tem grau $3n - 1$, sendo n inteiro e positivo. O grau do polinômio $p \cdot q$ é sempre:

a) igual ao máximo divisor comum entre $4n + 2$ e $3n - 1$

b) igual a $7n + 1$

c) inferior a $7n + 1$

d) igual a $12n^2 + 2n + 2$

380 | *Matemática no Vestibular*

e) inferior a $12n^2 + 2n + 2$

8. (U.F.SERGIPE) Dividindo-se o polinômio $f = x^4$ pelo polinômio $g = x^2 - 1$, obtém-se quociente e resto, respectivamente, iguais a:
   a) $x^2 + 1$ e $x + 1$
   b) $x^2 + 1$ e $x - 1$
   c) $x^2 + 1$ e 1
   d) $x^2 - 1$ e $x + 1$
   e) $x^2 - 1$ e -1

9. (MACK) Se
$$A(x) = 3(x - 2)(x^2 - 1) - (2x - 4)(x^2 + 3)$$
$$B(x) = -2x - 6 + (3 - x)(x - 4)$$
$$F(x) = \frac{A(x)}{B(x)}$$
então, para todo x do domínio de F, tem-se:
   a) $F(x) = x + 3$
   b) $F(x) = -x - 3$
   c) $F(x) = -x + 3$
   d) $F(x) = x - 3$
   e) nenhuma das alternativas anteriores é correta

10. (PUC) Se $x^2 + 2x + 5$ divide $x^4 + px^2 + q$ exatamente (isto é, o resto da divisão do segundo polinômio pelo primeiro é zero), então:
   a) $p = -2$ e $q = 5$
   b) $p = 5$ e $q = 25$
   c) $p = 10$ e $q = 20$
   d) $p = 6$ e $q = 25$
   e) $p = 14$ e $q = 25$

11. (F.C.CHAGAS) Se o polinômio $x^3 + x^2 + (a - 5)x + b$ é divisível por $x^2 - x$, os valores de a e b são, respectivamente:
   a) 3 e 0
   b) 1 e 5
   c) 2 e 0
   d) 5 e 1
   e) 0 e 2

12. (PUC-MG) Os valores de a e b que tornam o polinômio $P(x) = x^3 + 4x^2 + ax + b$ divisível por $(x + 1)^2$ são, respectivamente:
   a) 1 e 2
   b) 3 e 2

Unidade 9 - *Polinômios e Equações Polinomiais* |381

c) 4 e 5
d) 5 e 2
e) 5 e 3

13. (F.C.CHAGAS) Sejam p e q dois polinômios do 4° grau, ou seja,
$p = a_0 + a_1 x + a_2 x^2 + a_3 x^3 + a_4 x^4$ e
$q = b_0 + b_1 x + b_2 x^2 + b_3 x^3 + b_4 x^4$.
Se o polinômio $p + q$ é do 2° grau, então:
a) $a_2 \neq -b$
b) $a_4 = -b_4$ e $a_3 = -b_3$
c) $a_4 = b_4$ e $a_3 = b_3$
d) $a_2 \neq -b_2$, $a_1 = b_1$ e $a_0 = b_0$
e) $a_4 = -b_4$, $a_3 = -b_3$ e $a_2 \neq -b_2$

14. (U.F.GOIÂNIA) Se o polinômio $x^3 + kx^2 - 2x + 3$ é divisível pelo polinômio $x^2 - x + 1$, então o quociente é:
a) $x - 3$
b) $x + 3$
c) $x - 1$
d) $x + 1$
e) $x + 2$

15. (PUC) A divisão do polinômio $p(x)$ por $x - a$ fornece o quociente $q(x) = x^3 + x^2 + x + 1$ e o resto $p(a) = 1$. Sabendo que $p(0) = -15$, o valor de a é:
a) 13
b) -13
c) 14
d) -1
e) 16

16. (MACK-SP) Para que o resto da divisão de $4x^3 - 3x^2 + mx + 1$ por $2x^2 + 1$ seja independente de x, devemos ter:
a) $m = 1$
b) $m = 2$
c) $m = 0$
d) $m = 8$
e) $m = 4$

17. (F.C.CHAGAS) O quociente de $2x^4 - 5x^3 - 10x - 1$ por $x - 3$ é:
a) $2x^3 - 11x^2 + 23x - 68$
b) $2x^3 - 11x^2 + 33x + 109$
c) $2x^3 - 11x^2 + 23x - 109$

382 | *Matemática no Vestibular*

d) $2x^3 + x - 7$

e) $2x^3 + x^2 + 3x - 1$

18. (U.F.CEARÁ) Dividindo-se o polinômio $x^4 + 2x^3 - 2x^2 - 4x - 21$ por $x + 3$ obtém-se quociente:

a) $x^3 - 2x^2 + x - 12$ com resto nulo

b) $x^3 - 2x^2 + 3$ com resto 16

c) $x^3 + x^2 + 13x + 35$ e resto 84

d) $x^3 + x^2 - 3x + 1$ com resto 2

e) $x^3 - x^2 + x - 7$ e resto nulo

19. (F.C.CHAGAS) Sejam p, q e r polinômios de variável x tais que $p \cdot q = r$. Se $p = ax^2 + bx$, $q = 3x + 1$ e $r = 2x^3 + cx^2 - x$, então o valor de c é:

a) -2

b) $-\dfrac{7}{3}$

c) $-\dfrac{1}{5}$

d) 0

e) 2

20. (PUC-CAMP) Dividindo-se um polinômio f por $g = x^2 - 1$, obtêm-se quociente $q = 2x + 1$ e resto $= kx - 9$, sendo $k \in \mathbb{R}$. Se f é divisível por $x - 2$, então k é igual a:

a) 6

b) 3

c) -1

d) -3

e) -6

21. (PUC-RS) Se o resto da divisão de $x^3 + px + q$ por $x^2 - x - 2$ é igual a 4, então pq vale:

a) -1

b) -5

c) -6

d) 1

e) 6

22. (FGV-SP) Para que a expressão

Unidade 9 - *Polinômios e Equações Polinomiais* |383

$$\frac{(a-3)x^4+(b+2)x^3+(c+3)x^2-6}{2ax^4+(b-1)x^3+4x^2-3}$$ não dependa de x, a soma dos valores de a, b e c deve ser:

a) 14

b) 16

c) 8

d) 6

e) 2

23. (PUC-SP) Se a divisão do polinômio $P_1(x) = x^3 + px^2 - qx + 3$ por $P_2(x) = x^2 - x + 1$ for exata, então os valoes de p e q são, respectivamente:

a) 2 e 1

b) 1 e 2

c) 2 e 2

d) 1 e 1

e) 3 e 3

24. (F.C.CHAGAS) Se $p = 2x + 3$, então o coeficiente de x^2, no polinômio p^3, é:

a) 3

b) 6

c) 12

d) 18

e) 36

25. (UFRGS) A divisão de $p(x)$ por $x^2 + 1$ tem quociente $x - 2$ e resto 1. O polinômio $p(x)$ é:

a) $x^2 + x - 1$

b) $x^2 + x + 1$

c) $x^2 + x$

d) $x^3 - 2x^2 + x - 2$

e) $x^3 - 2x^2 + x - 1$

26. (F.C.CHAGAS) A divisão de $(x^{999} - 1)$ por $(x - 1)$ tem resto $R(x)$ e quociente $Q(x)$. Pode-se afirmar que:

a) $R(x) \equiv -2$ e $Q(x)$ tem grau 998

b) $R(x) \equiv 0$ e $Q(x)$ se anula para $x = 0$

c) $R(x) \equiv -2$ e $Q(x)$ se anula para $x = -1$

d) $R(x) \equiv 0$ e $Q(x)$ vale 1 para $x = 0$

e) $R(x) \equiv -2$ e $Q(x)$ vale 1 para $x = 0$

384 | *Matemática no Vestibular*

27. (F.C.CHAGAS) Se $p(x) = 2x^3 + x^2 - 8x$ e $q(x) = x^2 - 4$, então $\dfrac{p(x)}{q(x)}$ é:

a) $2x + 1$

b) $2x + 5$

c) $2x + 1 + \dfrac{4}{x^2 - 4}$

d) $2x + 1 - \dfrac{4}{x^2 - 4}$

e) $2x + 1 + \dfrac{1}{x^2 - 1}$

28. (F.C.CHAGAS) Sabe-se que o resto da divisão de $f = 2x^4 + ax^2 + bx - 3$ por $g = x^3 - 2x - 1$ é independente de x. Nestas condições, os números a e b são, respectivamente:

a) 4 e −4
b) 4 e −2
c) 2 e −4
d) −4 e −2
e) −2 e −4

29. (F.C.CHAGAS) Sabe-se que na divisão do polinômio $f = x^3 - 2x^2 + kx + t$ por $g = x^2 - x + 1$ obtém-se resto $3x - 2$. Nessas condições, os números reais k e t são tais que $k - t$ é igual a:

a) 8
b) 4
c) 2
d) −2
e) −8

30. (MACK) O resto da divisão de $x^4 - 8x^3 + 4x^2 + 15x + 6$ por $(x - 2)$ é:

a) −6
b) 4
c) 6
d) 17
e) 72

31. (PUC) O resto da divisão do polinômio $p(x) = x^4 - 2x^3 + x^2 - x + 1$, por $x + 1$, é:

a) 3
b) 4

Unidade 9 - *Polinômios e Equações Polinomiais* |385

c) 7

d) 5

e) 6

32. (UNIFICADO) Se o polinômio $P(x) = 2x^3 - 4x + a$ é divisível por $D(x) = x - 2$, o valor de a é:

a) -8

b) -6

c) -4

d) -2

e) $+2$

33. (PUC) O valor de a, para que o resto da divisão do polinômio $p(x) = ax^3 - 2x + 1$, por $x - 3$, seja 4, é:

a) $\dfrac{2}{3}$

b) $\dfrac{1}{3}$

c) $\dfrac{1}{2}$

d) $\dfrac{3}{2}$

e) 1

34. (F.C.CHAGAS) Seja $g = x^3 + 3x^2 + m$, onde $m \in \mathbb{R}$, um polinômio divisível por $x - 1$. É correto afirmar que o polinômio g admite:

a) três raízes reais iguais

b) três raízes reais distintas entre si

c) duas raízes reais opostas

d) duas raízes reais iguais

e) apenas uma raiz real

35. (FUVEST) Seja $p(x)$ um polinômio divisível por $x - 3$. Dividindo $p(x)$ por $x - 1$ obtemos quociente $q(x)$ e resto $r = 10$. O resto da divisão de $q(x)$ por $x - 3$ é:

a) -5

b) -3

c) 0

d) 3

e) 5

36. (F.C.CHAGAS) O polinômio $x^3 - x^2 - 14x + 24$ é divisível por:

386 | *Matemática no Vestibular*

a) $x - 1$ e $x + 3$
b) $x - 2$ e $x + 5$
c) $x - 2$ e $x + 4$
d) $x - 3$ e $x + 2$
e) $x + 5$ e $x - 3$

37. (F.C.CHAGAS) Sejam os polinômios $f = x^3 + 2x - 1$, $g = x^2 - 3$, $h = x + 2$ e $m = x - 1$. O resto da divisão de $f + gh$ por m é:

a) -4
b) -3
c) -2
d) -1
e) 0

38. (F.C.CHAGAS) Sejam os polinômios não nulos $p = (x - a)(x + 2a)$ e $g = x + a$. O quociente e o resto da divisão de **p** por **g** são, respectivamente:

a) x e $-2a^2$

b) $2x$ e $-\dfrac{a}{2}$

c) $x - a$ e 2

d) $x + a$ e $2a^2$

e) $x - a$ e 0

39. (F.C.CHAGAS) Seja o polinômio $f = x^{2n} + (x + 1)^n$, onde $n \in N - \{0\}$. Qual é o resto da divisão de **f** por $x + 1$?

a) -2
b) -1
c) 0
d) 1
e) 2

40. (PUC-MG) Se $P(x) = x^3 - 4x^2 + ax + 6$ e $P(2) = 0$, então $P(x)$ fatorado é igual a:

a) $(x + 1)(x - 2)(x - 3)$
b) $(x + 1)(x + 2)(x + 3)$
c) $(x + 1)(x + 2)(x - 3)$
d) $(x - 1)(x - 2)(x - 3)$
e) $(x - 1)(x + 2)(x + 3)$

41. (PUC-MG) O desenvolvimento do polinômio $x^3 - 4x^2 + 4x + 4$ em potências de $x - 2$ é:

Unidade 9 - *Polinômios e Equações Polinomiais* |387

a) $(x-2)^3 + 2(x-2)^2 + 4$
b) $(x-2)^3 + 2(x-2)^2 + 8$
c) $(x-2)^3 - 3(x-2)^2 + 16$
d) $2(x-2)^3 - 3(x-2) + 4$
e) $2(x-2)^3 + (x-2)^2 + 12$

42. (PUC-SP) O polinômio $P(x) = 3x^2 - 4x + 2$ desenvolvido segundo as potências de $(x+2)$ fica:
a) $P(x) = 3(x+2)^2 - 16(x+2) + 22$
b) $P(x) = 3(x+2)^2 - 8(x+2) - 22$
c) $P(x) = 3(x+2)^2 + 16(x+2) + 22$
d) $P(x) = 3(x+2)^2 + 5(x+2) - 1$
e) $P(x) = 3(x+2)^2 + 6(x+2) + 11$

43. (FCC-BA) Dado o polinômio $P(x) = x^3 - 2x^2 + mx - 1$, onde $m \in \mathbb{R}$ seja $P(a)$ o valor de P para $x = a$. Se $P(2) = 3 \cdot P(0)$, então $P(m)$ é igual a:
a) -5
b) -3
c) -1
d) 1
e) 14

44. (PUC-MG) Se A e B são constantes e x é variável, a igualdade
$\dfrac{2x-1}{x^2-x} = \dfrac{A}{x} + \dfrac{B}{x-1}$ é verdadeira. Então $A + B$ é igual a:
a) 0
b) 1
c) 2
d) 3
e) 4

45. (U.F.CEARÁ) Se $\dfrac{2x-1}{x^2+5x+6} = \dfrac{a}{x+2} + \dfrac{b}{x+3}$, então a e b devem ser números reais tais que:
a) $a = b + 1$
b) $b = a + 1$
c) $a \cdot b = 35$
d) $b = a + 12$
e) $a = b - 6$

46. (PUC-SP) Efetuando a soma de $\dfrac{ax+b}{x^2+1}$ e $\dfrac{c}{x-1}$, obtemos a expressão

388 | *Matemática no Vestibular*

$\dfrac{x-3}{(x^2+1)(x-1)}$ · Os valores de a, b e c são, respectivamente:

a) 0, 1, −3

b) 1, −1, −3

c) −1, 1, 1

d) 1, 2, −1

e) 2, 1, −2

47. (UFMG) Os valoes de A, B e C, para os quais $\dfrac{1}{x(x^2-1)} = \dfrac{A}{x} + \dfrac{B}{x+1} + \dfrac{C}{x-1}$ para todo $x \in \mathbb{R} - \{-1, 0, 1\}$, são, respectivamente:

a) $-1, -\dfrac{1}{2}, \dfrac{1}{2}$

b) $-1, \dfrac{1}{2}, \dfrac{1}{2}$

c) $1, -\dfrac{1}{2}, \dfrac{1}{2}$

d) $1, \dfrac{1}{2}, -\dfrac{1}{2}$

e) $1, \dfrac{1}{2}, \dfrac{1}{2}$

48. (F.C.CHAGAS) Considere os números reais x, p, q, r e s tais que $p = 4x^2 + 12x + 9$, $q = 5x^2 - x + 7$, $r = 5x^2 - 3x + 4$ e $s = \dfrac{p}{q-r}$ · Nessas condições, s é igual a:

a) $\dfrac{2x+3}{-4x+3}$

b) $4x + 1$

c) $x^2 - 3x + 5$

d) $2x + 3$

e) $\dfrac{4x^2 + 12x + 9}{-4x + 11}$

49. (FUVEST) Um polinômio $P(x) = x^3 + ax^2 + bx + c$ satisfaz as seguintes condições: $P(1) = 0$; $P(-x) + P(x) = 0$, qualquer que seja x real. Qual o valor de $P(2)$?

a) 2

b) 3

Unidade 9 - *Polinômios e Equações Polinomiais* |389

c) 4

d) 5

e) 6

50. (UFRN) Seja $P(x) = x^3 + 6x^2 - x - 30$. Se $P(2) = 0$, então, o conjunto-solução de $P(x) = 0$ é:

a) $\{-2, -3, -5\}$

b) $\{2, -3, -5\}$

c) $\{2, -2, -2\}$

d) $\{2, 3, 5\}$

e) $\{2, 6, 30\}$

51. (PUC-RJ) A equação $(2x + 1)\left(2x^2 - x + \dfrac{1}{8}\right) = 0$ tem:

a) três raízes reais distintas

b) somente duas raízes distintas

c) uma raiz real e duas complexas (não reais)

d) somente raízes complexas (não reais)

e) somente uma raiz

52. (CESGRANRIO) Um dos fatores de $P(x) = 2x^3 - 11x^2 + 17x - 8$ é $2x - 1$. A maior raiz de $P(x)$ é:

a) 1

b) 2

c) 3

d) 4

e) 6

53. (UF.FLUMINENSE) Considere as seguintes afirmações:

I - Todo polinômio de grau ímpar admite pelo menos uma raiz real.

II - Um polinômio de grau par pode ter todas as raízes complexas.

III - $2 + i$ e $3 - i$ podem ser raízes de um mesmo polinômio de terceiro grau.

São verdadeiras:

a) I e II

b) I e III

c) II e II

d) todas

e) nenhuma

54. (FGV-SP) A soma das raízes da equação $x^3 - 2x + 2 = -3x^2 + 2x + 17$ vale:

a) 7

b) 12

c) 3

390 | *Matemática no Vestibular*

d) -3

e) 1

55. (FGV-SP) A soma e o produto das raízes da equação $x^4 - 5x^3 + 3x^2 + 4x - 6 = 0$ formam que par de valores?

a) $-5, 6$

b) $5, -6$

c) $3, 4$

d) $1, 6$

e) $4, 3$

56. (FGV-SP) A soma de duas raízes da equação $x^3 - 10x + m = 0$ é 4. O valor de m é, então, igual a:

a) 6

b) 12

c) 18

d) 24

e) 30

57. (F.C.CHAGAS) Sabe-se que -2 é raiz de multiplicidade 2 da equação $2x^4 + x^3 - 17x^2 - 16x + 12 = 0$. A soma das demais raízes dessa equação é:

a) 7

b) $\dfrac{7}{2}$

c) 3

d) $-\dfrac{7}{2}$

e) -7

58. (F.C.CHAGAS) Se -2 é uma das raízes da equação $x^3 + 2x^2 - 9x + m = 0$, o produto das outras duas raízes é igual a:

a) -9

b) -6

c) 6

d) 9

e) 18

59. (FUEM-PR) Sabendo que $x = -1$ é uma raiz de multiplicidade três da equação $x^5 - x^4 - x^3 + 13x^2 + 20x + 8 = 0$, então a soma das demais raízes dessa equação é igual a:

Unidade 9 - *Polinômios e Equações Polinomiais* |391

a) 1

b) -5

c) 4

d) 3

e) $4 + 4i$

60. (MACK) O polinômio $x^7 - 2x^6 + x^5 - x^4 + 2x^3 - x^2 = 0$ tem:
a) 2 raízes duplas
b) 1 raiz tripla
c) 4 raízes não reais
d) 6 raízes não reais
e) 3 raízes duplas

61. (CESGRANRIO) O produto de duas raízes da equação $2x^3 - 19x^2 + 37x - 14 = 0$ é 1. A soma das duas maiores raízes da equação é:
a) 7

b) 8

c) 9

d) $\dfrac{19}{2}$

e) n.d.a.

62. (F.C.CHAGAS) Uma possível raiz racional da equação
$6x^3 - 13x^2 + 2x + 4 = 0$ é:
a) $-\dfrac{4}{3}$

b) $-\dfrac{3}{2}$

c) $\dfrac{3}{4}$

d) 3

e) 6

63. (UFJF) Se $2i$ é raiz de $x^4 + x^3 + 2x^2 + 4x - 8 = 0$, onde i é a unidade imaginária, então é correto afirmar, sobre as raízes dessa equação, que:
a) as outras três raízes são reais
b) a soma de duas de suas raízes vale -1
c) nenhuma das quatro raízes é real

392 | *Matemática no Vestibular*

d) a soma das quatro raízes vale 1

e) nenhuma de suas raízes é inteira

64. (PUC) O número complexo $z = 1 + i$ é uma das raízes da equação $4z^4 - 8z^3 + 7z^2 + 2z - 2 = 0$. Esta equação tem:

a) duas raízes reais distintas e duas complexas (não reais)

b) uma única raiz real e três complexas (não reais)

c) somente raízes complexas (não reais)

d) uma raiz real dupla e duas complexas (não reais)

e) três raízes reais e uma complexa (não real)

65. (UNI-RIO/CEFET/ENCE) Sabendo-se que $2i$ e $1 + \sqrt{2}$ são raízes do polinômio $x^5 + 4x^4 + ax^3 + bx^2 + cx - 24$, podemos afirmar que:

a) a soma de todas as raízes é igual a 4

b) $-2i$ e $-1 - \sqrt{2}$ são raízes da equação

c) $-2i$ e 3 são raízes da equação

d) $-2i$ e -6 são raízes da equação

e) o produto das raízes é -24

66. (PUC-SP) O produto das raízes da equação $x^3 - 9x^2 + 24x - 20 = 0$ é:

a) 10

b) 30

c) 20

d) 40

e) 50

67. (UFSC) Sendo $(1 + i)$ uma das raízes da equação $x^4 - 2x^3 + x^2 + 2x - 2 = 0$, as outras três raízes são:

a) $(1 + i), 1, -1$

b) $(1 - i), -1, -1$

c) $(1 - i), 1, 1$

d) $(1 - i), 1, -1$

e) $(1 + i), -1, -1$

68.(UNIFICADO) Se a, b e c são raízes da equação $x^3 - 10x^2 - 2x + 20 = 0$, então o valor da expressão $a^2bc + ab^2c + abc^2$ é igual a:

a) 400

b) 200

c) -100

d) -200

e) -400

69. (F.C.CHAGAS) A equação $x^4 - 2x^2 = 0$ admite:

Unidade 9 - *Polinômios e Equações Polinomiais* |393

a) uma raiz dupla e duas simples

b) quatro raízes não reais

c) duas raízes negativas e duas positivas

d) duas raízes reais e duas não reais

e) três raízes reais e uma não real

70. (PUC-SP) O número de raízes reais do polinômio $P(x) = (x^2+1)(x-1)(x+1)$ é:

a) 0

b) 1

c) 2

d) 3

e) 4

71. (FUVEST) As três raízes de $9x^3 - 31x - 10 = 0$ são p, q e 2. O valor de $p^2 + q^2$ é:

a) $\dfrac{5}{9}$

b) $\dfrac{10}{9}$

c) $\dfrac{20}{9}$

d) $\dfrac{26}{9}$

e) $\dfrac{31}{9}$

72. (UFPI) Uma das raízes do polinômio $p(x) = x^2 + bx + c$, com b e c números reais, é 7. Assim, podemos afirmar corretamente, que uma das raízes do polinômio $q(x) = (3x - 2)^2 + b(3x - 2) + c$ é:

a) -2

b) 1

c) 0

d) 2

e) 3

73. (FUVEST) A equação $x^3 - 8px^2 + x - q = 0$ admite a raiz 1 com multiplicidade 2. Então p vale:

394 | *Matemática no Vestibular*

a) $\dfrac{1}{2}$

b) $\dfrac{1}{3}$

c) $\dfrac{1}{4}$

d) $\dfrac{1}{5}$

e) $\dfrac{1}{6}$

74. (UNITAU-SP) A equação polinomial $4x^5 + 3x^4 + 4x^3 + 3x^2 + 4x + 3 = 0$
tem como raízes a, b, c, d, e.
O valor de $\dfrac{1}{a} + \dfrac{1}{b} + \dfrac{1}{c} + \dfrac{1}{d} + \dfrac{1}{e}$ é:

a) $-\dfrac{4}{3}$

b) $-\dfrac{3}{4}$

c) $\dfrac{3}{4}$

d) $\dfrac{1}{4}$

e) n.d.a.

75. (F.C.CHAGAS) Sejam os polinômios $p = x^3 - kx^2 + 9x - 1$ e $q = x^2 + kx$.
Se a soma das raízes do polinômio $p + q$ é igual a $\dfrac{3}{2}$, então o valor de k é:

a) $-\dfrac{21}{2}$

b) $-\dfrac{15}{2}$

c) $-\dfrac{5}{2}$

d) $-\dfrac{1}{2}$

e) $\dfrac{5}{2}$

Unidade 9 - *Polinômios e Equações Polinomiais* |395

76. (UFPR) Dadas as equações $x^2 + x + 1 = 0$ e $x^3 - 1 = 0$, podemos afirmar:
a) apenas uma das raízes de $x^2 + x + 1 = 0$ satisfaz $x^3 - 1 = 0$
b) a soma das raízes de $x^2 + x + 1 = 0$ satisfaz $x^3 - 1 = 0$
c) as raízes da equação $x^2 + x + 1 = 0$ satisfazem $x^3 - 1 = 0$
d) as raízes da equação $x^2 + x + 1 = 0$ não satisfazem $x^3 - 1 = 0$
e) as raízes da equação $x^3 - 1 = 0$ estão em progressão aritmética

77. (UNI-RIO) Sabendo-se que o número 3 é raiz dupla da equação $ax^3 + bx + 18 = 0$, os valores de a e b são, respectivamente

a) $\dfrac{1}{3}$ e -9

b) $\dfrac{1}{3}$ e 9

c) $-\dfrac{1}{3}$ e -9

d) $-\dfrac{1}{3}$ e 9

e) 1 e -3

78. (UFF) A função $f \colon \mathbb{R} \to \mathbb{R}$ definida por $f(x) = mx^3 + nx^2 + px + q$, $m \neq 0$, é sempre crescente e possui raízes distintas. Sabendo-se que uma raiz é real, pode-se afirmar que as outras:
a) são complexas
b) têm sinais contrários
c) são nulas
d) são positivas
e) têm módulo unitário

79. (MED. ABC-SP) As raízes da equação $x^3 - 9x^2 + 23x - 15 = 0$ estão em progressão aritmética. Suas raízes são:
a) 1, 2, 3
b) 2, 3, 4
c) 1, 3, 5
d) 2, 4, 6
e) 3, 6, 8

80. (FUVEST) A equação $x^3 + mx^2 + 2x + n = 0$, onde m e n são números reais, admite $1 + i$ (i sendo a unidade imaginária) como raiz. Então m e n valem, respectivamente:
a) 2 e 2
b) 2 e 0
c) 0 e 2

396 | *Matemática no Vestibular*

d) 2 e −2

e) −2 e 0

81. (PUC-SP) Se os números −3, a, b são as raízes da equação $x^3 + 5x^2 - 2x - 24 = 0$, então o valor de $a + b$ é:

a) −6

b) −2

c) −1

d) 2

e) 6

82. (UFJF) Se a equação $2x^2 + px + q = 0$, com p e q reais, admite a raiz complexa $3 - 2i$, então q é igual a:

a) −13

b) 5

c) 6

d) 13

e) 26

83. (UNI-RIO) Sabendo-se que $2i$ e $1 + \sqrt{2}$ são raízes do polinômio $x^5 + 4x^4 + ax^3 + bx^2 + cx - 24$, podemos afirmar que:

a) a soma de todas as raízes é igual a 4

b) $-2i$ e $-1 - \sqrt{2}$ são raízes da equação

c) $-2i$ e 3 são raízes da equação

d) $-2i$ e −6 são raízes da equação

e) o produto das raízes é −24

84. (FUVEST) Seja $P(x) = x^4 + bx^3 + cx^2 + dx + e$ um polinômio com coeficientes inteiros. Sabe-se que as quatro raízes de $P(x)$ são inteiras e que três delas são pares e uma ímpar. Quantos coeficientes pares tem o polinômio $P(x)$?

a) 0

b) 1

c) 2

d) 3

e) 4

85. (IBMEC) Se o número complexo $2 + i$ é raiz da equação $x^3 - 2x^2 - 3x + 10 = 0$, então a única raiz real dessa equação é:

a) zero

b) 2

c) 4

d) −2

e) −4

Unidade 9 - *Polinômios e Equações Polinomiais* |397

86. (F.C.CHAGAS) Uma das raízes complexas da equação $x^4 - 3x^3 + 3x^2 - 3x + 2 = 0$, é o número i. As demais raízes são:
a) $-i$, $-2i$ e $2i$
b) $-i$, $-2i$ e 3
c) $-i$, -1 e -2
d) $-i$, 1 e 2
e) $2i$ e $3i$

87. (PUC-MG) A equação do terceiro grau cujas raízes são 1, 2 e 3 é:
a) $x^3 - 6x^2 + 11x - 6 = 0$
b) $x^3 - 4x^2 + 4x - 1 = 0$
c) $x^3 + x^2 + 3x - 5 = 0$
d) $x^3 + x^2 + 2x + 3 = 0$
e) $x^3 + 6x^2 - 11x + 5 = 0$

88. (MACK-SP) As raízes da equação $x^3 - 7x^2 + mx - 8 = 0$ estão em progressão geométrica. O valor de m é:
a) 0
b) 2
c) -2
d) 8
e) 14

89. (FGV-SP) A equação $x^3 + mx^2 - 6x + 1 = 0$ tem duas raízes opostas. Podemos afirmar que:
a) $m = 0$
b) $m = -6$
c) $m = 6$
d) $m = \dfrac{1}{6}$
e) $m = -\dfrac{1}{6}$

90. (F.C.CHAGAS) Se a soma de duas das raízes reais da equação $3x^3 + 5x^2 - 26x + 8 = 0$ é igual a -2, a forma fatorada dessa equação é:
a) $(3x - 1) \cdot (x - 1) \cdot (x + 3) = 0$
b) $(3x + 1) \cdot (x - 1) \cdot (x + 3) = 0$
c) $(3x - 1) \cdot (x + 2) \cdot (x - 4) = 0$
d) $(3x + 1) \cdot (x - 2) \cdot (x + 4) = 0$
e) $(3x - 1) \cdot (x - 2) \cdot (x + 4) = 0$

91. (MACK-SP) Um valor de k, para o qual uma das raízes da equação $x^2 - 3kx + 5k = 0$ é o dobro da outra, é:

398 | *Matemática no Vestibular*

a) $\dfrac{5}{2}$

b) 2

c) -5

d) -2

e) $-\dfrac{5}{2}$

92. (F.C.CHAGAS) Dos polinômios abaixo, aquele que admite as raízes -1, 0 e 2 é:
 a) $x^2 - x - 2$
 b) $x^3 - x$
 c) $x^3 - 4x$
 d) $x^3 - x^2 - 2x$
 e) $x^3 + x^2 - 2$

93. (FUVEST) O número de raízes complexas, que não são reais, do polinômio $p(x) = x + x^3 + x^5 + \cdots + x^{2n+1}$ $(n > 1)$ é:
 a) $2n + 1$
 b) $2n$
 c) $n + 1$
 d) n
 e) 1

94. (F.C.CHAGAS) Um polinômio f, do 4° grau, admite as raízes -1, 0 e 1. Se -1 é uma raiz dupla, então f pode ser igual a:
 a) $x^4 + x^3 - x^2 - x$
 b) $x^4 + x^3 - x^2 + x$
 c) $x^4 - x^3 + x^2 + x$
 d) $x^4 - x^3 + x^2 - x$
 e) $x^4 - x^3 - x^2 + x$

95. (PUC) A soma dos quadrados das raízes da equação $x^5 - 2x^4 + x^3 + 7x^2 + 19x - 1 = 0$ é:
 a) 1
 b) 2
 c) 3
 d) 4
 e) 6

Unidade 9 - *Polinômios e Equações Polinomiais* |399

96. (F.C.CHAGAS) Se duas das raízes do polinômio $p = x^3 - x^2 - 9x + 9$ são números opostos entre si, então a terceira raiz é:

a) -3

b) -2

c) -1

d) 1

e) 2

97. (FUVEST) Sabe-se que o produto de duas raízes da equação algébrica $2x^3 - x^2 + kx + 4 = 0$ é igual a 1. Então, o valor de k é:

a) -8

b) -4

c) 0

d) 4

e) 8

98. (FCC-SP) Se $1 - i$ é uma das raízes complexas da equação $2x^4 - 7x^3 + 8x^2 - 2x - 4 = 0$, então o produto de suas raízes reais é igual a:

a) $\dfrac{7}{2}$

b) $\dfrac{3}{2}$

c) 1

d) -1

e) -2

99. (SANTA CASA-SP) A soma dos inversos das raízes da equação $2x^3 - 5x^2 + 4x + 6 = 0$ é:

400 | *Matemática no Vestibular*

a) $\dfrac{3}{2}$

b) $\dfrac{2}{3}$

c) $\dfrac{1}{3}$

d) $-\dfrac{2}{3}$

e) $-\dfrac{3}{2}$

100. (F.C.CHAGAS) Dada a equação $x^3 + 2x^2 - x + k = 0$, onde $k \in \mathbb{R}$, sabe-se que uma de suas raízes é igual à soma das outras duas. Nestas condições, o valor de k é:
   a) -3
   b) -2
   c) -1
   d) 2
   e) 3

101. (F.C.CHAGAS) Se o número complexo $(1 - i)$ é raiz da equação $x^3 - 5x^2 + 8x - 6 = 0$, então é verdade que a raiz real dessa equação pertence ao intervalo:
   a) $[-4, 1]$
   b) $[-1, 1]$
   c) $[1, 2]$
   d) $[2, 4]$
   e) $[0, 1]$

102. (F.C.CHAGAS) A equação $2x^3 - 5x^2 + x + 2 = 0$ tem três raízes reais. Uma delas é 1. As outras duas são tais que:
   a) ambas são números inteiros
   b) ambas são números negativos
   c) estão comprendidas entre -1 e 1
   d) uma é o oposto do inverso da outra
   e) uma é a terça parte da outra

103. (F.C.CHAGAS) Se o polinômio $x^3 + (k - 4)x^2 - 8x + 4k$, $k \in \mathbb{R}$, admite a raiz 2 com multiplicidade 2, então a outra raiz é:
   a) 1
   b) 0

Unidade 9 - *Polinômios e Equações Polinomiais* |401

c) -1

d) -2

e) -3

104. (F.C.CHAGAS) Os números reais a, b e c, onde $a < b < c$, são as raízes da equação $x^3 - x^2 - 6x = 0$. O valor da expressão $a^3 + b - 2c$ é:

a) -31

b) -14

c) 0

d) 2

e) 23

105. (MACK) O valor de m de modo que -1 seja raiz da equação $x^3 + (m+2)x^2 + (1-m)x - 2 = 0$ é igual a:

a) 0

b) -1

c) 1

d) -2

e) 2

106. (FEI-SP) Ache p e k tais que $ax^2 + bx + c = a((x+p)^2 + k)$.

107. (FUEM-PR) Seja $P(x) = ax^2 + bx + c$, em que a, b e c são números reais. Sabendo que $P(0) = 9$, $P(1) = 10$ e $P(2) = 7$, calcule $P(3)$.

108. (FUVEST) O polinômio P é tal que $P(x) + x \cdot P(2-x) = x^2 + 3$ para todo x real.

a) Determine $P(0)$, $P(1)$ e $P(2)$.

b) Demonstre que o grau de P é 1.

109. (PUC) O polinômio P é tal que $P(x) = x^3 + px + q$ é divisível por $x + 1$ e deixa resto 4 na divisão por $x - 1$. Determine p e q.

110. (UFF) Sabendo-se que para todo $x \neq -2$, $x \neq -1$ e $x \neq 1$ tem-se $\dfrac{x^2 + 1}{(x-1)(x+2)(x+1)} = \dfrac{A}{x-1} + \dfrac{B}{x+2} + \dfrac{C}{x+1}$, determine os valores de A, B e C.

111. (UFRJ) Considere o polinômio $P(x) = x^3 - 2x^2 - 3x + 6$.

a) Calcule o resto da divisão de $P(x)$ por $x - 2$.

b) Ache as raízes de $P(x) = 0$.

112. (UFRJ) O polinômio $P(x) = x^3 - 2x^2 - 5x + d$, $d \in \mathbb{R}$, é divisível por

402 | *Matemática no Vestibular*

$(x - 2)$.

    a) Determine d.

    b) Calcule as raízes da equação $P(x) = 0$.

113. (FUVEST-SP) O polinômio $P(x) = x^3 - x^2 + x + a$ é divisível por $x - 1$. Ache todas as raízes complexas de $P(x)$.

114. (U.F.FLUMINENSE) Ao se dividir o polinômio $P(x)$ por $D(x) = x - 2$ obteve-se quociente $Q(x) = x^4 + 2x^2 + x + 1$ e resto 8. Determine $P(x)$.

115. (FEI-SP) Um polinômio $P(x)$ é divisível por $x + 1$ e dividido por $x^2 + 1$ dá quociente $x^2 - 4$ e resto $R(x)$. Se $R(2) = 9$, determine $P(x)$.

116. (UERJ) Determine todas as raízes da equação $x^3 + 2x^2 - 1 = 0$.

117. (UNICAMP) Sabendo que a equação $x^3 - 2x^2 + 7x - 4 = 0$ tem raízes a, b e c, escreva, com seus coeficientes numéricos, uma equação cúbica que tem como raízes $a + 1$, $b + 1$ e $c + 1$.

118. (FUVEST) O polinômio $x^5 + x^4 - 5x^3 + 4x + 4m$ tem uma raiz igual a -1.

    a) Determine m.

    b) Fatore o polinômio num produto de binômios de 1° grau.

119. (EEM-SP) Dada a equação $x^3 - 9x^2 + 26x + a = 0$, determine o valor de a, para que as raízes dessa equação sejam números naturais sucessivos.

120. (PUC) Sabendo-se que $\dfrac{3}{4}$ é uma raiz da equação $10x(2x^2 - 1) = 3(x^2 + x - 1)$, determine as outras duas raízes dessa equação.

121. (UERJ) Sabendo-se que K é um número real e que uma das raízes da equação $x^3 - 4x^2 + 6x + K = 0$ é $1 + i$,

    a) Calcule K; e

    b) Determine as demais raízes da equação.

122. (FUVEST-SP) O número 2 é raiz dupla da equação $ax^3 + bx + 16 = 0$. Determine a e b.

123. (FUVEST) Determinar as raízes α, β e γ do polinômio: $x^3 - px^2 + qx - r$, dado que $\alpha \cdot \beta = 0$.

124. (FEI-SP) Determine as raízes da equação $x^3 - 16x^2 + 85x - 150 = 0$, sabendo que uma das raízes tem multiplicidade 2.

Unidade 9 - *Polinômios e Equações Polinomiais* |403

125. (FUVEST) Uma das raízes da equação $x^3 + (m+1)x^2 + (m+9)x + 9 = 0$ é -1. Determinar m para que as outras raízes sejam reais.

126. (UFRJ) Dada a equação $x^3 - 7x^2 + 14x + k = 0$, determine o valor de k de modo que as raízes da equação sejam inteiras positivas e estejam em progressão geométrica.

127. (UNICAMP) Ache todas as raízes (inclusive as complexas) da equação $x^5 - x^4 + x^3 - x^2 + x - 1 = 0$.

128. (EEM-SP) Determine as raízes da equação $3x^3 - 16x^2 + 23x - 6 = 0$, sabendo que o produto de duas delas é igual à unidade.

Gabarito das questões propostas

Questão 1 - Resposta: a) 6
Questão 2 - Resposta: c) $f \cdot g$ é 7
Questão 3 - Resposta: c) 3
Questão 4 - Resposta: b) 90
Questão 5 - Resposta: b) $f^2 \cdot g$ tem grau 8
Questão 6 - Resposta: d) $4x^3 - x^2$
Questão 7 - Resposta: b) igual a $7n + 1$
Questão 8 - Resposta: e) $x^2 - 1$ e -1
Questão 9 - Resposta: b) $F(x) = -x - 3$
Questão 10 - Resposta: d) $p = 6$ e $q = 25$
Questão 11 - Resposta: a) 3 e 0
Questão 12 - Resposta: d) 5 e 2
Questão 13 - Resposta: e) $a_4 = -b_4$, $a_3 = -b_3$ e $a_2 \neq -b_2$
Questão 14 - Resposta: b) $x + 3$
Questão 15 - Resposta: e) 16
Questão 16 - Resposta: b) $m = 2$
Questão 17 - Resposta: e) $2x^3 + x^2 + 3x - 1$
Questão 18 - Resposta: e) $x^3 - x^2 + x - 7$ e resto nulo
Questão 19 - Resposta: b) $-\dfrac{7}{3}$
Questão 20 - Resposta: d) -3
Questão 21 - Resposta: c) -6
Questão 22 - Resposta: c) 8
Questão 23 - Resposta: c) 2 e 2
Questão 24 - Resposta: e) 36
Questão 25 - Resposta: e) $x^3 - 2x^2 + x - 1$

404 | *Matemática no Vestibular*

Questão 26 - Resposta: d) $R(x) \equiv 0$ e $Q(x)$ vale 1 para $x = 0$

Questão 27 - Resposta: c) $2x + 1 + \dfrac{4}{x^2 - 4}$

Questão 28 - Resposta: d) -4 e -2

Questão 29 - Resposta: a) 8

Questão 30 - Resposta: b) 4

Questão 31 - Resposta: e) 6

Questão 32 - Resposta: a) -8

Questão 33 - Resposta: b) $\dfrac{1}{3}$

Questão 34 - Resposta: d) duas raízes reais iguais

Questão 35 - Resposta: a) -5

Questão 36 - Resposta: c) $x - 2$ e $x + 4$

Questão 37 - Resposta: a) -4

Questão 38 - Resposta: a) x e $-2a^2$

Questão 39 - Resposta: d) 1

Questão 40 - Resposta: a) $(x + 1)(x - 2)(x - 3)$

Questão 41 - Resposta: a) $(x - 2)^3 + 2(x - 2)^2 + 4$

Questão 42 - Resposta: a) $P(x) = 3(x + 2)^2 - 16(x + 2) + 22$

Questão 43 - Resposta: b) -3

Questão 44 - Resposta: c) 2

Questão 45 - Resposta: d) $b = a + 12$

Questão 46 - Resposta: d) $1, 2, -1$

Questão 47 - Resposta: b) $-1, \dfrac{1}{2}, \dfrac{1}{2}$

Questão 48 - Resposta: d) $2x + 3$

Questão 49 - Resposta: e) 6

Questão 50 - Resposta: b) $\{2, -3, -5\}$

Questão 51 - Resposta: b) somente duas raízes distintas

Questão 52 - Resposta: c) 3

Questão 53 - Resposta: a) I e II

Questão 54 - Resposta: d) -3

Questão 55 - Resposta: b) $5, -6$

Questão 56 - Resposta: d) 24

Questão 57 - Resposta: b) $\dfrac{7}{2}$

Questão 58 - Resposta: a) -9

Questão 59 - Resposta: c) 4

Questão 60 - Resposta: b) 1 raiz tripla

Unidade 9 - *Polinômios e Equações Polinomiais* |405

Questão 61 - Resposta: c) 9

Questão 62 - Resposta: a) $-\dfrac{4}{3}$

Questão 63 - Resposta: b) a soma de duas de suas raízes vale -1

Questão 64 - Resposta: a) duas raízes reais distintas e duas complexas (não reais)

Questão 65 - Resposta: d) $-2i$ e -6 são raízes da equação

Questão 66 - Resposta: c) 20

Questão 67 - Resposta: d) $(1-i), 1, -1$

Questão 68 - Resposta: d) -200

Questão 69 - Resposta: a) uma raiz dupla e duas simples

Questão 70 - Resposta: c) 2

Questão 71 - Resposta: d) $\dfrac{26}{9}$

Questão 72 - Resposta: e) 3

Questão 73 - Resposta: c) $\dfrac{1}{4}$

Questão 74 - Resposta: a) $-\dfrac{4}{3}$

Questão 75 - Resposta: e) $\dfrac{5}{2}$

Questão 76 - Resposta: c) as raízes da equação $x^2 + x + 1 = 0$ satisfazem $x^3 - 1 = 0$

Questão 77 - Resposta: a) $\dfrac{1}{3}$ e -9

Questão 78 - Resposta: a) são complexas

Questão 79 - Resposta: c) 1, 3, 5

Questão 80 - Resposta: e) -2 e 0

Questão 81 - Resposta: b) -2

Questão 82 - Resposta: e) 26

Questão 83 - Resposta: d) $-2i$ e -6 são raízes da equação

Questão 84 - Resposta: d) 3

Questão 85 - Resposta: d) -2

Questão 86 - Resposta: d) $-i, 1$ e 2

Questão 87 - Resposta: a) $x^3 - 6x^2 + 11x - 6 = 0$

406 | *Matemática no Vestibular*

Questão 88 - Resposta: e) 14

Questão 89 - Resposta: e) $m = -\dfrac{1}{6}$

Questão 90 - Resposta: e) $(3x - 1) \cdot (x - 2) \cdot (x + 4) = 0$

Questão 91 - Resposta: a) $\dfrac{5}{2}$

Questão 92 - Resposta: d) $x^3 - x^2 - 2x$

Questão 93 - Resposta: b) $2n$

Questão 94 - Resposta: a) $x^4 + x^3 - x^2 - x$

Questão 95 - Resposta: b) 2

Questão 96 - Resposta: d) 1

Questão 97 - Resposta: e) 8

Questão 98 - Resposta: d) -1

Questão 99 - Resposta: d) $-\dfrac{2}{3}$

Questão 100 - Resposta: b) -2

Questão 101 - Resposta: d) $[2, 4]$

Questão 102 - Resposta: d) uma é oposto do inverso da outra

Questão 103 - Resposta: e) -3

Questão 104 - Resposta: b) -14

Questão 105 - Resposta: c) 1

Questão 106 - Resposta: $p = \dfrac{b}{2a}$ e $K = \dfrac{4ac - b^2}{4a^2}$

Questão 107 - Resposta: zero

Questão 108 - Resposta: a) $P(0) = 3; P(1) = 2$ e $P(2) = 1$ b) demonstração

Questão 109 - Resposta: $p = 1$ e $q = 2$

Questão 110 - Resposta: $A = \dfrac{1}{3} ; B = \dfrac{5}{3}$ e $C = -1$

Questão 111 - Resposta: a) 0   b) $-\sqrt{3}, \sqrt{3}$ e 2

Questão 112 - Resposta: a) $d = 0$ b) 2, $\sqrt{5}, -\sqrt{5}$

Questão 113 - Resposta: 1, $-i$ e i

Questão 114 - Resposta: $P(x) = x^5 - 2x^4 + 2x^3 - 3x^2 + 6$

Questão 115 - Resposta: $P(x) = x^4 - 3x^2 + x + 3$

Questão 116 - Resposta: 1, $\dfrac{-1 + \sqrt{3}}{2}$ e $\dfrac{-1 - \sqrt{3}}{2}$

Questão 117 - Resposta: $y^3 - 5y^2 + 14y - 14 = 0$

Questão 118 - Resposta: a) $m = 1$ b) $(x + 1)(x - 1)(x + 1)(x - 2)(x + 2)$

Unidade 9 - *Polinômios e Equações Polinomiais* |407

Questão 119 - Resposta: -24

Questão 120 - Resposta: $\dfrac{-3+\sqrt{29}}{10}$ e $\dfrac{-3-\sqrt{29}}{10}$

Questão 121 - Resposta: a) $K=-4$ b) $(1-i)$ e 2

Questão 122 - Resposta: $a=1$ $b=-12$

Questão 123 - Resposta: $-\sqrt{-q};\;\; \sqrt{-q};\;\; p$

Questão 124 - Resposta: $\{5,6\}$

Questão 125 - Resposta: $m \leq -6$ ou $m \geq 6$

Questão 126 - Resposta: $K=-8$

Questão 127 - Resposta: $1;\; \dfrac{1}{2}+\dfrac{\sqrt{3}}{2}i;\; -\dfrac{1}{2}+\dfrac{\sqrt{3}}{2}i;\; \dfrac{-1}{2}-\dfrac{\sqrt{3}}{2}i;\; \dfrac{1}{2}-\dfrac{\sqrt{3}}{2}i$

Questão 128 - Resposta: $\dfrac{1}{3}$, 2 e 3

UNIDADE 10

TRIÂNGULOS, QUADRILÁTEROS E POLÍGONOS

10.1) Triângulos

SINOPSE TEÓRICA

10.1.1) Classificação dos triângulos

a. Quanto aos lados

- **Equilátero** → Possui os três lados congruentes e, conseqüentemente, tem os três ângulos com a mesma medida.

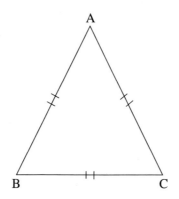

$$\overline{AB} = \overline{AC} = \overline{BC}$$
$$\widehat{A} = \widehat{B} = \widehat{C} = 60°$$

- **Isósceles** → Possui dois lados congruentes e, conseqüentemente, tem dois ângulos com a mesma medida.

$$\overline{AB} = \overline{AC}$$
$$\widehat{B} = \widehat{C}$$

- **Escaleno** → Possui os três lados com medidas diferentes e, conseqüentemente, os três ângulos também possuem medidas diferentes.

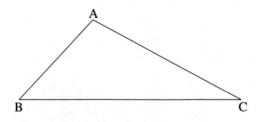

$$\overline{AB} \neq \overline{AC} \neq \overline{BC}$$
$$\widehat{A} \neq \widehat{B} \neq \widehat{C}$$

b. Quanto aos ângulos
- **Retângulo** → Possui um ângulo reto (90°).

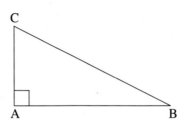

$$\widehat{A} = 90°$$

- **Acutângulo** → Possui os três ângulos agudos, isto é, com medidas menores que a do ângulo reto.

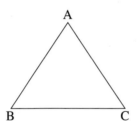

- **Obtusângulo** → Possui um ângulo obtuso, isto é, um dos ângulos tem medida maior que a do ângulo reto.

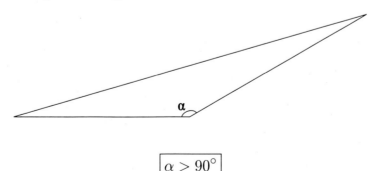

$$\alpha > 90°$$

10.1.2) Condições de existência de um triângulo

Como a menor distância entre dois pontos é a medida do segmento de reta limitado por esses pontos, concluímos que:

A medida de cada lado de um triângulo é menor que a soma das medidas dos outros dois lados e maior que o módulo da diferença entre essas medidas, ou seja:

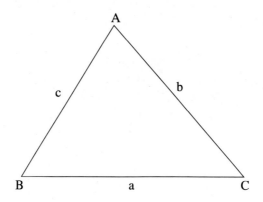

$$a < b + c$$
$$e$$
$$a > |b - c|$$

10.1.3) Principais cevianas de um triângulo

Qualquer reta que passa por um vértice de um triângulo recebe o nome de ceviana. As principais são:

Unidade 10 - *Triângulos-Quadriláteros-Polígonos* | 413

a) Altura

Liga um dos vértices do triângulo perpendicularmente à reta suporte do lado oposto.

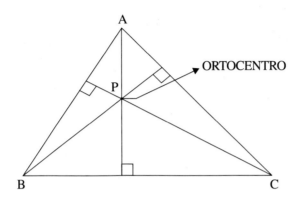

Todo triângulo possui 3 alturas, e elas sempre concorrem em um mesmo ponto. Esse ponto chama-se **ortocentro**.

b) Mediana

É o segmento de reta que liga um dos vértices de um triângulo ao ponto médio do lado oposto.

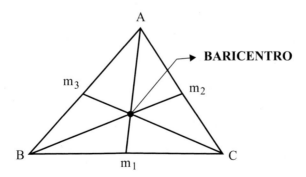

Todo triângulo possui 3 medianas, e elas sempre concorrem em um mesmo ponto. Esse ponto chama-se **baricentro**.

c) Bissetriz Interna

A bissetriz interna apenas divide o ângulo interno de um triângulo em dois ângulos congruentes.

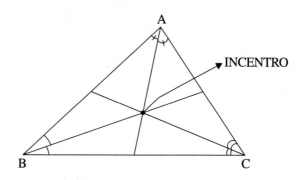

Todo triângulo possui 3 bissetrizes internas, e elas sempre concorrem em um mesmo ponto. Esse ponto chama-se **incentro**.

10.1.4) Lei angular de Thales

"A soma dos ângulos internos de um triângulo é igual a $180°$."

Demonstração:

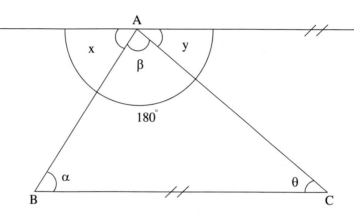

Traçando-se a reta r paralela ao lado $\overline{BC}$, temos que: $\alpha = x$ e $\theta = y$, pois são ângulos alternos internos; como $x + \beta + y = 180°$, temos que:

$$\boxed{\alpha + \beta + \theta = 180°}$$

10.1.5) Teorema do ângulo externo de um triângulo

"A medida do ângulo externo de um triângulo é igual a soma das medidas dos ângulos internos não adjacentes a ele."

Demonstração:

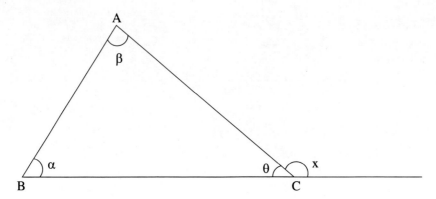

No triângulo ABC temos: $\alpha + \beta + \theta = 180°$ (Lei de Thales). Como $x + \theta = 180°$, vem: $x + \theta = \alpha + \beta + \theta$, ou ainda:

$$\boxed{x = \alpha + \beta.}$$

10.2) Quadriláteros

10.2.1) Paralelogramo

É todo quadrilátero que possui os seus lados opostos paralelos e conseqüentemente congruentes.

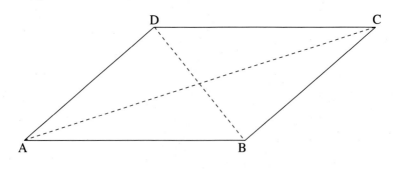

$$\boxed{\begin{array}{c}\overline{AB} \ // \ \overline{CD} \text{ e } \overline{AD} \ // \ \overline{BC} \\ \overline{AB} = \overline{CD} \text{ e } \overline{AD} = \overline{BC}\end{array}}$$

* **Propriedades do Paralelogramo**

a. Os ângulos opostos são congruentes.

$$\widehat{A} = \widehat{C} \quad \text{e} \quad \widehat{B} = \widehat{D}$$

b. Dois ângulos consecutivos são suplementares.

$$\widehat{A} + \widehat{B} = 180° \quad \text{e} \quad \widehat{A} + \widehat{D} = 180°$$

c. As diagonais interceptam-se ao meio.

10.2.2) Retângulo
É o paralelogramo que possui os quatro ângulos retos.

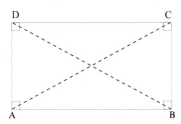

* As diagonais do retângulo são congruentes $(\overline{AC} = \overline{BD})$.

10.2.3) Losango

É o paralelogramo que possui os quatro lados congruentes.

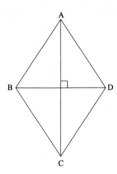

* As diagonais do losango são perpendiculares e são as bissetrizes de seus ângulos internos.

10.2.4) Quadrado

É o paralelogramo que possui os quatro lados e os quatro ângulos congruentes.

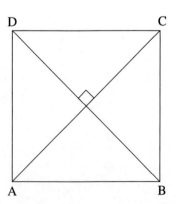

* As diagonais do quadrado são congruentes e perpendiculares.

$$\overline{AC} = \overline{BD} \quad \text{e} \quad \overline{AC} \perp \overline{BD}$$

10.2.5) Trapézio

É o quadrilátero que possui apenas dois lados paralelos, que são as suas bases.

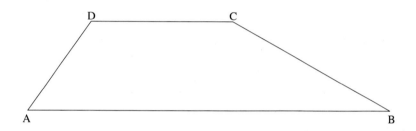

$$\overline{AB} // \overline{CD} - \text{são as bases do trapézio.}$$

* **Trapézio isósceles**

É o trapézio cujos lados oblíquos são congruentes e, conseqüentemente, os ângulos das bases são congruentes.

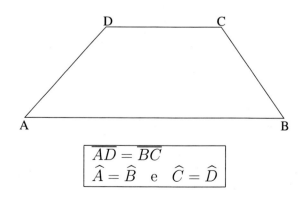

$$\overline{AD} = \overline{BC}$$
$$\widehat{A} = \widehat{B} \quad \text{e} \quad \widehat{C} = \widehat{D}$$

* **Trapézio retângulo**

    É o trapézio que possui um dos lados oblíquos perpendicular às bases.

    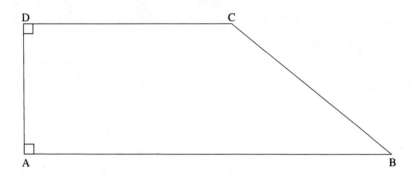

* **Base média de um triângulo**

    O segmento que liga os pontos médios de dois lados de um triângulo chama-se base média do triângulo e a sua medida é igual à metade da medida do lado que lhe é paralelo.

    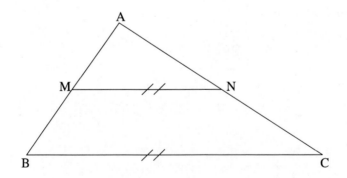

    $$\overline{MN} = \frac{\overline{BC}}{2}$$

* Base média de um trapézio

O segmento que liga os pontos médios dos lados oblíquos de um trapézio chama-se base média do trapézio, e tem por medida a semi-soma das medidas das bases:

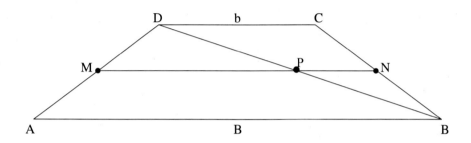

Do $\triangle ABD$, temos: $\overline{MP} = \dfrac{B}{2}$

Do $\triangle BCD$, temos: $\overline{PN} = \dfrac{b}{2}$

$\overline{MN} = \overline{MP} + \overline{PN}$, logo: $\overline{MN} = \dfrac{B}{2} + \dfrac{b}{2}$, ou ainda:

$$\overline{MN} = \dfrac{B+b}{2}$$

* **Mediana de Euler de um trapézio**

O segmento que liga os pontos médios das diagonais de um trapézio chama-se mediana de Euler, e tem por medida a semidiferença das medidas das bases.

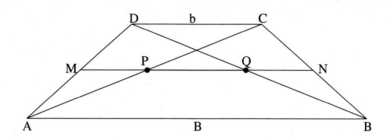

$$\text{Do } \triangle ABC, \text{ temos: } \overline{PN} = \frac{B}{2}$$
$$\text{Do } \triangle BCD, \text{ temos: } \overline{QN} = \frac{b}{2}$$
$$\overline{PQ} = \overline{PN} - \overline{QN}$$
$$\overline{PQ} = \frac{B}{2} - \frac{b}{2}, \text{ ou ainda:}$$

$$\overline{PQ} = \frac{B-b}{2}$$

10.3) Polígonos

10.3.1) Linha poligonal

É a linha formada por segmentos de retas consecutivos e não colineares. Uma linha poligonal pode ser aberta ou fechada.

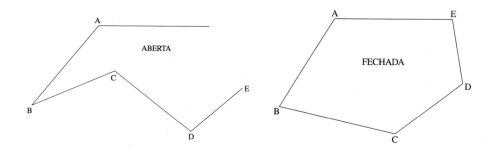

10.3.2) Polígono

É a figura plana formada por uma linha poligonal fechada.

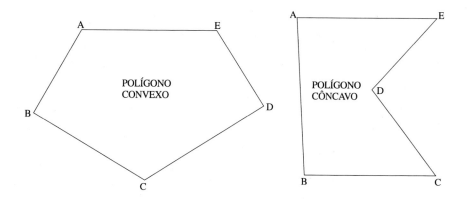

10.3.3) Diagonal

É o segmento de reta que liga dois vértices não consecutivos de um polígono convexo.

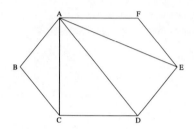

* $\overline{AC}$, $\overline{AD}$ e $\overline{AE}$ são as diagonais que partem do vértice A.

10.3.4) Número de diagonais de um polígono

Em um polígono de n lados ou n vértices, podemos traçar de cada vértice $(n-3)$ diagonais. Como são n vértices, e cada diagonal liga dois vértices, temos que o número total de diagonais de um polígono é:

$$\boxed{D = \frac{n(n-3)}{2}}$$

Exemplo: O número de diagonais de um polígono convexo de 6 lados é dado por:

$$D = \frac{6(6-3)}{2} = \frac{6 \times 3}{2} = \frac{18}{2} = 9.$$

Resposta: 9

* O número de diagonais que passam pelo centro de um polígono regular (lados e ângulos congruentes), com um número par de lados, é igual à metade do número de lados.

10.3.5) Nomenclatura dos polígonos

De acordo com o número de lados, os polígonos são chamados de:

3 lados	– triângulo	9 lados	–	eneágono
4 lados	– quadrilátero	10 lados	–	decágono
5 lados	– pentágono	11 lados	–	undecágono
6 lados	– hexágono	12 lados	–	dodecágono
7 lados	– heptágono	15 lados	–	pentadecágono
8 lados	– octógono	20 lados	–	icoságono

10.3.6) Soma dos ângulos internos

Quando traçamos as diagonais que partem de um dos vértices de um polígono convexo de n lados, nós dividimos esse polígono em $(n-2)$ triângulos.

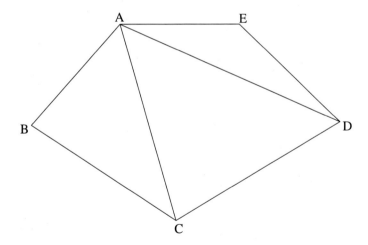

Como cada triângulo tem soma dos ângulos internos igual a 180°, a soma de todos os ângulos internos do polígono é dada por:

$$S_i = 180°(n-2)$$

* Para polígonos equiângulos, podemos obter a medida de cada ângulo interno por:

$$A_i = \frac{180°(n-2)}{n}$$

10.3.7) Soma dos ângulos externos

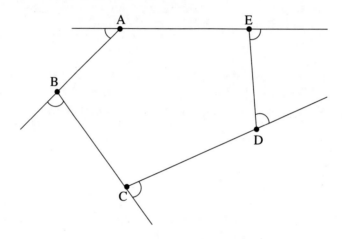

A soma do ângulo interno com o ângulo externo em cada vértice é igual a 180°.

$$A_{\text{int}} + A_{\text{ext}} = 180°$$

em n vértices temos:
$S_i + S_E = 180°n$
$180°(n-2) + S_E = 180°n$
ou seja: a soma dos ângulos externos de um polígono é 360°.

$$\Rightarrow \boxed{S_E = 360°}$$

* Para polígonos equiângulos, podemos obter a medida de cada ângulo externo por:

$$A_E = \frac{360°}{n}$$

QUESTÕES RESOLVIDAS

1. Os lados de um polígono regular de n lados, $n > 4$ são estendidos para se formar uma estrela. Prove que os ângulos em cada ponta da estrela valem $\dfrac{180°(n-4)}{n}$.

Resolução:

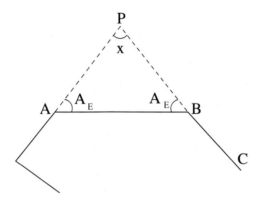

$$x + A_E + A_E = 180° (\Delta\, ABP)$$

$$x = 180° - 2A_E, \text{ mas } A_E = \dfrac{360°}{n}$$

$$x = 180° - 2 \cdot \dfrac{360°}{n} = \dfrac{180°n - 720°}{n}$$

Resposta: $\boxed{x = \dfrac{180°(n-4)}{n}}$

2. Prove que num triângulo ABC, o ângulo formado entre as bissetrizes internas de $\widehat{B}$ e $\widehat{C}$ é igual a $90° + \dfrac{\widehat{A}}{2}$.

Resolução:

$\Delta PBC \to x + b + c = 180°$ ①

$\Delta ABC \to \widehat{A} + 2b + 2c = 180°$

$2b + 2c = 180° - \widehat{A}$

$b + c = 90° - \dfrac{\widehat{A}}{2}$ ②

Substituindo ① e ② vem:

$x + 90° - \dfrac{\widehat{A}}{2} = 180° \Rightarrow$ **Resposta:** $\boxed{x = 90° + \dfrac{\widehat{A}}{2}}$

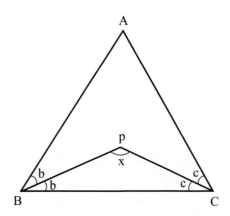

3. Determine os valores inteiros de x para que o triângulo da figura abaixo exista.

Unidade 10 - *Triângulos-Quadriláteros-Polígonos* | 429

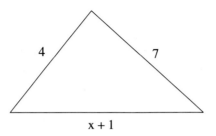

Resolução:
Das condições de existência de um triângulo, temos:

$$\begin{cases} x+1 < 7+4 \\ x+1 > 7-4 \end{cases} \qquad \begin{cases} x < 10 \\ x > 2 \end{cases}$$

Resposta: $x \in \{3, 4, 5, 6, 7, 8, 9\}$

4. No triângulo ABC, da figura abaixo, a bissetriz interna de $\widehat{B}$ encontra a bissetriz externa de $\widehat{C}$ em P. Prove que a medida do ângulo $B\widehat{A}C$ é o dobro da medida do ângulo $B\widehat{P}C$.

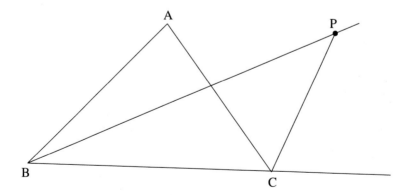

Resolução:

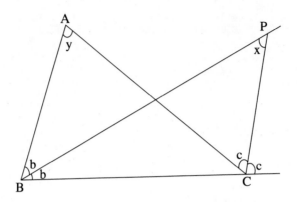

Sejam $B\hat{A}C = y$ e $B\hat{P}C = x$.

Do $\triangle PBC$, c é ângulo externo. Logo: $c = x + b$ e $2c$ é o ângulo externo do $\triangle ABC$, logo:
$2c = 2b + y$

$$2(x+b) = 2b + y \Rightarrow 2x + \cancel{2b} = \cancel{2b} + y \Rightarrow \underline{y = 2x \text{ ou } B\hat{A}C = 2B\hat{P}C}.$$

5. Na figura, os segmentos $\overline{AB}$ e $\overline{CD}$ são paralelos e o ângulo $\hat{D}$ vale o dobro do ângulo $\hat{B}$. Calcule o segmento $\overline{AB}$, sabendo-se que $\overline{AD} = 6cm$ e $\overline{CD} = 4cm$.

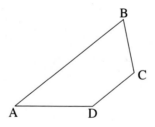

Resolução:

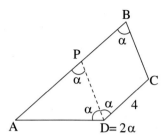

Traçando-se $\overline{DP}$ paralelo a $\overline{BC}$, obtém-se o paralelogramo $BCDP$, então $\overline{PB} = \overline{CD} = 4$. Os ângulos $\widehat{B}$ e $\widehat{P}$ são congruentes, pois são correspondentes e, conseqüentemente, o $\triangle APD$ é isósceles.
Logo: $\overline{AP} = \overline{AD} = 6$ e
$\overline{AB} = 6 + 4 \Rightarrow \boxed{\overline{AB} = 10cm}$.

6. Se 10 diagonais passam pelo centro de um polígono regular, quantas não passam pelo centro do referido polígono.

Resolução:
O número de diagonais que passam pelo centro de um polígono regular de n lados é $\dfrac{n}{2}$ para n par, logo:

$$\frac{n}{2} = 10 \Rightarrow n = 20$$

Número total de diagonais $= \dfrac{n(n-3)}{2} = \dfrac{20(20-3)}{2} = 170$ então, não passam pelo centro $170 - 10 = \boxed{160 \text{ diagonais.}}$

7. Na figura, determine a medida do ângulo x em função de y.

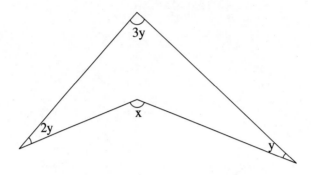

Resolução:

Dividindo a figura em dois triângulos, temos

$$z = 3y + 2y \Rightarrow z = 5y \quad \text{e}$$
$$x = z + y \Rightarrow x = 5y + y \Rightarrow \boxed{x = 6y}$$

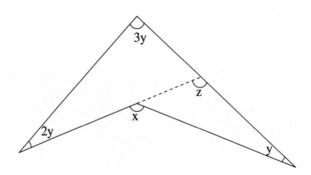

8. Achar a soma dos ângulos internos de um polígono convexo, sabendo que

Unidade 10 - *Triângulos-Quadriláteros-Polígonos* | 433

o número de diagonais desse polígono é o triplo do número de lados.

Resolução:

$$S_i = 180(n-2) = ?$$
$$D = 3n$$
$$\frac{\not{n}(n-3)}{2} = 3\not{n} \Rightarrow n - 3 = 6 \Rightarrow n = 9$$
$$S_i = 180°(9-2)$$
$$S_i = 180° \times 7$$
$$\boxed{S_i = 1260°}$$

QUESTÕES PROPOSTAS

1. (PUC-SP) Na figura abaixo, $a = 100°$ e $b = 110°$. Quanto mede o ângulo x?

  a) $30°$
  b) $50°$
  c) $80°$
  d) $100°$
  e) $220°$

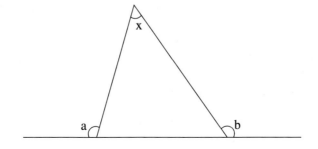

2. (UFMG) Os ângulos α e β da figura medem:

a) $\alpha = 20°$ e $\beta = 30°$
b) $\alpha = 30°$ e $\beta = 20°$
c) $\alpha = 60°$ e $\beta = 20°$
d) $\alpha = 20°$ e $\beta = 20°$
e) $\alpha = 10°$ e $\beta = 20°$

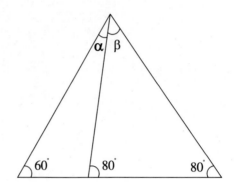

3. (FUVEST) Na figura $\overline{AB} = \overline{BD} = \overline{CD}$. Então:

a) $y = 3x$
b) $y = 2x$
c) $x + y = 80$
d) $x = y$
e) $3x = 2y$

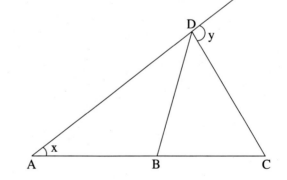

4. Dois lados de um triângulo isósceles medem 5 cm e 12 cm. Então, a medida do terceiro lado é:
  a) 5cm
  b) 12cm
  c) 5cm ou 12cm
  d) 17cm
  e) 7cm

5. Considere todos os triângulos de perímetro 15m. Nenhum deles pode ter

lado igual a:
 a) 8m
 b) 7m
 c) 5m
 d) 4m
 e) 6m

6. Se $S = a + b + c$, considerando a figura abaixo, podemos afirmar que S é igual a:

 a) $60°$
 b) $120°$
 c) $140°$
 d) $160°$
 e) $180°$

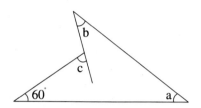

7. (UERJ) Dispondo de canudos de refrigerantes, Tiago deseja construir pirâmides. Para as arestas laterais, usará sempre canudos com 8cm, 10cm e 12cm de comprimento. A base de cada pirâmide será formada por 3 canudos que têm a mesma medida, expressa por um número, inteiro, diferente dos anteriores. Veja o modelo a seguir: A quantidade de pirâmides de bases diferentes

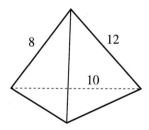

que Tiago poderá construir é:
 a) 10
 b) 9
 c) 8
 d) 7

436 | *Matemática no Vestibular*

8. Em um triângulo, a mediana relativa à hipotenusa faz com ela um ângulo de 40°. A diferença entre os ângulos agudos do triângulo é:
   a) 30°
   b) 40°
   c) 45°
   d) 50°
   e) 55°

9. Na figura, os triângulos $A\widehat{B}M$ e $B\widehat{C}P$ são equiláteros e $ABCD$ é um quadrado. Calcule o ângulo α.

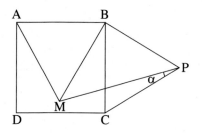

   a) 24°
   b) 22°
   c) 15°
   d) 45°
   e) 30°

10. (**FUVEST**) No retângulo a seguir, o valor, em graus, de $\alpha + \beta$ é
    a) 50
    b) 90
    c) 120
    d) 130
    e) 220

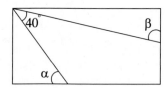

11. (**UFF**) O triângulo MNP é tal que $\widehat{M} = 80°$ e $\widehat{P} = 60°$. A medida do ângulo formado pela bissetriz do ângulo interno $\widehat{N}$ com a bissetriz do ângulo

externo $\widehat{P}$ é:
a) $20°$
b) $30°$
c) $40°$
d) $50°$
e) $60°$

12. Na figura a seguir temos:

a) $x = 2a + 3b + 4c$

b) $x = a + b + c$

c) $x = a + b - c$

d) $x = a - b + c$

e) $x = a - b + c$

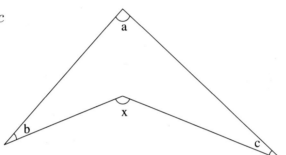

13. A soma dos ângulos assinalados na figura é:

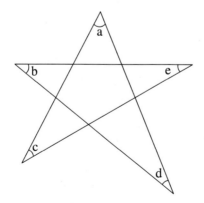

a) $720°$
b) $540°$

c) 360°
d) 270°
e) 180°.

14. Na figura, a soma dos ângulos assinalados é:

a) 720°
b) 540°
c) 360°
d) 270°
e) 180°

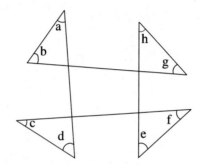

15. Na figura, a soma dos ângulos assinalados é:

a) 720°
b) 540°
c) 360°
d) 270°
e) 180°

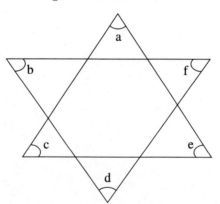

16. (U.C. SALVADOR) No triângulo retângulo ABC, representado na figura abaixo, $\overline{AH}$ é a altura relativa à hipotenusa e $\overline{AM}$ é mediana. Nestas condições, a medida x do ângulo assinalado é:

a) 55°

b) 65°

c) 70°

d) 75°

e) 80°

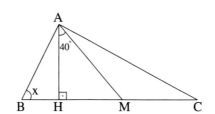

17. Na figura, $\overline{AB} = \overline{AC}$ e $\overline{AD} = \overline{DB} = \overline{BC}$. A medida do ângulo x é:

a) 54°

b) 48°

c) 42°

d) 36°

e) 32°

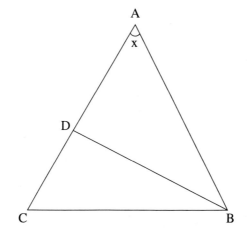

18. Na figura $\overline{AB} = \overline{AC}$ e $\overline{CD} = \overline{CE}$. Então, a medida do ângulo x é igual a:

a) $3y$

b) $2y$

c) $\dfrac{3y}{2}$

d) $\dfrac{2y}{3}$

e) $4y$

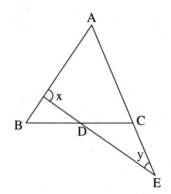

19. A afirmativa "um quadrado foi subdividido em n quadrados congruentes" acarreta que:
   a) n pode ser 12
   b) n não pode ser par
   c) n não pode ser ímpar
   d) n pode ser 36
   e) n pode ser 29

20. (UFMG) Sobre figuras planas, é correto afirmar que:

a) um quadrilátero convexo é um retângulo se os lados opostos têm comprimentos iguais

b) um quadrilátero que tem suas diagonais perpendiculares é um quadrado

c) um trapézio que tem dois ângulos consecutivos congruentes é isósceles

d) um triângulo equilátero é também isósceles

e) um triângulo retângulo é aquele cujos ângulos são retos

21. (UNIRIO) Q, T, P, L, R e D denotam, respectivamente, o conjuntos dos quadriláteros, dos trapézios, dos paralelogramos, dos losangos, dos

retângulos e dos quadrados. De acordo com a relação de inclusão entre esses conjuntos, a alternativa verdadeira é:
a) $D \subset R \subset L \subset P$
b) $D \subset L \subset P \subset Q$
c) $Q \subset P \subset L \subset D$
d) $T \subset P \subset Q \subset R \subset D$
e) $Q \subset T \subset P \subset L \subset R \subset D$

22. (PUC-SP) Sendo
$A = \{x \mid x$ é quadrilátero$\}$
$B = \{x \mid x$ é quadrado$\}$
$C = \{x \mid x$ é retângulo$\}$
$D = \{x \mid x$ é losango$\}$
$E = \{x \mid x$ é trapézio$\}$
$F = \{x \mid x$ é paralelogramo$\}$
então vale a relação
a) $A \supset D \supset E$
b) $A \supset F \supset D \supset B$
c) $F \subset D \subset A$
d) $A \supset F \supset B \supset C$
e) $B \subset D \subset A \subset E$

23. Na figura, $ABCD$ é um quadrado e AMB um triângulo equilátero. Determine a medida do ângulo $A\widehat{M}D$.

a) 75°

b) 68°

c) 60°

d) 48°

e) 50°

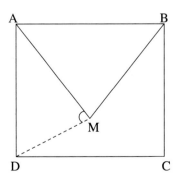

24. (UNIFICADO) No quadrilátero $ABCD$ da figura a seguir, são traçadas as bissetrizes $\overline{CM}$ e $\overline{BN}$, que formam entre si o ângulo α. A soma dos ângulos internos A e D desse quadrilátero corresponde a:

a) 3α
b) 2α
c) α.
d) $\dfrac{\alpha}{2}$
e) $\dfrac{\alpha}{4}$

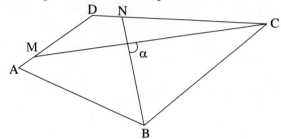

25. (FUVEST) Na figura abaixo, os ângulos $\hat{a}$, $\hat{b}$, $\hat{c}$ e $\hat{d}$ medem, respectivamente, $\dfrac{x}{2}$, $2x$, $\dfrac{3x}{2}$ e x. O ângulo e é reto. Qual a medida do ângulo f?

a) $16°$
b) $18°$
c) $20°$
d) $22°$
e) $24°$

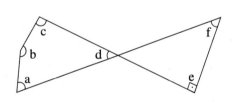

26. (CESGRANRIO) As bases $\overline{MQ}$ e $\overline{NP}$ de um trapézio medem 42cm e 112cm, respectivamente. Se o ângulo $M\hat{Q}P$ é o dobro do ângulo $P\hat{N}M$, então o lado $\overline{PQ}$ mede:

a) 154cm
b) 133cm
c) 91cm
d) 77cm
e) 70cm

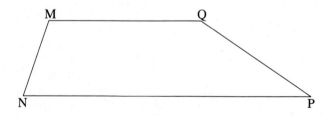

27. Na figura $\overline{AD} = \overline{DC} = \overline{CB}$ e $\overline{BD} = \overline{BA}$. A medida do ângulo $\widehat{A}$ do trapézio $ABCD$ mede:

a) 30°
b) 36°
c) 72°
d) 48°
e) 80°

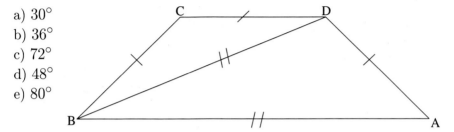

28. Na figura, $\overline{BC} = \overline{AC}$ e $ACDE$ é um quadrado. A medida do ângulo α é:

a) 45°
b) 48°
c) 50°
d) 56°
e) 60°

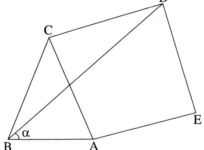

29. A base maior de um trapézio isósceles mede 15, e os lados oblíquos medem 6. Qual dos conjuntos abaixo é o conjunto dos valores que a base menor pode assumir para que exista o trapézio?

a) entre 6 e 24
b) entre 0 e 24
c) entre 0 e 15
d) entre 10 e 15
e) entre 3 e 15

30. Em um trapézio, as diagonais dividem a base média em segmentos proporcionais a 2, 1 e 2. A razão entre as bases do trapézio é:

a) $\dfrac{1}{2}$

b) $\dfrac{1}{3}$

c) $\dfrac{2}{3}$

d) $\dfrac{3}{4}$

e) $\dfrac{4}{5}$

31. Na figura, $ABCD$ é um paralelogramo. Considere:

a) $\overline{AP}$ bissetriz de $\widehat{A}$, $\overline{BP}$ bissetriz de $\widehat{B}$ e $\overline{CQ}$ bissetriz de $\widehat{C}$

b) M e N pontos médios, respectivamente, de $\overline{AB}$ e $\overline{BC}$

c) $\overline{PM} = 5$cm e $\overline{QN} = 3$cm

O perímetro do paralelogramo $ABCD$ é igual a:

a) 48cm

b) 46cm

c) 40cm

d) 36cm

e) 32cm

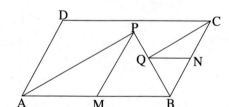

Unidade 10 - *Triângulos-Quadriláteros-Polígonos* | 445

32. Na figura, $ABCD$ é retângulo, M é o ponto médio de $\overline{CD}$ e o triângulo ABM é equilátero. Sendo $\overline{AB} = 15$, calcule $\overline{AP}$.

a) 6

b) 7

c) 10

d) 12

e) 13

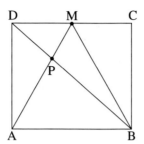

33. Ligando-se os pontos médios dos lados de um quadrilátero convexo de diagonais 6 e 8, obtém-se um outro quadrilátero convexo de perímetro:

a) 7

b) 10

c) 12

d) 14

e) 16

34. Na figura, $\overline{AD} = \overline{AE}$ e $\overline{CF} = \overline{CE}$. A medida do ângulo α é:

a) $45°$

b) $30°$

c) $20°$

d) $36°$

e) $60°$

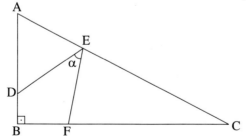

446 | *Matemática no Vestibular*

35. Da figura, sabe-se que:

1) $r // s$

2) $\overline{AM} = \overline{AP}$

3) $\overline{BM} = \overline{PQ}$

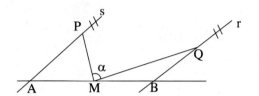

Então, α vale:
  a) $90°$
  b) $100°$
  c) $80°$
  d) É variável
  e) Faltam dados

36. Um ponto A qualquer é considerado sobre o lado OX do ângulo $X\hat{O}Y$ da figura.

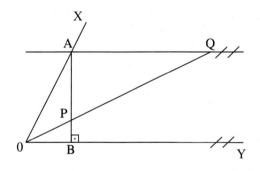

Traçamos, então:
1) $\overline{AB} \perp OY$
2) $\overline{AQ} // OY$
3) $\overline{OPQ}$ tal que $\overline{PQ} = 2\overline{OA}$

Se $P\hat{O}B = 26°$, $X\hat{O}Y$ mede:
  a) $61°$
  b) $66°$

Unidade 10 - *Triângulos-Quadriláteros-Polígonos* | 447

c) 72°
d) 78°
e) 80°

37. O polígono regular cuja soma dos ângulos internos é 900° é o:
a) hexágono
b) heptágono
c) octógono
d) eneágono
e) decágono

38. Qual o número de diagonais de um polígono regular cujo ângulo externo mede 36° ?
a) 9
b) 14
c) 20
d) 27
e) 35

39. Qual o polígono regular cuja soma dos ângulos internos é igual à soma dos ângulos externos?
a) quadrado
b) pentágono
c) hexágono
d) decágono
e) icosábono

40. Se 20 diagonais passam pelo centro de um polígono regular, quantas não passam?
a) 10
b) 40
c) 180
d) 720
e) 1080

41. (ITA) A soma das medidas dos ângulos internos de um polígono regular é 2160°. Então o número de diagonais desse polígono, que não passam pelo

448 | *Matemática no Vestibular*

centro da circunferência que o circunscreve, é:
- a) 50
- b) 60
- c) 70
- d) 80
- e) 90

42. (ITA) O número de diagonais de um polígono regular de $2n$ lados, que não passam pelo centro da circunferência circunscrita a esse polígono, é dado por:
- a) $2n(n-2)$
- b) $2n(n-1)$
- c) $2n(n-3)$
- d) $\dfrac{n(n-5)}{2}$
- e) $n.d.a.$

43. O polígono regular convexo cujo ângulo interno é $\dfrac{7}{2}$ do seu ângulo externo é o:
- a) icoságono
- b) dodecágono
- c) decágono
- d) eneágono
- e) octógono

44. A medida em graus do ângulo interno de um polígono regular é um número inteiro. O número de polígonos não semelhantes que possuem essa propriedade é:
- a) 16
- b) 18
- c) 20
- d) 22
- e) 24

45. A moldura de um retrato é formada por trapézios congruentes, como está representado na figura abaixo. A moldura dá uma volta completa em torno do retrato. Quantos trapézios formam essa moldura?

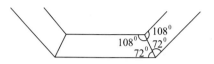

a) 20
b) 15
c) 13
d) 12
e) 10

46. (CESGRANRIO) No pentágono regular $ABCDE$, mostrado na figura, o ângulo $\widehat{ADB}$ mede:

a) $30°$
b) $36°$
c) $45°$
d) $60°$
e) $72°$

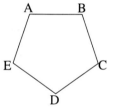

47. No paralelogramo $ABCD$, as distâncias de A, B e C a uma reta exterior que contém D são, respectivamente, a, b e c. Prove que $b = a + c$.

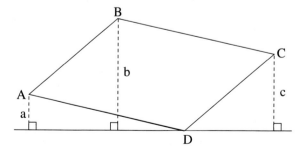

48. Na figura, M é o ponto médio do lado $\overline{BC}$, $\overline{AN}$ bissetriz do ângulo $B\widehat{A}C$ e $\overline{BN}$ perpendicular a $\overline{AN}$. Se $\overline{AB} = 14$ e $\overline{AC} = 20$, calcule o comprimento do segmento $\overline{MN}$.

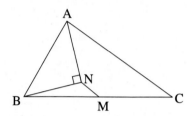

49. Em um triângulo ABC, seja D o pé da bissetriz interna de $\widehat{A}$. Traça-se $\overline{DE}$ paralela à $\overline{AB}$ e $\overline{EF}$ paralela à $\overline{BC}$. Calcule $\overline{AE}$ sabendo que $\overline{BF}$ vale 3cm.

50. (VUNESP) Seja ABC um triângulo isósceles cuja base $\overline{BC}$ é menor que cada um dos outros dois lados. Provar que a medida do ângulo $B\widehat{A}C$ é menor que 60°.

51. Na figura, $AM = AN$, $ABC = \alpha$, $A\widehat{C}B = \beta$, $\alpha > \beta$ e as retas $\overleftrightarrow{MN}$ e $\overleftrightarrow{BC}$ interceptam-se em P.

Mostrar que $M\widehat{P}B = \dfrac{\alpha - \beta}{2}$.

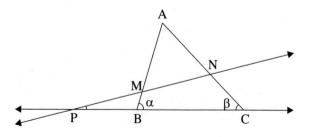

52. Prolongam-se os lados $\overline{AB}$ e $\overline{AC}$ de um triângulo ABC de segmentos $AD = AB$ e $AE = AC$. Une-se o vértice A aos pontos médios M e N dos

segmentos $\overline{BC}$ e $\overline{DE}$, respectivamente. Provar que:
a) $BC = DE$
b) $AM = AN$
c) os pontos M, A e N são colineares.

53. (FUVEST) Na figura abaixo $AB = AC$, $CB = CD$ e $\hat{A} = 36°$.

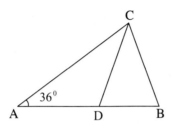

a) Calcular os ângulos $D\hat{C}B$ e $A\hat{D}C$.
b) Provar que $AD = BC$.

54. As dimensões do triângulo ABC são $\overline{AB} = 10$, $\overline{AC} = 15$ e $\overline{BC} = 18$. Calcule o perímetro do triângulo AMN, sabendo-se que MN é paralelo a $\overline{BC}$, $\overline{OB}$ é a bissetriz do ângulo $\hat{B}$ e $\overline{OC}$ é bissetriz do ângulo $\hat{C}$.

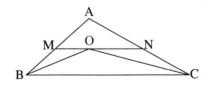

55. (UFRJ) Os ângulos internos de um quadrilátero convexo estão em progressão aritmética de razão igual a $20°$. Determine o valor do maior ângulo desse quadrilátero.

56. (FUVEST) Em um trapézio isósceles, a altura é igual à base média. Determinar o ângulo que a diagonal forma com a base.

57. (UNICAMP) Mostrar que em qualquer quadrilátero convexo o quociente do perímetro pela soma das diagonais é maior que 1 e menor que 2.

58. (UFRJ) Em uma mesa de bilhar, uma bola está situada no ponto P, a 30cm do menor lado da mesa e a 10cm do maior. Teixeirinha, em uma exibição, dá uma tacada em que a bola, após três tabelas, volta ao ponto P, percorrendo o caminho $PABCP$, conforme a figura abaixo. Em cada tabela, o ângulo de incidência é igual ao de reflexão. Calcule a distância BO.

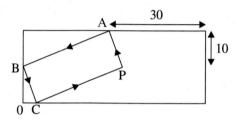

59. No quadrilátero $ABCD$, temos $AD = \overline{BC} = 2$ e o prolongamento desses lados forma um ângulo de $60°$.

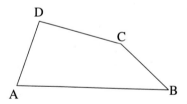

a) Indicando por A, B, C e D, respectivamente, as medidas dos ângulos internos do quadrilátero de vértice A, B, C e D, calcule $A + B$ e $C + D$.

b) Sejam J o ponto médio de $\overline{DC}$, M o ponto médio de $\overline{AC}$ e N o ponto médio de $\overline{BD}$. Calcule $\overline{JM}$ e $\overline{JN}$.

c) Calcule a medida do ângulo $M\widehat{J}N$.

60. (E.F.E. ITAJUBÁ) Achar dois polígonos regulares cuja razão entre os ângulos internos é $\dfrac{3}{5}$ e a razão entre o número de lados é $\dfrac{1}{3}$.

Unidade 10 - *Triângulos-Quadriláteros-Polígonos* | 453

61. A soma dos $(n-1)$ ângulos internos de um polígono regular convexo é $600°$. Determine o número de diagonais que não passam pelo centro do referido polígono.

Gabarito das questões propostas

Questão 1 - Resposta: a) $30°$
Questão 2 - Resposta: d) $\alpha = 30°$ e $\beta = 20°$
Questão 3 - Resposta: a) $y = 3x$
Questão 4 - Resposta: b) 12 cm
Questão 5 - Resposta: a) 8 m
Questão 6 - Resposta: b) $120°$
Questão 7 - Resposta: a) 10
Questão 8 - Resposta: d) $50°$
Questão 9 - Resposta: c) $15°$
Questão 10 - Resposta: d) 130
Questão 11 - Resposta: c) $40°$
Questão 12 - Resposta: b) $x = a + b + c$
Questão 13 - Resposta: e) $180°$
Questão 14 - Resposta: c) $360°$
Questão 15 - Resposta: c) $360°$
Questão 16 - Resposta: b) $65°$
Questão 17 - Resposta: d) $36°$
Questão 18 - Resposta: a) $3y$
Questão 19 - Resposta: d) n não pode ser 36
Questão 20 - Resposta: d) um triângulo equilátero é também isósceles
Questão 21 - Resposta: b) $D \subset L \subset P \subset Q$
Questão 22 - Resposta: b) $A \supset F \supset D \supset B$
Questão 23 - Resposta: a) $75°$
Questão 24 - Resposta: b) 2α
Questão 25 - Resposta: b) $18°$
Questão 26 - Resposta: e) 70 cm
Questão 27 - Resposta: c) $72°$
Questão 28 - Resposta: a) $45°$

454 | *Matemática no Vestibular*

Questão 29 - Resposta: e) entre 3 e 15

Questão 30 - Resposta: c) $\dfrac{2}{3}$

Questão 31 - Resposta: e) 32 cm

Questão 32 - Resposta: c) 10

Questão 33 - Resposta: d) 14

Questão 34 - Resposta: a) $45°$

Questão 35 - Resposta: a) $90°$

Questão 36 - Resposta: d) $78°$

Questão 37 - Resposta: b) heptágono

Questão 38 - Resposta: e) 35

Questão 39 - Resposta: a) quadrado

Questão 40 - Resposta: d) 720

Questão 41 - Resposta: c) 70

Questão 42 - Resposta: a) $2n(n-2)$

Questão 43 - Resposta: d) eneágono

Questão 44 - Resposta: d) 22

Questão 45 - Resposta: e) 10

Questão 46 - Resposta: b) $36°$

Questão 47 - Resposta: b) Demonstração

Questão 48 - Resposta: 3

Questão 49 - Resposta: 3 cm

Questão 50 - Resposta: Demosntração

Questão 51 - Resposta: Demonstração

Questão 52 - Resposta: Demonstração

Questão 53 - Resposta: a) $D\widehat{C}B = 36°$ e $A\widehat{D}C = 108°$ b) Demonstração

Questão 54 - Resposta: 25

Questão 55 - Resposta: $120°$

Questão 56 - Resposta: $45°$

Questão 57 - Resposta: Demonstração

Questão 58 - Resposta: 10 cm

Questão 59 - Resposta: a) $120°$ e $240°$ b) $\overline{JM} = 1$ e $\overline{JN} = 1$ c) $60°$

Questão 60 - Resposta: quadrado e dodecágono

Questão 61 - Resposta: 6

UNIDADE 11

CÍRCULOS

SINOPSE TEÓRICA

11.1) Circunferência

É o lugar geométrico dos pontos de um plano equidistantes de um ponto fixo. Esse ponto fixo é o centro da circunferência.

A distância do centro O a qualquer ponto da circunferência é constante, e é chamada de raio da circunferência.

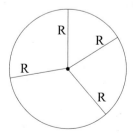

11.2) Círculo

O círculo é a união de todos os pontos da circunferência com o seu interior. Embora existam circunferências que não são de círculos, como, por exemplo, a da elipse, quando falamos circunferência, estamos falando de circunferência de círculo.

Ou seja, circunferência é a linha que limita o círculo.

11.3) Elementos do círculo

a) **Corda** → é o segmento de reta que une dois pontos da circunferência.

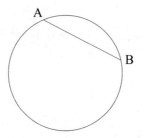

$$\overline{AB} \;\rightarrow\; \text{corda}$$

b) **Diâmetro** → é a maior corda que podemos traçar em uma circunferência.

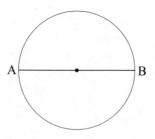

$$\overline{AB} = 2R \;\;(\text{diâmetro})$$

c) **Setor circular** → é a porção do círculo limitada por dois raios e o arco que localiza-se entre eles.

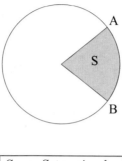

$\boxed{S \;\to\; \text{Setor circular}}$

d) **Segmento circular** → é a porção do círculo limitada por uma corda e um arco que a corda subtende.

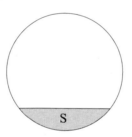

$\boxed{s \;\to\; \text{segmento circular}}$

11.4) Posições relativas entre reta e circunferência

Se uma reta e uma circunferência estão em um mesmo plano, a reta pode ser secante, tangente ou exterior à essa circunferência, como mostra a figura.

s – secante

t – tangente

r – exterior

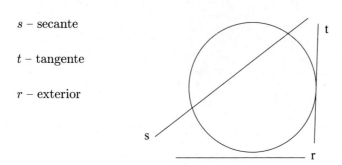

11.5) Teorema

De um ponto exterior a um círculo, podemos traçar duas tangentes a esse círculo e os segmentos das tangentes têm a mesma medida.

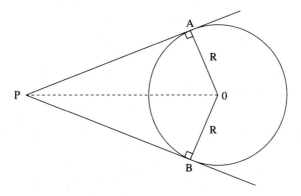

De fato, o triângulo APO é congruente ao triângulo OPB, pois $\overline{OA} = \overline{OB} = R$ e $\overline{OP}$ é comum aos dois triângulos, logo:

$$\boxed{\overline{PA} = \overline{PB}}$$

11.6) Teorema de Pitot

Para todo quadrilátero circunscrito a um círculo, tem-se que as somas das medidas dos lados opostos desse quadrilátero são iguais.

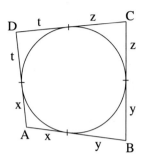

De fato: $\overline{AB} + \overline{CD} = x + y + z + t$
Como: $y + z = \overline{BC}$ e $x + t = AD$, temos que:

$$\boxed{\overline{AB} + \overline{CD} = \overline{BC} + \overline{AD}}$$

11.7) Ângulo central

É o ângulo cujo vértice é o centro do círculo. A medida de um arco de círculo é igual à medida do seu ângulo central.

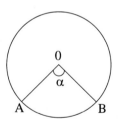

$$\boxed{\alpha = \widehat{AB}}$$

11.8) Ângulo inscrito

É o ângulo cujo vértice está na circunferência e seus lados são secantes.
A medida do ângulo inscrito é igual à metade da medida do arco que fica entre os seus lados.

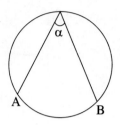

$$\alpha = \frac{\widehat{AB}}{2}$$

Vejam por quê:
ΔVOB é isósceles, então:
$O\widehat{B}V = B\widehat{V}O = \alpha$ e
$A\widehat{O}B = 2\alpha$ (ângulo externo do ΔVOB)

Então $\widehat{AB} = 2\alpha$

Logo: $\alpha = \dfrac{\widehat{AB}}{2}$

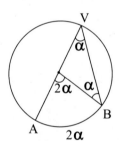

11.9) Ângulo de segmento

É o ângulo cujo vértice está na circunferência e seus lados são uma secante e uma tangente.

A medida do ângulo de segmento é igual à metade da medida do arco que fica entre os seus lados.

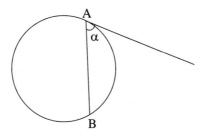

$$\alpha = \frac{\widehat{AB}}{2}$$

Vejam por quê:
$\Delta\,AOB$ é isósceles, então:
$O\widehat{A}B = O\widehat{B}A = 90° - \alpha$ e
$\widehat{O} + 90° - \alpha + 90° - \alpha =$
$= 180° \Rightarrow \widehat{O} = 2\alpha$
Conseqüentemente $\widehat{AB} = 2\alpha$.

Logo: $\alpha = \dfrac{\widehat{AB}}{2}$

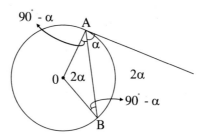

11.10) Ângulo excêntrico interno

É o ângulo formado entre duas secantes que se interceptam no interior do círculo.

A medida de um ângulo excêntrico interno é igual à semi-soma das medidas dos arcos que ficam entre seus lados e prolongamentos.

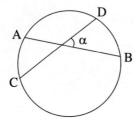

$$\alpha = \frac{\widehat{BD} + \widehat{AC}}{2}$$

Vejam por quê:
$\alpha = \beta + \theta$ (ângulo externo do $\triangle PCB$)
$2\alpha = 2\beta + 2\theta$

$2\alpha = \widehat{BD} + \widehat{AC} \Rightarrow \boxed{\alpha = \dfrac{\widehat{BD} + \widehat{AC}}{2}}$

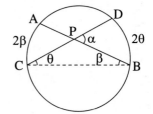

11.11) Ângulo excêntrico externo

É o ângulo que tem vértice exterior ao círculo e seus lados são secantes.

O ângulo excêntrico externo é igual à semidiferença dos arcos que ficam entre os seus lados.

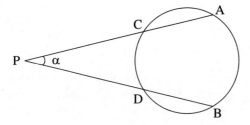

$$\alpha = \frac{\widehat{AB} - \widehat{CD}}{2}$$

Vejam por quê:

$a = b + \alpha$ (ângulo externo do $\triangle PBC$)
$2a = 2b + 2\alpha$
$\widehat{AB} = \widehat{CD} + 2\alpha$

Logo: $\boxed{\alpha = \dfrac{\widehat{AB} - \widehat{CD}}{2}}$

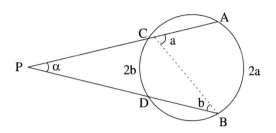

11.12) Arco capaz

Dada uma corda $\overline{AB}$ em um círculo, poderemos ver o segmento $\overline{AB}$ de qualquer ponto do arco $\widehat{AB}$ sob um mesmo ângulo α.

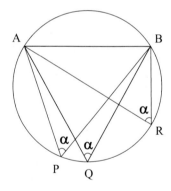

Por isso, o arco $\widehat{APQRB}$ é chamado de arco capaz do ângulo α sobre o segmento $\overline{AB}$.

11.13) Teorema

Em todo quadrilátero convexo inscrito em um círculo, a soma de seus ângulos opostos é igual a 180°.

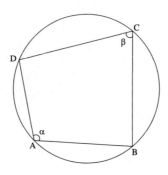

$$\alpha + \beta = 180°$$

Vejam por quê:

$$\alpha = \frac{\widehat{BCD}}{2}; \quad \beta = \frac{\widehat{BAD}}{2} \quad \text{e} \quad \widehat{BCD} + \widehat{BAD} = 360°$$

Então:

$$\alpha + \beta = \frac{\widehat{BCD}}{2} + \frac{\widehat{BAD}}{2} = \frac{360°}{2} = 180°$$

ou seja: $\boxed{\alpha + \beta = 180°}$

QUESTÕES RESOLVIDAS

1. Na figura, $\overline{AB}$, $\overline{AC}$ e $\overline{BC}$ são tangentes ao círculo em P, R e T. Calcule o perímetro do triângulo ABC, sabendo que $\overline{AP}$ mede 15cm.

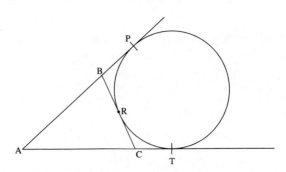

Resolução:
Fazendo $\overline{BP} = x$, temos: $\overline{BR} = x$ e $\overline{AB} = 15 - x$.
Fazendo $\overline{CT} = y$, temos: $\overline{CR} = y$ e $\overline{AC} = 15 - y$.
Logo, $2P_{ABC} = \overline{AC} + \overline{BC} + \overline{AB} = 15 - y + y + x + 15 - x = 30$.

Resposta: 30cm

2. Ache o raio do círculo inscrito em um triângulo retângulo de semiperímetro p e hipotenusa a.

Resolução:

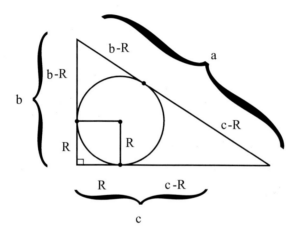

Da figura, temos:
$a = b - R + c - R$
$a = b + c - 2R$
Somando-se a aos dois membros em:
$a + a = a + b + c - 2R$
$2a = 2p - 2R$ ou $a = p - R$
$R = p - a$

Resposta: $R = p - a$

3. Um trapézio isósceles é circunscrito a um círculo e seus lados oblíquos medem x cm. Determine a medida da base média desse trapézio.

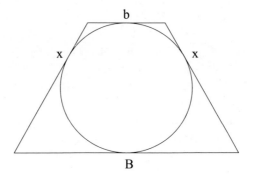

Resolução:

Base média $= \dfrac{B+b}{2}$

Mas $B + b = x + x$ (Teorema de Pitot), logo:

Base média: $\dfrac{x+x}{2} = x$

Resposta: x cm

4. Na figura, $\overline{AB}$ e $\overline{BC}$ são, respectivamente, os lados do quadrado e do triângulo equilátero inscrito no círculo. Determine a medida do ângulo α.

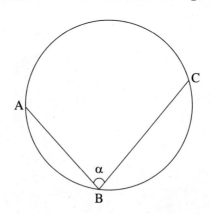

Resolução:

$$\widehat{AB} = \frac{360°}{4} = 90°, \quad \widehat{BC} = \frac{360°}{3} = 120° \quad e \quad \widehat{AC} = 2\alpha$$

logo:

$$2\alpha + 90° + 120° = 360° \Rightarrow 2\alpha = 150° \Rightarrow \alpha = 75°$$

Resposta: 75°

QUESTÕES PROPOSTAS

1. (UF-CE) Duas tangentes são traçadas a um círculo de um ponto exterior A e tocam o círculo nos pontos B e C, respectivamente. Uma terceira tangente intercepta o segmento AB em P e AC em R e toca o círculo em Q. Se $AB = 20$cm, então o perímetro do triângulo APR, em cm, é igual a:

a) 39,5

b) 40

c) 40,5

d) 41

e) 41,5

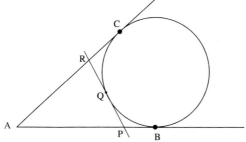

2. Na figura, $\overline{AB} = 8$, $\overline{AC} = 10$ e $\overline{BC} = 6$. A medida do segmento $\overline{BT}$ é:

a) 0,5

b) 1,0

c) 1,5

d) 2,0

e) 2,5

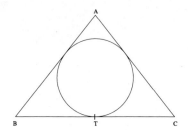

3. O triângulo ABC da figura tem perímetro 64. O valor de x é:

a) 16

b) 8

c) 1

d) 12

e) 14

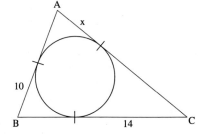

4. O valor de x, considerando que o quarilátero $ABCD$ está circunscrito ao círculo, é:

a) 1

b) 2

c) 3

d) 4

e) 5

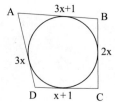

Unidade 11 - *Círculos* | 469

5. O raio do círculo inscrito em um triângulo retângulo de lados 3, 4 e 5, mede:
   a) 1,0
   b) 1,5
   c) 2,0
   d) 2,5
   e) 3,0

6. **(CESGRANRIO)** Em um círculo de raio 5 está inscrito um quadrilátero $ABCD$. Sobre a soma dos ângulos oposto $B\hat{A}D$ e $B\hat{C}D$, podemos afirmar que vale:
   a) $5 \times 180°$
   b) $3 \times 180°$
   c) $2 \times 180°$
   d) $180°$
   e) $90°$

7. **(CESGRANRIO)** Um quadrilátero convexo está inscrito em um círuclo. A soma, em radianos, dos ângulos α e β mostrados na figura é:
   a) $\dfrac{\pi}{4}$
   b) $\dfrac{\pi}{2}$
   c) π
   d) $\dfrac{3\pi}{2}$
   e) 2π

8. **(CESGRANRIO)** Na figura abaixo, AB é um diâmetro do círculo. Se o arco $\overset{\frown}{AC}$ mede $110°$, o ângulo α mede:
   a) $20°$
   b) $25°$
   c) $30°$
   d) $35°$
   e) $40°$

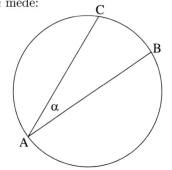

470 | *Matemática no Vestibular*

9. (UNIFICADO) Em relação à figura abaixo, considere:
(I) $\overline{AB}$ é um diâmetro da circunferência de centro O;
(II) a reta t, paralela à corda $\overline{AR}$, é tangente à circunferência no ponto T;
(III) o ângulo $B\widehat{A}R$ mede $20°$.

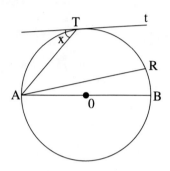

Então, a medida do ângulo x formado pela reta t e pela corda AT é
a) $25°$
b) $35°$
c) $40°$
d) $45°$
e) $60°$

10. (CESGRANRIO) Na figura abaixo, $\widehat{AB} = 20°$, $\widehat{BC} = 124°$, $\widehat{CD} = 36°$ e $\widehat{DE} = 90°$. Calcule o ângulo α.

a) $56°$

b) $48°$

c) $46°$

d) $39°$

e) $37°$

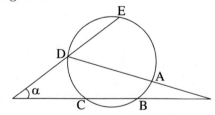

11. (CESGRANRIO) As semi-retas PM e PN são tangentes ao círculo da figura e o comprimento do arco $\widehat{MGN}$ é 4 vezes o do arco $\widehat{MFN}$. O ângulo $M\widehat{P}N$

vale:
a) 76°
b) 80°
c) 90°
d) 108°
e) 120°

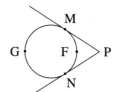

12. (UFSC) No teste abaixo, o somatório das afirmações corretas é:
Dada a circunferência de centro 0, onde $\overline{AB}$ é uma corda e t é uma tangente no ponto B. Com base na figura abaixo, é correto afirmar:

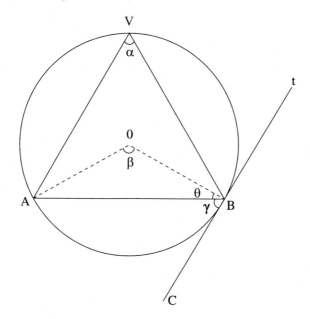

01. $\overline{OB}$ é perpendicular a t.

02. O ângulo $A\widehat{B}C$ (γ) é um ângulo de segmento, e o ângulo $A\widehat{V}B$ (α) é um ângulo inscrito.

04. $\gamma + \theta = 90°$

08. $\alpha = \gamma$

16. $\alpha = \dfrac{1}{2}\beta$

32. $\alpha = \gamma = \dfrac{1}{2}\beta$

   a) 63
   b) 50
   c) 28
   e) 7
   e) 3

13. (FGV-SP) A medida do ângulo $A\hat{D}C$ inscrito na circunferência de centro O é:

   a) 125°
   b) 110°
   c) 120°
   d) 100°
   e) 135°

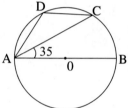

14. (UFAL) Seja a circunferência de centro 0, representada na figura abaixo. A medida α, do ângulo assinalado, é:

   a) 30°
   b) 40°
   c) 50°
   e) 60°
   e) 70°

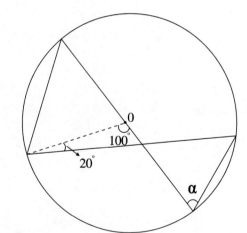

Unidade 11 - *Círculos* | 473

15. Calcule α nas questões de 15 a 19.

a) 10°
b) 20°
c) 30°
d) 40°
e) 50°

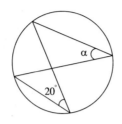

16. (UNISANTOS-SP)

a) 31°
b) 38°
c) 48°
d) 50°
e) 56°

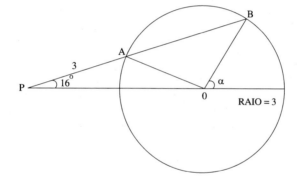

17. (CESGRANRIO)

a) 2
b) 3
c) 4
d) 5
e) 6

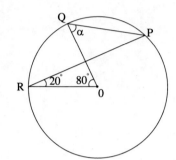

18. (UCBA)

a) 10°
b) 15°
c) 20°
d) 25°
e) 30°

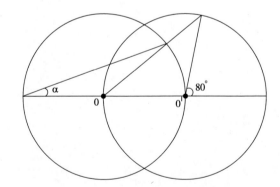

19. (UFES)

a) 50°

b) 52°

c) 54°

d) 56°

e) 58°

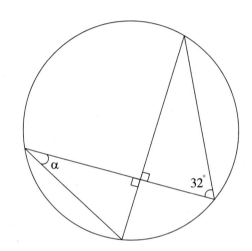

20. (PUC-SP) O pentágono $ABCDE$, da figura, está inscrito em um círculo de centro O. O ângulo central $C\widehat{O}D$ mede 60°. Então, $x+y$ é igual a:

a) 180°

b) 185°

c) 190°

d) 210°

e) 250°

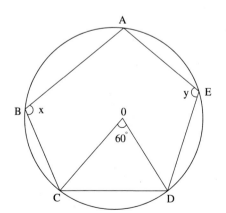

21. (U.F. UBERLÂNDIA) Em um dado triângulo retângulo inscrevemos uma circunferência de diâmetro d e circunscrevemos outra de diâmetro D. O perímetro do triângulo vale:

a) $d + D$
b) $2d + D$
c) $d + 2D$
d) $3/2(d + D)$
e) $2(d + D)$

22. (U.F.PE) Considere a seguinte figura. Assinale a alternativa correta:

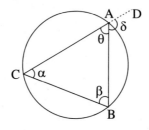

a) A medida do ângulo δ é igual à metade da soma das medidas dos arcos $\widehat{AB}$ e $\widehat{AC}$.

b) A medida do ângulo δ é igual ao dobro da medida do arco $\widehat{CB}$.

c) A medida do ângulo δ é igual à soma das medidas dos arcos $\widehat{AB}$ e $\widehat{AC}$.

d) A medida do ângulo δ é igual à medida do arco $\widehat{CB}$.

e) A medida do ângulo δ e à do arco $\widehat{AC}$ são iguais.

23. O valor de x, na figura abaixo, é:

a) 30°

b) 35°

c) 55°

d) 75°

e) 90°

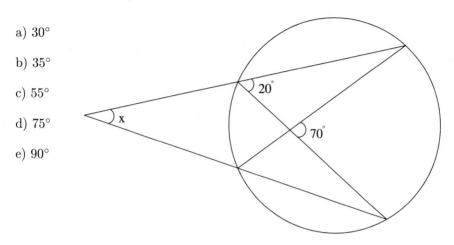

24. (CESGRANRIO) Na figura abaixo, $ABCDE$ é um pentágono regular. O ângulo $C\hat{A}D$ mede:

a) 18°

b) 36°

c) 40°

d) 45°

e) 72°

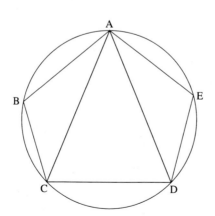

25. (MACK-SP) Na figura, sabe-se que $M(C\hat{A}D) = 20°$ e $M(C\hat{E}D) = 70°$.

Então $A\widehat{M}B$ é igual a:

a) 50°

b) 45°

c) 60°

d) 22° 30'

e) 30°

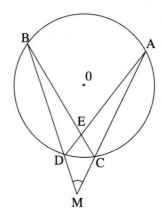

26. (UFF) Os pontos M, N, P, Q e R são vértices de um pentágono regular. A soma $\widehat{M} + \widehat{N} + \widehat{P} + \widehat{Q} + \widehat{R}$ é:

a) 360°

b) 330°

c) 270°

d) 240°

e) 180°

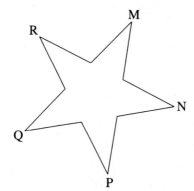

27. Um círculo é inscrito num triângulo ABC e tangencia os lados $\overline{BC}$, $\overline{AC}$ e $\overline{AB}$ respectivamente em P, Q e R. Se $\overline{AB} = c$, $\overline{AC} = b$ e $\overline{BC} = a$ e o semiperímetro é p. Calcular $\overline{AR}$, $\overline{BP}$ e $\overline{CQ}$.

28. (UFRJ) Na figura dada a seguir:

– $\overline{AB}$ é lado de um octógono regular inscrito;
– t é uma tangente.
Qual a medida de α?

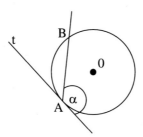

29. Na figura, $\overline{AD}$ é uma das diagonais do polígono regular convexo $ABCDEF\ldots$, inscrito em um círculo e com n lados.

Se $B\widehat{A}D$ mede $20°$, calcule n.

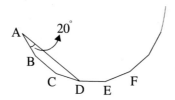

30. $ABCD$ é um quadrado cujas diagonais cortam-se no ponto I. Constrói-se exteriormente um triângulo equilátero **ABM**. Calcule o ângulo $A\widehat{I}J$, sabendo-se que J é o ponto médio do lado $\overline{AM}$.

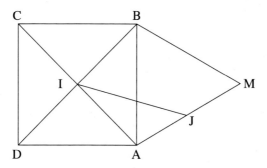

480 | *Matemática no Vestibular*

Gabarito das questões propostas

Questão 1 - Resposta: b) 40
Questão 2 - Resposta: d) 2,0
Questão 3 - Resposta: b) 8
Questão 4 - Resposta: b) 2
Questão 5 - Resposta: a) 1,0
Questão 6 - Resposta: d) 180°
Questão 7 - Resposta: c) π
Questão 8 - Resposta: d) 35°
Questão 9 - Resposta: b) 35°
Questão 10 - Resposta: e) 37°
Questão 11 - Resposta: d) 108°
Questão 12 - Resposta: a) 63
Questão 13 - Resposta: a) 125°
Questão 14 - Resposta: e) 70°
Questão 15 - Resposta: b) 20°
Questão 16 - Resposta: c) 48°
Questão 17 - Resposta: e) 60°
Questão 18 - Resposta: c) 20°
Questão 19 - Resposta: e) 58°
Questão 20 - Resposta: d) 210°
Questão 21 - Resposta: c) $d + 2D$
Questão 22 - Resposta: a) A medida do ângulo δ é igual à metade da soma das medidas dos arcos $\overset{\frown}{AB}$ e $\overset{\frown}{AC}$.
Questão 23 - Resposta: a) 30°
Questão 24 - Resposta: b) 36°
Questão 25 - Resposta: e) 30°
Questão 26 - Resposta: e) 180°
Questão 27 - Resposta: $\overline{AR} = p - a, \quad \overline{BP} = p - b$ e $\overline{CQ} = p - c$
Questão 28 - Resposta: 157°30′
Questão 29 - Resposta: 18
Questão 30 - Resposta: 30°

UNIDADE 12

LINHAS PROPORCIONAIS

SINOPSE TEÓRICA

12.1) Segmentos proporcionais

Dados os segmentos $\overline{AB}$, $\overline{CD}$, $\overline{EF}$ e $\overline{GH}$

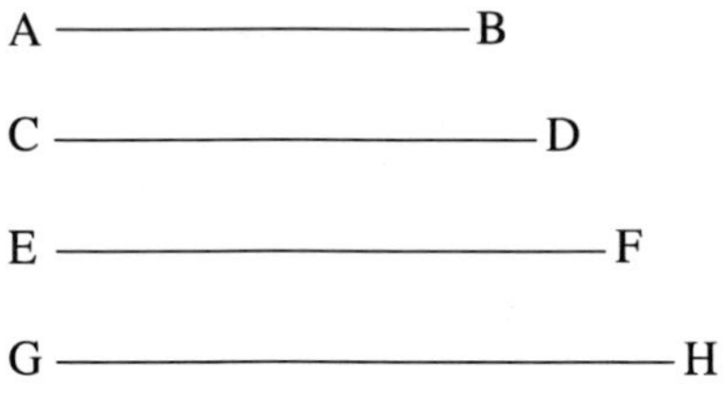

A ——————————— B

C ——————————— D

E ——————————— F

G ——————————————— H

Dizemos que os dois primeiros segmentos ($\overline{AB}$ e $\overline{CD}$) são proporcionais aos dois últimos ($\overline{EF}$ e $\overline{GH}$) se pudermos formar a proporção:

$$\frac{\overline{AB}}{\overline{CD}} = \frac{\overline{EF}}{\overline{GH}}$$

12.2) Feixe de paralelas

É um conjunto de retas paralelas de um mesmo plano. Vejam:

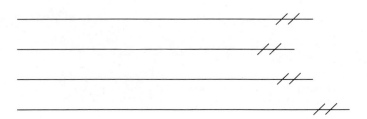

* PROPRIEDADES DE UM FEIXE DE PARALELAS

1ª) Se um feixe determinar, numa reta transversal, segmentos congruentes, determinará em qualquer outra transversal segmentos também congruentes.

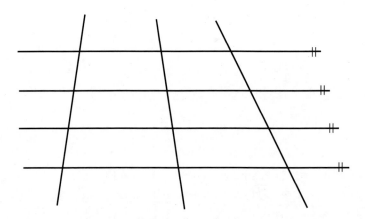

2ª Todo feixe de retas paralelas determina sobre duas retas transversais segmentos respectivamente proporcionais.

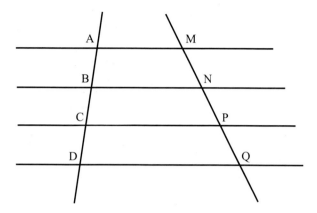

$$\frac{\overline{AB}}{\overline{MN}} = \frac{\overline{BC}}{\overline{NP}} = \frac{\overline{CD}}{\overline{PQ}} = \frac{\overline{AC}}{\overline{MP}} = \frac{\overline{BD}}{\overline{NQ}} = \cdots = \frac{\overline{AD}}{\overline{MQ}}$$

12.3) Aplicação ao triângulo

Toda paralela traçada a um dos lados de um triângulo determina, sobre os outros dois lados, segmentos proporcionais.

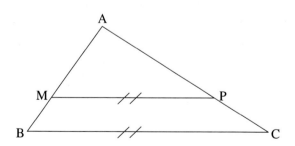

$$\frac{\overline{AM}}{\overline{AP}} = \frac{\overline{MB}}{\overline{PC}}$$

12.4) Teorema da Bissetriz

A bissetriz interna ou externa traçada de um dos vértices de um triângulo divide o lado oposto (ou o seu prolongamento) em segmentos proporcionais.

12.4.1) Bissetriz Interna

Seja $\overline{AP}$ a bissetriz interna do triângulo ABC. Traçando por C uma paralela à bissetriz $\overline{AP}$ e determinando um ponto D na reta $\overline{AB}$, formamos um triângulo isósceles ACD, logo:

$$\boxed{\overline{AC} = \overline{AD}}$$

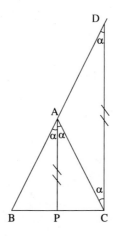

As paralelas $\overline{AP}$ e $\overline{CD}$ determinam:

$$\boxed{\dfrac{\overline{PB}}{\overline{PC}} = \dfrac{\overline{AB}}{\overline{AD}}}, \quad \text{ou ainda} \quad \boxed{\dfrac{\overline{PB}}{\overline{PC}} = \dfrac{\overline{AB}}{\overline{AC}}}$$

12.4.2) Bissetriz Externa

Seja $\overline{AP}$ a bissetriz externa do triângulo ABC. Traçando por C uma paralela à bissetriz $\overline{AP}$ e determinando um ponto D na reta $\overline{AB}$, formamos um triângulo isósceles ACD, logo:

$$\boxed{\overline{AC} = \overline{AD}}$$

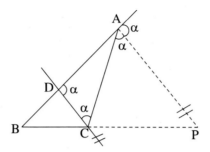

As paralelas $\overline{AP}$ e $\overline{CD}$ determinam:

$$\boxed{\dfrac{\overline{PB}}{\overline{PC}} = \dfrac{\overline{AB}}{\overline{AD}}}, \quad \text{ou ainda} \quad \boxed{\dfrac{\overline{PB}}{\overline{PC}} = \dfrac{\overline{AB}}{\overline{AC}}}$$

12.5) Triângulos Semelhantes

Dois triângulos são semelhantes quando têm a mesma forma. Para que isso aconteça, basta que seus ângulos sejam respectivamente congruentes e, conseqüentemente, seus lados homólogos são proporcionais.

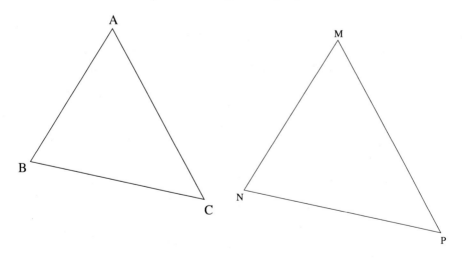

Sendo $\widehat{A} = \widehat{M}$, $\widehat{B} = \widehat{N}$ e $\widehat{C} = \widehat{P}$, dizemos que o triângulo ABC é semelhante ao triângulo MNP, e representamos por:

$$\boxed{\triangle ABC \sim \triangle MNP}$$

e seus lados homólogos são proporcionais, ou seja:

$$\boxed{\dfrac{\overline{AB}}{\overline{MN}} = \dfrac{\overline{AC}}{\overline{MP}} = \dfrac{\overline{BC}}{\overline{NP}} = K}$$

K é a razão de semelhança entre os triângulos.

QUESTÕES RESOLVIDAS

1. Dado o feixe de paralelas, calcule x e y.

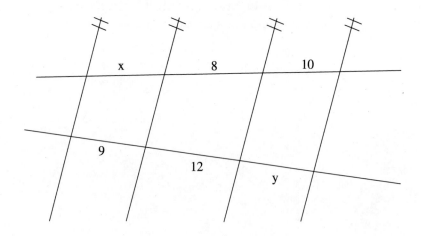

Resolução:

$$\frac{x}{9} = \frac{8}{12} = \frac{10}{y}$$

$$\frac{x}{9} = \frac{8}{12} \Rightarrow 12x = 72 \Rightarrow x = 6$$

$$\frac{8}{12} = \frac{10}{y} \Rightarrow 8y = 120 \Rightarrow y = 15$$

Resposta: $x = 6$ e $y = 15$

2. Os lados de um triângulo medem 4cm, 5cm e 6cm. De quanto precisamos prolongar o menor lado para que ele encontre a bissetriz externa do ângulo oposto a este lado?

Resolução:

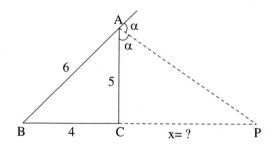

Pelo teorema da bissetriz temos:

$$\frac{\overline{PB}}{\overline{AB}} = \frac{\overline{PC}}{\overline{AC}} \quad \text{ou} \quad \frac{x+4}{6} = \frac{x}{5}$$

$$5x + 20 = 6x \Rightarrow x = 20$$

Resposta: 20cm

3. Dados os triângulos ABC e MNP, calcule x e y.

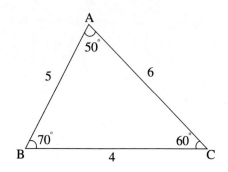

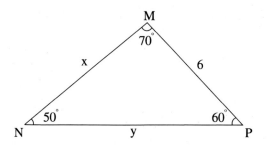

Resolução:

$\triangle ABC \sim \triangle MNP$

$\dfrac{5}{x} = \dfrac{6}{y} = \dfrac{4}{6}$

$\dfrac{5}{x} = \dfrac{4}{6} \Rightarrow 4x = 30 \Rightarrow x = 7,5$

$\dfrac{6}{y} = \dfrac{4}{6} \Rightarrow 4y = 36 \Rightarrow y = 9$

Resposta: 7,5 e 9

4. Na figura, calcule x.

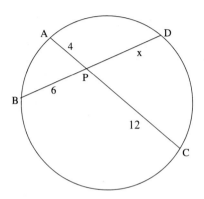

Resolução:

Traçando as cordas $\overline{AB}$ e $\overline{CD}$, os triângulos formados são semelhantes. Vejam:

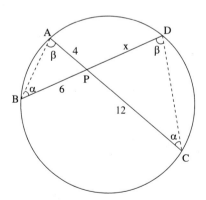

Observem os ângulos inscritos $B\widehat{A}C = B\widehat{D}C = \beta$ e $A\widehat{B}D = A\widehat{C}D = \alpha$.

Temos, então:

$$\frac{4}{x} = \frac{6}{12} \Rightarrow 6x = 48 \Rightarrow x = 8$$

Resposta: $x = 8$

Obs.: Como vimos na resolução desse problema, quando duas cordas interceptam-se no interior de um círculo, os produtos dos segmentos de uma mesma corda são iguais.

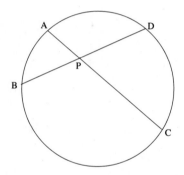

$$\overline{PA} \cdot \overline{PC} = \overline{PB} \cdot \overline{PD}$$

5. Na figura, prove que $\overline{PA} \cdot \overline{PB} = \overline{PC} \cdot \overline{PD}$.

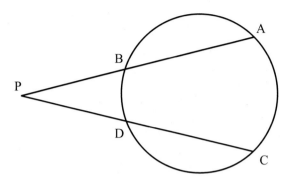

Resolução:
Traçando as cordas $\overline{AD}$ e $\overline{BC}$, os triângulos PAD e PBC são semelhantes.

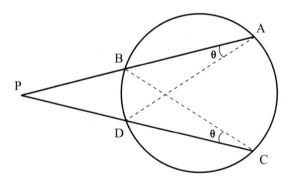

Observem os ângulos inscritos $B\widehat{A}D = B\widehat{C}D = \theta$. Temos então:

$$\frac{\overline{PA}}{\overline{PC}} = \frac{\overline{PD}}{\overline{PB}} \Rightarrow \overline{PA} \cdot \overline{PB} = \overline{PC} \cdot \overline{PD}$$

6. Na figura, prove que $\overline{PT}^2 = \overline{PA} \cdot \overline{PB}$.

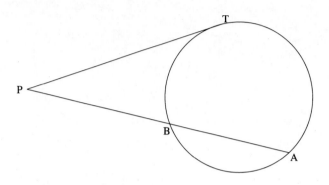

Resolução:
Traçando as cordas $\overline{TA}$ e $\overline{TB}$, os triângulos PAT e PTB são semelhantes.

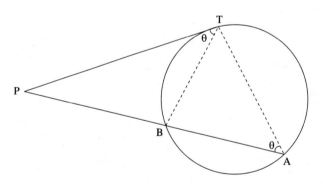

Observem os ângulos PTB (ângulo de segmento) e TAB (ângulo inscrito). $P\hat{T}B = T\hat{A}B = \theta$. Temos, então:
$$\triangle PAT \sim \triangle PTB$$
$$\frac{\overline{PT}}{\overline{PA}} = \frac{\overline{PB}}{\overline{PT}}, \text{ logo:}$$

$$\overline{PT}^2 = \overline{PA} \cdot \overline{PB}$$

Unidade 12 - *Linhas proporcionais* | 493

QUESTÕES PROPOSTAS

1. Na figura, as retas s e t são paralelas. O valor de $x + y$ é:

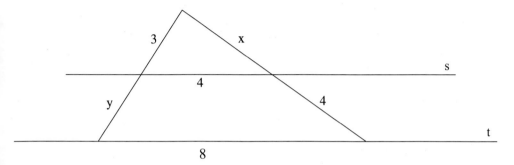

- a) 6
- b) 7
- c) 8
- d) 9
- e) 10

2. O valor de x na figura, é:

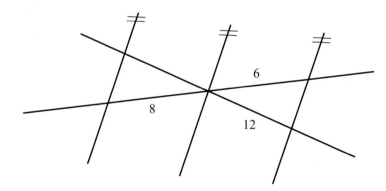

- a) 16
- b) 14
- c) 12

d) 8
e) 6

3. O valor de x na figura, é:

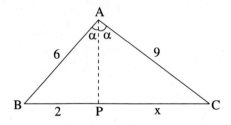

a) 7
b) 6
c) 5
d) 4
e) 3

4. O valor de x na figura, é:

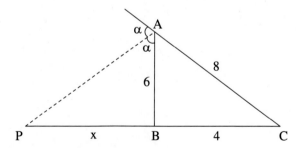

a) 10
b) 11
c) 12
d) 14
e) 16

5. (CESGRANRIO) As retas r_1, r_2, r_3 são paralelas e os comprimentos dos segmentos de transversais são indicados na figura. Então x é igual a:

Unidade 12 - *Linhas proporcionais* | 495

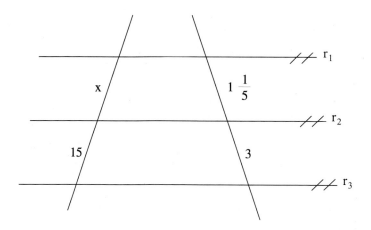

a) $4\dfrac{1}{5}$

b) $\dfrac{15}{2}$

c) 5

d) $\dfrac{8}{5}$

e) 6

6. (VUNESP) Na figura, o triângulo ABD é reto em B, e $\overline{AC}$ é a bissetriz de $B\widehat{A}D$. Se $\overline{AB} = 2\overline{BC}$, fazendo $\overline{BC} = b$ e $\overline{CD} = d$, então

a) $d = b$

b) $d = \dfrac{5}{2}b$

c) $d = \dfrac{5}{3}b$

d) $d = \dfrac{6}{5}b$

e) $d = \dfrac{5}{4}b$

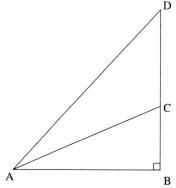

7. (UNI-RIO)

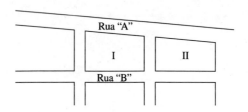

No desenho acima apresentado, as frentes para a rua "A" dos quarteirões I e II medem, respectivamente, 250m e 200m, e a frente do quarteirão I para a rua "B" mede 40m a mais do que a frente do quarteirão II para a mesma rua. Sendo assim, pode-se afirmar que a medida, em metros, da frente do menor dos dois quarteirões para a rua B é:
a) 160
b) 180
c) 200
d) 220
e) 240

8. (MAPFEI)
Três terrenos têm frente para a rua "A" e para a rua "B", como na figura. As divisas laterais são perpendiculares à rua "A". Qual a medida de frente para a rua "B" de cada lote, sabendo-se que a frente total para essa rua é 180m.

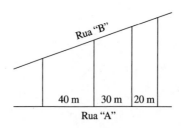

a) 80m, 60m, 40m
b) 90m, 70m, 40m
c) 80m, 50m, 30m

Unidade 12 - *Linhas proporcionais* | 497

d) 60m, 40m, 30m

e) 80m, 50m, 20m

9. (UNI-RIO) Considere dois triângulos A e B, de tal modo que os lados de B tenham comprimentos iguais ao dobro dos comprimentos dos lados A. Nesse caso, pode-se afirmar que:

a) a área de B é o dobro da área de A

b) se o menor ângulo de A é $20°$, então o menor ângulo de B é $40°$

c) A e B possuem ângulos congruentes

d) a área de B é o triplo da área de A

e) se A é equilátero, B poderá ser isósceles – não equilátero

10. (FUVEST) A sombra de um poste vertical, projetada pelo sol sobre um chão plano, mede 12 m. Nesse mesmo instante, a sombra de um bastão vertical de 1 m de altura mede 0,6 m. A altura do poste é:

a) 6m

b) 7,2 m

c) 12 m

d) 20 m

e) 72 m

11. (UFPI) A certa hora da manhã, o sol incidindo sobre o topo de um edifício, projeta uma sombra de 32 metros. No mesmo instante, a sombra de um poste com 9 metros de altura, localizado ao lado do edifício, mede 12 metros. Nesse caso, a altura do edifício é:

a) 18 metros

b) 21 metros

c) 24 metros

d) 27 metros

e) 30 metros

12. (PUCCAMP) Uma escada de 10 m de comprimento está apoiada no solo e num muro vertical. O topo da escada alcança o muro numa altura de

8 m do solo. A que distância, no solo horizontal, o pé da escada se encontra do pé do muro?

a) 3 m
b) 4 m
c) 5 m
d) 6 m
e) 7 m

13. (UFSE) Na figura, são dados $\overline{AC} = 8$ cm e $\overline{CD} = 4$ cm. A medida de $\overline{BD}$ é, em cm:

a) 9
b) 10
c) 12
d) 15
e) 16

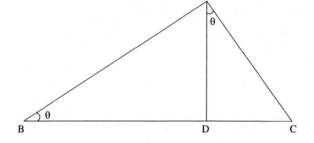

14.(U.F.PA) Na figura, $\overline{AB} = 15$, $\overline{AD} = 12$ e $\overline{CD} = 4$. Sendo $\overline{EC}$ paralela à $\overline{AB}$, qual o valor de $\overline{EC}$?

a) 1
b) 2
c) 3
d) 4
e) 5

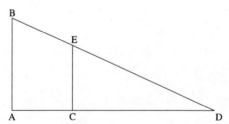

15. (U.C.MG) A medida, em metros, do segmento $\overline{AD}$ da figura é de:

a) 4

b) 5

c) 6

d) 8

e) 10

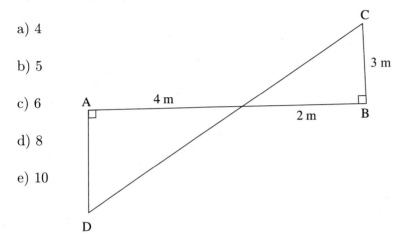

16. (F.C.CHAGAS) Na figura abaixo, são dados: $A\widehat{B}C = E\widehat{D}C$, $ED = 2,5$ cm, $AB = 6$ cm, $BC = 9$ cm e $AC = 12$ cm.

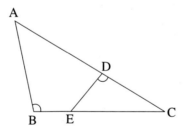

Se os triângulos da figura são semelhantes, o perímetro do triângulo EDC é, em centímetros:

a) 11,25
b) 11,50
c) 11,75
d) 12,25
e) 12,50

17. (UNIRIO)

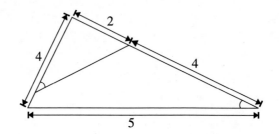

Observe os dois triângulos anteriores representados, onde os ângulos assinalados são congruentes. O perímetro do menor triângulo é:
a) 5,0
b) 5,5
c) 6,0
d) 7,5
e) 8,5

18. (FUVEST) Dados:
$M\widehat{B}C = B\widehat{A}C$
$\overline{AB} = 3$
$\overline{BC} = 2$
$\overline{AC} = 4$

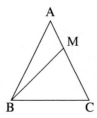

Então $\overline{MC} =$
a) 3,5

b) 2
c) 1,5
d) 1
e) 0,5

19. O circuito triangular de uma corrida está esquematizado na figura a seguir:

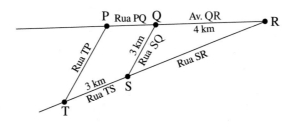

As ruas TP e SQ são paralelas. Partindo de S, cada corredor deve percorrer o circuito passando, sucessivamente, por R, Q, P, T, retornando, finalmente, a S.

Assinale a opção que indica o perímetro do circuito.

a) 4,5 km

b) 19,5 km

c) 20,0 km

d) 22,5 km

e) 24,0 km

20. (UNESP) Na figura, B é um ponto do segmento de reta AC e os ângulos DAB, DBE e BCE são retos.

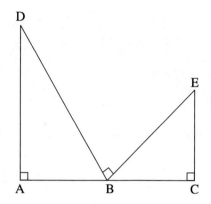

Se $\overline{AD} = 6$ dm, $\overline{AC} = 11$ dm e $\overline{EC} = 3$ dm, as medidas possíveis de $\overline{AB}$, em dm, são:
a) 4,5 e 6,5
b) 7,5 e 3,5
c) 2 e 9
e) 7 e 4
e) 8 e 3

21. (PUC) Na figura, sabendo-se que $AE = 30$ m, $BD = 40$ m, $AB = 50$ m, $EC = CD$, então, AC e CB valem, respectivamente:

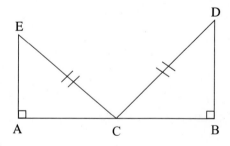

a) 25 m e 25 m
b) 32 m e 18 m
c) 38 m e 12 m
d) 40 m e 10 m
e) 50 m e 20 m

Unidade 12 - *Linhas proporcionais* | 503

22. (FUVEST) Na figura os ângulos assinalados são retos. Temos, necessariamente:

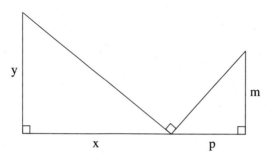

a) $\dfrac{x}{y} = \dfrac{p}{m}$

b) $\dfrac{x}{y} = \dfrac{m}{p}$

c) $xy = pm$

d) $x^2 + y^2 = p^2 + m^2$

e) $\dfrac{1}{x} + \dfrac{1}{y} = \dfrac{1}{m} + \dfrac{1}{p}$

23. (FEI-SP) Na figura, $\overline{DE}//\overline{BC}$. O valor de x é:

a) 15/2

b) 9

c) 10

d) 10/3

e) 12

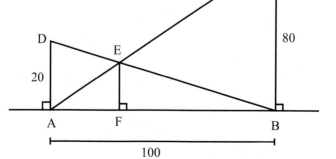

504 | *Matemática no Vestibular*

24. (CESGRANRIO)

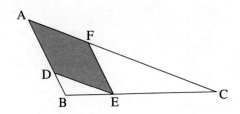

Se $AB = 10$ cm, $AC = 15$ cm e $BC = 12$ cm, a medida do lado do losango é, em centímetros:

a) 6,0
b) 6,5
c) 7,0
d) 7,5
e) 8,0

25. (FUVEST) Na figura, o triângulo ABC é retângulo em A, $ADEF$ é um quadrado, $AB = 1$ e $AC = 3$.

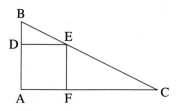

Quanto mede o lado do quadrado?
a) 0,70
b) 0,75
c) 0,80
d) 0,85
e) 0,90

26. (UNI-RIO)

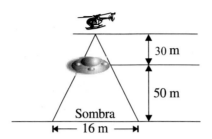

Numa cidade do interior, à noite surgiu um objeto voador não-identificado, em forma de disco, que estacionou a 50 m do solo, aproximadamente. Um helicóptero do exército, situado a aproximadamente 30 m acima do objeto, iluminou-o com um holofote, conforme mostra a figura. Sendo assim, pode-se afirmar que raio do disco-voador mede, em m, aproximadamente:
   a) 3,0
   b) 3,5
   c) 4,0
   d) 4,5
   e) 5,0

27. (URRS) Seja a figura:

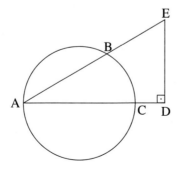

Sabendo-se que $AD = 12$ cm; $AE = 15$ cm e $AB = 8$ cm; pode-se afirmar que a medida do raio do círculo é:

a) 4 cm
b) 4,5 cm
c) 5 cm
d) 5,5 cm
e) 6 cm

28. O triângulo ABC da figura é equilátero, $\overline{AM} = \overline{MB} = 5$ e $\overline{CD} = 6$. O valor de $\overline{AE}$ é:

a) $\dfrac{76}{11}$

b) $\dfrac{77}{11}$

c) $\dfrac{78}{11}$

d) $\dfrac{79}{11}$

e) $\dfrac{80}{11}$

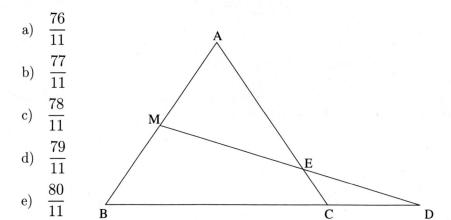

29. (PUC) Na figura, as retas $\overline{AB}$ e $\overline{CD}$ são paralelas. $\overline{AB} = 136$, $\overline{CE} = 75$ e $\overline{CD} = 50$. Quanto mede o segmento $\overline{AE}$?

a) 136

b) 306

c) 204

d) 163

e) 122

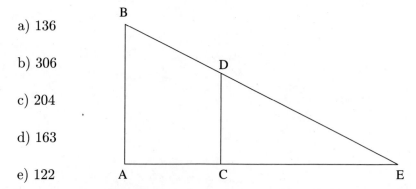

Unidade 12 - *Linhas proporcionais* | 507

30. (FEI-SP) Na figura, x mede:

a) 3
b) $2\dfrac{10}{15}$
c) Faltam dados para calcular x
d) $3 + 2\dfrac{10}{15}$
e) N.R.A.

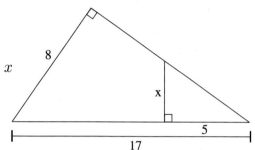

31. Na figura, a reta r é tangente ao círculo e paralela ao segmento $\overline{DE}$. Se $\overline{AD} = 6$, $\overline{AE} = 5$ e $\overline{CE} = 7$, o valor da medida do segmento $\overline{BD}$ é:

a) 3,5

b) 4

c) 4,5

d) 5

e) 5,5

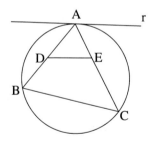

32. (UFF) Considere o triângulo isósceles PQR, da figura abaixo de lados congruentes $\overline{PQ}$ e $\overline{PR}$, cuja altura relativa ao lado $\overline{QR}$ é h.

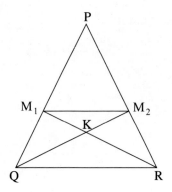

Sabendo-se que M_1 e M_2, são, respectivamente, pontos médios de $\overline{PQ}$ e $\overline{PR}$, a altura do triângulo KM_1M_2, relativa ao lado $\overline{M_1M_2}$, é:

a) $\dfrac{2h}{3}$

b) $\dfrac{h}{6}$

c) $\dfrac{h\sqrt{3}}{2}$

d) $\dfrac{h\sqrt{3}}{3}$

e) $\dfrac{h\sqrt{3}}{6}$

33. (UFF) Um prédio com a forma de um paralelepípedo retângulo tem 48 m de altura. No centro da cobertura desse prédio e perpendicularmente a essa cobertura, está instalado um pára-raios. No ponto Q sobre a reta r – que passa pelo centro da base do prédio e é perpendicular a $\overline{MN}$ – está um observador que avista somente uma parte do pára-raios (ver a figura).

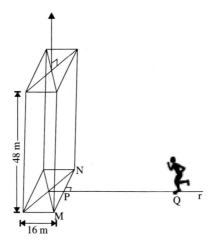

A distância do chão aos olhos do observador é 1,8 m e $\overline{PQ} = 61,6$ m. O comprimento da parte do pára-raios que o observador não consegue avistar é:

a) 16 m

b) 12 m

c) 8 m

d) 6 m

e) 3 m

34. Uma dona de casa foi às compras num grande supermercado e deparou-se com uma promoção de sabão em pó.

Esta promoção está representada, no gráfico a seguir, por seis pontos de uma mesma reta.

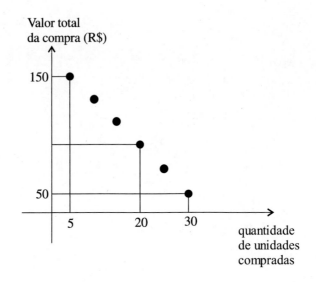

Para aproveitar a ocasião, a dona de casa resolveu comprar 20 caixas (unidades) do sabão.

O valor de cada unidade que ela pagou foi de:

a) R$ 4,50

b) R$ 5,00

c) R$ 5,50

d) R$ 6,00

e) R$ 6,50

35 (UERJ). Em uma partida, Vasco e Flamengo levaram ao Maracanã 90.000 torcedores. Três portões foram abertos às 12 horas e até às 15 horas entrou um número constante de pessoas por minuto. A partir desse horário, abriram-se mais três portões e o fluxo constante de pessoas aumentou. Os pontos que definem o número de pessoas dentro do estádio em função do horário de entrada estão contidos no gráfico abaixo:

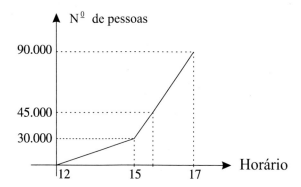

Quando o número de torcedores atingiu 45.000, o relógio estava marcando 15 horas e:
a) 20 min
b) 30 min
c) 40 min
d) 50 min
e) 55 min

36. (UFRJ) Um automóvel de 4,5 m de comprimento é representado, em escala, por um modelo de 3 cm de comprimento. Determine a altura do modelo que representa, na mesma escala, uma casa de 3,75 m de altura.

37. (UFRJ) Duas cidades A e B distam 600 km, e a distância entre suas representações, num certo mapa, é de 12 cm. Se a distância real entre duas outras cidades C e D é de 100 km, qual será a distância entre suas representações no mesmo mapa?

38. (FUVEST) Na figura, o lado de cada quadrado da malha quadriculada mede 1 unidade de comprimento. Calcule a razão $\dfrac{\overline{DE}}{\overline{BC}}$.

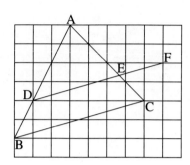

39. (UERJ) Num cartão retangular, cujo comprimento é igual ao dobro de sua altura, foram feitos dois vincos $\overline{AC}$ e $\overline{BF}$, que formam, entre si, um ângulo reto.

Observe a figura, em que $B\widehat{F}A = C\widehat{A}B$.

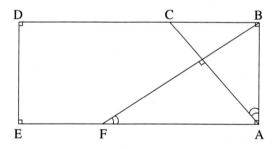

Considerando $\overline{AF} = 16$ cm e $\overline{CB} = 9$ cm, determine:
a) as dimensões do cartão;
b) o comprimento do vinco $\overline{AC}$.

40. (UFRJ) A cada usuário de energia elétrica é cobrada uma taxa mensal de acordo com o seu consumo no período, desde que esse consumo ultrapasse um determinado nível.

Caso contrário, o consumidor deve pagar uma taxa mínima referente a custos de manutenção. Em certo mês, o gráfico consumo(em kWh) X preço (em R$) foi o apresentado a seguir.

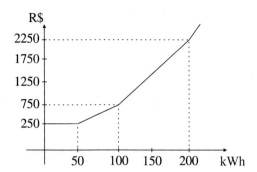

a) determine entre que valores de consumo em kWh é cobrada a taxa mínima.

b) determine o consumo correspondente à taxa de R$ 1950,00.

41. Considere os três quadrados da figura e calcule x.

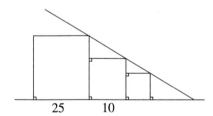

42. (UFRJ) Um poste tem uma lâmpada colocada a 4 m de altura. Um homem de 2 m de altura caminha, a partir do poste, em linha reta, em direção à porta de um edifício que está a uma distância de 28 m do poste.

Calcule o comprimento da sombra do homem que é projetada sobre a porta do edifício, no instante em que ele está a 10,5 m da porta.

Sua resposta deve vir acompanhada de um desenho ilustrativo da situação descrita.

43. (UNICAMP) Uma rampa de inclinação constante, como a que dá acesso ao Palácio do Planalto em Brasília, tem 4 metros de altura na sua parte mais alta. Uma pessoa, tendo começado a subi-la, nota que, após caminhar 12,3 metros sobre a rampa, está a 1,5 metro de altura em relação ao solo.

a) Faça uma figura ilustrativa da situação descrita.

b) Calcule quantos metros a pessoa ainda deve caminhar para atingir o ponto mais alto da rampa.

44. (FUVEST) Num triângulo ABC, sejam P e Q pontos sobre BA e BC, respectivamente, de modo que a reta PQ seja paralela à reta AC e a área do trapézio $APQC$ seja o triplo da área do triângulo PQB.

a) Qual a razão entre as áreas dos triângulos ABC e PQB?

b) Determine a razão AB/PB.

45. Na figura a seguir, r e s são tangentes em A e B ao círculo. Por um ponto P do maior arco AB, traçam-se $\overline{PX}$, $\overline{PY}$ e $\overline{PZ}$ perpendiculares a $\overline{AB}$, r e s, respectivamente.

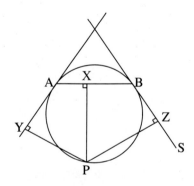

Se $\overline{PY} = 4$ e $\overline{PZ} = 9$, determine a medida do segmento $\overline{PX}$.

Unidade 12 - *Linhas proporcionais* | 515

Gabarito das questões propostas

Questão 1 - Resposta: b) 7

Questão 2 - Resposta: a) 16

Questão 3 - Resposta: e) 3

Questão 4 - Resposta: c) 12

Questão 5 - Resposta: e) 6

Questão 6 - Resposta: c) $d = \dfrac{5}{3}b$

Questão 7 - Resposta: a) 160

Questão 8 - Resposta: a) 80 m, 60 m, 40 m

Questão 9 - Resposta: c) A e B possuem ângulos congruentes

Questão 10 - Resposta: d) 20

Questão 11 - Resposta: c) 24 metros

Questão 12 - Resposta: d) 6 m

Questão 13 - Resposta: c) 12

Questão 14 - Resposta: e) 5

Questão 15 - Resposta: c) 6

Questão 16 - Resposta: a) 11,25

Questão 17 - Resposta: d) 7,5

Questão 18 - Resposta: d) 1

Questão 19 - Resposta: b) 19,5 km

Questão 20 - Resposta: c) 2 e 9

Questão 21 - Resposta: b) 32 m e 18 m

Questão 22 - Resposta: b) $\dfrac{x}{y} = \dfrac{m}{p}$

Questão 23 - Resposta: c) 10

Questão 24 - Resposta: a) 6,0

Questão 25 - Resposta: b) 0,75

Questão 26 - Resposta: a) 3,0

516 | *Matemática no Vestibular*

Questão 27 - Resposta: c) 5 cm

Questão 28 - Resposta: e) $\dfrac{80}{11}$

Questão 29 - Resposta: c) 204

Questão 30 - Resposta: b) $2\dfrac{10}{15}$

Questão 31 - Resposta: b) 4

Questão 32 - Resposta: b) $\dfrac{h}{6}$

Questão 33 - Resposta: d) 6 m

Questão 34 - Resposta: a) R$ 4,50

Questão 35 - Resposta: b) 30 min

Questão 36 - Resposta: 2,5 cm

Questão 37 - Resposta: 2 cm

Questão 38 - Resposta: $\dfrac{2}{3}$

Questão 39 - Resposta: a) 12 cm e 24 cm   b) 15 cm

Questão 40 - Resposta: a) 0 e 50 kwh   b) 180 kwh

Questão 41 - Resposta: $x = 4$

Questão 42 - Resposta: 0,8 cm

Questão 43 - Resposta: 20,5 m

Questão 44 - Resposta: a) 4   b) 2

Questão 45 - Resposta: 6

UNIDADE 13

RELAÇÕES MÉTRICAS E TRIGONOMÉTRICAS NUM TRIÂNGULO RETÂNGULO

SINOPSE TEÓRICA

13.1) Triângulo retângulo

Como já vimos anteriormente, o triângulo retângulo é aquele que possui um ângulo reto. Veja a figura abaixo.

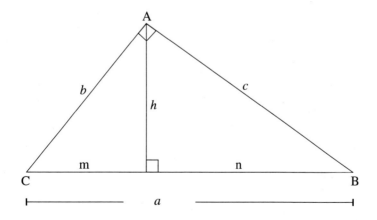

Sendo $\hat{A} = 90°$, $\overline{AC} = b$ e $\overline{AB} = c$ são os catetos, $\overline{BC} = a$ é a hipotenusa, $\overline{AH} = h$ é a altura relativa à hipotenusa, e $\overline{CH} = m$ e $\overline{BH} = n$ são as projeções dos catetos sobre a hipotenusa.

13.2) Relações métricas num triângulo retângulo

Voltemos à figura anterior

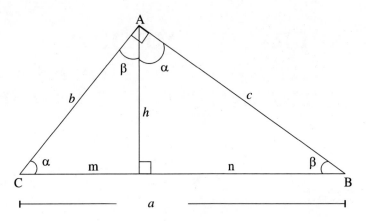

Notem que a altura $\overline{AH}$ divide o triângulo ABC em dois triângulos semelhantes entre si e semelhantes a ele.

Podemos obter então algumas relações métricas.

(a) $\triangle ABC \sim \triangle AHC \Rightarrow \dfrac{a}{b} = \dfrac{b}{m} \Rightarrow b^2 = a \cdot m$

(b) $\triangle ABC \sim \triangle AHB \Rightarrow \dfrac{a}{c} = \dfrac{c}{n} \Rightarrow c^2 = a \cdot n$

(c) $\triangle ABC \sim \triangle AHB \Rightarrow \dfrac{a}{c} = \dfrac{b}{h} \Rightarrow bc = ah$

(d) $\triangle AHC \sim \triangle AHB \Rightarrow \dfrac{h}{n} = \dfrac{m}{h} \Rightarrow h^2 = m \cdot n$

Essas relações acima são úteis, mas a mais importante e também a mais usada é o famoso Teorema de Pitágoras, que diz:

Em um triângulo retângulo, o quadrado da hipotenusa é igual a soma dos quadrados

De fato. Das relações anteriores temos:
$b^2 = a \cdot m$
$c^2 = a \cdot n$
Somando-se membro a membro, temos:
$b^2 + c^2 = am + an$
$b^2 + c^2 = a(m+n)$, mas $m + n = a$, logo:

Unidade 13 - *Relações métricas e trigonométricas num triângulo retângulo* | 519

$b^2 + c^2 = a \cdot a \Rightarrow b^2 + c^2 = a^2$

$$\boxed{a^2 = b^2 + c^2}$$

13.3) Relações trigonométricas no triângulo retângulo

Considerando o triângulo ABC da figura, com $\widehat{A} = 90°$, $\overline{AC} = b$, $\overline{AB} = c$, $\overline{BC} = a$ e $A\widehat{C}B = \alpha$, define-se:

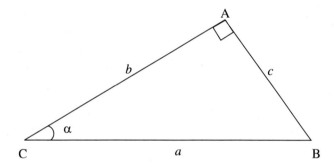

13.3.1) Seno
O seno de um ângulo agudo de um triângulo retângulo é a razão entre o cateto oposto a esse ângulo e a hipotenusa.

$$\operatorname{sen} \alpha = \frac{c}{a}$$

13.3.2) Cosseno
O cosseno de um ângulo agudo de um triângulo retângulo é a razão entre o cateto adjacente a esse ângulo e a hipotenusa.

$$\cos \alpha = \frac{b}{a}$$

13.3.3) Tangente

A tangente de um ângulo agudo de um triângulo retângulo é a razão entre o cateto oposto e o cateto adjacente a esse ângulo.

$$\operatorname{tg}\alpha = \frac{c}{b}$$

13.4) Triângulos retângulos particulares

13.4.1) Triângulo retângulo isósceles

Os catetos têm a mesma medida e a hipotenusa é igual à medida dos catetos multiplicada por $\sqrt{2}$.

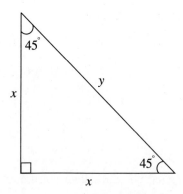

De fato:

$y^2 = x^2 + x^2$ (Pitágoras)

$y^2 = 2x^2 \Rightarrow \boxed{y = x\sqrt{2}}$

Unidade 13 - *Relações métricas e trigonométricas num triângulo retângulo* | 521

13.4.2) Triângulo retângulo com ângulos de 30° e 60°

O cateto oposto ao ângulo de 30° mede a metade da hipotenusa, e o cateto oposto ao ângulo de 60° mede a metade da hipotenusa multiplicada por $\sqrt{3}$.

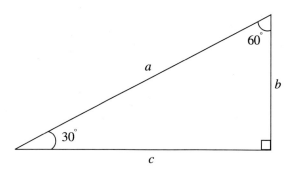

De fato:

$\operatorname{sen} 30° = \dfrac{b}{a} \Rightarrow \dfrac{1}{2} = \dfrac{b}{a} \Rightarrow \boxed{b = \dfrac{a}{2}}$

$\operatorname{sen} 60° = \dfrac{c}{a} \Rightarrow \dfrac{\sqrt{3}}{2} = \dfrac{c}{a} \Rightarrow \boxed{c = \dfrac{a\sqrt{3}}{2}}$

13.4.3) Triângulo retângulo com lados em P.A.

Os lados de um triângulo retângulo que estão em P.A. podem ser representados por $3r$, $4r$ e $5r$, onde r é a razão da P.A..

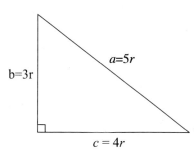

De fato:
$b = x - r$
$c = x$
$a = x + r$

$a^2 = b^2 + c^2$
$(x+r)^2 = (x-r)^2 + x^2$
$\cancel{x^2} + 2xr + \cancel{r^2} = x^2 - 2xr + \cancel{r^2} + \cancel{x^2}$
$x^2 = 4xr \ (\div x) \Rightarrow x = 4r$, então:

$$\boxed{a = 5r, \quad b = 3r \quad \text{e} \quad c = 4r}$$

13.5) Diagonal do quadrado
A diagonal de um quadrado de lado ℓ mede $\ell\sqrt{2}$.

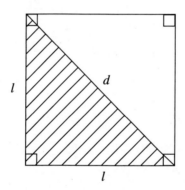

De fato, considerando o triângulo retângulo isósceles assinalado, temos:

$$\boxed{d = \ell\sqrt{2}}$$

13.6) Altura de um triângulo equilátero
A altura de um triângulo equilátero de lado ℓ é igual à metade do lado multiplicada por $\sqrt{3}$.

Unidade 13 - *Relações métricas e trigonométricas num triângulo retângulo* | 523

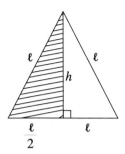

De fato, considerando o triângulo retângulo assinalado, temos:

$$\ell^2 = h^2 + \frac{\ell^2}{4} \Rightarrow h^2 = \frac{3\ell^2}{4}$$

$$\boxed{h = \frac{\ell\sqrt{3}}{2}}$$

QUESTÕES RESOLVIDAS

1. Calcule o comprimento da tangente comum externa a dois círculos tangentes de raios 4 m e 1 m.

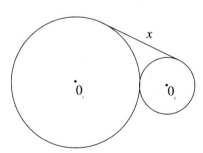

Resolução:

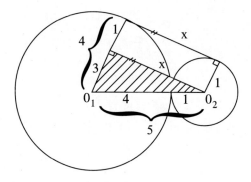

Pelo centro de um dos círculos foi traçada uma paralela à tangente comum (x). Pelo triângulo assinalado temos:

$$5^2 = 3^2 + x^2$$

$$\boxed{x = 4}$$

2. Determine o lado e o apótema de um triângulo eqüilátero inscrito num círculo de raio R.

Resolução:

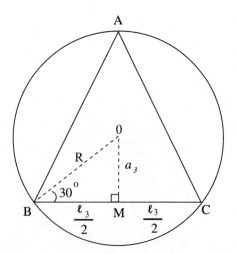

Do $\triangle OBM$ temos:
$\operatorname{sen} 30° = \dfrac{a_3}{R}$
$\dfrac{1}{2} = \dfrac{a_3}{R} \Rightarrow a_3 = \dfrac{R}{2}$
$\cos 30° = \dfrac{\ell_{3/2}}{R} \Rightarrow \dfrac{\sqrt{3}}{2} = \dfrac{\ell_3}{2R} \Rightarrow \boxed{\ell_3 = R\sqrt{3}}$

3. Calcule a altura do trapézio $ABCD$ da figura.

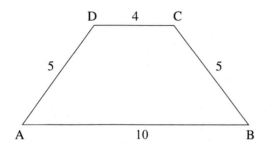

Resolução:

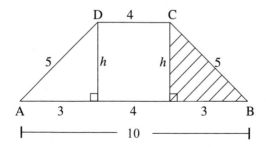

$5^2 = h^2 + 3^2$
$25 - 9 = h^2 \Rightarrow h^2 = 16$
$\boxed{h = 4}$

4. Determine o valor de x na figura a seguir.

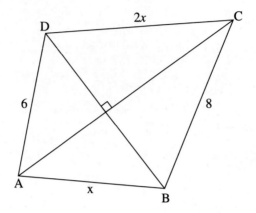

Resolução:

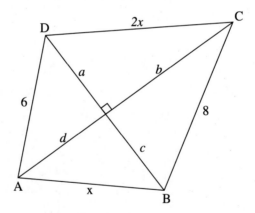

$\triangle CPD \to 4x^2 = a^2 + b^2$ ①
$\triangle APD \to 36 = a^2 + d^2$ ②
$\triangle APB \to x^2 = c^2 + d^2$ ③
$\triangle BPC \to 64 = b^2 + c^2$ ④
① + ③ $\to 4x^2 + x^2 = a^2 + \underbrace{c^2 + b^2}_{64} + d^2$
$\underbrace{}_{36}$

$5x^2 = 64 + 36$
$5x^2 = 100 \Rightarrow x^2 = 20 \Rightarrow \boxed{x = 2\sqrt{5}}$

5. Na figura, determine x e y.

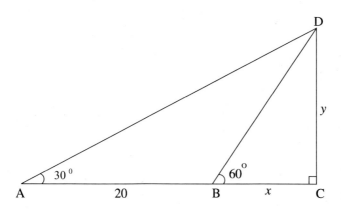

Resolução:
Como $A\hat{D}B = 30°$, o $\triangle ABD$ é isósceles e, conseqüentemente, $\overline{BD} = 20$.
No $\triangle BCD$ temos: $\cos 60° = \dfrac{\overline{BC}}{\overline{BD}}$ e $\operatorname{sen} 60° = \dfrac{\overline{CD}}{\overline{BD}}$, então:
$\cos 60° = \dfrac{x}{20} \Rightarrow \dfrac{1}{2} = \dfrac{x}{20} \Rightarrow \boxed{x = 10}$ $\operatorname{sen} 60° = \dfrac{y}{20} \Rightarrow \dfrac{\sqrt{3}}{2} = \dfrac{y}{20} \Rightarrow \boxed{y = 10\sqrt{3}}$

QUESTÕES PROPOSTAS

1. (UERJ) Millôr Fernandes, em uma bela homenagem à Matemática, escreveu um poema do qual extraímos o fragmento abaixo:

> Às folhas tantas de um livro de Matemática, um Quociente apaixonou-se um dia doidamente por uma Incógnita.
>
> Olhou-a com seu olhar inumerável e viu-a do ápice à base: uma figura ímpar; olhos rombóides, boca trapezóide, corpo retangular, seios esferóides.
>
> Fez da sua vida paralela à dela, até que se encontraram no Infinito.
>
> "Quem és tu?" – indagou ele em ânsia radical.
>
> "Sou a soma dos quadrados dos catetos. Mas pode me chamar de hipotenusa."

(Millôr Fernandes.
"Trinta Anos de Mim Mesmo")

528 | *Matemática no Vestibular*

A Incógnita se enganou ao dizer quem era. Para atender ao Teorema de Pitágoras, deveria dar a seguinte resposta:

a) 'Sou a soma dos catetos. Mas pode me chamar de hipotenusa."

b) "Sou o quadrado da soma dos catetos. Mas pode me chamar de hipotenusa."

c) "Sou o quadrado da soma dos catetos. Mas pode me chamar de quadrado da hipotenusa."

d) "Sou a soma dos quadrados dos catetos. Mas pode me chamar de quadrado da hipotenusa."

2. (SANTA CASA-SP) A altura de um triângulo equilátero de lado 4 é:
a) 4
b) 2
c) $4\sqrt{3}$
d) $2\sqrt{3}$
e) 1

3. A diagonal de um quadrado de perímetro $4\sqrt{2}$, mede:
a) 2
b) $2\sqrt{2}$
c) 3
d) $3\sqrt{2}$
e) $2\sqrt{3}$

4. (CESGRANRIO) Num triângulo retângulo, a altura relativa à hipotenusa mede 12, e o menor dos segmentos que ela determina sobre a hipotenusa, 9. O menor lado do triângulo mede:
a) 12,5
b) 13
c) 15
d) 16
e) 16,5

5. (CESGRANRIO) No retângulo $ABCD$ de lados $\overline{AB} = 4$ e $\overline{BC} = 3$, o segmento $\overline{DM}$ é perpendicular à diagonal $\overline{AC}$. O segmento $\overline{AM}$ mede:

Unidade 13 - *Relações métricas e trigonométricas num triângulo retângulo* | 529

a) $\dfrac{3}{2}$

b) $\dfrac{12}{5}$

c) $\dfrac{5}{2}$

d) $\dfrac{9}{5}$

e) 2

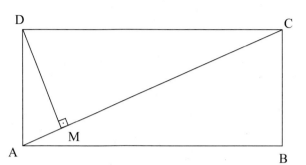

6. (PUC-SP) A hipotenusa de um triângulo retângulo mede $2\sqrt{5}$ cm e um dos catetos mede 2 cm. A medida da mediana relativa ao maior cateto desse triângulo é:
  a) 2 cm
  b) $2\sqrt{2}$ cm
  c) $2\sqrt{3}$ cm
  d) 4 cm
  e) N.R.A.

7. (FATEC) Na figura, $ABCD$ é um retângulo. A medida do segmento $\overline{EF}$ é:

a) 0,8

b) 1,4

c) 2,6

d) 3,2

e) 3,8

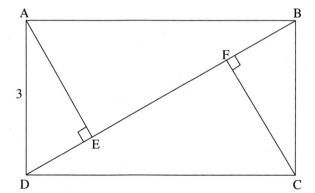

530 | *Matemática no Vestibular*

8. (PUC) Num triângulo retângulo, cujos catetos medem $\sqrt{3}$ e $\sqrt{4}$, a hipotenusa mede:
   a) $\sqrt{5}$
   b) $\sqrt{7}$
   c) $\sqrt{8}$
   d) $\sqrt{9}$
   e) $\sqrt{12}$

9. (PUC) Considere um triângulo retângulo de hipotenusa a e catetos b e c. Sejam m e n as projeções ortogonais dos catetos sobre a hipotenusa. Então, a soma $\dfrac{1}{m}+\dfrac{1}{n}$ é igual a:
   a) $\dfrac{1}{a}$
   b) $\dfrac{1}{n}+\dfrac{1}{c}$
   c) $\dfrac{1}{b+c}$
   d) $\dfrac{a^3}{b^2+c^2}$
   e) $\dfrac{a^3}{b^2c^2}$

10. (F.C.CHAGAS) Na figura abaixo, o valor de x é:

   a) a
   b) $2a$
   c) $3a$
   d) $\sqrt{2}a$
   e) $\sqrt{3}a$

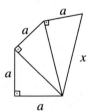

11. (UFRJ) Os pontos médios dos lados de um quadrado de perímetro $2p$ são vértices de um quadrado de perímetro:
   a) $\dfrac{p\sqrt{2}}{4}$
   b) $\dfrac{p\sqrt{2}}{2}$
   c) $p\sqrt{2}$

Unidade 13 - Relações métricas e trigonométricas num triângulo retângulo | 531

d) $2p\sqrt{2}$
e) $4p\sqrt{2}$

12. (UERJ) Na análise dos problemas relativos aos trapézios, aprende-se que é muito útil traçar, por um dos vértices da base menor, um segmento paralelo a um dos lados do trapézio. Dessa forma, os trapézios podem ser estudados como sendo a união de paralelogramos e triângulos, conforme ilustração a seguir:

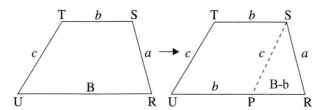

Assim, a análise do trapézio $RSTU$ passa, basicamente, para o triângulo de lados a, c e $B - b$. A altura, a existência e os ângulos do trapézio $RSTU$ podem ser calculados a partir dos correspondentes, no triângulo RSP.

Considere, então, um trapézio em que as bases medem 10 cm e 15 cm e os outros dois lados, 5 cm cada um.

Logo, o número inteiro de centímetros que mais se aproxima da medida da altura desse trapézio é:

a) 3
b) 4
c) 5
d) 6
e) 7

13. (U.F.SERGIPE) Se nos triângulos retângulos, representados na figura abaixo, têm-se $AB = 1$, $BC = 2$ e $AD = 3$, então CD é igual a:

a) 1
b) 2
c) 3
d) 4
e) 5

14. (F.C.CHAGAS) Na figura abaixo, tem-se o triângulo retângulo ABC cujos catetos medem 6 m e 8 m. Quer-se construir um outro triângulo retângulo, com hipotenusa $\overline{AC}$ e tal que a medida de um dos catetos seja igual ao dobro da medida do outro.

A medida do menor cateto, em metros, será:
a) $2\sqrt{5}$
b) $4\sqrt{5}$
c) 5
d) 10
e) 20

15. (VUNESP) Considere um quadrado de lado ℓ, diagonal d e perímetro p. A função que define a diagonal em termos do perímetro do quadrado é dada pela expressão:
a) $d(p) = \dfrac{\sqrt{2p}}{4}$
b) $d(p) = \dfrac{p}{2}$
c) $d(p) = \dfrac{p\sqrt{2}}{4}$
d) $d(p) = \dfrac{p\sqrt{2}}{2}$
e) $d(p) = \dfrac{p^2\sqrt{2}}{4}$

16. (VUNESP) A figura representa o perfil de uma escada cujos degraus têm todos a mesma extensão, além de mesma altura.

Unidade 13 - Relações métricas e trigonométricas num triângulo retângulo | 533

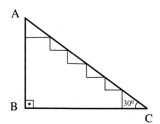

Se $\overline{AB} = 2m$ e $B\widehat{C}A$ mede 30°, então a medida da extensão de cada degrau é:

a) $\dfrac{2\sqrt{3}}{3} m$

b) $\dfrac{\sqrt{2}}{3} m$

c) $\dfrac{\sqrt{3}}{6} m$

d) $\dfrac{\sqrt{3}}{2} m$

e) $\dfrac{\sqrt{3}}{3} m$

17. (UNI-RIO-CEFET-ENCE) Os lados de um triângulo retângulo estão em progressão aritmética. Sabendo-se que o perímetro mede 57 cm, podemos afirmar que o maior cateto mede:

a) 17 cm

b) 19 cm

c) 20 cm

d) 23 cm

e) 27 cm

18. (MACK) Assinale o triângulo cujos lados estão compatíveis:

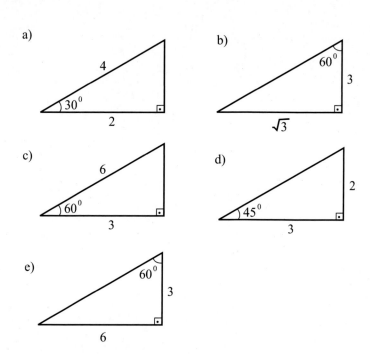

19. (UFMA)

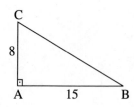

Assinale o seno do ângulo $\widehat{C}$.

a) $\dfrac{15}{17}$

b) $\dfrac{8}{17}$

c) $\dfrac{17}{15}$

d) $\dfrac{17}{8}$

e) $\dfrac{8}{15}$

20. (F.C.CHAGAS) Na figura abaixo têm-se que $ABCD$ é um retângulo, $AD = 1$ e $AB = \sqrt{3}$.

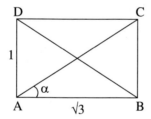

A medida α, do ângulo assinalado, é:

a) 75°

b) 60°

c) 45°

d) 30°

e) 15°

21. (UERJ) Observe a bicicleta e a tabela trigonométrica:

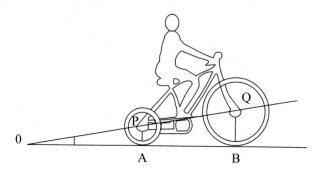

Ângulo (em graus)	seno	cosseno	tangente
10	0,174	0,985	0,176
11	0,191	0,982	0,194
12	0,208	0,978	0,213
13	0,225	0,974	0,231
14	0,242	0,970	0,249

Os centros das rodas estão a uma distância PQ igual a 120 cm e os raios PA e QB medem, respectivamente, 25 cm e 52 cm.

De acordo com a tabela, o ângulo $A\hat{O}P$ tem o seguinte valor:
a) 10°
b) 12°
c) 13°
d) 14°

22. (UFPI) Um triângulo retângulo é tal que sua hipotenusa mede 16 cm e a tangente de um dos ângulos agudos é igual a $1/\sqrt{3}$. A soma das medidas dos catetos desse triângulo, em centímetros, é igual a:
a) 8
b) $8 + 4\sqrt{3}$
c) 16
d) $4 + 8\sqrt{3}$
e) $8 + 8\sqrt{3}$

23. (UNIFICADO) Na figura abaixo, $ABCD$ é um trapézio retângulo com

Unidade 13 - *Relações métricas e trigonométricas num triângulo retângulo* | 537

$\overline{AB} \equiv \overline{AD}$, $BC - AB = 1$ cm e $CD = 7$ cm. Então:

a) $\operatorname{sen}\alpha = 1/3$
b) $\operatorname{sen}\alpha = 3/5$
c) $\cos\alpha = 4/5$
d) $\operatorname{tg}\alpha = 3/4$
e) $\operatorname{tg}\alpha = 4/3$

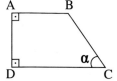

24. (F.C.CHAGAS) Trafegando num trecho plano e reto de uma estrada, um ciclista observa uma torre. No instante em que o ângulo entre a estrada e a linha de visão do ciclista é 60°, o marcador de quilometragem da bicicleta acusa 103,50 km. Quando o ângulo descrito passa a ser 90°, o marcador de quilometragem acusa 104,03 km.

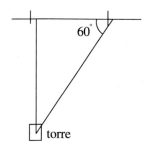

Qual é, aproximadamente, a distância da torre à estrada?

(Se necessitar, use $\sqrt{2} \cong 1,41$; $\sqrt{3} \cong 1,73$; $\sqrt{6} \cong 2,45$.)

a) 463,4 m

b) 535,8 m

c) 755,4 m

d) 916,9 m

e) 1.071,6 m

25. (UFF) A figura abaixo representa o quadrado $MNPQ$ de lado $\ell = 4$ cm.
Sabendo que os retângulos $NXYZ$ e $JKLQ$ são congruentes, o valor da medida do segmento $\overline{YK}$ é:

538 | *Matemática no Vestibular*

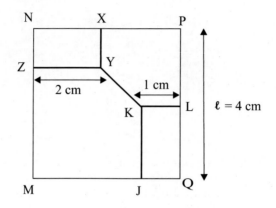

a) $\dfrac{\sqrt{3}}{2}$ cm

b) $2\sqrt{3}$ cm

c) $\dfrac{\sqrt{2}}{2}$ cm

d) $\sqrt{2}$ cm

e) $2\sqrt{2}$ cm

26. **(FUVEST)** Dados:
$MP \perp s;\ \ MQ \perp t;\ MQ \perp PQ$
$\overline{MP} = 6$
Então, $\overline{PQ}$ é igual a:

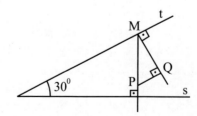

a) $3\sqrt{3}$

b) 3

c) $6\sqrt{3}$

d) $4\sqrt{3}$

e) $2\sqrt{3}$

Unidade 13 - Relações métricas e trigonométricas num triângulo retângulo | 539

27. (VUNESP) Uma escada apoiada em uma parede, num ponto que dista 3 m do solo, forma, com essa parede, um ângulo de 30°. A distância da parede ao "pé" da escada, em metros, é de:
- a) $3\sqrt{3}$
- b) $2\sqrt{3}$
- c) $\sqrt{3}$
- d) $\dfrac{\sqrt{3}}{2}$
- e) 2

28. (FUVEST) Um móvel parte de A e segue numa direção que forma com a reta AC um ângulo de 30°. Sabe-se que o móvel caminha com uma velocidade constante de 50 km/h. Após 3 horas de percurso, a distância a que o móvel se encontra da reta AC é de:
- a) 75 km
- b) $75\sqrt{3}$ km
- c) $50\sqrt{3}$ km
- d) $75\sqrt{2}$ km
- e) 50 km

29. (VUNESP) Do quadrilátero $ABCD$ da figura, sabe-se que os ângulos internos de vértices A e C são retos; os ângulos $C\hat{D}B$ e $A\hat{D}B$ medem, respectivamente, 45° e 30°; o lado CD mede 2 dm:

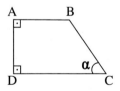

Então, os lados AD e AB medem, respectivamente, em dm:
- a) $\sqrt{6}$ e $\sqrt{3}$
- b) $\sqrt{5}$ e $\sqrt{3}$
- c) $\sqrt{6}$ e $\sqrt{2}$
- d) $\sqrt{6}$ e $\sqrt{5}$
- e) $\sqrt{3}$ e $\sqrt{5}$

30. (UFF) No triângulo isósceles PQR, da figura abaixo, $\overline{RH}$ é a altura relativa ao lado $\overline{PQ}$.

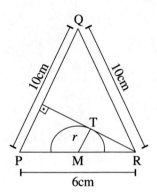

Se M é o ponto médio de $\overline{PR}$, então a semicircunferência de centro M, e tangente a $\overline{RH}$ em T tem raio r igual a:

a) 0,50 cm

b) 0,75 cm

c) 0,90 cm

d) 1,00 cm

e) 1,50 cm

Unidade 13 - Relações métricas e trigonométricas num triângulo retângulo | 541

31. (UMC-SP) Os raios de duas circunferências são 3 cm e 8 cm, e a distância entre seus centros é 13 cm. O comprimento do segmento $\overline{AB}$ é:

a) $\sqrt{58}$ cm
b) 11 cm
c) 12 cm
d) 10 cm
e) $\sqrt{120}$ cm

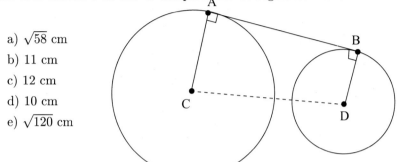

32. (UFF) O círculo da figura tem centro O e raio R.

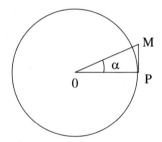

Sabendo-se que $\overline{MP}$ equivale a $5R/12$ e é tangente ao círculo no ponto P, o valor de sen α é:

a) $\dfrac{12}{13}$

b) $\dfrac{5R}{13}$

c) $\dfrac{5R}{12}$

d) $\dfrac{5}{13}$

e) $\dfrac{5}{12}$

33. (UNI-RIO) Numa circunferência de 16 cm de diâmetro, uma corda $\overline{AB}$ é

projetada ortogonalmente sobre o diâmetro $\overline{BC}$. Sabendo-se que a referida projeção mede 4 cm, a medida de $\overline{AB}$ em cm é igual a:
a) 6
b) 8
c) 10
d) 12
e) 14

34. (PUC) A hipotenusa de um triângulo mede $2\sqrt{61}$. A diferença entre os comprimentos dos dois outros lados é 2. Então, o menor lado tem comprimento:
a) $\sqrt{30}$
b) 7
c) 10
d) $5\sqrt{6}$
e) 11

35. (UNIFICADO)

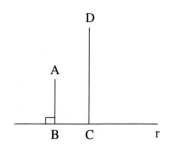

Na figura acima, os pontos B e C pertencem à reta r e os segmentos AB e CD são paralelos. Sabe-se ainda que a distância entre os pontos B e C é igual à metade da distância entre A e D, e a medida do ângulo ACD é $45°$. O ângulo CAD mede:
a) $115°$
b) $105°$
c) $100°$
d) $90°$
e) $75°$

36. (PUC) A hipotenusa de um triângulo retângulo mede 17 cm. A diferença entre os comprimentos dos dois outros lados é de 7 cm. Qual é o perímetro do triângulo?

a) 38 cm

b) $17 + 20\sqrt{2}$ cm

c) 40 cm

d) $17 + 10\sqrt{7}$ cm

e) 47 cm

37. (UFF) A razão entre o lado do quadrado inscrito e o lado do quadrado circunscrito em uma circunferência de raio R é:

a) $\dfrac{1}{3}$

b) $\dfrac{1}{2}$

c) $\dfrac{\sqrt{3}}{3}$

d) $\dfrac{\sqrt{2}}{2}$

e) $\sqrt{2}$

38. Na figura abaixo $\overline{OA} = \overline{OB} = R$. O raio do círculo tangente aos semi-círculos de diâmetros $\overline{AB}$, $\overline{OA}$ e $\overline{OB}$ é igual a:

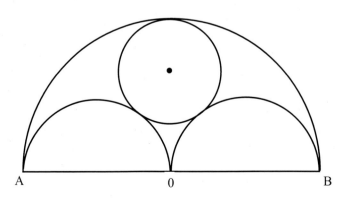

a) $\dfrac{R}{2}$

b) $\dfrac{R\sqrt{3}}{3}$

c) $\dfrac{R\sqrt{3}}{4}$

d) $\dfrac{R}{3}$

e) $\dfrac{R}{4}$

39. (UFF) Na figura, as circunferências têm raios iguais a R e estão inscritas em um triângulo equilátero de lado igual a 2 cm. Assinale a alternativa que representa o valor R.

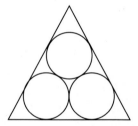

a) $\dfrac{1}{1+\sqrt{3}}$ cm

b) $\dfrac{\sqrt{3}}{1+\sqrt{3}}$ cm

c) $\dfrac{3}{1+\sqrt{2}}$ cm

d) $\dfrac{\sqrt{3}}{2+\sqrt{3}}$ cm

e) $\dfrac{2}{2+\sqrt{3}}$ cm

Unidade 13 - *Relações métricas e trigonométricas num triângulo retângulo* | 545

40. (UFRS) Dada a figura

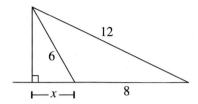

Qual o valor de x?
a) 2,15
b) 2,35
c) 2,75
d) 3,15
e) 3,35

41. (UFRS) Uma correia esticada passa em torno de três discos de 5 m de diâmetro, conforme a figura abaixo. Os pontos A, B e C representam os centros dos discos. A distância AC mede 26 m, e a distância BC mede 10 m.

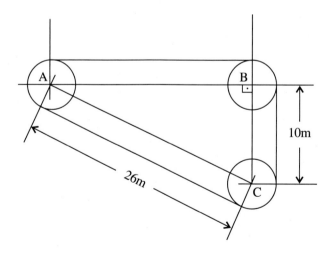

O comprimento da correia é:
a) 60 m
b) $(60 + 5\pi)$ m
c) 65 m

d) $(60 + 10\pi)$ m
e) 65π m

42. (UFRS) Na figura abaixo, o valor numérico do diâmetro AB é 5, e C é um ponto do círculo. Uma solução possível para os valores numéricos de AC e BC é:

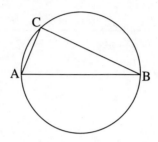

a) 1 e $2\sqrt{6}$
b) 2 e 3
c) 1 e 4
d) 1,5 e 3,5
e) $\sqrt{6}$ e 2

43. (UFRJ) Para o trapézio representado na figura, calcule a altura.

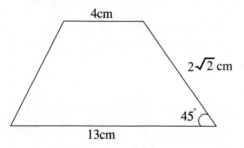

44. (CEFET) Um atleta corre do ponto A ao ponto D numa trajetória conforme a figura a seguir.
  Considerando-se que:

  1- o atleta mantém as seções horizontais um ritmo de 1000 m a cada 5 min;

  2- na elevação a $30°$, o ritmo diminui em 50%;

3- os trechos AB, BC e CD são de mesmo comprimento.

Calcule o tempo que o atleta gasta para percorrer toda a trajetória.

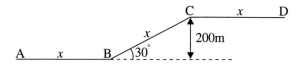

45. (UFRJ) A grande sensação da última ExposArte foi a escultura "O.I.T.O.", de 12 metros de altura, composta por duas circunferências, que reproduzimos abaixo, com exclusividade.

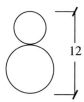

Para poder passar por um corredor de apenas 9 metros de altura e chegar ao centro do Salão Principal, ela teve que ser inclinada. A escultura atravessou o corredor tangenciando o chão e o teto, como mostra a figura a seguir.

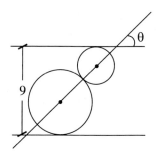

46. (FUVEST) Uma escada de 25 dm de comprimento se apóia num muro do qual seu pé dista 7 dm. Se o pé da escada se afastar mais 8 dm do muro, qual o deslocamento verificado pela extremidade superior da escada?

47. (UNICAMP) Caminhando em linha reta ao longo de uma praia, um banhista vai de um ponto A a um ponto B, cobrindo a distância $AB = 1.200$ metros. Quando em A ele avista um navio parado em N de tal maneira que o ângulo $N\widehat{A}B$ é de $60°$; e quando em B, verifica que o ângulo $N\widehat{B}A$ é de $45°$.

a) Faça uma figura ilustrativa da situação descrita.

b) Calcule a distância a que se encontra o navio da praia.

48. (UFF) Uma folha de papel em forma de retângulo $ABCD$ é dobrada no segmento $\overline{EF}$, de modo que o vértice B coincida com o vértice D, como na figura.

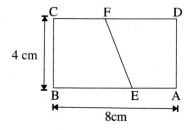

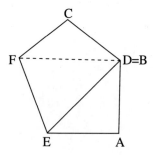

Sabendo-se que as dimensões do retângulo são $\overline{AB} = 8$ cm e $\overline{BC} = 4$ cm, determine a medida do segmento $\overline{EF}$.

Unidade 13 - *Relações métricas e trigonométricas num triângulo retângulo* | 549

49. (FUVEST) Calcular x indicado na figura:

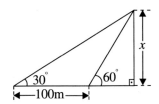

50. (UFRJ) Na figura, o triângulo AEC é equilátero e $ABCD$ é um quadrado de lado 2 cm.

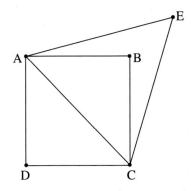

Calcule a distância BE.

51. (UNI-RIO) Na figura abaixo, determine o perímetro do triângulo ABC.

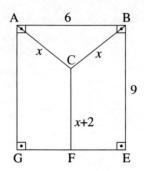

52. (CESGRANRIO) 15 toras de madeira de 1,5 m de diâmetro são empilhadas segundo a figura a seguir. Calcule a altura da pilha.

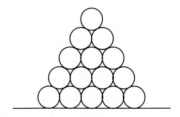

53. (VUNESP) Na figura, os pontos C, D e B são colineares e os triângulos ABD e ABC são retângulos em $\hat{B}$.

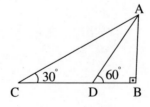

Se a medida do ângulo $A\hat{D}B$ é 60° e a medida do ângulo $A\hat{C}D$ é 30°, demonstre que:

a) $AD = DC$;
b) $CD = 2.DB$.

54. (UFSC) Uma escada com 10 m de comprimento foi apoiada em uma parede que é perpendicular ao solo. Sabendo-se que o pé da escada está afastado 6 m da base da parede, determine a altura, em metros, alcançada pela escada.

55. (PUC) Seja $ABCD$ um retângulo e seja P um ponto no interior desse retângulo, tal que $AP = 3$ cm, $BP = 4$ cm e $CP = 5$ cm. Calcule DP.

56. (UFSC) Sejam h e y, respectivamente, os comprimentos da altura e do lado $\overline{AD}$ do paralelogramo $ABCD$ da figura.

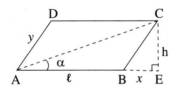

$$\begin{cases} h = 12\sqrt{3}\,\text{cm} \\ y = 21\,\text{cm} \\ \alpha = 30° \end{cases}$$

Conhecendo-se o ângulo α, o comprimento ℓ do lado $\overline{AB}$, em centímetros, é:

57. (UFRJ) A figura abaixo mostra duas circunferências que se tangenciam interiormente. A circunferência maior tem centro em O. A menor tem raio $r = 5$ cm e é tangente a OA e a OB. Sabendo-se que o ângulo $A\hat{O}B$ mede $60°$, calcule a medida do raio R da circunferência maior.

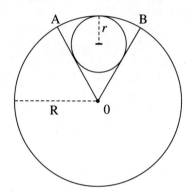

58. (UFF) Duas réguas de madeira, $\overline{MN}$ e $\overline{PQ}$, com 8 cm cada, estão ligadas em suas extremidades por dois fios, formando o retângulo $MNQP$ (fig. 1). Mantendo-se fixa a régua $\overline{MN}$ e girando-se $180°$ a régua $\overline{PQ}$ em torno do seu ponto médio, sem alterar os comprimentos dos fios, obtêm-se dois triângulos congruentes MNO e QPO (fig. 2)

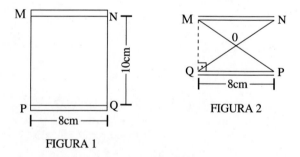

Calcule a distância entre as duas réguas nesta nova posição.

Unidade 13 - Relações métricas e trigonométricas num triângulo retângulo | 553

59. (UERJ)

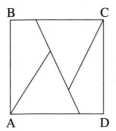

A figura acima representa um quadrado $ABCD$ e dois triângulos equiláteros. Se cada lado desses triângulos mede 2 cm, calcule o lado do quadrado $ABCD$.

60. (UFRJ)
Um observador (O), do ponto mais alto de um farol, vê a linha do horizonte (L) a uma distância d. Sejam h e R a altura do farol e o raio da Terra, respectivamente.

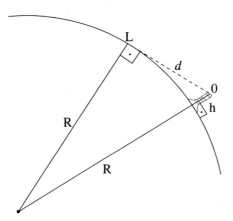

a) Como R é muito maior que h, pode-se admitir que $2R + h = 2R$. Assim, prove, usando a aproximação indicada, que $d = \sqrt{2Rh}$.

b) O raio da Terra tem, aproximadamente, 6.300 km. Usando a fórmula do item a), calcule a distância (d) do horizonte, quando o observador está a uma altura $h = 35$ m.

554 | Matemática no Vestibular

61. (UERJ) A extremidade A de uma planta aquática encontra-se 10 cm acima da superfície da água de um lago (fig. 1). Quando a brisa a faz balançar, essa extremidade toca a superfície da água no ponto B, situado a $10\sqrt{3}$ cm do local em que sua projeção ortogonal C, sobre a água, se encontrava inicialmente (fig. 2). Considere $\overline{OA}$, $\overline{OB}$ e $\overline{BC}$ segmentos de retas e o arco $\stackrel{\frown}{AB}$ uma trajetória do movimento da planta.

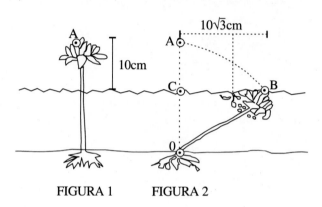

FIGURA 1   FIGURA 2

Determine:

a) a profundidade do lago no ponto O em que se encontra a raiz da planta;

b) o comprimento, em cm, do arco $\stackrel{\frown}{AB}$.

Gabarito das questões propostas

Questão 1 - Resposta: d) "Sou a soma dos quadrados dos catetos. Mas pode me chamar de quadrado da hipotenusa."
Questão 2 - Resposta: d) $2\sqrt{3}$
Questão 3 - Resposta: a) 2
Questão 4 - Resposta: c) 15
Questão 5 - Resposta: d) $\dfrac{9}{5}$
Questão 6 - Resposta: b) $2\sqrt{2}$ cm
Questão 7 - Resposta: b) 1,4

Unidade 13* - Relações métricas e trigonométricas num triângulo retângulo* | 555

Questão 8 - Resposta: b) $\sqrt{7}$

Questão 9 - Resposta: e) $\dfrac{a^3}{b^2 c^2}$

Questão 10 - Resposta: b) $2a$

Questão 11 - Resposta: c) $p\sqrt{2}$

Questão 12 - Resposta: b) 4

Questão 13 - Resposta: b) 2

Questão 14 - Resposta: a) $2\sqrt{5}$

Questão 15 - Resposta: c) $d(p) = \dfrac{p\sqrt{2}}{4}$

Questão 16 - Resposta: e) $\dfrac{\sqrt{3}}{3}$ m

Questão 17 - Resposta: b) 19 cm

Questão 18 - Resposta: c)

Questão 19 - Resposta: a) $\dfrac{15}{17}$

Questão 20 - Resposta: d) $30°$

Questão 21 - Resposta: c) $13°$

Questão 22 - Resposta: e) $8 + 8\sqrt{3}$

Questão 23 - Resposta: e) $\operatorname{tg} \alpha = 4/3$

Questão 24 - Resposta: d) 916,9 m

Questão 25 - Resposta: d) $\sqrt{2}$ cm

Questão 26 - Resposta: b) 3

Questão 27 - Resposta: c) $\sqrt{3}$

Questão 28 - Resposta: a) 75 km

Questão 29 - Resposta: c) $\sqrt{6}$ e $\sqrt{2}$

Questão 30 - Resposta: c) 0,90 cm

Questão 31 - Resposta: c) 12 cm

Questão 32 - Resposta: d) $\dfrac{5}{13}$

Questão 33 - Resposta: b) 8

Questão 34 - Resposta: c) 10

Questão 35 - Resposta: b) $105°$

556 | *Matemática no Vestibular*

Questão 36 - Resposta: c) 40 cm

Questão 37 - Resposta: d) $\dfrac{\sqrt{2}}{2}$

Questão 38 - Resposta: d) $\dfrac{R}{3}$

Questão 39 - Resposta: a) $\dfrac{1}{1+\sqrt{3}}$ cm

Questão 40 - Resposta: c) 2,75

Questão 41 - Resposta: b) $(60+5\pi)\,\text{m}$

Questão 42 - Resposta: a) 1 e $2\sqrt{6}$

Questão 43 - Resposta: 2 cm

Questão 44 - Resposta: 8 minutos

Questão 45 - Resposta: 30°

Questão 46 - Resposta: 4 dm

Questão 47 - Resposta: a) Demonstração   b) $600(3-\sqrt{3})\,\text{m}$

Questão 48 - Resposta: $2\sqrt{5}\,\text{m}$

Questão 49 - Resposta: $50\sqrt{3}\,\text{m}$

Questão 50 - Resposta: $(\sqrt{6}-\sqrt{2})\,\text{cm}$

Questão 51 - Resposta: 100/7

Questão 52 - Resposta: $(3\sqrt{3}+1,5)\,\text{m}$

Questão 53 - Resposta: Demonstração

Questão 54 - Resposta: 8 m

Questão 55 - Resposta: $3\sqrt{2}\,\text{cm}$

Questão 56 - Resposta: 33 cm

Questão 57 - Resposta: 15 cm

Questão 58 - Resposta: 6 m

Questão 59 - Resposta: $2(3-\sqrt{3})\,\text{cm}$

Questão 60 - Resposta: a) Demonstração   b) 21 m

Questão 61 - Resposta: a) 10 cm   b) $\dfrac{20\pi}{3}\,\text{cm}$

UNIDADE 14

RELAÇÕES MÉTRICAS NUM TRIÂNGULO QUALQUER

SINOPSE TEÓRICA

14.1) Introdução

Na unidade anterior estudamos as relações métricas nos triângulos retângulos, agora veremos as relações métricas para quaisquer triângulos.

Nesta unidade daremos ênfase a apenas duas relações, que são as conhecidas lei dos cossenos e lei dos senos.

14.2) Lei dos cossenos

Em todo triângulo, o quadrado de um lado é igual à soma dos quadrados dos outros dois lados menos o duplo produto desses lados pelo cosseno do ângulo formado entre eles.

Demonstração

Seja ABC um triângulo de lados $\overline{AB} = c$, $\overline{AC} = b$ e $\overline{BC} = a$ e altura $\overline{AH} = h$.

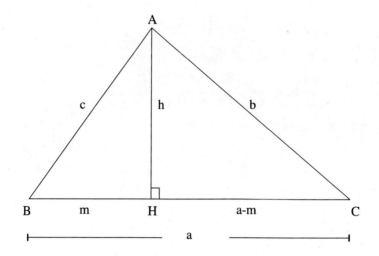

Fazendo $\overline{BH} = m$ e $\overline{CH} = a - m$, temos:

$\triangle ABH \rightarrow c^2 = m^2 + h^2 \Rightarrow h^2 = c^2 - m^2$ ①

$\triangle AHC \rightarrow b^2 = h^2 + (a-m)^2 \Rightarrow b^2 = h^2 + a^2 - 2am + m^2$ ②

Substituindo ① em ② vem:

$b^2 = c^2 - m^2 + a^2 - 2am + m^2$

$b^2 = a^2 + c^2 - 2am$ ③

mas:

$\cos \widehat{B} = \dfrac{m}{c} \Rightarrow m = c \cos \widehat{B}$ ④

substituindo ④ em ③, temos finalmente:

$$\boxed{b^2 = a^2 + c^2 - 2ac \cos \widehat{B}}$$

e, analogamente:

$$\boxed{a^2 = b^2 + c^2 - 2bc \cos \widehat{A}} \quad \text{e} \quad \boxed{c^2 = a^2 + b^2 - 2ab \cos \widehat{C}}$$

14.3) Lei dos senos

Os lados de um triângulo são proporcionais aos senos dos ângulos opostos, na mesma razão do diâmetro do círculo circunscrito a esse triângulo.

Unidade 14 - *Relações métricas num triângulo qualquer* | 559

Demonstração

Considere o triângulo ABC, de lados $\overline{AB} = c$, $\overline{AC} = b$ e $\overline{BC} = a$ e a circunferência de raio R, circunscrita ao triângulo

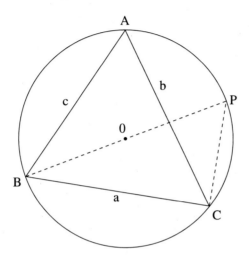

Temos que:

$\widehat{P} = \dfrac{\widehat{BC}}{2}$ e $\widehat{A} = \dfrac{\widehat{BC}}{2}$, logo: $\widehat{P} = \widehat{A}$

No triângulo PBC vem:

$\operatorname{sen} \widehat{P} = \dfrac{a}{2R} \Rightarrow \operatorname{sen} \widehat{A} = \dfrac{a}{2R} \Rightarrow \dfrac{a}{\operatorname{sen} \widehat{A}} = 2R$

Analogamente, temos: $\dfrac{b}{\operatorname{sen} \widehat{B}} = 2R$ e $\dfrac{c}{\operatorname{sen} \widehat{C}} = 2R$

Daí a expressão da lei dos senos:

$$\boxed{\dfrac{a}{\operatorname{sen} \widehat{A}} = \dfrac{b}{\operatorname{sen} \widehat{B}} = \dfrac{c}{\operatorname{sen} \widehat{C}} = 2R}$$

14.4) Síntese de Clairaut

Seja a o maior lado de um triângulo de lados a, b e c.

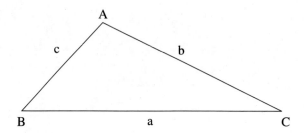

Reconhecemos a natureza de um triângulo com base nas equivalências abaixo, decorridas da lei dos cossenos.

a) Triângulo é retângulo
$\widehat{A} = 90° \Rightarrow \cos \widehat{A} = 0 \Rightarrow a^2 = b^2 + c^2$

b) Triângulo é acutângulo
$\widehat{A} < 90° \Rightarrow \cos \widehat{A} > 0 \Rightarrow a^2 < b^2 + c^2$

c) Triângulo é obtusângulo
$\widehat{A} > 90° \Rightarrow \cos \widehat{A} < 0 \Rightarrow a^2 > b^2 + c^2$

QUESTÕES RESOLVIDAS

1. Em um triângulo ABC, $\overline{AB} = 3$, $\overline{BC} = 4$ e $A\widehat{B}C = 60°$. Calcule $\overline{AC}$.

Resolução:
Pela lei dos cossenos, temos:

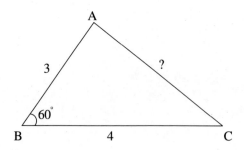

$\overline{AC}^2 = 3^2 + 4^2 - 2 \times 3 \times 4 \times \cos 60°$
$\overline{AC}^2 = 9 + 16 - 24 \cdot \dfrac{1}{2}$
$\overline{AC}^2 = 25 - 12$

$\overline{AC}^2 = 13 \Rightarrow \boxed{\overline{AC} = \sqrt{13}}$

2. Na figura, calcule $\cos \alpha$

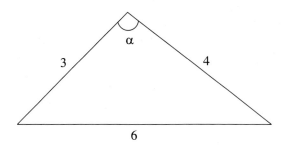

Resolução:
Pela lei dos cossenos, temos:
$6^2 = 3^2 + 4^2 - 2 \times 3 \times 4 \times \cos \alpha$
$36 = 9 + 16 - 24 \cos \alpha$
$24 \cos \alpha = -11 \Rightarrow \boxed{\cos \alpha = \dfrac{-11}{24}}$

3. Determine a medida do lado do octógono regular inscrito num círculo de raio 2 cm.
Resolução:
Seja $\overline{AB}$, o lado do octógono regular inscrito no círculo de centro O.

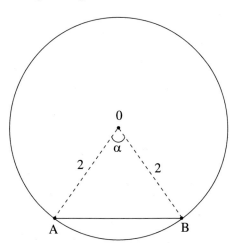

Pela lei dos cossenos, temos:
$$\overline{AB}^2 = 2^2 + 2^2 - 2 \times 2 \times 2 \times \cos\alpha,$$
mas
$$\alpha = \frac{360°}{8} = 45°$$
logo:
$$\overline{AB}^2 = 4 + 4 - 8 \cdot \frac{\sqrt{2}}{2}$$
$$\overline{AB}^2 = 8 - 4\sqrt{2} = 4(2 - \sqrt{2})$$
$$\boxed{\overline{AB} = 2\sqrt{2 - \sqrt{2}}} \text{ cm}$$

4. Num triângulo ABC, $\overline{AB} = \sqrt{6}$, $A\widehat{B}C = 60°$ e $A\widehat{C}B = 45°$. Calcule a medida do lado $\overline{AC}$.

Resolução:
Pela lei dos senos, temos:

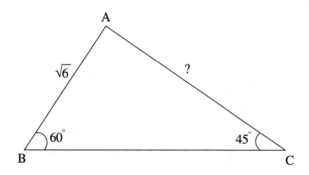

$$\frac{\sqrt{6}}{\operatorname{sen} 45°} = \frac{\overline{AC}}{\operatorname{sen} 60°}$$
$$\frac{\sqrt{6}}{\frac{\sqrt{2}}{\cancel{2}}} = \frac{\overline{AC}}{\frac{\sqrt{3}}{\cancel{2}}} \Rightarrow \overline{AC} = \frac{\sqrt{6} \cdot \sqrt{3}}{\sqrt{2}} \Rightarrow \boxed{\overline{AC} = 3}$$

5. Sejam f_1 e f_2 os módulos das forças $\vec{F}_1$ e $\vec{F}_2$ que formam entre si um ângulo θ. Determine o módulo da resultante de $\vec{F}_1$ e $\vec{F}_2$.

Resolução:
Note pela figura que
$$\alpha = 180° - \theta$$

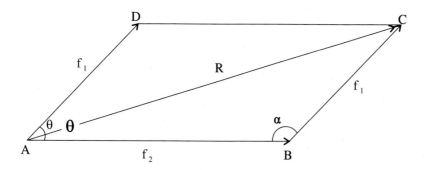

Aplicando a lei dos cossenos no $\triangle ABC$, temos:
$R^2 = f_1^2 + f_2^2 - 2f_1 f_2 \cos(180° - \theta)$
Mas $\cos(180° - \theta) = -\cos\theta$, então
$R^2 = f_1^2 + f_2^2 + 2f_1 f_2 \cos\theta$, ou ainda

$$R = \sqrt{f_1^2 + f_2^2 + 2f_1 f_2 \cos\theta}$$

QUESTÕES PROPOSTAS

1. (UFMG) Um dos ângulos de um losango de 4 m de lado mede 120°. Sua maior diagonal, em m, mede:
 a) 4
 b) 5
 c) $2\sqrt{3}$
 d) $3\sqrt{3}$
 e) $4\sqrt{3}$

2. (PUC-SP) A figura mostra um hexágono regular de lado a. A diagonal $\overline{AB}$ mede:

a) $2a$
b) $a\sqrt{2}$
c) $\dfrac{a\sqrt{3}}{2}$
d) $a\sqrt{3}$
e) $\dfrac{2a\sqrt{2}}{3}$

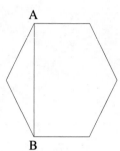

3. (MACK) Dois lados consecutivos de um paralelogramo medem 8 e 12 e formam um ângulo de 60°. As diagonais medem:
 a) 4 e $4\sqrt{7}$
 b) $4\sqrt{7}$ e $4\sqrt{19}$
 c) $4\sqrt{7}$ e $4\sqrt{17}$
 d) $4\sqrt{17}$ e $4\sqrt{19}$
 e) 4 e 4,5

4. (FUVEST) Um triângulo T tem lados iguais a 4,5 e 6. O cosseno do maior ângulo de T é:
 a) 5/6
 b) 4/5
 c) 3/4
 d) 2/3
 e) 1/8

5. (F.C.CHAGAS) Na figura abaixo, $AD = 2\sqrt{3}$ e o triângulo BCD é isósceles.

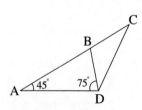

A medida do segmento $\overline{CD}$ é:

a) $2\sqrt{6}$
b) $4\sqrt{6}$
c) $3\sqrt{2}$
d) $2\sqrt{3}$
e) $3\sqrt{3}$

6. (PUC) No triângulo abaixo $a = 20$, $b = 25$ e $\gamma = 60°$.

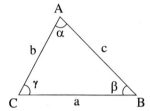

então, sen α é igual a:

a) $\dfrac{1}{\sqrt{7}}$
b) $\dfrac{2}{\sqrt{7}}$
c) $\dfrac{2}{\sqrt{5}}$
d) $\dfrac{2}{\sqrt{10}}$
e) $\dfrac{1}{\sqrt{5}}$

7. (FUVEST) O triângulo ABC é equilátero de lado 4, $AM = MC = 2$, $AP = 3$ e $PB = 1$. O perímetro do triângulo APM é:

a) $5 + \sqrt{7}$
b) $5 + \sqrt{10}$
c) $5 + \sqrt{19}$
d) $5 + \sqrt{13 - 6\sqrt{3}}$
e) $5 + \sqrt{13 + 6\sqrt{3}}$

566 | *Matemática no Vestibular*

8. (PUC) No triângulo ABC, o ângulo $\widehat{A}$ vale $60°$, o lado oposto mede 7 cm e um dos lados adjacentes mede 3 cm. O outro lado do triângulo mede:

a) 5 cm

b) 6 cm

c) 7 cm

d) 8 cm

e) 10 cm

9. (UERJ) O triângulo ABC está inscrito em círculo de raio R. Se $cos\widehat{A} = \dfrac{3}{5}$ o comprimento do lado $\overline{BC}$ é:

a) $\dfrac{2R}{5}$

b) $\dfrac{3R}{5}$

c) $\dfrac{4R}{5}$

d) $\dfrac{6R}{5}$

e) $\dfrac{8R}{5}$

10. (F.C. CHAGAS) Um triângulo isósceles é tal que a base mede $(\sqrt{6} - \sqrt{2})$ cm e os ângulos adjacentes a essa base medem $75°$. A medida dos lados congruentes desse triângulo, em centímetros, é:

a) 1

b) $\sqrt{3}$

c) 2

d) $\sqrt{6}$

e) 4

11. (UERJ) Um triângulo tem lados 3, 7 e 8. Um de seus ângulos é igual a:

a) $30°$

b) $45°$

c) $60°$

d) $90°$

e) $120°$

12. (FATEC) Na figura abaixo, ABC é um triângulo, onde $AB = 10$ cm, $\alpha = 45°$

e $\beta = 65°$. Se $\cos \alpha = 0,707$ e $\cos 25° = 0,906$, então BC é mais próximo de:

a) 0,438 cm

b) 7,297 cm

c) 7,803 cm

d) 10,513 cm

e) 16,729 cm

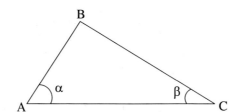

13. (PUC-SP) Qual é a medida do lado de um polígono regular de 12 lados, inscrito num círculo de raio unitário?

a) $2 + \sqrt{3}$

b) $\sqrt{2 - \sqrt{3}}$

c) $\sqrt{3} - 1$

d) $\dfrac{1}{2} + \dfrac{\sqrt{3}}{2}$

e) $\dfrac{\sqrt{3}}{2} - \dfrac{1}{2}$

14. (U.F.GO) No triângulo abaixo, os valores de x e y, nesta ordem, são:

a) 2 e $\sqrt{3}$

b) $\sqrt{3} - 1$ e 2

c) $\dfrac{2\sqrt{3}}{3}$ e $\dfrac{\sqrt{6} - \sqrt{2}}{3}$

d) $\dfrac{\sqrt{6} - \sqrt{3}}{3}$ e $\dfrac{2\sqrt{2}}{3}$

e) 2 e $\sqrt{3} - 1$

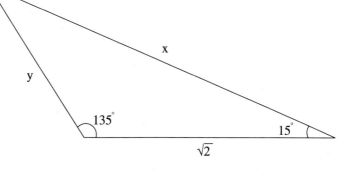

568 | *Matemática no Vestibular*

15. (PUC-SP) a, b e c são as medidas dos lados de um triângulo ABC. Então, se

a) $a^2 < b^2 + c^2$, o triângulo ABC é retângulo

b) $a^2 = b^2 + c^2$, o lado a mede a soma das medidas de b e c

c) $a^2 > b^2 + c^2$, o ângulo oposto ao lado que mede a é obtuso

d) $b^2 = a^2 + c^2$, a é hipotenusa e b e c são catetos

e) nenhuma das anteriores é correta

16. (ITA) Se o perímetro de um triângulo inscrito num círculo medir $20.\times$ cm, e a soma dos senos de seus ângulos internos for igual $a\times$ cm, então a área do círculo, em cm^2, será igual a:

a) $50.\pi$

b) $75.\pi$

c) $100.\pi$

d) $125.\pi$

e) $150.\pi$

17. (ITA) Num losango $ABCD$, a soma das medidas dos ângulos obtusos é o triplo da soma das medidas dos ângulos agudos. Se a sua diagonal menor mede d cm, então sua aresta medirá:

a) $\dfrac{d}{\sqrt{2 + \sqrt{2}}}$

b) $\dfrac{d}{\sqrt{2 - \sqrt{2}}}$

c) $\dfrac{d}{\sqrt{2 + \sqrt{3}}}$

d) $\dfrac{d}{\sqrt{3 - \sqrt{3}}}$

e) $\dfrac{d}{\sqrt{3 - \sqrt{2}}}$

18. (FESP) Na figura abaixo, ABC e BDE são triângulos equiláteros de lados $2a$ e a, respectivamente. Podemos afirmar, então, que o segmento $\overline{CD}$ mede:

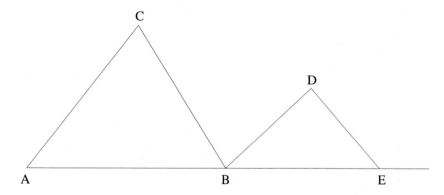

a) $a\sqrt{2}$
b) $a\sqrt{6}$
c) $2a$
d) $2a\sqrt{5}$
e) $a\sqrt{3}$

19. (PUC) O número de valores inteiros de x, para os quais existe um triângulo acutângulo de lados 10, 24 e x, é igual a:

a) 2
b) 3
c) 4
d) 5
e) 6

20. (UNIFICADO) Um navegador devia viajar durante duas horas, no rumo nordeste, para chegar a certa ilha. Enganou-se, e navegou duas horas no rumo norte. Tomando, a partir daí, o rumo correto, em quanto tempo, aproximadamente, chegará à ilha?

a) 30 min
b) 1 h
c) 1 h 30 min
d) 2 h
e) 2h 15 min

21. (UNI-RIO)

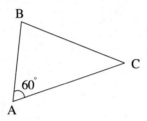

Deseja-se medir a distância entre duas cidades B e C sobre um mapa, sem escala. Sabe-se que $AB = 80$ km e $AC = 120$ km onde A é uma cidade conhecida, como mostra a figura acima. Logo, a distância entre B e C, em km é:
a) menor que 90
b) maior que 90 e menor que 100
c) maior que 100 e menor que 110
d) maior que 110 e menor que 120
e) maior que 120

22. (UNICAMP) A água, utilizada na casa de um sítio, é captada e bombeada do rio para uma caixa d'água a 50 m de distância. A casa está a 80 m de distância da caixa d'água e o ângulo formado pelas direções caixa d'água-bomba e caixa d'água-casa é de 60°. Se se pretende bombear água no mesmo ponto de captação até a casa, quantos metros de encanamento serão necessários?

23. Gustavo e Camila estão nos pontos A e B de uma pista de patinação no gelo. A distância entre A e B é de 100 m. Num certo instante, Gustavo sai do ponto A e patina a uma velocidade de 8 m/s ao longo de uma reta que forma um ângulo de 60° com $\overline{AB}$, conforme mostra a figura. No mesmo instante em que Gustavo sai do ponto A, Camila sai de B com uma velocidade de 7 m/s e segue em linha reta pelo caminho que leva ao encontro entre os dois o mais cedo possível. Quantos metros Gustavo patina até o encontro com a Camila?

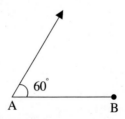

Unidade 14 - *Relações métricas num triângulo qualquer* | 571

24. (FATEC) Um triângulo tem dois lados consecutivos medindo 6 cm e 10 cm. O ângulo compreendido entre eles é igual a 120°. Determine o perímetro do triângulo.

25. (FUVEST) Os lados de um paralelogramo medem a e b e suas diagonais d_1 e d_2. Prove que $d_1^2 + d_2^2 = 2a^2 + 2b^2$.

26. (UFRJ) Observe o paralelogramo $ABCD$:

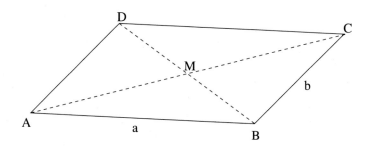

Calcule $\overline{AC}^2 + \overline{BD}^2$ em função de $\overline{AB} = a$ e $\overline{BC} = b$.

27. (UFRJ) Os ponteiros de um relógio circular medem, do centro às extremidades, 2 metros, o dos minutos, e 1 metro, o das horas.
Determine a distância entre as extremidades dos ponteiros quando o relógio marca 4 horas.

28. O produto dos senos dos ângulos de um triângulo é $K \cdot \dfrac{abc}{R^3}$, onde a, b e c são os lados e R é o raio do círculo circunscrito ao triângulo. Calcule K.

29. (UFRJ) O polígono regular representado na figura tem lado de medida igual a 1 cm e o ângulo α mede 120°.

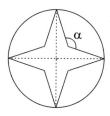

Determine o raio da circunferência circunscrita.

30. (UFRJ) Os pontos A, B, C, D, E, F, G e H dividem uma circunferência de raio R, em oito partes iguais, conforme a figura abaixo:

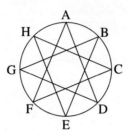

Calcule a medida do lado $\overline{AD}$ do octógono estrelado em função de R.

31. Um trapézio isósceles tem bases x e y e lados oblíquos z. Calcule o comprimento de suas diagonais.

32. Na figura mostre que $b^2m + c^2n = x^2a + mna$, (relação de Stewart).

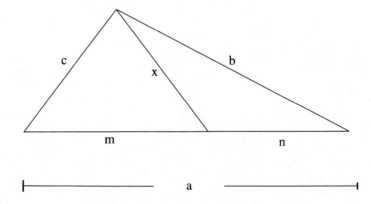

Unidade 14 - *Relações métricas num triângulo qualquer* | 573

Gabarito das questões propostas

Questão 1 - Resposta: e) $4\sqrt{3}$
Questão 2 - Resposta: d) $a\sqrt{3}$
Questão 3 - Resposta: b) $4\sqrt{7}$ e $4\sqrt{19}$
Questão 4 - Resposta: e) $1/8$
Questão 5 - Resposta: d) $2\sqrt{3}$

Questão 6 - Resposta: b) $\dfrac{2}{\sqrt{7}}$

Questão 7 - Resposta: a) $5 + \sqrt{7}$
Questão 8 - Resposta: d) 8 cm

Questão 9 - Resposta: e) $\dfrac{8R}{5}$

Questão 10 - Resposta: c) 2
Questão 11 - Resposta: c) $60°$
Questão 12 - Resposta: c) 7,803 cm
Questão 13 - Resposta: b) $\sqrt{2 - \sqrt{3}}$
Questão 14 - Resposta: e) 2 e $\sqrt{3} - 1$
Questão 15 - Resposta: c) $a^2 > b^2 + c^2$, o ângulo oposto ao lado que mede a é obtuso
Questão 16 - Resposta: c) $100.\pi$

Questão 17 - Resposta: b) $\dfrac{d}{\sqrt{2 - \sqrt{2}}}$

Questão 18 - Resposta: e) $a\sqrt{3}$
Questão 19 - Resposta: c) 4
Questão 20 - Resposta: c) 1 h 30 min
Questão 21 - Resposta: c) maior que 100 e menor que 110
Questão 22 - Resposta: 70 m
Questão 23 - Resposta: 160 m
Questão 24 - Resposta: 30 cm
Questão 25 - Resposta: Demonstração
Questão 26 - Resposta: $2a^2 + 2b^2$
Questão 27 - Resposta: $\sqrt{7}$ m
Questão 28 - Resposta: $1/8$
Questão 29 - Resposta: $\sqrt{3/2}$
Questão 30 - Resposta: $\sqrt{2 + \sqrt{2}}$
Questão 31 - Resposta: $\sqrt{z^2 + xy}$
Questão 32 - Resposta: Demonstração

UNIDADE 15

ÁREAS DAS FIGURAS PLANAS

SINOPSE TEÓRICA

15.1) Definições

a) A *superfície* de uma figura (F) é a extensão do plano ocupada por (F).

b) A toda figura (F) corresponde um número real $S(F)$, chamado área de (F). A área de (F) mede a superfície de (F).

c) Se duas figuras têm a mesma área, dizemos que essas figuras são equivalentes.

d) A área de um quadrado de lado ℓ é igual a ℓ^2. A unidade de área é um quadrado cujo lado é unitário.

Se o lado do quadrado for 1cm, então a unidade de área será o centímetro quadrado (cm^2); se o lado for 1 m, a unidade de área será o metro quadrado (m^2), e assim sucessivamente...

15.2) Área do retângulo

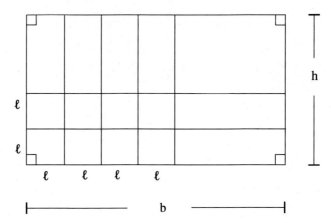

Um retângulo de dimensões b (base) e h (altura) pode ser dividido em $b \times h$ quadrados da área unitária; logo, a área do retângulo é o produto de sua base pela sua altura.

$$S = b \times h$$

15.3) Área do quadrado

Como já vimos, a área de um quadrado de lado ℓ é obtida elevando-se ℓ ao quadrado.

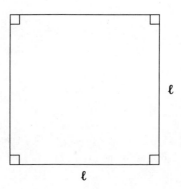

$$S = \ell^2$$

Uma outra maneira de se obter a área de um quadrado.
Considere um quadrado de lado ℓ e diagonal d.

Unidade 15 - *Áreas das Figuras Planas* | 577

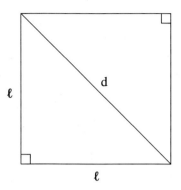

$$d = \ell\sqrt{2} \Rightarrow \ell = \frac{d}{\sqrt{2}}$$

$$S = \ell^2 = \frac{d^2}{2}$$

$$\boxed{S = \frac{d^2}{2}}$$

15.4) Área do paralelogramo

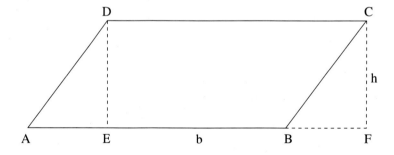

Observe que o paralelogramo $ABCD$ é equivalente (mesma área) ao retângulo $CDEF$. Como ambos têm a mesma base (b) e a mesma altura (h), temos que:

$$\boxed{S = b \cdot h}$$

15.5 Área do triângulo

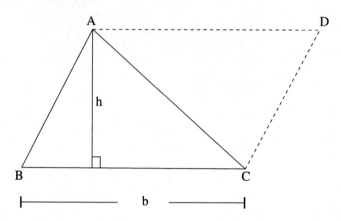

Observe que o triângulo de base b e altura h é a metade do paralelogramo $ABCD$, também de base b e altura h, logo:

$$\boxed{S = \frac{b \times h}{2}}$$

Observação 1: No caso do triângulo retângulo, podemos considerar um cateto como sendo a base do triângulo e, conseqüentemente, o outro será a altura; então:

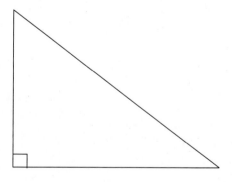

$$\boxed{S = \frac{b \cdot c}{2}}$$

Observação 2: No caso do triângulo equilátero de lado ℓ sabemos que a sua altura é dada por $\dfrac{\ell\sqrt{3}}{2}$; então:

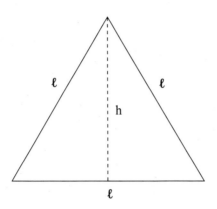

$$S = \dfrac{\text{base} \times \text{altura}}{2}, \quad \text{base} = \ell \text{ e altura} = \dfrac{\ell\sqrt{3}}{2}$$

$$\boxed{S = \dfrac{\ell^2\sqrt{3}}{4}}$$

15.6) Área do trapézio

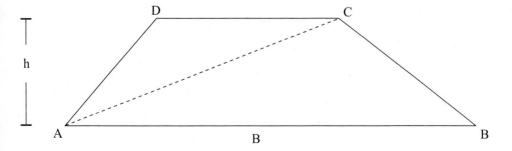

Observe que o trapézio $ABCD$ foi dividido pela diagonal $\overline{AC}$ em dois triângulos ABC e ACD; logo:

$$S = S_{ABC} + S_{ACD} \quad \Rightarrow \quad S = \frac{B \cdot h}{2} + \frac{b \cdot h}{2}$$

$$\boxed{S = \frac{(B+b)h}{2}}$$

15.7) Área do losango

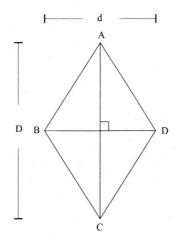

Observe que o losango $ABCD$ foi dividido, pelas suas diagonais D e d, em quatro triângulos de mesma área; logo:

$$S = 4 \times S_\Delta \quad \Rightarrow \quad S = 4 \cdot \frac{\frac{D}{2} \cdot \frac{d}{2}}{2} = 4 \cdot \frac{D \cdot d}{8}, \quad \text{ou}$$

$$\boxed{S = \frac{D \cdot d}{2}}$$

15.8) Área de um polígono regular

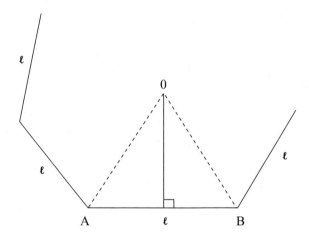

Observe que um polígono regular de n lados pode ser decomposto em n triângulos, cujas bases são os lados do polígono e cujas alturas são iguais ao apótema do referido polígono; logo:

$$S = n \cdot S_{AOB} = n \cdot \frac{\ell \cdot a}{2},$$

mas $\dfrac{n\ell}{2} = p$ (semiperímetro) e a é apótema. Então:

$$\boxed{S = p \cdot a}$$

15.9) Área do círculo

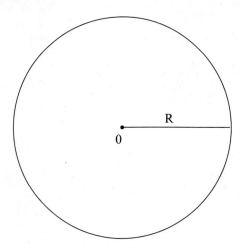

Observe que o círculo é o limite de um polígono cujo número de lados cresce indefinidamente; então, fazendo o semiperímetro $p = \pi r$ e o apótema $a = R$, temos:

$$\boxed{S = \pi R^2}$$

15.10) Área da coroa circular

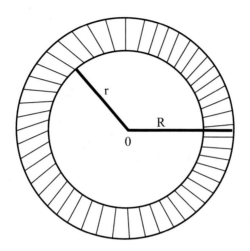

Observe que a área da coroa circular é a diferença entre as áreas do círculo maior e do círculo menor, logo:

$$S = \pi(R^2 - r^2)$$

15.11) Área do setor circular

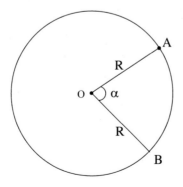

Observe que um setor circular de raio R e ângulo α é uma fração do círculo. Se o ângulo fosse $360°$, a área seria πR^2.

Para o ângulo α, temos:

$$360° \to \pi R^2$$
$$\alpha \to S$$
$$\Rightarrow \boxed{S = \frac{\pi R^2 \alpha}{360°}}$$

QUESTÕES RESOLVIDAS

1. Se os lados a e b de um triângulo formam entre si um ângulo θ, prove que a área desse triângulo é $\dfrac{a \cdot b \cdot \operatorname{sen}\theta}{2}$.

Resolução:

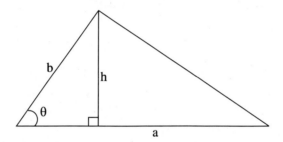

$S = \dfrac{\text{base} \times \text{altura}}{2}$

Base $= a$

$\operatorname{sen}\theta = \dfrac{h}{b} \Rightarrow h = b\operatorname{sen}\theta$, logo:

Resposta: $\boxed{S = \dfrac{a \cdot b \cdot \operatorname{sen}\theta}{2}}$

2. Calcule x para que a área do retângulo $ABCD$ seja o dobro da área sombreada.

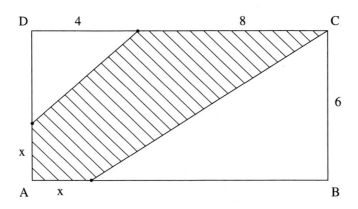

Resolução:

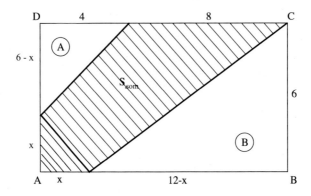

$S_{\text{somb}} = S_{ABCD} - \text{\textcircled{A}} - \text{\textcircled{B}}$

$S_{\text{somb}} = 6 \times 12 - \dfrac{4(6-x)}{2} - \dfrac{6(12-x)}{2}$

$S_{\text{somb}} = 72 - 12 + 2x - 36 + 3x = 5x + 24$

$S_{ABCD} = 2\,S_{\text{somb}} \Rightarrow 72 = 2(5x+24) \Rightarrow 72 = 10x + 48 \Rightarrow x = 2,4$

Resposta: $\boxed{x = 2,4}$

3. Calcule a área do triângulo ABC abaixo, sendo $\overline{BD} = 4$, $\overline{DE} = 6$, $\overline{EC} = b$, $\overline{BF} = \overline{FC} = 3$.

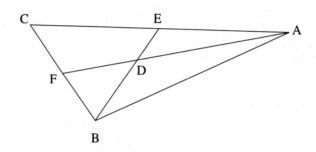

Resolução:

$\overline{AF}$ é mediana e divide $\overline{BE}$ em segmentos $\overline{BD}$ e $\overline{DE}$, que estão na razão 2:1; logo D é o baricentro do triângulo ABC e $\overline{BE}$ também é mediana.

Os triângulos BCE e ABE têm a mesma altura e bases iguais, ou seja, têm a mesma área.

Como o triângulo BCE é equilátero de lado 6 e área $\dfrac{6^2\sqrt{3}}{4} = 9\sqrt{3}$, o triângulo ABC tem área $18\sqrt{3}$.

Resposta: $\boxed{18\sqrt{3}}$

4. A "folha" assinalada na figura é limitada por arcos de círculos centrados nos vértices A e B do quadrado de lado a. Mostre que a área dessa "folha" é dada por $\dfrac{a^2}{2}(\pi - 2)$.

Unidade 15 - *Áreas das Figuras Planas* | 587

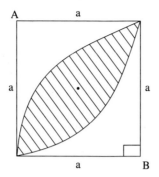

Resolução:
Traçando a diagonal do quadrado, dividimos a "folha" em duas áreas iguais a A, então:
$$S = 2 \cdot A$$

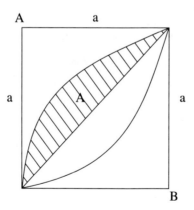

A = área do quadrante de raio a, menos a área do triângulo retângulo de catetos iguais a a.

$A = \dfrac{\pi a^2}{4} - \dfrac{a \cdot a}{2} = \dfrac{\pi a^2}{4} - \dfrac{a^2}{2}$

$S = 2\left(\dfrac{\pi a^2}{4} - \dfrac{a^2}{2}\right) = \dfrac{\pi a^2}{2} - a^2 = \dfrac{\pi a^2 - 2a^2}{2}$

$S = \dfrac{a^2}{2}(\pi - 2)$

Resposta: $\boxed{S = \dfrac{a^2}{2}(\pi - 2)}$

5. Na figura a seguir, ABC e CDE são triângulos equiláteros. Determine a área do triângulo ACD.

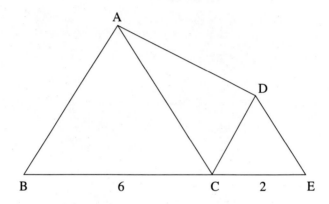

Resolução:

$$S = \dfrac{\overline{AC} \times \overline{CD} \times \operatorname{sen} A\widehat{C}D}{2}$$

$\overline{AC} = 6, \quad \overline{CD} = 2, \quad A\widehat{C}D = 60° \quad \text{e} \quad \operatorname{sen} A\widehat{C}D = \dfrac{\sqrt{3}}{2}$

$S = \dfrac{6 \times 2 \times \frac{\sqrt{3}}{2}}{2} \Rightarrow S = 3\sqrt{3}$

Resposta: $\boxed{S = 3\sqrt{3}}$

QUESTÕES PROPOSTAS

1. (UFPR)

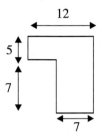

Qual o valor da área da figura?
a) 95
b) 144
c) 159
d) 119
e) 109

2. (FUVEST) Um dos catetos de um triângulo mede 2 e a hipotenusa mede 6. A área do triângulo é:
a) $2\sqrt{2}$
b) 6
c) $4\sqrt{2}$
d) 3
e) $\sqrt{6}$

3. (F.C. CHAGAS) A área de um triângulo retângulo é $6\sqrt{3}$ cm². Se a hipotenusa desse triângulo é o dobro do cateto menor, então a medida do cateto maior, em centímetros, é:
a) $12\sqrt{3}$
b) 12
c) $6\sqrt{3}$
d) $4\sqrt{3}$
e) 6

4. (U.F. GOIÁS) Para cobrir o piso de um banheiro de 1,00 m de largura por 2,00 m de comprimento com cerâmicas quadradas, medindo 20 cm de lado, o número necessário de cerâmicas é:

590 | *Matemática no Vestibular*

a) 15

b) 30

c) 50

d) 75

e) 500

5. (FUVEST) A área de um triângulo de lados a, b e c é dada pela fórmula

$$S = \sqrt{p(p-a)(p-b)(p-c)}$$

onde p é o semiperímetro $(2p = a+b+c)$. Qual a área de um triângulo de lados 5, 6 e 7?

a) 15

b) 21

c) $7\sqrt{5}$

d) $\sqrt{210}$

e) $6\sqrt{6}$

6. (UNIFICADO) Se as duas diagonais de um losango medem, respectivamente, 6 cm e 8 cm, então a área do losango é:

a) 18 cm^2

b) 24 cm^2

c) 30 cm^2

d) 36 cm^2

e) 48 cm^2

7. (VUNESP) O menor país do mundo em extensão é o Estado do Vaticano, com uma área de $0,4 \text{ km}^2$. Se o território do Vaticano tivesse a forma de um quadrado, então a medida de seus lados estaria entre:

a) 200 m e 201 m

b) 220 m e 221 m

c) 401 m e 402 m

d) 632 m e 633 m

e) 802 m e 803 m

8. (F.C. CHAGAS) Num retângulo, a altura mede 3/4 da base. Se a área desse retângulo é 9 m^2, então seu perímetro, em metros, é:

a) $7\sqrt{3}$

b) $2\sqrt{3}$

c) $\dfrac{7}{2}$

d) 42

e) 60

9. (VUNESP) A área de um triângulo isósceles é $4\sqrt{15}$ dm² e a altura desse triângulo, relativa à sua base, mede $2\sqrt{15}$ dm. O perímetro desse triângulo é igual a:

a) 16 dm

b) 18 dm

c) 20 dm

d) 22 dm

e) 23 dm

10. (UFPI) Para colocar o piso de um terraço retangular, um construtor usaria 880 unidades de cerâmica nas dimensões de 20 cm × 30 cm. Entretanto, ele possui, em estoque, 1.300 cerâmicas do mesmo tipo, nas dimensões de 20 cm × 20 cm. Usando o seu estoque, o construtor teria:

a) que comprar mais 120 cerâmicas de 20 cm × 20 cm

b) que comprar mais de 20 cerâmicas de 20 cm × 20 cm

c) o número exato de cerâmicas a serem aplicadas

d) uma sobra de 20 cerâmicas de 20 cm × 20 cm

e) uma sobre de 120 cerâmicas de 20 cm × 20 cm

11. (FUVEST) Um comício político lotou uma praça semicircular de 130 m de raio. Admitindo uma ocupação média de 4 pessoas por m², qual é a melhor estimativa do número de pessoas presentes?

a) dez mil
b) cem mil
c) meio milhão
d) um milhão
e) muito mais do que um milhão

12. (PUC) No trapézio $ABCD$, a área mede 21 cm^2 e a altura 3 cm.

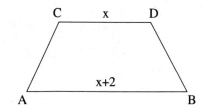

Então AB e DC valem, respectivamente:
a) 4 cm e 6 cm
b) 6 cm e 8 cm
c) 6 cm e 4 cm
d) 8 cm e 6 cm
e) n.d.a.

13. (UNESP) O mosaico da figura foi desenhado em papel quadriculado 1 × 1.

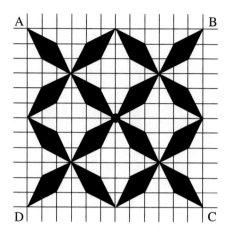

A razão entre a área da parte escura e a área da parte clara, na região compreendida pelo quadrado $ABCD$, é igual a:

a) $\dfrac{1}{2}$

b) $\dfrac{1}{3}$

c) $\dfrac{3}{5}$

d) $\dfrac{5}{7}$

e) $\dfrac{5}{8}$

14. (USC) A área hachurada da figura é:

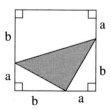

a) $a - b$
b) $a^2 - b^2$
c) $a + b$

d) $(a+b)^2$

e) $\dfrac{(a^2+b^2)}{2}$

15. (CEFET) Em cada lado de um triângulo retângulo cujos catetos medem 16 cm e 30 cm, apóiam-se dois semicírculos idênticos como mostra a figura. A área total da região sombreada, em cm², vale:

a) $\dfrac{289\pi}{2}$

b) 289π

c) 529π

d) 578π

e) $\dfrac{529\pi}{2}$

16. (PUC) O símbolo de uma corporação é formado por três losangos iguais. Cada losango tem lado a e ângulos de 60° e 120°. A soma das áreas desses losangos vale:

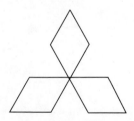

Unidade 15 - *Áreas das Figuras Planas* | 595

a) $\dfrac{2a^2\sqrt{3}}{3}$

b) $\dfrac{3a^2\sqrt{3}}{4}$

c) $\dfrac{3a^2\sqrt{3}}{2}$

d) $a^2\sqrt{3}$

e) $3a^2\sqrt{3}$

17. (UFF) A área da coroa circular definida por dois círculos concêntricos de raios r e R, $r < R$, é igual à área do círculo menor.

A razão $\dfrac{R}{r}$ é igual a:

a) $\dfrac{\sqrt{2}}{2}$

b) 1

c) $\sqrt{2}$

d) 2

e) $2\sqrt{2}$

18. (PUC) Duplicando-se o raio de um círculo:
a) a área e o comprimento ficam ambos duplicados
b) a área fica duplicada e o comprimento fica quadruplicado
c) o comprimento fica multiplicado por 2π
d) a área fica multiplicada por 4π
e) a área fica quadruplicada e o comprimento fica duplicado

19. (FUVEST) Numa circunferência de raio 1 está inscrito um quadrado. A área da região interna à circunferência e externa ao quadrado é:
a) maior que 2
b) igual à área do quadrado
c) igual a $\pi^2 - 2$
d) igual a $\pi - 2$
e) igual a $\dfrac{\pi}{4}$

20. (FGV-SP) A área da figura hachurada no diagrama vale:

a) 4,0
b) 3,5
c) 3,0
d) 4,5
e) 5,0

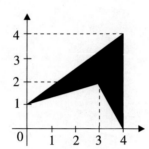

21. (F.C. CHAGAS) Deseja-se construir uma mesa circular para expor objetos num salão. Se o raio do círculo do tampo da mesa for de 1 metro, a área do tampo será de A metros quadrados. Se aumentarmos de 1 metro o raio do tampo, a área do tampo, em metros quadrados, será de:
   a) $A + \dfrac{\pi}{2}$
   b) $A + \pi$
   c) $A + 2\pi$
   d) $A + 3\pi$
   e) $A + 4\pi$

22. (F.C. CHAGAS) Um trapézio, inscrito numa circunferência de centro O, pode ser dividido em três triângulos equiláteros congruentes, como mostra a figura a seguir.

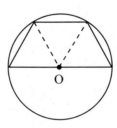

Se a área do trapézio é $27\sqrt{3}$ cm², então a área do círculo limitado por essa circunferência, em centímetros quadrados, é igual a:
   a) 9π
   b) 16π
   c) 25π
   d) 36π
   e) 49π

23. Os triângulos ① e ② da figura são retângulos isósceles. Então, a razão da área de ① para a de ② é:

a) $\sqrt{3}$

b) $\sqrt{2}$

c) 2

d) $\dfrac{\sqrt{5}}{2}$

e) $\dfrac{3}{2}$

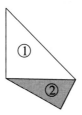

24. (UNIFICADO) Os pontos A, B e C pertencem a uma circunferência de centro O. Sabe-se que $BC = 5$ cm, $AC = 10$ cm e que os pontos A e B são diametralmente opostos. A área do círculo determinado por esta circunferência, em cm², é igual a:

a) $\dfrac{125\pi}{8}$

b) $\dfrac{125\pi}{4}$

c) $\dfrac{125\pi}{2}$

d) 125π

e) 250π

25. (F.C. CHAGAS) Os quadrados Q_1 e Q_2 estão, respectivamente, inscrito e circunscrito a um círculo C. Se, em metros, a soma dos perímetros dos dois quadrados é $8 + 4\sqrt{2}$, a área de C, em m², é:

a) $\sqrt{2}$

b) 2

c) π

d) $\sqrt{2}\pi$

e) 2π

26. (UFMG) Observe a figura.

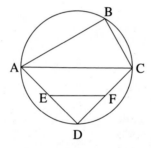

Nessa figura, $A\widehat{B}C$ é um ângulo reto, ADC é um triângulo isósceles e E e F são pontos médios dos lados AD e CD, respectivamente. Se $AC = 12$, a área do polígono $AEFC$ é:
   a) 24
   b) 27
   c) 36
   d) 48
   e) 54

27. (FUVEST) No papel quadriculado da figura a seguir, adota-se como unidade de comprimento o lado do quadrado hachurado. $\overline{DE}$ é paralelo a $\overline{BC}$.

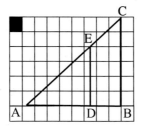

Para que a área do triângulo ADE seja a metade da área do triângulo ABC, a medida de $\overline{AD}$, na unidade adotada, é:
a) $4\sqrt{2}$
b) 4
c) $3\sqrt{3}$
d) $\dfrac{8\sqrt{3}}{3}$
e) $\dfrac{7\sqrt{3}}{2}$

28. (UNIFICADO)

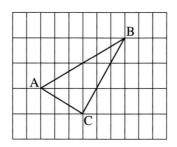

Na figura acima vemos uma "malha" composta de 55 retângulos iguais. Em três dos nós da malha são marcados os pontos A, B e C, vértices de um triângulo. Considerando-se a área S de cada retângulo, a área do triângulo ABC pode ser expressa por:
a) $24S$
b) $18S$
c) $12S$
d) $6S$
e) $4S$

29. (UFF) Cortando-se pedaços quadrados iguais nos vértices de uma cartolina retangular de 80 cm de comprimento por 60 cm de largura, obtém-se uma figura em forma de cruz. Se a área da cruz for a terça parte da área retangular original o tamanho do lado de cada quadrado é igual a:

a) $5\sqrt{2}$ cm

b) $10\sqrt{2}$ cm

c) $15\sqrt{2}$ cm

d) $20\sqrt{2}$ cm

e) $25\sqrt{2}$ cm

30. (UFF) Considere o triângulo PMN, retângulo em M, representado na figura abaixo.

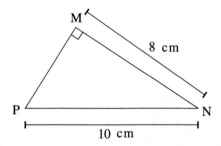

A área, em cm², do triângulo obtido, unindo-se os pontos médios de $\overline{PM}$, $\overline{MN}$ e $\overline{NP}$ é:

a) 4

b) 6

c) 12

d) 20

e) 24

31. (FEI) Na figura a seguir, ABC é um triângulo equilátero com área de 16 cm². M, N e P são pontos médios dos lados deste triângulo. A área, em cm², do quadrilátero $AMPN$ é:

a) 4

b) 6

c) 8

d) 10

e) 12

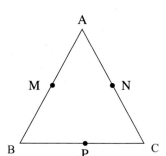

32. (PUC) Um círculo de área D e um triângulo equilátero de área T têm o mesmo perímetro. Calcule a razão $\dfrac{T}{D}$.

a) $\dfrac{1}{\sqrt{2}}$

b) $\dfrac{2}{\pi}$

c) $\dfrac{\pi}{3\sqrt{3}}$

d) $\dfrac{\sqrt{3}}{4}$

e) $\dfrac{1}{2}$

33. (UERJ) O decágono da figura a seguir foi dividido em 9 partes: 1 quadrado no centro, 2 hexágonos regulares e 2 triângulos equiláteros, todos com os lados congruentes ao do quadrado, e mais 4 outros triângulos.

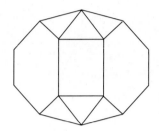

Sendo T a área de cada triângulo equilátero e Q a área do quadrado, pode-se concluir que a área do decágono é equivalente a:

a) $14T + 3Q$

b) $14T + 2Q$

c) $18T + 3Q$

d) $18T + 2Q$

34. (UFF) Determine a área da coroa circular da figura abaixo, sabendo-se que o segmento $\overline{PQ}$, medindo 8 cm, é tangente à circunferência menor no ponto T.

a) 8π cm^2

b) 16π cm^2

c) 24π cm^2

d) 32π cm^2

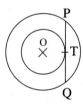

35. (F.C. CHAGAS) Na figura abaixo tem-se o trapézio $ABCD$, de área 36 cm^2, tal que $AB = 2CD$.

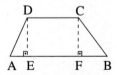

A área do retângulo $CDEF$, em centímetros quadrados, é:

a) 14
b) 16
c) 18
d) 20
e) 24

36. (UNIFICADO)

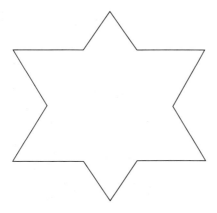

O polígono acima, em forma de estrela, tem todos os lados iguais a 1 cm e todos os ângulos iguais a 60° ou 240°. Sua área é:
a) 3 cm²
b) $3\sqrt{3}$ cm²
c) 6 cm²
d) $6\sqrt{3}$ cm²
e) 9 cm²

37. (PUC) Triplicando-se o raio de uma circunferência:
a) a área é multiplicada por 9π
b) o comprimento é multiplicado por 3π
c) a área é multiplicada por 9 e o comprimento por 3
d) a área e o comprimento são ambos multiplicados por 3
e) a área é multiplicada por 3 e o comprimento por 9

38. (UFRS) As medidas dos três lados de um triângulo retângulo são números em progressão aritmética. Qual o valor da área do triângulo, sabendo-se que o menor lado mede 6?
a) $12\sqrt{2}$
b) 18

c) $20\sqrt{2}$
d) 24
e) 30

39. (PUC) Dois lados de um triângulo medem, respectivamente, 5 cm e 6 cm. O valor máximo que pode ter a área desse triângulo é de:
a) 11 cm^2
b) 15 cm^2
c) 20 cm^2
d) 25 cm^2
e) 30 cm^2

40. (F.C. CHAGAS) O quadrilátero $ABCD$ é um retângulo, e os pontos E, F e G dividem a base AB em quatro partes iguais.

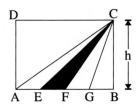

A razão entre a área do triângulo CEF e a área do retângulo é:
a) $\dfrac{1}{6}$
b) $\dfrac{1}{8}$
c) $\dfrac{1}{10}$
d) $\dfrac{1}{7}$
e) $\dfrac{1}{9}$

41. (UERJ) O paralelogramo $ABCD$ teve o lado (AB) e sua diagonal (BD) divididos, cada um, em três partes iguais, respectivamente, pelos pontos $\{E, F\}$ e $\{G, H\}$. A área do triângulo FBG é uma fração da área do paralelogramo $(ABCD)$.

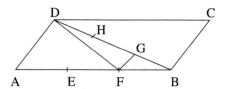

A seqüência de operações que representa essa fração está indicada na seguinte alternativa:

a) $\dfrac{1}{2} \cdot \dfrac{1}{3} \cdot \dfrac{1}{3}$

b) $\dfrac{1}{2} + \dfrac{1}{3} \cdot \dfrac{1}{3}$

c) $\dfrac{1}{2} \cdot \left(\dfrac{1}{3} + \dfrac{1}{3}\right)$

d) $\dfrac{1}{2} + \dfrac{1}{3} + \dfrac{1}{3}$

42. (F.C. CHAGAS) Sejam dois triângulos equiláteros tais que a altura do primeiro é o dobro da altura do segundo e o lado do primeiro mede 16 m. A área do segundo triângulo, em metros quadrados, é:

a) $4\sqrt{3}$
b) $8\sqrt{3}$
c) $16\sqrt{3}$
d) $32\sqrt{3}$
e) $64\sqrt{3}$

43. (F.C. CHAGAS) Dois quadrados, com os lados respectivamente paralelos, interceptam-se como mostra a figura a seguir.

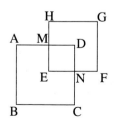

Se $AM = MD$, $HM = ME$ e as áreas desses quadrados são 100 cm² e 144 cm², a área do quadrilátero $MDNE$, em centímetros quadrados, é igual a
a) 30
b) 50
c) 60
d) 80
e) 120

44. (PUC) A área máxima de um paralelogramo com lados a, b, a, b é:
a) $a^2 + b^2$
b) $2ab$
c) ab
d) $a + b$
e) a/b

45. (UNI-RIO) A área da região hachurada, na figura abaixo, onde $ABCD$ é um quadrado e o raio de cada circunferência mede 5 cm, é igual a:

a) $\dfrac{25(4-\pi)\text{cm}^2}{2}$

b) $25(\pi - 2)\text{cm}^2$

c) $25(4-\pi)\text{ cm}^2$

d) $\dfrac{25(\pi - 2)\text{cm}^2}{2}$

e) $\dfrac{5(4-\pi)\text{cm}^2}{4}$

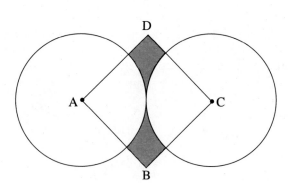

46. (UNIFICADO) Um projetor de slides, colocado a 4 metros de distância de uma tela de cinema, projeta sobre ela um quadrado. Para que a área desse quadrado aumente 20%, a que distância da tela, em metros, deve ser colocado o projetor?
a) 4,20
b) 4,50
c) 4,80
d) 5,60
e) 6,00

47. (UFF) Na figura, $MNPQ$ é um retângulo e $MRSQ$ é um quadrado.

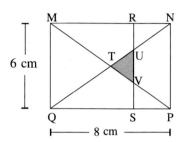

A área, em cm², do triângulo TUV assinalado na figura é:
a) 3
b) $3\sqrt{2}$
c) $3\sqrt{3}$
d) 6
e) 16

48.(UFF) Se S é a área do pentágono regular inscrito numa circunferência de raio R, pode-se afirmar que S pertence ao intervalo:

a) $\left[2R^2, \dfrac{3R^2\sqrt{3}}{2}\right]$

b) $\left[\dfrac{3R^2\sqrt{3}}{2}, \pi R^2\right]$

c) $[\pi R^2, 4\pi R^2]$

d) $[0, 2R^2]$

e) $\left[0, \dfrac{3R^2\sqrt{3}}{4}\right]$

49. (UNIFICADO) Um cavalo deve ser amarrado a uma estaca situada em um dos vértices de um pasto, que tem a forma de um quadrado cujo lado mede 20 m. Para que ele possa pastar em 20% da área total do pasto, o comprimento da corda que o prende à estaca deve ser de, aproximadamente:
a) 1 m
b) 2 m

c) 5 m
d) 8 m
e) 10 m

50. (UERJ) A curva da figura representa o gráfico da função $y = \log x$, $x > 0$.
O valor da área hachurada é:

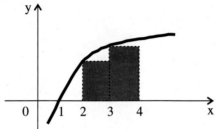

a) $\log_3 8$

b) $\log_4 7$

c) $\log 6$

d) $\log_4 8$

51. (UFCE) Sejam r e s retas paralelas conforme a figura:

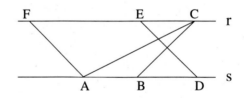

Se S_1 representa a área do triângulo ABC e S_2 representa a área do paralelogramo $ADEF$ e B é o ponto médio do segmento $\overline{AD}$, então a razão $\dfrac{S_1}{S_2}$ é igual a:
a) 1
b) 4
c) 1/4
d) 2
e) 1/2

52. (UNIFICADO) De uma placa circular de raio 3, recorta-se um triângulo retângulo de maior área possível. A área do restante da placa vale:
a) $9\pi - 9$
b) $6\pi - 9$

c) $9\pi - 10$
d) $9\pi - 12$
e) $6\pi - 6$

53. (UNIFICADO) OPQ é um quadrante de círculo, no qual foram traçados semicírculos de diâmetros OP e OQ. Determine o valor da razão das áreas hachuradas, $\dfrac{a}{b}$.

a) $\dfrac{1}{\sqrt{9}}$
b) $\dfrac{1}{2}$
c) $\dfrac{\pi}{2}$
d) 1
e) $\dfrac{\pi}{3}$

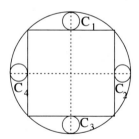

54. (UERJ) Observe a figura.

Nela, a circunferência maior C tem raio 2, e cada uma das circunferências menores, C_1, C_2, C_3 e C_4, é tangente a C e a um lado do quadrado inscrito.
Os centros C_1, C_2, C_3 e C_4 estão em diâmetros de C perpendiculares aos lados do quadrado.
A soma das áreas limitadas por essas quatro circunferências menores é:
a) $8\pi(3 + 2\sqrt{2})$
b) $\pi(3 + 2\sqrt{2})$
c) $\pi(3 - 2\sqrt{2})$

d) $2\pi(3 - 2\sqrt{2})$

55. (UFPI) Na figura abaixo, tem-se uma circunferência inscrita num quadrado que por sua vez está inscrito em outra circunferência de raio 10 cm.

A área do círculo inscrito, em centímetrros quadrados, é:
 a) 200π
 b) 150π
 c) 100π
 d) 50π
 e) 25π

56. (UNI-RIO)

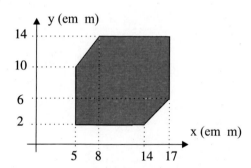

A área da figura hachurada é:
 a) 100 m^2
 b) 132 m^2
 c) 140 m^2
 d) 144 m^2
 e) 156 m^2

57. (UNIFICADO) Seja $\sqrt{3}$ a medida do lado do octógono regular da figura.

Então, a área da região hachurada é:

a) $3(\sqrt{3} - 1)$

b) $4(\sqrt{3} - 1)$

c) $3(1 + \sqrt{2})$

d) $2(1 + \sqrt{3})$

e) $2(\sqrt{2} + \sqrt{3})$

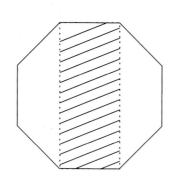

58. (UFF) A figura representa dois retângulos $XYZW$ e $PQZX$, de áreas S_1 e S_2, respectivamente.

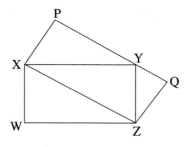

Pode-se afirmar que $\dfrac{S_1}{S_2}$ é igual a:

a) 1
b) $\sqrt{2}$
c) $\sqrt{3}$
d) 2
e) $\sqrt{5}$

59. (UFRS) No triângulo ABC desenhado abaixo, P, Q e R são os pontos médios dos lados. Se a medida da área do triângulo hachurado é 5, a medida da área do triângulo ABC é:

a) 20
b) 25
c) 30
d) 35
e) 40

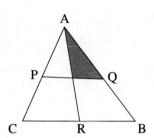

60. (UFRS) Em um sistema de coordenadas polares, $P = (3, \pi/6)$ e $Q = (12, 0)$ são dois vértices adjacentes de um quadrado. O valor numérico da área deste quadrado é:

a) 81
b) 135
c) 153
d) $153 - 36\sqrt{2}$
e) $153 - 36\sqrt{3}$

61. (ASSOCIADO) Um espiral começando na origem dos eixos coordenados é construído traçando-se semicírculos de diâmetros $\overline{OM}$, $\overline{MS}$ e $\overline{SP}$.
A área da região hachurada vale:

a) $\dfrac{\pi}{2}$

b) $\dfrac{3\pi}{4}$

c) $\dfrac{4\pi - 3\sqrt{3}}{6}$

d) $\dfrac{7\pi - 3\sqrt{3}}{6}$

e) $\dfrac{11\pi - 6\sqrt{3}}{12}$

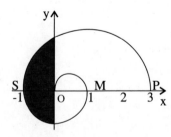

62. (UNESP) Na figura abaixo, $ABCD$ é um quadrado de lado a. Sendo $\overline{AE} = \overline{AC} = \overline{CG}$ e $\overline{FB} = \overline{BD} = \overline{DH}$.

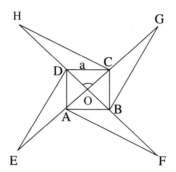

A área do octógono $AEDHCGBF$ é dada por:

a) $\dfrac{a^2\sqrt{3}}{4}$

b) $3a^2$

c) $\dfrac{a^2\sqrt{2}}{4}$

d) $6a^2$

63. Na figura, $ABCD$ é um quadrado e os dois semicírculos encontram-se em P. Sabendo que $\overline{PC} = 2\sqrt{2}$, a área hachurada é igual a:

a) 2
b) 4
c) $2\sqrt{6}$
d) $4\sqrt{6}$
e) $\sqrt{6}$

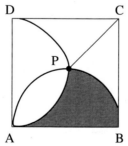

64. (U.F. GOIÁS) Considere uma bandeira do Brasil formada por um retângulo de lados 7,5 cm e 5 cm que possui no seu interior um losango cujas diagonais medem 6,5 cm e 4,5 cm. Calcule a área da região **verde** da bandeira (hachurada abaixo).

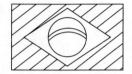

65. (UNICAMP) Uma folha retangular de cartolina mede 35 cm de largura por 75 cm de comprimento. Dos quatro cantos da folha são cortados quatro quadrados iguais, sendo que o lado de cada um desses quadrados mede x cm de comprimento.

a) Calcule a área do retângulo inicial.

b) Calcule x de modo que a área da figura obtida, após o corte dos quatro cantos, seja igual a 1.725 cm^2.

66. (OLIMPÍADA MATEMÁTICA) $ABCD$ é um retângulo de lados AB, BC, CD, DA. E é o ponto médio da diagonal AC. F é o ponto médio do segmento EC. G é o ponto médio do lado BC. Determine a área do triângulo CFG como fração da área do retângulo $ABCD$.

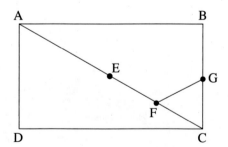

67. (UNIFICADO) Em um trapézio isósceles, de bases medindo 6 cm e 18 cm, uma das diagonais mede 13 cm. Calcular a área desse trapézio.

68. (UNICAMP) A área A de um triângulo pode ser calculada pela fórmula:

$$A = \sqrt{p(p-a) \cdot (p-b) \cdot (p-c)}$$

Onde a, b, c são os comprimentos dos lados e p é o semiperímetro.

a) Calcule a área do triângulo cujos lados medem 21, 17 e 10 centímetros.

b) Calcule o comprimento da altura relativa ao lado que mede 21 centímetros.

69. (UNI-RIO) A figura representa um hexágono regular. Calcule a área da região sombreada.

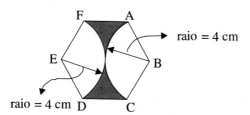

70. (UNICAMP) Uma sala retangular medindo 3 m por 4,25 m deve ser ladrilhada com ladrilhos quadrados iguais. Supondo que não haja espaço entre ladrilhos vizinhos, pergunta-se:

a) Qual deve ser a dimensão máxima, em centímetros, de cada um desses ladrilhos para que a sala possa ser ladrilhada sem cortar nenhum ladrilho?

b) Quantos desses mesmos ladrilhos são necessários?

71. (FEI) Na figura abaixo, os triângulos ABC e CDE são equiláteros.

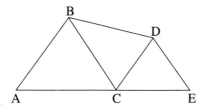

Calcular a área do quadrilátero $ABDE$, sendo: $\overline{AB} = 6$ m e $\overline{DE} = 4$ cm.

72. (UNICAMP) O retângulo de uma Bandeira do Brasil, cuja parte externa ao losango é pintada de verde, mede 2 m de comprimento por 1,40 m de largura. Os vértices do losango, cuja parte externa ao círculo é pintada de amarelo, distam 17 cm dos lados do retângulo e o raio do círculo mede 35 cm. Para calcular a área do círculo use a fórmula $A = \pi r^2$ e, para facilitar os cálculos, tome π como $22/7$.

a) Qual a área da região pintada de verde?

b) Qual é a porcentagem da área da região pintada de amarelo, em relação à área total da Bandeira? Dê sua resposta com duas casas decimais depois da vírgula.

73. (UFF) A circunferência representada abaixo tem raio 2 cm e os diâmetros $\overline{AB}$ e $\overline{CD}$, perpendiculares. Como centro em C e raio $\overline{CA}$ foi traçado o arco $\overset{\frown}{AB}$. Determine a área da região assinalada.

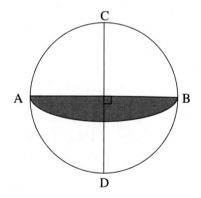

74. (FUVEST) Deseja-se construir um anel rodoviário circular em torno da cidade de São Paulo, distando aproximadamente 20 km da Praça da Sé.

a) Quantos quilômetros deverá ter essa rodovia?

b) Qual a densidade demográfica da região interior ao anel (em habitantes por km^2), supondo que lá residam 12 milhões de pessoas?

(Adote $\pi = 3$)

75. (UNICAMP) Prove que a soma das distâncias de um ponto qualquer do interior de um triângulo equilátero a seus três lados é igual à altura desse triângulo.

76. (UNICAMP) Quantos ladrilhos de 20 cm por 20 cm são necessários para ladrilhar um cômodo de 4 m por 5 m?

77. (VUNESP) A área de um triângulo retângulo é 12 dm². Se um dos catetos é 2/3 do outro, calcule a medida da hipotenusa desse triângulo.

78. (UERJ) Na figura abaixo, R é um ponto pertencente ao lado AB e S um ponto pertencente ao lado AC.
Sejam b a medida de AC, c a medida de AB, p a medida de AR e q a medida de AS.

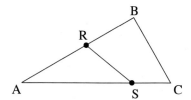

Mostre que a razão entre as áreas dos triângulos ARS e ABC vale $\dfrac{pq}{bc}$.

79. (UFRJ) Um arquiteto projetou um salão quadrangular 10 m × 10 m. Ele dividiu o salão em dois ambientes, I e II, através de um segmento de reta passando pelo ponto B e paralelo a uma das diagonais do salão, conforme mostra a figura a seguir:

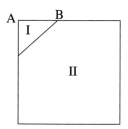

A área do ambiente I é a sétima parte da área do ambiente II. Calcule a distância entre os pontos A e B.

80. Calcule a área do polígono hachurado na figura, construído a partir de dois triângulos equiláteros.

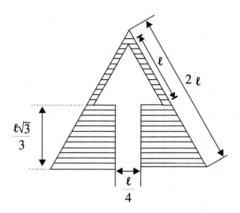

81. (UFRJ) O retângulo $ABCD$, da figura a seguir, está subdividido em 100 quadrados elementares iguais.

Determine a área sombreada correspondente às letras da sigla UFRJ se:
a) a área da letra U é a unidade de área.
b) a área do retângulo $ABCD$ é igual a uma unidade de área.

82. (UFRJ) Observe a figura abaixo ($ABCD$), que sugere um quadrado de lado

a, onde M e N são, respectivamente, os pontos médios dos segmentos CD e AD, e F a interseção dos segmentos AM e BN.
Utilizando esses dados, resolva os itens a e b.
a) Demonstre que o ângulo $A\widehat{F}N$ é reto.
b) Calcule a área do triângulo AFN em função de a.

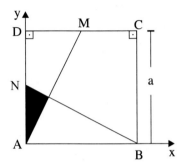

83. (FUVEST) Um losango está circunscrito a uma circunferência de raio 2 cm. Calcule a área deste losango sabendo que um de seus ângulos mede 60°.

84. (UFRJ) Há um conhecido quebra-cabeça que consiste em formar um quadrado com as partes de um triângulo equilátero, como mostram as figuras:

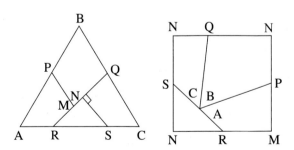

Partindo de um triângulo equilátero de perímetro 24 cm, calcule o perímetro do quadrado.

85. Na figura a seguir, AMN é um quadrante e $ABCD$ é um retângulo. Se $BN = 2$ cm e $BD = 5$ cm, determine a área do retângulo $ABCD$.

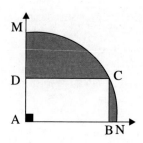

86. (UFRJ) A figura abaixo mostra dois arcos de circunferência de centro O, raios R e $2R$, e três ângulos iguais.
Calcule a razão entre as áreas das regiões hachurada e não hachurada.

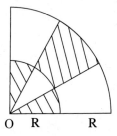

87. (UERJ) Na figura abaixo, os três círculos têm raio 1 e são tangentes dois a dois. Calcule a área delimitada pelos arcos $\widehat{AB}$, $\widehat{BC}$, $\widehat{CA}$.

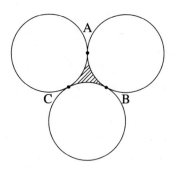

88. (UNICAMP) Calcule a área de um triângulo em função de um lado ℓ e dos dois ângulos α e β a ele adjacentes.

89. (PUC) Considere um losango L. Unindo consecutivamente os pontos médios dos lados de L obtém-se um retângulo R. Unindo consecutivamente os pontos médios dos lados de R obtém-se um novo L'. Calcule a razão $\dfrac{\text{área de } L}{\text{área de } L'}$.

90. (FUVEST)

a) Calcule a área do quadrilátero inscrito numa circunferência de raio unitário, como indicado na figura.

b) Expresse esssa área em função de $m = \cos 18°$.

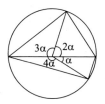

91. Os pontos A, B, C, D, E, F dividem em seis partes iguais o círculo de raio R. Determine a área hachurada.

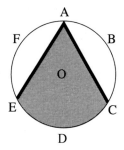

92. Com centros em A e B foram traçados os arcos $\overset{\frown}{BC}$ e $\overset{\frown}{AC}$. Se $AB = 1$, calcule a área limitada pelo segmento AB e pelos dois arcos.

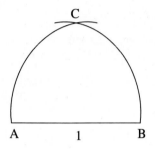

93. (FUVEST) Cortando-se os cantos de um quadrado como mostra a figura, obtém-se um octógono regular de lados iguais a 10 cm.
a) Qual a área total dos quatro triângulos cortados?
b) Calcule a área do octógano.

94. (UNICAMP) Na planta de um edifício em construção, cuja escala é 1:50, as dimensões de uma sala retangular são 10 cm e 8 cm. Calcule a área real da sala projetada.

95. (UFRJ) O hexágono $ABCDEF$ é construído de modo que MNP seja um triângulo equilátero e $AMPF$, $BCNM$ e $DEPN$ sejam quadrados.

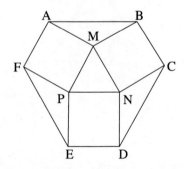

A área do hexágono $ABCDEF$ é igual a $(3 + \sqrt{3})$ cm^2. Determine o comprimento, em centímetros, do lado do triângulo MNP.

Unidade 15 - *Áreas das Figuras Planas* | 623

96. (UNICAMP) Um triângulo escaleno ABC tem área igual a 96 m². Sejam M e N os pontos médios dos lados AB e AC, respectivamente. Faça uma figura e calcule a área do quadrilátero $BMNC$.

97. (UFRJ) Considere uma peça metálica cuja forma é representada pela figura a seguir, com vértice nos pontos $A(0,0)$, $B(0,3)$, $C(3,3)$, $D(3,1)$, $E(5,1)$ e $F(5,0)$.

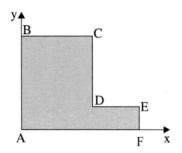

A reta AD divide a peça numa razão $K = \dfrac{\text{Área}(ADEF)}{\text{Área}(ABCD)}$
Determine o valor de k.

98. (UFRJ) A figura abaixo é formada por dois quadrados $ABCD$ e $A'B'C'D'$, cujos lados medem 1 cm, inscritos numa circunferência. A diagonal AC forma com a diagonal $A'C'$ um ângulo de 45°.

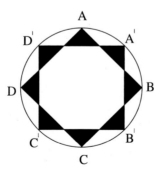

Determine a área da região sombreada da figura.

99. (UFRJ) Na figura dada temos um semicírculo de raio R e centro O. O ângulo entre o raio OB e o lado DC é α.

a) Calcule a área do retângulo $ABCD$, em função de R e α.

b) Mostre que a área do retângulo $ABCD$ e máxima para $\alpha = 45°$

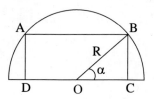

100. (UFRJ) O retângulo $ABCD$ está inscrito no retângulo $WXYZ$, como mostra a figura.

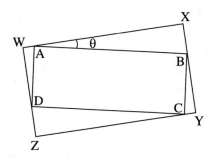

Sabendo que $\overline{AB} = 2$ e $\overline{AD} = 1$, determine o ângulo θ para que a área de $WXYZ$ seja a maior possível.

101. (UFF) Um terreno tem a forma de um quadrilátero $ABCD$ de lados $\overline{AB} = 48$ m, $\overline{BC} = 52$ m, $\overline{CD} = 28$ m e $\overline{AD} = 36$ m, tal que o ângulo $\widehat{A}$ é reto e o ângulo $\widehat{C}$ é obtuso (figura).

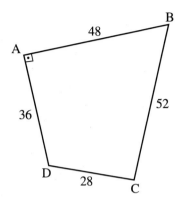

Determine a área do terreno.

102. (UNICAMP) Em um quadrilátero convexo $ABCD$, a diagonal AC mede 12 cm e os vértices B e D distam, respectivamente, 3 cm e 5 cm da diagonal AC. Calcule a área do quadrilátero.

103. (UFRJ) No círculo abaixo, a figura é formada a partir de semicircunferências e $AC = CD = DE = EB$. Determine S_1/S_2, a razão entre as áreas hachuradas.

104. (UFRJ) Na figura abaixo, o quadrado $ABCD$ tem lado 6. $Q1, Q2, Q3$ e $Q4$ são quadrados de lado x. A região hachurada tem área 16.

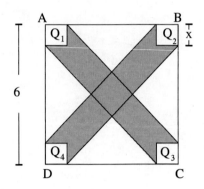

Determine x.

105.(UFRJ) Um pedaço de papel quadrado é dobrado duas vezes de forma que dois lados adjacentes se sobreponham sobre a diagonal correspondente. Ao desdobrarmos o papel, vemos os quatro ângulos assinalados na figura.

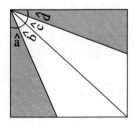

a) Determine as medidas dos ângulos $\hat{a}$, $\hat{b}$, $\hat{c}$ e $\hat{d}$.

b) Calcule a razão entre a área sombreada e a área do quadrado.

106. (UFRJ) As cinco circunferências da figura são tais que a interior tangencia as outras quatro e cada uma das exteriores também tangencia duas das demais exteriores.

Unidade 15 - *Áreas das Figuras Planas* | 627

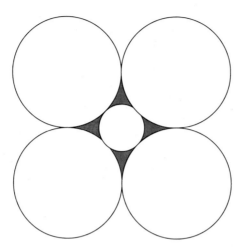

Sabendo que as circunferências exteriores têm todas raio 1, calcule a área da região sombreada situada entre as cinco circunferências.

107. (UFRJ) Para cada número natural $n \geq 1$, seja F_n a figura plana composta de quadradinhos de lados iguais a $\dfrac{1}{n}$, dispostos da seguinte forma:

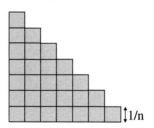

F_n é formada por uma fila de n quadradinhos, mais uma fila de $(n-1)$ quadradinhos, mais uma fila de $(n-2)$ quadradinhos, e assim sucessivamente, sendo a última fila composta de um só quadradinho (a figura ilustra o caso $n = 7$).
Calcule o limite da área de F_n quando n tende a infinito.

108. (UNI-RIO)

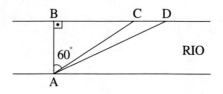

Considere a figura acima, que representa um rio de margens retas e paralelas, nesse trecho. Sabendo-se que $AC = 6$ e $CD = 5$, determine:

a) a distância entre B e D;
b) a área do triângulo ABD.

109. (UERJ) Seis círculos, todos de raio 1 cm, são dispostos no plano conforme mostram as figuras a seguir:

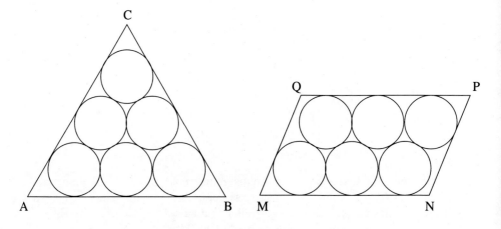

a) Calcule a área do triângulo ABC.
b) Calcule a área do paralelogramo $MNPQ$ e compare-a com a área do triângulo ABC.

110. (UNICAMP) Considere três circunferências em um plano, todas com o

mesmo raio $r = 2$ cm e cada uma delas com centro em um vértice de um triângulo equilátero cujo lado mede 6 cm. Seja C a curva fechada de comprimento mínimo que tangencia externamente as três circunferências.
Calcule a área da parte do triângulo que está fora das três circunferências.

111. **(UERJ)** Considere a função f, definida para todo x real positivo, e seu respectivo gráfico:

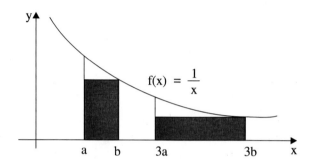

Se a e b são números positivos $(a < b)$, a área do retângulo de vértices (a, o), (b, o) e $(b, f(b))$ é igual a 0,2. Calcule a área do retângulo de vértices $(3a, o)$, $(3b, o)$ e $(3b, f(3b))$.

Gabarito das questões propostas

Questão 1 - Resposta: e) 109
Questão 2 - Resposta: c) $4\sqrt{2}$
Questão 3 - Resposta: e) 6
Questão 4 - Resposta: c) 50
Questão 5 - Resposta: e) $6\sqrt{6}$
Questão 6 - Resposta: b) 24 cm^2
Questão 7 - Resposta: d) 632 m e 633 m
Questão 8 - Resposta: a) $7\sqrt{3}$
Questão 9 - Resposta: c) 20 dm
Questão 10 - Resposta: b) que comprar mais de 20 cerâmicas de 20 cm × 20 cm
Questão 11 - Resposta: b) cem mil

630 | *Matemática no Vestibular*

Questão 12 - Resposta: d) 8 cm e 6 cm

Questão 13 - Resposta: a) $\dfrac{1}{2}$

Questão 14 - Resposta: e) $\dfrac{(a^2 + b^2)}{2}$

Questão 15 - Resposta: a) $\dfrac{289\pi}{2}$

Questão 16 - Resposta: c) $\dfrac{3a^2\sqrt{3}}{2}$

Questão 17 - Resposta: c) $\sqrt{2}$

Questão 18 - Resposta: e) a área fica quadruplicada e o comprimento fica duplicado

Questão 19 - Resposta: d) igual a $\pi - 2$

Questão 20 - Resposta: d) 4,5

Questão 21 - Resposta: d) $A + 3\pi$

Questão 22 - Resposta: d) 36π

Questão 23 - Resposta: c) 2

Questão 24 - Resposta: b) $\dfrac{125\pi}{4}$

Questão 25 - Resposta: c) π

Questão 26 - Resposta: b) 27

Questão 27 - Resposta: a) $4\sqrt{2}$

Questão 28 - Resposta: d) $6S$

Questão 29 - Resposta: d) $20\sqrt{2}$ cm

Questão 30 - Resposta: b) 6

Questão 31 - Resposta: c) 8

Questão 32 - Resposta: c) $\dfrac{\pi}{3\sqrt{3}}$

Questão 33 - Resposta: a) $14T + 3Q$

Questão 34 - Resposta: b) 16π cm^2

Questão 35 - Resposta: e) 24

Questão 36 - Resposta: b) $3\sqrt{3}$ cm^2

Questão 37 - Resposta: c) a área é multiplicada por 9 e o comprimento por 3

Questão 38 - Resposta: d) 24

Unidade 15 - *Áreas das Figuras Planas* | 631

Questão 39 - Resposta: b) 15 cm^2

Questão 40 - Resposta: b) $\dfrac{1}{8}$

Questão 41 - Resposta: a) $\dfrac{1}{2} \cdot \dfrac{1}{3} \cdot \dfrac{1}{3}$

Questão 42 - Resposta: c) $16\sqrt{3}$

Questão 43 - Resposta: a) 30

Questão 44 - Resposta: c) ab

Questão 45 - Resposta: a) $\dfrac{25(4-\pi)\text{cm}^2}{2}$

Questão 46 - Resposta: c) 4,80

Questão 47 - Resposta: c) $3\sqrt{3}$

Questão 48 - Resposta: a) $\left[2R^2, \dfrac{3R^2\sqrt{3}}{2}\right]$

Questão 49 - Resposta: e) 10 m

Questão 50 - Resposta: c) $\log 6$

Questão 51 - Resposta: c) 1/4

Questão 52 - Resposta: a) $9\pi - 9$

Questão 53 - Resposta: d) 1

Questão 54 - Resposta: d) $2\pi(3 - 2\sqrt{2})$

Questão 55 - Resposta: d) 50π

Questão 56 - Resposta: b) 132 m^2

Questão 57 - Resposta: c) $3(1 + \sqrt{2})$

Questão 58 - Resposta: a) 1

Questão 59 - Resposta: e) 40

Questão 60 - Resposta: e) $153 - 36\sqrt{3}$

Questão 61 - Resposta: e) $\dfrac{11\pi - 6\sqrt{3}}{12}$

Questão 62 - Resposta: b) $3a^2$

Questão 63 - Resposta: b) 4

Questão 64 - Resposta: 22,875 cm^2

Questão 65 - Resposta: a) 2625 m^2 b) 15 cm

Questão 66 - Resposta: 1/16

Questão 67 - Resposta: 60 cm^2

632 | *Matemática no Vestibular*

Questão 68 - Resposta: a) 84 cm^2 b) 8 cm

Questão 69 - Resposta: $\left(24\sqrt{3} - \dfrac{32\pi}{3}\right)$ cm^2

Questão 70 - Resposta: a) $\ell = 25$ m   b) 204

Questão 71 - Resposta: $19\sqrt{3}$ cm^2

Questão 72 - Resposta: a) 1,93 m^2 b) 17,85%

Questão 73 - Resposta: $2(\pi - 2)$ cm^2

Questão 74 - Resposta: a) 120 km   b) 10000 HAB/km^2

Questão 75 - Resposta: Demonstração

Questão 76 - Resposta: 500

Questão 77 - Resposta: 6 dm

Questão 78 - Resposta: Demonstração

Questão 79 - Resposta: 5 m

Questão 80 - Resposta: $\dfrac{2\ell^2\sqrt{3}}{3}$

Questão 81 - Resposta: a) 3,555...   b) 0,32

Questão 82 - Resposta: a) Demonstração   b) $\dfrac{a^2}{20}$

Questão 83 - Resposta: $\dfrac{32\sqrt{3}}{2}$ cm^2

Questão 84 - Resposta: $16\sqrt[4]{3}$ cm

Questão 85 - Resposta: 12 cm^2

Questão 86 - Resposta: 5/7

Questão 87 - Resposta: $\sqrt{3} - \pi/2$

Questão 88 - Resposta: $\dfrac{\ell^2 \operatorname{tg}\alpha \cdot \operatorname{tg}\beta}{2(\operatorname{tg}\alpha + \operatorname{tg}\beta)}$

Questão 89 - Resposta: 4

Questão 90 - Resposta: a) $\cos 18° + \operatorname{sen} 36°$ b) $m(1 + 2\sqrt{1 - m^2})$

Questão 91 - Resposta: $R^2\left(\dfrac{3\sqrt{3} + 2\pi}{2}\right)$

Questão 92 - Resposta: $\dfrac{5\sqrt{3} - 8\pi}{24}$

Questão 93 - Resposta: a) 100 cm^2 b) $100(3 + 2\sqrt{2})$ cm^2

Questão 94 - Resposta: 20 m^2

Questão 95 - Resposta: 1 cm

Questão 96 - Resposta: 72 m^2

Unidade 15 - *Áreas das Figuras Planas* | 633

Questão 97 - Resposta: $7/15$

Questão 98 - Resposta: $(6 - 4\sqrt{2})$ cm^2

Questão 99 - Resposta: a) $R^2 \operatorname{sen} 2\alpha$ b) Demonstração

Questão 100 - Resposta: $45°$

Questão 101 - Resposta: $(864 + 420\sqrt{3})$ m^2

Questão 102 - Resposta: 48 cm^2

Questão 103 - Resposta: 1

Questão 104 - Resposta: 1 ou 2

Questão 105 - Resposta: a) $22°30'$ b) $\sqrt{2} - 1$

Questão 106 - Resposta: $4 - 2\pi(2 - \sqrt{2})$

Questão 107 - Resposta: $1/2$

Questão 108 - Resposta: a) $3\sqrt{3} + 5$ b) $\dfrac{9\sqrt{3} + 15}{2}$

Questão 109 - Resposta: a) $(7\sqrt{3} + 12)$ cm^2 b) $\dfrac{20\sqrt{3} + 36}{3}$ cm^2

Questão 110 - Resposta: $9\sqrt{3} - 2\pi$ cm

Questão 111 - Resposta: $1,8$

UNIDADE 16

POLIEDROS, PRISMAS e PIRÂMIDES

SINOPSE TEÓRICA

16.1) POLIEDROS

16.1.1) Definição
Poliedro é qualquer sólido limitado, exclusivamente, por superfícies planas.
Exemplos:

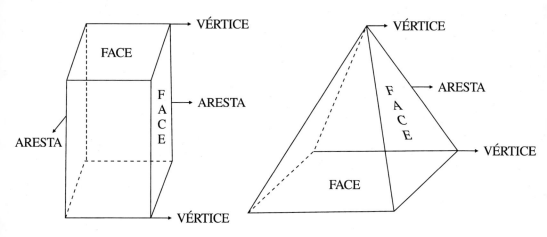

As superfícies planas, sempre polígonos, são as faces do poliedro.
As interseções entre duas faces formam as arestas.

O encontro entre as arestas formam os vértices.

16.1.2) Poliedro convexo

Um poliedro é dito *convexo* quando fica todo situado em um mesmo semi-espaço determinado por quaisquer de suas faces. Em caso contrário, ele é *não-convexo*

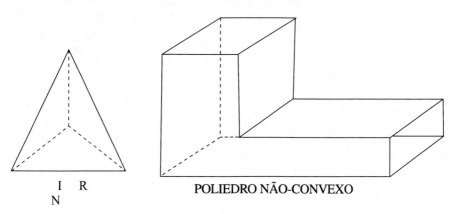

16.1.3) Teorema de Euler

Em todo poliedro convexo, o número de faces somado ao número de vértices é igual ao número de arestas mais duas unidades.

$$\boxed{F + V = A + 2}, \quad \text{onde:} \begin{cases} F \to \text{ número de faces} \\ V \to \text{ número de vértices} \\ A \to \text{ número de arestas} \end{cases}$$

16.1.4) Soma dos ângulos das faces de um poliedro convexo

A soma dos ângulos internos de todas as faces de um poliedro convexo é dado por:

$$\boxed{S_i = 360° \, (V - 2)}$$

onde V é o número de vértices do poliedro.

16.1.5) Poliedro regular ou Poliedro de Platão

Um poliedro é chamado de regular quando todas as suas faces são polígonos regulares de mesmo gênero e, em cada vértice, concorrem sempre o mesmo número de arestas.

Observação: Existem, apenas, 5 poliedros regulares. São eles:

Poliedros	Tipos de faces	F	A	V
Tetraedro	Triangulares	4	6	4
Hexaedro	Quadrangulares	6	12	8
Octaedro	Triangulares	8	12	6
Dodecaedro	Pentagonais	12	30	20
Icosaedro	Triangulares	20	30	12

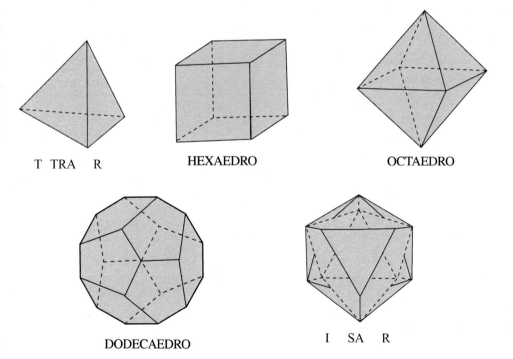

16.1.6) Número de diagonais de um poliedro convexo

Em um poliedro com A arestas, V vértices e F faces, para se calcular o seu número de diagonais, devemos proceder da seguinte maneira.

$\dfrac{V(V-1)}{2}$ é o número de maneiras diferentes de segmentos formados, quando ligamos dois vértices do poliedro.

Destes segmentos, alguns são arestas, outros são diagonais das faces e os demais são diagonais do poliedro.

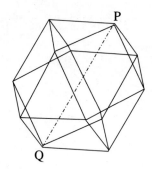

Então, chamando de D, o número de diagonais do poliedro e Σd_f o somatório das diagonais das faces, temos:

$$D = \dfrac{V(V-1)}{2} - A - \Sigma d_f$$

16.2) PRISMAS

16.2.1) Definição

Chamamos de prisma a todo poliedro que possui pelo menos duas faces paralelas (bases do prisma), e as suas arestas laterais ligam diretamente essas faces paralelas.

16.2.2) Classificação dos prismas

Um prisma é quadrangular se a sua base for um quadrilátero; um prisma é triangular se a sua base for um triângulo; um prisma é hexagonal se a sua base for um hexágono, e assim sucessivamente.

Exemplos:

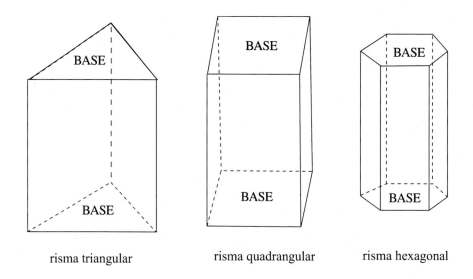

prisma triangular   prisma quadrangular   prisma hexagonal

Os prismas podem ainda ser classificados como:

* **Prisma reto** → As arestas laterais são perpendiculares aos planos das bases.

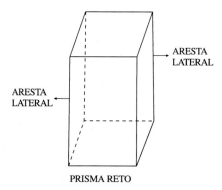

PRISMA RETO

* **Prisma oblíquo** → As arestas laterais são oblíquas aos planos das bases.

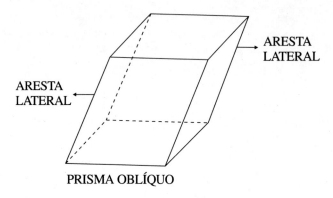

16.2.3) Prisma regular
É o prisma reto cujas bases são polígonos regulares.

16.2.4) Área lateral de um prisma
É a soma das áreas de suas faces laterais.

16.2.5) Área total do prisma
É a soma da sua área lateral e as áreas das suas bases

$$S_T = S_L + 2S_B$$

S_L → área lateral
S_B → área da base

16.2.6) Volume do prisma
O volume de um prisma é obtido multiplicando-se a área da base pela altura.

$$V = S_B \times h$$

Observação: No prisma reto, a medida da altura do prisma é igual à medida de sua aresta lateral.

16.2.7) Paralelepípedo retângulo

É o prisma reto formado por seis faces retangulares.

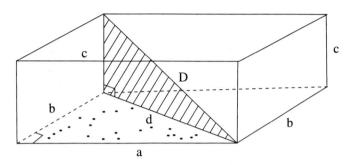

* **Área**
Basta somar as áreas de todos os retângulos que formam o paralelepípedo.
$S = 2ab + 2ac + 2bc$, ou ainda:
$$S = 2(ab + ac + bc)$$

* **Volume**
$V = S_B \cdot h$
Considerando a base como sendo o retângulo de baixo, temos que $S_B = a \cdot b$ e a altura c, logo:
$$V = a \cdot b \cdot c$$

* **Diagonal**
Utilizando duas vezes o Teorema de Pitágoras, temos:
$D^2 = d^2 + c^2$
$d^2 = a^2 + b^2$
$D^2 = a^2 + b^2 + c^2$ ou $\boxed{D = \sqrt{a^2 + b^2 + c^2}}$

16.2.8) Cubo
O cubo é o paralelepípedo retângulo cujas seis faces são quadrados.

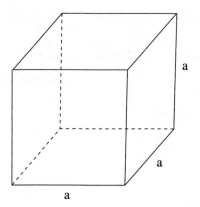

* **Área**

A área é igual a seis vezes a área do quadrado de lado a.

$$S = 6a^2$$

* **Volume**

Assim como no paralelepípedo retângulo, é o produto das três dimensões, ou seja:

$$V = a \times a \times a \Rightarrow \boxed{V = a^3}$$

* **Diagonal**

A diagonal do paralelepípedo retângulo é dada por $D = \sqrt{a^2 + b^2 + c^2}$. No cubo, temos: $a = b = c$, logo:

$$D = a\sqrt{3}$$

16.3 PIRÂMIDES

16.3.1) Definição

Chamamos de pirâmide o poliedro formado por faces triangulares que convergem para um ponto comum, denominado vértice, e a base é um polígono qualquer.

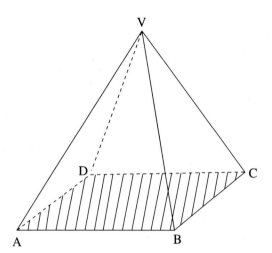

V = vértice da pirâmide
$ABCD$ = base da pirâmide

Observação: De acordo com os polígonos de suas bases, as pirâmides podem ser, triangular, quadrangular, pentagonal etc.

16.3.2) Pirâmide regular

Uma pirâmide é regular quando a sua base é um polígono regular e a altura é traçada do vértice ao centro da base.

Elementos da pirâmide regular

$V \to$ vértice

$ABCD \to$ base

$h \to$ altura

$a_L \to$ aresta lateral

$\ell \to$ aresta da base

$a \to$ apótema da base

$A \to$ apótema da pirâmide

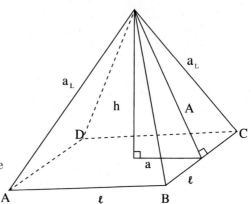

16.3.3) Área lateral da pirâmide
É a soma das áreas dos triângulos que formam as faces laterais da pirâmide.

16.3.4) Área total da pirâmide
É a soma da sua área lateral com a área da base.

$$S_T = S_L + S_B$$

16.3.5) Volume da pirâmide
O volume de uma pirâmide qualquer é a terça parte do produto da área da base pela medida da altura da pirâmide.

$$V = \frac{1}{3} S_B \cdot h$$

16.3.6) Tronco de pirâmide
Na figura, temos uma pirâmide de altura h e um plano, paralelo à base da pirâmide, traçado a uma distância d de seu vértice $(d < h)$.

O plano secciona a pirâmide em dois poliedros: uma pirâmide $(VA'B'C'D')$ e um tronco de pirâmide $(A'B'C'D'ABCD)$.

Unidade 16 - *Poliedros, Prismas e Pirâmides* |645

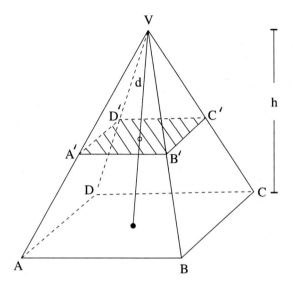

Chamando S_B a área da base da pirâmide, S_S a área da seção (base da pirâmide menor), V o volume da pirâmide maior e v o volume da pirâmide menor, temos:

$$\boxed{\frac{S_S}{S_B} = \frac{d^2}{h^2} \quad \text{e} \quad \frac{v}{V} = \frac{d^3}{h^3}}$$

QUESTÕES RESOLVIDAS

1. Um poliedro possui 8 faces triangulares e 6 faces octogonais. Determine o número de vértices do poliedro.

Resolução:

O número de faces $F = 8 + 6 \Rightarrow F = 14$

O número de arestas $A = \dfrac{8 \times 3 + 6 \times 8}{2} \Rightarrow A = 36$

Como $F + V = A + 2$, temos:

$$14 + V = 36 + 2 \Rightarrow V = 24$$

Resposta: $\boxed{24 \text{ vértices}}$.

2. Um poliedro é formado por faces quadrangulares e hexagonais. Sabendo que ele

646 | *Matemática no Vestibular*

possui 36 arestas e 24 vértices, determine o número de faces hexagonais.

Resolução:

x faces quadrangulares

y faces hexagonais

$F = x + y$, mas $F + V = A + 2 \Rightarrow F + 24 = 36 + 2 \Rightarrow F = 14$

então:

$x + y = 14 \quad$ ou $\quad x = 14 - y \qquad\qquad$ ①

$\dfrac{x \cdot 4 + 6 \cdot y}{2} = 36 \Rightarrow 2x + 3y = 36 \qquad$ ②

Substituindo ① em ②, vem:

$2(14 - y) + 3y = 36$

$28 - 2y + 3y = 36 \Rightarrow y = 8$

Resposta $\boxed{\text{8 faces hexagonais.}}$

3. Determine o número de diagonais de um poliedro convexo que possui 5 faces quadrangulares, 6 faces pentagonais e 7 faces hexagonais.

Resolução:

$D = \dfrac{V(V-1)}{2} - A - \Sigma d_F$

$F = 5 + 6 + 7 \Rightarrow F = 18$

$A = \dfrac{5 \times 4 + 6 \times 5 + 7 \times 6}{2} \Rightarrow A = 46$

$F + V = A + 2 \Rightarrow 18 + V = 46 + 2 \Rightarrow V = 30$

$\Sigma d_F = 5 \cdot \dfrac{4(4-3)}{2} + 6 \cdot \dfrac{5(5-3)}{2} + 7 \cdot \dfrac{6(6-3)}{2}$

$\Sigma d_F = 10 + 30 + 63 = 103,$

portanto:

$D = \dfrac{30 \times 29}{2} - 46 - 103 \Rightarrow D = 286$

Resposta: $\boxed{\text{286 diagonais}}$.

4. Determine o cosseno do ângulo formado pela diagonal de um cubo e cada uma das arestas concorrentes em um mesmo vértice:

Unidade 16 - *Poliedros, Prismas e Pirâmides* |647

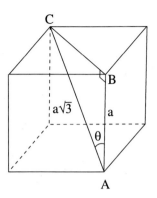

Resolução:
O $\triangle ABC$ é retângulo em $\widehat{B}$, logo:
$$\cos\theta = \frac{\overline{AB}}{\overline{AC}} = \frac{\cancel{a}}{\cancel{a}\sqrt{3}} = \frac{1}{\sqrt{3}}$$

Resposta: $\cos\theta = \boxed{\dfrac{1}{\sqrt{3}}}$.

5. As faces de um paralelepípedo retângulo tem por áreas 6 m², 9 m² e 24 m². Determine o volume de paralelepípedo.

Resolução:
Sejam a, b e c as dimensões do paralelepípedo, então:
$V = a \cdot b \cdot c$
$a \cdot b = 6$
$b \cdot c = 9$
$a \cdot c = 24$
ou ainda
$a \cdot b \times b \cdot c \times a \cdot c = 6 \times 9 \times 24$
$a^2 \cdot b^2 \cdot c^2 = 1296 \Rightarrow a \cdot b \cdot c = 36$

Resposta: $\boxed{36 \text{ cm}^3}$.

6. Calcule a altura de um tetraedro regular de aresta ℓ.

Resolução:
$\overline{BO} = x = \dfrac{2}{3}$ da altura do triângulo equilátero BCD, logo:
$$x = \frac{\cancel{2}}{3} \cdot \frac{\ell\sqrt{3}}{\cancel{2}} \Rightarrow x = \frac{\ell\sqrt{3}}{3}$$

Do △AOB pelo teorema de Pitágoras temos:

$$\ell^2 = \left(\frac{\ell\sqrt{3}}{3}\right)^2 + h^2 \Rightarrow h^2 = \ell^2 - \frac{3\ell^2}{9} \Rightarrow h^2 = \frac{6\ell^2}{9}$$

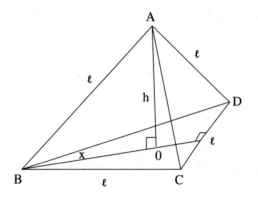

Resposta: $\boxed{h = \dfrac{\ell\sqrt{6}}{3}}$.

7. Um tronco de pirâmide quadrangular regular tem 24 cm de altura e as áreas das suas bases são 64 cm² e 36 cm². Ache o volume da pirâmide que deu origem a ele.

Resolução:

$$V = \frac{S_B \cdot h}{3} \qquad 4d = 3d + 72$$

$$S_B = 64 \qquad d = 72 \Rightarrow h = 72 + 24$$

$$\frac{36}{64} = \frac{d^2}{(d+24)^2} \qquad h = 96$$

$$\frac{\cancel{6}^3}{\cancel{48}^4} = \frac{d}{d+24} \qquad V = \frac{64 \times 96}{3} \Rightarrow V = 2048 \text{ cm}^3$$

Unidade 16 - *Poliedros, Prismas e Pirâmides* |649

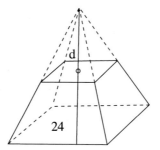

Resposta: $V = 2048 \text{ cm}^3$.

QUESTÕES PROPOSTAS

1. (UFF) São dados 7 triângulos equiláteros, 15 quadrados e 30 pentágonos regulares, todos de mesmo lado. Utilizando estes polígonos, o número máximo de poliedros regulares que se pode formar é:
  a) 5
  b) 6
  c) 7
  d) 8
  e) 9

2. (PUC) O poliedro regular que possui 20 vértices, 30 arestas e 12 faces denomina-se:
  a) tetraedro
  b) hexaedro
  c) octaedro
  d) icosaedro
  e) dodecaedro

3. (CESGRANRIO) Um poliedro convexo é formado por 80 faces triangulares e 12 pentagonais. O número de vértices do poliedro é:
  a) 80
  b) 60
  c) 50
  d) 48
  e) 36

650 | *Matemática no Vestibular*

4. **(UNI-RIO)** Um geólogo encontrou, numa de suas explorações, um cristal de rocha no formato de um poliedro, que satisfaz a relação de Euler, de 60 faces triangulares. O número de vértices deste cristal é igual a:

a) 35

b) 34

c) 33

d) 32

e) 31

5. **(U.F.PARÁ)** Um poliedro convexo tem 6 faces e 8 vértices. O número de arestas é:

a) 6

b) 8

c) 10

d) 12

e) 14

6. **(ITA)** Se um poliedro convexo possui 20 faces e 12 vértices, o número de arestas desse poliedro é:

a) 12

b) 18

c) 28

d) 30

e) 32

Unidade 16 - *Poliedros, Prismas e Pirâmides* |651

7. (MACK) Sabe-se que um poliedro convexo tem 8 faces e que o número de vértices é maior que 6 e menor que 14. Então, o número de arestas é tal que:
 a) $14 \leq A \leq 20$
 b) $14 \leq A < 20$
 c) $13 < A < 19$
 d) $13 \leq A \leq 19$
 e) $12 \leq A \leq 20$

8. Uma bola de futebol é feita com 32 peças de couro. 12 delas são pentágonos regulares e as outras 20 são hexágonos também regulares. Os lados dos pentágonos são iguais aos do hexágono de forma que possam ser costurados. Cada costura une dois lados de duas dessas peças.

Na fabricação de uma dessas bolas de futebol, o número de costuras feitas é:
 a) 60
 b) 64
 c) 90
 d) 120

9. (UERJ) Considere a estrutura da figura como um poliedro de faces quadradas formada por 4 cubos de arestas iguais, sendo V o número de vértices <u>distintos</u>, F o número de faces <u>distintas</u> e A o número de arestas <u>distintas</u>.

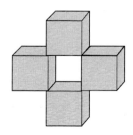

Se V, F e A são, respectivamente, os números de vértices, faces e arestas desse "poliedro", temos que $V + F$ é igual a:
   a) $A - 4$
   b) $A + 4$
   c) $A - 2$
   d) $A + 2$
   e) A

10. (UERJ) Um icosaedro regular tem 20 faces e 12 vértices, a partir dos quais retiram-se 12 pirâmides congruentes. As medidas das arestas dessas pirâmides são iguais a $\frac{1}{3}$ da aresta do icosaedro. O que resta é um tipo de poliedro usado na fabricação de bolas. Observe as figuras.

Para confeccionar uma bola de futebol, um artesão usa esse novo poliedro, no qual cada gomo é uma face. Ao costurar dois gomos para unir duas faces do poliedro, ele gasta 7 cm de linha.
Depois de pronta a bola, o artesão gastou, no mínimo, um comprimento de linha igual a:
   a) 7,0 m
   b) 6,3 m
   c) 4,9 m
   d) 2,1 m

11. (UNIFICADO) Um poliedro convexo tem 14 vértices. Em 6 desses vértices concorrem 4 arestas, em 4 desses vértices concorrem 3 arestas e, nos demais vértices, concorrem 5 arestas. O número de faces desse poliedro é igual a:
   a) 16
   b) 18
   c) 24
   d) 30
   e) 44

12. (ESCOLA NAVAL) Um poliedro convexo é formado por 10 faces triangulares e 10 faces pentagonais. O número de diagonais desse poliedro é:

a) 140
b) 141
c) 142
d) 143
e) 144

13. (MACK) Seja V o vértice de uma pirâmide. Cada uma de suas faces tem nos vértices V um ângulo de $50°$. O número máximo de faces dessa pirâmide é:
a) 5
b) 6
c) 7
d) 8
e) 9

14. (UFF) Em um cubo de aresta L, a distância entre os centros de duas faces adjacentes é:
a) $\dfrac{\sqrt{3}}{2}L$
b) $\dfrac{\sqrt{2}}{2}L$
c) $\sqrt{2}L$
d) $\sqrt{3}L$
e) $\dfrac{L}{2}$

15. (UFF) O sólido abaixo representado possui todas as arestas iguais a L.

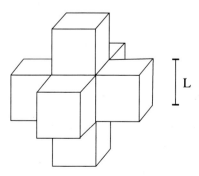

654 | *Matemática no Vestibular*

Sabendo-se que todos os ângulos entre duas faces adjacentes são retos, pode-se afirmar que o seu volume é:
 a) $7L^3$
 b) $9L^3$
 c) $11L^3$
 d) $19L^3$
 e) $27L^3$

16. (UNI-RIO)

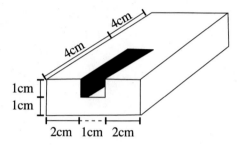

Na fabricação da peça acima, feita de um único material que custa R$5,00 o cm³, deve-se gastar a quantia de:
 a) R$ 400,00
 b) R$ 380,00
 c) R$ 360,00
 d) R$ 340,00
 e) R$ 320,00

17. (FUVEST) Dois blocos de alumínio, em forma de cubo com arestas medindo 10 cm e 6 cm, são levados juntos à fusão e em seguida o alumínio líquido é moldado como um paralelepípedo reto de arestas 8 cm, 8 cm e x cm. O valor de x é:
 a) 16
 b) 17
 c) 18
 d) 19
 e) 20

18. (F.C. CHAGAS) O volume de um cubo C terá um aumento de 37 m³ se a sua aresta for aumentada de 1 m. A área lateral de C, em m², é:
 a) 27
 b) 36

c) 54
d) 64
e) 96

19. (UERJ) Com uma chapa plana delgada, de espessura uniforme e massa homogeneamente distribuída, construíram-se duas peças: uma com a forma de um cubo (Fig. A) e a outra com a forma de um poliedro com 9 faces, formado a partir de um outro cubo congruente ao primeiro, onde as três faces menores são quadrados congruentes (Fig.B).

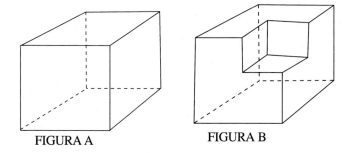

FIGURA A   FIGURA B

As informações acima possibilitam a seguinte conclusão:
a) o peso de A é igual ao peso de B
b) o volume de A é igual ao de B
c) a superfície de A é maior que a de B
d) a superfície de A é menor que a de B

20. (CESGRANRIO) Se a diagonal de uma face de um cubo mede $5\sqrt{2}$, então o volume desse cubo é:
a) $600\sqrt{3}$
b) 625
c) 225
d) 125
e) $100\sqrt{3}$

21. (MACK/SP) Na figura, a aresta $\overline{BC}$ do cubo é prolongada até o ponto D tal que $BC = CD$. Em seguida, ligamos o vértice A ao ponto D. Nestas condições, o ângulo θ tem medida:

a) arc sen $\dfrac{2\sqrt{3}}{3}$

b) arc tg $\dfrac{\sqrt{3}}{3}$

c) $\dfrac{\sqrt{2}}{2}$

d) arc cos $\dfrac{\sqrt{2}}{2}$

e) 45°

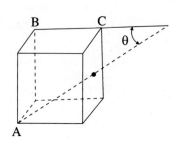

22. (FATEC-SP) O comprimento da aresta do cubo abaixo representado é 4 cm e $BM = BN = 1$ cm. Se h é a altura do triângulo HMN, relativa ao lado MN, então:

a) $h = \sqrt{123}$ cm

b) $h = \sqrt{39}$ cm

c) $h = \dfrac{9\sqrt{2}}{2}$ cm

d) $h = \sqrt{10}$ cm

e) $h = \dfrac{\sqrt{190}}{2}$ cm

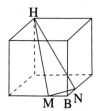

23. (F.C. CHAGAS) As afirmações seguintes referem-se ao cubo representado na figura abaixo.

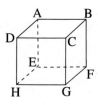

A única afirmação **falsa** é:

a) as retas $\overleftrightarrow{AC}$ e $\overleftrightarrow{FH}$ são reversas

b) as retas $\overleftrightarrow{AB}$ e $\overleftrightarrow{DH}$ são perpendiculares

c) a reta $\overleftrightarrow{CA}$ é perpendicular à reta $\overleftrightarrow{AE}$

d) a reta $\overleftrightarrow{AE}$ é perpendicular ao plano da face $EFGH$

e) $ACGE$ é um retângulo não quadrado

24. (U.C. MG) Se um cubo tem 216 m³ de volume, a sua diagonal, em m, mede:
a) $2\sqrt{3}$
b) $\sqrt{2}$
c) $6\sqrt{2}$
d) $7\sqrt{2}$
e) $6\sqrt{3}$

25. (UNI-RIO)

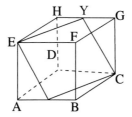

No cubo acima, cada aresta mede 6 cm. Os pontos X e Y são pontos médios das arestas $\overline{AB}$ e $\overline{GH}$. O polígono $XCYE$ é um:
a) quadrilátero, mas não é um paralelogramo
b) paralelogramo, mas não é losango
c) losango, mas não é quadrado
d) retângulo, mas não é quadrado
e) quadrado

26. (U.F. OURO PRETO) Uma caixa d'água, em forma de paralelepípedo retângulo, tem dimensões de 1,8 m, 1,5 dm e 80 cm. Sua capacidade é:
a) 2,16 L
b) 21,6 L
c) 216 L
d) 1080 L
e) 2160 L

27. (UERJ) Uma empresa que possui carros-pipa, todos com 9.000ℓ de capacidade, foi chamada para encher uma cisterna de dimensões 3,0 m × 4,0 m × 1,4 m. Para a realização desta tarefa, podemos concluir que a capacidade de:
a) 1 carro-pipa é suficiente para encher totalmente a cisterna, sem sobrar água.
b) 1 carro-pipa é maior que a capacidade da cisterna.

658 | *Matemática no Vestibular*

c) 2 carros-pipa são insuficientes para encher totalmente a cisterna.

d) 2 carros-pipa ultrapassam em 1200ℓ a capacidade da cisterna.

28. (FUVEST) Um tanque em forma de paralelepípedo tem por base um retângulo horizontal de lados 0,8 m e 1,2 m. Um indivíduo, ao mergulhar completamente no tanque, faz o nível de água subir 0,075 m. Então, o volume do indivíduo, em m^3, é:

a) 0,066

b) 0,072

c) 0,096

d) 0,600

e) 1,000

29. (F.C. CHAGAS) Sabe-se que a área total de um paralelepípedo retângulo é $288\ cm^2$ e que as medidas das arestas são diretamente proporcionais aos números 2, 3 e 6. O volume desse paralelepípedo, em centímetros cúbicos, é:

a) 144

b) 186

c) 288

d) 1.440

e) 2.880

30. (F.C. CHAGAS) As dimensões de um paralelepípedo retângulo são diretamente proporcionais aos números 5, 6 e 8. Se a diagonal desse paralelepípedo mede 25 cm, a sua área total, em cm^2, é:

a) 590

b) 630

c) 1.180

d) 1.260

e) 1.380

31. (F.C. CHAGAS) As dimensões de um paralelepípedo são diretamente proporcionais aos números 2, 5 e 6. Se o volume desse paralelepípedo é $1.620\ cm^3$, a sua área total é, em centímetros quadrados:

a) 1.048

b) 936

c) 524

d) 468

e) 356

32. (UNI-RIO) Uma piscina na forma de um paralelepípedo retângulo tem 8 m de comprimento, 6 m de largura e 3 m de profundidade. Um nadador que estava

Unidade 16 - *Poliedros, Prismas e Pirâmides* |659

totalmente submerso na piscina verificou que, ao sair, o nível da água baixou 0,5 cm. O volume do nadador, em dm^3, é igual a:

a) 480

b) 360

c) 300

d) 240

e) 120

33. (CESESP-PE) Sabe-se que as medidas das arestas de um paralelepípedo retângulo são diretamente proporcionais a 2, 3 e 4 e a soma dessas medidas é 18 m. Então, o volume desse paralelepípedo é:

a) 24 m^3

b) 96 m^3

c) 129 m^3

d) 80 m^3

e) 192 m^3

34. (FATEC-SP) As medidas das arestas de um paralelepípedo retângulo formam uma *PG*. Se a menor das arestas mede 1/2 cm e o volume de tal paralelepípedo é 64 cm^3, então, a soma das áreas de suas faces é:

a) 292 cm^2

b) 298 cm^2

c) 296 cm^2

d) 294 cm^2

e) 290 cm^2

35. (CESGRANRIO) Uma caixa d'água com forma de um paralelepípedo retângulo terá seu volume reduzido à metade do que tinha sido projetado inicialmente. Para isso, o construtor deverá diminuir as dimensões da base dessa caixa de 20% e 50%, respectivamente. Já, em relação à medida da altura dessa caixa d'água, o construtor irá:

a) aumentá-la de 15%

b) aumentá-la de 25%

c) aumentá-la de 30%

d) diminuí-la de 25%

e) diminuí-la de 30%

36. (F.C. CHAGAS) Deseja-se construir uma caixa aberta, com o formato de um cubo. O material utilizado na base, mais resistente, custa R$ 500,00 o metro quadrado e o material utilizado nas faces laterais, menos resistente, custa R$ 200,00 o metro quadrado. Qual a medida da aresta da caixa de maior volume que se pode construir por um preço não superior a R$ 5.200,00?

a) 2,5 m
b) 2 m
c) 1,4 m
d) 1,2 m
e) 1 m

37. (U. FORTALEZA) Uma caixa de forma cúbica, cuja aresta mede 120 cm, está totalmente cheia de água. Quantos litros de água devem ser retirados da caixa para que o nível do líquido se reduza a 3/4 do nível inicial?
a) 540
b) 432
c) 324
d) 216
e) 108

38. (F.M. ABC-SP) Sejam a, b, c as dimensões de um paralelepípedo retângulo; p a soma das dimensões, d a diagonal, k^2 a área total e V o volume. Temos:
a) $p^2 = d^2 + k^2$
b) $d^2 = p^2 + k^2$
c) $k^2 = p^2 + d^2$
d) $V = pdk$
e) $p^2 = dk$

39. (PUC-SP) No paralelepípedo reto-retângulo de dimensões a, b e c, a diagonal BD' é dada pela fórmula:
a) $\sqrt{a^2 + b^2 + c^2}$
b) $\sqrt{a^2 - b^2 - c^2}$
c) $\sqrt{a^2 + b^2 - c^2}$
d) $\sqrt{a^2 - b^2 + c^2}$
e) $\sqrt{2a^2 + 2b^2 + 2c^2}$

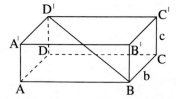

40. (CEUB-DF) Calcular o volume de um paralelepípedo retângulo sabendo que a área total é 180 m^2, a diagonal da base é 10 m e que a soma das arestas que concorrem em um mesmo vértice é 17 m.
a) $V = 120$ m^3
b) $V = 144$ m^3
c) $V = 169$ m^3
d) $V = 196$ m^3

Unidade 16 - *Poliedros, Prismas e Pirâmides* |661

41. (U.F.ES) A diagonal de um paralelepípedo retângulo mede 17 cm. A soma das três dimensões é 29 cm e a área de uma face é 72 cm². O produto das três dimensões mede, em cm³:
 a) 864
 b) 1080
 c) 1530
 d) 1224
 e) 2720

42. (UFPA) Qual a área total de um paralelepípedo reto cujas dimensões são 2, 3 e 4 cm?
 a) 24 cm²
 b) 26 cm²
 c) 30 cm²
 d) 40 cm²
 e) 52 cm²

43. (UFPI) As dimensões de um paralelepípedo retângulo cuja diagonal mede 45 cm são diretamente proporcionais aos números 2, 4 e 5. O volume desse paralelepípedo, em centímetros cúbicos, é:
 a) $180\sqrt{5}$
 b) $540\sqrt{5}$
 c) $1.800\sqrt{5}$
 d) $2.700\sqrt{5}$
 e) $5.400\sqrt{5}$

44. (FUVEST) O volume de um paralelepípedo reto retângulo é 240 cm³. As áreas de duas de suas faces são 30 cm² e 48 cm². A área total do paralelepípedo, em cm², é:
 a) 96
 b) 118
 c) 236
 d) 240
 e) 472

45. (PUC) Considere um paralelepípedo retangular com lados 2, 3 e 6 cm. A distância máxima entre dois vértices deste paralelepípedo é:
 a) 7 cm
 b) 8 cm
 c) 9 cm
 d) 10 cm
 e) 11 cm

662 | *Matemática no Vestibular*

46. (U.F. RS) Uma caixa tem 1 metro de comprimento, 2 m de largura e 3 m de altura. Uma segunda caixa de mesmo volume tem comprimento x metros maior que a anterior, largura x metros maior do que a anterior e altura x metros menor do que a anterior. O valor de x é:

    a) $\sqrt{2}$
    b) $\sqrt{3}$
    c) $\sqrt{5}$
    d) $\sqrt{6}$
    e) $\sqrt{7}$

47. (FUVEST) Qual é a distância entre os centros de duas faces adjacentes de um cubo de aresta 4?

    a) 2
    b) $2\sqrt{2}$
    c) 4
    d) $4\sqrt{2}$
    e) 8

48. (CESGRANRIO) Ao congelar-se, a água aumenta de $\dfrac{1}{15}$ o seu volume. O volume de água a congelar para obter-se um bloco de gelo de 8 dm $\times$ 4 dm $\times$ 3 dm é:

    a) 80 dm^3
    b) 90 dm^3
    c) 95 dm^3
    d) 96 dm^3
    e) 100 dm^3

49. (UFF) Em um cubo de aresta ℓ, a distância entre o ponto de encontro de suas diagonais internas e qualquer de suas arestas é:

    a) $\ell\sqrt{3}$
    b) $\ell\sqrt{2}$
    c) $\dfrac{\ell\sqrt{3}}{2}$
    d) $\dfrac{\ell\sqrt{2}}{2}$
    e) $\dfrac{\ell}{2}$

50. (PUC-SP) Com uma lata de tinta é possível pintar 50 m^2 de parede. Para pintar as paredes de uma sala de 8 m de comprimento, 4 m de largura e 3 m de altura, gasta-se uma lata e mais uma parte da segunda lata. Qual a porcentagem de tinta que resta na segunda lata?

Unidade 16 - *Poliedros, Prismas e Pirâmides* |663

a) 22%
b) 30%
c) 48%
d) 56%
e) 72%

51. (U.F. CEARÁ) Um aquário de vidro, com a forma de um cubo, tem capacidade para 27 L de água. Qual é a área, em centímetros quadrados, das cinco placas de vidro que compõem esse aquário?
a) 4.000
b) 4.500
c) 5.000
d) 5.500
e) 6.000

52. (UEPG-PR) As medidas internas de uma caixa-d'água em forma de paralelepípedo retângulo são: 1,2 m, 1 m e 0,7 m. Sua capacidade é de:
a) 8.400 litros
b) 84 litros
c) 840 litros
d) 8,4 litros
e) n.d.a.

53. (VUNESP) Se dobrarmos convenientemente as linhas tracejadas da figura abaixo, obteremos uma figura espacial cujo nome é:

a) pirâmide de base pentagonal
b) paralelepípedo
c) octaedro
d) tetraedro
e) prisma

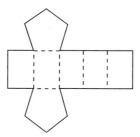

54. (ITA) Dado um prisma hexagonal regular, sabe-se que sua altura mede 3 cm e que sua área lateral é o dobro da área de sua base. O volume deste prisma, em cm^3, é:
a) $27\sqrt{3}$
b) $13\sqrt{2}$

664 | *Matemática no Vestibular*

c) $54\sqrt{3}$

d) 12

e) $17\sqrt{5}$

55. (MACK-91) A base de um prisma reto é um triângulo que possui um ângulo de 60° formado por dois lados de medidas 5 cm e 10 cm. Se a altura desse prisma é o dobro da altura relativa ao maior lado da base, então seu volume, em cm³, vale:

a) 750

b) 187,5

c) $500\sqrt{3}$

d) $250\sqrt{3}$

e) $750\sqrt{3}$

56. (CESCEA-SP) O volume do prisma hexagonal regular reto, de altura $\sqrt{3}$ cm cujo apótema da base mede $\sqrt{3}$ cm, é:

a) 18 cm³

b) $6\sqrt{3}$ cm³

c) 3 cm³

d) $\sqrt{3}$ cm³

e) n.d.a.

57. (U.F. PARÁ) Num prisma regular de base hexagonal, a área lateral é 36 m² e a altura é 3 m. A aresta da base é:

a) 2 m

b) 4 m

c) 6 m

d) 8 m

e) 10 m

58. (PUC-RS) Se um prisma quadrangular regular tem área total igual a 10 vezes a área da base, então a razão entre sua altura e a aresta da base é:

a) $\dfrac{1}{2}$

b) 1

c) $\dfrac{3}{2}$

d) 2

e) 3

59. (ITA-SP) Considere P um prisma reto de base quadrada, cuja altura mede 3 m e com área total de 80 m². O lado dessa base quadrada mede:

a) 1 m
b) 8 m
c) 4 m
d) 6 m
e) 16 m

60. (PUC-SP) Se a área da base de um prisma diminui de 10% e a altura aumenta de 20%, o seu volume:
a) aumenta de 8%
b) aumenta de 15$
c) aumenta de 108%
d) diminui de 8%
e) não se altera

61. (U. FORTALEZA-CE) A figura abaixo representa um galpão com as medidas indicadas.

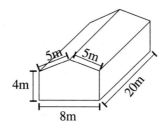

O volume total desse galpão é:
a) 880 m³
b) 920 m³
c) 960 m³
d) 1020 m³

62. (VUNESP)

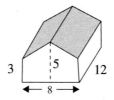

O volume de ar contido em um galpão com a forma e dimensões dadas pela figura acima é:

a) 288

b) 384

c) 480

d) 360

e) 768

63. (U.F. CEARÁ) A figura abaixo mostra uma construção para armazenamento de grãos, com a forma de um prisma reto de base triangular.

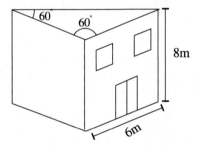

De acordo com as indicações da figura, o volume interno desse armazém é, aproximadamente:

a) 120 m^3

b) 130 m^3

c) 140 m^3

d) 150 m^3

e) 160 m^3

64. (UFRRJ) Está representado, na figura abaixo, um galpão, que deve ser coberto de telhas.

Unidade 16 - *Poliedros, Prismas e Pirâmides* |667

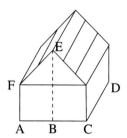

$\overline{CD} = 20$ m
$\overline{AB} = \overline{BC} = 3$ m
$\overline{AF} = 3$ m
$\overline{BE} = 7$ m

A quantidade de telhas, em metros quadrados, necessária para cobrir o galpão é de:
a) 400 m²
b) 300 m²
c) 225 m²
d) 200 m²
e) 150 m²

65. (U.C. SALVADOR) No prisma reto de base triangular, da figura, todas as arestas medem 2 m.

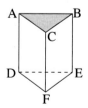

O volume desse prisma, em metros cúbicos, é:
a) $2\sqrt{2}$
b) $2\sqrt{3}$
c) 4
d) $4\sqrt{2}$
e) $4\sqrt{3}$

66. (U.F. CEARÁ) A base de um prisma reto é um triângulo isósceles cujos lados iguais medem 2 cm e um dos ângulos internos mede 120°. Se esse prisma tem $6\sqrt{3}$ cm de altura, o seu volume, em centímetros cúbicos, é:
 a) $9\sqrt{3}$
 b) 18
 c) $18\sqrt{3}$
 d) 21
 e) $21\sqrt{3}$

67. (UNIFICADO-RS) A figura representa um prisma reto de altura h e cuja base é um triângulo retângulo de medidas a, b e c com $a > b$ e $a > c$. Sendo M o ponto médio do segmento AD, o volume do sólido convexo de vértices A, B, C, E, F e M é:

 a) $\dfrac{1}{6} bch$
 b) $\dfrac{1}{4} bch$
 c) $\dfrac{1}{3} bch$
 d) $\dfrac{5}{12} bch$
 e) $\dfrac{1}{6} bch$

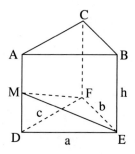

68. (PUC-SP) A base de um prisma reto é um triângulo de lados iguais a 5 m, 5 m e 8 m e a altura tem 3 m; o seu volume será:
 a) 12 m³
 b) 24 m³
 c) 36 m³
 d) 48 m³
 e) 60 m³

69. (UFF) São dados dois cubos: a diagonal do primeiro excede de $5\sqrt{3}$ m a diagonal do segundo. A diferença entre as arestas destes cubos mede:
 a) $\sqrt{3}$ m
 b) $2\sqrt{3}$ m
 c) 5 m
 d) 3 m
 e) $3\sqrt{3}$ m

70. (U.C. MG) Um certo sólido tem volume V cm³ e altura 2 cm. Um outro

sólido, semelhante ao primeiro, tem volume $8V$ cm^3; então, a altura deste sólido, em cm, é:
a) 4
b) 6
c) 8
d) 10
e) 12

71. (F.C. CHAGAS)

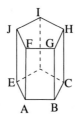

Considerando o prisma reto pentagonal da figura acima, assinale a sentença verdadeira.

a) As retas $\overleftrightarrow{DI}$ e $\overleftrightarrow{DE}$ são perpendiculares entre si.

b) As retas $\overleftrightarrow{FG}$ e $\overleftrightarrow{AB}$ são reversas.

c) As retas $\overleftrightarrow{IJ}$ e $\overleftrightarrow{FJ}$ não são concorrentes.

d) As retas $\overleftrightarrow{FJ}$ e $\overleftrightarrow{HI}$ são paralelas entre si.

e) Os planos das faces $ABGF$ e $BCHG$ são perpendiculares entre si.

72. (FUVEST) Na figura abaixo, X e Y são, respectivamente, os pontos médios das arestas AB e CD do cubo.

A razão entre o volume do prisma $AXFEDYGH$ e o do cubo é:

a) $\dfrac{3}{8}$

b) $\dfrac{1}{2}$

c) $\dfrac{2}{3}$

d) $\dfrac{3}{4}$

e) $\dfrac{5}{6}$

73. (UFF) O sólido abaixo possui todas as arestas iguais a L. Sabendo-se que todos os ângulos entre duas faces adjacentes são retos, pode-se afirmar que o seu volume é de:

a) $19L^3$

b) $20L^3$

c) $21L^3$

d) $22L^3$

e) $23L^3$

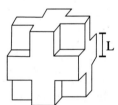

74. (FUVEST) Uma formiga resolveu andar de um vértice a outro do prisma reto das bases triangulares ABC e DEG, seguindo um trajeto especial. Ela partiu do vértice G, percorreu toda a aresta perpendicular à base ABC, para em seguida caminhar toda a diagonal da face $ADGC$ e, finalmente, completou seu passeio percorrendo a aresta reversa a $\overline{CG}$.

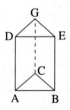

A formiga chegou ao vértice:

a) A
b) B
c) C
d) D
e) E

75. (OSEC-SP) Uma pirâmide quadrada tem todas as arestas medidndo 2. Então, a sua altura mede:
a) 1
b) $\sqrt{2}$
c) $\sqrt{3}$
d) 2
e) n.d.a.

76. (UFPA) Uma pirâmide triangular tem 9 cm^3 de volume e $4\sqrt{3}$ cm de altura. Qual a medida da aresta da base?
a) $\sqrt{2}$ cm
b) 3 cm
c) $2\sqrt{2}$ cm
d) $\sqrt{3}$ cm
e) $\dfrac{\sqrt{3}}{3}$ cm

77. (UEL) Na figura abaixo temos um cubo e uma pirâmide quadrangular reta, cuja base coincide com uma das faces do cubo e cujo vértice é o centro da face oposta. Se o volume da pirâmide é de 576 cm^3, o volume do cubo, em centímetros cúbicos, é:

a) 192
b) 576
c) 1 152
d) 1 728
e) 3 456

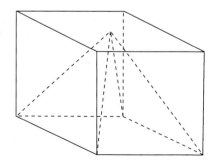

78. (UNI-RIO) Uma pirâmide está inscrita num cubo, como mostra a figura abaixo. Sabendo-se que o volume da pirâmide é de 6 m³, então, o volume do cubo, em m³, é igual a:

a) 9

b) 12

c) 15

d) 18

e) 21

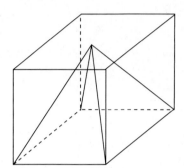

79. (UECE) Se o volume de um cubo de 6 cm de aresta é igual ao volume de uma pirâmide regular que tem para base um quadrado de 6 cm de lado, então a altura da pirâmide, em cm, é:

a) 12

b) 14

c) 16

d) 18

e) n.d.a.

80. (UNI-RIO/CEFET/ENCE) Um prisma de altura H e uma pirâmide têm bases com a mesma área. Se o volume do prisma é a metade do volume da pirâmide, a altura da pirâmide é:

a) $H/6$

b) $H/3$

c) $2H$

d) $3H$

e) $6H$

Unidade 16 - *Poliedros, Prismas e Pirâmides* |673

81. (CESGRANRIO) Em um cubo de aresta $\sqrt[3]{6}$, considera-se o tetraedro $VABC$, como o indicado na figura.

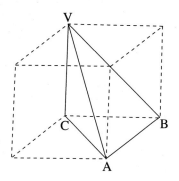

O volume do tetraedro é:

a) 2

b) $\sqrt{2}$

c) $\sqrt{3}$

d) $\dfrac{\sqrt{6}}{3}$

e) 1

82. (FUVEST) Qual a altura de uma pirâmide quadrangular que tem as oito arestas iguais $\sqrt{2}$?

a) $\sqrt{1}$

b) $\sqrt{1,5}$

c) $\sqrt{2}$

d) $\sqrt{2,5}$

e) $\sqrt{3}$

83. (UNIFICADO) A altura da pirâmide de base quadrada e cujas arestas têm o mesmo comprimento ℓ é:

674 | *Matemática no Vestibular*

a) $\dfrac{\ell\sqrt{2}}{2}$

b) $\dfrac{\ell\sqrt{3}}{2}$

c) $\dfrac{\ell\sqrt{3}}{4}$

d) $\dfrac{\ell}{2}$

e) $\dfrac{3\ell}{4}$

84. (UNIFICADO) Uma pirâmide quadrangular regular tem todas as arestas iguais a x. O volume dessa pirâmide é:

a) $\dfrac{x^3\sqrt{2}}{3}$

b) $\dfrac{x^3\sqrt{2}}{6}$

c) $\dfrac{x^3\sqrt{3}}{2}$

d) $\dfrac{x^3\sqrt{3}}{6}$

e) x^3

85. (UNIFICADO) Uma folha de papel colorido, com forma de um quadrado de 20 cm de lado, será usada para cobrir todas as faces e a base de uma pirâmide quadrangular regular com altura de 12 cm e apótema da base medindo 5 cm. Após se ter concluído essa tarefa, e levando-se em conta que não houve desperdício de papel, a fração percentual que sobrará dessa folha de papel corresponde a:

a) 20%

b) 16%

c) 15%

d) 12%

e) 10%

86. (MACK-SP) Uma pirâmide cuja base é um quadrado de lado $2a$ tem o mesmo volume que um prisma cuja base é um quadrado de lado a. A razão entre as alturas da pirâmide e do prisma, nessa ordem, é:

a) $\dfrac{3}{4}$

b) $\dfrac{3}{2}$

c) $\dfrac{1}{4}$

d) $\dfrac{a}{3}$

e) $3a$

87. (UFF) O volume de octaedro regular de aresta a é:

a) $\dfrac{a^3\sqrt{2}}{2}$

b) $\dfrac{a^3\sqrt{2}}{3}$

c) $\dfrac{a^3\sqrt{3}}{2}$

d) $a^3\sqrt{2}$

e) $\dfrac{a^3\sqrt{3}}{3}$

88. (UFSCAR/SP) Os segmentos de reta que unem os pontos centrais das faces adjacentes de um cubo determinam um octaedro (ver figura abaixo). Se a aresta do cubo mede ℓ cm, então o volume do octaedro é igual a:

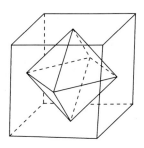

a) $\dfrac{\ell^3}{8}$ cm³

b) $\dfrac{\ell^3}{4}$ cm³

c) $\dfrac{\ell^3}{5}$ cm³

d) $\dfrac{\ell^3}{7}$ cm³

e) $\dfrac{\ell^3}{6}$ cm³

89. (FUVEST) Qual a altura de uma pirâmide quadrangular que tem as oito arestas iguais a 2?
 a) $\sqrt{1}$
 b) $\sqrt{1,5}$
 c) $\sqrt{2}$
 d) $\sqrt{3,5}$
 e) $\sqrt{3}$

90. (FUR/RN) Em uma pirâmide quadrangular regular com 3 dm de altura, a aresta da base mede $2\sqrt{3}$ dm. A área lateral dessa pirâmide, em decímetros quadrados, é:
 a) $12\sqrt{3}$
 b) $12\sqrt{5}$
 c) 24
 d) 27
 e) 36

91. (VUNESP) Em cada um dos vértices de um cubo de madeira se recorta uma pirâmide $AMNP$, onde M, N e P são os pontos médios das arestas, como se mostra na figura.

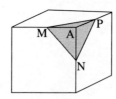

Unidade 16 - *Poliedros, Prismas e Pirâmides* |677

Se V é o volume do cubo, o volume do poliedro que resta ao retirar as 8 pirâmides é igual a:

a) $\frac{1}{2}V$

b) $\frac{3}{4}V$

c) $\frac{2}{3}V$

d) $\frac{5}{6}V$

e) $\frac{3}{8}V$

92. (UFF) No tetraedro regular representado na figura, R e S são, respectivamente, os pontos médios de $\overline{NP}$ e $\overline{OM}$.

A razão $\dfrac{\overline{RS}}{\overline{MN}}$ é igual a:

a) $\sqrt{3}$

b) $\dfrac{\sqrt{3}}{2}$

c) $\sqrt{2}$

d) $\dfrac{\sqrt{2}}{2}$

e) $3\sqrt{2}$

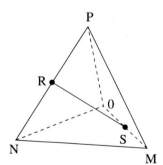

93. (UFES) Considere um cubo de aresta igual a 1 cm. Sejam $ABCD$ e $A'B'C'D'$ duas faces opostas desse cubo. Podemos obter uma pirâmide tomando o quadrado $ABCD$ como base e A' como vértice. A área lateral dessa pirâmide mede:

a) $(1+\sqrt{2})$ cm^2
b) $2(1+\sqrt{2})$ cm^2
c) $(3+\sqrt{2})$ cm^2
d) $2(2+\sqrt{2})$ cm^2
e) $(2+\sqrt{2})$ cm^2

94. (UFF) A figura abaixo representa a planificação de uma pirâmide quadrangular regular.

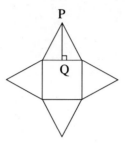

Sabendo-se que $\overline{PQ}$ mede $3\sqrt{3}$ cm e que as faces laterais são triângulos equiláteros, o volume da pirâmide é:
- a) $18\sqrt{2}$ cm^3
- b) $36\sqrt{2}$ cm^3
- c) $48\sqrt{2}$ cm^3
- d) $60\sqrt{2}$ cm^3
- e) $72\sqrt{2}$ cm^3

95. (UNIV. AMAZONAS) Qual a área total de uma pirâmide quadrangular regular, sabendo-se que sua altura mede 24 cm e que o apótema da pirâmide mede 26 cm?
- a) 1440 cm^2
- b) 1540 cm^2
- c) 840 cm^2
- d) 1400 cm^2

96. (UNI-RIO) Um engenheiro está construindo um obelisco de forma piramidal regular, onde cada aresta da base quadrangular mede 4 m e cada aresta lateral mede 6 m. A inclinação entre cada face lateral e a base do obelisco é um ângulo $\hat{\alpha}$ tal que:
- a) $60° < \hat{\alpha} < 90°$
- b) $45° < \hat{\alpha} < 60°$
- c) $30° < \hat{\alpha} < 45°$
- d) $15° < \hat{\alpha} < 30°$
- e) $0° < \hat{\alpha} < 15°$

97. Para fazer o telhado de uma casa de cartolina, um quadrado de centro O e de lado 2ℓ é recortado, como mostra a figura I. Os lados $\overline{AB} = \overline{CD} = \overline{EF} = \overline{GH}$ medem $\ell\sqrt{3}$. Montando o telhado (figura II), sua altura h é:

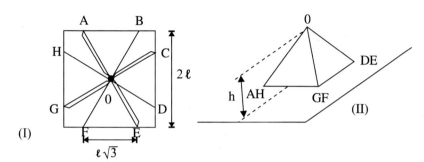

a) $\dfrac{\ell}{2}$

b) $\dfrac{2\ell}{5}$

c) $\dfrac{3\ell}{10}$

d) $(2 - \sqrt{3})\ell$

e) $\dfrac{\ell\sqrt{3}}{5}$

98. (CESGRANRIO) Uma casa em forma de L, construída em terreno plano é mostrada em perspectiva na figura II mostra uma vista de cima do telhado da casa, formado por 6 faces planas inclinadas de $45°$ com a horizontal. O desnível vertical entre as cumeeiras AB e CD é de:

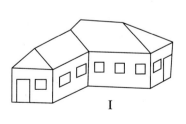
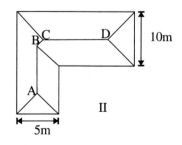

a) 5 m
b) 4,5 m
c) $2\sqrt{2}$
d) 2 m
e) 2,5 m

99. (F.C. CHAGAS) Os números de vértices, arestas e faces em uma pirâmide cuja base é um octógono são, respectivamente:
a) 9; 16; 9
b) 9; 16; 12
c) 10; 13; 10
d) 10; 14; 15
e) 12; 16; 12

100. (OSEC/SP) São dados: um prisma quadrangular, cuja base $ABCD$ é um quadrado, e uma pirâmide triangular com base ABD e vértice 1, situado sobre a aresta do prisma sendo a aresta AI a quarta parte da aresta AE (ver figura). Se V é o volume da pirâmide, então o volume do prisma será:

a) $6V$

b) $12V$

c) $18V$

d) $24V$

e) $30V$

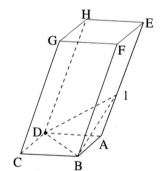

101. (CEASESP/PE) Considere um octógono regular, cuja aresta mede 6 cm e um de seus vértices V repousa sobre um plano P perpendicular a P em V, até interceptar o plano P, forma-se uma pirâmide regular de base quadrangular. Assinale, então, dentre as alternativas abaixo a única que corresponde à área total dessa pirâmide assim construída.

a) $9\sqrt{3}$ cm^2

b) $36\sqrt{3}$ cm^2

c) $144(\sqrt{3}+1)$ cm^2

d) $144\sqrt{3}$ cm^2

e) $108\sqrt{3}$ cm^2

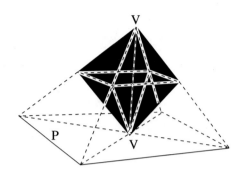

102. (UNIFICADO) Em uma pirâmide, a soma dos ângulos das faces, incluindo a base, vale 48π. Então, o número de lados do polígono da base é:

a) 6

b) 12

c) 24

d) 25

e) 32

103. (PUC-RS) Numa pirâmide quadrangular regular, a secção feita a 3 dm do vértice tem área igual a 45 dm^2. Se a altura da pirâmide é de 6 dm, então seu volume é, em dm^3, igual a:

a) 90

b) 180

c) 360

d) 540

e) 1080

104. (FAAP-SP) A base de uma pirâmide regular de altura $3r$ é um hexágono regular inscrito numa circunferência de raio r. O volume dessa pirâmide é:

a) $\dfrac{3\sqrt{3}}{2} r^2$

b) $\dfrac{3\sqrt{3}}{4} r^3$

c) $\dfrac{3\sqrt{2}}{4} r^3$

d) $\dfrac{3\sqrt{3}}{2} r^3$

e) $\dfrac{3\sqrt{2}}{2} r^3$

105. (CESGRANRIO) Num tetraedro regular $VXYZ$ de aresta 12 cm, M, N, P e Q são os pontos médios das arestas VX, VY, YZ e XZ, respectivamente. A área do quadrilátero $MNPQ$ é:

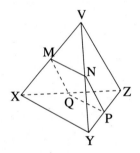

a) 72 cm^2
b) 36 cm^2
c) $12\sqrt{3}$ cm^2
d) $12\sqrt{2}$ cm^2
e) igual à área de uma face do tetraedro

106. Um tronco de pirâmide de bases quadradas tem 1390 cm^3 de volume. A altura do tronco mede 30 cm e o lado do quadrado da base menor mede 3 cm. Então, o lado do quadrado da base maior mede:
a) 8 cm
b) 6 cm
c) 3 cm
d) 10 cm
e) 14 cm

Unidade 16 - *Poliedros, Prismas e Pirâmides* |683

107. (UEMG) Se as bases de um tronco de pirâmide são quadradas de lados 3 cm e 4 cm, e se a altura do tronco é 5 cm, então o seu volume é:

a) $\dfrac{175\sqrt{3}}{3}$ cm^3

b) 73 cm^3

c) $\sqrt{12}$ cm^3

d) $(25 + \sqrt{3})$ cm^3

e) $\dfrac{185}{3}$ cm^3

108. (MACK-SP) Qual é o volume de um tronco de pirâmide regular quadrangular, sabendo-se que os lados das bases medem 10 cm e 4 cm, e a altura, 4 cm?

a) 205 cm^3

b) 206 cm^3

c) 207 cm^3

d) 208 cm^3

e) 209 cm^3

109. (PUC-SP) Um tronco de pirâmide de bases quadradas tem 2814 cm^3 de volume. A altura do tronco mede 18 cm e o lado do quadrado da base maior mede 20 cm. Então, o lado do quadrado da base menor mede:

a) 8 cm

b) 6 cm

c) 3 cm

d) 12 cm

e) 14 cm

110. (UERJ) $ABCD$ é um tetraedro no qual ABC é um triângulo equilátero de lado a e a aresta AD é perpendicular ao plano ABC. Sabendo-se que o ângulo diedro das faces ABC e DBC é 45°, o volume do tetraedro é:

a) $\dfrac{a^3}{12}$

b) $\dfrac{a^3}{8}$

c) $\dfrac{a^3}{6}$

d) $\dfrac{a^3}{4}$

e) $\dfrac{a^3}{2}$

111. (CESGRANRIO) A figura mostra a vista de cima de uma pirâmide $VABCD$ de base retangular $ABCD$.

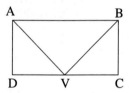

A projeção ortogonal do vértice V, sobre o plano da base, divide a aresta CD ao meio. Se $AB = 10$, $BC = 5$ e a altura da pirâmide é 5, então o comprimento da aresta VB é:

a) $\dfrac{20}{3}$

b) $\dfrac{15}{2}$

c) $\dfrac{5\sqrt{5}}{2}$

d) $5\sqrt{2}$

e) $5\sqrt{3}$

112. (CESGRANRIO) Seja $VABC$ um tetraedro regular. O cosseno do ângulo α que a aresta VA faz com o plano ABC é:

Unidade 16 - *Poliedros, Prismas e Pirâmides* |685

a) $\dfrac{\sqrt{3}}{3}$

b) $\dfrac{\sqrt{3}}{2}$

c) $\dfrac{\sqrt{2}}{2}$

d) $\dfrac{1}{2}$

e) $\dfrac{\sqrt{2}}{3}$

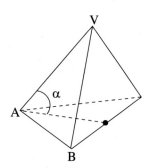

113. (PUC) Em uma pirâmide triangular regular $V - ABC$, o triedro de vértice V é tri-retângulo e as arestas VA, VB e VC têm comprimentos iguais. O cosseno do ângulo diedro formado pelas faces ABC e VAB vale, aproximadamente:
  a) 0,33
  b) 0,50
  c) 0,58
  d) 0,71
  e) 0,84

114. (UERJ) A figura abaixo representa o brinquedo Piramix.

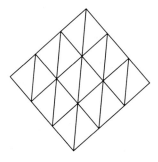

Ele tem a forma de um tetraedro regular, com cada face dividida em 9 triângulos equiláteros congruentes.
Se, a partir de cada vértice, for retirada uma pirâmide regular cuja aresta é 1/3 da aresta do brinquedo, restará um novo sólido. A razão entre as superfícies totais desse sólido e do Piramix equivale a:

a) 4/9
b) 5/9
c) 7/9
d) 8/9

115. (FATEC-SP) Um poliedro convexo tem 3 faces com 4 lados, 2 faces com 3 lados e 4 faces com 5 lados. Calcule o número de vértices desse poliedro.

116. (FAAP-SP) Num poliedro convexo, o número de arestas excede o número de vértices em 6 unidades. Calcule o número de faces.

117. (IME) Calcule o número de diagonais do poliedro de "Leonardo da Vinci". O poliedro da figura (uma invenção de Leonardo da Vinci, utilizada modernamente na fabricação de bolas de futebol) tem como faces 20 hexágonos e 12 pentágonos, todos regulares.

118. (CESGRANRIO) De um bloco cúbico de isopor, de aresta 3 m, recorta-se o sólido em forma de H mostrado na figura. Calcule o volume desse sólido.

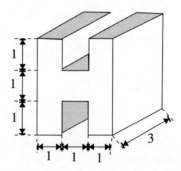

Unidade 16 - *Poliedros, Prismas e Pirâmides* |687

119. (UNICAMP) Ao serem retirados 128 litros de água de uma caixa d'água de forma cúbica, o nível da água baixa 20 centímetros.

a) Calcule o comprimento das arestas da referida caixa.

b) Calcule a sua capacidade em litros (1 litro equivale a 1 decímetro cúbico).

120. (UFRJ) Os pontos J e I são pontos médios das arestas do cubo sugerido na figura.

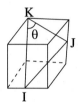

Calcule, em função da medida a da aresta do cubo, a distância de I e J.

121. (FAAP-SP) Calcule, em litros, o volume de uma caixa-d'água em forma de prisma reto, de aresta lateral 6 m, sabendo que a base é um losango cujas diagonais medem 7 m e 10 m.

122. (UFLA) Calcule a área total de um prisma reto de altura 4 m e cuja base é um hexágono regular de lado 2 m.

123. (FAAP) Em um prisma triangular regular a altura mede $2\sqrt{3}$ m e a área lateral é o quádruplo da área da base. Calcule o volume do prisma.

124. (UFRJ) Um marceneiro cortou um cubo de madeira maciça pintado de azul em vários cubos menores da seguinte forma: dividiu cada aresta em dez partes iguais e traçou as linhas por onde serrou, conforme indica a figura a seguir.

688 | *Matemática no Vestibular*

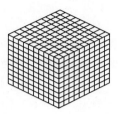

Determine o número de cubos menores que ficaram sem nenhuma face pintada de azul.

125. (UFRJ) Uma barra (paralelepípedo retângulo) de doce de leite com 5 cm × 6 cm × 7 cm foi completamente envolvida com papel laminado. Se a barra envolvida for cortada em cubos de 1 cm de aresta, quantos cubos ficarão sem qualquer cobertura de papel laminado?

126. (UFF)

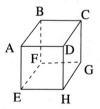

A figura acima representa um cubo cuja aresta mede 1 m. Pede-se determinar o raio da circunferência que passa pelos pontos D, E e G.

127. (UFF) Dado o cubo $ABCDEFGH$ de aresta a da figura a seguir, determine o valor de x, de modo que o prisma $AKLEMN$ tenha volume igual à oitava parte do volume do cubo.

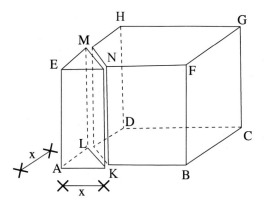

128. (SANTA CASA-SP) Dispondo de uma folha de cartolina medindo 50 cm de comprimento por 30 cm de largura, pode-se construir uma caixa aberta cortando-se um quadrado de 8 cm de lado em cada canto da folha (ver figura abaixo). Qual será o volume dessa caixa, em cm^3?

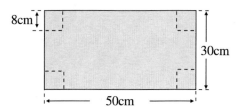

129. (UFRJ) Uma caixa sem tampa, completamente cheia de leite, tem a forma de um paralelepípedo retângulo de dimensões internas $a = 10$ cm, $b = 7$ cm e $c = 16$ cm. Inclina-se a caixa de $60°$ em relação ao plano horizontal de modo que apenas uma das menores arestas fique em contato com o plano, como mostra a figura. Calcule o volume do leite derramado.

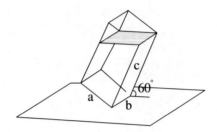

130. (UFRJ) É possível construir uma pirâmide regular de 7 vértices com todas as arestas congruentes, isto é, de mesma medida?

131. (PUC-SP) Determine o volume de uma pirâmide hexagonal regular, cuja aresta lateral tem 10 m e o raio de circunferência circunscrita à base mede 6 m.

132. (UFRJ) Uma pirâmide regular tem base quadrada de área 4. Ela é seccionada por um plano paralelo à base de modo a formar um tronco de pirâmide de altura 2 e de base superior de área 1.
Determine o valor da aresta lateral do tronco de pirâmide.

133. (ITA) A figura representa uma pirâmide hexagonal regular, de altura 10 m e lado da base 4 m, que foi seccionada por um plano paralelo à base e distante 5 m. Determine o volume do tronco de pirâmide obtido.

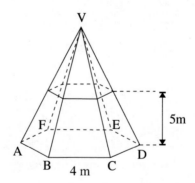

134. (UFRJ) Uma pirâmide tem 30 m de altura e cada uma de suas seções planas paralelas à base é um quadrado. Calcule a que distância do topo da pirâmide está a seção que determina um tronco de pirâmide de volume igual a 7/8 do volume total da pirâmide.

Unidade 16 - *Poliedros, Prismas e Pirâmides* |691

135. (FEI-SP) Sendo a reta AB perpendicular ao plano BCD e a reta BC perpendicular à reta CD; e sendo a medida de cada segmento AB, BC e CE:
a) Achar o volume da pirâmide $ABCD$
b) Achar a área total dessa pirâmide.

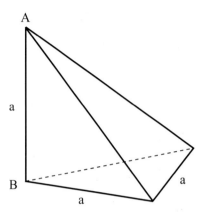

136. (UNICAMP) Uma pirâmide regular, de base quadrada, tem altura igual a 20 cm. Sobre a base dessa pirâmide constrói-se um cubo de modo que a face oposta à base do cubo corte a pirâmide em um quadrado de lado igual a 5 cm. Calcule o volume do cubo.

137. (UERJ) $ABCD$ é um tetraedro regular de aresta a. O ponto médio da aresta AB é M e o ponto médio da aresta CD é N. Calcule:
a) $\overline{MN}$
b) o seno do ângulo NMD

138. Dada a pirâmide de altura h, a que distância y do vértice devemos traçar um plano secante paralelo à base, de modo que o volume do tronco seja $\dfrac{11}{27}$ do volume da pirâmide?

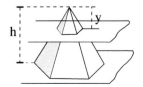

139. (UFF) A figura abaixo representa uma pirâmide regular de base quadrangular que foi seccionada por um plano β paralelo à base.

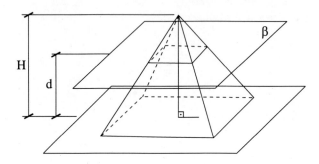

Determine a distância d em função de H.

140. (UERJ)

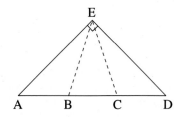

A figura acima representa uma chapa de metal com a forma de um triângulo retângulo isósceles em que $\overline{AB} = \overline{BC} = \overline{CD} = 2$ m.
Dobrando-a nas linhas $\overline{BE}$ e $\overline{CE}$, constrói-se um objeto que tem a forma de uma pirâmide.

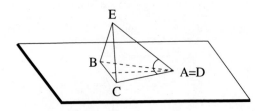

Desprezando a espessura da chapa, calcule o cosseno do ângulo formado pela aresta $\overline{AE}$ e o plano ABC.

Unidade 16 - *Poliedros, Prismas e Pirâmides* |693

Gabarito das questões propostas

Questão 1 - Resposta: a) 5
Questão 2 - Resposta: e) dodecaedro
Questão 3 - Resposta: b) 60
Questão 4 - Resposta: d) 32
Questão 5 - Resposta: d) 12
Questão 6 - Resposta: d) 30
Questão 7 - Resposta: d) $13 \leq A \leq 19$
Questão 8 - Resposta: c) 90
Questão 9 - Resposta: b) $A + 4$
Questão 10 - Resposta: b) 6,3 m
Questão 11 - Resposta: a) 16
Questão 12 - Resposta: b) 141
Questão 13 - Resposta: c) 7

Questão 14 - Resposta: b) $\dfrac{\sqrt{2}}{2} L$

Questão 15 - Resposta: a) $7L^3$
Questão 16 - Resposta: b) R\$ 380,00
Questão 17 - Resposta: d) 19
Questão 18 - Resposta: b) 36
Questão 19 - Resposta: a) o peso de A é igual ao peso de B
Questão 20 - Resposta: d) 125

Questão 21 - Resposta: c) $\dfrac{\sqrt{2}}{2}$

Questão 22 - Resposta: c) $h = \dfrac{9\sqrt{2}}{2}$ cm

Questão 23 - Resposta: b) as retas $\overleftrightarrow{AB}$ e $\overleftrightarrow{DH}$ são perpendiculares
Questão 24 - Resposta: e) $6\sqrt{3}$
Questão 25 - Resposta: c) losango, mas não é quadrado
Questão 26 - Resposta: c) $216L$
Questão 27 - Resposta: d) 2 carros-pipa ultrapassam em 1200 ℓ capacidade da cisterna
Questão 28 - Resposta: b) 0,072
Questão 29 - Resposta: c) 288
Questão 30 - Resposta: c) 1.180
Questão 31 - Resposta: b) 936
Questão 32 - Resposta: d) 240
Questão 33 - Resposta: e) 192 m^2

694 | *Matemática no Vestibular*

Questão 34 - Resposta: a) 292 cm^2

Questão 35 - Resposta: b) aumentá-la de 25%

Questão 36 - Resposta: b) 2 m

Questão 37 - Resposta: b) 432

Questão 38 - Resposta: a) $p^2 = d^2 + k^2$

Questão 39 - Resposta: a) $\sqrt{a^2 + b^2 + c^2}$

Questão 40 - Resposta: b) $V = 144$ m^3

Questão 41 - Resposta: a) 864

Questão 42 - Resposta: e) 52 cm^2

Questão 43 - Resposta: e) $5.400\sqrt{5}$

Questão 44 - Resposta: b) 118

Questão 45 - Resposta: a) 7 cm

Questão 46 - Resposta: e) $\sqrt{7}$

Questão 47 - Resposta: b) $2\sqrt{2}$

Questão 48 - Resposta: b) 90 dm^3

Questão 49 - Resposta: d) $\dfrac{\ell\sqrt{2}}{2}$

Questão 50 - Resposta: d) 56%

Questão 51 - Resposta: b) 4.500

Questão 52 - Resposta: c) 840 litros

Questão 53 - Resposta: e) prisma

Questão 54 - Resposta: c) $54\sqrt{3}$

Questão 55 - Resposta: b) 187,5

Questão 56 - Resposta: a) 18 cm^3

Questão 57 - Resposta: a) 2m

Questão 58 - Resposta: d) 2

Questão 59 - Resposta: c) 4 m

Questão 60 - Resposta: a) aumenta de 8%

Questão 61 - Resposta: a) 880 m^3

Questão 62 - Resposta: b) 384

Questão 63 - Resposta: a) 120 m^3

Questão 64 - Resposta: d) 200 m^2

Questão 65 - Resposta: b) $2\sqrt{3}$

Questão 66 - Resposta: b) 18

Questão 67 - Resposta: d) $\dfrac{5}{12}\,bch$

Questão 68 - Resposta: c) 36 m^3

Questão 69 - Resposta: c) 5 m

Questão 70 - Resposta: a) 4

Unidade 16 - *Poliedros, Prismas e Pirâmides* |695

Questão 71 - Resposta: a) as retas $\overline{DI}$ e $\overline{DE}$ são perpendiculares

Questão 72 - Resposta: d) $\dfrac{3}{4}$

Questão 73 - Resposta: a) $19L^3$

Questão 74 - Resposta: e) E

Questão 75 - Resposta: b) $\sqrt{2}$

Questão 76 - Resposta: b) 3 cm

Questão 77 - Resposta: d) 1 728

Questão 78 - Resposta: d) 18

Questão 79 - Resposta: d) 18

Questão 80 - Resposta: e) $6H$

Questão 81 - Resposta: e) 1

Questão 82 - Resposta: a) $\sqrt{1}$

Questão 83 - Resposta: a) $\dfrac{\ell\sqrt{2}}{2}$

Questão 84 - Resposta: b) $\dfrac{x^3\sqrt{2}}{6}$

Questão 85 - Resposta: e) 10%

Questão 86 - Resposta: a) $\dfrac{3}{4}$

Questão 87 - Resposta: b) $\dfrac{a^3\sqrt{2}}{3}$

Questão 88 - Resposta: e) $\dfrac{\ell^3}{6}$ cm^3

Questão 89 - Resposta: c) $\sqrt{2}$

Questão 90 - Resposta: c) 24

Questão 91 - Resposta: d) $\dfrac{5}{6}V$

Questão 92 - Resposta: d) $\dfrac{\sqrt{2}}{2}$

Questão 93 - Resposta: a) $(1+\sqrt{2})$ cm^2

Questão 94 - Resposta: b) $36\sqrt{2}$ cm^3

Questão 95 - Resposta: a) 1440 cm^2

Questão 96 - Resposta: a) $60° < \hat{\alpha} < 90°$

Questão 97 - Resposta: a) $\dfrac{\ell}{2}$

Questão 98 - Resposta: e) 2,5 m

696 | *Matemática no Vestibular*

Questão 99 - Resposta: a) 9; 16; 9

Questão 100 - Resposta: b) $12V$

Questão 101 - Resposta: c) $144(\sqrt{3}+1)\text{cm}^2$

Questão 102 - Resposta: d) 25

Questão 103 - Resposta: c) 360

Questão 104 - Resposta: d) $\dfrac{3\sqrt{3}}{2}\,r^3$

Questão 105 - Resposta: b) 36 cm^2

Questão 106 - Resposta: d) 10 cm

Questão 107 - Resposta: e) $\dfrac{185}{3}\,\text{cm}^3$

Questão 108 - Resposta: d) 208 cm^3

Questão 109 - Resposta: c) 3 cm

Questão 110 - Resposta: b) $\dfrac{a^3}{8}$

Questão 111 - Resposta: e) $5\sqrt{3}$

Questão 112 - Resposta: a) $\dfrac{\sqrt{3}}{3}$

Questão 113 - Resposta: c) 0,58

Questão 114 - Resposta: c) 7/9

Questão 115 - Resposta: 12

Questão 116 - Resposta: 8

Questão 117 - Resposta: 1440

Questão 118 - Resposta: 21 m^2

Questão 119 - Resposta: a) 8 dm   b) $512\,\ell$

Questão 120 - Resposta: $\dfrac{a\sqrt{6}}{2}$

Questão 121 - Resposta: $210000\,\ell$

Questão 122 - Resposta: $12(4+\sqrt{3}) \text{ m}^3$

Questão 123 - Resposta: 54 m^3

Questão 124 - Resposta: 512

Questão 125 - Resposta: 60

Questão 126 - Resposta: $\sqrt{6}/3$

Questão 127 - Resposta: $x = \dfrac{a}{2}$

Questão 128 - Resposta: 3808 cm^3

Questão 129 - Resposta: $\dfrac{350\sqrt{3}}{3}\ \text{cm}^3$

Unidade 16 - *Poliedros, Prismas e Pirâmides* |697

Questão 130 - Resposta: não

Questão 131 - Resposta: $144\sqrt{3}$ m^3

Questão 132 - Resposta: $\dfrac{3\sqrt{2}}{2}$

Questão 133 - Resposta: $70\sqrt{3}$ m^3

Questão 134 - Resposta: 15 m

Questão 135 - Resposta: a) $a^3/6$ b) $a^2(\sqrt{2}+1)$

Questão 136 - Resposta: $v = 1000$ cm^3

Questão 137 - Resposta: a) $\overline{MN} = \dfrac{a\sqrt{2}}{2}$ b) sen $N\widehat{M}D = \dfrac{\sqrt{3}}{3}$

Questão 138 - Resposta: $y = \dfrac{h\sqrt[3]{16}}{3}$

Questão 139 - Resposta: $d = H\left(1 - \dfrac{1}{\sqrt[3]{2}}\right)$

Questão 140 - Resposta: $\dfrac{\sqrt{6}}{3}$

UNIDADE 17

CILINDROS, CONES e ESFERAS

SINOPSE TEÓRICA

17.1) CILINDROS

17.1.1) Definição

Chamamos de cilindro circular reto ou cilindro de revolução, ou simplesmente cilindro, ao sólido gerado pela rotação completa de um retângulo em torno de um de seus lados.

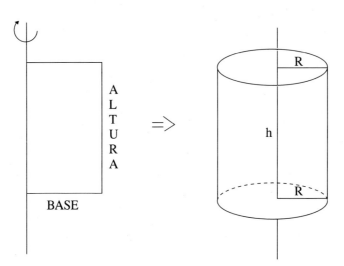

A base do retângulo que gera o cilindro é o raio da base do cilindro, e a altura gera a superfície lateral do cilindro.

∗ **Observação**: Um cilindro é reto ou oblíquo conforme suas geratrizes sejam perpendiculares ou oblíquas em relação às bases.

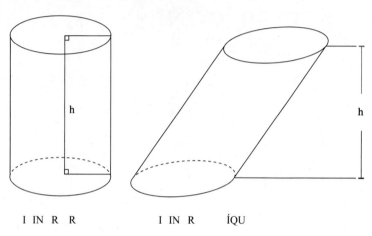

17.1.2) Área lateral do cilindro

A superfície lateral de um cilindro reto de altura h e raio da base R, quando planificada é um retângulo de dimensões $2\pi R$ e h.

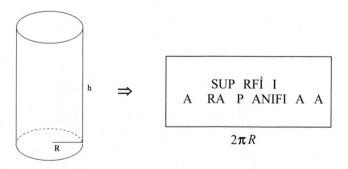

Então, a área lateral do cilindro é equivalente à área do retângulo, ou seja:

$$S_L = 2\pi Rh$$

17.1.3) Área total do cilindro

Para obtermos a área total, basta somarmos as áreas lateral e das duas bases, ou seja:

$$S_T = S_L + 2S_B \Rightarrow S_T = 2\pi Rh + 2\pi R^2 \Rightarrow$$

$$\boxed{S_T = 2\pi R(h + R)}$$

17.1.4) Volume do cilindro

O volume de um cilindro, analogamente ao de um prisma, é obtido multiplicando-se a área da base pela altura.

$$\boxed{V = S_B \cdot h \quad \text{ou} \quad V = \pi R^2 h}$$

17.1.5) Seção meridiana do cilindro

É a seção feita no cilindro por um plano que contém a reta determinada pelos centros das bases.

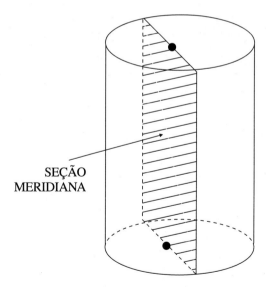

Quando a seção meridiana for um quadrado, dizemos que o *cilindro é equilátero* e nesse caso:

$$\boxed{h = 2R}$$

17.2) CONES

17.2.1) Definição

Chamamos de cone circular reto, cone de revolução, ou simplesmente cone, ao sólido gerado pela rotação completa de um triângulo retângulo em torno de um de seus catetos.

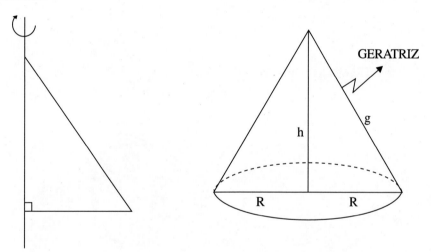

Um dos catetos, do triângulo retângulo que gera o cone, é o raio da base do cone. O outro cateto é a altura do cone e a hipotenusa é a geratriz do cone.

$$g^2 = h^2 + R^2$$

17.2.2) Área lateral do cone
Considere um cone circular reto de raio da base igual a R e geratriz igual a g.
A planificação de sua superfície lateral é um setor circular de raio g e comprimento do arco igual a $2\pi R$.

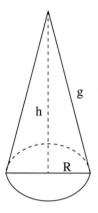 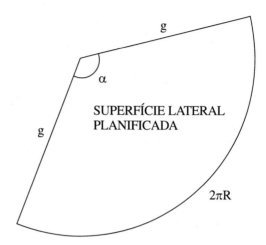

A área lateral do cone é equivalente à área do setor, ou seja:

$$\boxed{S_L = \pi R g}$$

17.2.3) Área total do cone

Para obtermos a área total do cone, basta somarmos as áreas lateral e da base, ou seja:

$$S_T = S_L + S_B \Rightarrow S_T = \pi R g + \pi R^2$$

$$\boxed{S_T = \pi R (g + R)}$$

17.2.4) Volume de um cone

O volume de um cone, analogamente ao de uma pirâmide, é obtido fazendo-se a terça parte do produto da área da base pela altura do cone, ou seja:

$$\boxed{V = \frac{1}{3} S_B \cdot h \quad \text{ou} \quad V = \frac{1}{3} \pi R^2 h}$$

17.2.5) Seção meridiana de um cone

É a seção feita no cone por um plano que contém a reta determinada pelo vértice do cone e centro da base do cone.

704 | *Matemática no Vestibular*

Quando a seção meridiana for um triângulo equilátero, dizemos que o *cone é equilátero* e, nesse caso:

$$g = 2R$$

17.2.6) Tronco de cone

É o sólido limitado pela base do cone e por uma seção plana paralela à base. Chamando-se de S_B a área da base do cone, S_S a área da seção, V o volume do cone maior, v o volume do cone menor, d a altura do cone menor e h a altura do cone maior, temos, analogamente, à pirâmide:

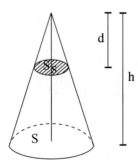

$$\frac{S_S}{S} = \frac{d^2}{h^2} \quad \text{e} \quad \frac{v}{V} = \frac{d^3}{h^3}$$

17.3) ESFERA

17.3.1) Definição

A esfera é o conjunto de todos os pontos do espaço cujas distâncias a um ponto fixo é menor ou igual a R.

O ponto fixo é o centro da esfera e R é seu raio.

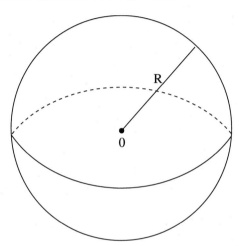

17.3.2) Área da superfície esférica

A área de uma superfície esférica de raio R é dada por:

$$S = 4\pi R^2$$

17.3.3) Volume da esfera

O volume de uma esfera de raio R é dado por:

$$V = \frac{4\pi R^3}{3}$$

QUESTÕES RESOLVIDAS

1. A figura representa um triângulo retângulo MNP, cujo cateto $\overline{MN}$ é perpendicular ao eixo r.

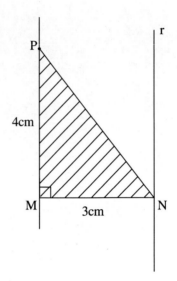

Determine o volume do sólido obtido pela rotação de MNP em torno de r.

Resolução:
O volume do sólido obtido é

$V = V_{\text{cil}} - V_{\text{cone}}$

$V = \pi R^2 h - \dfrac{1}{3}\pi R^2 h$

$V = \pi \cdot 3^2 \cdot 4 - \dfrac{1}{3}\pi \cdot 3^2 \cdot 4$

$\boxed{V = 24\pi \text{ cm}^3}$

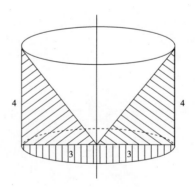

Unidade 17 - *Cilindros, Cones e Esferas* |707

2. A figura mostra um copo de chope sob a forma de um cone (oco). Se uma pessoa bebe o líquido desde o instante em que ele se encontra cheio até que o nível da bebida fique exatamente na metade da altura do copo, a fração do volume total consumido foi:

a) $\dfrac{1}{2}$

b) $\dfrac{3}{4}$

c) $\dfrac{5}{8}$

d) $\dfrac{3}{8}$

e) $\dfrac{7}{8}$

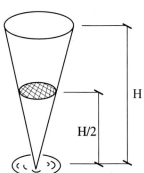

Resolução:
Sendo $v \to$ volume do chope e $V \to$ volume do copo, temos:

$$\frac{v}{V} = \frac{(H/2)^3}{H^3} \Rightarrow \frac{v}{V} = \frac{1}{8} \Rightarrow v = \frac{1}{8}V$$

logo, o volume consumido foi igual a $V - \dfrac{1}{8}V = \dfrac{7}{8}V$

Resposta: Opção e).

3. Um recipiente para sorvete, de forma cônica, tem 10 cm de profundidade e 4 cm de diâmetro na boca. São colocadas duas colheradas de sorvete no recipiente, sendo a colher de forma hemisférica, também de diâmetro igual a 4 cm. Se o sorvete derreter no cone podemos afirmar que:
 a) não transbordará
 b) transbordará 4π cm^3
 c) transbordará 2π cm^3
 d) transbordará π cm^3
 e) os dados são insuficientes

Resolução:
Recipiente cônico $\begin{cases} h = 10 \text{ cm} \\ R = 2 \text{ cm} \end{cases}$

$$V = \frac{1}{3}\pi R^2 h \Rightarrow V = \frac{1}{3}\pi \cdot 2^2 \cdot 10 \Rightarrow V = \frac{40\pi}{3} \text{ cm}^3$$

Sorvete → duas colheres hemisféricas de raio 2 correspondem a uma esfera de volume:

$$V_0 = \frac{4\pi \cdot R^3}{3} = \frac{4\pi \cdot 2^3}{3} = \frac{32\pi}{3} \text{ cm}^3$$

Logo, o sorvete não transbordará.

Resposta: Opção a)

QUESTÕES PROPOSTAS

1. (FATEC) Um cilindro reto tem volume igual a 64 dm³ e área lateral igual a 400 cm². O raio da base mede:
   a) 16 dm
   b) 24 dm
   c) 32 dm
   d) 48 dm
   e) 64 dm

2. (UNEB)

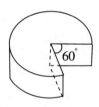

De um queijo com formato de um cilindro circular reto, cujos raio e altura medem, respectivamente, 6 cm e 3 cm, foi cortada uma fatia, como mostra a figura. O volume do sólido retante, em cm³, é:
   a) 50π
   b) 60π
   c) 70π
   d) 80π
   e) 90π

Unidade 17 - *Cilindros, Cones e Esferas* |709

3. (MACK) A razão entre a área total e a área lateral de um cilindro equilátero é:

a) $\dfrac{1}{2}$

b) 1

c) $\dfrac{3}{2}$

d) 2

e) 3

4. (PUC-SP) Se triplicarmos o raio da base de um cilindro, mantendo a altura, o volume do cilindro fica multiplicado por:

a) 3

b) 6

c) 9

d) 12

e) 15

5. (U.F. PARÁ) Qual é a razão entre os volumes de um cilindro e um cubo nele inscrito?

a) 2π

b) π

c) $\dfrac{\pi}{2}$

d) $\dfrac{\pi}{8}$

e) $\dfrac{\pi}{4}$

6. (UNEB) A tinta contida em um recipiente, em forma de um prisma de base quadrangular regular, foi distribuída em pequenas latas iguais, com o mesmo formato do recipiente, de altura igual a 1/3 da altura do recipiente e lado da base 1/2 do lado da base do recipiente. O número de latas utilizadas para esse fim corresponde a:

a) 8

b) 10

c) 12

d) 14

e) 16

7. (PUC-SP) Quantos mililitros de tinta podem ser acondicionados no reservatório cilíndrico de uma caneta esferográfica, sabendo que seu diâmetro é 2 mm e seu comprimento é 12 cm?

710 | *Matemática no Vestibular*

a) 0,3768
b) 37,68
c) 0,03768
d) 3,768
e) 0,003768

8. (F.C. CHAGAS) O líquido contido em uma lata cilíndrica deve ser distribuído em potes também cilíndricos cuja altura é $\frac{1}{4}$ da altura da lata e cujo diâmetro da base é $\frac{1}{3}$ do diâmetro da base da lata. O número de potes necessários é:

a) 6
b) 12
c) 18
d) 24
e) 36

9. (OSEC) Se a altura de um cilindro circular reto é igual ao diâmetro da base, então a razão entre a área total e a área lateral do cilindro é:

a) 3
b) $\frac{3}{2}$
c) $2\pi r^2$
d) 2
e) 1

10. (PUC-RS) Dois cilindros, um de altura 4 e outro de altura 6, têm para perímetro de suas bases 6 e 4, respectivamente. Se V_1 é o volume do primeiro e V_2 o volume do segundo, então:

a) $V_1 = V_2$
b) $V_1 = 2V_2$
c) $V_1 = 3V_2$
d) $2V_1 = 3V_2$
e) $2V_1 = V_2$

11. (U.F. CEARÁ) O raio de um cilindro circular reto é aumentado de 20% e sua altura é diminuída de 25%. O volume deste cilindro sofrerá aumento de:

a) 2%
b) 4%
c) 6%
d) 8%

Unidade 17 - *Cilindros, Cones e Esferas* |711

12. (U.F. CEARÁ) O volume de um cilindro circular reto é 432π cm^3. Se a medida do raio de sua base é igual à metade da medida de sua altura, sua área lateral, em centímetros quadrados, é:

a) 156π

b) 144π

c) 132π

d) 112π

e) 100π

13. (PUC) Um copo cilíndrico tem 18 cm de altura, raio da base 2 cm e metade do seu volume ocupado por uma bebida. Coloca-se no copo uma pedra de gelo que tem a forma de um cubo de 2 cm de aresta. Se o gelo ficar completamente submerso, o nível de bebida subirá aproximadamente:

a) 0,3 cm

b) 0,6 cm

c) 1,2 cm

d) 1,8 cm

e) 2,0 cm

14. (FAFI-BH) Um hangar da aeronáutica tem a forma da figura a seguir. Considere o polígono $ABEF$ como um quadrado de lado 4 m, $\overline{BC} = 20$ m e EGF um semicírculo de diâmetro $\overline{EF}$. O volume desse hangar, em m^3, é:

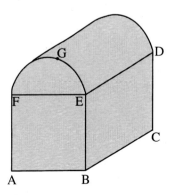

712 | *Matemática no Vestibular*

a) $320 + \pi$

b) $\dfrac{16\pi}{3} + 320$

c) $40(8 + 2\pi)$

d) $\dfrac{1280\pi}{3}$

e) $40(8 + \pi)$

15. (UNI-BA) Um cilindro circular reto circunscreve um cubo. A razão do volume do cubo para o volume do cilindro é:

a) $\dfrac{\sqrt{2}}{\pi}$

b) $\dfrac{\sqrt{3}}{\pi}$

c) $\dfrac{1}{\pi}$

d) $\dfrac{2}{\pi}$

e) $\dfrac{3}{\pi}$

16. (VUNESP) Num tonel de forma cilíndrica, está depositada uma quantidade de vinho que ocupa a metade de sua capacidade. Retirando-se 40 litros de seu conteúdo, a altura do nível do vinho baixa de 20%. O número que expressa a capacidade desse tonel, em litros, é:

a) 200

b) 300

c) 400

d) 500

e) 800

17. (UERJ) Um recipiente cilíndrico de 60 cm de altura e base com 20 cm de raio está sobre uma superfície plana horizontal e contém água até a altura de 40 cm, conforme indicado na figura.

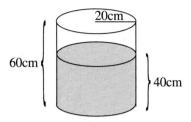

Imergindo-se totalmente um bloco cúbico no recipiente, o nível da água sobe 25%. Considerando π igual a 3, a medida, em cm, da aresta do cubo colocado na água é igual a:
a) $10\sqrt{2}$
b) $10\sqrt[3]{2}$
c) $10\sqrt{12}$
d) $10\sqrt[3]{12}$

18. (UFBA) O tonel representado abaixo está ocupado em 60% da sua capacidade. A quantidade de água nele contida é de aproximadamente:

a) 20ℓ
b) 30ℓ
c) 40ℓ
d) 50ℓ
e) 60ℓ

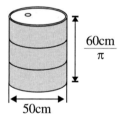

19. (UFPI) Uma fábrica de conservas, para embalar um produto, encomenda uma partida de vidros no formato de cilindros, com altura interna de 12 cm e capacidade de 432 ml cada. Para atender a essas exigências, o comprimento da circunferência interna do vidro deve ser igual a:
a) 6π cm
b) $6\sqrt{\pi}$ cm
c) $12\sqrt{\pi}$ cm
d) 12π cm
e) $36\sqrt{\pi}$ cm

20. (F.C. CHAGAS) Certo fabricante de chocolate em pó, após uma pesquisa com os consumidores, concluiu que a embalagem de seu produto deveria ser um cilin-

714 | *Matemática no Vestibular*

dro reto, tendo altura igual ao diâmetro da base e tendo volume de 432π cm^3. Determine o raio da base dessa embalagem.

a) 24 cm

b) 12 cm

c) 9 cm

d) 7 cm

e) 6 cm

21. (FUVEST) Uma caixa d'água de forma cúbica com 1 metro de lado, está acoplado um cano cilíndrico com 4 cm de diâmetro e 50 m de comprimento. Num certo instante, a caixa está cheia de água e o cano vazio. Solta-se água pelo cano até que fique cheio. Qual o valor aproximado da altura da água na caixa no instante em que o cano ficou cheio?

a) 90 cm

b) 92 cm

c) 94 cm

d) 96 cm

e) 98 cm

22. (UNIFICADO) Um recipiente com a forma de um cilindro reto, cujo diâmetro da base mede 40 cm e altura $\dfrac{100}{\pi}$ cm, armazena um certo líquido, que ocupa 40% de sua capacidade. O volume do líquido contido nesse recipiente é, em litros, aproximadamente, igual a:

a) 16

b) 18

c) 20

d) 30

e) 40

23. (CESGRANRIO) Estamos pintando uma caixa d'água cilíndrica, cuja altura é igual ao diâmetro da base. Sabemos que foram necessários 16 litros de tinta para pintar a tampa (considerada como um disco com o mesmo diâmetro da base da caixa). Para completar a pintura interna, o número de litros de tinta a ser ainda gasto será de:

a) 160

b) 64

c) 48

d) 80

e) 96

24. (F.C. CHAGAS) Dois recipientes cilíndricos têm altura de 40 cm e raios da base medindo 10 cm e 5 cm. O maior deles contém água até 1/5 de sua capacidade.

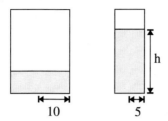

Essa água é despejada no recipiente menor, alcançando a altura h, de:

a) 32 cm

b) 24 cm

c) 16 cm

d) 12 cm

e) 10 cm

25. (U.F.ES) Um prisma hexagonal regular está inscrito num cilindro equilátero. A razão entre as áreas laterais do prisma e do cilindro é:

a) $\dfrac{7}{\pi}$

b) $\dfrac{6}{\pi}$

c) $\dfrac{5}{\pi}$

d) $\dfrac{4}{\pi}$

e) $\dfrac{3}{\pi}$

26. (F.C. CHAGAS) O desenvolvimento da superfície lateral de um cilindro circular reto é um quadrado com área de 4 dm². O volume desse cilindro, em dm³, é:

a) $\dfrac{\sqrt{\pi}}{4}$

b) $\dfrac{2}{\pi}$

c) $\dfrac{\pi}{2}$

d) 2π

e) $4\sqrt{2\pi}$

27. (FEC ABC-SP) A figura mostra um cilindro reto, inscrito num prisma regular de base quadrada. A razão entre os volumes do prisma e do cilindro é:

a) $\dfrac{\pi}{2}$

b) $\dfrac{2}{\pi}$

c) $\dfrac{4}{\pi}$

d) $\dfrac{\pi}{8}$

e) n.d.a.

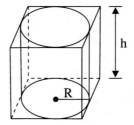

28. (ITA) Num cilindro circular reto sabe-se que a altura h e o raio da base r são tais que os números π, h, r formam, nesta ordem, uma progressão aritmética de soma 6π. O valor da área total deste cilindro é:
   a) π^3
   b) $2\pi^3$
   d) $15\pi^3$
   d) $20\pi^3$
   e) $30\pi^3$

29. (U.C. SALVADOR) Um recipiente tem a forma de um cilindro reto cujo raio da base mede 20 cm. Se, ao colocar-se uma pedra nesse tanque, o nível da água subir 0,8 mm, o volume dessa pedra será de, aproximadamente:
   a) 101,5 cm³
   b) 100,5 cm³
   c) 97, 5 cm³
   d) 95,8 cm³
   e) 94,6 cm³

30. (UFRRJ) Um caminhão-pipa carrega 9,42 mil litros d'água. Para encher uma cisterna cilíndrica com 2 metros de diâmetro e 3 metros de altura são necessários, no mínimo:
   a) 10 caminhões
   b) 100 caminhões
   c) 1 caminhão
   d) 2 caminhões
   e) 4 caminhões

31. (FUEM-PR) A figura a seguir mostra um prisma de base hexagonal regular de altura 10 cm; o cilindro interior também tem altura 10 cm e raio $r = 2$ cm. O hexágono tem lado de 4 cm. Qual o volume exterior ao cilindro e interior ao prisma?

   a) $(360 - 40\pi)$ cm^3

   b) 320π cm^3

   c) 80π cm^3

   d) $(720 - 40\pi)$ cm^3

   e) $(240\sqrt{3} - 40\pi)$ cm^3

32. (UNIFICADO) Um salame tem a forma de um cilindro reto com 40 cm de altura e pesa 1 kg. Tentando servir um freguês que queria meio quilo de salame, João cortou um pedaço, obliquamente, de modo que a altura do pedaço variava entre 22 cm e 26 cm. O peso do pedaço é de:
   a) 600 g
   b) 610 g
   c) 620 g
   d) 630 g
   e) 640 g

33. (CESGRANRIO) Um tonel cilíndrico, sem tampa e cheio d'água, tem 10 dm de altura e 5 dm de raio da base. Inclinando-se o tonel de 45°, o volume da água derramada é, aproximadamente, de:
   a) 145 dm^3
   b) 155 dm^3
   c) 263 dm^3

718 | *Matemática no Vestibular*

d) 353 dm³
e) 392 dm³

34. (SANTA CASA-SP) Um cilindro com eixo horizontal de 15 m de comprimento e diâmetro interno de 8 m contém álcool. A superfície livre do álcool determina um retângulo de área 90 m². Qual o desnível entre essa superfície e a geratriz do apoio do cilindro?

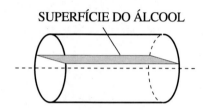

SUPERFÍCIE DO ÁLCOOL

a) 6 m
b) $\sqrt{7}$ m
c) $(4 - \sqrt{7})$ m
d) $(4 + \sqrt{7})$ m
e) $(4 - \sqrt{7})$ m ou $(4 + \sqrt{7})$ m

35. (UNIFICADO) Os extintores de incêndio vendidos para automóveis têm a forma de uma cápsula cilíndrica com extremidades hemisféricas, conforme indica a figura abaixo.

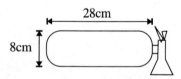

Eles são feitos de ferro e contêm cerca de 1 litro de CO_2, sob pressão de 2,8 atmosferas na temperatura de 21°C. A fórmula do volume da esfera é $4 \cdot \pi \cdot R^3/3$. Considere, para efeito de cálculo, $\pi = 3$, e que o CO_2 se comporte como um gás ideal.
O volume de ferro utilizado na confecção da cápsula, em cm³, é de, aproximadamente:
a) 356
b) 312
c) 288

d) 216

e) 108

36. (ITA) A área lateral de um cilindro de revolução de x metros de altura é igual a área de sua base. O volume deste cilindro é:

a) $2\pi x^3$ m^3

b) $4\pi x^3$ m^3

c) $\pi\sqrt{2}x^3$ m^3

d) $\pi\sqrt{3}x^3$ m^3

e) $6\pi x^3$ m^3

37. (CESGRANRIO) Um bloco cilíndrico de volume V deforma-se quando submetido a uma tração T, conforme indicado esquematicamente na figura. O bloco deformado, ainda cilíndrico, está indicado por linhas tracejadas. Neste processo, a área da secção reta diminui 10% e o comprimento aumenta 20%. O volume do bloco deformado é:

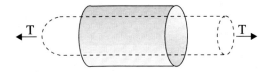

a) $0,90V$

b) V

c) $1,08V$

d) $1,20V$

e) $1,80V$

38. (ITA) O raio de um cilindro de revolução mede 1,5 m. Sabe-se que a área da base do cilindro coincide com a área de secção determinada por um plano que contém o eixo do cilindro. Então, a área total do cilindro, em m^2, vale:

a) $\dfrac{3\pi^2}{4}$

b) $\dfrac{9\pi \cdot (\pi+2)}{4}$

c) $\pi \cdot (\pi+2)$

d) $\dfrac{\pi^2}{2}$

e) $\dfrac{3\pi \cdot (\pi+1)}{2}$

39. (UNI-RIO/CEFET/ENCE) Considere um cilindro equilátero de raio R. Os pontos A e B são pontos de seção meridiana do cilindro, sendo A o ponto médio da aresta. Se amarrarmos um barbante esticado do ponto A ao ponto B, sua medida deverá ser:

a) $R\sqrt{5}$
b) $R\sqrt{1+\pi^2}$
c) $R\sqrt{1+4\pi^2}$
d) $R\sqrt{4+\pi^2}$
e) $2R\sqrt{2}$

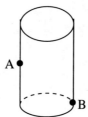

40. (U.F. PARÁ) Num cone reto, a altura mede 3 m e o diâmetro da base é 8 m. Então, a área total vale:
a) 52π
b) 36π
c) 20π
d) 16π
e) 12π

41. (F.C. CHAGAS) Um cone circular reto tem altura de 8 cm e raio da base medindo 6 cm. Qual é, em centímetros quadrados, sua área lateral?
a) 20π
b) 30π
c) 40π
d) 50π
e) 60π

42. (U.F. PARÁ) Um cone equilátero tem área de base 4π cm². Qual sua área

Unidade 17 - *Cilindros, Cones e Esferas* |721

lateral?

    a) 2π cm

    b) 4π cm

    c) 8π cm

    d) 16π cm

    e) 32π cm

43. (F.C. CHAGAS) Num cone reto, o raio da base tem a mesma medida da altura e a área da base é 36π cm^2. O volume desse cone, em centímetros cúbicos, é:

    a) 72π

    b) 56π

    c) 48π

    d) 42π

    e) 36π

44. (F.C. CHAGAS) O diâmetro da base de um cone circular reto mede 12 cm. Se a área da base é 3/8 da área total, o volume desse cone, em cm^3, é:

    a) 48π

    b) 96π

    c) 144π

    d) 198π

    e) 288π

45. (UEBA) Um cone circular reto tem altura 3,75 cm e raio da base 5 cm. Esse cone é cortado por um plano paralelo à sua base, distando dela 0,75 cm. A área total do cone obtido com essa secção, em cm^2, é:

    a) 16π

    b) 20π

    c) 28π

    d) 36π

    e) 40π

46. (FATEC) Suponham-se dois cones retos, de modo que a altura do primeiro é quatro vezes a altura do segundo e o raio da base do primeiro é a metade do raio da base do segundo. Se V_1 e V_2 são, respectivamente, os volumes do primeiro e do segundo cone:

    a) $V_1 = V_2$

    b) $V_1 = 2V_2$

    c) $2V_1 = 3V_2$

    d) $3V_1 = 2V_2$

    e) $2V_1 = V_2$

47. (UFMG) Considerem-se dois cones. A altura do primeiro é o dobro da altura do segundo; o raio da base do primeiro é a metade do raio da base do segundo. O volume do segundo é de 96π.
O volume do primeiro é:
   a) 48π
   b) 64π
   c) 128π
   d) 144π
   e) 192π

48. (UNI-RIO) Uma tulipa de chope tem a forma cônica, como mostra a figura abaixo. Sabendo-se que a sua capacidade é de 100π ml, a altura h é igual a:

   a) 20 cm
   b) 16 cm
   c) 12 cm
   d) 8 cm
   e) 4 cm

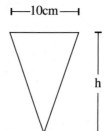

49. (F.C. CHAGAS) Considere um triângulo retângulo e isósceles cuja hipotenusa mede 2 cm. Girando-se esse triângulo em torno da hipotenusa, obtém-se um sólido cujo volume, em centímetros cúbicos, é:
   a) 2π
   b) $\dfrac{5\pi}{3}$
   c) $\dfrac{4\pi}{3}$
   d) π
   e) $\dfrac{2\pi}{3}$

50. (F.C. CHAGAS) A altura de um cone circular reto é 12 cm e seu volume é 64π cm³. A geratriz desse cone mede, em cm:
   a) $2\sqrt{10}$
   b) $4\sqrt{10}$

c) $6\sqrt{10}$
d) $8\sqrt{10}$
e) $10\sqrt{10}$

51. (FATEC) A fim de que não haja desperdício de ração e seus animais estejam sempre bem nutridos, um fazendeiro construiu um recipiente com uma pequena abertura na parte inferior, que permite a reposição automática da alimentação, conforme mostra a figura abaixo.

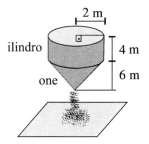

A capacidade total de armazenagem do recipiente, em metros cúbicos, é:
a) $8\pi + \dfrac{40}{3}\pi$
b) 24π
c) 28π
d) 48π
e) impossível de ser determinda, pois faltam informações

52. (UFMG) Um tanque de água tem a forma de um cone circular reto, com seu vértice apontando para baixo. O raio do topo é igual a 9 m e a altura do tanque é de 27 m.

Pode-se afirmar que o volume V da água no tanque, como função da altura h da água, é:

a) $V = \dfrac{\pi h^3}{27}$

b) $V = \dfrac{\pi h^3}{9}$

c) $V = \dfrac{\pi h^3}{3}$

d) $V = 3\pi h^3$

e) $V = 9\pi h^3$

53. (UNIFICADO)

No desenho acima, dois reservatórios, de altura h e raio r, um cilíndrico e outro cônico, estão totalmente vazios e cada um será alimentado por uma torneira, ambas de mesma vazão. Se o reservatório cilíndrico leva 2 horas e meia para ficar completamente cheio, o tempo necessário para que isto ocorra no reservatório cônico será de:

a) 2 h

b) 1 h e 30 min

c) 1 h

d) 50 min

e) 30 min

54. (MACK-SP) Aumentando-se de 1/5 o raio da base de um cone circular reto e reduzindo-se em 20% a sua altura, pode-se afirmar que o seu volume:

a) não foi alterado

b) aumentou 20%

c) ficou multiplicado por 0,958

d) aumentou 15,2%

e) sofreu uma variação de 3,85%

Unidade 17 - *Cilindros, Cones e Esferas* |725

55. (UECE) Um cone circular reto de volume $\dfrac{8}{3}\pi$ cm^3 tem altura igual ao raio da base. Então, a geratriz desse cone, em cm, mede:

a) $2\sqrt{2}$
b) $2\sqrt{3}$
c) $3\sqrt{2}$
d) $3\sqrt{3}$

56. (CESGRANRIO) Um tanque cônico, de eixo vertical e vértice para baixo, tem água até a metade de sua altura. Se a capacidade do tanque é de 1.200 L, então a quantidade de água nele existente é de:

a) 600 L
b) 450 L
c) 300 L
d) 200 L
e) 150 L

57. (FEI-SP) Um cone circular reto tem 2 m de raio e altura 4 m. A área da secção transversal feita por um plano paralelo à base e distante 1 m do vértice é:

a) $\dfrac{\pi}{2}$ m^2

b) $\dfrac{\pi}{8}$ m^2

c) $\dfrac{\pi}{4}$ m^2

d) π m^2

e) n.d.a.

58. (PUC) Um tanque subterrâneo tem a forma de um cone circular reto invertido, de eixo vertical, e está cheio até a boca (nível do solo) com 27.000 litros de água e 37.000 litros de petróleo (o qual é menos denso que a água). Sabendo que a profundidade total do tanque é de 8 metros e que os dois líquidos não são miscíveis, a altura da camada de petróleo é:

a) 6 m
b) 2 m
c) $\dfrac{3\sqrt{37}}{\pi}$ m
d) $\dfrac{27}{16}$ m
e) $\dfrac{37}{16}$ m

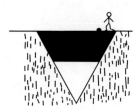

59. (F.C. CHAGAS) Um cone circular tem raio de base 4 cm e altura 12 cm. Esse cone é cortado por um plano paralelo à sua base, gerando uma face circular de raio 2 cm. O volume do tronco de cone assim obtido é, em centímetros quadrados:
a) 64π
b) 56π
c) 32π
d) 24π
e) 8π

60. (U.F.GO) O volume de um tronco de cone circular reto, com base de raio R, cuja altura é a quarta parte da altura h do cone correspondente, é:
a) $\dfrac{\pi R^2 h}{4}$
b) $\dfrac{\pi R^2 h}{12}$
c) $\dfrac{55\pi R^2 h}{192}$
d) $\dfrac{37\pi R^2 h}{192}$
e) $\dfrac{3\pi R^2 h}{4}$

61. (FUVEST) Um copo tem a forma de um cone com altura 8 cm e raio de base 3 cm. Queremos enchê-lo com quantidades iguais de suco e de água.

Para que isso seja possível, a altura x atingida pelo primeiro líquido colocado deve ser:

a) $\dfrac{8}{3}$ cm

b) 6 cm

c) 4 cm

d) $4\sqrt{3}$ cm

e) $4\sqrt[3]{4}$ cm

62. (CESGRANRIO) Uma ampulheta repousa numa mesa, como mostra a figura I (o cone B completamente cheio de areia). A posição da ampulheta é invertida. A figura II mostra o instante em que cada cone contém metade da areia. Nesse instante, a areia do cone B forma um cone de altura:

a) $\dfrac{H}{\sqrt{3}}$

b) $\dfrac{H}{2}$

c) $\dfrac{H}{\sqrt[3]{2}}$

d) $\dfrac{H}{\sqrt[3]{3}}$

e) $\dfrac{H}{4}$

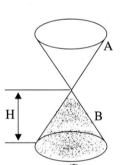
(I)

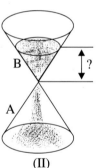
(II)

63. (CESGRANRIO) Uma ampulheta é formada por dois cones de revolução iguais, com eixos verticais e justapostos pelo vértice, o qual tem um pequeno orifício que permite a passagem de areia da parte de cima para a parte de baixo. Ao ser colocada para marcar um intervalo de tempo, toda a areia está na parte de cima e, 35 minutos após, a altura da areia na parte de cima reduziu-se à metade, como mostra a figura.

NO INÍCIO 35 MINUTOS APÓS

Supondo que em cada minuto a quantidade de areia que passa do cone de cima para o de baixo é constante, em quanto tempo mais toda a areia terá passado para a parte de baixo?

a) 5 minutos

b) 10 minutos

c) 15 minutos

d) 20 minutos

e) 30 minutos

64. (CESGRANRIO) Um recipiente cônico, com altura 2 e raio da base 1, contém água até a metade de sua altura (Fig. I). Inverte-se a posição do recipiente, como mostra a Fig. II.

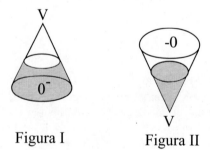

Figura I Figura II

A distância do nível da água ao vértice, na situação da Fig. II, é:

Unidade 17 - *Cilindros, Cones e Esferas* |729

a) $\dfrac{3}{2}$

b) $\dfrac{4}{3}$

c) $\sqrt{3}$

d) $\sqrt[3]{7}$

e) $\sqrt[3]{6}$

65. (U.F. CEARÁ) Um cone reto, de altura 4 cm, é seccionado por um plano paralelo à sua base à distância h de seu vértice. Para que o cone e o tronco de cone obtidos dessa secção tenham volumes iguais, a medida de h, em centímetros, é:

a) $\sqrt[3]{32}$

b) $\sqrt[3]{72}$

c) $\sqrt[3]{96}$

d) $\sqrt{72}$

e) $\sqrt{32}$

66. (ITA) Qual o volume de um cone circular reto, se a área de sua superfície lateral é de 24π cm^2 e o raio de sua base mede 4 cm?

a) $\dfrac{16\pi\sqrt{20}}{3}$ cm^3

b) $\dfrac{\sqrt{24}}{4}\pi$ cm^3

c) $\dfrac{\sqrt{24}}{3}\pi$ cm^3

d) $\dfrac{8}{3}\sqrt{24}\pi$ cm^3

e) $\dfrac{\sqrt{20}}{3}$ cm^3

67. (F.C. CHAGAS) Um pedaço de cartolina formado por um semicírculo de raio 20 cm. Com essa cartolina um menino constrói um chapéu cônico e o coloca com a base apoiada sobre uma mesa.

Qual a distância do bico do chapéu à mesa?

a) $10\sqrt{3}$ cm

b) $3\sqrt{10}$ cm

c) $20\sqrt{2}$
d) 20 cm
e) 10 cm

68. (FUVEST) Deseja-se construir um cone circular reto com 4 cm de raio da base e 3 cm de altura. Para isto, recorta-se, em cartolina, um setor circular para a superfície lateral e um círculo para a base. A medida do ângulo central do setor circular é:
   a) 144°
   b) 192°
   c) 240°
   d) 288°
   e) 336°

69. (MED. ABC-SP) A e B são duas botijas de formato cônico e medidas indicadas na figura. A primeira deu 72 doses. E a segunda?

   a) 72
   b) 120
   c) 84
   d) 96
   e) 48

70. (SANTA CASA-SP) Um recipiente tem o formato de um tronco de cone, com as medidas indicadas na figura. O volume de água que esse recipiente comporta, quando totalmente cheio, em cm³, é:

   a) 766π
   b) $\dfrac{756\pi}{3}$
   c) 360π
   d) $\dfrac{8\pi}{3}$
   e) $\dfrac{1960\pi}{3}$

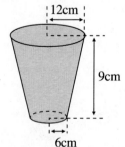

Unidade 17 - *Cilindros, Cones e Esferas* |731

71. (VUNESP) No trapézio $ABCD$ da figura os ângulos internos em A e B são retos, e o ângulo interno em D é tal que sua tangente vale $\dfrac{5}{6}$. Se $\overline{AD} = 2 \cdot \overline{AB}$, o volume do sólido ao se girar o trapézio em torno da reta $\overline{BC}$ é dado por:

a) $\left(\dfrac{3}{4}\right)\pi a^3$

b) $\left(\dfrac{5}{8}\right)\pi a^3$

c) $\left(\dfrac{6}{5}\right)\pi a^3$

d) $\left(\dfrac{20}{13}\right)\pi a^3$

e) $\left(\dfrac{8}{5}\right)\pi a^3$

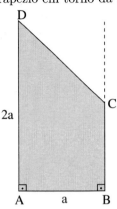

72. (CEFET-PR) O trapézio da figura a seguir gira em torno de um eixo do seu plano, que passa por C e é paralelo ao lado $\overline{AD}$. Se $\overline{AB} = \overline{AD} = \ell$ e $\overline{CD} = 2\ell$, o volume do sólido gerado pelo trapézio é, em unidades de volume:

a) $\dfrac{8\pi\ell^3}{3}$

b) $\dfrac{11\pi\ell^3}{3}$

c) $\dfrac{14\pi\ell^3}{3}$

d) $\dfrac{17\pi\ell^3}{3}$

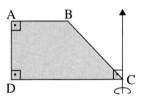

73. (UNI-RIO)

O volume do sólido gerado pela rotação completa da figura a seguir, em torno do eixo *e*, é, em cm³:

a) 38π

b) 54π

c) 92π

d) 112π

e) 128π

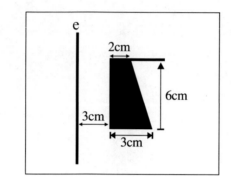

74. (UFF) A figura a seguir representa o paralelogramo $MNPQ$.

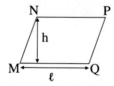

O volume do sólido obtido pela rotação do paralelogramo em torno da reta suporte do lado $\overline{MQ}$ é dado por:

a) $\dfrac{\pi}{3} h^2(\ell + h)$

b) $\dfrac{\pi}{3} h^2 \ell$

c) $\pi h^2(\ell + h)$

d) $\pi h(\ell + h^2)^2$

e) $\pi h^2 \ell$

75. (F.C. CHAGAS) A esfera é um sólido gerado:

a) pela translação de um círculo, na direção de uma reta que passa pelo seu centro.

b) pela translação de um segmento de reta, mantendo fixa sua direção.

c) pela rotação de um semicírculo em torno de diâmetro.

d) pela rotação de um plano, em torno de uma de suas retas.

e) pela rotação de uma reta, mantendo fixo um de seus pontos.

76. (UERJ) O modelo astronômico heliocêntrico de Kepler, de natureza geométrica, foi construído a partir dos cinco poliedros de Platão, inscritos em esferas concêntricas, conforme ilustra a figura a seguir:

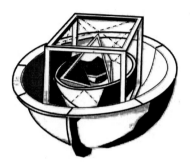

A razão entre a medida da aresta do cubo e a medida do diâmetro da esfera a ele circunscrita, é:
a) $\sqrt{3}$
b) $\dfrac{\sqrt{3}}{2}$
c) $\dfrac{\sqrt{3}}{3}$
d) $\dfrac{\sqrt{3}}{4}$

77. (UERJ) A superfície de uma esfera pode ser calculada através da fórmula: $4\pi R^2$, onde R é o raio da esfera. Sabe-se que $\dfrac{3}{4}$ da superfície do planeta Terra são cobertos por água e $\dfrac{1}{3}$ da superfície restante é coberto por desertos. Considere o planeta Terra esférico, com seu raio de 6.400 km e use π igual a 3. A área dos desertos em milhões de quilômetros quadrados é igual a:
a) 122,88
b) 81,92
c) 61,44
d) 40,96

78. (CESGRANRIO) Uma cesta cilíndrica de 2 m de altura e raio da base de 1 m está cheia de bolas de diâmetro igual à quarta parte de 1 m. Se cerca de 50% da capacidade da cesta correspondem aos espaços vazios, o número mais aproximado de bolas que a cesta contém é de:
- a) 100
- b) 150
- c) 215
- d) 385
- e) 625

79. (CESGRANRIO) Um tanque cilíndrico com água tem raio da base R. Mergulha-se nesse tanque uma esfera de aço e o nível da água sobe $\frac{9}{16}R$ (vide figura). O raio da esfera é:

- a) $\frac{3R}{4}$
- b) $\frac{9R}{16}$
- c) $\frac{3R}{5}$
- d) $\frac{R}{2}$
- e) $\frac{2R}{3}$

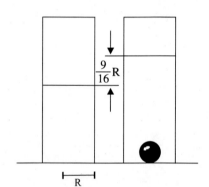

80. (F.C. CHAGAS) Uma esfera de volume 228π cm^3 deve ser acondicionada numa caixa com o formato de um cubo. O menor valor possível para a aresta desse cubo é:
- a) 6 cm
- b) 8 cm
- c) 9 cm
- d) 10 cm
- e) 12 cm

81. (CESGRANRIO) A razão entre os volumes de uma esfera de raio "R" e um cilindro equilátero de raio "$2R$" é:
- a) 3/4

b) 2/3

c) 1/2

d) 1/6

e) 1/12

82. (F.C. CHAGAS) Se o volume de uma esfera é 288π cm^3, o seu diâmetro mede, em cm:

a) 8

b) 10

c) 12

d) 15

e) 16

83. (F.C. CHAGAS) Um cilindro circular reto encontra-se circunscrito a uma esfera, conforme a figura abaixo.

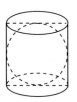

A que porcentagem do volume da esfera corresponde o volume do cilindro?

a) 75%

b) 100%

c) 120%

d) 150%

e) 175%

84. (UFES) Enche-se um tubo cilíndrico de altura $h = 20$ cm e raio da base $r = 2$ cm com esferas tangentes ao mesmo e tangentes entre si. O volume interior ao cilindro e exterior às esferas vale:

a) $\dfrac{102\pi}{3}$ cm^3

b) $\dfrac{80\pi}{3}$ cm^3

c) 40π cm^3

d) $\dfrac{160\pi}{3}$ cm^3

e) 80π cm^3

85. (PUC) Um cilindro circular reto está circunscrito a uma esfera. Se o volume do cilindro é 128π, o volume da esfera é:

a) 16π

b) 64π

c) 128π

d) $\dfrac{521}{3}\pi$

e) $\dfrac{256}{3}\pi$

86. (U. FORTALEZA) Se S é a área da superfície de uma esfera e T é a área total do cubo circunscrito a essa esfera, então S é igual:

a) $\dfrac{2\pi}{3} \cdot T$

b) $\dfrac{\pi}{2} \cdot T$

c) $\dfrac{\pi}{3} \cdot T$

d) $\dfrac{\pi}{4} \cdot T$

e) $\dfrac{\pi}{6} \cdot T$

87. (CESGRANRIO) Se v é o volume da esfera inscrita em um cubo de volume V, então a razão $\dfrac{v}{V}$ é:

Unidade 17 - *Cilindros, Cones e Esferas* |737

a) $\dfrac{\pi}{9}$

b) $\dfrac{\pi}{6}$

c) $\dfrac{\pi}{4}$

d) $\dfrac{\pi}{3}$

e) $\dfrac{2}{3}$

88. (PUC-SP) Qual é o raio de uma esfera 1 milhão de vezes maior (em volume) que uma esfera de raio 1?

a) 100.000

b) 10

c) 1.000

d) 10.000

e) 100

89. (FATEC) Se um cilindro reto está circunscrito a uma esfera de raio R, então a razão entre a área da superfície esférica e a área total do cilindro é:

a) $\dfrac{1}{2}$

b) $\dfrac{2}{3}$

c) $\dfrac{3}{2}$

d) 2

e) $\dfrac{4}{3}$

90. (U.F. VIÇOSA) Uma esfera tem raio não nulo r e volume $V = \dfrac{4}{3}\pi r^3$. O volume do cubo circunscrito a ela, em função de V, é:

738 | *Matemática no Vestibular*

a) $\dfrac{3V}{\pi}$

b) $\dfrac{4V}{\pi}$

c) $\dfrac{5V}{\pi}$

d) $\dfrac{6V}{\pi}$

e) $\dfrac{2V}{\pi}$

91. (F.C. CHAGAS) Se V_1 é o volume de uma esfera inscrita num cubo de aresta 10 cm e V_2 é o volume de um cilindro reto de altura 4 cm e raio da base 2 cm, então $V_1 + V_2$ vale:

a) $\dfrac{548\pi}{3}$ cm^3

b) $\dfrac{148\pi}{3}$ cm^3

c) $\dfrac{516\pi}{3}$ cm^3

d) 141π cm^3

e) 182π cm^3

92. (UFMT) Se o volume de uma esfera inscrita num cubo é $\dfrac{32\pi}{3}$ cm^3, a aresta desse cubo mede:

a) $\sqrt{3}$ cm

b) 2 cm

c) 4 cm

d) 6 cm

e) 8 cm

93. (FUVEST) Um recipiente cilíndrico cujo raio da base é 6 cm contém água até uma certa altura. Uma esfera de aço é colocada no interior do recipiente ficando totalmente submersa. Se a altura da água subiu 1 cm, então o raio da esfera é:

a) 1 cm

b) 2 cm

c) 3 cm

d) 4 cm

e) 5 cm

Unidade 17 - *Cilindros, Cones e Esferas* |739

94. (U.F. PARÁ) Qual o volume da esfera inscrita em um cilindro cujo volume é 16π cm^3?

a) $\dfrac{2}{3}\pi$ cm^3

b) $\dfrac{4}{3}\pi$ cm^3

c) $\dfrac{8}{3}\pi$ cm^3

d) $\dfrac{16}{3}\pi$ cm^3

e) $\dfrac{32}{3}\pi$ cm^3

95. (ITA) Um cone de revolução está circunscrito a uma esfera de raio R cm. Se a altura do cone for igual ao dobro do raio da base, então a área de sua superfície lateral mede:

a) $\dfrac{\pi}{4}(1+\sqrt{5})^2 R^2$ cm^2

b) $\dfrac{\pi\sqrt{5}}{4}(1+\sqrt{5})^2 R^2$ cm^2

c) $\dfrac{\pi\sqrt{5}}{4}(1+\sqrt{5}) R^2$ cm^2

d) $\pi\sqrt{5}(1+\sqrt{5}) R^2$ cm^2

e) n.d.a.

96. (UFF) Na figura estão representados três sólidos de mesma altura h - um cilindro, uma semi-esfera e um prisma - cujos volumes são V_1, V_2 e V_3, respectivamente:

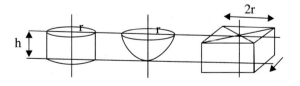

A relação entre V_1, V_2 e V_3 é:
a) $V_3 < V_2 < V_1$
b) $V_2 < V_3 < V_1$

c) $V_1 < V_2 < V_3$
d) $V_3 < V_1 < V_2$
e) $V_2 < V_1 < V_3$

97. (UERJ) Uma esfera maciça de metal foi colocada dentro de uma caixa cúbica de plástico, sem folga (fig. A), e o espaço vazio preenchido com água. Uma outra caixa, igual à primeira, foi preenchida por 64 esferas congruentes maciças e do mesmo metal, sem folga (fig. B), e no espaço vazio colocou-se água.

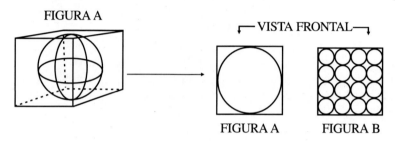

Sejam V_A e V_B, respectivamente, os volumes de metal contidos nos cubos correspondentes às figuras A e B. Sobre os volumes V_A e V_B e suas respectivas superfícies de contato com a água, S_A e S_B, pode-se concluir que:
 a) $V_A > V_B$ e $S_A > S_B$
 b) $V_A < V_B$ e $S_A < S_B$
 c) $V_A = V_B$ e $S_A = S_B$
 d) $V_A = V_B$ e $S_A < S_B$

98. (UERJ) O Ceará atravessa a maior seca do século. Há mais de cinco meses, Fortaleza vem sofrendo racionamento de água e estava ameaçada por um colapso no fornecimento, em setembro. Para combater este problema, o Governo do Estado construiu a maior obra da história do Ceará: O CANAL DO TRABALHADOR, ligando o rio Jaguaribe ao Açude Pacajus, com 115 quilômetros de extensão. Para se ter uma idéia da dimensão desta obra, basta dizer que ela é 18 quilômetros maior que o canal do Panamá em extensão, e que representa um grau de curvatura da Terra.
(Revista *Veja*)
Considere a Terra esférica e o canal construído como parte de um círculo máximo. Com essas informações e usando o valor 3 para π, o raio da Terra em km, seria:
 a) 20.700
 b) 13.800

c) 10.350

d) 6.900

e) 6.300

99. (CESESP) Pretende-se construir um tanque com a forma e dimensões da figura a seguir. Sabendo-se que o hemisfério, o cilindro circular reto e o cone circula reto, que constituem o referido tanque, têm igual volume, assinale, dentre as alternativas abaixo, a única que corresponde às relações existentes entre as dimensões indicadas.

a) $R = h = H$

b) $3R = h = 3H$

c) $4R = h = 3H$

d) $2R = h = 3H$

e) $h = 3R = H$

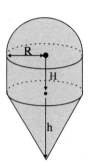

100. (VUNESP) Uma esfera E de raio r está inscrita em um cubo e outra F está circunscrita a esse mesmo cubo. Então, a razão entre os volumes de F e de E é igual a:

a) $\sqrt{3}$

b) $2\sqrt{3}$

c) $\dfrac{3\sqrt{3}}{2}$

d) $3\sqrt{3}$

e) $\dfrac{4\sqrt{3}}{3}$

101. (FATEC) Se um cone e uma esfera têm o mesmo volume, e o raio da base do cone é o triplo do raio da esfera, então a razão entre o raio da esfera e a altura do

742 | *Matemática no Vestibular*

cone é:

a) $\dfrac{9}{4}$

b) $\dfrac{9}{2}$

c) $\dfrac{3}{4}$

d) $\dfrac{2}{3}$

e) 1

102. (FUVEST) Uma superfície esférica de raio 13 cm é cortada por um plano situado a uma distância de 12 cm do centro da superfície esférica, determinando uma circunferência. O raio desta circunferência, em cm, é:

a) 1

b) 2

c) 3

d) 4

e) 5

103. (UFRN) Se um plano situado a 4 cm do centro de uma esfera a secciona segundo um círculo de 3 cm de raio, então o volume da esfera, em cm^3, é igual:

a) $300\,\dfrac{\pi}{3}$

b) $400\,\dfrac{\pi}{3}$

c) $150\,\dfrac{\pi}{4}$

d) $150\,\dfrac{\pi}{3}$

e) $500\,\dfrac{\pi}{3}$

104. (UFRGS) Uma panela cilíndrica de 20 cm de diâmetro está completamente cheia de massa para doce, sem exceder a sua altura de 16 cm. O número de doces em formato de bolinhas de 2 cm de raio que se podem obter com toda a massa é:

a) 300

b) 250

c) 200

d) 150
d) 100

105. (PUC) Uma esfera de raio R_1, um cilindro circular reto com o raio da base igual a R_2 e com altura $2R_2$ e um cone reto de base circular com o raio R_3 e altura $2R_3$ têm todos o mesmo volume. Vale, então, que:
a) $\sqrt[3]{2}R_1 = \sqrt[3]{3}R_2 = R_3$
b) $R_1 = \sqrt[3]{3}R_2 = \sqrt[3]{2}R_3$
c) $\sqrt[3]{2}R_1 = R_2 = \sqrt[3]{3}R_3$
d) $\sqrt[3]{3}R_1 = \sqrt[3]{2}R_2 = R_3$
e) $R_1 = \sqrt[3]{2}R_2 = \sqrt[3]{2}R_3$

106. (CESGRANRIO) Uma esfera está contida num cilindro circular reto e tangencia suas bases e sua superfície lateral, como se vê na figura. Então, a razão entre a área da esfera e a área total do cilindro é:
a) 1/2
b) 2/3
c) 3/4
d) 2/π
e) π/4

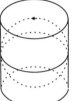

107. (MACK) A razão entre o volume de um cone, de altura igual a 4 vezes o raio da esfera inscrita, e o volume desta esfera é:
a) 2
b) 3
c) 4
d) 4/3
e) 5/4

108. (UFMG) Duas bolas metálicas, cujos raios medem 1 cm e 2 cm, são fundidas e moldadas em forma de um cilindro circular cuja altura mede 3 cm. O raio do cilindro, em cm, é:
a) $\dfrac{3}{2}$
b) 2

c) 6

d) $2\sqrt{\dfrac{5}{3}}$

e) $2\sqrt{3}$

109. (FUVEST) Um cubo de aresta m está inscrito em uma semi-esfera de raio R de tal modo que os vértices de uma das faces pertencem ao plano equatorial da semi-esfera e os demais vértices pertencem à superfície da semi-esfera. Então, m é igual:

a) $R\sqrt{\dfrac{2}{3}}$

b) $R\dfrac{\sqrt{2}}{2}$

c) $R\dfrac{\sqrt{3}}{3}$

d) R

e) $R\sqrt{\dfrac{3}{2}}$

110. (CESGRANRIO) Uma laranja pode ser considerada uma esfera de raio R, composta por 12 gomos exatamente iguais. A superfície total de cada gomo mede:

a) $2\pi R^2$
b) $4\pi R^2$
c) $\dfrac{3\pi}{4} R^2$
d) $3\pi R^2$
e) $\dfrac{4}{3}\pi R^2$

111. (F.C. CHAGAS) Em uma esfera de raio $2R$ inscreve-se um cilindro cuja base tem R. A área lateral do cilindro vale:

a) $3\pi\sqrt{2}R^2$
b) $12\pi R^2$
c) $8\pi R^2$
d) $4\pi\sqrt{3}R^2$

e) a metade da área da superfície esférica

112. (UFES) Deseja-se construir um tanque para armazenar combustível, com o formato de um cilindro circular reto com duas semi-esferas acopladas, uma em cada extremidade do cilindro, conforme a figura. Para evitar a corrosão, é preciso revestir o interior do tanque com uma determinada tinta. É necessário 1ℓ de tinta para revestir 1 m². Se o cilindro tem 5 m de comprimento e 1 m de diâmetro, o número mínimo de latas de 1ℓ dessa tinta que deverão ser abertas para realizar o revestimento é:

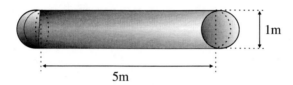

a) 15
b) 20
c) 16
d) 18
e) 19

113. (UFMG)

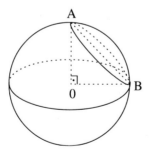

Observe a figura. Um plano intercepta uma esfera segundo um círculo de diâmetro $\overline{AB}$. O ângulo $A\widehat{O}B$ mede 90° e o raio da esfera, 12 cm. O volume do cone de vértice O e base de diâmetro $\overline{AB}$ é:
a) 9π cm³
b) $36\sqrt{2\pi}$ cm³
c) $48\sqrt{2\pi}$ cm³

d) $144\sqrt{2\pi}$ cm^3
e) 13044π cm^3

114. (CESGRANRIO) ABC é um octante de superfície esférica de raio 6, centrado na origem O, como se vê na figura. O segmento OM, do plano yOz, faz ângulo de 60° com Oy. Se o plano AOM corta o octante segundo o arco AM, então o comprimento de AM é:

a) 3π

b) $\dfrac{3\pi\sqrt{3}}{2}$

c) $2x\sqrt{3}$

d) $\dfrac{8\pi}{3}$

e) 6π

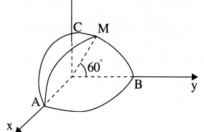

115. (UFRJ) Um produto é embalado em latas cilíndricas (cilindros de revolução).

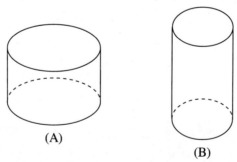

(A)

(B)

O raio da embalagem A é igual ao diâmetro de B e a altura de B é o dobro da altura de A. Assim,

CILINDRO A $\begin{cases} \text{altura } h \\ \text{raio da base } 2R \end{cases}$

CILINDRO B $\begin{cases} \text{altura } 2h \\ \text{raio da base } R \end{cases}$

Unidade 17 - *Cilindros, Cones e Esferas* |747

a) As embalagens são feitas do mesmo material (mesma chapa). Qual delas gasta mais material para ser montada?

b) O preço do produto na embalagem A é R$ 780,00 e na embalagem B é de R$ 400,00. Qual das opções é mais econômica para o consumidor?

116. (**UFRJ**) Mário e Paulo possuem piscinas em suas casas. Ambas têm a mesma profundidade e bases com o mesmo perímetro. A piscina de Mário é um cilindro circular reto e a de Paulo é um prisma reto de base quadrada. A companhia de água da cidade cobra R$ 1,00 por metro cúbico de água consumida.

a) Determine qual dos dois pagará mais para encher de água a sua piscina.

b) Atendendo a um pedido da família, Mário resolve duplicar o perímetro da base e a profundidade de sua piscina, mantendo, porém a forma circular.

Determine quanto Mário pagará pela água para encher a nova piscina, sabendo-se que anteriormente ela gastava R$ 50,00.

117. (**UFSC**) Um cilindro reto tem 63π cm^3 de volume. Sabendo que o raio da base mede 3 cm, determine, em centímetros, a sua altura.

118. (**UNI-RIO**) Seja um cilindro de revolução obtido da rotação de um quadrado, cujo lado está apoiado no eixo de rotação. Determine a medida deste lado (sem unidade), de modo que a área total do cilindro seja igual ao seu volume.

119. (**U.F.F.**) Uma peça de madeira, que tem a forma de um prisma reto com 50 cm de altura e cuja seção reta é um quadrado com 6 cm de lado, custa R$ 1,00. Essa peça será torneada para se obter um pé de cadeira cilíndrico, com 6 cm de diâmetro e 50 cm de altura. O material desperdiçado na produção do pé de cadeira deverá ser vendido para reciclagem por um preço P igual a seu custo.
Determine o preço P, considerando $\pi = 3,14$.

120. (**UERJ**) Observe a figura abaixo, que representa um cilindro circular reto inscrito em uma semi-esfera, cujo raio $\overline{OA}$ forma um ângulo θ com a base do cilindro.

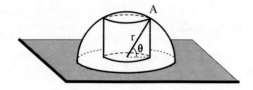

Se θ varia no intervalo $\left]0, \dfrac{\pi}{2}\right[$ e o raio da semi-esfera mede r, calcule a área lateral máxima deste cilindro.

121. (ASSOCIADO) Na figura abaixo, sobre a superfície lateral de um cilindro reto de altura igual a 10 m e raio da base igual a 2 m, estica-se um barbante de A até B. Sabe-se que AD e BC são diâmetros paralelos, que E é o ponto médio do arco AED e que o segmento FE é perpendicular à base do cilindro. Pede-se a área AEF limitada pelo barbante, pelo arco AE e pelo segmento FE.

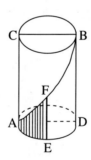

122. (FUVEST) Uma garrafa de vidro tem a forma de dois cilindros sobrepostos. Os cilindros têm a mesma altura 4 cm e raios de bases R e r, respectivamente.

Unidade 17 - *Cilindros, Cones e Esferas* |749

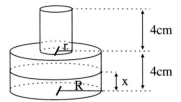

Se o volume $V(x)$ de um líquido que atinge uma altura x da garrafa se expressa segundo o gráfico a seguir, quais os valores de R e de r?

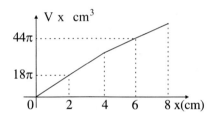

123. (UFRJ) Um pará-quedista está no ponto A situado a 800 m do solo e, devido a condições técnicas, é obrigado a seguir uma trajetória que está sempre na superfície lateral do cilindro C de revolução cujo raio r da base é igual a $\dfrac{200}{\pi}$ m.

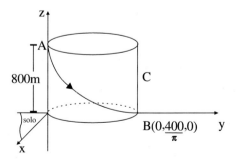

Determine o comprimento do menor caminho percorrido pelo pará-quedista para atin-

750 | *Matemática no Vestibular*

gir o ponto de pouso $B\left(0, \dfrac{400}{\pi}, 0\right)$.

124. (PUC) Considere um cone de altura 4 cm e um tronco deste cone de altura 3 cm. Sabendo-se que este tronco tem o volume de 21 cm³, qual o volume do cone?

125. (PUC) Considere um cilindro circular reto inscrito em um cone circular reto com 10 cm de raio e 24 cm de altura. Expresse o volume desse cilindro como uma função do raio da base do cilindro.

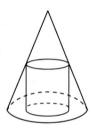

126. (PUC-SP) A altura e o raio da base de um cone circular reto medem 4 cm e 15 cm, respectivamente. Aumenta-se a altura e dimnui-se o raio da base desse cone, de uma mesma medida x, $x \neq 0$, para obter-se outro cone circular reto, de mesmo volume que o original. Determine x, em cm.

127. (PUC) Ache o volume do sólido de revolução obtido rodando um triângulo retângulo de lados 1, 1 e $\sqrt{2}$ cm em torno da hipotenusa.

128. (UFRJ) Um cone circular reto é feito de uma peça circular de papel de 20 cm de diâmetro, cortando-se fora um setor de $\pi/5$ radianos, calcule a altura do cone obtido.

129. (UFRJ) Um recipiente em forma de cone circular reto de altura h é colocado com vértice para baixo e com eixo na vertical, como na figura. O recipiente, quando cheio até a borda, comporta 400 ml.

Unidade 17 - *Cilindros, Cones e Esferas* |751

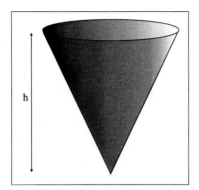

Determine o volume de líquido quando o nível está em $\dfrac{h}{2}$.

130. (UFRJ) As figuras abaixo representam um cone de revolução, seus elementos e a planificação de sua superfície lateral.
Expresse β em função de α.

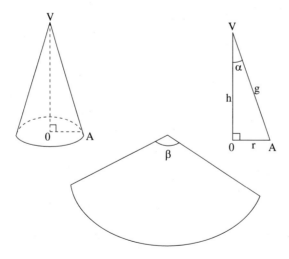

131. (UFF) A figura representa um cone de volume 36π cm^3 contendo 3 cilindros cujos volumes V_1, V_2 e V_3 estão, nesta ordem, em progressão geométrica de razão $1/27$.

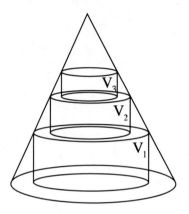

Sabe-se que cada um dos cilindros tem a altura igual ao raio de sua base. Determine o raio da base do cone.

132. (UERJ) Uma linha poligonal fechada de três lados limita um triângulo de perímetro ℓ. Se ela gira em torno de um de seus lados, gera uma superfície de área S igual ao produto de ℓ pelo comprimento da circunferência descrita pelo baricentro G da poligonal. A figura abaixo mostra a linha $(ABCA)$ que dá uma volta em torno de BC.

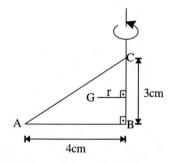

a) Esboce a figura gerada e indique o cálculo da área de sua superfície que é igual a 36π cm³.

b) Calcule a distância r do baricentro G dessa linha ao eixo de rotação.

133. (UFF) A figura abaixo representa um cone equilátero, onde foram colocadas 3 esferas de tal modo que cada uma delas é tangente à superfície lateral do cone, sendo a esfera do meio tangente às outras duas, e a maior tangente à base do cone.

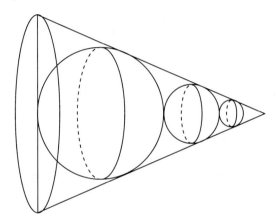

Se o menor dos raios das esferas mede 1 m, determine o raio da base do cone.

134. (UFRJ) Dois cones circulares retos têm bases tangentes e situadas no mesmo plano, como mostra a figura. Sabe-se que ambos têm o mesmo volume e que a reta que suporta uma das geratrizes de um passa pelo vértice do outro.
Sendo r o menor dentre os raios das bases, s o maior e $x = \dfrac{r}{s}$, determine x.

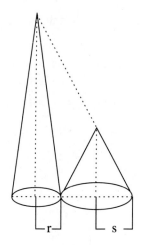

135. (UFRJ) Quantos brigadeiros (bolinhas de chocolate) de raio 0,5 cm podemos fazer a partir de um brigadeiro de raio 1,0 cm?

136. (FUVEST) Num cubo de aresta a um ponto P se situa numa das arestas e dista $a/4$ de um dos vértices. Qual a distância de P à superfície esférica inscrita no cubo?

137. (UFF) Uma lata, cuja capacidade é igual a 300 ml, contém água e 60 bolas de gude iguais e perfeitamente esféricas com diâmetro de 2 cm cada. Sabendo que a lata está completamente cheia, determine o volume de água, em ml. Considere $\pi = 3,14$.

138. (U.F. CEARÁ) Um cone equilátero ($g = 2r$) de raio da base $r = 8\sqrt{3}$ m está inscrito numa esfera de raio igual a R metros. Determine R.

139. (UNICAMP) Uma esfera de 4 cm de raio cai numa cavidade cônica de 12 cm de profundidade, cuja abertura tem 5 cm de raio. Determine a distância da esfera ao ponto mais profundo da cavidade.

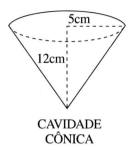

CAVIDADE
CÔNICA

140. (UNICAMP) Uma esfera de 4 cm de raio cai numa cavidade cônica de 12 cm de profundidade, cuja abertura tem 6 cm de raio. Determine a distância do vértice da cavidade à esfera.

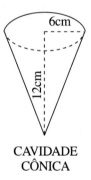

CAVIDADE
CÔNICA

141. (UERJ) Três bolas de tênis, idênticas, de diâmetro igual a 6 cm, encontram-se dentro de uma embalagem cilíndrica, com tampa.
As bolas tangenciam a superfície interna da embalagem nos pontos de contato, como ilustra a figura a seguir.

Calcule:
a) a área total, em cm², da superfície da embalagem;
b) a fração do volume da embalagem ocupado pelas bolas.

142. (UFRJ) Ping Oin recolheu 4,5 m³ de neve para construir um grande boneco de 3 m de altura, em comemoração à chegada do verão no Pólo Sul.
O boneco será composto por uma cabeça e um corpo, ambos em forma de esfera, tangentes, sendo o corpo maior que a cabeça, conforme mostra a figura a seguir. Para calcular o raio de cada uma das esferas, Ping Oin aproximou π por 3.

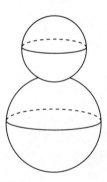

Calcule, usando a aproximação considerada, os raios das duas esferas.

143. (UFRJ) Considere uma esfera E_1, inscrita, e outra esfera E_2 circunscrita a um cubo de aresta igual a 1 cm. Calcule a razão entre o volume de E_2 e o volume de

E_1.

144. (UERJ) Admita uma esfera com raio igual a 2 m, cujo centro O dista 4 m de um determinado ponto P. Tomando-se P como vértice, construímos um cone tangente a esta esfera, como mostra a figura.

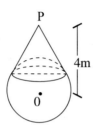

Calcule, em relação ao cone:
 a) seu volume;
 b) sua área lateral.

145. (U.F.F.) O rebite R é obtido pela rotação, em torno do eixo E, da região do plano formada por 2 arcos de circunferência centrados em O e O' e um retângulo, conforme a figura abaixo:

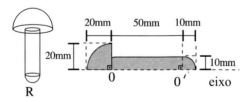

Determine o volume do rebite.

758 | *Matemática no Vestibular*

Gabarito das questões propostas

Questão 1 - Resposta: c) 32 dm

Questão 2 - Resposta: e) 90π

Questão 3 - Resposta: c) $\dfrac{3}{2}$

Questão 4 - Resposta: c) 9

Questão 5 - Resposta: c) $\dfrac{\pi}{2}$

Questão 6 - Resposta: c) 12

Questão 7 - Resposta: a) 0,3768

Questão 8 - Resposta: e) 36

Questão 9 - Resposta: b) $\dfrac{3}{2}$

Questão 10 - Resposta: d) $2V_1 = 3V_2$

Questão 11 - Resposta: d) 8%

Questão 12 - Resposta: a) 156π

Questão 13 - Resposta: b) 0,6 cm

Questão 14 - Resposta: e) $40(8 + \pi)$

Questão 15 - Resposta: d) $\dfrac{2}{\pi}$

Questão 16 - Resposta: a) 200

Questão 17 - Resposta: d) $10\sqrt[3]{12}$

Questão 18 - Resposta: a) 20ℓ

Questão 19 - Resposta: c) $12\sqrt{\pi}$ cm

Questão 20 - Resposta: e) 6 cm

Questão 21 - Resposta: c) 94 cm

Questão 22 - Resposta: a) 16

Questão 23 - Resposta: d) 80

Questão 24 - Resposta: a) 32 cm

Questão 25 - Resposta: e) $\dfrac{3}{\pi}$

Questão 26 - Resposta: b) $\dfrac{2}{\pi}$

Questão 27 - Resposta: c) $\dfrac{4}{\pi}$

Questão 28 - Resposta: e) $30\pi^3$

Questão 29 - Resposta: b) 100,5 cm^3

Questão 30 - Resposta: c) 1 caminhão

Unidade 17 - *Cilindros, Cones e Esferas* |759

Questão 31 - Resposta: e) $(240\sqrt{3} - 40\pi)$ cm^3

Questão 32 - Resposta: a) 600 g

Questão 33 - Resposta: e) 392 dm^3

Questão 34 - Resposta: e) $(4 - \sqrt{7})$ m ou $(4 + \sqrt{7})$ m

Questão 35 - Resposta: d) 216

Questão 36 - Resposta: b) $4\pi x^3$ m^3

Questão 37 - Resposta: c) $1,08V$

Questão 38 - Resposta: b) $\dfrac{9\pi \cdot (\pi + 2)}{4}$

Questão 39 - Resposta: b) $R\sqrt{1 + \pi^2}$

Questão 40 - Resposta: b) 36π

Questão 41 - Resposta: e) 60π

Questão 42 - Resposta: c) 8π cm

Questão 43 - Resposta: a) 72π

Questão 44 - Resposta: b) 96π

Questão 45 - Resposta: d) 36π

Questão 46 - Resposta: a) $V_1 = V_2$

Questão 47 - Resposta: a) 48π

Questão 48 - Resposta: c) 12 cm

Questão 49 - Resposta: e) $\dfrac{2\pi}{3}$

Questão 50 - Resposta: b) $4\sqrt{10}$

Questão 51 - Resposta: b) 24π

Questão 52 - Resposta: a) $V = \dfrac{\pi h^3}{27}$

Questão 53 - Resposta: d) 50 min

Questão 54 - Resposta: d) aumentou 15,2%

Questão 55 - Resposta: a) $2\sqrt{2}$

Questão 56 - Resposta: e) $150L$

Questão 57 - Resposta: c) $\dfrac{\pi}{4}$ m^2

Questão 58 - Resposta: b) 2 m

760 | *Matemática no Vestibular*

Questão 59 - Resposta: b) 56π

Questão 60 - Resposta: d) $\dfrac{37\pi R^2 h}{192}$

Questão 61 - Resposta: e) $4\sqrt[3]{4}$ cm

Questão 62 - Resposta: c) $\dfrac{H}{\sqrt[3]{2}}$

Questão 63 - Resposta: a) 5 minutos

Questão 64 - Resposta: d) $\sqrt[3]{7}$

Questão 65 - Resposta: a) $\sqrt[3]{32}$

Questão 66 - Resposta: a) $\dfrac{16\pi\sqrt{20}}{3}$ cm³

Questão 67 - Resposta: a) $10\sqrt{3}$ cm

Questão 68 - Resposta: d) $288°$

Questão 69 - Resposta: d) 96

Questão 70 - Resposta: a) 756π

Questão 71 - Resposta: e) $\left(\dfrac{8}{5}\right)\pi\alpha^3$

Questão 72 - Resposta: b) $\dfrac{11\pi\ell^3}{3}$

Questão 73 - Resposta: e) 128π

Questão 74 - Resposta: e) $\pi h^2 \ell$

Questão 75 - Resposta: c) pela rotação de um semicírculo em torno de diâmetro

Questão 76 - Resposta: c) $\dfrac{\sqrt{3}}{3}$

Questão 77 - Resposta: d) 40,96

Questão 78 - Resposta: d) 385

Questão 79 - Resposta: a) $\dfrac{3R}{4}$

Questão 80 - Resposta: e) 12 cm

Questão 81 - Resposta: e) 1/12

Questão 82 - Resposta: c) 12

Unidade 17 - *Cilindros, Cones e Esferas* |761

Questão 83 - Resposta: d) 150%

Questão 84 - Resposta: b) $\dfrac{80\pi}{3}$ cm³

Questão 85 - Resposta: e) $\dfrac{256}{3}\pi$

Questão 86 - Resposta: e) $\dfrac{\pi}{6}T$

Questão 87 - Resposta: b) $\dfrac{\pi}{6}$

Questão 88 - Resposta: e) 100

Questão 89 - Resposta: b) $\dfrac{2}{3}$

Questão 90 - Resposta: d) $\dfrac{6V}{\pi}$

Questão 91 - Resposta: a) $\dfrac{548\pi}{3}$ cm³

Questão 92 - Resposta: c) 4 cm
Questão 93 - Resposta: c) 3 cm

Questão 94 - Resposta: e) $\dfrac{32}{3}\pi$ cm³

Questão 95 - Resposta: b) $\dfrac{\pi\sqrt{5}}{4}(1+\sqrt{5})^2 R^2$ cm²

Questão 96 - Resposta: e) $V_2 < V_1 < V_3$
Questão 97 - Resposta: d) $V_A = V_B$ e $S_A < S_B$
Questão 98 - Resposta: d) 6.900
Questão 99 - Resposta: d) $2R = h = 3H$
Questão 100 - Resposta: d) $3\sqrt{3}$

Questão 101 - Resposta: a) $\dfrac{9}{4}$

Questão 102 - Resposta: e) 5

Questão 103 - Resposta: e) $500\dfrac{\pi}{3}$

Questão 104 - Resposta: b) 250
Questão 105 - Resposta: a) $\sqrt[3]{2}R_1 = \sqrt[3]{3}R_2 = R_3$
Questão 106 - Resposta: b) 2/3
Questão 107 - Resposta: a) 2

762 | *Matemática no Vestibular*

Questão 108 - Resposta: b) 2

Questão 109 - Resposta: a) $R\sqrt{\dfrac{2}{3}}$

Questão 110 - Resposta: e) $\dfrac{4}{3}\pi R^2$

Questão 111 - Resposta: d) $4\pi\sqrt{3}R^2$

Questão 112 - Resposta: e) 19

Questão 113 - Resposta: d) $144\sqrt{2\pi}$ cm^3

Questão 114 - Resposta: a) 3π

Questão 115 - Resposta: a) lata A   b) lata A

Questão 116 - Resposta: a) Mário   b) R$ 400,00

Questão 117 - Resposta: 7 cm

Questão 118 - Resposta: 4

Questão 119 - Resposta: R$ 0,22

Questão 120 - Resposta: πr^2

Questão 121 - Resposta: $\dfrac{5\pi}{2}$

Questão 122 - Resposta: $R = 3$ cm e $r = 2$ cm

Questão 123 - Resposta: $200\sqrt{17}$ m

Questão 124 - Resposta: $\dfrac{64}{3}$ cm^3

Questão 125 - Resposta: $V = \dfrac{12\pi R^2}{5}\,(10 - R)$ cm^3

Questão 126 - Resposta: $x = 5$ cm

Questão 127 - Resposta: $\dfrac{\pi\sqrt{2}}{6}$

Questão 128 - Resposta: $\sqrt{19}$ cm

Questão 129 - Resposta: 50 ml

Questão 130 - Resposta: $\beta = 2\pi\operatorname{sen}\alpha$

Questão 131 - Resposta: 3 cm

Questão 132 - Resposta:
a)

b) 1,5

Questão 133 - Resposta: $9\sqrt{3}$ m

Questão 134 - Resposta: $x = \dfrac{\sqrt{5}-1}{2}$

Questão 135 - Resposta: 8

Questão 136 - Resposta: $\dfrac{a}{4}$

Questão 137 - Resposta: 48,8 ml

Questão 138 - Resposta: $r = 16$ m

Questão 139 - Resposta: $\dfrac{32\pi}{5}$ cm

Questão 140 - Resposta: 6,4 cm

Questão 141 - Resposta: a) 126π cm^2 b) $\dfrac{2}{3}$

Questão 142 - Resposta: 1 m e 0,5 m

Questão 143 - Resposta: $3\sqrt{3}$

Questão 144 - Resposta: a) 3π m^3 b) 6π m^2

Questão 145 - Resposta: 11000π mm^3

UNIDADE 18

MATRIZES e DETERMINANTES

SINOPSE TEÓRICA

18.1) Definições

Toda tabela de números dispostos em linhas e colunas chama-se matriz.

Os números que formam a matriz são os elementos da matriz.

De um modo geral, podemos representar uma matriz com a seguinte notação:

$$A = \begin{array}{c} \text{1ª coluna} \quad \text{2ª coluna} \quad \text{3ª coluna} \quad \text{4ª coluna} \qquad \text{nª coluna} \\ \downarrow \qquad\qquad \downarrow \qquad\qquad \downarrow \qquad\qquad \downarrow \qquad\qquad \downarrow \\ \begin{bmatrix} a_{11} & a_{12} & a_{13} & a_{14} & \cdots & a_{1n} \\ a_{21} & a_{22} & a_{23} & a_{24} & \cdots & a_{2n} \\ a_{31} & a_{32} & a_{33} & a_{34} & \cdots & a_{3n} \\ \vdots & & & & & \\ a_{m1} & a_{m2} & a_{m3} & a_{m4} & \cdots & a_{m5} \end{bmatrix} \begin{array}{l} \rightarrow \text{1ª linha} \\ \rightarrow \text{2ª linha} \\ \rightarrow \text{3ª linha} \\ \\ \rightarrow \text{mª linha} \end{array} \end{array}$$

Cada elemento é representado por a_{ij}, onde i e j indicam a linha e a coluna ocupadas pelo elemento.

Assim: $\begin{cases} a_{24}, \text{ indica o elemento que está na 2ª linha e 4ª coluna.} \\ a_{62}, \text{ indica o elemento que está na 6ª linha e 2ª coluna.} \end{cases}$

Exemplo:

Na matriz $A = \begin{bmatrix} 6 & 4 & 5 & 3 \\ 2 & 1 & 8 & 0 \\ 7 & 9 & 2 & 6 \end{bmatrix}$, temos:

$a_{23} = 8$, $\quad a_{11} = 6$, $\quad a_{14} = 3$, $\quad a_{33} = 2$, $\quad a_{32} = 9$, e assim sucessivamente.

18.2) Tipo de uma matriz

Se uma matriz possui m linhas e n colunas, dizemos que essa matriz é do tipo $m \times n$ (leia: m por n).

Exemplo:
$A = \begin{bmatrix} 1 & 3 & 5 & 6 \\ 7 & 8 & 9 & 0 \end{bmatrix}$ é uma matriz do tipo 2×4 (2 por 4).

18.3) Matriz-linha
É toda matriz do tipo $(1 \times n)$, ou seja, a matriz que possui apenas uma linha.

Exemplo:
$A = [0, 2, 4, 6, 8]$, tipo (1×5).

18.4) Matriz-coluna
É toda matriz do tipo $(m \times 1)$, ou seja, a matriz que possui apenas uma coluna.

Exemplo:
$A = \begin{bmatrix} 1 \\ 3 \\ 5 \end{bmatrix}$, tipo (3×1)

18.5) Matriz quadrada
É toda matriz que possui o número de linhas igual ao número de colunas.

Exemplo:
$A = \begin{bmatrix} 1 & 3 & 2 \\ 0 & 4 & 9 \\ 6 & 7 & 8 \end{bmatrix}$, tipo (3×3)

Na matriz quadrada, o conjunto formado pelos elementos a_{ij} onde $i = j$ é chamado de diagonal principal. No exemplo anterior, os elementos $a_{11} = 1$, $a_{22} = 4$ e $a_{33} = 8$ formam a diagonal principal. A outra diagonal é chamada de diagonal secundária.

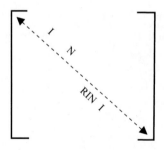
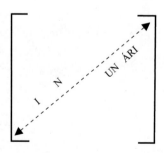

Unidade 18 - *Matrizes e Determinantes* |767

18.6) Matriz diagonal

É toda matriz quadrada que possui todos os elementos, não pertencentes à diagonal principal, iguais a zero.

Exemplos:

$$A = \begin{bmatrix} 2 & 0 & 0 \\ 0 & 5 & 0 \\ 0 & 0 & 7 \end{bmatrix} \text{ ou } B = \begin{bmatrix} 2 & 0 \\ 0 & 5 \end{bmatrix}$$

18.7) Matriz identidade ou unidade

É a matriz diagonal que possui todos os elementos da diagonal principal iguais a 1.

$$I_2 = \begin{bmatrix} 1 & 0 \\ 0 & 1 \end{bmatrix}; \quad I_3 = \begin{bmatrix} 1 & 0 & 0 \\ 0 & 1 & 0 \\ 0 & 0 & 1 \end{bmatrix}; \quad I_4 = \begin{bmatrix} 1 & 0 & 0 & 0 \\ 0 & 1 & 0 & 0 \\ 0 & 0 & 1 & 0 \\ 0 & 0 & 0 & 1 \end{bmatrix}; \quad \text{e assim sucessivamente.}$$

18.8) Matriz transposta

Dada a matriz $A_{(m \times n)}$, a sua transposta A^t é obtida trocando-se as linhas pelas respectivas colunas ou vice-versa.

Exemplo:

$$A = \begin{bmatrix} 2 & 6 & 5 & 1 \\ 3 & 4 & 0 & 9 \\ 7 & 8 & 6 & 5 \end{bmatrix} \text{ e a transposta } A^t = \begin{bmatrix} 2 & 3 & 7 \\ 6 & 4 & 8 \\ 5 & 0 & 6 \\ 1 & 9 & 5 \end{bmatrix}$$

Observação: Veja que:

$A = $ tipo (3×4)

$A^t = $ tipo (4×3)

18.9) Matrizes iguais

Duas matrizes A e B são consideradas iguais quando são do mesmo tipo e seus elementos são respectivamente iguais.

Exemplo:

$$A = \begin{bmatrix} 2 & a & b \\ 5 & 6 & 7 \end{bmatrix} \text{ e } B = \begin{bmatrix} x & 3 & 5 \\ y & z & 7 \end{bmatrix}$$

Se $A = B$, então: $x = 2$; $\quad y = 5$; $\quad z = 6$; $\quad a = 3$ $\quad$ e $\quad b = 5$.

768 | *Matemática no Vestibular*

18.10) Operações

18.10.1) Adição de matrizes

Dadas duas matrizes do mesmo tipo, A e B, a soma $A+B$ é uma matriz do mesmo tipo de A e B, obtida somando-se os elementos correspondentes.

Exemplo:

$$A = \begin{bmatrix} 6 & -5 \\ 3 & 2 \end{bmatrix} \text{ e } B = \begin{bmatrix} 1 & 9 \\ 2 & 0 \end{bmatrix}$$

$$A + B = \begin{bmatrix} 6+1 & -5+9 \\ 3+2 & 2+0 \end{bmatrix}, \text{ ou seja, } A + B = \begin{bmatrix} 7 & 4 \\ 5 & 2 \end{bmatrix}$$

18.10.2) Multiplicação de uma matriz por um número real

Para multiplicar uma matriz por um número real, basta multiplicar esse número real por todos os elementos da matriz.

Exemplo:

$$3 \times \begin{bmatrix} 3 & 1 \\ 2 & 4 \end{bmatrix} = \begin{bmatrix} 3 \times 3 & 3 \times 1 \\ 3 \times 2 & 3 \times 4 \end{bmatrix} = \begin{bmatrix} 9 & 3 \\ 6 & 12 \end{bmatrix}$$

18.10.3) Produto entre matrizes

Considere as matrizes $A = (a_{ij})_{m \times n}$ e $B = (b_{jk})_{n \times p}$. O produto $A \times B$ é uma matriz $C = (c_{ij})_{m \times p}$, obtida por:

$$C_{ik} = \sum_{i=1}^{m} a_{ij} \cdot b_{jk}$$

para $i \in \{1, 2, 3, 4, \ldots, m\}$ e $k \in \{1, 2, 3, \ldots, p\}$.

Note que a matriz produto $A \times B$ só existirá caso o número de **colunas** da matriz A seja igual ao número de **linhas** da matriz B. Ou seja:

Os produtos existentes são da forma

$$m \times \textcircled{n} \overset{\times \ B}{\frown} \textcircled{n} \times p \quad = \quad m \times p$$

xiste   Matriz

produto   produto

Unidade 18 - *Matrizes e Determinantes* |769

Exemplo: Sendo $A = \begin{bmatrix} 2 & 0 & 3 \\ 1 & 8 & -2 \end{bmatrix}$ e $B = \begin{bmatrix} 1 & -3 \\ 6 & 4 \\ 1 & 2 \end{bmatrix}$, temos: Veja

$$\text{m} \times \textcircled{n} \overset{\times \text{ B}}{\longleftrightarrow} \textcircled{n} \times \text{p} \quad = \quad \underbrace{\text{m} \times \text{p}}$$

xiste produto   Matriz produto

$$A \times B = \begin{bmatrix} 2 & 0 & 3 \\ 1 & 8 & -2 \end{bmatrix} \times \begin{bmatrix} 2 & -3 \\ 6 & 4 \\ 1 & 2 \end{bmatrix} = \begin{bmatrix} 2 \times 2 + 0 \times 6 + 3 \times 1 & 2 \times (-3) + 0 \times 4 + 3 \times 2 \\ 1 \times 2 + 8 \times 6 + (-2) \times 1 & 1 \times (-3) + 8 \times 4 + (-2) \times 2 \end{bmatrix}$$

$$A \times B = \begin{bmatrix} 7 & 0 \\ 48 & 25 \end{bmatrix}$$

18.11) Matriz inversa

Dada a matriz quadrada A, a sua inversa A^{-1} é tal que:

$$\boxed{A \cdot A^{-1} = A^{-1} \cdot A = I}$$

onde I é a matriz identidade do mesmo tipo da matriz A.

Exemplo:

Dada a matriz $A = \begin{bmatrix} 2 & 5 \\ 2 & 6 \end{bmatrix}$, a sua inversa A^{-1} será:

$$A^{-1} = \begin{bmatrix} a & b \\ c & d \end{bmatrix}$$

$$A \times A^{-1} = I \text{ ou } \begin{bmatrix} 2 & 5 \\ 2 & 6 \end{bmatrix} \cdot \begin{bmatrix} a & b \\ c & d \end{bmatrix} = \begin{bmatrix} 1 & 0 \\ 0 & 1 \end{bmatrix}$$

$$\begin{bmatrix} 2a + 5c & 2b + 5d \\ 2a + 6c & 2b + 6d \end{bmatrix} = \begin{bmatrix} 1 & 0 \\ 0 & 1 \end{bmatrix}$$

$$\begin{cases} 2a + 5c = 1 \\ 2a + 6c = 0 \end{cases} \Rightarrow a = 3 \quad \text{e} \quad c = -1$$

$$\begin{cases} 2b + 5d = 0 \\ 2b + 6d = 1 \end{cases} \Rightarrow b = \frac{-5}{2} \quad \text{e} \quad d = 1$$

770 | *Matemática no Vestibular*

Então:

$$A^{-1} = \begin{bmatrix} 3 & -5/2 \\ -1 & 1 \end{bmatrix}$$

18.12) Determinante de uma matriz quadrada

O determinante de uma matriz quadrada é um número real associado a essa matriz segundo as regras a seguir:

a) Dada a matriz $A = (a_{ij})_{1 \times 1}$, o seu determinante será o seu único elemento.

$$A = [a_{11}] \Rightarrow \det(A) = a_{11}$$

Exemplo:

$$A = [10] \Rightarrow \det(A) = 10$$

b) Dada uma matriz $A = (a_{ij})_{2 \times 2}$, o seu determinante é o produto dos elementos da diagonal principal **menos** o produto dos elementos da diagonal secundária.

$$A = \begin{bmatrix} a_{11} & a_{12} \\ a_{21} & a_{22} \end{bmatrix} \Rightarrow \det(A) = a_{11} \cdot a_{22} - a_{12} \cdot a_{21}$$

Exemplo:

$$A = \begin{bmatrix} 5 & 4 \\ 9 & 8 \end{bmatrix} \Rightarrow \det(A) = 5 \times 8 - 4 \times 9 = 4$$

c) Dada uma matriz $A = (a_{ij})_{3 \times 3}$, o seu determinante pode ser obtido pela **regra de Sarrus**, que é a seguinte:

Dada a matriz $A = \begin{bmatrix} a_{11} & a_{12} & a_{13} \\ a_{21} & a_{22} & a_{23} \\ a_{31} & a_{32} & a_{33} \end{bmatrix}$, repetem-se os elementos das duas primeiras colunas e a seguir efetuam-se os produtos indicados pelas flechas, conservando-se o sinal dos que estão indicados por $\oplus$, e trocando-se o sinal dos que estão indicados por $\ominus$ somam-se os resultados. Vejam:

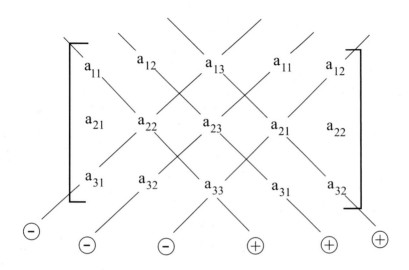

Exemplo:

$$A = \begin{bmatrix} 1 & 3 & -1 \\ 0 & 2 & 4 \\ 4 & 1 & 1 \end{bmatrix}$$

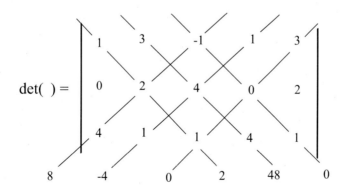

$$= 8 - 4 + 0 + 2 + 48 + 0 = 54$$

d) Determinantes de ordem superior a 3

Em uma matriz $A = (a_{ij})_{n \times n}$, chama-se co-fator de um elemento a_{ij} o produto de

772 | *Matemática no Vestibular*

$(-1)^{i+j}$ pelo determinante da matriz obtida quando eliminamos a linha i e a coluna j. O co-fator do elemento a_{ij} é representado por c_{ij}.

Exemplo:

Na matriz $A = \begin{bmatrix} 3 & 6 & 1 \\ 4 & 3 & 2 \\ 1 & 5 & 4 \end{bmatrix}$, qual o co-fator do elemento a_{23}?

$$= \begin{bmatrix} 3 & 6 & \cancel{1} \\ \cancel{4} & \cancel{3} & \cancel{2} \\ 1 & 5 & \cancel{4} \end{bmatrix}$$

então $C_{23} = (-1)^{2+3} \cdot \begin{vmatrix} 3 & 6 \\ 1 & 5 \end{vmatrix} = -(15 - 6) = -9$

O determinante de uma matriz A é igual à soma dos produtos dos elementos de uma linha ou coluna qualquer pelos seus respectivos co-fatores.

$$\det(A) = \sum_{j=1}^{n} a_{1j}\, c_{1j}$$

Exemplo:

Calcular o determinante da matriz $A = \begin{bmatrix} 4 & 2 & 1 & 5 \\ 0 & 0 & 0 & 4 \\ 0 & 3 & 1 & 2 \\ 2 & 4 & 1 & 1 \end{bmatrix}$

$\det(A) = a_{11} \cdot c_{11} + a_{12} \cdot c_{12} + a_{13} \cdot c_{13} + a_{14} \cdot c_{14}$

$$a_{11} \cdot c_{11} = 4 \cdot (-1)^{1+1} \cdot \begin{vmatrix} 0 & 0 & 4 \\ 3 & 1 & 2 \\ 4 & 1 & 1 \end{vmatrix} = 4 \cdot 1 \cdot (-4) = -16$$

$$a_{12} \cdot c_{12} = 2 \cdot (-1)^{1+2} \cdot \begin{vmatrix} 0 & 0 & 4 \\ 0 & 1 & 2 \\ 2 & 1 & 1 \end{vmatrix} = 2 \cdot (-1) \cdot (-8) = 16$$

$$a_{13} \cdot c_{13} = 1 \cdot (-1)^{1+3} \cdot \begin{vmatrix} 0 & 0 & 4 \\ 0 & 3 & 2 \\ 2 & 4 & 1 \end{vmatrix} = 1 \cdot 1 \cdot (-24) = -24$$

$$a_{14} \cdot c_{14} = 5 \cdot (-1)^{1+4} \cdot \begin{vmatrix} 0 & 0 & 0 \\ 0 & 3 & 1 \\ 2 & 4 & 1 \end{vmatrix} = +5 \cdot (-1) \cdot 0 = 0$$

$$\det(A) = -16 + 16 - 24 + 0 \Rightarrow \det(A) = -24$$

18.13) Propriedades dos determinantes

a) Duas matrizes transpostas têm o mesmo determinante, ou seja, $\det(A) = \det(A^t)$.

b) Se todos os elementos de uma linha, ou de uma coluna de uma matriz A, são iguais a zero, então $\det(A) = 0$.

c) Se uma matriz A possui duas linhas ou duas colunas iguais, então $\det(A) = 0$.

d) Se uma matriz A possui duas linhas ou duas colunas cujos elementos de uma sejam respectivamente proporcionais aos da outra, então $\det(A) = 0$.

e) Se trocarmos as posições de duas linhas ou de duas colunas, o determinante da nova matriz será o simétrico do determinante da matriz original.

f) Se multiplicarmos ou dividirmos uma linha ou uma coluna por um número real, o determinante ficará multiplicado ou dividido por esse número.

QUESTÕES RESOLVIDAS

1. Seja $A = (a_{ij})$ a matriz quadrada de ordem 2 definida por:

$$a_{ij} = \begin{cases} 2^{i+j}, & \text{para} \quad i < j \\ i^2 + 1, & \text{para} \quad i \geq j \end{cases}$$

Escreva a matriz A.

774 | *Matemática no Vestibular*

Resolução:

Como a matriz A é de ordem 2, podemos escrever: $A = \begin{bmatrix} a_{11} & a_{12} \\ a_{21} & a_{22} \end{bmatrix}$, logo:

$a_{11} = i^2 + 1 = 1 + 1 = 2$
$a_{12} = 2^{i+j} = 2^3 = 8$
$a_{21} = i^2 + 1 = 2^2 + 1 = 5$
$a_{22} = i^2 + 1 = 2^2 + 1 = 5$

Então: $\quad A = \begin{bmatrix} 2 & 8 \\ 5 & 5 \end{bmatrix}$

Resposta: $\quad A = \begin{bmatrix} 2 & 8 \\ 5 & 5 \end{bmatrix}$

2. Se $A = \begin{bmatrix} -2x & 1 & x \\ 2 & 0 & -1 \end{bmatrix}, \quad B = \begin{bmatrix} 2 \\ -4 \\ 10 \end{bmatrix}$ e $C = \begin{bmatrix} 20 \\ -6 \end{bmatrix}$ e $C = A \cdot B$, calcule $\log_2 x$.

Resolução:

$C = \begin{bmatrix} -2x & 1 & x \\ 2 & 0 & -1 \end{bmatrix} \cdot \begin{bmatrix} 2 \\ -4 \\ 10 \end{bmatrix} = \begin{bmatrix} -4x - 4 + 10x \\ 4 + 0 - 10 \end{bmatrix} = \begin{bmatrix} 6x - 4 \\ -6 \end{bmatrix}$

Logo: $\begin{bmatrix} 20 \\ -6 \end{bmatrix} = \begin{bmatrix} 6x - 4 \\ -6 \end{bmatrix}$

$6x - 4 = 20 \implies 6x = 24 \implies x = 4$. Então:

$$\log_2^x = \log_2^4 = \log_2 2^2 = 2\log_2 2^1 = 2 \cdot 1 = 2$$

Resposta: 2

3. Achar a inversa da matriz $A = \begin{bmatrix} 4 & 3 \\ 1 & 1 \end{bmatrix}$

Resolução:

Seja $A^{-1} = \begin{bmatrix} a & b \\ c & d \end{bmatrix}$ a sua inversa, então:

$A \cdot A^{-1} = I \implies \begin{bmatrix} 4 & 3 \\ 1 & 1 \end{bmatrix} \cdot \begin{bmatrix} a & b \\ c & d \end{bmatrix} = \begin{bmatrix} 1 & 0 \\ 0 & 1 \end{bmatrix}$

$\begin{bmatrix} 4a + 3c & 4b + 3d \\ a + c & b + d \end{bmatrix} = \begin{bmatrix} 1 & 0 \\ 0 & 1 \end{bmatrix}$

Unidade 18 - *Matrizes e Determinantes* |775

$$\begin{cases} 4a + 3c = 1 \\ a + c = 0 \end{cases} \Rightarrow a = 1 \quad \text{e} \quad c = -1$$

$$\begin{cases} 4b + 3d = 0 \\ b + d = 1 \end{cases} \Rightarrow b = -3 \quad \text{e} \quad d = 4$$

Logo: $A^{-1} = \begin{bmatrix} 1 & -3 \\ -1 & 4 \end{bmatrix}$

Resposta: $A^{-1} = \begin{bmatrix} 1 & -3 \\ -1 & 4 \end{bmatrix}$

4. Ache o determinante da matrix $\begin{bmatrix} \text{sen}\,40° & \cos 40° \\ \text{sen}\,10° & \cos 10° \end{bmatrix}$.

Resolução:

$$\text{sen}\,40° \cos 10° - \cos 40° \, \text{sen}\,10° = \text{sen}(40° - 10°) = \text{sen}\,30° = \frac{1}{2}$$

Resposta: $\dfrac{1}{2}$

QUESTÕES PROPOSTAS

1. (UFBA) A matriz 2×3 com $a_{ij} = \begin{cases} a_{ij} = 2i - j, \text{ se } i \neq j \\ a_{ij} = i + j, \text{ se } i = j \end{cases}$ é:

a) $\begin{pmatrix} 2 & 0 \\ -3 & 4 \\ -1 & 1 \end{pmatrix}$

b) $\begin{pmatrix} 2 & 3 \\ 0 & 4 \\ -1 & -1 \end{pmatrix}$

c) $\begin{pmatrix} 2 & 3 \\ 0 & 4 \\ 1 & 1 \end{pmatrix}$

d) $\begin{pmatrix} 2 & 0 & -1 \\ 3 & 4 & 1 \end{pmatrix}$

e) $\begin{pmatrix} 2 & 0 & -1 \\ -3 & 4 & 1 \end{pmatrix}$

2. (PUC-SP) A é uma matriz 3 por 2, definida pela lei $a_{ij} = \begin{cases} 1, \text{ se } i = j \\ i^2 \text{ se } i \neq j \end{cases}$.

776 | *Matemática no Vestibular*

Então A se escreve:

a) $\begin{bmatrix} 1 & 4 & 9 \\ 1 & 1 & 9 \end{bmatrix}$

b) $\begin{bmatrix} 1 & 1 \\ 4 & 1 \\ 9 & 9 \end{bmatrix}$

c) $\begin{bmatrix} 1 & 1 \\ 1 & 4 \\ 9 & 9 \end{bmatrix}$

d) $\begin{bmatrix} 1 & 1 & 9 \\ 1 & 4 & 9 \end{bmatrix}$

e) $\begin{bmatrix} 1 & 1 \\ 4 & 1 \\ 6 & 6 \end{bmatrix}$

3. (UFPR) Seja $M = [a_{ij}]$ uma matriz de ordem 3×2, tal que:

$$\begin{cases} \text{para } i = j, \ a_{ij} = 2(i - j) \\ \text{para } i \neq j, \ a_{ij} = 2i + j. \end{cases}$$

A matriz M é:

a) $\begin{bmatrix} 0 & 2 \\ 2 & 0 \\ -4 & 0 \end{bmatrix}$

b) $\begin{bmatrix} 0 & 6 \\ 6 & 0 \\ 8 & 10 \end{bmatrix}$

c) $\begin{bmatrix} 0 & 4 \\ 5 & 0 \\ 7 & 8 \end{bmatrix}$

d) $\begin{bmatrix} 0 & 5 & 7 \\ 4 & 0 & 8 \end{bmatrix}$

e) $\begin{bmatrix} 0 & 6 & 8 \\ 6 & 0 & 10 \end{bmatrix}$

4. (UFRS) A matriz transposta da matriz quadrada $A = (a_{ij})$ de ordem 2 com $a_{ij} = i^j + 2$, $1 \leq i \leq 2$, $1 \leq j \leq 2$ é:

Unidade 18 - *Matrizes e Determinantes* |777

a) $\begin{bmatrix} 2 & 4 \\ 4 & 6 \end{bmatrix}$

b) $\begin{bmatrix} 3 & 4 \\ 4 & 6 \end{bmatrix}$

c) $\begin{bmatrix} 3 & 4 \\ 3 & 6 \end{bmatrix}$

d) $\begin{bmatrix} 3 & 3 \\ 6 & 4 \end{bmatrix}$

e) $\begin{bmatrix} 2 & 3 \\ 4 & 6 \end{bmatrix}$

5. (F.M.ABC) Se $A = \begin{bmatrix} 1 & 2 \\ 3 & 2 \\ 4 & 3 \end{bmatrix}$ e $B = \begin{bmatrix} 2 & 0 \\ 1 & 2 \\ 2 & 2 \end{bmatrix}$ então, $A + B$ resultará:

a) $\begin{pmatrix} 3 & 2 \\ 4 & 4 \\ 6 & 5 \end{pmatrix}$

b) $\begin{pmatrix} 3 & 2 \\ 4 & 0 \\ 6 & 1 \end{pmatrix}$

c) $\begin{pmatrix} 3 & 4 & 6 \\ 2 & 4 & 5 \end{pmatrix}$

d) n.d.a.

6. (UFBA) Dadas as matrizes $A = \begin{pmatrix} 2 & -1 \\ 3 & 2 \end{pmatrix}$ e $B = \begin{pmatrix} 1 & 0 \\ 0 & 1 \end{pmatrix}$, o valor de $2B - \dfrac{1}{2}A$
é:

778 | *Matemática no Vestibular*

a) $\begin{pmatrix} 1 & +1/2 \\ 3/2 & 1 \end{pmatrix}$

b) $\begin{pmatrix} 1 & +1/2 \\ -3/2 & 1 \end{pmatrix}$

c) $\begin{pmatrix} 1 & 1/2 \\ -3/2 & 3 \end{pmatrix}$

d) $\begin{pmatrix} -1 & 1/2 \\ -1/2 & 3 \end{pmatrix}$

e) $\begin{pmatrix} 1 & 1 \\ -3 & 3 \end{pmatrix}$

7. (FUND. CARLOS CHAGAS) Seja a matriz $A = \begin{bmatrix} a & -1 \\ b & c \end{bmatrix}$ e A^t sua transposta. Se $A^t = -A$, então:
a) $a = b = 0$ e $c = -1$
b) $a = c = 1$ e $b = -1$
c) $a = c = 0$ e $b = -1$
d) $a = c = 0$ e $b = 1$
e) $a = b = 1$ e $c = -1$

8. (SANTA CASA) Dadas as matrizes $A = \begin{bmatrix} 1 & 3 \\ 2 & 4 \\ 3 & 0 \end{bmatrix}$ e $B = \begin{bmatrix} 0 & 1 & 2 \\ -1 & 2 & 0 \end{bmatrix}$ se A^t é a matriz transposta de A, então $(A^t - B)$ é:

a) $\begin{bmatrix} 1 & 3 & 5 \\ 2 & 6 & 0 \end{bmatrix}$

b) $\begin{bmatrix} 1 & 4 \\ 1 & 2 \\ 1 & 0 \end{bmatrix}$

c) $\begin{bmatrix} 1 & 1 & 1 \\ 4 & 2 & 0 \end{bmatrix}$

d) $\begin{bmatrix} 1 & 2 & 2 \\ 3 & 2 & 3 \end{bmatrix}$

e) $\begin{bmatrix} 1 & 2 \\ 3 & 6 \\ 5 & 0 \end{bmatrix}$

9. (SANTA CASA) Se A é a matriz quadrada, define-se o TRAÇO de A como a

Unidade 18 - *Matrizes e Determinantes* |779

soma dos elementos da diagonal principal de A. Nestas condições, o traço da matriz $A = (a_{ij})_{3\times 3}$, onde $a_{ij} = 2i - 3j$, é igual a:

a) 6

b) 4

c) -2

d) -4

e) -6

10. (OSEC) Em $\begin{bmatrix} x^2 & y^3 \\ x^2 & y^2 \end{bmatrix} + \begin{bmatrix} 3x & -y \\ 4x & 2y \end{bmatrix} = \begin{bmatrix} 4 & 0 \\ 5 & -1 \end{bmatrix}$ x e y valem, respectivamente:

a) -4 e -1

b) -4 e 1

c) -4 e 0

d) 1 e -1

e) 1 e 0

11. (UFF) Considere a matriz $M = \begin{bmatrix} -3 & 0 \\ 4 & 5 \end{bmatrix}$. Os valores de k que tornam nulo o determinante da matriz $M - kI$, sendo I a matriz identidade, são:

a) 0 e 4

b) 4 e 5

c) -3 e 5

d) -3 e 4

e) 0 e 5

12. (UFPA) Sendo $A = \begin{bmatrix} -1 & 7 \\ -2 & 4 \end{bmatrix}$ e $B = \begin{bmatrix} 3 & -1 \\ 4 & 0 \end{bmatrix}$, então a matriz X, tal que $\dfrac{X - A}{2} = \dfrac{X + 2B}{3}$, é igual a:

780 | *Matemática no Vestibular*

a) $\begin{pmatrix} -1 & 4 \\ 3 & 7 \end{pmatrix}$

b) $\begin{pmatrix} -7 & 9 \\ 0 & -8 \end{pmatrix}$

c) $\begin{pmatrix} -1 & 2 \\ 4 & 9 \end{pmatrix}$

d) $\begin{pmatrix} 9 & 17 \\ 10 & 12 \end{pmatrix}$

e) $\begin{pmatrix} -7 & -8 \\ 9 & 12 \end{pmatrix}$

13. (PUCCAMP) No conjunto M das matrizes $n \times m$ (com $n \neq m$), considere as seguintes afirmações:

I - se A é uma matriz de M, sempre estará definido o produto $A \cdot A$;

II - Se A é uma matriz de M, a sua transposta não o será;

III - a soma de duas matrizes de M pode não pertencer a M.

Concluímos que:
a) somente II é verdadeira
b) somente I e II são verdadeiras
c) todas são falsas
d) somente I é falsa
e) n.r.a.

14. (UFSC) Dadas as matrizes

$$A = \begin{bmatrix} 1 & -2 \\ 3 & 4 \end{bmatrix}, \quad B = \begin{bmatrix} 3 & 4 & 2 \\ 5 & -2 & 1 \end{bmatrix} \quad \text{e} \quad \begin{bmatrix} 1 & 2 & 3 \\ -4 & 5 & 6 \\ 0 & 1 & -3 \end{bmatrix}$$

e os produtos AB, AC, BC, BA, CA, CB, os produtos possíveis de calcular são:
a) somente AC e CA
b) todos os produtos
c) somente AB e BC
d) somente AB, BA, BC, CB
e) somente AB e BA

15. (FATEC) Sabe-se que as ordens das matrizes A, B e C são, respectivamente, $3 \times r$, $3 \times s$ e $2 \times t$. Se a matriz $(A - B) \cdot C$ é de ordem 3×4, então $r + s + t$ é igual a:

Unidade 18 - *Matrizes e Determinantes* |781

a) 6
b) 8
c) 10
d) 12
e) 14

16. (UNI-RIO) Considere as matrizes

$$A = \begin{bmatrix} 3 & 5 \\ 2 & 1 \\ 0 & -1 \end{bmatrix}, \quad B = \begin{bmatrix} 4 \\ 3 \end{bmatrix} \quad e \quad C = [2\,1\,3]$$

A adição da transposta de A com o produto de B por C é:

a) impossível de se efetuar, pois não existe o produto de B por C

b) impossível de se efetuar, pois as matrizes são todas de tipos diferentes

c) impossível de se efetuar, pois não existe a soma da transposta de A com o produto de B por C

d) possível de se efetuar e o seu resultado é do tipo 2×3

e) possível de se efetuar e o seu resultado é do tipo 3×2

17. (UFPE) Se A é uma mariz 3×4 e B uma matriz $n \times m$, então:
a) Existe $A + B$ se, e somente se, $n = 4$ e $m = 3$
b) Existe AB se, e somente se, $n = 4$ e $m = 3$
c) Existe AB e BA se, e somente se, $n = 4$ e $m = 3$
d) Existem, iguais, $A + B$ e $B + A$ se, e somente se, $A = B$
e) Existem, iguais, AB e BA se, e somente se, $A = B$

18. (UFSC) A soma dos valores de x e y que satisfazem a equação matricial
$\begin{pmatrix} 1 & 3 \\ 2 & 5 \end{pmatrix} \begin{pmatrix} x & 2 \\ y & 1 \end{pmatrix} = \begin{pmatrix} 2 & 2 \\ 3 & 9 \end{pmatrix}$ é:
a) 1
b) 0
c) 2
d) -1
e) -2

19. (CESGRANRIO) Multiplicando $\begin{pmatrix} 1 & a \\ b & 2 \end{pmatrix} \cdot \begin{pmatrix} 2 & 3 \\ 1 & 0 \end{pmatrix}$ obtemos $\begin{pmatrix} 4 & 3 \\ 2 & 0 \end{pmatrix}$.
O produto dos elementos a e b da primeira matriz é:

782 | *Matemática no Vestibular*

a) −2

b) −1

c) 0

d) 1

e) 6

20. **(UFPR)** Resolvendo a equação $\begin{bmatrix} x & -4 \\ x^2 & y \end{bmatrix} \cdot \begin{bmatrix} x & 2 \\ y & 1 \end{bmatrix} = \begin{bmatrix} 13 & 2x-4 \\ x^3+y^2 & 8 \end{bmatrix}$, encontramos, para valores de x e y, respectivamente:

a) 3; 2

b) $\pm\sqrt{\dfrac{1}{2}}, -5$

c) $-\dfrac{7}{3} ; \dfrac{4}{5}$

d) $6; \pm\sqrt{3}$

e) $\pm\sqrt{5}; -2$

21. (FEI-SP) Dadas as matrizes $A = \begin{pmatrix} 1 & 1 \\ 0 & 0 \end{pmatrix}$ e $B = \begin{pmatrix} 0 & 1 \\ 0 & -1 \end{pmatrix}$, para $A \cdot B$ temos:

a) $\begin{pmatrix} 0 & 1 \\ 0 & 0 \end{pmatrix}$

b) $\begin{pmatrix} 0 & 0 \\ 0 & 0 \end{pmatrix}$

c) $\begin{pmatrix} 0 & 1 \\ 0 & -1 \end{pmatrix}$

d) $\begin{pmatrix} 0 & 2 \\ 0 & 0 \end{pmatrix}$

e) $\begin{pmatrix} 1 \\ 1 \end{pmatrix}$

22. (OSEC-SP) Dadas as matrizes $A = \begin{bmatrix} 1 & -1 \\ 2 & 3 \end{bmatrix}$ e $B = \begin{bmatrix} 0 & 1 \\ 3 & 8 \end{bmatrix}$, então, calculando-se $(A+B)^2$, obtém-se:

Unidade 18 - *Matrizes e Determinantes* |783

a) $\begin{bmatrix} 1 & 0 \\ 60 & 121 \end{bmatrix}$

b) $\begin{bmatrix} 1 & 0 \\ 25 & 121 \end{bmatrix}$

c) $\begin{bmatrix} 1 & 0 \\ 4 & 8 \end{bmatrix}$

d) $\begin{bmatrix} 1 & 60 \\ 1 & 121 \end{bmatrix}$

e) $\begin{bmatrix} 1 & 1 \\ 1 & 1 \end{bmatrix}$

23. (UFCE) Considere a matriz $A = \begin{bmatrix} 1 & 1 \\ 0 & 1 \end{bmatrix}$ de ordem 2×2. Então pode-se afirmar que a soma $A + A^2 + \cdots + A^n$ é igual a:

a) $\begin{bmatrix} 1 & n \\ 0 & 1 \end{bmatrix}$

b) $\begin{bmatrix} n & n^2 \\ 0 & n \end{bmatrix}$

c) $\begin{bmatrix} 1 & \dfrac{n(n+1)}{2} \\ 0 & 1 \end{bmatrix}$

d) $\begin{bmatrix} n & \dfrac{n^2+n}{2} \\ 0 & n \end{bmatrix}$

e) $\begin{bmatrix} n & n \\ 0 & n \end{bmatrix}$

24. (F.E.PASSOS-MG) Seja $\begin{pmatrix} 1 & 2 \\ 3 & 4 \end{pmatrix}$, então $A \cdot A$ é igual a:

784 | *Matemática no Vestibular*

a) $\begin{pmatrix} 1 & 4 \\ 9 & 16 \end{pmatrix}$

b) $\begin{pmatrix} 1 & 6 \\ 6 & 16 \end{pmatrix}$

c) $\begin{pmatrix} 5 & 11 \\ 11 & 22 \end{pmatrix}$

d) $\begin{pmatrix} 4 & 6 \\ 6 & 4 \end{pmatrix}$

e) $\begin{pmatrix} 7 & 10 \\ 15 & 22 \end{pmatrix}$

25. (UFBA) Sendo $M = \begin{pmatrix} 1 & 0 \\ 0 & 1 \end{pmatrix}$, $N = \begin{pmatrix} 0 & 0 \\ 0 & 0 \end{pmatrix}$ e $P = \begin{pmatrix} 6 & 8 \\ 10 & 7 \end{pmatrix}$, é verdade que:

a) $M \times P = P$
b) $N \times P = P$
c) $M \times M = N$
d) $M + P = P$
e) $M + N = N$

26. (FGV-SP) Dadas as matrizes $A = \begin{bmatrix} 5 & 0 & -3 \\ 1 & -2 & 1 \\ 0 & 0 & -1 \end{bmatrix}$ e $B = \begin{bmatrix} 1 & -1 \\ 0 & 3 \\ -2 & 4 \end{bmatrix}$, o elemento c_{12} da matriz $C = A \cdot B$ é:

a) -17
b) 7
c) -3
d) 3
e) -6

27. (UNIFICADO) Na área de Informática, as operações com matrizes aparecem com grande freqüência. Um programador, fazendo levantamento dos dados de uma pesquisa, utilizou as matrizes

$$A = \begin{vmatrix} 5 & 2 & 1 \\ 3 & 1 & 4 \end{vmatrix}; \quad B = \begin{vmatrix} 1 & 3 & 2 \\ 2 & 1 & 2 \\ 1 & 1 & 1 \end{vmatrix}; \quad C = A \times B.$$

O elemento C_{23} da matriz C é igual a:

a) 18
b) 15
c) 14

Unidade 18 - *Matrizes e Determinantes* |785

d) 12

e) 9

28. (UFPA) A matriz A de ordem 2 é tal que $a_{ij} = \begin{cases} i^j, \text{ se } i \neq j \\ i - 3j, \text{ se } i = j \end{cases}$, então a

matriz $A^2 + 2A^t$ é:

a) $\begin{pmatrix} 0 & 5 \\ 6 & 8 \end{pmatrix}$

b) $\begin{pmatrix} 4 & -3 \\ 15 & 25 \end{pmatrix}$

c) $\begin{pmatrix} -2 & -8 \\ -16 & 14 \end{pmatrix}$

d) $\begin{pmatrix} 2 & -2 \\ -10 & 10 \end{pmatrix}$

e) $\begin{pmatrix} 3 & -1 \\ -1 & 8 \end{pmatrix}$

29. (UNI-RIO) O produto das matrizes

$$A = \begin{bmatrix} a & b \\ b & a \end{bmatrix} \text{ e } B = \begin{bmatrix} c & d \\ d & c \end{bmatrix}$$

é tal que:

a) $A \cdot B = \begin{bmatrix} ac & bd \\ bd & ac \end{bmatrix}$

b) $A \cdot B = \begin{bmatrix} ad & bc \\ bd & ac \end{bmatrix}$

c) $B \cdot A = \begin{bmatrix} ac & bd \\ bd & ac \end{bmatrix}$

d) $B \cdot A = \begin{bmatrix} abcd & abcd \\ abcd & abcd \end{bmatrix}$

e) $A \cdot B = B \cdot A$, para quaisquer valores de a, b, c, d.

30. (FATEC-SP) Sejam $X = \begin{pmatrix} a & -1 \\ 2 & a \end{pmatrix}$ e $Y = \begin{pmatrix} 2 & 4 \\ -8 & 2 \end{pmatrix}$ onde $a \in R$. Se $X^2 = Y$, então:

786 | *Matemática no Vestibular*

a) $a = 2$

b) $a = -2$

c) $a = \dfrac{1}{2}$

d) $a = -\dfrac{1}{2}$

e) n.r.a.

31. (FM Santa Casa-SP) $[4\ 1\ 3] \cdot \begin{bmatrix} 1 \\ 2 \\ 5 \end{bmatrix} =$

a) $\begin{bmatrix} 4 & 1 & 3 \\ 8 & 2 & 6 \\ 20 & 5 & 15 \end{bmatrix}$

b) $\begin{bmatrix} 1 \\ 2 \\ 5 \end{bmatrix} \cdot [4\ 1\ 3]$

c) $[21]$

d) $\begin{bmatrix} 4 \\ 8 \\ 10 \end{bmatrix}$

e) $[4]$

32. (CESGRANRIO) Se $M = \begin{bmatrix} 1 & 2 \\ 0 & 1 \end{bmatrix}$ e $N = \begin{bmatrix} 2 & 0 \\ 1 & 1 \end{bmatrix}$, então $MN - NM$ é:

Unidade 18 - *Matrizes e Determinantes* |787

a) $\begin{bmatrix} 2 & -2 \\ 0 & -2 \end{bmatrix}$

b) $\begin{bmatrix} 0 & 0 \\ 0 & 0 \end{bmatrix}$

c) $\begin{bmatrix} 1 & 0 \\ 0 & 1 \end{bmatrix}$

d) $\begin{bmatrix} 4 & 2 \\ 1 & 1 \end{bmatrix}$

e) $\begin{bmatrix} -1 & 2 \\ -1 & 0 \end{bmatrix}$

33. (F. CARLOS CHAGAS-SP) Dadas as matrizes $A = \begin{pmatrix} 2 & 1 \\ -1 & x+1 \end{pmatrix}$ e $B = \begin{pmatrix} 1 & 1 \\ 2 & -2 \end{pmatrix}$, se $A \cdot B = \begin{pmatrix} x^2 & 0 \\ -3 & 1 \end{pmatrix}$, então x é um número:

a) irracional negativo
b) irracional positivo
c) racional positivo
d) natural
e) inteiro

34. (CESCEM-SP) O produto $M \cdot N$ da matriz $M = \begin{pmatrix} 1 \\ 1 \\ 1 \end{pmatrix}$ pela matriz $N = (1\ 1\ 1)$:

a) não se define
b) é a matriz identidade de ordem 3
c) é uma matriz de uma linha e uma coluna
d) é uma matriz quadrada de ordem 3
e) não é uma matriz quadrada

35. (UERJ) Cada par ordenado (x, y) do plano pode ser escrito como uma matriz $\begin{pmatrix} x \\ y \end{pmatrix}$.

Para obter uma rotação de $90°$ do ponto de coordenadas (x, y) em torno da origem no sentido anti-horário basta multiplicar a matriz $\begin{pmatrix} 0 & -1 \\ 1 & 0 \end{pmatrix}$ por $\begin{pmatrix} x \\ y \end{pmatrix}$.

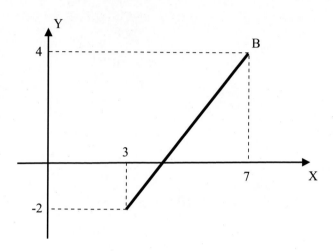

Aplicando-se esse método para fazer a rotação do ponto médio do segmento $\overline{AB}$ da figura acima suas novas coordenadas serão:

a) $(5, -1)$
b) $(-1, 5)$
c) $(-5, -1)$
d) $(-1, -5)$

36. (UERJ) Multiplicando-se

$$A = \begin{bmatrix} 0 & 1 & 0 \\ 0 & 0 & 1 \\ 1 & 0 & 0 \end{bmatrix} \quad \text{por} \quad X = \begin{bmatrix} a \\ b \\ c \end{bmatrix},$$

obtém-se $AX = \begin{bmatrix} b \\ c \\ a \end{bmatrix}$ que é uma permutação dos elementos de X. Existem 5 outras matrizes de mesma ordem da matriz A, com apenas elementos 0 e 1, que, multiplicadas por X, formam as outras permutações dos elementos de X. A soma destas 5 matrizes é:

Unidade 18 - *Matrizes e Determinantes* |789

a) $\begin{bmatrix} 1 & 2 & 2 \\ 2 & 1 & 2 \\ 2 & 2 & 1 \end{bmatrix}$

b) $\begin{bmatrix} 2 & 1 & 2 \\ 1 & 2 & 2 \\ 2 & 2 & 1 \end{bmatrix}$

c) $\begin{bmatrix} 2 & 1 & 2 \\ 2 & 2 & 1 \\ 1 & 2 & 2 \end{bmatrix}$

d) $\begin{bmatrix} 2 & 1 & 2 \\ 1 & 2 & 2 \\ 1 & 2 & 2 \end{bmatrix}$

e) $\begin{bmatrix} 1 & 2 & 2 \\ 2 & 2 & 1 \\ 1 & 1 & 2 \end{bmatrix}$

37. (ITA) Seja a matriz $A = \begin{bmatrix} a & b \\ c & d \end{bmatrix}$, onde $a = 2^{(1+\log_2 5)}$; $b = 2^{\log_2 8}$, $c = \log_{\sqrt{5}} 81$ e $d = \log_{\sqrt{3}} 27$.

Uma matriz real quadrada B, de ordem 2, tal que AB é a matriz identidade de ordem 2, é:

a) $\begin{bmatrix} \log_{\sqrt{3}} 27 & 1 \\ 2 & \log_{\sqrt{5}} 81 \end{bmatrix}$

b) $\begin{bmatrix} -3/2 & 2 \\ \sqrt{3} & -5 \end{bmatrix}$

c) $\begin{bmatrix} -3/2 & 2 \\ 2 & -5/2 \end{bmatrix}$

d) $\begin{bmatrix} 2 & -3/2 \\ -3/2 & \log_2 5 \end{bmatrix}$

e) $\begin{bmatrix} \log_2 5 & 3\log_{\sqrt{3}} 81 \\ 5 & -2^{\log_2 81} \end{bmatrix}$

38. (FUVEST) Considere as matrizes:
1) $A = (a_{ij})$, 4×7, definida por $a_{ij} = i - j$
2) $B = (b_{ij})$, 7×9, definida por $b_{ij} = i$
3) $C = (c_{ij})$, $C = AB$

O elemento c_{63}:
a) é -112

790 | *Matemática no Vestibular*

b) é -18

c) é -9

d) é 112

e) não existe

39. (UFRJ) A inversa da matriz $A = \begin{pmatrix} 2 & 4 \\ 1 & 5 \end{pmatrix}$ é:

a) $\begin{pmatrix} -2 & -4 \\ -1 & -5 \end{pmatrix}$

b) $\begin{pmatrix} 2 & 1 \\ 4 & 5 \end{pmatrix}$

c) $\begin{pmatrix} \dfrac{5}{6} & -\dfrac{2}{3} \\ -\dfrac{1}{6} & \dfrac{1}{3} \end{pmatrix}$

d) $\begin{pmatrix} \dfrac{1}{2} & \dfrac{1}{4} \\ 1 & \dfrac{1}{5} \end{pmatrix}$

e) Não existe a inversa

40. (F.C.CHAGAS) A inversa da matriz $A = (a_{ij})_{2\times 2}$, onde $a_{ij} = \begin{cases} 1, & \text{se } i = j \\ -2, & \text{se } i \neq j \end{cases}$

Unidade 18 - *Matrizes e Determinantes* |791

é a matriz

a) $\begin{pmatrix} \dfrac{1}{3} & -\dfrac{2}{3} \\ -\dfrac{2}{3} & \dfrac{1}{3} \end{pmatrix}$

b) $\begin{pmatrix} -\dfrac{1}{3} & -\dfrac{2}{3} \\ -\dfrac{2}{3} & -\dfrac{1}{3} \end{pmatrix}$

c) $\begin{pmatrix} -\dfrac{1}{3} & \dfrac{2}{3} \\ \dfrac{2}{3} & -\dfrac{1}{3} \end{pmatrix}$

d) $\begin{pmatrix} -2 & 1 \\ 1 & -2 \end{pmatrix}$

e) $\begin{pmatrix} -1 & 2 \\ 2 & -1 \end{pmatrix}$

41. (ITA) Considere P a matriz inversa da matriz M, onde $M = \begin{bmatrix} \dfrac{1}{3} & 0 \\ \dfrac{1}{7} & 1 \end{bmatrix}$.

A soma dos elementos da diagonal principal da matriz P é:

a) $\dfrac{9}{4}$

b) $\dfrac{4}{9}$

c) 4

d) $\dfrac{5}{9}$

e) $-\dfrac{1}{9}$

42. (F.C.CHAGAS) A matriz inversa da matriz $\begin{bmatrix} 1 & 2 \\ 3 & 4 \end{bmatrix}$ é:

a) $\begin{bmatrix} 1 & 3 \\ 2 & 4 \end{bmatrix}$

792 | *Matemática no Vestibular*

b) $\begin{bmatrix} -1 & -2 \\ -3 & -4 \end{bmatrix}$

c) $\begin{bmatrix} 4 & 3 \\ 2 & 1 \end{bmatrix}$

d) $\begin{bmatrix} 1 & 0 \\ 0 & 1 \end{bmatrix}$

e) $\begin{bmatrix} -2 & 1 \\ 3/2 & -1/2 \end{bmatrix}$

43. (U.F.CEARÁ) Se $X = \begin{bmatrix} 1 & -1 \\ 2 & 0 \end{bmatrix}$, então $X^t \cdot X^{-1}$ é igual a:

a) $\begin{bmatrix} -2 & 3 \\ 0 & -1 \end{bmatrix}$

b) $\begin{bmatrix} 2 & -3 \\ 0 & 1 \end{bmatrix}$

c) $\begin{bmatrix} -2 & 3/2 \\ 0 & -1/2 \end{bmatrix}$

44. (UNI-RIO) O valor de a tal que $\begin{bmatrix} -11/2 & 7/2 \\ 5/2 & -3/2 \end{bmatrix}$ seja a matriz inversa de $\begin{bmatrix} 3 & 7 \\ a & 11 \end{bmatrix}$ é:

a) -1
b) 3
c) $1/5$
d) 2
e) 5

45. (F.C.CHAGAS) A matriz $A = \begin{bmatrix} a & a-1 & 1 \\ a+1 & -1 & 0 \\ 1 & 2 & -1 \end{bmatrix}$ é inversível se, e somente se:

a) $a \neq 1$ e $a \neq 2$
b) $a \neq -1$ e $a \neq -2$
c) $a \neq -1$ e $a \neq 2$
d) $a = -1$ ou $a = -2$
e) $a = -1$ ou $a = 2$

46. (UFPA) O valor de um determinante é 12. Se dividirmos a 1ª linha por 6 e multiplicarmos a 3ª coluna por 4, o novo determinante valerá:

a) 8

Unidade 18 - *Matrizes e Determinantes* |793

b) 18

c) 24

d) 36

e) 48

47. (F.C.CHAGAS) Seja $X = \begin{vmatrix} 1 & 2 & 1 \\ 3 & -1 & 4 \\ 2 & 0 & 1 \end{vmatrix}$. É verdade que:

a) $\begin{vmatrix} 2 & 0 & 1 \\ 3 & -1 & 4 \\ 1 & 2 & 1 \end{vmatrix} = X$

b) $\begin{vmatrix} 2 & 1 & 1 \\ -1 & 3 & 4 \\ 0 & 2 & 1 \end{vmatrix} = X$

c) $\begin{vmatrix} 1 & 2 & 1 \\ 2 & 0 & 1 \\ 3 & -1 & 4 \end{vmatrix} = -X$

d) $\begin{vmatrix} -1 & 2 & 1 \\ 3 & -1 & 4 \\ 2 & 0 & 1 \end{vmatrix} = -X$

e) $\begin{vmatrix} 2 & 4 & 2 \\ 6 & -2 & 8 \\ 4 & 0 & 2 \end{vmatrix} = 2 \cdot X$

48. (F.C.CHAGAS) Das sentenças abaixo, a verdadeira é:

a) $\begin{vmatrix} 1 & 2 & 3 \\ 3 & 2 & 1 \\ 1 & 1 & 2 \end{vmatrix} = 0$

b) $2 \cdot \begin{vmatrix} 1 & 2 & 3 \\ 2 & 3 & 4 \\ 3 & 4 & 5 \end{vmatrix} = \begin{vmatrix} 2 & 4 & 6 \\ 4 & 6 & 8 \\ 6 & 8 & 10 \end{vmatrix}$

c) $\begin{vmatrix} 1 & 2 & 3 \\ 4 & 5 & 6 \\ 7 & 8 & 9 \end{vmatrix} = \begin{vmatrix} 1 & 4 & 7 \\ 2 & 5 & 8 \\ 3 & 6 & 9 \end{vmatrix}$

d) $\begin{vmatrix} 1 & 2 & 3 \\ 1 & 2 & 4 \\ 1 & 3 & 5 \end{vmatrix} = \begin{vmatrix} 1 & 3 & 2 \\ 1 & 4 & 2 \\ 1 & 5 & 3 \end{vmatrix}$

794 | *Matemática no Vestibular*

e) $\begin{vmatrix} \dfrac{1}{2} & \dfrac{1}{3} & \dfrac{1}{4} \\ 1 & 1 & 1 \\ 4 & 5 & 6 \end{vmatrix} = \begin{vmatrix} 1 & \dfrac{1}{2\,3\,4} & 1 \\ 1 & 1 & 1 \\ \dfrac{1}{4} & 5 & 6 \end{vmatrix}$

49. (MACK) Dadas as matrizes:

$$A = \begin{bmatrix} a & b & c \\ 5 & 3 & 2 \\ 2 & 4 & 6 \end{bmatrix} \quad e \quad B = \begin{bmatrix} a & 5 & 1 \\ b & 3 & 2 \\ c & 2 & 3 \end{bmatrix}$$

de determinantes não nulos. Então, para quaisquer valores de a, b e c, temos:
a) $\det A = 2 \det B$
b) $\det A = \det B^t$
c) $\det A^t = \det B$
d) $\det B = 2 \det A$
e) $\det A = \det B$

50. (FUVEST) A é uma matriz quadrada de ordem 2, inversível e $\det(A)$ o seu determinante. Se $\det(2A) = \det(A^2)$, então $\det(A)$ será igual a:
a) 0
b) 1
c) $\dfrac{1}{2}$
d) 4
e) 16

51. (F.C.CHAGAS) Seja o determinante $D = \begin{vmatrix} a & b \\ c & d \end{vmatrix}$. É verdade que:

a) $\begin{vmatrix} a & 1 \\ c & 1 \end{vmatrix} = D - 1$

b) $\begin{vmatrix} b & a \\ d & c \end{vmatrix} = D$

c) $\begin{vmatrix} c & d \\ a & b \end{vmatrix} = D$

d) $\begin{vmatrix} d & c \\ b & a \end{vmatrix} = D$

e) $\begin{vmatrix} a^2 & b^2 \\ c^2 & d^2 \end{vmatrix} = D^2$

52. (F.C.CHAGAS) Sendo x e y, respectivamente os determinantes das matrizes não singulares $\begin{bmatrix} a & b \\ c & d \end{bmatrix}$ e $\begin{bmatrix} 2a & 2c \\ -3b & -3d \end{bmatrix}$, então $\dfrac{y}{x}$ vale:

Unidade 18 - *Matrizes e Determinantes* |795

a) 36
b) 12
c) −6
d) −12
e) −36

53. (UFSanta Maria-RS) O conjunto solução da equação $\begin{vmatrix} 2^x & 2^2 \\ 2^x & 2^x \end{vmatrix} = 2^5$ é:

a) $\{-2, 3\}$

b) $\left\{\dfrac{1}{2}, 3\right\}$

c) $\{\sqrt{2}, 3\}$

d) $\{-3\}$

e) $\{3\}$

54. (MACK) Se $\det A = 5$ e $A^{-1} = \begin{bmatrix} \dfrac{4}{5} & a \\ -\dfrac{1}{5} & \dfrac{2}{5} \end{bmatrix}$, então a é igual a:

a) $-\dfrac{8}{5}$

b) 0

c) $\dfrac{1}{5}$

d) $-\dfrac{3}{5}$

e) $\dfrac{2}{5}$

55. (MACK) Sendo $A = (a_{ij})$ uma matriz quadrada de ordem 2 e $a_{ij} = j - i^2$, o determinante da matriz A é:

a) 0
b) 1
c) 2
d) 3
e) 4

56. (UNESP) O produto das matrizes

$$\begin{pmatrix} \cos a & -\operatorname{sen} a \\ \operatorname{sen} a & \cos a \end{pmatrix} \cdot \begin{pmatrix} \cos b & -\operatorname{sen} b \\ \operatorname{sen} b & \cos b \end{pmatrix}$$

796 | *Matemática no Vestibular*

é uma matriz de determinante igual a:
 a) 1
 b) 0
 c) $\operatorname{sen}(a+b)$
 d) $\cos(a+b)$
 e) $a^2 + b^2$

57. (MACK) Se $\begin{vmatrix} \cos^2 x & \operatorname{sen} x \\ a\operatorname{sen} x & a \end{vmatrix} = \begin{vmatrix} \operatorname{sen} x & 0 \\ -1 & 2\cos x \end{vmatrix}$, então para todo $x \neq \dfrac{\pi}{4} + \dfrac{k\pi}{2}$, $k \in Z$, o valor de a é:
 a) $2\operatorname{sen} x$
 b) $\sec 2x$
 c) $\cos 2x$
 d) $\operatorname{sen} 2x$
 e) $\operatorname{tg} 2x$

58. (UFPA) Se $A = \begin{pmatrix} 1 & -1 \\ 0 & 2 \end{pmatrix}$ e $B = \begin{pmatrix} 1 & 5 \\ 2 & 0 \end{pmatrix}$, então $\det(AB)$ é:
 a) -20
 b) -10
 c) 0
 d) 10
 e) 20

59. (USC) Dadas as matrizes $A = \begin{pmatrix} 3 & -2 \\ -7 & 5 \end{pmatrix}$ e $B = \begin{pmatrix} -1 & 1 \\ -1 & -1 \end{pmatrix}$, o valor do $\det(A^3 \cdot B^2)$ é:
 a) -1
 b) 1
 c) -2
 d) 2
 e) 4

60. (UFRN) O determinante $\begin{vmatrix} 1 & 72 & 81 \\ 0 & 2 & 200 \\ 0 & 0 & 3 \end{vmatrix}$ é igual a:
 a) 6
 b) 72
 c) 81
 d) 161
 e) 200

Unidade 18 - *Matrizes e Determinantes* |797

61. (UFPA) Se a e b são raízes da equação $\begin{vmatrix} 1 & 3^{-1} & 3^x \\ 0 & \log_3 x & 0 \\ \dfrac{1}{9} & \log^3 x & 1 \end{vmatrix} = 0$, onde $x > 0$,

então:
- a) $a + b = 0$
- b) $a \cdot b = 1/2$
- c) $a = b$
- d) $a + b = 3$
- e) $a \cdot b = 1$

62. (PUC) A equação $\begin{vmatrix} 2 & 1 & 3 \\ 4 & -1 & n-1 \\ n & 0 & n \end{vmatrix} = 12$ tem como conjunto-verdade:
- a) $\{-6, 2\}$
- b) $\{-2, 6\}$
- c) $\{2, 6\}$
- d) $\{-6, 6\}$
- e) $\{-2, 2\}$

63. (VUNESP) Considere as matrizes reais 3×3

$$\begin{pmatrix} a & b & c \\ x & y & z \\ 1 & 1 & 1 \end{pmatrix} \quad e \quad \begin{pmatrix} m & n & p \\ x & y & z \\ 1 & 1 & 1 \end{pmatrix}$$

Se indicarmos por A e B, respectivamente, os determinantes dessas matrizes, o determinante da matriz

$$\begin{pmatrix} a+m+1 & b+n+1 & c+p+1 \\ 1 & 1 & 1 \\ 2x & 2y & 2z \end{pmatrix}$$

é igual a:
- a) $-2A - 2B$
- b) $2A + 2B + 1$
- c) $2A + 2B$
- d) $-2A - 2B - 1$
- e) $2A - 2B - 1$

64. (FUVEST) O número de raízes da equação $\begin{vmatrix} 0 & 3^x & 1 \\ 0 & 3^x & 2 \\ 4 & 3^x & 3 \end{vmatrix} = 0$ é:

798 | *Matemática no Vestibular*

a) 0
b) 1
c) 2
d) 3
e) 4

65. (UCP-PR) Calcule x e y, de sorte que:

$$\begin{vmatrix} 1 & 0 & 1 \\ 2 & 4 & 3 \\ x & y & 5 \end{vmatrix} = 0 \quad \text{e} \quad \begin{vmatrix} 3 & 1 & x \\ 2 & y & 1 \\ 0 & 3 & 5 \end{vmatrix} = 47.$$

a) $x = 1, y = 3$
b) $x = 3, y = 2$
c) $x = 4, y = 4$
d) $x = 4, y = 3$
e) $x = 2, y = 5$

66. (FUVEST) O determinante da inversa da matriz $\begin{pmatrix} 1 & 0 & 1 \\ -1 & -2 & 0 \\ 1/5 & 4 & 3 \end{pmatrix}$ é:

a) $-\dfrac{52}{5}$

b) $-\dfrac{48}{5}$

c) $-\dfrac{5}{48}$

d) $\dfrac{5}{52}$

c) $\dfrac{5}{48}$

67. (AMAN-RJ) A solução da equação $\begin{vmatrix} 1 & 1 & 0 \\ x & 0 & 2 \\ 1 & 1 & 2 \end{vmatrix} + 2 = 0$ é:

a) -1
b) 0
c) 1
d) 4
e) 5

Unidade 18 - *Matrizes e Determinantes* |799

68. (FAAP-SP) Calculando

$$\begin{vmatrix} 1 & 1 & 1 \\ \log 7 & \log 70 & \log 700 \\ (\log 7)^2 & (\log 70)^2 & (\log 700)^2 \end{vmatrix},$$

obtemos:

   a) 0
   b) 1
   c) 2
   d) $\log 7$
   e) n.d.a.

69. (UFPR) O valor do determinante $\begin{vmatrix} 1 & x & 1 \\ 1+x & 1+x & 1+x \\ x & 1 & x \end{vmatrix}$ é:

   a) 0
   b) 1
   c) x
   d) $1 + x$
   e) $x^2 + x$

70. (FUVEST) Resolver a equação $\begin{vmatrix} x & 1 & x \\ 3 & x & 4 \\ 1 & 3 & 3 \end{vmatrix} = -3;$

   a) $\{1; 3\}$
   b) $\{-1; 2\}$
   c) $\{2; 4\}$
   d) $\{-2; 4\}$
   e) $\{-1/2; 2\}$

71. (F.C.CHAGAS-BA) Os valores de x que satisfazem

$$\begin{vmatrix} \operatorname{sen} x & -\cos x & -\cos x \\ \cos x & \operatorname{sen} x & \operatorname{sen} x \\ \operatorname{sen} x & -1 & \cos x \end{vmatrix} = 0$$

sendo $-2\pi \le x \le 2\pi$ são:

800 | *Matemática no Vestibular*

a) $-2x, -\pi, 0, \pi$ e 2π

b) $-\dfrac{3\pi}{2}, \dfrac{\pi}{2}, \dfrac{\pi}{2}$ e $\dfrac{3\pi}{2}$

c) $-2\pi, \ 0$ e $\ \pi$

d) $-\dfrac{\pi}{2}$ e $\dfrac{3\pi}{2}$

e) $-\pi$ e π

72. (CEFET) Pode-se afirmar que o determinante $\begin{vmatrix} 1 & \log 2 & \log 4 \\ -1 & \log 4 & \log 8 \\ 1 & \log 8 & \log 16 \end{vmatrix}$ é:

a) 0

b) 1

c) $-4\log 2$

d) $-8\log 2$

e) $-4\log^2 2$

73. (PUC-RS) A equação $\begin{vmatrix} 2 & 1 & 3 \\ 4 & -1 & n-1 \\ n & 0 & n \end{vmatrix} = 12$ tem como conjunto verdade:

a) $\{-6, 2\}$

b) $\{-2, 6\}$

c) $\{2, 6\}$

d) $\{-6, 6\}$

e) $\{-2, 2\}$

74. (UNESP) Se a e b são as raízes da equação $\begin{vmatrix} 2^x & 8^x & 0 \\ \log_2 x & \log_2 x^2 & 0 \\ 1 & 2 & 3 \end{vmatrix} = 0$, onde

Unidade 18 - *Matrizes e Determinantes* |801

$x > 0$, então $a + b$ é igual a:

a) $\dfrac{2}{3}$

b) $\dfrac{3}{4}$

c) $\dfrac{3}{2}$

d) $\dfrac{4}{3}$

e) $\dfrac{4}{5}$

75. (UFSE) O determinante da matriz $A = (a_{ij})$, de ordem 3, onde

$$a_{ij} = \begin{cases} i - j \text{ se } i \le j \\ i + j \text{ se } i > j \end{cases} \quad \text{é igual a:}$$

a) -34
b) -26
c) 0
d) 26
e) 34

76. (UFRS) Uma matriz A de terceira ordem tem determinante 3. O determinante da matriz $2A$ é:

a) 6
b) 8
c) 16
d) 24
e) 30

77. (UFBA) O conjunto verdade da equação $\begin{vmatrix} 1 & 2 & -1 \\ 0 & 1 & x \\ 1 & x & -1 \end{vmatrix} = 1$ é:

a) $\{1\}$
b) $\{-1\}$
c) $\{1, -1\}$
d) R
e) ϕ

78. (UNI-RIO) O valor de $\begin{vmatrix} 5^0 & \sqrt{9} & 1^7 \\ \log_2 4 & |-6| & \csc 30^o \\ x & y & z \end{vmatrix}$ é igual a:

802 | *Matemática no Vestibular*

a) 0
b) $4(y + 3z)$
c) $4(3x + y + 3z)$
d) $4x + 2y + 3z$
e) $12(x + z)$

79. (UFF) Assinale o valor do determinante: $\begin{vmatrix} \cos^2 p & -\operatorname{sen}^2 p & \cos 2p \\ \cos^2 p & \operatorname{sen}^2 p & 1 \\ 3 & -2 & 1 \end{vmatrix}$

a) -1
b) $\operatorname{sen} 2p$
c) 1
d) $\cos 2p$
e) 0

80. (U.F.VIÇOSA) O valor do determinante $\begin{vmatrix} 1 & x & 3x + w \\ 1 & y & 3y + w \\ 1 & z & 3z + w \end{vmatrix}$ é:

a) w
b) y
c) 1
d) x
e) zero

81. (CESGRANRIO) Se $a_1, a_2, a_3, \ldots a_9$ formam, nesta ordem, uma progressão geométrica de razão q, então, o determinante da matriz $\begin{vmatrix} a_1 & a_2 & a_3 \\ a_4 & a_5 & a_6 \\ a_7 & a_8 & a_9 \end{vmatrix}$ é:

a) 1
b) 0
c) $a_1^3 \cdot q^{13}$
d) $9a_1 \cdot 9^9$
e) $(a_1 \cdot q)^9$

82. A soma dos determinantes $\begin{vmatrix} a & b & c \\ x & y & z \\ m & n & p \end{vmatrix}$ e $\begin{vmatrix} x & y & z \\ a & b & c \\ m & n & p \end{vmatrix}$ é:

a) -1
b) 1
c) 0
d) $a + b + c$
e) $x + y + z$

Unidade 18 - *Matrizes e Determinantes* |803

83. (FUVEST) Uma matriz $n \times n$, $n > 2$, é constituída de "zeros" e "uns", de forma que em cada linha e em cada coluna haja exatamente um "um". O determinante dessa matriz é necessariamente:
a) 0 ou 1
b) 1 ou -1
c) 0 ou -1
d) n ou $-n$
e) $n - 1$ ou $1 - n$

84. (FUVEST) A é uma matriz quadrada de ordem 2, inversível, e $\det(A)$ o seu determinante. Se $\det(2A) = \det(A^2)$, então $\det(A)$ será igual a:
(Nota: Se A é inversível então $\det A \neq 0$)
a) 0
b) 1
c) $\dfrac{1}{2}$
d) 4
e) 16

85. (FATEC-SP) O determinante da matriz

$$\begin{pmatrix} \pi & \dfrac{\pi}{2} & \dfrac{\pi}{4} \\ \operatorname{sen} \dfrac{\pi}{2} & \operatorname{cosec} \dfrac{\pi}{2} & \cos \dfrac{\pi}{2} \\ \operatorname{tg} \pi & \cos 2\pi & \cos \pi \end{pmatrix}, \text{ é:}$$

a) $\dfrac{3\pi}{4}$
b) $-\dfrac{\pi}{4}$
c) 2π
d) $\dfrac{\pi}{4}$
e) 0

86. (SANTA CASA) Seja a matriz

$$(a_{ij})_{4 \times 4} = \begin{bmatrix} 0 & 1 & \log 1 & 2 \\ 3 & \operatorname{sen} \pi & (-3)^2 & 0 \\ 1 & \cos \dfrac{\pi}{3} & 0 & (-1)3 \\ 1 & 1 & 1 & 1 \end{bmatrix}.$$

804 | *Matemática no Vestibular*

O cofator de a_{31} é:
a) -27
b) -18
c) -9
d) 0
e) 1

87. (UFSCAR) Se A é uma matriz quadrada, indicaremos por $\det A$ o determinante da matriz A. Considere a equação:

$$\det \begin{pmatrix} x & m & r & s \\ x & x & n & q \\ x & x & x & p \\ x & x & x & x \end{pmatrix} = 0$$

na variável x, com m, n, r, s, p e q constantes. As raízes dessa equação são:
a) $0, r, s$ e q
b) $0, m, n$ e p
c) $0, r, s$ e p
d) $0, m, n$ e q
e) $0, m, r$ e s

88. (PUC-SP) O determinante da matriz $\begin{pmatrix} 1 & 1 & 1 & 1 \\ 1 & 2 & 2 & 3 \\ 2 & 3 & 6 & 5 \\ 2 & 1 & 4 & 0 \end{pmatrix}$ vale:

a) -6
b) 6
c) 0
d) 1
e) -1

89. (FUVEST) Seja $u = \begin{vmatrix} x & 1 & 2 & 0 \\ 0 & x & 1 & 1 \\ 0 & 0 & x & 1 \\ 0 & 0 & 0 & x \end{vmatrix}$ os valores reais de x para os quais

$u^2 - 2u + 1 = 0$ são:
a) $x = -1$ ou $x = -2$
b) $x = \pm 1$
c) $x = 1$ ou $x = 2$
d) $x = 1$
e) $x = \pm\sqrt{2}$

Unidade 18 - *Matrizes e Determinantes* |805

90. (OSEC-SP) O valor do determinante $\begin{vmatrix} a & b & 0 & 0 \\ a & 0 & c & 0 \\ a & 0 & 0 & d \\ 0 & b & c & d \end{vmatrix}$, é:

a) $3abcd$

b) $2abcd$

c) $3abc$

d) $-3abc$

e) $-2abd$

91. (UFGO) Dada a matriz: $A = \begin{bmatrix} x & 1 & 0 & 0 & 0 \\ 0 & x & 1 & 0 & 0 \\ 0 & 0 & x & 1 & 0 \\ 0 & 0 & 0 & x & 8 \\ 0 & 0 & 1 & 0 & x \end{bmatrix}$. Seja $f\colon R \to R$ definida

por $f(x) =$ determinante de A. Então, $f(-1)$ é:

a) -3

b) 3

c) -9

d) 7

e) -7

92. (ITA) Quaisquer que sejam os números reais $\boldsymbol{a}$, $\boldsymbol{b}$ e $\boldsymbol{c}$, o determinante da matriz

$\begin{bmatrix} 1 & 1 & 1 & 1 \\ 1 & 1+a & 1 & 1 \\ 1 & 1 & 1+b & 1 \\ 1 & 1 & 1 & 1+c \end{bmatrix}$ é dado por:

a) $ab + ac + bc$

b) abc

c) zero

d) $abc + 1$

e) 1

93. (USP) O determinante $\begin{vmatrix} 1 & 1 & 0 & x \\ x & 1 & x & 0 \\ x & x & 1 & 0 \\ x & 1 & 0 & 1 \end{vmatrix}$ é igual a:

a) $(x^2 + 1) \cdot (x - 1)$

b) $(x^4 - 1) \cdot (x + 1)$

c) $(x^3 - 1) \cdot (x - 1)$

d) $(x^2 - 1) \cdot (x^2 + 2)$

e) $(x + 2) \cdot (x^3 - 1)$

806 | *Matemática no Vestibular*

94. (FUVEST) O determinante $\begin{vmatrix} 1 & 1 & 1 & 1 \\ 1 & 2 & 2 & 2 \\ 1 & 2 & 3 & 3 \\ 1 & 2 & 3 & 4 \end{vmatrix}$ é igual a:

    a) 2
    b) 1
    c) 0
    d) -1
    e) -2

95. (U.F.CEARÁ) Indica-se por det A o valor do determinante de uma matriz A. Se A é uma matriz quadrada de ordem 2, é correto afirmar que:
    a) $\det(-A) = -\det A$
    b) $\det A^t = -\det A$
    c) $\det(2A) = 2\det A$
    d) $\det A^{-1} = -\det A$
    e) $\det A^2 = (\det A)^2$

96. (FUVEST-FGV) O símbolo det(M) indica o determinante de uma matriz M. Se A e B são matrizes inversíveis de ordem 2, então a alternativa falsa é:
    a) $\det(A \cdot B) = \det(B \cdot A)$
    b) $\det(5A) = 25 \cdot \det(A)$
    c) $\det(B^{-1}) = \dfrac{1}{\det B}$
    d) $\det A \neq 0$
    e) $\det(3A) = 3 \cdot \det B$

97. (PUC) Sejam A e B duas matrizes de mesmo tipo. Se a_{ij} e b_{ij} são termos correspondentes nas matrizes A e B, respectivamente, e se considerarmos todas as diferenças $a_{ij} - b_{ij}$, chama-se distância entre A e B o maior valor de $|a_{ij} - b_{ij}|$. Dadas as matrizes:
$$P = \begin{bmatrix} 2 & -1 \\ 3 & 1 \end{bmatrix} \quad \text{e} \quad Q = \begin{bmatrix} -3 & 1 \\ 1 & 3 \end{bmatrix}$$

a distância entre P e Q é:
    a) 1
    b) 2
    c) 3
    d) 4
    e) 5

98. (UNIFICADO) Cláudio anotou suas médias bimestrais de matemática, português, ciências e estudos sociais em uma tabela com quatro linhas e quatro colunas,

Unidade 18 - *Matrizes e Determinantes* |807

formando uma matriz como mostra a figura.

	1ºb	2ºb	3ºb	4ºb
matemática	5,0	4,5	6,2	5,9
português	8,4	6,5	7,1	6,6
ciências	9,0	7,8	6,8	8,6
est. sociais	7,7	5,9	5,6	6,2

Sabe-se que as notas de todos os bimestres têm o mesmo peso, isto é, para calcular a média anual do aluno em cada matéria basta fazer a média aritmética de suas médias bimestrais.

Para gerar uma nova matriz cujos elementos representam as médias anuais de Cláudio na mesma ordem acima apresentada bastará multiplicar essas matriz por:

a) $1/2$

b) $[1/4 \quad 1/4 \quad 1/4 \quad 1/4]$

c) $\begin{bmatrix} 1/2 \\ 1/2 \\ 1/2 \\ 1/2 \end{bmatrix}$

d) $1/4$

e) $\begin{bmatrix} 1/4 \\ 1/4 \\ 1/4 \\ 1/4 \end{bmatrix}$

99. Sejam três caixa, 1, 2 e 3.

Em cada uma delas há um determinado número de moedas, sempre maior ou igual a 20 moedas.

São realizadas então, 9 operações, cada uma das quais que consiste em retirar n ($n \in N$) moedas de uma das caixas e colocá-las, todas, em outra.

O resumo dessas operações está tabulado na matriz $A = (a_{ij})$ abaixo indicada, na qual cada elemento a_{ij} representa quantas moedas foram retiradas da caixa i e colocadas na caixa j.

$$A = \begin{pmatrix} 3 & 2 & 1 \\ 0 & 2 & 1 \\ 2 & 2 & 3 \end{pmatrix}$$

Terminadas as operações, podemos afirmar que a caixa na qual o número inicial e o número final de moedas poderiam ser, ambos, múltiplos de três, é:

a) a caixa 1

b) a caixa 2

c) a caixa 3

d) a caixa 1 e a caixa 3

808 | *Matemática no Vestibular*

100. **(PUC-PR)** Um batalhão do Exército resolveu codificar suas mensagens através da multiplicação de matrizes. Primeiramente associa as letras do alfabeto aos números, segundo a correspondência abaixo considerada:

$$\begin{array}{cccccccccc} A & B & C & D & E & F & G & H & I & J \\ 1 & 2 & 3 & 4 & 5 & 6 & 7 & 8 & 9 & 10 \end{array}$$

$$\begin{array}{ccc} L & M & N \\ 11 & 12 & 13 \end{array}$$

$$\begin{array}{ccccccccc} O & P & Q & R & S & T & U & V & W \\ 14 & 15 & 16 & 17 & 18 & 19 & 20 & 21 & 22 \end{array}$$

$$\begin{array}{ccc} X & Y & Z \\ 23 & 24 & 25 \end{array}$$

Desta forma, supondo-se que o batalhão em questão deseja enviar a mensagem "PAZ", pode-se tomar uma matriz 2×2, da forma: $\begin{bmatrix} P & A \\ Z & - \end{bmatrix}$, a qual, usando-se a tabela acima, será dada por: $m = \begin{bmatrix} 15 & 1 \\ 25 & 0 \end{bmatrix}$.

Tomando-se a matriz-chave C para o código, isto é: $C = \begin{bmatrix} 2 & 3 \\ 1 & 2 \end{bmatrix}$, transmite-se a mensagem "PAZ" através da multiplicação das matrizes M e C, ou seja:

$$M \cdot C = \begin{bmatrix} 15 & 1 \\ 25 & 0 \end{bmatrix} \cdot \begin{bmatrix} 2 & 3 \\ 1 & 2 \end{bmatrix} = \begin{bmatrix} 31 & 47 \\ 50 & 75 \end{bmatrix}$$

ou através da cadeia de números 31 47 50 75. Desta forma, utilizando-se a mesma matriz-chave C, a decodificação da mensagem 51 81 9 14 será compreendida pelo batalhão como a transmissão da palavra:

a) LUTE

b) FOGO

c) AMOR

d) VIDA

e) FUGA

Unidade 18 - *Matrizes e Determinantes* |809

101. (VUNESP) Determine matriz real quadrada de ordem 2, definida por:
$$a_{ij} = \begin{cases} 2^{i+j} \text{ se } i < j \\ i^2 + 1, \text{ se } i \geq j \end{cases}$$

102. (PUC) A é uma matriz 3×2 definida pela lei
$$a_{ij} = \begin{cases} 1, \text{ se } i = j \\ i^2, \text{ se } i \neq j \end{cases}$$
Determine a matriz A^t.

103. (PUC) Da equação matricial
$$\begin{pmatrix} x & 1 \\ 1 & 2 \end{pmatrix} + \begin{pmatrix} 2 & y \\ 0 & -1 \end{pmatrix} = \begin{pmatrix} 3 & 2 \\ z & t \end{pmatrix}$$
calcule x, y, z e t.

104. (PUC) Se $A = \begin{pmatrix} 2 & 1 \\ 3 & -1 \end{pmatrix}$, $B = \begin{pmatrix} -1 & 2 \\ 1 & 0 \end{pmatrix}$ e $C = \begin{pmatrix} 4 & -1 \\ 2 & 1 \end{pmatrix}$, então determine a matriz X, de ordem 2 tal que $\dfrac{X - A}{2} = \dfrac{B + X}{3} + C$.

105. (FEI-SP) Se A é uma matriz de ordem 2 e A^t sua transposta, determine A, tal que $A = 2A^t$.

106. (FEI-SP) Dadas as matrizes
$$A = \begin{bmatrix} 1 & 1 \\ 0 & 0 \end{bmatrix} \quad \text{e} \quad B = \begin{bmatrix} 1 & 0 \\ -1 & 0 \end{bmatrix},$$
calcular a matriz produto AB.

107. (UFRJ) Considere as matrizes
$$A = \begin{bmatrix} 19941994 & 19941994 \\ 19941994 & 19941995 \end{bmatrix} \quad \text{e} \quad B = \begin{bmatrix} 1 & -1 \\ -1 & 1 \end{bmatrix}$$
Seja $A^2 = A \cdot A$ e $B^2 = B \cdot B$.
Determine a matriz $C = A^2 - B^2 - (A + B)(A - B)$.

108. (VUNESP) Seja $A = (a_{ij})$ a matriz real 2×2 definida por $a_{ij} = 1$ se $i \leq j$ e $a_{ij} = -1$ se $i > j$. Calcule A^{-1}.

109. (PUC-SP) Calcule:
   a) O determinante da matriz

810 | *Matemática no Vestibular*

$$A = \begin{bmatrix} 1 & 0 & x \\ 1-x^2 & -1 & x+1 \\ 1+x^2 & 2+x & 4 \end{bmatrix} + x \cdot \begin{bmatrix} 0 & -1 & 1-x \\ -x & 0 & 1 \\ x & 1 & 0 \end{bmatrix} \text{, onde } x \in \mathbb{R}$$

b) Quais são os valores de x que anulam o determinante de A?

110. (UNICAMP) Supondo $a \neq 0$, determine x tal que $A^2 = 0$, onde A é a matriz $A = \begin{pmatrix} a & a \\ x & x \end{pmatrix}$

111. (FATEC-SP) Calcule a e b na equação matricial

$$\begin{bmatrix} a \\ b \end{bmatrix} = \begin{bmatrix} \cos\theta & -\operatorname{sen}\theta \\ \operatorname{sen}\theta & \cos\theta \end{bmatrix} \cdot \begin{bmatrix} x \\ y \end{bmatrix},$$

para $(x, y) = (4, 2)$ e $\theta = \dfrac{\pi}{4}$ rad.

112. (FAAP-SP) Resolva a inequação $\begin{vmatrix} x & 3x \\ 4 & 2x \end{vmatrix} < 14$.

113. (FUVEST-SP) Dadas as matrizes $A = \begin{bmatrix} a & 0 \\ 0 & a \end{bmatrix}$ e $B = \begin{bmatrix} 1 & b \\ b & 1 \end{bmatrix}$, determine a e b, de modo que $AB = I$, onde I é a matriz identidade.

114. (UNI-RIO) Seja a matriz $A = \begin{bmatrix} -1 & c & 0 \\ 2 & 1 & -1 \\ a & b & -2 \end{bmatrix}$. Sabendo-se que $A^t = A$, calcule o determinante da matriz $A^t - 2A + I_3^2$.

115. (FEI-SP) Se $A = \begin{pmatrix} 1 & 2 \\ 2 & 1 \end{pmatrix}$ e $B = \begin{pmatrix} 3 & 1 \\ 0 & 2 \end{pmatrix}$, determine $X = (A \cdot B^{-1})^t$.

116. (UFRJ) A matriz X é tal que:

$$\begin{vmatrix} \cos a & \operatorname{sen} a \\ -\operatorname{sen} a & \cos a \end{vmatrix} \cdot X = \begin{vmatrix} \cos b & \operatorname{sen} b \\ -\operatorname{sen} b & \cos b \end{vmatrix}$$

Quanto vale o determinante de X?

117. (FUVEST-SP) Calcule os determinantes:

$$A = \begin{vmatrix} 1 & a & 0 \\ 0 & 1 & 1 \\ 0 & -1 & 1 \end{vmatrix} \quad \text{e} \quad \begin{vmatrix} 1 & 0 & 0 & 3 \\ a & 1 & -1 & 4 \\ 0 & 0 & 0 & 3 \\ 0 & 1 & 1 & 4 \end{vmatrix}$$

Unidade 18 - *Matrizes e Determinantes* |811

118. (FUVEST-SP) Calcule: $\begin{vmatrix} 1 & 1 & 1 & 1 \\ 1 & 2 & 2 & 2 \\ 1 & 2 & 3 & 3 \\ 1 & 2 & 3 & 4 \end{vmatrix}$

119. (UERJ) Considere as matrizes A e B:
$A = (a_{ij})$ é quadrada de ordem n em que
$$a_{ij} = \begin{cases} 1, \text{ se } i \text{ é par} \\ -1, \text{se } i \text{ é ímpar} \end{cases}$$
$B = (b_{ij})$ é de ordem $n \times p$ em que $b_{ij} = J^i$

a) Calcule a soma dos elementos da diagonal principal da matriz A.

b) O elemento da quarta linha e segunda coluna da matriz produto AB é igual a 4094.

Calcule o número de linhas da matriz B.

120. (UFRJ) Uma confecção vai fabricar 3 tipos de roupa utilizando materiais diferentes. Considere a matriz $A = (a_{ij})$ abaixo, onde a_{ij} representa quantas unidades do material j serão empregadas para fabricar uma roupa do tipo i.

$$A = \begin{bmatrix} 5 & 0 & 2 \\ 0 & 1 & 3 \\ 4 & 2 & 1 \end{bmatrix}$$

a) Quantas unidades do material 3 serão empregadas na confecção de uma roupa do tipo 2?

b) Calcule o total de unidades do material 1 que será empregado para fabricar cinco roupas do tipo 1, quatro roupas do tipo 2 e duas roupas do tipo 3.

121. (UFRJ) Antônio, Bernardo e Cláudio saíram para tomar chope, de bar em bar, tanto no sábado quanto no domingo.
As matrizes a seguir resumem quantos chopes cada um consumiu e como a despesa foi dividida.

$$S = \begin{bmatrix} 4 & 1 & 4 \\ 0 & 2 & 0 \\ 3 & 1 & 5 \end{bmatrix} \quad \text{e} \quad D = \begin{bmatrix} 5 & 5 & 3 \\ 0 & 3 & 0 \\ 2 & 1 & 3 \end{bmatrix}$$

S refere-se às despesas de sábado e D às de domingo.

812 | *Matemática no Vestibular*

Cada elemento a_{ij} nos dá o número de chopes que i pagou para j, sendo Antônio o nº 1, Bernado o nº 2 e Cláudio o nº 3 (a_{ij} representa o elemento da linha i., coluna j de cada matriz).

Assim, no sábado Antônio pagou 4 chopes que ele próprio bebeu. 1 chope de Bernardo e 4 de Cláudio (primeira linha da matriz S).

a) Quem bebeu mais chope no fim da semana?

b) Quantos chopes Cláudio ficou devendo para Antônio?

122. (UFRJ) Em uma cidade, há três revistas de noticiário semanal: 1, 2 e 3. Na matriz $A = (a_{ij})$ a seguir, o elemento a_{ij} representa a probabilidade de um assinante trocar a assinatura da revista i para a revista j, na época da renovação.

$$A = \begin{bmatrix} 0,6 & 0,1 & 0,3 \\ 0,1 & 0,7 & 0,2 \\ 0,4 & 0,2 & 0,4 \end{bmatrix}$$

a) Qual é a probabilidade de os assinantes da revista 2 trocarem de revista quando forem renovar a assinatura?

b) Quais os leitores menos satisfeitos com a revista que estão assinando?

123. (UFRJ) Marlos Charada, o matemático espião, concebeu um código para transformar uma palavra P de três letras em um vetor Y de IR^3 como descrito a seguir.

A partir da correspondência

A	B	C	D	E	F	G	H	I	J
$\updownarrow$	$\updownarrow$	$\updownarrow$	$\updownarrow$	$\updownarrow$	$\updownarrow$	$\updownarrow$	$\updownarrow$	$\updownarrow$	$\updownarrow$
1	2	3	4	5	6	7	8	9	10

L	M	N	O	P	Q	R	S	T	U
$\updownarrow$	$\updownarrow$	$\updownarrow$	$\updownarrow$	$\updownarrow$	$\updownarrow$	$\updownarrow$	$\updownarrow$	$\updownarrow$	$\updownarrow$
11	12	13	14	15	16	17	18	19	20

V	X	Z
$\updownarrow$	$\updownarrow$	$\updownarrow$
21	22	23

a palavra P é transformada em um vetor X de IR^3. Em seguida, usando a matriz

Unidade 18 - *Matrizes e Determinantes* |813

código

$$A = \begin{bmatrix} 2 & 2 & 0 \\ 3 & 3 & 1 \\ 1 & 0 & 1 \end{bmatrix}$$

o vetor Y é obtido pela equação $Y = A \cdot X$.
Por exemplo, a palavra MAR corresponde ao vetor $X = (12, 1, 17)$ e é codificada como $Y = AX = (26, 59, 29)$.
Usando o processo acima, decodifique $Y = (64, 107, 29)$.

124. (UFRJ) Há 5 senadores designados para a Comissão Parlamentar de Inquérito. Eles devem escolher entre si um presidente para a Comissão, sendo que cada senador pode votar em até três nomes. Realizada a votação onde cada um deles recebeu um número de um a cinco, os votos foram tabulados na matriz $A = (a_{ij})$, abaixo indicada. Na matriz A, cada elemento a_{ij} é igual a 1 (um), se i votou em j, e é igual a 0 (zero), caso contrário.

$$A = \begin{bmatrix} 10101 \\ 00110 \\ 01011 \\ 00001 \\ 10001 \end{bmatrix}$$

Responda, justificando:

a) Qual o candidato mais votado?

b) Quantos candidatos votaram em si mesmos?

814 | *Matemática no Vestibular*

Gabarito das questões propostas

Questão 1 - Resposta: d) $\begin{pmatrix} 2 & 0 & -1 \\ 3 & 4 & 1 \end{pmatrix}$

Questão 2 - Resposta: b) $\begin{bmatrix} 1 & 1 \\ 4 & 1 \\ 9 & 9 \end{bmatrix}$

Questão 3 - Resposta: c) $\begin{bmatrix} 0 & 4 \\ 5 & 0 \\ 7 & 8 \end{bmatrix}$

Questão 4 - Resposta: c) $\begin{bmatrix} 3 & 4 \\ 3 & 6 \end{bmatrix}$

Questão 5 - Resposta: a) $\begin{pmatrix} 3 & 2 \\ 4 & 4 \\ 6 & 5 \end{pmatrix}$

Questão 6 - Resposta: b) $\begin{pmatrix} 1 & +1/2 \\ -3/2 & 1 \end{pmatrix}$

Questão 7 - Resposta: d) $a = c = 0$ e $b = 1$

Questão 8 - Resposta: c) $\begin{bmatrix} 1 & 1 & 1 \\ 4 & 2 & 0 \end{bmatrix}$

Questão 9 - Resposta: e) -6

Questão 10 - Resposta: d) 1 e -1

Questão 11 - Resposta: c) -3 e 5

Questão 12 - Resposta: d) $\begin{pmatrix} 9 & 17 \\ 10 & 12 \end{pmatrix}$

Questão 13 - Resposta: a) somente II é verdadeira

Questão 14 - Resposta: c) somente AB e BC

Questão 15 - Resposta: b) 8

Questão 16 - Resposta: d) possível de se efetuar e o seu resulado é do tipo 2×3

Questão 17 - Resposta: c) Existe AB e BA se, somente se $n = 4$ e $m = 3$

Questão 18 - Resposta: b) 0

Questão 19 - Resposta: c) 0

Unidade 18 - *Matrizes e Determinantes* |815

Questão 20 - Resposta: e) $\pm\sqrt{5}; -2$

Questão 21 - Resposta: b) $\begin{pmatrix} 0 & 0 \\ 0 & 0 \end{pmatrix}$

Questão 22 - Resposta: a) $\begin{bmatrix} 1 & 0 \\ 60 & 121 \end{bmatrix}$

Questão 23 - Resposta: d) $\begin{bmatrix} n & \dfrac{n^2+n}{2} \\ 0 & n \end{bmatrix}$

Questão 24 - Resposta: e) $\begin{pmatrix} 7 & 10 \\ 15 & 22 \end{pmatrix}$

Questão 25 - Resposta: a) $M \times P = P$

Questão 26 - Resposta: a) -17

Questão 27 - Resposta: d) 12

Questão 28 - Resposta: d) $\begin{pmatrix} 2 & -2 \\ -10 & 10 \end{pmatrix}$

Questão 29 - Resposta: e) $A \cdot B = B \cdot A$, para quaisquer valores de a, b, c, d

Questão 30 - Resposta: b) $a = -2$

Questão 31 - Resposta: c) $[21]$

Questão 32 - Resposta: a) $\begin{bmatrix} 2 & -2 \\ 0 & -2 \end{bmatrix}$

Questão 33 - Resposta: e) inteiro

Questão 34 - Resposta: d) é uma matriz quadrada de ordem 3

816 | *Matemática no Vestibular*

Questão 35 - Resposta: b) $(-1, 5)$

Questão 36 - Resposta: c) $\begin{bmatrix} 2 & 1 & 2 \\ 2 & 2 & 1 \\ 1 & 2 & 2 \end{bmatrix}$

Questão 37 - Resposta: c) $\begin{bmatrix} -3/2 & 2 \\ 2 & -5/2 \end{bmatrix}$

Questão 38 - Resposta: e) não existe

Questão 39 - Resposta: c) $\begin{pmatrix} \frac{5}{6} & -\frac{2}{3} \\ -\frac{1}{6} & \frac{1}{3} \end{pmatrix}$

Questão 40 - Resposta: c) $\begin{pmatrix} -\frac{1}{3} & \frac{2}{3} \\ \frac{2}{3} & -\frac{1}{3} \end{pmatrix}$

Questão 41 - Resposta: c) 4

Questão 42 - Resposta: e) $\begin{bmatrix} -2 & 1 \\ 3/2 & -1/2 \end{bmatrix}$

Questão 43 - Resposta: c) $\begin{bmatrix} -2 & 3/2 \\ 0 & -1/2 \end{bmatrix}$

Questão 44 - Resposta: e) 5

Questão 45 - Resposta: b) $a \neq -1$ e $a \neq -2$

Questão 46 - Resposta: a) 8

Questão 47 - Resposta: c) $\begin{vmatrix} 1 & 2 & 1 \\ 2 & 0 & 1 \\ 3 & -1 & 4 \end{vmatrix} = -X$

Questão 48 - Resposta: c) $\begin{vmatrix} 1 & 2 & 3 \\ 4 & 5 & 6 \\ 7 & 8 & 9 \end{vmatrix} = \begin{vmatrix} 1 & 4 & 7 \\ 2 & 5 & 8 \\ 3 & 6 & 9 \end{vmatrix}$

Questão 49 - Resposta: a) $\det A = 2 \det B$

Questão 50 - Resposta: d) 4

Questão 51 - Resposta: d) $\begin{vmatrix} d & c \\ b & a \end{vmatrix} = D$

Questão 52 - Resposta: c) -6

Questão 53 - Resposta: e) $\{3\}$

Questão 54 - Resposta: d) $-\dfrac{3}{5}$

Questão 55 - Resposta: d) 3

Questão 56 - Resposta: a) 1

Unidade 18 - *Matrizes e Determinantes* |817

Questão 57 - Resposta: e) $\operatorname{tg} 2x$
Questão 58 - Resposta: a) -20
Questão 59 - Resposta: d) 2
Questão 60 - Resposta: a) 6
Questão 61 - Resposta: d) $a + b = 3$
Questão 62 - Resposta: b) $\{-2, 6\}$
Questão 63 - Resposta: a) $-2A - 2B$
Questão 64 - Resposta: a) 0
Questão 65 - Resposta: b) $x = 3, y = 2$
Questão 66 - Resposta: c) $-\dfrac{5}{48}$
Questão 67 - Resposta: c) 1
Questão 68 - Resposta: c) 2
Questão 69 - Resposta: a) 0
Questão 70 - Resposta: e) $\{-1/2; 2\}$
Questão 71 - Resposta: e) $-\pi$ e π
Questão 72 - Resposta: e) $-4\log^2 2$
Questão 73 - Resposta: b) $\{-2, 6\}$
Questão 74 - Resposta: c) $\dfrac{3}{2}$
Questão 75 - Resposta: b) -26
Questão 76 - Resposta: d) 24
Questão 77 - Resposta: a) $\{1\}$
Questão 78 - Resposta: a) 0
Questão 79 - Resposta: e) 0
Questão 80 - Resposta: e) zero
Questão 81 - Resposta: b) 0
Questão 82 - Resposta: c) 0
Questão 83 - Resposta: b) 1 ou -1
Questão 84 - Resposta: d) 4
Questão 85 - Resposta: b) $-\dfrac{\pi}{4}$
Questão 86 - Resposta: c) -9
Questão 87 - Resposta: b) $0, m, n$ e p
Questão 88 - Resposta: a) -6
Questão 89 - Resposta: b) $x = \pm 1$
Questão 90 - Resposta: a) $3abcd$
Questão 91 - Resposta: d) 7
Questão 92 - Resposta: b) abc

818 | *Matemática no Vestibular*

Questão 93 - Resposta: c) $(x^3 - 1) \cdot (x - 1)$
Questão 94 - Resposta: b) 1
Questão 95 - Resposta: e) $\det A^2 = (\det A)^2$
Questão 96 - Resposta: e) $\det(3A) = 3 \cdot \det B$
Questão 97 - Resposta: e) 5

Questão 98 - Resposta: e) $\begin{bmatrix} 1/4 \\ 1/4 \\ 1/4 \\ 1/4 \end{bmatrix}$

Questão 99 - Resposta: b) a caixa 2
Questão 100 - Resposta: d) VIDA

Questão 101 - Resposta: $\begin{bmatrix} 2 & 8 \\ 5 & 5 \end{bmatrix}$

Questão 102 - Resposta: $A^t = \begin{bmatrix} 1 & 4 & 9 \\ 1 & 1 & 9 \end{bmatrix}$

Questão 103 - Resposta: $x = y = z = t = 1$

Questão 104 - Resposta: $\begin{bmatrix} 28 & 1 \\ 23 & 3 \end{bmatrix}$

Questão 105 - Resposta: $\begin{bmatrix} 0 & 0 \\ 0 & 0 \end{bmatrix}$

Questão 106 - Resposta: $\begin{bmatrix} 0 & 0 \\ 0 & 0 \end{bmatrix}$

Questão 107 - Resposta: $\begin{bmatrix} 0 & 1 \\ -1 & 0 \end{bmatrix}$

Questão 108 - Resposta: $\begin{bmatrix} 1/2 & -1/2 \\ 1/2 & 1/2 \end{bmatrix}$

Questão 109 - Resposta: a) $3x^2 - 3x - 6$ b) -1 ou 2
Questão 110 - Resposta: $x = -a$
Questão 111 - Resposta: $a = \sqrt{2}$ e $b = 3\sqrt{2}$
Questão 112 - Resposta: $\{x \in \mathbb{R} \mid -1 < x < 7\}$
Questão 113 - Resposta: $a = 1$ e $b = 0$
Questão 114 - Resposta: -14

Questão 115 - Resposta: $\begin{bmatrix} 1/3 & 2/3 \\ 5/6 & 1/6 \end{bmatrix}$

Questão 116 - Resposta: 1
Questão 117 - Resposta: $A = 2$ e $B = -6$

Unidade 18 - *Matrizes e Determinantes* |819

Questão 118 - Resposta: 1
Questão 119 - Resposta: a) -1 ou 0 b) 11
Questão 120 - Resposta: a) 3   b) 33
Questão 121 - Resposta: a) Cláudio   b) 2
Questão 122 - Resposta: a) 30%   b) revista 3
Questão 123 - Resposta: sol
Questão 124 - Resposta: a) 5   b) 2

UNIDADE 19

PONTO NO PLANO $\mathbb{R}^2$

SINOPSE TEÓRICA

19.1) Plano $\mathbb{R}^2$ ou conjunto $\mathbb{R}^2$

Todos os pares ordenados de números reais são os elementos do conjunto $\mathbb{R}^2$, ou seja:
$$\mathbb{R}^2 = \{(x,y)/x \in \mathbb{R} \text{ e } y \in \mathbb{R}\}$$
Exemplo: $(6,9) \in \mathbb{R}^2$; $(0,0) \in \mathbb{R}^2$.

19.2) Ponto no plano

Cada par ordenado pode ser associado a um ponto no sistema cartesiano. Ordenado porque o primeiro número, que é chamado de abscissa, é marcado no eixo X e o segundo, que é chamado de ordenada, é marcado no eixo Y. Vejam os pontos $A = (5,2)$, $B = (-1,3)$ e $C = (4,-2)$

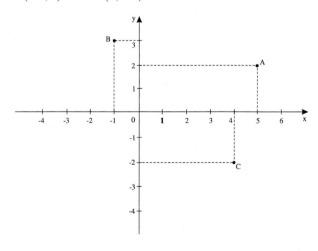

19.3) Distância entre dois pontos

Sejam $A = (x_1, y_1)$ e $B = (x_2, y_2)$ dois pontos de um plano cartesiano e d a distância entre eles.

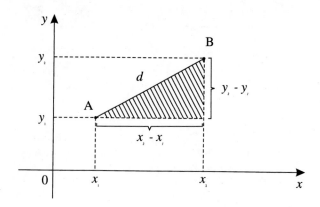

Aplicando o Teorema de Pitágoras no triângulo assinalado, temos:

$$d^2 = (x_2 - x_1)^2 + (y_2 - y_1)^2$$

logo:

$$\boxed{d = \sqrt{(x_2 - x_1)^2 + (y_2 - y_1)^2}}$$

Exemplo: Determine a distância entre os pontos $A = (3, -2)$ e $B = (7, 1)$.

Resolução:

$$d = \sqrt{(7-3)^2 + (1-(-2))^2} = \sqrt{16+9} = \sqrt{25}$$

$$\boxed{d = 5}$$

19.4) Ponto médio de um segmento

Dados os pontos $A = (x_1, y_1)$ e $B = (x_2, y_2)$, o ponto médio $M = (x, y)$ do segmento $\overline{AB}$ é:

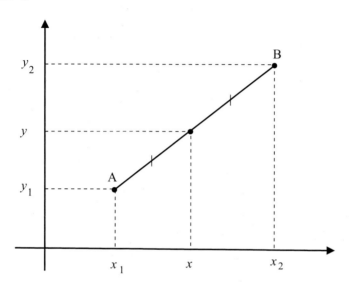

Observe que $x = \dfrac{x_1 + x_2}{2}$ e $y = \dfrac{y_1 + y_2}{2}$ ou seja:

$$\boxed{M = \left(\dfrac{x_1 + x_2}{2}, \dfrac{y_1 + y_2}{2} \right)}$$

Exemplo: Obter o ponto médio do segmento de extremos $A = (6, 9)$ e $B = (-8., 7)$.

Resolução:
$$x = \dfrac{6-8}{2} = \dfrac{-2}{2} = -1 \quad \text{e} \quad y = \dfrac{9+7}{2} = \dfrac{16}{2} = 8$$

Portanto:
$$\boxed{M = (-1, 8)}$$

19.5) Baricentro de um triângulo

Dado o triângulo de vértices $A = (x_1, y_1)$, $B = (x_2, y_2)$ e $C = (x_3, y_3)$, seja

$G = (x, y)$ o seu baricentro.

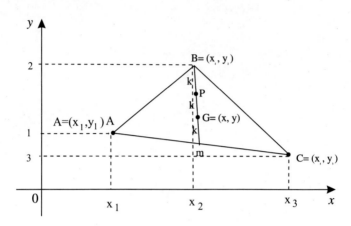

O baricentro de um triângulo está no ponto de interseção das medianas, e estas interceptam-se a $\frac{1}{3}$ do lado do triângulo e, conseqüentemente, a $\frac{2}{3}$ do vértice.

Na figura, os pontos P e G dividem a mediana $\overline{BM}$ em três segmentos de mesma medida, logo:

$P = \dfrac{B + G}{2}$

$M = \dfrac{A + C}{2}$

$G = \dfrac{P + M}{2} \Rightarrow G = \dfrac{\frac{B+G}{2} + \frac{A+C}{2}}{2}$

$G = \dfrac{B + G + A + C}{4}$

$4G = A + B + C + G \Rightarrow G = \dfrac{A + B + C}{3}$

Então, as coordenadas do baricentro são iguais à média aritmética das coordenadas dos vértices do triângulo. Ou seja:

$$\boxed{G = \left(\dfrac{x_1 + x_2 + x_3}{3}, \dfrac{y_1 + y_2 + y_3}{3} \right)}$$

Exemplo: Obter o baricentro do triângulo de vértice $A = (6, 1)$, $B = (-7, 8)$ e

$C = (4,6)$.

Resolução:
$$G = \left(\frac{6-7+4}{3}, \frac{1+8+6}{3}\right) = \left(\frac{3}{3}, \frac{15}{3}\right) = (1,5)$$

19.6) Área de um triângulo

Dado um triângulo de vértices $A = (x_1, y_1)$, $B = (x_2, y_2)$ e $C = (x_3, y_3)$, seja S a sua área.

Podemos obter a área S usando o seguinte artifício:

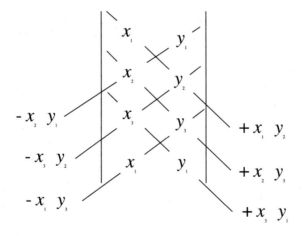

$$S = \frac{1}{2}|x_1y_2 + x_2y_3 + x_3y_1 - x_2y_1 - x_3y_2 - x_1y_3|$$

Exemplo: Obter a área do triângulo de vértices $A = (1, -2)$, $B = (3, 2)$ e $C = (4, 3)$.

Resolução

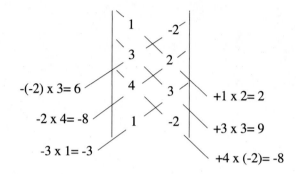

$$S = \frac{1}{2} |2 + 9 - 8 + 6 - 8 - 3| = \frac{1}{2} \times |-2| = \frac{1}{2} \cdot 2 = 1$$

Portanto: $\boxed{S = 1}$

Observação: A área de um polígono convexo pode ser obtida dividindo-se esse polígono em triângulos. Assim, o artifício usado no cálculo da área de um triângulo pode ser usado para qualquer polígono convexo, ou seja:

Dado o polígono $ABCDE\ldots$ de vértices $A = (x_1, y_1)$; $B = (x_2, y_2)$; $C = (x_3, y_3)$; $\ldots (x_n, y_n)$ temos que:

$$S = \frac{1}{2} \begin{vmatrix} x_1 & y_1 \\ x_2 & y_2 \\ x_3 & y_3 \\ \vdots & \vdots \\ x_n & y_n \\ x_1 & y_1 \end{vmatrix}$$

Exemplo: Obter a área do quadrilátero de vértices consecutivos $(-1, -4)$; $(2, -4)$; $(-1, 8)$ e $(-10, 0)$.

Resolução:

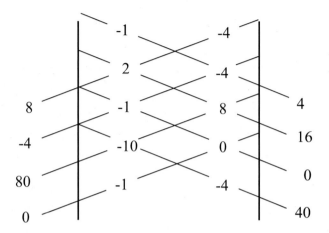

$S = \dfrac{1}{2} |4 + 16 + 0 + 40 + 8 - 4 + 80|$

$S = \dfrac{1}{2} |144|$

$\boxed{S = 72}$

19.7) Condição de alinhamento entre três pontos

Os pontos $A = (x_1, y_1)$, $B = (x_2, y_2)$ e $C = (x_3, y_3)$ estarão em uma mesma reta, quando não formarem um triângulo, logo:

$$\boxed{\begin{vmatrix} x_1 & y_1 \\ x_2 & y_2 \\ x_2 & y_3 \\ x_1 & y_1 \end{vmatrix} = 0}$$

828 | *Matemática no Vestibular*

QUESTÕES RESOLVIDAS

1. Sendo o ponto $P = (m, 2)$ equidistante dos pontos $A = (2, 4)$ e $B = (3, 1)$, calcule m.

Resolução:
$\overline{PA} = \overline{PB} \Rightarrow \sqrt{(m-2)^2 + (2-4)^2} = \sqrt{(m-3)^2 + (2-1)^2}$
$(m-2)^2 + 4 = (m-3)^2 + 1$
$\cancel{m^2} - 4m + 4 + 4 = \cancel{m^2} - 6m + 9 + 1$
$2m = 10 - 8 \Rightarrow \boxed{m = 1}$

2. Qual o simétrico do ponto $A = (1, 6)$ em relação ao ponto $B = (3, 1)$?
Sendo $P = (x, y)$ o simétrico de A em relação a B. O ponto B fica como ponto médio de $\overline{AP}$, logo:

$\left. \begin{array}{l} 3 = \dfrac{1+x}{2} \Rightarrow x = 5 \\ 1 = \dfrac{6+y}{2} \Rightarrow y = -4 \end{array} \right\} \boxed{P = (5, -4)}$

3. Três vértices consecutivos de um paralelogramo são os pontos $A = (5, 5)$, $B = (6, 1)$ e $C = (-1, -2)$. Calcule as coordenadas do quarto vértice D.

Resolução:

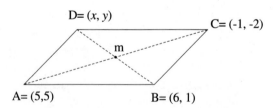

M é ponto médio de $\overline{AC}$, logo: $M = \left(\dfrac{5-1}{2}, \dfrac{5-2}{2} \right) \Rightarrow M = \left(2, \dfrac{3}{2} \right)$

M é ponto médio de $\overline{BD}$, logo:

$\begin{cases} 2 = \dfrac{6+x}{2} \Rightarrow x = -2 \\ \dfrac{3}{2} = \dfrac{1+y}{2} \Rightarrow y = 2 \end{cases}$

Portanto: $\boxed{D = (-2, 2)}$

4. Calcular a área do pentágono $ABCDE$, sendo
$A = (10, 4)$, $B = (9, 7)$, $C = (6, 10)$, $D = (-2, -4)$ e $E = (3, -5)$. **Resolução**

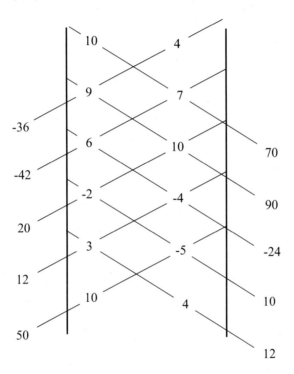

$S = \dfrac{1}{2} |70 + 90 - 24 + 10 + 12 - 36 - 42 + 20 + 12 + 50|$

$S = \dfrac{1}{2} \cdot 162 \Rightarrow \boxed{S = 81}$

QUESTÕES PROPOSTAS

1. (UFF) O elenco de um filme publicitário é composto por pessoas com cabelos louros ou olhos verdes.
Sabe-se que esse elenco tem, no máximo, vinte pessoas dentre as quais, pelo menos, doze possuem cabelos louros e, no máximo, cinco possuem olhos verdes.

830 | *Matemática no Vestibular*

No gráfico a seguir, pretende-se marcar um ponto $P\ (L, V)$ em que L representa o número de pessoas do elenco que têm cabelos louros e V o número de pessoas do elenco que têm olhos verdes.
O ponto P deverá ser marcado na região indicada por:

a) R_1

b) R_2

c) R_3

d) R_4

e) R_5

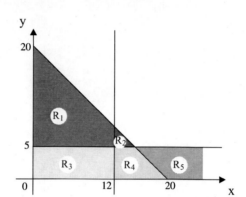

2. (MACK-SP) Identifique a sentença falsa:

a) O ponto $(0,2)$ pertence ao eixo y.

b) O ponto $(4,0)$ pertence ao eixo x.

c) O ponto $(500, 500)$ pertence à bissetriz dos quadrantes ímpares.

d) O ponto $(80, -80)$ pertence à bissetriz dos quadrantes pares.

e) O ponto $(\sqrt{3}+1, \sqrt{3}+1)$ pertence à bissetriz dos quadrantes pares.

3. (UFMG) Os pontos (a, b) e (c, d) estão representados na figura.
O ponto $(a+b, c-d)$ está situado no:

a) 1º quadrante.

b) 2º quadrante.

c) 1º quadrante.

d) 4º quadrante.

e) eixo Ox

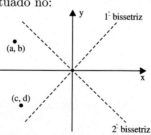

Unidade 19 - *Ponto no Plano* $\mathbb{R}^2$ |831

4. (UNIFICADO) O ponto Q é o simétrico do ponto $P(x, y)$ em relação ao eixo dos y. O ponto R é o simétrico do ponto Q em relação à reta $y = 1$. As coordenadas de R são:

   a) $(x, 1 - y)$
   b) $(0, 1)$
   c) $(-x, 1 - y)$
   d) $(-x, 2 - y)$
   e) $(-y, 1 - x)$

5. (CESGRANRIO) A distância entre os pontos $M(4, -5)$ e $N(-1, 7)$ do plano xOy vale:

   a) 14
   b) 12
   c) 8
   d) 13
   e) 9

6. (FCC-BA) O triângulo cujos vértices são os pontos $(1, 3)$, $(-2, -1)$ e $(1, -2)$ é:

   (a) eqüilátero
   b) escaleno
   c) isósceles
   d) obtusângulo
   e) retângulo

7. (UFMG) A distância entre os pontos $A(2a, -3a)$ e $B(3, 2)$ é $\sqrt{26}$. Pode-se afirmar que os possíveis valores de a são:

   a) $-\sqrt{2}$ e $\sqrt{2}$
   b) $1 - \sqrt{2}$ e $1 + \sqrt{2}$
   c) -1 e 1
   d) -2 e 2
   e) -3 e 2

8. (PUC-SP) Dados $A(4, 5)$, $B(1, 1)$ e $C(x, 4)$ o valor de x para que o triângulo ABC seja retângulo em B é:

   a) 3
   b) 2
   c) 0
   d) -3
   e) -2

9. (CESCEA-SP) O ponto do eixo das abscissas, equidistantes dos pontos $P(-2, 2)$ e $Q(2, 6)$, é:

832 | *Matemática no Vestibular*

   a) $A(2,0)$

   b) $B(5,0)$

   c) $C(3,0)$

   d) $D(0,2)$

   e) $E(4,0)$

10. (UNESP) Dado um sistema de coordenadas cartesianas no plano considere os pontos $A(2,2)$, $B(4,-1)$ e $C(m,0)$. Para que $AC + CB$, seja mínimo, o valor de m deve ser:

   a) 7/3

   b) 8/3

   c) 10/3

   d) 3,5

   e) 11/3

11. (FUVEST-SP) Dados os pontos $A(2,1)$ e $B(6,5)$, as coordenadas do ponto médio do segmento $\overline{AB}$ são:

   a) (2,3)

   b) (4,3)

   c) $(-2,-3)$

   d) (3.2)

   e) $(-1,0)$

12. (FASP-SP) Sendo $M(2,-1)$ o ponto médio de $\overline{AB}$ e $A(3,3)$, as coordenadas de B são:

   a) $(1,-5)$

   b) $(-1,-5)$

   c) $\left(1, \dfrac{5}{2}\right)$

   d) $\left(\dfrac{5}{2}, 1\right)$

   e) n.d.a.

13. (UCP-RJ) A distância da origem do sistema cartesiano ao ponto médio do segmento de extremos $(-2,-7)$ e $(-4,1)$ é:

   a) $\sqrt{5}$

   b) $2\sqrt{2}$

   c) $2\sqrt{3}$

   d) $3\sqrt{3}$

   e) $3\sqrt{2}$

Unidade 19 - *Ponto no Plano* $\mathbb{R}^2$ |833

14. (UFJF-MG) Se $(2,1)$, $(3,3)$ e $(6,2)$ são os pontos médios dos lados de um triângulo, quais são os seus vértices?

a) $(-1,2),(5,0),(7,4)$
b) $(2,2),(2,0),(4,4)$
c) $(1,1)$, $(3,1)$, $(5,5)$
d) $(3,1)$, $(1,1)$, $(3,5)$
e) n.d.a.

15. (UNESP) Num sistema cartesiano, considere os pontos $A(0,0)$, $B(1,2)$ e $C(2,1)$. Se D é um ponto do segundo quadrante de tal maneira que os quatro pontos sejam vértices de um paralelogramo, as coordenadas de D são:

a) $(-1,1)$
b) $\left(-\dfrac{1}{2},\dfrac{1}{2}\right)$
c) $\left(-1,\dfrac{1}{2}\right)$
d) $\left(-\dfrac{1}{2},1\right)$
e) $(-2,1)$

16. (PUC) A área do triângulo $P_1P_2P_3$ cujos vértices em coordenadas cartesianas ortogonais, são:
$P_1 = (1,3)$, $P_2 = (7,1)$, $P_3 = (4,1)$ é:

a) 6
b) 3
c) 9
d) 1
e) 2

17. (UNIFICADO) A área do triângulo cujos vértices são $(1,2)$, $(3,4)$ e $(4,-1)$, é igual a:

a) 6
b) 8
c) 9
d) 10
e) 12

18. (PUC) Os pontos $A(3,1)$, $B(4,-2)$ e $C(x,7)$ são colineares. O valor de x é igual a:

a) 1
b) 2
c) 5

834 | *Matemática no Vestibular*

d) 6

e) 7

19. (MACK-SP) A área de um triângulo é 25/2 e os seus vértices são (0,1), (2,4) e $(-7, k)$. O valor de k pode ser:

a) 3

b) 2,5

c) 2

d) 4

e) 5

20. (PUC) O valor de x para que os pontos $(1,3)$, $(-2, 4)$ e $(x, 0)$ do plano sejam colineares é:

a) 8

b) 9

c) 11

d) 10

e) 5

21. (UNIMEP-SP) O valor de x para que os pontos $A(0, 1)$, $B(x, -2)$ e $C(-1, 2)$ sejam colineares é:

a) 2

b) -3

c) $\dfrac{1}{4}$

d) 3

e) $-\dfrac{1}{4}$

22. (UFMG) Seja $Q = (-1, a)$ um ponto do 3º quadrante. O valor de a, para que a distância do ponto $P = (a, 1)$ ao ponto Q seja 2, é:

a) $-1 - \sqrt{2}$

b) $1 - \sqrt{2}$

c) $1 + \sqrt{2}$

d) $-1 + \sqrt{2}$

e) -1

23. (UFMG) O ponto $P = (x, y)$ está mais próximo do ponto $A = (1, 0)$ que do eixo das ordenadas. Pode-se afirmar que:

a) $y^2 < 2x + 2$

b) $y^2 < 2x - 2$

c) $y^2 < x - 2$

d) $y^2 < x + 2$

e) $y^2 < 2x - 1$

Unidade 19 - *Ponto no Plano* $\mathbb{R}^2$ |835

24. (UFMG) Seja $P = (x, y)$ um ponto equidistante dos eixos coordenados e de distância I da origem. Pode-se afirmar que o número de pontos que satisfazem essas condições é:

a) 1

b) 2

c) 3

d) 4

e) 5

25. (UFRJ) Considere um tabuleiro quadrado, semelhante aos usados nos jogos de xadrez e de damas (na Figura 1, vemos um tabuleiro de xadrez). Nosso tabuleiro, porém, tem $1000 \times 1000 = 10^6$ casas, no lugar das $8 \times 8 = 64$ casas do tabuleiro de xadrez convencional.

Cada casa é designada por um par ordenado (m, n) de números naturais, ambos variando de 1 a 1000 (na Figura 2, está assinalada a casa (7,6)). Uma peça pode se mover no tabuleiro, a cada jogada, para qualquer das casas adjacentes à que esteja ocupando (ver Figura 3). A distância entre duas casas é definida como o menor número de jogadas para que uma peça passe de uma casa até a outra.

Considere, em nosso tabuleiro, as casas $A = (1, 1)$, $B = (998, 999)$ e $C = (1, 1000)$.

Qual das duas distâncias (segundo a definição acima) é menor: a distância entre A e B ou a entre A e C? Em outras palavras: partindo de A, a qual, dentre as casas B e C, se pode chegar em menos jogadas?

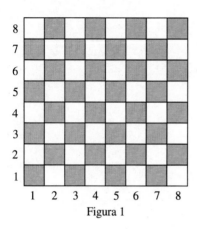

Figura 1

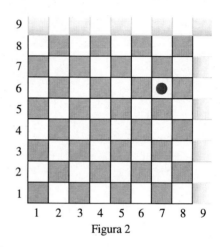

Figura 2

Figura 3

26. (UNIRIO) Considere um triângulo cujos vértices são $A(0,0)$, $B(3,4)$ e $C(6,0)$ e responda às perguntas abaixo:

a) Qual a soma das medidas dos lados com a medida de altura relativa ao vértice B?

b) Qual a classificação deste triângulo quanto às medidas de seus ângulos internos?

27. (PUC-SP) O triângulo OPQ da figura tem por baricentro o ponto $G(2,3)$. Determine as coordenadas de P e Q.

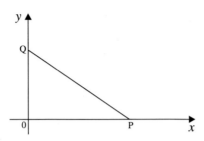

28. (UFRJ) Sejam $M_1 = (1,2)$, $M_2 = (3,4)$ e $M_3 = (1,-1)$ os pontos médios dos lados de um triângulo. Determine as coordenadas dos vértices desse triângulo.

29. (FATEC-SP) Calcule a área do triângulo ABC da figura abaixo.

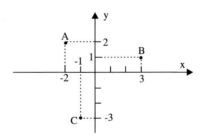

30. (UFF) Considere os pontos $A(3,2)$ e $B(8,6)$. Determine as coordenadas do ponto P, pertencente ao eixo x, de modo que os segmentos $\overline{PA}$ e $\overline{PB}$ tenham o mesmo comprimento.

838 | *Matemática no Vestibular*

Gabarito das questões propostas

Questão 1 - Resposta: d) R_4
Questão 2 - Resposta: e) o ponto $(\sqrt{3}+1, \sqrt{3}+1)$ pertence à bissetriz dos quadrantes pares
Questão 3 - Resposta: c) $3^{\underline{o}}$ quadrante
Questão 4 - Resposta: d) $(-x, 2-y)$
Questão 5 - Resposta: d) 13
Questão 6 - Resposta: c) isósceles
Questão 7 - Resposta: c) -1 e 1
Questão 8 - Resposta: d) -3
Questão 9 - Resposta: e) $E(4,0)$
Questão 10 - Resposta: c) $10/3$
Questão 11 - Resposta: b) $(4,3)$
Questão 12 - Resposta: a) $(1,-5)$
Questão 13 - Resposta: e) $3\sqrt{2}$
Questão 14 - Resposta: a) $(-1,2),(5,0),(7,4)$
Questão 15 - Resposta: a) $(-1,1)$
Questão 16 - Resposta: b) 3
Questão 17 - Resposta: a) 6
Questão 18 - Resposta: a) 1
Questão 19 - Resposta: a) 3
Questão 20 - Resposta: d) 10
Questão 21 - Resposta: d) 3
Questão 22 - Resposta: e) -1
Questão 23 - Resposta: e) $y^2 < 2x - 1$
Questão 24 - Resposta: d) 4
Questão 25 - Resposta: entre A e B
Questão 26 - Resposta: a) 20   b) acutângulo
Questão 27 - Resposta: $P = (6,0)$ e $Q = (0,9)$
Questão 28 - Resposta: $(-1,-3)$, $(3,7)$ e $(3,1)$
Questão 29 - Resposta: 12

Questão 30 - Resposta: $P = \left(\dfrac{87}{10}, 0\right)$

UNIDADE 20

ESTUDO DA RETA NO $\mathbb{R}^2$

SINOPSE TEÓRICA

20.1) Equação geral da reta

Dados os pontos $A = (x_1, y_1)$ e $B = (x_2, y_2)$, uma e somente uma reta é capaz de conter esses pontos. Para que um ponto $P = (x, y)$ pertença à reta $\overline{AB}$, devemos ter P, A e B alinhados; logo:

$$\begin{vmatrix} x & y & 1 \\ x_1 & y_1 & 1 \\ x_2 & y_2 & 1 \end{vmatrix} = 0$$

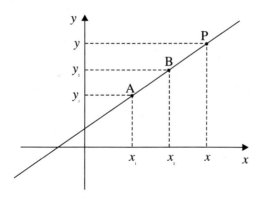

Desenvolvendo o determinante, temos:

$$(y_1 - y_2)x + (x_2 - x_1)y + (x_1 y_2 - x_2 y_1) = 0$$

840 | *Matemática no Vestibular*

Fazendo

$$\begin{cases} y_1 - y_2 = A \\ x_2 - x_1 = B \\ x_1 y_2 - x_2 y_1 = C \end{cases}$$

Ficamos com: $\boxed{Ax + By + C = 0}$, que é a equação geral da reta $\overline{AB}$.

Exemplo: $4x + 6y - 3 = 0$ representa uma reta e, nesse caso, $A = 4$, $B = 6$ e $C = -3$.

20.2) Equação reduzida da reta

Vimos que $Ax + By + c = 0$ é a equação geral de uma reta. Explicitando o y, temos:

$$By = -Ax - C$$

$$y = \frac{-A}{B} x + \frac{-C}{B}$$

Fazendo

$$\begin{cases} \dfrac{-A}{B} = a \\ \\ \dfrac{-C}{B} = b \end{cases}$$

Temos: $\boxed{y = ax + b}$, que é a equação reduzida da reta.

$$a = \frac{-A}{B} \rightarrow \text{coeficiente angular da reta}$$

$$b = \frac{-C}{B} \rightarrow \text{coeficiente linear da reta}$$

Exemplo: $y = 5x + 3$ representa uma reta e, nesse caso, $a = 5$ é o coeficiente angular e $b = 3$ é o coeficiente linear.

20.3) Interpretação geométrica

No item anterior vimos que na equação reduzida a era o coeficiente angular e b o coeficiente linear, mas quais os seus significados?

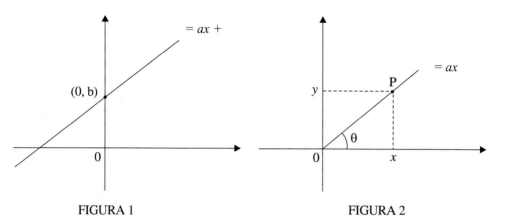

FIGURA 1   FIGURA 2

Na figura 1, notamos que o ponto de interseção da reta com o eixo Y é o ponto $(0, b)$, pois se na equação $y = ax + b$ fizermos $x = 0$, teremos $y = b$.

Ou seja: O coeficiente linear da reta é a ordenada do ponto de interseção da reta com o eixo Y.

Na figura 2, θ é a inclinação da reta, ou seja, o ângulo que a reta forma com o sentido positivo do eixo X. Como a reta intercepta o eixo Y na origem, temos $b = 0$, e a equação se reduz a $y = ax$; então $a = \dfrac{y}{x}$.

Considerando $P = (x, y)$ como um ponto da reta, observe que $\operatorname{tg} \theta = \dfrac{y}{x}$, logo: $a = \operatorname{tg} \theta$ é o coeficiente angular da reta.

Ou seja: O coeficiente angular da reta é numericamente igual à tangente do ângulo que a reta faz com o sentido positivo do eixo X.

Exemplo: Obter o coeficiente angular e o coeficiente linear das retas:

a) $y = 3x + 1$ $\begin{cases} \text{coeficiente angular } = 3 \\ \text{coeficiente linear } = 1 \end{cases}$

b) $3x + 2y - 8 = 0$

Coeficiente angular $= \dfrac{-A}{B} = \dfrac{-3}{2}$

Coeficiente linear $= \dfrac{-C}{B} = \dfrac{-(-8)}{2} = 4$

20.4) Coeficiente angular da reta que passa por dois pontos

Dados os pontos $A = (x_1, y_1)$ e $B = (x_2, y_2)$ pertencentes a uma reta, como obter o coeficiente angular dessa reta?

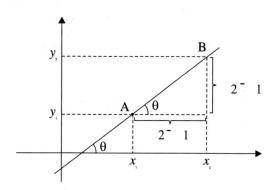

Coeficiente angular $= \operatorname{tg} \theta = \dfrac{y_2 - y_1}{x_2 - x_1}$

$$\boxed{a = \dfrac{y_2 - y_1}{x_2 - x_1}}$$

Exemplo: Qual o coeficiente angular da reta que passa pelos pontos $A = (5,1)$ e $B = (7,9)$.

Resolução:
$$a = \dfrac{9-1}{7-5} = \dfrac{8}{2} = 4$$

20.5) Retas particulares

20.5.1) Paralela do eixo X
A equação é da forma $y =$ constante.

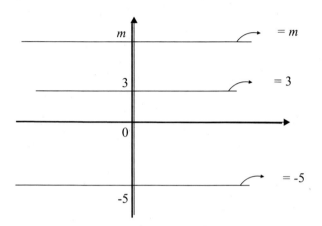

20.5.2) Paralela ao eixo Y

A equação é da forma $x = $ constante.

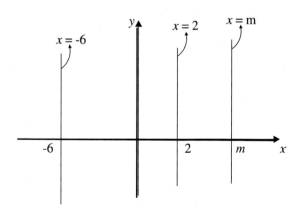

20.6) Retas paralelas
Duas retas paralelas têm o mesmo coeficiente angular.

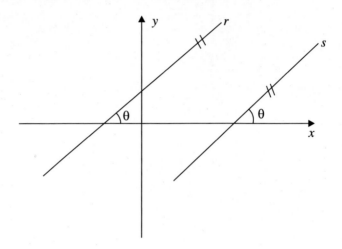

De fato, como as duas retas fazem ângulos de mesma medida com o eixo X, as tangentes serão iguais, ou seja, os coeficientes angulares serão iguais.

20.7) Retas perpendiculares
Se duas retas são perpendiculares, o coeficiente angular de uma é o inverso do simétrico do coeficiente angular da outra.

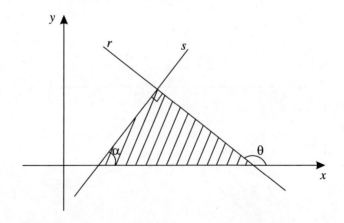

$s: y = ax + b \Rightarrow \operatorname{tg}\alpha = a$
$r: y = mx + n \Rightarrow \operatorname{tg}\theta = m$

No triângulo assinalado, temos: $\theta = 90 + \alpha$, ou

$\operatorname{tg}\theta = \operatorname{tg}(90° + \alpha)$, mas $\operatorname{tg}(90° + \alpha) = -\operatorname{cotg}\alpha$
$\operatorname{tg}\theta = -\operatorname{cotg}\alpha$
$\operatorname{tg}\theta = \dfrac{-1}{\operatorname{tg}\alpha}$, logo: $\boxed{m = \dfrac{-1}{a}}$

20.8) Distância de ponto à reta

Dados uma reta (r) de equação $Ax + By + c = 0$ e um ponto $P = (x_1, y_1)$ não pertencente a essa reta, a distância d do ponto à reta é dada por:

$$\boxed{d = \left|\dfrac{Ax_1 + By_1 + C}{\sqrt{A^2 + B^2}}\right|}$$

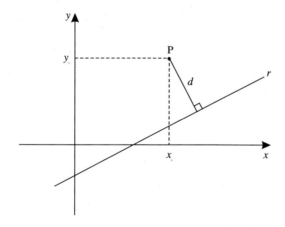

Exemplo: Calcule a distância do ponto $(6, -2)$ à reta $3x + 4y + 10 = 0$
Resolução:

$$d = \left|\dfrac{3 \cdot 6 + 4 \cdot (-2) + 10}{\sqrt{3^2 + 4^2}}\right|$$

$$d = \left|\dfrac{18 - 8 + 10}{\sqrt{25}}\right| = \dfrac{20}{5} \Rightarrow d = 4$$

20.9) Ângulo entre duas retas

Sejam as retas r e s que formam entre si um ângulo θ.

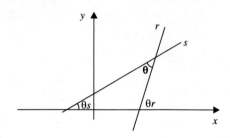

O valor da tangente do ângulo agudo θ formado por essas retas, em função de seus coeficientes angulares a_r e a_s, é dado por:

$$\text{tg}\,\theta = \left|\frac{a_r - a_s}{1 + a_r \cdot a_s}\right|$$

Demonstração:
r : coeficiente angular $= a_r = \text{tg}\,\theta_r$
s : coeficiente angular $= a_s = \text{tg}\,\theta_s$
Da figura, temos que $\theta_r = \theta + \theta_s$ ou $\theta = \theta_r - \theta_s$. Então: $\text{tg}\,\theta = \text{tg}(\theta_r - \theta_s)$, ou seja:

$$\text{tg}\,\theta = \left|\frac{\text{tg}\,\theta_r - \text{tg}\,\theta_s}{1 + \text{tg}\,\theta_r \cdot \text{tg}\,\theta_s}\right|,$$

logo:

$$\text{tg}\,\theta = \left|\frac{a_r - a_2}{1 + a_r \cdot a_s}\right|$$

Exemplo: Determine a medida do menor ângulo formado entre as retas de equações $y = -3x + 5$ e $y = 2x + 7$.

Resolução:
Coeficiente angular da 1ª reta $= -3$
Coeficiente angular da 2ª reta $= 2$

$$\text{tg}\,\theta = \left|\frac{-3-2}{1+(-3)\cdot 2}\right| = \left|\frac{-5}{1-6}\right| = 1$$

Portanto: $\theta = 45°$

**Unidade 20** - Estudo da reta no $\mathbb{R}^2$ | 847

QUESTÕES RESOLVIDAS

1. Escreva a equação da reta que passa pelos pontos $(2, -1)$ e $(0, 3)$.

Resolução:

$$\begin{vmatrix} x & y & 1 \\ 2 & -1 & 1 \\ 0 & 3 & 1 \end{vmatrix} = 0$$

Resolvendo o determinante, temos:

$-x + 6 - 2y - 3x = 0$

$4x + 2y - 6 = 0 \Rightarrow \boxed{2x + y - 3 = 0}$

2. As retas de equações $2x + my + 5 = 0$ e $4x + 6y - 1 = 0$ são paralelas. Calcule m.

Resolução:

$2x + my + 5 = 0 \Rightarrow$ coeficiente angular $= \dfrac{-2}{m}$

$4x + 6y - 1 = 0 \Rightarrow$ coeficiente angular $= \dfrac{-4}{6}$

As retas paralelas têm o mesmo coeficiente angular, logo:

$$\frac{-2}{m} = \frac{-4}{6} \Rightarrow -4m = -12 \Rightarrow \boxed{m = 3}$$

3. Achar o ponto de interseção entre as retas $y = 4 - x$ e $y = x - 2$.

Resolução:

Para achar a interseção, basta resolver o sistema: $\begin{cases} y = 4 - x \\ y = x - 2 \end{cases}$ ou seja,

$x - 2 = 4 - x \Rightarrow 2x = 6 \Rightarrow x = 3$ e $y = 4 - 3 \Rightarrow y = 1.$ $\boxed{\text{Logo: } (3,1)}$

4. Determine a equação da reta que passa pelo ponto $P = (3, -2)$ e é paralela à reta $y = 2x - 5$.

Resolução:

Seja $y = ax + b$ a equação da reta procurada.

$y = ax + b \Rightarrow$ coeficiente angular $= a$

$y = 2x - 5 \Rightarrow$ coeficiente angular $= 2$

Então, $a = 2$.

Como $P = (3, -2)$ pertence à reta $y = ax + b$, temos: $-2 = 2 \cdot 3 + b \Rightarrow b = -8.$

Portanto: $\boxed{y = 2x - 8}$

5. Escreva a equação da mediatriz do segmento de extremos $A = (1,4)$ e $B = (3,0)$.
Resolução:

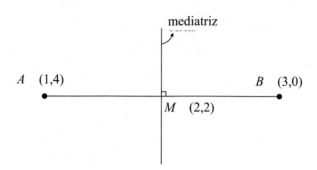

Coeficiente angular da reta $\overline{AB} = \dfrac{4-0}{1-3} = -2$

Coeficiente angular da mediatriz $= \dfrac{1}{2}$ (inverso do simétrico de -2)

M é ponto médio de $\overline{AB}$, logo $M = \left(\dfrac{1+3}{2}, \dfrac{4+0}{2}\right) = (2,2)$

equação da mediatriz $\to y = ax + b \Rightarrow a = \dfrac{1}{2}$

M pertence à mediatriz, logo:

$2 = \dfrac{1}{2} \cdot 2 + b \Rightarrow b = 1$

Portanto: $y = \dfrac{1}{2}x + 1$

QUESTÕES PROPOSTAS

1. (PUC-MG) O coeficiente linear da reta de equação $2x - 3y + 6 = 0$ é igual a:
a) -6
b) -3
c) -2
d) 1
e) 2

2. (F.C.CHAGAS) As retas de equação $3x + 2y - 5 = 0$ e $2x - 3y + 1 = 0$ interceptam-se em um ponto localizado:

a) no 1º quadrante
b) no 2º quadrante
c) no 3º quadrante
d) no 4º quadrante
e) em um dos eixos cartesianos

3. **(F.C.CHAGAS)** O ponto de interseção das retas de equações $y = \frac{2}{3}x - 1$ e $y = \frac{5}{3}x + 9$ está situado:
a) em um dos eixos
b) no 1º quadrante
c) no 2º quadrante
d) no 3º quadrante
e) no 4º quadrante

4. **(UFCE)** A distância entre o ponto de encontro (interseção) das retas $x+y-2=0$ e $x-y-4=0$ e a origem do sistema de coordenadas, $(0,0)$, é:
a) 3
b) $\sqrt{7}$
c) 4
d) $\sqrt{11}$
e) $\sqrt{10}$

5. **(F.C.CHAGAS)**

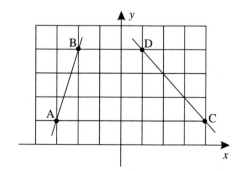

Os coeficientes angulares de $\overline{AB}$ e $\overline{CD}$ valem, respectivamente:
a) 3 e 1
b) −3 e −1
c) 2 e 1/2
d) 3 e −1
e) −1 e 3

6. (UFMG) O ponto $P = \left(\frac{1}{2}, b\right)$ pertence à curva $y = \left(\frac{1}{16}\right)^x$.
A equação da reta que passa por P e tem coeficiente angular 2 é:
a) $2x - y = 0$
b) $8x - 4y - 3 = 0$
c) $8x - 4y - 5 = 0$
d) $2x + y = 0$
e) $4x - 2y - 1 = 0$

7. (U.F.CEARÁ) A reta de equação $y = \sqrt{3}\,x + \frac{1}{2}$ forma com o eixo das abscissas um ângulo agudo de medida:
a) $15°$
b) $20°$
c) $30°$
d) $45°$
e) $60°$

8. (CESGRANRIO) Uma equação da reta r determinada na figura é:
a) $y = x - 2$
b) $y = \frac{x\sqrt{3}}{3} - 2$
c) $y = \frac{x\sqrt{2}}{2} + 2$
d) $y = x\sqrt{3} - 2$
e) $y = x\sqrt{3} + 2$

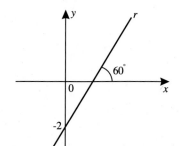

9. (UFMG) Observe a figura.

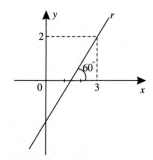

A ordenada do ponto de interseção da reta r com o eixo das ordenadas é:
a) $2 - 3\sqrt{3}$
b) $3 - 2\sqrt{3}$
c) $2 - \sqrt{3}$
d) $3 - \dfrac{2\sqrt{3}}{3}$
e) $3\sqrt{3} - 2$

10. (UFPI) A equação da reta que passa pelo ponto $P(-1, 2)$ e faz um ângulo de $30°$ com o eixo Oy é:
a) $y - 1 = \sqrt{2}(x - 1)$
b) $y + 2 = -\sqrt{3}(x - 1)$
c) $y + 2 = \sqrt{3}(x + 1)$
d) $y + 2 = \sqrt{2}(x + 1)$
e) $y - 2 = \sqrt{3}(x + 1)$

11. (UNIFICADO) A equação da reta mostrada na figura abaixo é:

a) $3x + 4y - 12 = 0$

b) $3x - 4y + 12 = 0$

c) $4x + 3y + 12 = 0$

d) $4x - 3y - 12 = 0$

e) $4x - 3y + 12 = 0$

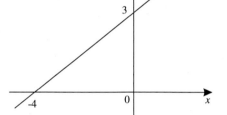

12. (U.F.PARÁ) Em um sistema cartesiano ortogonal, o coeficiente angular de uma reta é igual a $1/2$ e a reta passa pela origem. Qual a equação desta reta?
a) $y = -2x$
b) $y = -x$
c) $y = -\dfrac{1}{2}x$
d) $y = \dfrac{1}{2}x$
e) $y = 2x$

13. (FUVEST-FGV) Uma reta que corte o eixo y no ponto $(0, 5)$ e corte o eixo

x em $(0,0)$ tem por equação:
a) $y = 5x + 0$
b) $5y = x$
c) $x = 0$
d) $y = 0$
e) $y = 2x$

14. (UFF) A figura abaixo representa o gráfico cartesiano das retas r_1, r_2 e r_3, cujos coeficientes angulares são, respectivamente, m_1, m_2 e m_3.
A alternativa em que m_1, m_2 e m_3 estão corretamente ordenados é:

a) $m_2 > m_1 > m_3$

b) $m_3 > m_2 > m_1$

c) $m_1 > m_2 > m_3$

d) $m_1 > m_3 > m_2$

e) $m_2 > m_3 > m_1$

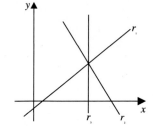

15. (UFRN) A equação da reta que passa pelos pontos $(0; 1)$ e $(1; 0)$ é:
a) $y = -x + 1$
b) $y = -x - 1$
c) $y = 2x + 1$
d) $y = 3x + 1$
e) $y = 3x + 2$

16. (U.F.PARÁ) Determine a equação da reta cuja representação gráfica é:

a) $y = 2(x + 2)$
b) $y = -2(x + 2)$
c) $y = \frac{1}{2}(x + 2)$
d) $y = -\frac{1}{2}(x + 2)$
e) $y = \frac{1}{2}(x - 2)$

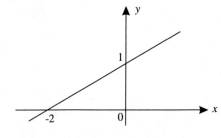

Unidade 20 - *Estudo da reta no* $\mathbb{R}^2$ | 853

17. (UFMG) Observe a tabela

c	t
2	-3
0	5

Nessa tabela, estão representados valores correspondentes de duas variáveis, C e t, vinculadas por uma equação de primeiro grau. Quando $t = -2$, o valor de C é:
a) -11
b) -3
c) $3/4$
d) $7/4$
e) 13

18. (F.C.CHAGAS) A reta de equação $3x - 2y + 1 = 0$ corta os eixos cartesianos nos pontos A e B. O ponto médio do segmento $\overline{AB}$ tem coordenadas:
a) $\left(0; \dfrac{1}{4}\right)$

b) $\left(-\dfrac{1}{6}; 0\right)$

c) $\left(-\dfrac{1}{6}; \dfrac{1}{4}\right)$

d) $\left(\dfrac{3}{2}; -1\right)$

e) $\left(\dfrac{1}{4}; \dfrac{1}{6}\right)$

19. (PUC-BA) São dadas as retas r: $2x - 4y - 5 = 0$; s: $-x + 2y - 3 = 0$ e t: $4x + 2y - 1 = 0$. É correto afirmar que:
a) $r||s$ e $s||t$
b) $r \perp s$ e $s \perp t$
c) $r||s$ e $s \perp t$
d) $r||t$ e $r \perp s$
e) $s||t$ e $r \perp s$

20. (UFRS) Sabe-se que a reta ℓ, de equação $ax + by = 0$, é paralela à reta t, de equação $3x - 6y + 4 = 0$. Então, $\dfrac{a}{b}$ vale:
a) -2
b) $-\dfrac{1}{2}$

854 | *Matemática no Vestibular*

c) $\dfrac{1}{2}$

d) 1

e) 2

21. **(UFPE)** Dados a reta de equação cartesiana $y = 1 - x$ e o ponto $P(1,2)$. Assinale a alternativa certa para a reta que contém P e é paralela à reta dada.

a) $y = 2 - x$

b) $y = x + 1$

c) $y = x - 1$

d) $y = 3 - x$

e) $y = x + 3$

22. (U.E.F.SANTANA) Sejam as retas r e s definidas por $y = 4x - 3$ e $y = 3x$. A equação da reta t, de inclinação $30°$ e que passa pelo ponto de interseção de r e s, é:

a) $y = 3$

b) $y = 30x - 81$

c) $y = \dfrac{x}{3}$

d) $y = \dfrac{\sqrt{3}}{3}x + 9 - \sqrt{3}$

e) $y = \dfrac{\sqrt{3}}{3}x + 3(\sqrt{3} + 1)$

23. (FUVEST) Os pontos $M = (2,2)$, $N = (-4,0)$ e $P = (-2,4)$ são, respectivamente, os pontos médios dos lados AB, BC e CA do triângulo ABC. A reta mediatriz do segmento AB tem a equação:

a) $x + 2y - 6 = 0$

b) $x - 2y + 2 = 0$

c) $2x - 2y - 2 = 0$

d) $2x + y - 6 = 0$

e) $-x + 2y + 6 = 0$

24. (PUC-RS) A reta determinada pelos pontos $A(2; -3)$ e $B(-1; 2)$ intercepta o eixo das abscissas no ponto:

a) $\left(\frac{1}{5}; 0\right)$

b) $\left(0; \frac{1}{5}\right)$

c) $(5; 0)$

d) $(0; 5)$

e) $\left(-\frac{1}{5}; 0\right)$

25. (UNI-RIO) $ABCDEF$ é um hexágono regular de lado 4. A equação da reta que contém o lado AB é:

a) $x + y = \sqrt{3}$
b) $x^2 + y^2 = 16$
c) $2x + y = 4$
d) $y = x - 2$
e) $y = -x\sqrt{3} + 2\sqrt{3}$

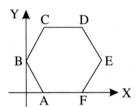

26. (FUVEST-FGV) Determinar a equação da reta r da figura:

a) $y = 3x$

b) $y = \dfrac{5}{18} x$

c) $y = 3x + 5$

d) $y = \dfrac{3}{4} x$

e) $y = 4x + 2$

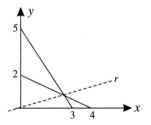

27. (FGV-SP) A reta que passa pela origem e pela interseção das retas $2x + y - 6 = 0$ e $x - 3y + 11 = 0$ tem como equação:

a) $y = 2x$
b) $y = 3x$

856 | *Matemática no Vestibular*

c) $y = 4x$

d) $y = 5x$

e) $y = 6x$

28. (UnB) O triângulo ABC tem vértices $A : (0; 0)$, $B : \left(-\dfrac{3}{5}; \dfrac{3}{5}\right)$ e $C : \left(\dfrac{3}{5}; \dfrac{3}{5}\right)$. A equação da reta que passa por A e pelo ponto médio de BC é:

a) $x = 0$

b) $y = 0$

c) $y = \dfrac{5}{3} x$

d) $y = \dfrac{3}{5} x$

e) $y = -\dfrac{3}{5} x$

29. (U.FORTALEZA) Dentre os pontos abaixo, assinale o que pertence à reta $y = 3x - \dfrac{1}{2}$:

a) $\left(2; \dfrac{11}{2}\right)$

b) $\left(0; \dfrac{1}{2}\right)$

c) $(1; 1)$

d) $(-1, 2)$

e) $\left(\dfrac{1}{2}; 3\right)$

30. (UNIFICADO)

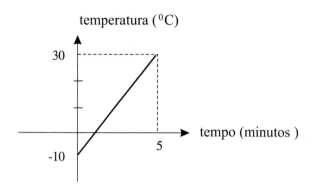

Uma barra de ferro com temperatura inicial de $-10°C$ foi aquecida até $30°C$. O gráfico acima representa a variação da temperatura da barra em função do tempo gasto nessa experiência. Calcule em quanto tempo, após o início da experiência, a temperatura da barra atingiu $0°C$.

a) 1 min
b) 1 min 5 seg
c) 1 min 10 seg
d) 1 min 15 seg
e) 1 min 20 seg

31. (MACK) A equação da reta paralela ao eixo Ox e que passa pela intereseção das retas $3x + 5y - 7 = 0$ e $4x + 6y - 5 = 0$ é:

a) $y = \dfrac{13}{2} x$

b) $x = \dfrac{13}{2}$

c) $y = \dfrac{13}{2}$

d) $y = \dfrac{13}{2} x + \dfrac{3}{2}$

e) $x = \dfrac{13}{2} y + \dfrac{3}{2}$

32. (CESGRANRIO) As retas de equações $x = 2$, $y = x$ e $x + 2y = 12$

determinam um triângulo T. Qual é a área desse triângulo?

a) 1
b) 2
c) 4
d) 3
e) 5

33. (MACK) A equação geral da reta representada abaixo é:

a) $3x + 2y + 6 = 0$
b) $3x - 2y - 6 = 0$
c) $x + y - 6 = 0$
d) $2x + 3y - 6 = 0$
e) $3x + 2y - 6 = 0$

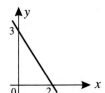

34. (F.C.CHAGAS) Os pontos $A(-1, 2)$, $B(0, 3)$ e $C(2, 0)$ são vértices de um triângulo. A equação da reta que contém o ponto C e é paralela à reta suporte do lado $\overline{AB}$ é:

a) $x + y + 2 = 0$
b) $x - y + 2 = 0$
c) $x + y - 2 = 0$
d) $x - y - 2 = 0$
e) $x + y = 0$

35. (FATEC) A equação da reta, que passa pelo ponto $(3, -1)$ e é paralela $y + 2x = 0$, é:

a) $2x - y - 7 = 0$
b) $x - 2y - 5 = 0$
c) $-2x + y + 7 = 0$
d) $x + 2y - 1 = 0$
e) $2x + y - 5 = 0$

36. (UFF) A figura abaixo representa um retânulgo $MNPQ$. O produto dos coeficientes angulares das retas suportes de todos s seus lados é:

a) 1

b) $\dfrac{1}{2}$

c) 0

d) $-\dfrac{1}{2}$

e) -1

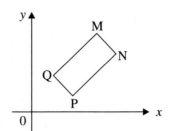

37. (F.C.CHAGAS) A reta r passa pelo ponto $(3,5)$ e é perpendicular à reta s, de equação $4x - 7y + 1 = 0$. A equação der r é:
a) $7x + 4y - 41 = 0$
b) $7x - 4y - 41 = 0$
c) $4x - 7y - 41 = 0$
d) $4x + 7y - 41 = 0$
e) $3x + 7y - 41 = 0$

38. (UNIFICADO) As retas $x + ay - 3 = 0$ e $2x - y + 5 = 0$ são paralelas, se a vale:
a) -2
b) $-0,5$
c) $0,5$
d) 2
e) 8

39. (UERJ) A área do triângulo formado pela reta $3x + 4y - 12 = 0$ com os eixos coordenados vale:
a) 6
b) 8
c) 9
d) 10
e) 12

40. (CESGRANRIO) Se as retas $y + \dfrac{x}{2} + 4 = 0$ e $my + 2x + 12 = 0$ são paralelas, então o coeficiente m vale:
a) 2
b) 3

860 | *Matemática no Vestibular*

c) 4

d) 5

e) 6

41. (UFMG) A relação entre m e n para que as retas de equações $2x - my + 1 = 0$ e $nx + 3y + 5 = 0$ sejam paralelas é:

a) $\dfrac{m}{n} = \dfrac{3}{2}$

b) $\dfrac{m}{n} = -\dfrac{2}{3}$

c) $\dfrac{m}{n} = \dfrac{2}{3}$

d) $m \cdot n = -6$

e) $m \cdot n = 6$

42. (PUC) Os pontos (x, y) que satisfazem à equação $y^2 = x^2$ constituem:

a) uma circunferência

b) uma parábola

c) uma hipérbole

d) uma reta

e) um par de retas

43. (UFPR) No sistema de coordenadas cartesianas ortogonais, a equação da reta que passa pelo ponto $A(3, 4)$ e é perpendicular à reta $2y + 3x - 5 = 0$ é:

a) $y = 2x + 2$

b) $5y - 3x + 6 = 0$

c) $3y = 2x + 6$

d) $2x + 3y + 6 = 0$

e) $5x - 3y + 8 = 0$

44. (FUVEST) A reta de equação $2x + 12y - 3 = 0$, em relação a um sistema cartesiano ortogonal, forma com os eixos do sistema um triângulo cuja área é:

a) 1/3

b) 1/4

c) 1/15

d) 3/8

e) 3/16

45. (FUVEST) As retas r e s são perpendiculares e interceptam-se no ponto $(2,4)$. A reta s passa pelo ponto $(0,5)$. Uma equação da reta r é:

Unidade 20 - *Estudo da reta no* $\mathbb{R}^2$ | 861

a) $2y + x = 10$
b) $y = x + 2$
c) $2y - x = 6$
d) $2x + y = 8$
e) $y = 2x$

46. (F.C.CHAGAS) As retas r e s, respectivamente de equações $y = 3$ e $y = x$, interceptam-se no ponto A. A perpendicular a s, por A, intercepta o eixo das abscissas no ponto B. A paralela a s, por B, tem equação:
a) $y = -x + 3$
b) $y = -x + 6$
c) $y = x + 3$
d) $y = x + 6$
e) $y = x - 6$

47. (FUVEST) As retas r e s são perpendiculares e interceptam-se no ponto $(2,4)$. A reta s passa pelo ponto $(0,5)$. Uma equação da reta r é:
a) $2y + x = 10$
b) $y = x + 2$
c) $2y - x = 6$
d) $2x + y = 8$
e) $y = 2x$

48. (UNITAU-SP) A equação da mediatriz do segmento $\overline{AB}$, sendo $A(-2, 2)$ e $B(4, -4)$, é:
a) $x + y = 0$
b) $-x - y - 2 = 0$
c) $x - y + 2 = 0$
d) $x + y - 2 = 0$
e) $x - y - 2 = 0$

49. (F.C.CHAGAS) Sejam $A(0, 1)$ e $C(-2, 3)$ vértices opostos de um quadrado $ABCD$. A equação da reta suporte da diagonal $\overline{BD}$ é:
a) $x + y - 2 = 0$
b) $x - y - 3 = 0$
c) $x - y + 3 = 0$
d) $x - y + 2 = 0$
e) $x + y - 3 = 0$

50. (UERJ) Um raio de luz incide em um espelho plano, como indica a figura abaixo:

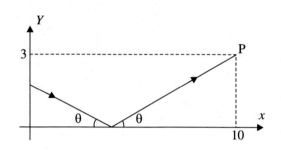

O espelho perpendicular ao eixo Y contém o eixo X. A equação da reta suporte desse raio é $y = -\frac{1}{2}x + k$. A equação da reta suporte do raio refletido é $y = ax + b$. Portanto, $a + b$ é igual a:

a) $-\frac{3}{2}$

b) -2

c) -1

d) $-\frac{1}{2}$

51. (UFF) A figura representa a reta r que intercepta o eixo y no ponto $P(0, m)$ formando com esse eixo o ângulo α. A equação de r é dada por:

a) $y = (\cotg \alpha)x + \frac{1}{m}$

b) $y = -(\cotg \alpha)x + m$

c) $y = (\tg \alpha)x + m$

d) $y = (\cotg \alpha)x + m$

e) $y = (\tg a)x + \frac{1}{m}$

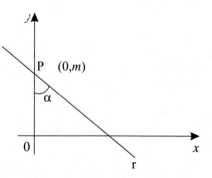

52. (PUC) Qual o valor de b, dentre as opções abaixo, para o qual a reta $y = x + b$ e a elipse $x^2 + 4y^2 = 5$ têm somente um ponto de interseção?

a) $\sqrt{\dfrac{5}{2}}$

b) $-\sqrt{\dfrac{5}{2}}$

c) $\dfrac{5}{\sqrt{2}}$

d) $\dfrac{5}{2}$

e) nenhuma das opções

53. (CESGRANRIO) Na figura, o triângulo MNO é equilátero e de lado igual a 2.
A reta que contém o lado $\overline{MN}$ é:

a) $2x + y\sqrt{3} = 1$
b) $x + y\sqrt{3} = 2$
c) $x\sqrt{3} + y = 2\sqrt{3}$
d) $x\sqrt{2} + y = 1$
e) $x + y = 2\sqrt{3}$

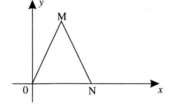

54. (UFMG) Sejam $A(1,0)$, $B(0,3)$ e $C(5,4)$ os vértices de um triângulo. Nessas condições, pode-se afirmar que a equação da reta que contém a altura relativa ao lado $\overline{AB}$ é:

a) $x - y + 1 = 0$
b) $x - 3y + 7 = 0$
c) $3x + y - 3 = 0$
d) $5x - 9y + 11 = 0$
e) $7x - 5y + 15 = 0$

55. (UFF) Considere o triângulo equilátero MPQ de lado L, inscrito na circunferência centrada na origem do sistema de eixos coordenados, conforme a figura a seguir:

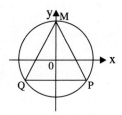

A equação da reta que contém o lado MP é:
  a) $y + x = L\sqrt{3}$
  b) $y - \sqrt{3}x = L$
  c) $\sqrt{3}y + 3x = L$
  d) $\sqrt{3}y - 3x = L$
  e) $2\sqrt{3}y + 6x = L$

56. (PUC-MG) A área do quadrilátero, formado pelas retas $y = 2x + 1$, $y = -2x + 7$, $x = 0$ e $y = 0$, é igual a:
  a) $\dfrac{13}{4}$
  b) $\dfrac{31}{4}$
  c) $\dfrac{32}{4}$
  d) $\dfrac{35}{4}$
  e) $\dfrac{37}{4}$

57. (F.C.CHAGAS) São dados os pontos $A = (-2, 1)$, $B = (0, -3)$ e $C = (2, 5)$. A equação da reta suporte da mediana do triângulo ABC, traçada pelo vértice A, é:
  a) $y = 1$
  b) $x = 1$
  c) $x = y$
  d) $x - y = 1$
  e) $x + y = 1$

58. (PUC) A equação da simétrica da reta $y = 2x$ em relação ao ponto (1,3) é:
  a) $y = 2x + 2$
  b) $y = 2x + 3$
  c) $y = -x + 5$

Unidade 20 - *Estudo da reta no* $\mathbb{R}^2$ | 865

d) $y = 6x$

e) $y = -6x$

59. (U.GAMA FILHO) Os pontos $A(0,1)$, $B(1,0)$ e $C(x,y)$ pertencem à reta r, então, devemos ter:

a) $x + y = 0$

b) $x - y = 0$

c) $x - y = 2$

d) $x + y = 1$

e) $x + y = 5$

60. (PUC) A distância do ponto $P = (3,1)$ à reta r da equação $2x + 5y - 1 = 0$ é:

a) $\dfrac{8}{\sqrt{29}}$

b) $\dfrac{6}{\sqrt{29}}$

c) $\dfrac{7}{\sqrt{29}}$

d) $\dfrac{10}{\sqrt{29}}$

e) $\dfrac{1}{\sqrt{29}}$

61. (F.C.CHAGAS) A distância da reta de equação $3x + y - 10 = 0$ à origem das coordenadas é:

a) 5

b) $2\sqrt{5}$

c) $\sqrt{10}$

d) 2

e) 1

62. (CESGRANRIO) A distância do ponto $(20\sqrt{2} + 1, 1)$ à reta $y = x$ é:

a) 20

b) $10\sqrt{2} + 6$

c) $10\sqrt{2} + 5$

d) $10\sqrt{5} - 3$

e) $10\sqrt{5} - 2$

63. (F.C.CHAGAS) A distância do ponto $(1, -\sqrt{3})$ à reta de equação $2x + 2\sqrt{3}y - 1 = 0$ é:

866 | *Matemática no Vestibular*

a) 1,25

b) 1,75

c) 2

d) $2\sqrt{3}$

e) $\sqrt{3} - 1$

64. (F.C.CHAGAS) A distância entre as retas de equações $x - y + 2 = 0$ e $2x - 2y + k = 0$ é igual a $\sqrt{2}$ se, e somente se:

a) $k = 0$

b) $k = 4$

c) $k = 8$

d) $k = 0$ ou $k = 8$

e) $k = -4$ ou $k = 8$

65. (FGV) As retas cujas equações são $(r)x + 3y = 5$ e $(s)x + 3y = 0$ são paralelas. A distância entre elas vale:

a) $\dfrac{9\sqrt{2}}{8}$

b) $\dfrac{3\sqrt{2}}{4}$

c) $\dfrac{3}{2}$

d) $\sqrt{10}$

e) $\dfrac{\sqrt{10}}{2}$

66. (U.F.PARÁ) Qual a distância da reta $y = 1 - x$ à origem?

a) $\dfrac{\sqrt{2}}{2}$

b) $\dfrac{2}{\sqrt{2}}$

c) $\sqrt{2}$

d) 1

67. (UFMG) A distância entre as retas de equações $y = x\sqrt{3}$ e $y = x\sqrt{3} + 2$ é:

a) $\sqrt{3}$

b) $2\sqrt{3}$

c) $\dfrac{\sqrt{3}}{2}$

d) 1

e) 2

68. (U.C.SALVADOR) Considere o triângulo de vértices $A = (0;0)$, $B = (1;4)$ e $C = (4;1)$. Sua altura em relação à base $\overline{BC}$ mede:

a) $2\sqrt{2}$

b) $\dfrac{5\sqrt{2}}{2}$

c) 4

d) $4\sqrt{2}$

e) $5\sqrt{2}$

69. (UFRGS) A tangente do ângulo agudo formado pelas retas $x - y + 2 = 0$ e $3x + y + 1 = 0$ é:
a) 1/2
b) -2
c) 2
d) -4
e) 4

70. (CESGRANRIO) Considere os pontos $M(0,0)$, $N(4,3)$ e $P(-3,4)$ do plano xOy. O menor ângulo positivo formado pelas retas MN e MP mede:
a) $70°$
b) $75°$
c) $80°$
d) $85°$
e) $90°$

71. (UFMG) Observe o gráfico onde estão representadas as retas r e s.

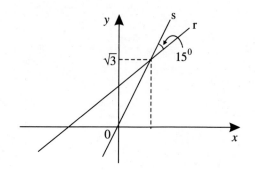

A equação da reta r é:

a) $x - y + 1 - \sqrt{3} = 0$
b) $\sqrt{3} - 3y = 0$
c) $x - y + \sqrt{3} - 1 = 0$
d) $\sqrt{2}x - 2y + (2\sqrt{3} - \sqrt{2}) = 0$
e) $\sqrt{2}x - 2y + (2 - \sqrt{6}) = 0$

72. (UFRJ) O gráfico abaixo representa a massa m, em gramas, em função do volume V, em litros de gasolina.

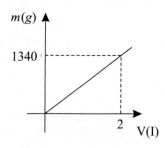

Baseado no gráfico, responda:

Quantos gramas tem um litro de gasolina?

73. (MED.JUNDIAÍ) É dada a figura:

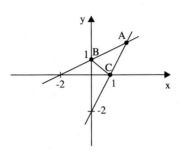

Determine a área do triângulo ABC.

74. (UFSC) Calcular a área da região limitada pelas retas $y = 5$, $5x+2y-95 = 0$, $x = 0$ e $y = 0$.

75. (SANTA CASA-SP) Considere os pontos A, B, C e D, que definem as retas r e s, conforme nos mostra a figura abaixo. Determine a área do triângulo hachurado.

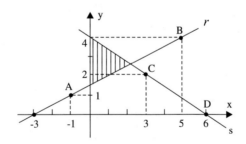

76. (FUVEST) Uma das diagonais de um quadrado está contida na reta $x+y = 4$. Determine seus vértices, sabendo que um deles é o ponto (1,1).

77. (UFRJ) Uma fábrica produz óleo de soja sob encomenda, de modo que toda a produção é comercializada.

O custo de produção é composto de duas parcelas. Uma parcela fixa, independente do volume produzido, correspondente a gastos com aluguel, manutenção de equipamentos, salários, etc; a outra parcela é variável, dependente da quantidade de óleo fabricado.

870 | *Matemática no Vestibular*

No gráfico abaixo, a reta r_1 representa o custo de produção, e a reta r_2 descreve o faturamento da empresa, ambos em função do número de litros comercializados. A escala é tal que uma unidade representa R$ 1000,00 (mil reais) no eixo das ordenadas e 1000 ℓ (mil litros) no eixo das abscissas.

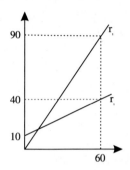

a) Determine, em reais, o custo correspondente à parcela fixa.

b) Determine o volume mínimo de óleo a ser produzido para que a empresa não tenha prejuízo.

78. (UFF) Duas retas perpendiculares interceptam-se no ponto (2,3). Se o triângulo formado por essas retas e o eixo x é isósceles, quais são as equações das retas?
$$y = 5 - x$$

79. (UFRJ) As retas de equaçõs $x+y=4$, $x-y=2$ e $2x+y=k$ são concorrentes, duas a duas, em três pontos distintos, como mostra a figura. Determine o parâmetro k.

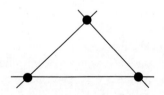

80. (UNICAMP) Calcule a e b positivos na equação da reta $ax + by = 6$ de modo que ela passe pelo ponto $(3,1)$ e forme com os eixos coordenados um triângulo de área igual a 6.

81. (UFRJ) Duas grandezas positivas, x e y, se relacionam de tal forma que, representando-se no plano cartesiano $\log y$ em função de $\log x$, obtém-se uma semi-reta, como mostra a figura:

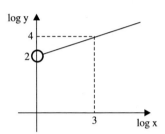

Expresse y em função de x.

82. (UFRJ) Sejam x e y duas quantidades. O gráfico abaixo expressa a variação de $\log y$ em função de $\log x$, onde $\log$ é o logaritmo na base decimal.

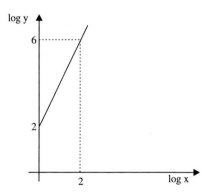

Determine uma relação entre x e y que não envolva a função logaritmo.

872 | *Matemática no Vestibular*

Gabarito das questões propostas

Questão 1 - Resposta: e) 2
Questão 2 - Resposta: a) no 1º quadrante
Questão 3 - Resposta: d) no 3º quadrante
Questão 4 - Resposta: e) $\sqrt{10}$
Questão 5 - Resposta: d) 3 e -1
Questão 6 - Resposta: b) $8x - 4y - 3 = 0$
Questão 7 - Resposta: e) $60°$
Questão 8 - Resposta: d) $y = x\sqrt{3} - 2$
Questão 9 - Resposta: a) $2 - 3\sqrt{3}$
Questão 10 - Resposta: e) $y - 2 = \sqrt{3}(x + 1)$
Questão 11 - Resposta: b) $3x - 4y + 12 = 0$

Questão 12 - Resposta: d) $y = \dfrac{1}{2}x$

Questão 13 - Resposta: c) $x = 0$
Questão 14 - Resposta: c) $m_1 > m_2 > m_3$
Questão 15 - Resposta: a) $y = -x + 1$

Questão 16 - Resposta: c) $y = \dfrac{1}{2}(x + 2)$

Questão 17 - Resposta: d) $7/4$

Questão 18 - Resposta: c) $\left(-\dfrac{1}{6}; \dfrac{1}{4}\right)$

Questão 19 - Resposta: c) $r \| s$ e $s \perp t$

Questão 20 - Resposta: b) $-\dfrac{1}{2}$

Questão 21 - Resposta: d) $y = 3 - x$

Questão 22 - Resposta: d) $y = \dfrac{\sqrt{3}}{3}x + 9 - \sqrt{3}$

Questão 23 - Resposta: a) $x + 2y - 6 = 0$

Questão 24 - Resposta: a) $\left(\dfrac{1}{5}; 0\right)$

Questão 25 - Resposta: e) $y = -x\sqrt{3} + 2\sqrt{3}$

Questão 26 - Resposta: b) $y = \dfrac{5}{18}x$

Questão 27 - Resposta: c) $y = 4x$

Unidade 20 - *Estudo da reta no* $\mathbb{R}^2$ | 873

Questão 28 - Resposta: a) $x = 0$

Questão 29 - Resposta: a) $\left(2; \dfrac{11}{2}\right)$

Questão 30 - Resposta: d) 1 min 15 seg

Questão 31 - Resposta: c) $y = \dfrac{13}{2}$

Questão 32 - Resposta: d) 3

Questão 33 - Resposta: e) $3x + 2y - 6 = 0$

Questão 34 - Resposta: d) $x - y - 2 = 0$

Questão 35 - Resposta: e) $2x + y - 5 = 0$

Questão 36 - Resposta: a) 1

Questão 37 - Resposta: a) $7x + 4y - 41 = 0$

Questão 38 - Resposta: b) $-0,5$

Questão 39 - Resposta: a) 6

Questão 40 - Resposta: c) 4

Questão 41 - Resposta: d) $m \cdot n = -6$

Questão 42 - Resposta: e) um par de retas

Questão 43 - Resposta: c) $3y = 2x + 6$

Questão 44 - Resposta: e) 3/16

Questão 45 - Resposta: e) $y = 2x$

Questão 46 - Resposta: e) $y = x - 6$

Questão 47 - Resposta: e) $y = 2x$

Questão 48 - Resposta: e) $x - y - 2 = 0$

Questão 49 - Resposta: c) $x - y + 3 = 0$

Questão 50 - Resposta: a) $-\dfrac{3}{2}$

Questão 51 - Resposta: b) $y = -(\cotg \alpha)x + m$

Questão 52 - Resposta: d) $\dfrac{5}{2}$

Questão 53 - Resposta: c) $x\sqrt{3} + y = 2\sqrt{3}$

Questão 54 - Resposta: b) $x - 3y + 7 = 0$

Questão 55 - Resposta: c) $\sqrt{3y} + 3x = L$

Questão 56 - Resposta: b) $\dfrac{31}{4}$

Questão 57 - Resposta: a) $y = 1$

Questão 58 - Resposta: a) $y = 2x + 2$

874 | *Matemática no Vestibular*

Questão 59 - Resposta: d) $x + y = 1$

Questão 60 - Resposta: d) $\dfrac{10}{\sqrt{29}}$

Questão 61 - Resposta: c) $\sqrt{10}$

Questão 62 - Resposta: a) 20

Questão 63 - Resposta: a) 1,25

Questão 64 - Resposta: d) $k = 0$ ou $k = 8$

Questão 65 - Resposta: e) $\dfrac{\sqrt{10}}{2}$

Questão 66 - Resposta: a) $\dfrac{\sqrt{2}}{2}$

Questão 67 - Resposta: d) 1

Questão 68 - Resposta: b) $\dfrac{5\sqrt{2}}{2}$

Questão 69 - Resposta: c) 2

Questão 70 - Resposta: e) 90°

Questão 71 - Resposta: d) $\sqrt{2}x - 2y + (2\sqrt{3} - \sqrt{2}) = 0$

Questão 72 - Resposta: 670 g

Questão 73 - Resposta: 3/2

Questão 74 - Resposta: 90

Questão 75 - Resposta: 75/28

Questão 76 - Resposta: (1,3), (3,3) e (3.1)

Questão 77 - Resposta: a) 10000 reais   b) 10000 ℓ

Questão 78 - Resposta: $y = x + 1$ e $y = 5 - x$

Questão 79 - Resposta: $k \neq 7$

Questão 80 - Resposta: $a = 1$ e $b = 3$

Questão 81 - Resposta: $y = 100x^{2/3}$

Questão 82 - Resposta: $y = 100x^2$

UNIDADE 21

CIRCUNFERÊNCIA

SINOPSE TEÓRICA

21.1) Equação reduzida da circunferência

Seja uma circunferência de centro no ponto $C = (a, b)$ e raio R.

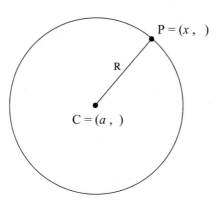

Sendo $P = (x, y)$ um ponto qualquer da circunferência, temos que $\overline{CP} = R$, ou seja:

$$\sqrt{(x-a)^2 + (y-b)^2} = R$$

Elevando-se ambos os membros dessa equação ao quadrado, obtemos:

$$\boxed{(x-a)^2 + (y-b)^2 = R^2,}$$

que é denominada equação reduzida da circunferência.

Exemplo: Escreva a equação da circunferência de centro $C = (5, 8)$ e raio 4.

876 | *Matemática no Vestibular*

Resolução:

Equação da circunferência é $(x - a)^2 + (y - b)^2 = R^2$, como $C = (5, 8)$, temos $a = 5$ e $b = 8$ com $R = 4$; logo:

$$(x - 5)^2 + (y - 8)^2 = 16$$

21.2) Equação geral da circunferência

Desenvolvendo a equação reduzida, chegamos à equação geral, veja:

$(x - a)^2 + (y - b)^2 = R^2 \to$ equação reduzida

$x^2 - 2ax + a^2 + y^2 - 2by + b^2 - R^2 = 0$, ou ainda

$$\boxed{x^2 + y^2 - 2ax - 2by + a^2 + b^2 - R^2 = 0,}$$

que é denominada equação geral da circunferência.

21.3) Posição de um ponto em relação a uma circunferência

Dados uma circunferência de centro $C = (a, b)$ e raio R, e um ponto $P = (\alpha, \beta)$, temos:

a) $\overline{CP} > R$, nesse caso P é *exterior* à circunferência, ou seja:

$$\boxed{(\alpha - a)^2 + (\beta - b)^2 > R^2}$$

b) $\overline{CP} < R$, nesse caso P é *interior* à circunferência, ou seja:

$$\boxed{(\alpha - a)^2 + (\beta - b)^2 < R^2}$$

c) $\overline{CP} = R$, nesse caso P *pertence* à circunferência, ou seja:

$$\boxed{(\alpha - a)^2 + (\beta - b)^2 = R^2}$$

Exemplo: Determine m para que o ponto $P = (4, 5)$ esteja no interior da circunferência $(x - 3)^2 + (y - m)^2 = 17$.

Resolução:

Na equação da circunferência, substituindo x por 4 e y por 5, para que P esteja no interior, temos:

$$(4 - 3)^2 + (5 - m)^2 < 17$$

Resolvendo a inequação, encontramos:

$$\boxed{1 < m < 9}$$

21.4) Posição de uma reta em relação a uma circunferência

Para determinar a posição de uma reta de equação $Ax + By + C = 0$ em relação a uma circunferência de equação $(x-a)^2 + (y-b)^2 = R^2$, basta resolver o sistema:

$$\begin{cases} Ax + By + C = 0 \\ (x-a)^2 + (y-b)^2 = R^2 \end{cases}$$

Como a resolução envolve uma equação do 2º grau, temos:

a) $\Delta > 0 \rightarrow$ A reta será uma secante, pois haverá entre ela e a circunferência 2 pontos comuns.

b) $\Delta = 0 \rightarrow$ A reta será uma tangente, pois haverá entre ela e a circunferência apenas 1 ponto comum.

c) $\Delta < 0 \rightarrow$ A reta será exterior, pois não haverá ponto comum entre ela e a circunferência.

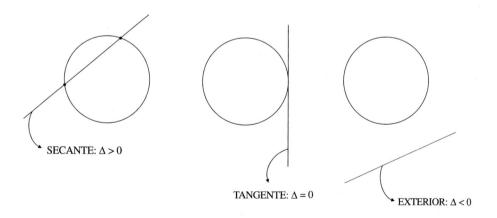

QUESTÕES RESOLVIDAS

1. Determine o centro e o raio da circunferência de equação $x^2+y^2+10x-6y+29=0$.

Resolução:
A equação geral de qualquer circunferência é:
$x^2 + y^2 - 2ax - 2by + a^2 + b^2 - R^2 = 0$, $\quad C = (a,b)$ e raio $= R$.
Comparando essa equação com aquela do enunciado, temos:

$$\left.\begin{array}{r}-2a = 10 \Rightarrow a = -5 \\ -2b = -6 \Rightarrow b = 3\end{array}\right\} \quad \boldsymbol{C = (-5,3)}$$

$a^2 + b^2 - R^2 = 29 \Rightarrow 25 + 9 - 29 = R^2 \Rightarrow R^2 = 5 \Rightarrow \boldsymbol{R = \sqrt{5}}$

2. O segmento $\overline{AB}$ é diâmetro da circunferência de equação $x^2 + y^2 - 10y = 0$. Sabendo que $A = (3,1)$, determine B.

Resolução:
Cálculo do centro $C = (a,b)$ da circunferência:

$$\left.\begin{array}{r}-2a = 0 \Rightarrow a = 0 \\ -2b = -10 \Rightarrow b = 5\end{array}\right\} \quad C = (0,5)$$

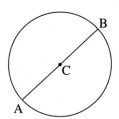

Mas $C = (0,5)$ é ponto médio de $\overline{AB}$, onde $A = (3,1)$ e $B = (\alpha, \beta)$; logo:

$$\left.\begin{array}{r}0 = \dfrac{3 + \alpha}{2} \Rightarrow \alpha = -3 \\ 5 = \dfrac{1 + \beta}{2} \Rightarrow \beta = 9\end{array}\right\} \quad \boldsymbol{B = (-3, 9)}$$

3. Calcule m para que a reta de equação $y = mx$ seja tangente à circunferência de equação $(x-2)^2 + y^2 = 1$.

Unidade 21 - *Circunferência* | 879

Resolução:

$$\begin{cases} y = mx \\ (x-2)^2 + y^2 = 1 \end{cases}$$

$(x-2)^2 + m^2x^2 - 1 = 0$

$x^2 - 4x + 4 + m^2x^2 - 1 = 0$

$(m^2+1)x^2 - 4x + 3 = 0$

Como a reta é tangente, devemos ter $\Delta = 0$

$(-4)^2 - 4 \cdot (m^2+1) \cdot 3 = 0$

$16 - 12m^2 - 12 = 0$

$-12m^2 = -4$

$$m^2 = \frac{1}{3} \Rightarrow m = \pm\frac{1}{\sqrt{3}} \Rightarrow \boxed{m = \pm\frac{\sqrt{3}}{3}}$$

QUESTÕES PROPOSTAS

1. (F.C.CHAGAS) Seja $\overline{AB}$ um diâmetro da circunferência λ, onde os pontos A e B são $(-3;4)$ e $(1;-2)$. A equação de λ é:

a) $x^2 + y^2 + 2x - 2y - 50 = 0$

b) $x^2 + y^2 + 2x - 2y - 11 = 0$

c) $x^2 + y^2 + 2x + 2y - 11 = 0$

d) $x^2 + y^2 - 2x - 2y - 50 = 0$

d) $x^2 + y^2 - 2x - 2y - 11 = 0$

2. (UECE) Sejam $M(7,-2)$ e $N(5,4)$. Se C_1 é uma circunferência que tem o segmento $\overline{MN}$ como um diâmetro, então a equação de C_1 é:

a) $x^2 + y^2 - 12x - 2y + 27 = 0$

b) $x^2 + y^2 + 12x - 2y + 27 = 0$

c) $x^2 + y^2 + 12x + 2y + 27 = 0$

d) $x^2 + y^2 - 12x + 2y + 27 = 0$

e) $x^2 + y^2 + 12x + 2y - 27 = 0$

3. (F.C.CHAGAS) Considere os pontos $A(0;0)$, $B(2;3)$ e $C(4;1)$. O segmento $\overline{BC}$ é um diâmetro da circunferência de equação:

a) $x^2 + y^2 + 6x + 4y + 11 = 0$

b) $x^2 + y^2 - 6x - 4y + 11 = 0$

c) $x^2 + y^2 - 4x + 9y + 11 = 0$

d) $x^2 + y^2 - 6x - 4y + 9 = 0$

e) $x^2 + y^2 - 4x - 9y + 9 = 0$

4. **(UFPI)** A equação da circunferência tangente às retas $x = 0$ e $y = 0$, situada no primeiro quadrante e de raio igual a 2 é:
   a) $x^2 + y^2 - 4(x+y) + 4 = 0$
   b) $x^2 - y^2 - 4(x+y) + 4 = 0$
   c) $x^2 + y^2 + 4(x+y) - 1 = 0$
   d) $x^2 + y^2 - x + 4 = 0$
   e) $x^2 + y^2 - (x+y) + 1 = 0$

5. **(F.C.CHAGAS)** São dados: uma circunferência de centro $C = (3/2, 1)$; um ponto $T = (3/2, -1)$ que pertence à circunferência. A equação da circunferência dada é:
   a) $4x^2 + 4y^2 - 12x - 8y - 3 = 0$
   b) $4x^2 + 4y^2 - 12x - 8y - 4 = 0$
   c) $3x^2 + y^2 - 6x - 4y - 2 = 0$
   d) $3x^2 + y^2 - 6x - 4y - 4 = 0$
   e) $x^2 + y^2 - 3/2x - y = 0$

6. **(UNIFICADO-RJ)** A equação da circunferência cuja representação cartesiana está indicada pela figura abaixo é:

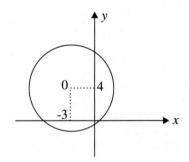

   a) $x^2 + y^2 - 3x - 4y = 0$
   b) $x^2 + y^2 + 6x + 8y = 0$
   c) $x^2 + y^2 + 6x - 8y = 0$
   d) $x^2 + y^2 + 8x - 6y = 0$
   e) $x^2 + y^2 - 8x + 6y = 0$

Unidade 21 - *Circunferência* | 881

7. (UNI-RIO) Dentre os gráficos abaixo, o que melhor representa a circunferência de equação $x^2 + y^2 = 4x$ é:

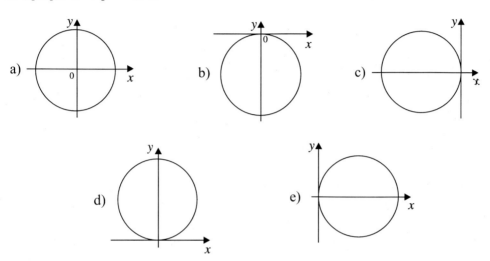

8. (MACK-SP) O maior valor inteiro de k, para que a equação $x^2 + y^2 + 4x - 6y + k = 0$ represente uma circunferência, é:
a) 10
b) 12
c) 13
d) 15
e) 16

9. (F.C.CHAGAS) Seja a circunferência de equação $x^2 + y^2 - 10x + 2ky + 16 = 0$, onde k é um número real positivo. Se o raio dessa circunferência é 5, o seu centro é o ponto:
a) $(10; -8)$
b) $(5; -4)$
c) $(5; 4)$
d) $(4; -5)$
e) $-4; 5)$

10. (PUC-RS) O ponto $P(-3, b)$ pertence à circunferência de centro $C(0, 3)$ e raio $r = 5$. Quais são os valores de b?
a) -14 e 20
b) -20 e 14

882 | *Matemática no Vestibular*

   c) 8 e 2
   d) −7 e 1
   e) 7 e −1

11. (PUC-RS) A circunferência de equação $x^2 + y^2 - 8x + 6y + 22 = 0$ limita um círculo cuja área é:
   a) 3π
   b) 6π
   c) 9π
   d) 11π
   e) 22π

12. (FUVEST) O segmento AB é um diâmetro da circunferência de equação $x^2 + y^2 = 10y$. Se A é o ponto $(3,1)$, então B é o ponto:
   a) $(-3, 9)$
   b) $(3,9)$
   c) $(0,10)$
   d) $(-3, 1)$
   e) $(1,3)$

13. (U.F.PARÁ) Uma circunferência tem centro no ponto $C(2, -1)$ e raio igual a $\sqrt{2}$. Qual é a equação desta circunferência?
   a) $(x - 2)^2 + (y + 1)^2 = \sqrt{2}$
   b) $(x - 2)^2 + (y + 1)^2 = 2$
   c) $(x + 1)^2 + (y - 2)^2 = \sqrt{2}$
   d) $(x + 2)^2 + (y + 1)^2 = 2$
   e) $(x - 2)^2 + (y - 1)^2 = \sqrt{2}$

14. (CESGRANRIO) Uma equação da circunferência de centro $(-3, 4)$ e que tangencia o eixo OX é:
   a) $(x - 3)^2 + (y - 4)^2 = 16$
   b) $(x - 3)^2 + (y + 4)^2 = 9$
   c) $(x + 3)^2 + (y + 4)^2 = 16$
   d) $(x + 3)^2 + (y - 4)^2 = 9$
   e) $(x + 3)^2 + (y - 4)^2 = 16$

15. (U.F.CEARÁ) No plano cartesiano, a equação de uma circunferência com centro no ponto $(-2, -1)$ e perímetro 12π é:
   a) $(x - 2)^2 + (y - 1)^2 = 36$
   b) $(x - 2)^2 + (y - 1)^2 = 6$
   c) $(x - 2)^2 + (y - 1)^2 = 36y$
   d) $(x + 2)^2 + (y + 1)^2 = 6$
   e) $(x + 2)^2 + (y + 1)^2 = 36$

16. (UNI-RIO) Considerando uma circunferência de centro (2,1), que passa pelo ponto (2, −2), assinale a opção correta.

a) A equação da circunferência é
$(x-2)^2 + (y-1)^2 = 3$.

b) O interior da circunferência é representado pela inequação
$x^2 + 4x + y^2 + 2y < 4$.

c) O interior da circunferência é representado pela inequação
$x^2 - 4x + y^2 - 2y < 4$.

d) O exterior da circunferência é representado pela inequação
$x^2 - 4x + y^2 - 2y > -2$.

e) O ponto $(5, -1)$ pertence à circunferência.

17. (F.C.CHAGAS) Sejam λ, a circunferência de equação $x^2 + y^2 - 2y - 4 = 0$ e r, a reta tangente a λ no ponto P. Se a equação de r é $2x - y - 4 = 0$, o ponto P é:
a) (2;0)
b) (2;1)
c) (1;2)
d) (0;2)
e) (−1;2)

18. (U.F.SE) Na figura abaixo, os arcos $\overgroup{AB}$, $\overgroup{AC}$ e $\overgroup{BC}$ são semicircunferências. Se o arco $\overgroup{AC}$ está contido na circunferência definida por $x^2 + y^2 - 2x = 0$, então a área da região sombreada é:

a) 4π
b) 3π
c) 2π
d) π
e) $\dfrac{\pi}{2}$

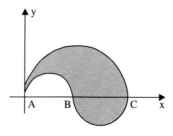

19. (PUC-SP) A distância dos centros das circunferências de equações $x^2 + y^2 - 1 = 0$ e $x^2 + y^2 - 2x - y - 1 = 0$ é:

a) $\dfrac{\sqrt{5}}{5}$

b) $\dfrac{\sqrt{5}}{2}$

c) $\dfrac{\sqrt{5}}{4}$

d) $\dfrac{\sqrt{5}}{3}$

e) $\sqrt{5}$

20. (FATEC) Na figura abaixo, A e B são os pontos de interseção da reta de equação: $3y - x = 5$ com a circunferência de equação: $x^2 + y^2 = 25$.

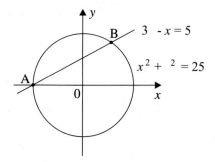

O ponto médio do segmento de reta $\overline{AB}$ é:
a) $(-1, 2)$
b) $\left(-\dfrac{1}{2}, 2\right)$
c) $\left(-1, \dfrac{3}{2}\right)$
d) $\left(-\dfrac{1}{2}, \dfrac{3}{2}\right)$
e) $(-1, 1)$

21. (F.C.CHAGAS) Sabe-se que a reta de equação $4x + 3y = 0$ é tangente a uma circunferência λ, de centro no ponto $(-1; 3)$. A equação de λ é:
a) $x^2 + y^2 - 2x + 6y + 6 = 0$
b) $x^2 + y^2 + 2x - 6y + 6 = 0$

Unidade 21 - *Circunferência* | 885

c) $x^2 + y^2 - 2x + 6y + 9 = 0$

d) $x^2 + y^2 + 2x - 6y + 9 = 0$

e) $x^2 + y^2 - 2x + 6y + 12 = 0$

22. (FUVEST) A reta $y = \dfrac{\sqrt{3}}{3} x$ é tangente a uma circunferência de centro $(2,0)$. O raio dessa circunferência é:

a) 3

b) 2

c) $\sqrt{3}$

d) 1

e) 0,5

23. (CESESP) Seja S uma circunferência passando pelos pontos $A = (2,2)$, $B = (3,3)$ e $C = (3,2)$. Assinale a alternativa que indica o centro 0 desta circunferência:

a) $O = (2,5; 3)$

b) $O = (3, 2; 5)$

c) $O = (2, 5; 2, 5)$

d) $O = (2, 5; 3, 5)$

e) $O = (3, 5; 3, 5)$

24. (U.F.PARÁ) Qual o raio da circunferência dada pela equação $x^2 + y^2 - 2x - 4y = -3$?

a) $\sqrt{2}$

b) $\sqrt{3}$

c) 2

d) 3

e) 4

25. (UNI-RIO) A equação $x^2 + y^2 - 4x + 6y - 3 = 0$ é de uma circunferência cuja soma do raio e das coordenadas do centro é igual a:

a) -2

b) 3

c) 5

d) 8

e) 15

26. (F.C.CHAGAS) A circunferência de equação $x^2 + y^2 + 2x - 4y - 4 = 0$ tem:

a) centro no ponto $(1; -2)$

b) raio igual a 2

c) raio igual a 3

886 | *Matemática no Vestibular*

d) diâmetro igual a 3

e) centro num ponto pertencente ao $3^{\underline{o}}$ quadrante

27. (PUC) Se o raio da circunferência $2x^2 + 2y^2 + 4x - y + k = 0$ é igual a 1, então k vale:

a) $\dfrac{13}{2}$

b) $\dfrac{7}{2}$

c) 2)

d) 1

e) $\dfrac{1}{8}$

28. (UFRN) A equação da reta tangente à circunferência $x^2 + y^2 = 1$, no ponto $\left(-\dfrac{\sqrt{2}}{2}, \dfrac{\sqrt{2}}{2} \right)$, é:

a) $y = x + \sqrt{2}$
b) $y = x - \sqrt{2}$
c) $y = -x + \sqrt{2}$
d) $y = -x - \sqrt{2}$
e) $y = 2x + \sqrt{2}$

29. (PUC-MG) A equação da circunferência de centro $C:(2;3)$ e que passa pelo ponto $P:(-1;2)$ é:

a) $x^2 + y^2 - 4x - 6y + 2 = 0$
b) $x^2 + y^2 - 4x - 6y + 3 = 0$
c) $x^2 + y^2 - 4x - 6y - 5 = 0$
d) $x^2 + y^2 - 4x - 6y - 6 = 0$
e) $x^2 + y^2 - 4x - 6y + 9 = 0$

30. (CESGRANRIO) A reta do plano xOy, que passa pela origem O e é tangente à circunferência $(x - 2)^2 + (y - 2)^2 = 8$, é:

a) $y = x$
b) $y = -x$
c) $x = 0$
d) $y = 0$
e) $y = -2x$

Unidade 21 - *Circunferência* | 887

31. (VUNESP) Considere uma circunferência de raio $r < 4$, com centro na origem de um sistema de coordenadas cartesianas. Se uma das tangentes à circunferência pelo ponto $(4,0)$ forma com o eixo x um ângulo de $30°$, então o ponto de tangência correspondente é:

a) $(1, -\sqrt{3})$

b) $(1, -\sqrt{2})$

c) $\left(\dfrac{1}{2}, -\sqrt{3}\right)$

d) $\left(\dfrac{1}{2}, -\sqrt{2}\right)$

e) $\left(\dfrac{1}{2}, -\dfrac{\sqrt{3}}{2}\right)$

32. (UFPE) A circunferência de centro $(4,4)$ e que é tangente à reta $x - y + 4 = 0$ tem equação:

a) $x^2 + y^2 - 8x - 8y + 24 = 0$

b) $x^2 + y^2 - 8x - 8y - 24 = 0$

c) $x^2 + y^2 - 8x - 8y - 8 = 0$

d) $x^2 + y^2 - 8x - 8y + 40 = 0$

e) n.d.a.

33. (UFPR) No sistema de coordenadas cartesianas ortogonais, a equação da reta tangente à circunferência $x^2 + y^2 - 25 = 0$, no ponto $P(3, 4)$, é:

a) $-3x + 4y - 7 = 0$

b) $3x + 4y + 25 = 0$

c) $3x - 4y + 7 = 0$

d) $4x + 3y - 24 = 0$

e) $3x + 4y - 25 = 0$

34. (U.C.SALVADOR) A circunferência λ tem equação $x^2 + y^2 + 2x - 3 = 0$. A reta t é tangente a λ no ponto $(1;0)$. A equação de t é:

a) $x = 1$

b) $y = 1$

c) $x + y = 1$

d) $3x - y = 2$

e) $-x - y = 1$

35. (FUVEST) Uma circunferência de raio 2, localizada no 1º quadrante, tangencia o eixo x e a reta de equação $4x - 3y = 0$. Então, a abscissa do centro dessa circunferência é:

888 | *Matemática no Vestibular*

a) 1
b) 2
c) 3
d) 4
e) 5

36. (FUVEST) Qual das equações abaixo representa a circunferência de centro $(2, -1)$ tangente à reta de equação $y = -x + 4$?
a) $9(x - 2)^2 + 9(y + 1)^2 = 2$
b) $2(x + 2)^2 + 2(y - 1)^2 = 9$
c) $2(x - 2)^2 + 2(y + 1)^2 = 9$
d) $4(x - 2)^2 + 4(y + 1)^2 = 9$
e) $4(x - 2)^2 + 4(y - 1)^2 = 9$

37. (UFPI) Sabe-se que as retas de equações $2x - y + 1 = 0$ e $2x + y - 2 = 0$ são tangentes a uma circunferência de centro no eixo das ordenadas. A ordenada do centro dessa circunferência é um número real k tal que:
a) $k \leq 0$
b) $0 < k \leq 1$
c) $1 < k \leq 3$
d) $3 < k \leq 5$
e) $k > 5$

38. (UFRS) Os raios das circunferências tangentes aos eixos coordenados e que contêm o ponto $(1,2)$ são:
a) 2
b) 1 e 5
c) 2 e 3
d) 2 e 5
e) 3 e 5

39. (F.C.CHAGAS) Seja $x^2 + y^2 - 2x + 4y - 4 = 0$ a equação da circunferência C. A equação da reta que contém o centro de C e é paralela ao eixo das abscissas é:
a) $y = x - 3$
b) $y = 1$
c) $y = -2$
d) $x = -2$
e) $x - 2y = 0$

40. (ITA) As circunferências $x^2 + y^2 = 2x$ e $x^2 + y^2 = 4y$ possuem um ponto comum P, distinto da origem. Obtenha a equação da reta tangente à primeira circunferência no ponto P.

Unidade **21** - *Circunferência* | 889

a) $5x + 10y = 16$
b) $5x + 15y = 20$
c) $5x + 5y = 12$
d) $3x + 4y = 8$
e) $10x + 5y = 20$

41. (FUVEST) A reta $y = mx \quad (m > 0)$ é tangente à circunferência $(x - 4)^2 + y^2 = 4$. Determine o seno do ângulo que a reta forma com o eixo x.

a) $\dfrac{1}{5}$

b) $\dfrac{1}{2}$

c) $\dfrac{\sqrt{3}}{2}$

d) $\dfrac{\sqrt{2}}{2}$

c) $\sqrt{5}$

42. (F.C.CHAGAS) Sejam a circunferência λ: $x^2 + y^2 + 2x - 4y + 1 = 0$ e o ponto $P(-1, 4) \in \lambda$. A equação da reta tangente a λ pelo ponto P é:

a) $x = -1$
b) $y = 4$
c) $y = 4x + 4$
d) $y = 2x + 6$
e) $y = -x + 3$

43. (CESESP-PE) A equação da reta que passa pelo centro da circunferência de equação cartesiana $x^2 + y^2 - 2x + 4y - 4 = 0$ e é perpendicular à reta de equação $3x - 2y + 7 = 0$ é:

a) $2x + 3y + 4 = 0$
b) $3x + 2y + 1 = 0$
c) $5x + 6y + 7 = 0$
d) $3x - 2y - 7 = 0$
e) $2x - 3y - 8 = 0$

44. (U.F.BA) Na figura abaixo, C é a circunferência. Seja r a reta que passa pelo ponto P, formando um ângulo de $\dfrac{3\pi}{4}$ com o eixo das abscissas. Assim, pode-se afirmar que r:

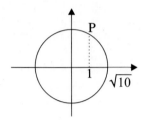

a) é tangente a C
b) intercepta C nos pontos P e $(2,2)$
c) intercepta C nos pontos P e $(3,1)$
d) intercepta o eixo das abscissas em $\sqrt{10}$
e) intercepta o eixo das ordenadas em $\sqrt{10}$

45. (U.F.CEARÁ) Uma circunferência λ é tal que seu centro pertence à bissetriz dos quadrantes pares e à reta de equação $2x - y - 6 = 0$. Se λ é tangente aos eixos coordenados, a sua equação é:
a) $x^2 + y^2 + 4x - 4y + 8 = 0$
b) $x^2 + y^2 - 4x - 4y + 8 = 0$
c) $x^2 + y^2 + 4x - 4y + 4 = 0$
d) $x^2 + y^2 - 4x + 4y + 4 = 0$
e) $x^2 + y^2 + 4x + 4y + 4 = 0$

46. (F.C.CHAGAS) Seja P um ponto do eixo das ordenadas pertencentes à reta de equação $2x - 3y - 6 = 0$. A equação da circunferência de centro em P e tangente ao eixo das abscissas é:
a) $x^2 + y^2 = 4$
b) $x^2 + y^2 + 4x = 0$
c) $x^2 + y^2 + 4y = 0$
d) $x^2 + y^2 - 4x = 0$
e) $x^2 + y^2 - 4y = 0$

47. (UECE) Se a reta da equação $y = 2x - 1$ intercepta a circunferência de equação $x^2 + y^2 + 5x - 7y = 2$ nos pontos P e Q, então a medida do comprimento do segmento PQ é:

a) $\dfrac{3\sqrt{5}}{7}$

b) $\dfrac{5\sqrt{3}}{7}$

c) $\dfrac{3\sqrt{5}}{5}$

d) $\dfrac{7\sqrt{5}}{5}$

e) n.d.a.

48. (OSEC-SP) Qual é a equação da circunferência que passa pela origem e tem o ponto $C(-1, -5)$ como centro?
 a) $x^2 + y^2 + 2x + 10y = 0$
 b) $x^2 + y^2 - 2x - 10y = 0$
 c) $x^2 + y^2 - 26 = 0$
 d) $x^2 + y^2 + 2x + 10y + 2 = 0$
 e) n.d.a.

49. (U.F.CEARÁ) Uma circunferência λ tem seu centro pertencente às retas de equações $x + y = 0$ e $x - 2y + 3 = 0$ e raio igual a $\sqrt{2}$. A equação de λ é
 a) $x^2 + y^2 - 2x + 2y - 2 = 0$
 b) $x^2 + y^2 + 2x - 2y + 2 = 0$
 c) $x^2 + y^2 - 2x - 2y = 0$
 d) $x^2 + y^2 - 2x + 2y = 0$
 e) $x^2 + y^2 + 2x - 2y = 0$

50. (UFES) A reta $y = x + b$, $b = $ constante, intercepta a circunferência $x^2 + y^2 = 1$. Então:
 a) $|b| \leq 1$

 b) $b \leq \sqrt{2}$

 c) $|b| \leq \sqrt{2}$

 d) $b \geq \sqrt{2}$

 e) há interseção para qualquer b

51. (PUC-SP) A circunferência com centro na origem e tangente à reta

892 | *Matemática no Vestibular*

$3x + 4y = 10$ tem equação:
   a) $x^2 + y^2 = 1$
   b) $x^2 + y^2 = 2$
   c) $x^2 + y^2 = 3$
   d) $x^2 + y^2 = 4$
   e) $x^2 + y^2 = 5$

52. (F.C.CHAGAS)   Pelo centro da circunferência de equação

$x^2 + y^2 + 2x + 2y = 0$ traça-se a reta r, perpendicular à reta de equação $\dfrac{x}{2} + \dfrac{y}{3} = 1$.
A equação de r é:
   a) $2x - 3y - 1 = 0$
   b) $2x + 3y - 1 = 0$
   c) $2x - 3y + 1 = 0$
   d) $3x + 2y - 1 = 0$
   e) $3x - 2y + 1 = 0$

53. (UFPI) A distância entre o centro da circunferência de equação $x^2 + y^2 = 25$
e a reta que passa pelos pontos $(0,5)$ e $(3,4)$ é:
   a) $1,5\sqrt{10}$
   b) $3\sqrt{5}$
   c) $3\sqrt{10}$
   d) $10\sqrt{10}$
   e) $15\sqrt{10}$

54. (F.C.CHAGAS) Se os pontos A e B são as interseções das circunferências
de equações $x^2 + y^2 = 4$ e $x^2 + y^2 - 4y = 0$, a equação da reta $\overline{AB}$ é:
   a) $x = \sqrt{3}$
   b) $y = \sqrt{3}x$
   c) $y = 1$
   d) $y = \sqrt{3}x + 1$
   e) $y = x + \dfrac{1}{3}$

55. (CESGRANRIO) O conjunto dos pontos do plano xOy que satisfazem
$\begin{cases} x^2 + y^2 \leq 4 \\ x + y = 0 \end{cases}$ é:
   a) um segmento de reta
   b) constituído por dois pontos
   c) vazio
   d) um semicírculo
   e) um círculo

Unidade 21 - *Circunferência* | 893

56. (CESGRANRIO) Uma circunferência passa pela origem, tem raio 2 e o centro C na reta $y = 2x$. Se C tem coordenadas positivas, uma equação dessa circunferência é:

a) $(x - \sqrt{5})^2 + (y - 2\sqrt{5})^2 = 4$

b) $\left(x - \dfrac{\sqrt{5}}{2}\right)^2 + (y - \sqrt{5})^2 = 4$

c) $\left(x - \dfrac{\sqrt{3}}{2}\right)^2 + (y - \sqrt{3})^2 = 4$

d) $\left(x - \dfrac{\sqrt{3}}{5}\right)^2 + \left(y - \dfrac{2\sqrt{3}}{5}\right)^2 = 4$

e) $\left(x - \dfrac{2\sqrt{5}}{5}\right)^2 + \left(y - \dfrac{4\sqrt{5}}{5}\right)^2 = 4$

57. (CESESP) Em um toca-disco, o prato é movimentado por uma roldana encostada na parte lateral interna inferior do mesmo (ver figura abaixo) e para cada 5 giros completos da roldana o prato completa uma volta. Tomando-se o sistema de coordenadas cartesianas xOy, a circunferência do prato tem por equação $x^2 + y^2 = 225$; Assinale, dentre as alternativas abaixo, aquela correspondente à equação da circunferência da roldana.

a) $x^2 + y^2 + 24y - 135 = 0$

b) $x^2 + y^2 - 24y + 135 = 0$

c) $x^2 + y^2 - 24y + 135 = 0$

d) $x^2 + y^2 + 24x + 135 = 0$

e) $x^2 + y^2 + 24y + 135 = 0$

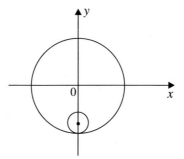

58. (MACK-SP) Determine a equação de uma circunferência cujo diâmetro é o segmento de extremidade $A(2, 8)$ e $B(4, 0)$.

59. (UERJ) Considere a circunferência cuja equação é $x^2 + y^2 - 2x + 4y - 5 = 0$ e calcule o raio.

60. (PUC-SP) O ponto $P(-3, b)$ pertence à circunferência de centro no ponto $C(0, 3)$ e de raio $r = 5$. Calcule o valor de b.

61. (FUVEST-SP) As extremidades do diâmetro de uma circunferência são $(-3, 1)$ e $(5, -5)$. Determine a equação dessa circunferência.

62. (FEI-SP) Determine o centro e o raio da circunferência de equação $x^2 + y^2 = 2(x - y) + 1$.

63. (FEI-SP) Determine a equação da circunferência com centro no ponto $C(2, 1)$ e que passa pelo ponto $A(1, 1)$.

64. (OSWALDO CRUZ-SP) Escreva uma equação geral da circunferência de centro no ponto $C(-2, 4)$ e tangente à reta $3x + 4y = 0$.

65. (UERJ) O ponto de coordenadas $(0,0)$ pertence às retas r e s, que são tangentes à circunferência de equação: $x^2 + y^2 - 12x - 16y + 75 = 0$.

a) Determine as coordenadas do centro e a medida do raio da circunferência.

b) Calcule a medida do menor ângulo formado entre r e s.

66. (FUVEST) Dadas a circunferência $C: x^2 + (y-2)^2 = 9$ e reta $r: y = x - 5$, pedem-se:

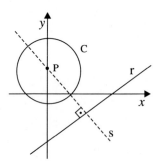

a) a equação da reta que passa pelo centro de C e é perpendicular a r;
b) o ponto de C mais próximo de r.

67. (UNICAMP) Os ciclistas A e B partem do ponto $P(-1, 1)$ no mesmo instante e com velocidade de módulos constantes. O ciclista A segue a trajetória descrita

pela equação $4y - 3x - 7 = 0$ e o ciclista B, a trajetória descrita pela equação $x^2 + y^2 - 6x - 8y = 0$. As trajetórias estão no mesmo plano e a unidade de medida de comprimento é o km. Pergunta-se:
Quais as coordenadas do ponto Q, distinto de P, onde haverá cruzamento das duas trajetórias?

68. (UNICAMP) Em um sistema de coordenadas ortogonais no plano são dados o ponto $(5, -6)$ e o círculo $x^2 + y^2 = 25$. A partir do ponto $(5, -6)$, traçam-se duas tangentes ao círculo. Faça uma figura representativa desta situação e calcule o comprimento da corda que une os pontos de tangência.

69. (EEM-SP) Num sistema cartesiano ortogonal, determine m para que a reta $y = mx + 2$ seja tangente à circunferência $x^2 + y^2 - x - y = 2$.

70. (U.F.FLUMINENSE) Na figura abaixo estão representadas a reta s e a circunferência C com centro em $(0,0)$ e raio 3.

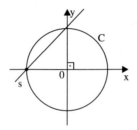

Pelo ponto P da reta s, traça-se a reta r, perpendicular a s.
Determine a equação de r, sabendo que P tem abscissa -1.

71. (FUVEST) Qual a equação da circunferência tangente, ao eixo dos x na origem e que passa pelo ponto $(3,4)$?

72. (PUC-SP) Seja a circunferência λ, de equação $x^2 + y^2 - 4x = 0$.

a) Determine a área da região limitada por λ.

b) Ache a equação da reta tangente a λ no ponto $(2, -2)$.

73. (UFBA) Determine os valores de n para que a reta de equação $y = x + n$ seja tangente à circunferência de equação $x^2 + y^2 = 4$.

896 | *Matemática no Vestibular*

74. (UFRJ) As retas $y = -x + 2$ e $y = -x + 6$ são tangentes a uma circunferência cujo centro está sobre a reta $y = x$. Determine a equação dessa circunferência.

75. (UFRS) A reta ℓ de equação $x = 3$ é tangente à circunferência de equação $x^2 + y^2 + 4x - 2y + k = 0$. Nessas condições, calcule o valor de $k \cdot k = -20$.

76. (UFRJ) Considere as retas paralelas de equações $y = x + 3$ e $y = x - 1$. Determine a equação da circunferência tangente a essas retas e com centro no eixo y.

77. (FUVEST) Para cada número real m seja $P_m = (x_m, y_m)$ o ponto de interseção das retas $mx + y = 1$ e $x - my = 1$. Sabendo-se que todos os pontos P_m pertencem a uma mesma circunferência, qual é o centro dessa circunferência?

78. (FUVEST) Sendo C a circunferência $x^2 + y^2 = 4$ e s a reta $x + y = 8$:

a) Determine uma equação da reta perpendicular a s e que passa pelo centro de C.

b) Dentre os pontos equidistantes de C e s, determine aquele que está mais próximo de s.

79. (UNICAMP-SP) Determinar as equações cartesianas dos círculos que passam pelos pontos $(2a, 0)$ e $(0, 2b)$, centrados, respectivamente, em $(a, 0)$ e $(0, b)$, onde a e b são números positivos. Determine os pontos de interseção desses círculos.

$(0,0)$ e $\left(\dfrac{2a^3}{a^2 + b^2}, \dfrac{2ba^2}{a^2 + b^2} \right)$

80. (UFSC) Determine o raio da circunferência C_1, cujo centro é o ponto de interseção da reta r de equação $x - y - 1 = 0$ com a reta s de equação $2x - y + 1 = 0$, sabendo que C_1 é tangente exteriormente à circunferência C_2 de equação $x^2 + y^2 - 12x - 6y - 4 = 0$.

Gabarito das questões propostas

Questão 1 - Resposta: b) $x^2 + y^2 + 2x - 2y - 11 = 0$
Questão 2 - Resposta: a) $x^2 + y^2 - 12x - 2y + 27 = 0$
Questão 3 - Resposta: b) $x^2 + y^2 - 6x - 4y + 11 = 0$
Questão 4 - Resposta: a) $x^2 + y^2 - 4(x + y) + 4 = 0$
Questão 5 - Resposta: a) $4x^2 + 4y^2 - 12x - 8y - 3 = 0$
Questão 6 - Resposta: c) $x^2 + y^2 + 6x - 8y = 0$
Questão 7 - Resposta: Figura e)
Questão 8 - Resposta: b) 12
Questão 9 - Resposta: b) $(5; -4)$
Questão 10 - Resposta: e) 7 e -1

Unidade 21 - *Circunferência* | 897

Questão 11 - Resposta: a) 3π
Questão 12 - Resposta: a) $(-3, 9)$
Questão 13 - Resposta: b) $(x-2)^2 + (y+1)^2 = 2$
Questão 14 - Resposta: e) $(x+3)^2 + (y-4)^2 = 16$
Questão 15 - Resposta: e) $(x+2)^2 + (y+1)^2 = 36$
Questão 16 - Resposta: c) o interior da circunferência é representado pela inequação $x^2 - 4x + y^2 - 2y < 4$
Questão 17 - Resposta: a) $(2; 0)$
Questão 18 - Resposta: e) $\dfrac{\pi}{2}$

Questão 19 - Resposta: b) $\dfrac{\sqrt{5}}{2}$

Questão 20 - Resposta: d) $\left(-\dfrac{1}{2}, \dfrac{3}{2}\right)$

Questão 21 - Resposta: d) $x^2 + y^2 + 2x - 6y + 9 = 0$
Questão 22 - Resposta: d) 1
Questão 23 - Resposta: c) $O = (2, 5; 2, 5)$
Questão 24 - Resposta: a) $\sqrt{2}$
Questão 25 - Resposta: b) 3
Questão 26 - Resposta: c) raio igual a 3
Questão 27 - Resposta: e) $\dfrac{1}{8}$

Questão 28 - Resposta: a) $y = x + \sqrt{2}$
Questão 29 - Resposta: b) $x^2 + y^2 - 4x - 6y + 3 = 0$
Questão 30 - Resposta: b) $y = -x$
Questão 31 - Resposta: a) $(1, -\sqrt{3})$
Questão 32 - Resposta: a) $x^2 + y^2 - 8x - 8y + 24 = 0$
Questão 33 - Resposta: e) $3x + 4y - 25 = 0$
Questão 34 - Resposta: a) $x = 1$
Questão 35 - Resposta: d) 4
Questão 36 - Resposta: c) $2(x-2)^2 + 2(y+1)^2 = 9$
Questão 37 - Resposta: c) $1 < k \leq 3$
Questão 38 - Resposta: b) 1 e 5
Questão 39 - Resposta: c) $y = -2$
Questão 40 - Resposta: d) $3x + 4y = 8$
Questão 41 - Resposta: b) $\dfrac{1}{2}$

Questão 42 - Resposta: b) $y = 4$
Questão 43 - Resposta: a) $2x + 3y + 4 = 0$

898 | *Matemática no Vestibular*

Questão 44 - Resposta: c) intercepta C nos pontos P e $(3,1)$
Questão 45 - Resposta: d) $x^2 + y^2 - 4x + 4y + 4 = 0$
Questão 46 - Resposta: c) $x^2 + y^2 + 4y = 0$

Questão 47 - Resposta: d) $\dfrac{7\sqrt{5}}{5}$

Questão 48 - Resposta: a) $x^2 + y^2 + 2x + 10y = 0$
Questão 49 - Resposta: e) $x^2 + y^2 + 2x - 2y = 0$
Questão 50 - Resposta: c) $|b| \leq \sqrt{2}$
Questão 51 - Resposta: d) $x^2 + y^2 = 4$
Questão 52 - Resposta: a) $2x - 3y - 1 = 0$
Questão 53 - Resposta: a) $1,5\sqrt{10}$
Questão 54 - Resposta: c) $y = 1$
Questão 55 - Resposta: a) um segmento de reta

Questão 56 - Resposta: e) $\left(x - \dfrac{2\sqrt{5}}{5}\right)^2 + \left(y - \dfrac{4\sqrt{5}}{5}\right)^2 = 4$

Questão 57 - Resposta: e) $x^2 + y^2 + 24y + 135 = 0$
Questão 58 - Resposta: $(x - 3)^2 + (y - 4)^2 = 17$
Questão 59 - Resposta: $\sqrt{10}$
Questão 60 - Resposta: $b = -1$ ou $b = 7$
Questão 61 - Resposta: $(x - 1)^2 + (y + 2)^2 = 25$
Questão 62 - Resposta: $C = (1, -1)$ e $R = \sqrt{3}$
Questão 63 - Resposta: $(x - 2)^2 + (y - 1)^2 = 1$
Questão 64 - Resposta: $x^2 + y^2 + 4x - 8y + 16 = 0$
Questão 65 - Resposta: a) $C = (6, 8)$ e $R = 5$ b) $60°$

Questão 66 - Resposta: a) $y = -x + 2$ b) $\left(\dfrac{3\sqrt{2}}{2}, \dfrac{-3\sqrt{2} + 4}{2}\right)$

Questão 67 - Resposta: $Q = (7, 7)$

Questão 68 - Resposta: $\dfrac{60\sqrt{61}}{61}$

Questão 69 - Resposta: $m = 1/3$
Questão 70 - Resposta: $y = -x + 1$

Questão 71 - Resposta: $x^2 + \left(y - \dfrac{25}{8}\right)^2 = \left(\dfrac{25}{8}\right)^2$

Questão 72 - Resposta: a) 4π b) $y + 2 = 0$
Questão 73 - Resposta: $n = \pm 2\sqrt{2}$
Questão 74 - Resposta: $(x - 2)^2 + (y - 2)^2 = 2$

Unidade 21 - *Circunferência* | 899

Questão 75 - Resposta: $k = -20$
Questão 76 - Resposta: $x^2 + y^2 - 2y - 1 = 0$
Questão 77 - Resposta: $(1/2, 1/2)$

Questão 78 - Resposta: a) $y = x$ b) $M = \left(\dfrac{4 + \sqrt{2}}{2}, \dfrac{4 + \sqrt{2}}{2} \right)$

Questão 79 - Resposta:
$$\begin{cases} \text{Equações } (x - a)^2 + y^2 = a^2 \text{ e } x^2 + (y - b)^2 = b^2; \text{ e os} \\ \text{Pontos } (0,0) \text{ e } \left(\dfrac{2a^3}{a^2 + b^2}, \dfrac{2ba^2}{a^2 + b^2} \right) \end{cases}$$

Questão 80 - Resposta: $R = 3$

UNIDADE 22

ELIPSE

SINOPSE TEÓRICA

22.1) Definição

Elipse é o lugar geométrico dos pontos de um plano cuja soma das distâncias a dois pontos fixos F_1 e F_2 de plano é igual a uma constante $2a$.

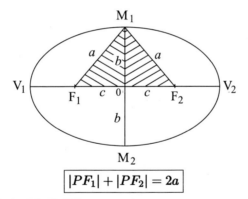

$$|PF_1| + |PF_2| = 2a$$

ELEMENTOS DA ELIPSE

a) Centro da elipse $\Rightarrow$ ponto O

b) F_1 e F_2 $\Rightarrow$ focos

c) $\overline{F_1F_2}$ $\Rightarrow$ distância focal $\Rightarrow 2c$

d) V_1 e V_2 $\Rightarrow$ vértices da elipse

e) $\overline{V_1V_2}$ $\Rightarrow$ eixo maior da elipse $\Rightarrow 2a$

f) $\overline{M_1M_2}$ $\Rightarrow$ eixo menor da elipse $\Rightarrow 2b$

g) Excentricidade da elipse $\Rightarrow \dfrac{c}{a}$

h) Relação fundamental $\rightarrow a^2 = b^2 + c^2$

22.2) Equação da elipse

1º caso: Elipse com focos no eixo das abscissas e centro na origem

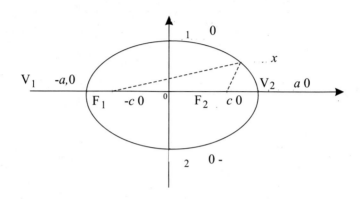

Da definição temos: $\overline{PF}_1 + \overline{PF}_2 = 2a$

Aplicando a fórmula da distância entre dois pontos, temos:
$$\sqrt{(x+c)^2 + (y-O)^2} + \sqrt{(x-c)^2 + (y-O)^2} = 2a$$
$$\sqrt{(x+c)^2 + y^2} = 2a - \sqrt{(x-c)^2 + y^2}$$
$$(x+c)^2 + y^2 = 4a^2 - 4a\sqrt{(x-c)^2 + y^2} + (x-c)^2 + y^2$$
$$4a\sqrt{(x-c)^2 + y^2} = 4a^2 + \not{x^2} + \not{c^2} - 2cx + \not{y^2} - \not{x^2} - 2cx - \not{c^2} - \not{y^2}$$
$$4a\sqrt{(x-c)^2 + y^2} = 4a^2 - 4cx$$
$$a\sqrt{x^2 - 2cx + c^2 + y^2} = a^2 - cx$$
$$a^2(x^2 - 2cx + c^2 + y^2) = a^4 - 2a^2cx + c^2x^2$$
$$a^2x^2 - 2\not{a^2}cx + a^2c^2 + a^2y^2 = a^4 - 2\not{a^2}cx + c^2x^2$$
$$a^2x^2 - c^2x^2 + a^2y^2 = a^4 - a^2c^2$$
$$x^2(a^2 - c^2) + a^2y^2 = a^2(a^2 - c^2)$$

Sabemos que $a^2 = b^2 + c^2$, logo: $a^2 - c^2 = b^2$, então:
$$x^2b^2 + a^2y^2 = a^2b^2 \quad (\div a^2b^2)$$

$$\boxed{\dfrac{x^2}{a^2} + \dfrac{y^2}{b^2} = 1}$$

que é a equação da elipse com focos no eixo das abscissas e centro na origem.

2º caso: Elipse com focos no eixo das ordenadas e centro na origem

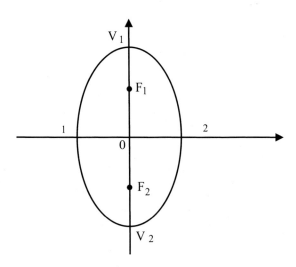

Utilizando o método do 1º caso, a equação da elipse, nesse caso, passa a ser escrita:

$$\frac{x^2}{b^2} + \frac{y^2}{a^2} = 1$$

3º caso: Elipse com o eixo maior paralelo ao eixo das abscissas e centro $c = (h, k)$

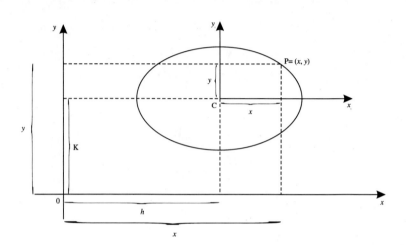

A equação da elipse em relação ao sistema de origem C é dada por:

$$\frac{X^2}{a^2} + \frac{Y^2}{b^2} = 1$$

Da figura, temos: $X = x - h$ e $Y = y - k$, logo:

$$\boxed{\frac{(x-h)^2}{a^2} + \frac{(y-k)^2}{b^2} = 1}$$

que é a equação de uma elipse com eixo maior paralelo ao eixo das abscissas e centro $C = (h, k)$.

4º caso: Elipse com o eixo maior paralelo ao eixo das ordenadas e centro $C = (h, k)$

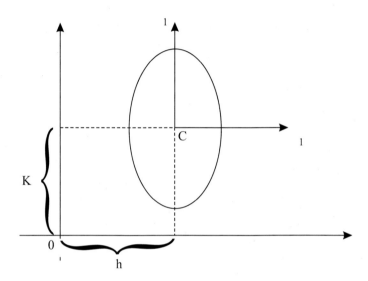

Utilizando o método do 3º caso, a equação da elipse com eixo maior paralelo ao eixo das ordenadas e centro $C = (h, k)$ passa a ser escrita:

$$\frac{(x-h)^2}{b^2} + \frac{(y-k)^2}{a^2} = 1$$

22.3) Elipse equilátera

A elipse é chamada de equilátera quando o eixo menor tem comprimento igual à distância focal, ou seja: $\boxed{b = c}$.

QUESTÕES RESOLVIDAS

1. Dada a elipse de equação $9x^2 + 25y^2 = 225$, determine:
   a) Os semi-eixos a e b
   b) Os focos
   c) A excentricidade

906 | *Matemática no Vestibular*

Resolução:

$$9x^2 + 25y^2 = 225 \qquad (\div\, 225)$$

$$\frac{9x^2}{225} + \frac{25y^2}{225} = \frac{225}{225}$$

$$\frac{x^2}{25} + \frac{y^2}{9} = 1 \;\to\; \text{equação do tipo } \frac{x^2}{a^2} + \frac{y^2}{b^2} = 1$$

Então:
$$a^2 = 25 \;\Rightarrow\; a = 5$$
$$b^2 = 9 \;\Rightarrow\; b = 3$$

a) $\quad a = 5 \text{ e } b = 3$

$$a^2 = b^2 + c^2$$

$$25 = 9 + c^2 \;\Rightarrow\; c = \pm 4$$

Como os focos são $F = (\pm c, O)$, temos:

b) $\quad F_1 = (-4, O) \text{ e } F_2 = (4, O)$

c) A excentricidade é $\dfrac{c}{a}$, então:

$$\frac{4}{5}$$

2. Escreva a equação da elipse de excentricidade $\dfrac{2}{3}$, eixo maior igual a 12 e centro $C = (0,0)$.

Resolução:

$$2a = 12 \;\Rightarrow\; a = 6$$

$$\frac{c}{a} = \frac{2}{3} \;\Rightarrow\; \frac{c}{6} = \frac{2}{3} \;\Rightarrow\; c = 4$$

$$a^2 = b^2 + c^2 \;\Rightarrow\; 36 = b^2 + 16 \;\Rightarrow\; b^2 = 20 \;\Rightarrow\; b = 2\sqrt{5}$$

Temos duas possibilidades:

a) Eixo maior sobre o eixo $X \to \dfrac{x^2}{36} + \dfrac{y^2}{20} = 1$

b) Eixo maior sobre o eixo $Y \to \dfrac{x^2}{20} + \dfrac{y^2}{36} = 1$

3. A elipse com o seu eixo maior paralelo ao eixo X tem equação $4x^2 + 25y^2 - 16x + 200y + 316 = 0$.

Unidade 22 - *Elipse* |907

Determine a distância focal, a excentricidade e o centro dessa elipse.

Resolução:

$4x^2 + 25y^2 - 16x + 200y = -316$; fatorando, temos:

$(2x - 4)^2 + (5y + 20)^2 - 16 - 400 = -316$

$[2(x - 2)]^2 + [5(y + 4)]^2 = 100$

$4(x - 2)^2 + 25(y + 4)^2 = 100 \quad (\div 100)$

$$\frac{(x - 2)^2}{25} + \frac{(y + 4)^2}{4} = 1$$

Então: $\quad a^2 = 25 \;\Rightarrow\; a = 5$

$\qquad\qquad b^2 = 4 \;\Rightarrow\; b = 2$

Cálculo da distância focal $(2c)$:

$a^2 = b^2 + c^2$

$25 = 4 + c^2 \;\Rightarrow\; c = \sqrt{21}$; logo, $2c = 2\sqrt{21}$ ou $\overline{F_1F_2} = 2\sqrt{21}$

Cálculo da excentricidade:

$$e = \frac{c}{a} \;\Rightarrow\; e = \frac{\sqrt{21}}{5}$$

Cálculo do centro:

$c = (2, -4)$

QUESTÕES PROPOSTAS

1. (FGV-SP) Considere a elipse de equação $\dfrac{x^2}{49} + \dfrac{y^2}{36} = 1$ e seja P um ponto dessa elipse. A soma das distâncias de P aos focos vale:

    a) 7

    b) 6

    c) $2\sqrt{13}$

    d) 12

    e) 14

2. (PUC-SP) As coordenadas dos focos da elipse $\dfrac{x^2}{9} + \dfrac{y^2}{25} = 1$, são:

    a) $(-4, 4)$ e $(4, -4)$

    b) $(0,4)$ e $(0, -4)$

    c) $(4,0)$ e $(-4,0)$

    d) $(4,4)$ e $(-4, -4)$

    e) n.r.a.

908 | *Matemática no Vestibular*

3. (MACKENZIE-SP) Os pontos do plano que satisfazem a equação $5x^2 + 3y^2 = 15$ representam:

a) uma parábola

b) uma elipse

c) um par de retas

d) uma circunferência

e) uma hipérbole

4. (UNI-RIO) A equação $4x^2 + 9y^2 = 36$ representa, no plano:

a) uma hipérbole

b) uma parábola

c) uma elipse

d) uma circunferência

e) um par de retas paralelas

5. (OSEC-SP) Num sistema de coordenadas cartesianas ortogonais, a equação $x^2 + 4y^2 = 4$ representa:

a) uma circunferência de centro na origem

b) uma parábola de vértice na origem

c) uma circunferência de raio 2

d) uma elipse cujo eixo maior é o dobro do eixo menor

e) uma elipse cujo eixo maior é o quádruplo do eixo menor

6. (FGV-SP) A equação $9x^2 + 16y^2 - 100 = 0$ corresponde a:

a) uma circunferência cujo centro tem coordenadas (9, 16) e raio igual a 10

b) uma parábola

c) uma circunferência cujo centro tem coordenadas (3,4) e raio igual a 10

d) uma elipse

e) um conjunto vazio

Unidade 22 - *Elipse* |909

7. (PUC-MG) Se o ponto $P = (2, h)$ pertence à curva de equação $\dfrac{x^2}{3^2} + \dfrac{y^2}{2^2} = 1$, o valor de h é:

a) $\dfrac{3\sqrt{5}}{2}$

b) $\dfrac{2\sqrt{3}}{5}$

c) $\dfrac{5\sqrt{2}}{3}$

d) $\dfrac{2\sqrt{5}}{3}$

e) $\dfrac{3\sqrt{2}}{5}$

8. (FATEC-SP) A equação da elipse que tem focos nos pontos $(-1, 0)$ e $(1, 0)$ e contém o ponto $\left(1, \dfrac{15}{4}\right)$ é:

a) $\dfrac{x^2}{8} + \dfrac{y^2}{1} = 1$

b) $\dfrac{x^2}{16} + \dfrac{y^2}{15} = 1$

c) $\dfrac{x^2}{15} + \dfrac{y^2}{16} = 1$

d) $\dfrac{64x^2}{17} + \dfrac{64y^2}{81} = 1$

e) $\dfrac{12x^2}{16} + \dfrac{y^2}{1} = 1$

9. (CESGRANRIO) Se $a > b > 0$, as curvas $\dfrac{x^2}{a^2} + \dfrac{y^2}{b^2} = 1$ e $\dfrac{x^2}{b^2} + \dfrac{y^2}{a^2} = 1$ cortam-se em:

a) nenhum ponto
b) um só ponto
c) exatamente 2 pontos
d) exatamente 3 pontos
e) exatamente 4 pontos

10. (U.F.PE) Considere, no sistema de coordenadas cartesianas ortogonais, as elipses $\frac{x^2}{a^2} + \frac{y^2}{b^2} = 1$ e $\frac{x^2}{b^2} + \frac{y^2}{a^2} = 1$.
Assinale a alternativa que completa corretamente a sentença: "Os pontos comuns às duas elipes dadas..."
 a) determinam apenas as retas $y = x$ ou $y - x$".
 b) estão sobre a reta $y = x$".
 c) estão sobre a circunferência $x^2 + y^2 = a^2$".
 d) satisfazem a equação $y^2 - x^2 = 0$".
 e) determinam um quadrado de lados não paralelos aos eixos coordenados".

11. (EPUSP) A distância entre os focos da elipse $2x^2 + y^2 = 2$ é:
 a) 1
 b) 2
 c) 3
 d) 4
 e) n.r.a.

12. (MACK-SP) Uma elipse tem focos $F_1(8,0)$ e $F_2(-8,0)$ e vértices $V_1(10,0)$ e $V_2(-10,0)$. Sabendo-se que $B(-5, y)$ é um ponto da elipse, qual é a área do triângulo BF_1F_2?
 a) $12\sqrt{3}$
 b) 12
 c) $24\sqrt{3}$
 d) 24
 e) n.r.a.

13. (UFF) Haroldo, ao construir uma piscina, amarra as extremidades de uma corda de 6,0 m de comprimento nas estacas E_1 e E_2. Com o riscador R estica a corda, de modo a obter o triângulo E_1RE_2. Deslizando o riscador R de forma que a corda fique sempre esticada e rente ao chão, obtém o contorno da piscina desenhada na figura abaixo.

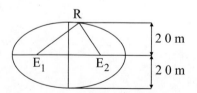

Unidade 22 - *Elipse* |911

Se M é o ponto médio de E_1E_2 , a distância entre as estacas é

   a) $\sqrt{5}$ m

   b) $\sqrt{6}$ m

   c) $2\sqrt{5}$ m

   d) $2\sqrt{6}$ m

   e) $6\sqrt{2}$ m

14. (PUC-SP) Um ponto P da elipse $\dfrac{x^2}{9} + \dfrac{y^2}{4} = 1$ dista 2 de um dos focos. Qual é a distância de P ao outro foco da elipse?

   a) 2

   b) 3

   c) 4

   d) 5

   e) 7

15. (CESCEA-SP) A equação da circunferência com centro na origem e cujo raio é igual ao semi-eixo menor da elipse $x^2 + 4y^2 = 4$ é:

   a) $x^2 + y^2 = \sqrt{2}$

   b) $x^2 + y^2 = 16$

   c) $x^2 + y^2 = 4$

   d) $x^2 + y^2 = 1$

   e) não sei

16. (MACK-SP) O eixo menor da elipse de equação $5x^2 + 2y^2 = 20$ tem comprimento igual a:

   a) 2

   b) 4

   c) 10

   d) $\dfrac{\sqrt{10}}{2}$

   e) $2\sqrt{5}$

912 | *Matemática no Vestibular*

17. (PUC-SP) Na elipse de equação $\dfrac{x^2}{16} + \dfrac{y^2}{9} = 1$ inscreve-se um quadrado. Um dos vértices do quadrado tem abscissa:

a) $\dfrac{3}{5}$

b) $\dfrac{3}{4}$

c) $\dfrac{4}{5}$

d) $\dfrac{5}{4}$

e) $\dfrac{12}{5}$

18. (FGV-SP) A equação da elipse que passa pelos pontos $(2,0)$, $(-2,0)$ e $(0,1)$ é:

a) $x^2 + 4y^2 = 4$

b) $x^2 + \dfrac{y^2}{4} = 1$

c) $2x^2 4y^2 = 1$

d) $x^2 - 4y^2 = 4$

e) $x^2 + y^2 = 4$

19. (UNI-RIO) A área do triângulo PF_1F_2, onde $P(2,-8)$ e F_1 e F_2 são os focos da elipse de equação $\dfrac{x^2}{25} + \dfrac{y^2}{9} = 1$, é igual a:

a) 8
b) 16
c) 20
d) 32
e) 64

20. (CESESP) Dada a elipse de equação $25x^2 + 9y^2 - 90y = 0$, assinale a alternativa que nos indica corretamente as coordenadas do centro, dos focos, as medidas do eixo maior e menor e a distância focal, respectivamente:

a) $C(0,0)$, $F_1(0,-4)$, $F_2(0,4)$, $10, 6, 8$
b) $C(0,5)$, $F_1(0,1)$, $F_2(0,5)$, $4, 8, 6$
c) $C(3,0)$, $F_1(1,0,)$, $F_2(5,0)$, $10, 6, 3$
d) $C(5,0)$, $F_1(1,0)$, $F_2(9,0)$, $6, 8, 10$
e) $C(0,5)$, $F_1(0,1)$, $F_2(0,9)$, $10, 6, 8$

Unidade 22 - *Elipse* |913

21. (SANTA CASA-SP) A equação $4x^2 + 16y^2 - 8x + 64y + 4 = 0$ representa uma elipse. As coordenadas de seus focos são:
a) $(1, 2 + 2\sqrt{3})$ e $(1, 2 - 2\sqrt{3})$
b) $(1, 2\sqrt{3})$ e $(1, -2\sqrt{3})$
c) $(1 - 2\sqrt{3}, 2)$ e $(1 + 2\sqrt{3}, 2)$
d) $(2\sqrt{3}, 2)$ e $(-2\sqrt{3}, 2)$
e) n.r.a.

22. (FESP) A equação da elipse de centro na origem e que passa pelo ponto $P(2, 1)$ e cujo semi-eixo maior mede 3 unidades é:
a) $\dfrac{x^2}{9} + \dfrac{5y^2}{4} = 1$
b) $\dfrac{x^2}{9} + \dfrac{y^2}{5} = 1$
c) $\dfrac{x^2}{9} - \dfrac{y^2}{5} = 1$
d) $\dfrac{x^2}{9} + \dfrac{y^2}{4} = 1$
e) n.r.a.

23. (PUC-SP) Os pontos A e B pertencem à elipse de focos F_1 e F_2 e distância focal igual a 1. Sabendo que o perímetro do triângulo AF_1F_2 vale 3 e que B pertence ao eixo menor da elipse, quanto vale a distância BF_1?
a) $\dfrac{1}{3}$

b) $\dfrac{1}{2}$

c) 1

d) 2

e) 3

24. (CESCEA-SP) Sabendo-se que a elipse $\dfrac{x^2}{a^2} + \dfrac{y^2}{b^2} = 1$, $a > 0$ e $b > 0$, passa pelos pontos $(2,3)$ e $(0, 3\sqrt{2})$, então $a + b$ vale:
a) $5\sqrt{2}$
b) $5\sqrt{4}$
c) $2\sqrt{2}$
d) $6\sqrt{2}$
e) 12

25. (FGV-SP) A equação da elipse da figura é:

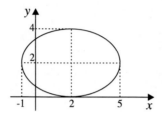

a) $4x^2 + 9y^2 - 16x - 36y + 36 = 0$
b) $9x^2 + 4y^2 - 16x - 36y + 16 = 0$
c) $4x^2 + 9y^2 - 16x - 36y + 16 = 0$
d) $4x^2 + 9y^2 - 36x - 16y + 16 = 0$
e) $4x^2 + 9y^2 - 18x - 8y + 8 = 0$

26. (FEI-SP) Dados os pontos $F_1(-2,0)$, $F_2(2,0)$ e $A(4,0)$, determine a equação da elipse que tem focos F_1 e F_2 e passa pelo ponto A.

27. (CESGRANRIO) Na elipse $\dfrac{x^2}{9} + \dfrac{y^2}{4} = 1$, seja PQ uma corda de comprimento igual ao seu semi-eixo maior, paralela a Ox. Determine a distância do centro da elipse à corda PQ.

28. (UFRJ) Um satélite é colocado em órbita elítica em torno da Terra (suposta esférica), tendo seus pólos como focos. Em um certo sistema de medidas, o raio da Terra mede três unidades. Ao passar pelo plano do Equador, o satélite está, no mesmo sistema de medidas, a uma unidade acima da superfície terrestre.

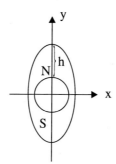

Determine a que altura h o satélite estará quando passar diretamente sobre o pólo Norte.

29. (UFMG) Considere a elipse de equação $\dfrac{x^2}{25} + y^2 = 1$.

a) Determine os pontos A e A', interseções da elipse com o eixo das abscissas, e os pontos B e B', interseções da elipse com o eixo das ordenadas.

b) Determine todos os pontos P, pertencentes à elipse dada, tais que cada triângulo de vértices $AA'P$ tenha área 3.

30. (UNICAMP) Considere no plano xy a elipse de focos $F_1(-1, 1)$ e $F_2(1, -1)$ e o semi-eixo maior, igual a 2.
a) Calcule o outro semi-eixo da elipse.
b) Determine a interseção da elipse com a reta de equação $x = 1$.

Gabarito das questões propostas

Questão 1 - Resposta: e) 14
Questão 2 - Resposta: b) $(0, 4)$ e $(0, -4)$
Questão 3 - Resposta: b) uma elipse
Questão 4 - Resposta: c) uma elipse
Questão 5 - Resposta: d) uma elipse cujo eixo maior é o dobro do eixo menor
Questão 6 - Resposta: d) uma elipse
Questão 7 - Resposta: d) $\dfrac{2\sqrt{5}}{3}$
Questão 8 - Resposta: b) $\dfrac{x^2}{16} + \dfrac{y^2}{15} = 1$
Questão 9 - Resposta: e) exatamente 4 pontos

916 | *Matemática no Vestibular*

Questão 10 - Resposta: d) satisfazem a equação $y^2 - x^2 = 0$"

Questão 11 - Resposta: b) 2

Questão 12 - Resposta: e) n.r.a.

Questão 13 - Resposta: c) $2\sqrt{5}$ m

Questão 14 - Resposta: c) 4

Questão 15 - Resposta: d) $x^2 + y^2 = 1$

Questão 16 - Resposta: d) $\dfrac{\sqrt{10}}{2}$

Questão 17 - Resposta: e) $\dfrac{12}{5}$

Questão 18 - Resposta: a) $x^2 + 4y^2 = 4$

Questão 19 - Resposta: d) 32

Questão 20 - Resposta: e) $C(0,5), F_1(0,1), F_2(0,9), 10, 6, 8$

Questão 21 - Resposta: e) n.r.a.

Questão 22 - Resposta: e) n.r.a.

Questão 23 - Resposta: c) 1

Questão 24 - Resposta: a) $5\sqrt{2}$

Questão 25 - Resposta: c) $4x^2 + 9y^2 - 16x - 36y + 16 = 0$

Questão 26 - Resposta: $\dfrac{x^2}{16} + \dfrac{y^2}{12} = 1$

Questão 27 - Resposta: $\sqrt{3}$

Questão 28 - Resposta: 2

Questão 29 - Respostas: a) $A = (-5,0);\ A' = (5,0);\ B = (0,1)$ e $B' = (0,-1)$

$$c)\ P = \left(-4, \frac{3}{5}\right) \text{ ou } P = \left(-4, \frac{-3}{5}\right) \text{ ou } P = \left(4, \frac{-3}{5}\right) \text{ ou } P = \left(4, \frac{3}{5}\right)$$

Questão 30 - Respostas: a) $\sqrt{2}$ b) $(1,1)$ ou $\left(1, \frac{-5}{3}\right)$